中财传媒版 2020年注册会计师全国统一考试辅导系列丛书

公司战略与风险管理
通关题库

财政部中财传媒 注册会计师考试辅导丛书编写组 编

中国财经出版传媒集团
中国财政经济出版社

图书在版编目（CIP）数据

公司战略与风险管理通关题库／财政部中财传媒 注册会计师考试辅导丛书编写组编．--北京：中国财政经济出版社，2020.3
（中财传媒版2020年注册会计师全国统一考试辅导系列丛书）
ISBN 978－7－5095－9620－3

Ⅰ.①公…　Ⅱ.①财…　Ⅲ.①公司－企业管理－资格考试－习题集②公司－风险管理－资格考试－习题集　Ⅳ.①F276.6－44

中国版本图书馆CIP数据核字（2020）第029400号

责任编辑：钱红叶　　　　责任校对：王肖楠

中国财政经济出版社 出版

URL：http：//www.cfeac.com

社址：北京市海淀区阜成路甲28号　邮政编码：100142
营销中心电话：010－88191522
天猫网店：中国财政经济出版社旗舰店
https：//zgczjjcbs.tmall.com
北京密兴印刷有限公司印刷　各地新华书店经销
787×1092毫米　16开　20印张　536 000字
2020年3月第1版　2020年3月北京第1次印刷
定价：60.00元
ISBN 978－7－5095－9620－3
（图书出现印装问题，本社负责调换）
质量投诉电话：010－88190744
打击盗版举报热线：010－88191661，QQ：2242791300

前言 Preface

为帮助广大考生全面理解2020年注册会计师考试大纲和考试教材内容，在有限的复习时间内掌握教材的重、难点知识，顺利通过考试。中国财经出版传媒集团组织常年从事注册会计师考试辅导的名师、专家编写了“中财传媒版2020年注册会计师全国统一考试辅导系列丛书”。该系列丛书包括“应试指导”“要点随身记”“通关题库”和“全真模拟试题”四个系列，涵盖了专业阶段考试的六个科目，即会计、审计、财务成本管理、经济法、税法和公司战略与风险管理。

1. “应试指导”系列：紧扣2020年考试大纲和考试教材内容，考点精炼、结构合理，对考试有极强的指导性，帮助考生全面掌握教材精髓。在编写结构的设计上，根据考生的学习特点和备考要求，分为“命题规律及考试趋势预测”“各章考点精讲精练”“跨章节综合题演练”三个部分。

2. “要点随身记”系列：根据每章重要考点整理而成的备考“红宝书”，涵盖知识点全面，易于携带，旨在帮助考生更便捷地预习、复习和记忆考点内容，合理利用碎片化的时间，积少成多，掌握记忆教材核心知识点。

3. “通关题库”系列：包含大量针对性极强的练习题和对应的答案解析，帮助考生通过习题演练巩固理解知识点，更熟练地应用教材知识点解决实际题目中的问题。

4. “全真模拟试题”系列：在对历年考试试题进行分析归纳和命题趋势总结的基础上，由多名具备注册会计师资格的辅导专家精心设计了八套全真模拟试题，考生可以在充分复习教材内容的基础上，按照模拟考试时间及要求，进行热身训练，积累实战经验。

注册会计师考试辅导书市场品种繁多，但质量良莠不齐。考生在选择教辅时常常陷入盲目。该系列丛书利用作为教材出版单位的独特优势，在第一时间邀请注册会计师考试辅导专家编写，秉承“应试”“精练”的核心思想，力求帮助考生以最少的精力取得最大的效果，实现高效学习、顺利通关，是考生学习备考的第一选择。

最后，衷心祝愿各位考生顺利通过2020年注册会计师考试。

编写组

2020年3月

Contents

目录

第二部分　跨章节综合题演练

第一部分

各章重难点列示及通关习题演练

第一章　战略与战略管理

本章考情分析

本章是统领教材战略管理内容的基础框架章节，对于理解公司战略和掌握战略管理体系的内容具有引导作用。主要内容包括：(1) 公司战略相关的基本概念；(2) 公司战略的层次；(3) 公司战略管理的含义及特征；(4) 公司战略管理过程；(5) 公司战略变革管理。其中，公司战略的层次和公司战略变革管理考察频次较多，考生复习时应重点关注。

本章在考试中属于非重点章节，在近五年的考试中，平均分值约为 6 分左右，且考试难度不大。考生在学习本章时，要理清各概念之间的联系和区别，不要死记硬背概念，而要结合实际，在理解的基础上灵活掌握。本章考试题型一般为客观题和简答题。理解本章一些基础知识是解决案例分析题的必要前提。近几年考试情况如下：

年度	题型	题量	分值	考点
2015	单选题	1	1	公司使命与目标
2016	综合题	1	5	公司战略管理
2017	多选题	1	1.5	战略变革管理
2018	单选题	2	2	风险管理特征、公司战略层次
	多选题	1	1.5	公司战略的现代概念
	综合题	3	9	公司宗旨、收缩战略、发展战略
2019	单选题	1	1	公司战略的基本概念
	多选题	1	1.5	公司战略管理

本章教材变化

2020 年新教材与 2019 年教材相比，内容变化不大，主要是一些说明上的变化。案例中的说法有少量变化。

基本内容框架

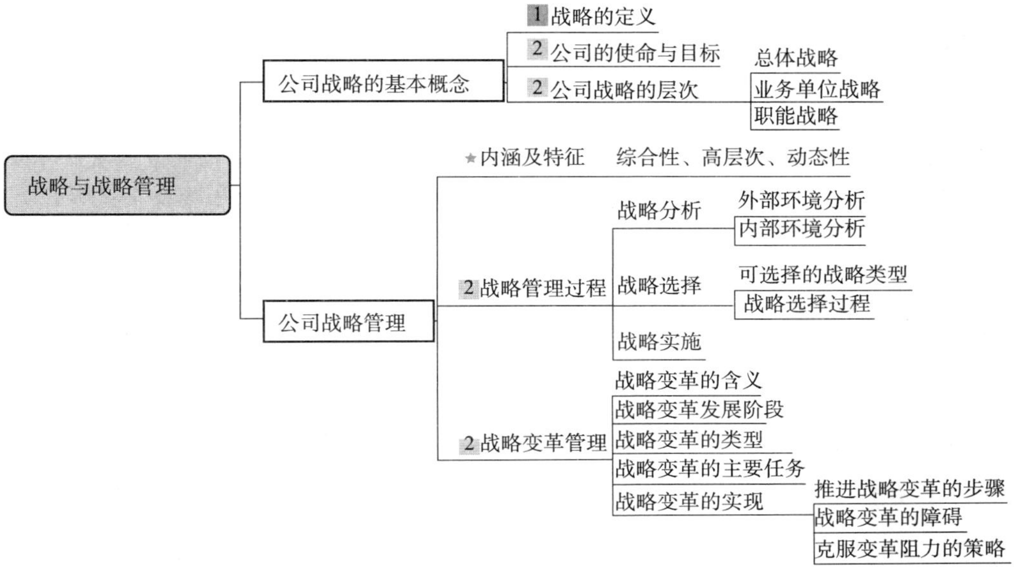

通关重难点例题解析

知识点 1 公司战略的定义（★）

传统概念	波特：战略是公司为之奋斗的一些终点与公司为达到它们而寻求的途径的结合物。强调公司战略的计划性、全局性和长期性。
现代概念	明茨伯格：一系列或整套的决策或行动的方式。强调公司战略的应变性、竞争性和风险性。

【例 1－1】（多选题）

公司战略的现代概念强调战略的（　　）。

A. 全局性　　B. 竞争性

C. 风险性　　D. 应变性

【答案】BCD

【解析】公司战略的传统概念强调计划性、全局性和长期性；公司战略的现代概念强调应变性、竞争性和风险性。

知识点 2 公司的使命与目标（★★）

公司使命	阐明企业组织的根本性质与存在理由。包括公司目的、公司宗旨和经营哲学。公司目的区分是营利性还是非营利性；公司宗旨是公司目前和未来所要从事的经营业务范围；经营哲学是公司为其经营活动方式确立的价值观、基本信念和行为准则。
公司目标	公司使命的具体化，是用于衡量工作成绩的标准。公司目标是一个体系，包括和财务业绩有关的标准以及和战略业绩有关的标准。

【例 1－2】（2019 单选题）

云飞公司最初是一家电子商务企业，后来成长为业务涵盖网上商城、餐饮、酒店和物流的大型多元化公司。云飞公司的发展体现了公司（　　）。

A. 经营哲学的变化

B. 宗旨的变化

C. 公司目的的变化

D. 战略层次的变化

【答案】B

【解析】公司宗旨旨在阐述公司长期的战略意向，其具体内容主要说明公司目前和未来所从事的经营业务范围。“云飞公司最初是一家电子商务企业，后来成长为业务涵盖网上商城、餐饮、酒店和物流的大型多元化公司”体现的是经营业务范围的变化，即公司宗旨的变化。选项 B 正确。

【例 1－3】（2019 单选题）

睿祥公司创业初期主营手机业务，后来成长为一家涵盖众多消费电子产品和软硬件的互联网企业。本案例体现了睿祥公司（　　）。

A. 宗旨的变化

B. 经营哲学的变化

C. 战略层次的变化

D. 公司目的的变化

【答案】A

【解析】“睿祥公司创业初期主营手机业务，后来成长为一家涵盖众多消费电子产品和软硬件的互联网企业”体现的是经营业务范围的调整，即公司宗旨的变化。选项 A 正确。

【例 1－4】（2014 单选题）

某公司的创始人要求公司所有员工遵守一个信念：在公司经营活动中永远不做违背法律法规和道德的事情。这反映了该公司的（　　）。

A. 公司宗旨　　B. 公司目的

C. 公司目标　　D. 经营哲学

【答案】D

【解析】公司使命阐明企业组织的根本性质与存在理由，一般包括公司目的、公司宗旨和经营哲学三个部分。公司目的：表明企业组织为什么这样做，主要区分营利组织和非营利组织；公司宗旨：阐述公司长期的战略意向，主要明确公司的经营范围；经营哲学：是公司在经营过程中所确立的价值观、基本信念和行为准则。而公司目标则是公司使命的具体化。

知识点 3　公司战略的层次（★★）

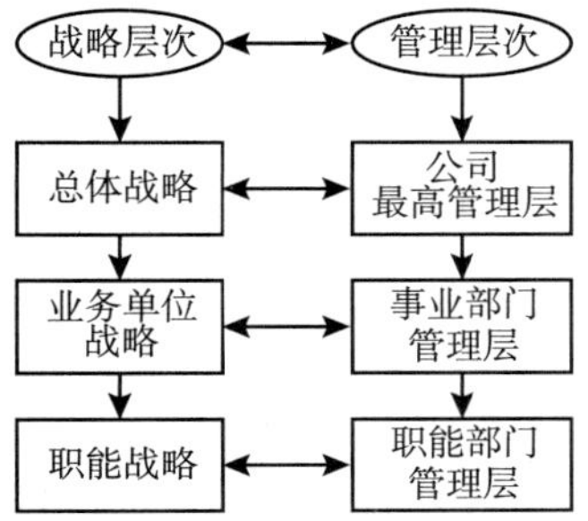

总体战略又称公司层战略，它根据企业的目标，选择企业可以竞争的经营领域，合理配置企业经营所必需的资源。

业务单位战略又称竞争战略，它将总体战略进行具体化，形成本业务单位具体的竞争与经营战略。

职能战略主要涉及企业内各职能部门，它涉及各职能部门如何更好地配置企业内部资源，为各级战略服务，提高组织效率

【例 1－5】（多选题）

甲集团的经营范围涉及网络游戏、医药保健，最近该集团宣布进军电子金融领域。由此可见，甲集团的公司战略层次包括（　　）。

A. 总体战略

B. 业务单位战略

C. 多元化战略

D. 职能战略

【答案】ACD

【解析】公司战略分为三个层次：总体战略、业务单位战略和职能战略。对于单业务公司来说，总体战略和业务单位战略是合二为一的；对业务多元化的公司来说，需区分总体战略和业务单位战略。题中所述甲集团有多种经营业务，所以其公司战略层次包括三种。

知识点 4　公司战略管理过程（★★）

战略分析 ⇨	战略选择 ⇨	战略实施
1. 外部环境分析 ①宏观环境分析 ②产业环境分析 ③竞争环境分析 ④国家竞争优势分析 2. 内部环境分析 ①企业资源与能力分析 ②价值链分析 ③业务组合分析	1. 可选择的战略类型 ①总体战略：发展战略、稳定战略、收缩战略 ②业务单位战略：基本竞争战略、中小企业竞争战略、蓝海战略 ③职能战略：市场营销战略、生产运营战略、研究与开发战略、人力资源战略、财务战略…… 2. 战略选择过程 ①制订战略选择方案 ②评估战略备选方案 ③选择战略	1. 确定和建立一个有效的组织结构 2. 保证人员和制度的有效管理 3. 正确处理和协调公司内部关系 4. 选择适当的组织协调和控制系统 5. 协调好企业战略、结构、文化和控制诸方面的关系

【提示】战略管理不是一次性的工作，而是一个循环的过程。

【例 1－6】（2014 单选题）

甲公司评估战略备选方案时，主要考虑选择的战略是否发挥了企业优势，克服了劣势，是否利用了机会，将威胁削弱到最低程度，是否有利于企业目标的实现。甲公司评估战略备选方案使用的标准是（　　）。

A. 适宜性标准　　B. 外部性标准

C. 可行性标准　　D. 可接受性标准

【答案】A

【解析】评估战略备选方案的标准主要有适宜性标准、可接受性标准和可行性标准。其中适宜性标准强调备选方案是否与企业内外部条件相适合，有效的趋利避害；可接受性标准是指备选方案是否被企业的利益相关者所接受；可行性标准是指备选方案的收益、风险及是否可行。三者有递进关系，即首先考虑是否适宜企业，其次考虑是否被利益相关者接受，最后考虑是否可行。

知识点5 战略变革管理（★★）

定义	企业战略变革是指企业为了获得可持续竞争优势，根据所处的内外部环境已经发生或预测会发生或想要使其发生的变化，结合环境、战略、组织三者之间的动态协调性原则并涉及企业组织各要素同步支持性变化，改变企业战略内容的发起、实施、可持续化的系统性过程。
按照战略变革涉及的范围及变革程度划分，可分为渐进性的和革命性的。	
渐进性变革	一系列持续的、稳步前进的变化过程，使企业能够保持平稳、正常运转。
革命性变革	全面性的变化过程，使企业整个体系发生改变。

渐进性变革	革命性变革
在企业生命周期中经常发生	在企业生命周期中不常发生
稳步地推进变化	全面转化
影响企业体系的某些部分	影响整个企业体系

【提示】战略变革的根本原因在于企业内外部环境的变化，使得原有战略与组织、环境不再协调适应，因此为保持三者的动态协调，需要进行战略变革。

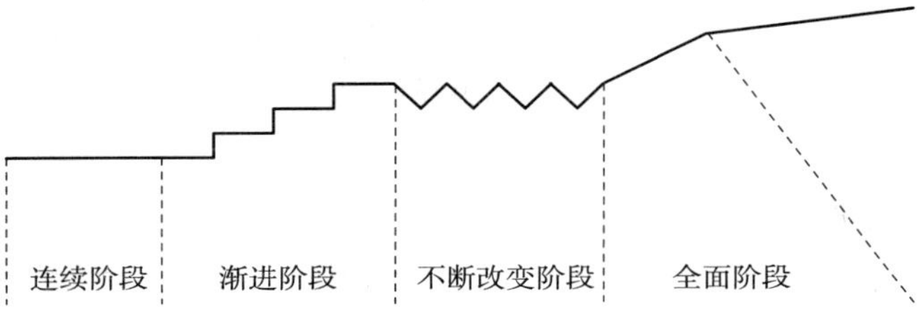

连续阶段	战略没有发生大的变化，只有一些小的修正。
渐进阶段	战略发生缓慢变化，这种变化可能是零打碎敲性的，也可能是系统性的。
不断改变阶段	战略变化呈现无方向或无重心的特点。
全面阶段	战略在一个较短时间内发生革命性或转化性的变化。

【例1－7】（单选题）

从战略变革的发展阶段看，可划分为连续阶段、渐进阶段、不断改变阶段和全面阶段，其中，战略变化呈现无方向或无重心的特点属于（　　）。

A. 连续阶段

B. 渐进阶段

C. 不断改变阶段

D. 全面阶段

【答案】C

【解析】本题考查考生对战略变革各阶段特征的把握。连续阶段公司战略基本上没有发生大的变化，只有一些小的修正；渐进阶段公司战略发生缓慢的有方向性的变化；不断改变阶段战略变化呈现无方向或无重心的特征；全面阶段公司战略在短时间内发生革命性或转化性变化。

战略变革的类型	技术变革，往往涉及企业的生产过程，包括开发使之有能力与竞争对手抗衡的知识和技能。
	产品和服务变革，是指企业的产出的变革，包括开发新产品或改进现有产品。
	结构和体系变革，是指企业运作的管理方法的变革，包括结构变化、政策变化和控制系统变化。
	人员变革，是指企业员工价值观、工作态度、技能和行为方式的转变，目的是确保职工努力工作，完成企业目标。

【例 1－8】（单选题）

甲企业对于新入职的员工进行计算机操作方面的培训，培训后，新员工的计算机操作技术有了很大的进步。这体现了战略变革的类型是（　　）。

A. 技术变革

B. 产品和服务变革

C. 人员变革

D. 结构和体系变革

【答案】C

【解析】人员变革是指企业员工价值观、工作态度、技能和行为方式的转变，目的是确保职工努力工作，完成企业目标。对员工进行培训，员工的技能得到了提升。选项 C 正确。

战略变革的主要任务	调整企业理念
	企业战略重新进行定位
	重新设计企业的组织结构

【例 1－9】（多选题）

企业战略变革的主要任务包括（　　）。

A. 调整企业理念

B. 企业战略重新进行定位

C. 重新设计企业的生产计划

D. 重新设计企业的组织结构

【答案】ABD

【解析】企业战略变革的主要任务包括调整企业理念、企业战略的重新定位、重新设计企业的组织结构。选项 C 调整生产计划，属于日常运营中职能战略的内容。

受抵制的原因	生理变化：由工作模式、工作地点的变化造成的。
	环境变化：如建立新关系、按照新的规则工作等。
	心理变化：迷失方向，不确定性可能导致无安全感，无助。
实现障碍	文化障碍：文化惯性、结构惯性。
	私人障碍：①习惯；②对个人收入的影响；③对于未知的恐惧；④员工选择性的信息处理，忽略管理层对变革的要求。
克服阻力的策略	变革的节奏：循序渐进的变革，而不是激进的变革。
	变革的管理方式：①鼓励冲突领域的对话；②为员工提供针对新技能和系统应用的学习课程；③鼓励个人参与。
	变革的范围：大范围的转变会带来巨大的不安全感和较多的刺激，在同一变革目标下，可考虑采用变革范围较小的方式。

【例 1－10】（多选题）

企业由于内外部环境的变化而实行战略变革，往往会遇到阻力。在克服变革的阻力时，管理层应当考虑到（　　）。

A. 变革的方向

B. 变革的节奏

C. 变革的管理方式

D. 变革的范围

【答案】BCD

【解析】战略变革的方向是在实行战略变革一开始就需要确定的，而不是在遇到阻力时才予以考虑。在变革遇到阻力时，需考虑变革的节奏、管理方式和范围，这三者会影响阻力的大小和阻力解决的难易程度。

通关演练

一、单项选择题

1. 企业所处外部环境变化迅速，企业只有在变化中不断调整战略，加强风险管控和对突发情况的应变，才能获得并持续强化竞争优势。根据以上描述，下列不属于公司战略现代概念所强调的属性的是（　　）。

A. 应变性　　B. 全局性

C. 竞争性　　D. 风险性

2. 总体战略是指公司层面的战略，也称为公司战略，其制定者为（　　）。

A. 公司总经理

B. 董事会

C. 财务总监

D. 总经理、其他高层管理者、董事会，以及有关的专业人员

3. 甲公司是国内一家大型食品加工企业，2016年公司决定在原有食品生产加工业务的基础上，跨界进入保健品行业。为此，公司高层集中各部门的精英骨干组成项目小组对该方案进行评估。项目小组在评估时主要关注该方案是否充分发挥了企业在食品领域积累的经验，利用了外部环境提供的机会，规避了外部威胁。根据以上信息可以判断，甲公司进行战略方案评估时主要依据的标准是（　　）。

A. 适宜性标准　　B. 可行性标准

C. 可接受性标准　　D. 合理性标准

4. 战略实施是指将战略转化为行动。下列关于战略实施的说法中，错误的是（　　）。

A. 实施战略时要确定和建立一个有效的组织结构

B. 实施战略时要正确处理和协调公司内部关系

C. 制定一个良好的战略是战略成功的全部

D. 战略制定固然重要，战略实施也同样重要

5. 由职能管理部门制定的，主要涉及如何更好地配置企业内部资源，为其他各级战略服务的战略，称为（　　）。

A. 公司战略　　B. 职能战略

C. 市场战略　　D. 经营战略

6. 为了进一步增加产品的市场占有率，市场营销部门制定了一系列的促销政策。该部门制定的战略属于（　　）。

A. 公司战略　　B. 业务单位战略

C. 竞争战略　　D. 职能战略

7. 下列陈述中属于企业使命陈述的是（　　）。

A. 为人类的幸福和发展做出技术贡献

B. 进入世界500强

C. 超越IBM成为计算机服务行业的“领头羊”

D. 创造更高的绩效指标

8. （　　）需要根据企业目标，选择企业可以竞争的经营领域，合理配置企业经营所必需的资源，使各项业务相互支持、相互协调。

A. 总体战略　　B. 业务单位战略

C. 竞争战略　　D. 职能战略

9. 甲公司是一家火力发电企业，为了稳定原料供货渠道和供货价格。2016年3月收购了一家煤炭开采企业，并对其进行全面重组，注入巨额资金用于扩大该煤炭开采企业的生产能力，希望通过规模经济效应应对竞争对手的竞争。短短一年多时间，该煤炭开采企业通过低成本战略，在市场竞争中遥遥领先于其竞争对手。该煤炭开采企业实施的战略属于（　　）。

A. 业务单位战略

B. 后向一体化战略

C. 发展战略

D. 总体战略

10. 以盈利为目的而成立的组织，其首要目的是（　　）

A. 履行社会职责

B. 保证员工利益

C. 实现经营者期望

D. 为其所有者带来经济价值

11. 以下描述中，属于公司宗旨表述的是（　　）。

A. 未来一年产品市场占有率提高5个百分点

B. 质量高于一切

C. 一家专门做特卖的网站

D. 在公司产品中融入文化元素

12. 以下说法中不属于革命性变革特点的是（　　）。

A. 在企业的生命周期中不常发生

B. 影响整个企业体系

C. 稳步推进变化

D. 急剧变化

13. 甲公司为提高员工积极性，决定在全公司范围内推行薪酬制度变革，由原来的固定工资制改变为浮动工资制，工资与个人业绩直接挂钩，这一变革使广大员工对未来的收入感到担忧，在全公司范围内受到极大的抵制，甲公司变革受到抵制的原因属于（　　）。

A. 生理变化　　　B. 环境变化
C. 心理变化　　　D. 方式变化

14. 东方公司是一家生产小家电的企业，经营业务包括豆浆机、微波炉、加湿器、饮水机等。公司为了增强自身的生产能力和市场占有率，决定收购市场上其他生产小家电的公司。该公司的收购战略属于（　　）。

A. 公司层战略　　　B. 业务单位战略
C. 职能战略　　　D. 企业整体战略

15. 民先公司是一家销售生鲜食品的大型连锁超市。2017 年，该公司新开设了网上销售业务，并初步建立了快速高效的物流体系，目前已实现在若干超市门店 3 公里范围内，至多 30 分钟即可送货上门。从战略变革发展阶段角度看，民先公司的上述做法属于战略变革的是（　　）。

A. 渐进阶段　　　B. 连续阶段
C. 全面阶段　　　D. 不断改变阶段

16. 下列关于公司战略定义的表达中，错误的是（　　）。

A. 公司战略的定义可以分为传统概念和现代概念两类
B. 传统概念强调战略的计划性、全局性和长期性
C. 现代概念强调战略的应变性、竞争性和风险性
D. 现代概念认为战略包括为达到企业的终点而寻求的途径，同时包括企业的终点本身

17. 下列明茨伯格对战略定义的表述中，错误的是（　　）。

A. 企业中许多成功战略是在事先无计划的情况下产生的
B. 战略是“一系列或整套的决策或行动方式”
C. 战略包括刻意安排（或计划性）的战略和任何临时出现（或非计划性）的战略
D. 战略既是预先性的（预谋战略），又是反应性的（适应性战略）

18. 在一个多元化的公司中，公司层战略主要关注的是（　　）。

A. 经营每个单项业务
B. 决定参与竞争的业务和资源如何分配
C. 决定公司的每个职能部门如何运作
D. 超越竞争对手，使产品销售量达到最大

19. 下列关于公司的使命、目标的说法中，不正确的是（　　）。

A. 公司的使命是要阐明企业组织的根本性质与存在理由
B. 公司宗旨旨在阐述公司长期的战略意向
C. 财务目标体系和战略目标体系都应该从短期目标和长期目标两个角度体现出来
D. 目标体系的建立需要企业所有员工的参与

20. 波特认为战略是公司为之奋斗的一些终点与公司为达到它们而寻求的途径的结合物，该定义强调了战略的属性包括（　　）。

A. 计划性、长期性和风险性
B. 计划性、全局性和长期性
C. 应变性、竞争性和全局性
D. 应变性、竞争性和风险性

21. 下列可以作为公司宗旨的是（　　）。

A. 关爱生命，呵护健康
B. 我们生产复印机
C. 今年盈利目标要达到 20 亿元
D. 不断创新，挑战自我

22. 下列选项中，属于总体战略构成要素的是（　　）。

A. 选择可以竞争的经营领域，合理配置企业经营所必需的资源
B. 确立竞争优势，有效控制资源的分配和使用
C. 协调各个职能中各种活动之间的关系
D. 协调不同职能与业务流程之间的关系

23. 京东商城和苏宁电器市场部门分别制定采用降价让利方式进行网络促销，类似于海量的广告宣传、代金券、返利等各种具体措施，上述体现的战略是（　　）。

A. 职能战略　　　B. 业务单位战略
C. 广告战略　　　D. 总体战略

24. 甲公司评估战略备选方案时，考虑选择的战略能否被企业利益相关者所接受，实际上并不存在最佳的、符合各方利益相关者的统一标准，利益相关者们的不同价值观和期望在很大程度上影响着战略的选择。甲公司评估战略备选方案使用的标准是（　　）。

A. 适宜性标准　　　B. 可接受性标准
C. 可行性标准　　　D. 多样性标准

25. 甲公司在制定战略选择方案时，其最高管理层和下属各部门的管理人员共同参与，通过上下级管理人员的沟通和磋商，制定出适宜的战略。甲公司制定战略选择方案使用的方法是（　　）。

A. 上下结合的方法

B. 自上而下的方法

C. 自下而上的方法

D. 横向管理的方法

26. 从战略变革的发展阶段看，可划分为连续阶段、渐进阶段、不断改变阶段和全面阶段，其中，战略变化呈现无方向或无重心的特点属于（　　）。

A. 连续阶段　　B. 渐进阶段

C. 不断改变阶段　　D. 全面阶段

27. 甲公司认为公司运行状况良好，所以制定的战略基本没有发生较大的变化，仅有一些小的修正。甲公司正处在战略变革发展阶段中的（　　）。

A. 连续阶段　　B. 渐进阶段

C. 不断改变阶段　　D. 全面阶段

28. 逸风公司是一家手机游戏软件开发商。该公司为实现预定的战略目标，借助大数据分析工具，及时根据市场需求的变化调整产品开发和经营计划，成效显著。下列各项中，对逸风公司上述做法表述不正确的是（　　）。

A. 逸风公司的战略是理性计划的产物

B. 逸风公司的战略是在其内外环境的变化中不断规划和再规划的结果

C. 逸风公司采取主动态势预测未来

D. 逸风公司的战略是事先的计划和突发应变的结合

29. 企业进行战略变革时，需要对企业战略重新进行定位，下列各项中，不属于重新定位的内容的是（　　）。

A. 产品的重新定位

B. 企业理念的重新定位

C. 市场的重新定位

D. 企业价值系统的重新定位

30. 下列各项中，属于战略变革受到抵制的心理变化原因的是（　　）。

A. 不确定性导致的无安全感

B. 工作地点的变化

C. 学习新的工作方式

D. 建立新的关系

31. 在处理变革的阻力时，管理层应当考虑变革的三个方面，下列表述中属于变革的管理方式的是（　　）。

A. 鼓励冲突领域的对话是有效掌控抵制的方法

B. 变革越是循序渐进，就越有更多的时间来提出问题和解决问题

C. 在变革中，公司只对工作团队进行了重组

D. 由于变革者好大喜功，没有周密计划，变革激进

二、多项选择题

1. 公司目标是公司使命的具体化，建立目标体系的目的是将公司的使命转换成明确具体的业绩目标。从整个公司的角度来看，公司需要建立的业绩标准包括（　　）。

A. 和营销有关的业绩标准

B. 和财务有关的业绩标准

C. 和竞争有关的业绩标准

D. 和战略有关的业绩标准

2. 企业战略变革的主要任务包括（　　）。

A. 调整企业理念

B. 企业战略重新进行定位

C. 重新调整企业的生产计划

D. 重新设计企业的组织结构

3. 战略实施是将战略转化为行动，需要解决的问题包括（　　）。

A. 确定和建立一个有效的组织结构

B. 保证人员和制度的有效管理

C. 正确处理和协调公司政治关系

D. 选择适当的组织协调和控制系统

4. 影响战略的外部因素分析包括（　　）。

A. 宏观环境分析

B. 产业环境分析

C. 国家竞争优势分析

D. 企业资源分析

5. 影响战略的内部因素分析包括（　　）。

A. 内部资源分析

B. 企业能力分析

C. 价值链分析

D. 业务组合分析

6. 公司整体战略选择分为（　　）。

A. 收缩型　　B. 多元化

C. 稳定型　　D. 发展型

7. 业务单位战略选择分为（　　）。

A. 分散化　　B. 差异化

C. 成本领先　　D. 集中化

8. 公司战略的结构层次涵盖（　　）。

A. 总体战略　　B. 竞争战略

C. 职能战略　　D. 业务单位战略

9. 下列选项中，属于企业目标的有（　　）。

A. 在30分钟内能够将顾客在线下单的商品无损地送到顾客手中

B. 提高汽车的质量，开发新产品，减少新车上市的时间，增加公司产品的市场份额

C. 在质量或客户服务或产品效益上超过关键竞争对手

D. 给普通百姓提供机会，使他们能与富人一样买到同样的东西

10. MB单车创建了全球首个智能共享单车模式，用人人可负担得起的价格提供智能共享单车服务，2016年创立以来盈利额高达200万元，公司高层表示一年内要将市场占有率提高到70%以上。根据以上信息分析，涉及的公司使命与目标有（　　）。

A. 公司目的　　B. 公司宗旨

C. 经营哲学　　D. 公司目标

11. 在克服变革阻力时采取适宜的变革管理方式很重要。下列各项属于变革管理方式的有（　　）。

A. 对目标变革中存在的问题循序渐进地加以解决

B. 在局部先进行变革，然后以点带面

C. 召开全体员工会议，强调变革的现实重大意义

D. 积极鼓励员工参与到变革中来

12. 慧群公司在完成第三轮融资后，着手进行战略变革。针对消费潮流的变化开发出若干新产品，从一家互联网金融公司转型为一家集金融、科技、商贸为一体的公司，对企业员工的技能和行为方式提出了新的要求。慧群公司所实施的战略变革的类型有（　　）。

A. 技术变革

B. 人员变革

C. 产品和服务变革

D. 结构和体系变革

13. 甲公司是一家生产糕点的老字号，一直以来都是以传统的方式运作。最近，公司接班人方先生希望扩张公司规模，由一家主店经营模式转型为连锁店的经营模式，利用企业化的管理、主动销售的政策去争取最大的生意额。但在进行变革时，受到几名元老的反对，公司管理人员也对新管理模式的运行不适应，导致公司变革进度没有达到预期目标。根据以上信息可以判断，下列选项中，属于该公司战略变革面临的障碍类型有（　　）。

A. 组织障碍　　B. 私人障碍

C. 心理障碍　　D. 文化障碍

14. 下列关于公司建立战略目标体系目的的表述中，正确的有（　　）。

A. 提高股利增长率

B. 获得满意的投资回报率

C. 提高公司在客户中的声誉

D. 获得持久的竞争优势

15. 公司目的是企业组织的根本性质和存在理由的直接体现。下列关于公司目的的说法中正确的有（　　）。

A. 组织按其存在理由可以分为营利组织和非营利组织

B. 营利组织首要的目的是为其员工带来经济利益

C. 非营利组织首要的目的是提高社会福利、促进政治和社会变革

D. 一般而言，企业是最普通的营利组织，红十字会是最普通的非营利组织

16. A公司是一家经营多元化业务的企业，主要经营业务有复印机、打印机、扫描仪、桌面软件、数码打印和出版系统等。所以该公司的战略层次包括（　　）。

A. 总体战略　　B. 市场战略

C. 职能战略　　D. 业务单位战略

17. 下列各项中，属于战略实施要解决的问题有（　　）。

A. 保证人员和制度的有效管理

B. 正确处理和协调公司内部关系

C. 选择适当的组织协调和控制系统

D. 确定和建立一个有效的组织结构

18. 下列关于战略管理包含的三个关键要素的说法中正确的有（　　）。

A. 战略分析阶段明确了“企业目前处于

什么位置”

B. 战略选择阶段所要回答的问题是“企业向何处发展”

C. 战略选择的主要目的是评价影响企业目前和今后发展的关键因素

D. 战略实施就是将战略转化为行动

19. 下列各项中，属于企业在最终的战略选择可以考虑的方法的有（　　）。

A. 根据企业目标选择战略

B. 根据竞争对手目标选择战略

C. 聘请外部咨询专家进行战略选择

D. 提交上级管理部门审批

20. 下列选项中，关于革命性变革的特点正确的有（　　）。

A. 稳定地推进变化

B. 在企业生命周期中不常发生

C. 全面转化

D. 影响整个企业体系

21. 下列选项中，属于变革中面临私人障碍的有（　　）。

A. 员工贾某认为自己不能接受新的工作方式

B. 如果改革，孙经理的工资将会减少

C. 在公司工作了 30 年的老李头不希望再去学习新的工作流程

D. 员工张某认为新的工作要求自己将很难完成

22. 甲公司通过鼓励冲突领域对话的方式有效降低员工对变革的抵制，并考虑以变革范围较小的方式进行。根据以上描述，体现的克服变革阻力的策略有（　　）。

A. 管理者的态度

B. 变革的管理方式

C. 变革的节奏

D. 变革的范围

23. 2017 年，方舟物流公司在应用互联网技术的基础上重新规划了网点布局和内部组织结构，启动了新一轮战略变革。为了减少变革的阻力，该公司对员工进行了所需新技术和业务能力的培训，并尽量用工作方式的改变代替工作团体的重组。方舟物流公司克服变革阻力所采用的策略涉及（　　）。

A. 变革的范围

B. 变革的管理方式

C. 变革的节奏

D. 变革的力度

24. 下列各项中，会成为组织变革障碍的有（　　）。

A. 新制度导致原应受到奖励的员工不能得到奖励

B. 新制度要求工作人员的工作方式发生变化

C. 新制度有严格公平的奖罚制度

D. 员工们不能确定能否在新制度下尽其所能地挣工资

三、简答题

1. 通用电气公司 GE 梦想启动未来——GE 是一家全球领先的科技、服务和金融公司，致力于解决世界上最棘手的一些问题。在能源、健康、交通及基础设施等领域持续创新，推动领导力培养、合作伙伴、人类进步。GE 不同于其他公司的是，新总裁上任后都会把原来总裁的理念和很好的做事方式抛弃。他们提出这种方式的不足及和现在形势的不相称，并不是为了追求不同而不同，而是要根据现实情况实施自己的管理经营理念和做事方式，而这些理念一定是不同于以往的理念和方式的。

要求：请简述戴富特对战略变革分类的四种类型，并根据上述材料分析通用电气公司的战略变革类型。

2. 绿安集团创建于 20 世纪 90 年代，专门从事化工原料贸易，化工原料主要来源于国内生产企业。在绿安集团成立后的几年内，国内民用化工产品的市场不断扩大，对化工原料的需求日益增加，绿安集团的业务开展得红红火火，利润持续增长。2000 年开始，在董事长李先生的推动下，绿安集团实施第一次战略转型：走“工贸结合”的道路，凭借绿安集团的贸易优势，尤其是多年积累的信息优势和渠道优势，把产业链延伸到工业实体领域，做出自己的产品，树立自己的品牌，以适应未来市场趋势和行业环境的变化。2002 年，绿安集团成立了一家化纤企业，产品主要是地毯纱线，这种纱线是地毯纺织企业的主要原料。这家企业成立后不久就实现了盈利，以后几年内产销量不断增加，成为绿安集团新的利润增长点。

2008 年国际金融危机爆发，化工产品制造行业遭遇了严重的困难，由于需求增速放缓以及企业自主创新能力不足、同质化竞争严重，行业的发展陷入停滞。绿安集团化纤企业的销售量开始下降，难以实现当年的计划目标。董事长李先生从中既看到了挑战，也看到了机会，他又提出并组织实施了绿安集团的又一次战略变革：将绿安集团的产业链进一步向下游延伸至终端产品——地毯行业。年底，绿安集团克服了变革阻力，投资新建了地毯生产企业。几年来，随着中国酒店业、房地产业的迅猛发展以及人们居住条件的改善，国内地毯市场的潜力被逐渐开发出来，绿安集团的地毯生产企业也持续呈现产销两旺的局面。

要求：

（1）简要分析绿安集团所经历的两次战略变革的时机选择、模式和类型（战略变革的时机选择、模式这两个内容现有教材已经删除，不用考虑）。

（2）简要分析绿安集团管理层应从哪些方面考虑克服第二次战略变革阻力的策略。

答案及解析

一、单项选择题

1. 【答案】B

【解析】公司战略的传统概念强调计划性、全局性和长期性；公司战略的现代概念考虑到内外部环境的变化，强调应变性、竞争性和风险性。

2. 【答案】D

【解析】总体战略是指公司层面的战略，也称为公司战略。它是指针对企业整体的、由最高管理层制定的、用于指导企业一切行为的纲领。公司层管理者包括公司总经理、其他高层管理者、董事会，以及有关的专业人员。

3. 【答案】A

【解析】评估战略备选方案通常使用三个标准：一是适宜性标准，考虑选择的战略是否发挥了企业的优势，克服了劣势，是否利用了机会，将威胁削弱到最低程度，是否有助于企业实现目标；二是可接受性标准，考虑选择的战略能否被企业利益相关者所接受；三是可行性标准，对战略的评估最终还要落实到战略收益、风险和可行性分析的财务指标上。甲公司在进行战略方案评估时主要关注了该方案是否充分发挥了企业在食品领域积累的经验，利用了外部环境提供的机会，规避了外部威胁，所以符合适宜性标准。

4. 【答案】C

【解析】本题考查战略实施。战略实施要解决以下几个主要问题：确定和建立一个有效的组织结构；保证人员和制度的有效管理；正确处理和协调公司内部关系；选择适当的组织协调和控制系统；协调好企业战略、结构、文化和控制诸方面的关系。企业战略管理的实践表明，战略制定固然重要，战略实施也同样重要。制定一个良好的战略仅仅是战略成功的一部分，只有有效实施这一战略，企业的战略目标才能够顺利地实现。故选项C错误。

5. 【答案】B

【解析】职能战略是由职能管理部门制定的，主要涉及如何更好地配置企业内部资源，为其他各级战略服务，提高组织效率的战略。

6. 【答案】D

【解析】职能战略在更细节的层面上运行，侧重于企业内部特定职能部门的运营效率。本题中描述的是企业的市场部门制定出的战略。

7. 【答案】A

【解析】公司使命是要阐明企业组织的根本性质与存在理由，而公司目标则是使命的具体化，选项B、C、D都属于公司目标的范畴。

8. 【答案】A

【解析】总体战略又称公司层战略，它需要根据企业的目标，选择企业可以竞争的经营领域，合理配置企业经营所必需的资源，使各项经营业务相互支持、相互协调。

9. 【答案】A

【解析】一般将战略分为三个层次：总体战略、业务单位战略和职能战略。总体战略又称公司层战略，主要包括发展战略、稳定战略和收缩战略；业务单位战略又称竞争战略，主要包括成本领先、差异化和集中化战略。本题目中甲公司收购煤炭开采企业属于总体战略中的发展战略，而煤炭开采企业实施的低成本战略则是业务单位战略的范畴。

10. 【答案】D

【解析】公司目的是企业组织的根本性质

和存在理由的直接体现，组织按其存在理由可以分为两大类：营利组织和非营利组织。以营利为目的而成立的组织，其首要目的是为其所有者带来经济价值。例如，通过满足客户需求、建立市场份额、降低成本等来增加企业价值，其次的目的是履行社会责任，以保障企业主要经济目标的实现。

11.【答案】C

【解析】公司宗旨旨在阐述公司长期的战略意向，其具体内容主要是说明公司目前和未来索要从事的经营业务范围，反映出企业的定位，选项C符合公司宗旨的含义。选项A是公司目标，选项B是公司经营哲学，选项D是公司经营策略。

12.【答案】C

【解析】革命性变革的特点包括：(1)在企业生命周期中不常发生；(2)急剧的变化过程；(3)影响整个企业体系。选项C是渐进性变革的特点之一。

13.【答案】C

【解析】甲公司由固定工资制改为浮动工资制，致使员工未来收入的不确定性，员工为此感到无安全感和担忧，抵制薪酬体制的变革，因此属于心理变化原因。

14.【答案】A

【解析】本题考核公司战略的层次。本题中公司为了增强自身的生产能力和市场占有率，决定收购市场上其他生产小家电的公司，属于公司层战略。

15.【答案】A

【解析】题干信息体现了战略变革的渐进阶段。在这个阶段中，战略发生缓慢变化，这种变化可能是零敲碎打性的，也可能是系统性的。

16.【答案】D

【解析】对公司战略的定义有多种表述，可以将战略的概念用传统概念和现代概念来分类，选项A正确。公司战略的传统概念强调公司战略的一方面属性——计划性、全局性和长期性，选项B正确。现代概念与传统概念的主要区别在于，现代概念认为战略只包括为达到企业的终点而寻求的途径，而不包括企业终点本身；而从本质区别看，现代概念更强调战略的另一方面属性——应变性、竞争性和风险性。选项C正确，选项D不正确。

17.【答案】D

【解析】加拿大学者明茨伯格在1989年提出，企业中许多成功战略是在事先无计划的情况下产生的。他将战略定义为“一系列或整套的决策或行动方式”，这套方式包括刻意安排（或计划性）的战略和任何临时出现（或非计划性）的战略。美国学者汤姆森认为“战略既是预先性的（预谋战略），又是反应性的（适应性战略）”。选项D不正确，符合题意。

18.【答案】B

【解析】在多元化公司中，公司层战略主要关注的是决定参与竞争的业务和资源如何分配。

19.【答案】D

【解析】本题考核公司的使命与目标。公司的使命首先是要阐明企业组织的根本性质与存在理由，一般包括公司目的、公司宗旨和经营哲学三方面。公司目的是企业组织的根本性质和存在理由的直接体现。公司宗旨旨在阐述公司长期的战略意图。经营哲学是公司为其经营活动方式确立的价值观、基本信念和行为准则，是企业文化的高度概括。公司目标是公司使命的具体化，是一种用以衡量工作成绩的标准，可分为和财务业绩有关的标准以及和战略业绩有关的标准。财务目标体系和战略目标体系都应该从短期目标和长期目标两个维度体现出来。目标体系的建立需要所有管理者的参与。故选项D错误。

20.【答案】B

【解析】公司战略的传统概念强调公司战略的属性，包括计划性、全局性和长期性。公司战略的现代概念更强调应变性、竞争性和风险性。所以本题选项B是正确答案，选项D说的是公司战略的现代概念。

21.【答案】B

【解析】公司宗旨旨在阐述公司长期的战略意向，其具体内容主要说明公司目前和未来所要从事的经营业务范围。B选项阐明了公司的具体业务是生产复印机，属于公司宗旨，所以选项B正确。

22.【答案】A

【解析】选项A属于总体战略的构成要素。选项B属于业务单位战略的构成要素。

选项 CD 属于职能战略的构成要素。

23.【答案】A

【解析】职能战略，又称职能层战略，主要涉及企业内各职能部门，如营销、财务、生产、研发、人力资源等，如何更好地配置企业内部资源，为各级战略服务，提高组织效率。本题中描述的是企业的市场部门制定出的战略，主要针对企业的市场营销，因此是属于企业的职能战略。选项 C 属于干扰项。

【提示】考生需要注意各个层次战略的别称，以及主要任务是什么，按照下面的总结进行记忆。

战略层次	别称	主要任务
总体战略	公司层战略	选择经营领域，合理配置经营所必需的资源
业务单位战略	竞争战略	将公司战略具体化，形成业务单位具体的竞争优势
职能战略	职能层战略	各职能部门更好地配置企业内部资源，提高组织效率

24.【答案】B

【解析】评估战略备选方案的可接受性标准，考虑选择的战略能否被企业利益相关者所接受，实际上并不存在最佳的、符合各方利益相关者的统一标准，经理们和利益相关团体的不同价值观和期望在很大程度上影响着战略的选择。

25.【答案】A

【解析】制定战略选择方案中的上下结合的方法：企业最高管理层和下属各部门的管理人员共同参与，通过上下级管理人员的沟通和磋商，制定出适宜的战略。所以选项 A 正确。

26.【答案】C

【解析】本题考查考生对战略变革各阶段特征的把握。连续阶段公司战略基本上没有发生大的变化，只有一些小的修正；渐进阶段公司战略发生缓慢的有方向性的变化；不断改变阶段战略变化呈现无方向或无重心的特征；全面阶段公司战略在短时间内发生革命性或转化性变化。

27.【答案】A

【解析】连续阶段：在这个阶段中，制定的战略基本上没有发生大的变化，仅有一些小的修正。

【提示】考生可以将战略变革形式的演变看成一个由点及面的过程，连续阶段可以针对以前的战略的连续，也就是和以前的战略基本没有变化（只有小的修正），所以说是连续；而渐进阶段是开始有一点零打碎敲性的变化；不断改变阶段就是较大范围的无方向无重点的变化；最后全面阶段是在一个较短的时间内发生革命性的变化。

28.【答案】A

【解析】加拿大学者茨明格提出，以计划为基点将企业战略视为理性计划的产物是不正确的，选项 A 错误，应当选。一个实际的战略是管理者在公司内外各种情况不断包括的过程中不断规划和再规划的结果，选项 B 正确，不当选。在当今瞬息万变的环境里，公司战略意味着企业要采取主动姿态预测未来，选项 C 正确，不当选。大部分公司的战略是事先计划和突发应变的结合，选项 D 正确，不当选。故正确答案为 A。

29.【答案】B

【解析】企业战略变革的主要任务包括：调整企业理念、企业战略重新进行定位（产品范围、市场范围和企业价值系统范围的重新定位）和重新设计企业的组织结构。

30.【答案】A

【解析】变革受到抵制的原因：（1）生理变化。这是由工作模式、工作地点的变化造成的。（2）环境变化。如住新房子、建立新的关系，按照新的规则工作（这种新规则包括学习新的工作方式）等。（3）心理变化：①迷失方向。例如，当变革涉及设定一种新的角色或者新的关系时，会产生心理变化；②不确定性可能导致无安全感；③无助。如果观察到外力或者代理人反对变革，个人会感到无助。选项 B 属于生理变化原因；选项 C、D 属于环境变化原因。

31.【答案】A

【解析】选项 A 是变革的管理方式，选项 B 和选项 D 是变革的节奏，选项 C 是变革的范围，所以该题正确答案为 A。

二、多项选择题

1.【答案】BD

【解析】公司目标是公司使命的具体化，从整个公司角度来看，需建立两种类型的业绩标准，即和财务有关的业绩标准以及和战略有关的业绩标准。财务目标主要包括：满意的市场占有率、收益增长率、投资回报率等；战略目标主要包括：获取足够的市场份额，建立竞争优势等。所以选项 B、D 正确。

2. 【答案】ABD

【解析】企业战略变革的主要任务包括调整企业理念、企业战略的重新定位、重新设计企业的组织结构。选项 C 属于日常运营中职能战略的内容。

3. 【答案】ABCD

【解析】战略实施要解决以下几个主要问题：（1）确定和建立一个有效的组织结构；（2）保证人员和制度的有效管理；（3）正确处理和协调公司政治关系；（4）选择适当的组织协调和控制系统；（5）协调好战略、结构、文化和控制诸方面的关系。故选项 A、B、C、D 均正确。

4. 【答案】ABC

【解析】外部环境分析可以从企业所面对的宏观环境、产业环境、竞争环境和国家竞争优势几个方面展开。选项 D 属于内部环境分析的内容。

5. 【答案】ABCD

【解析】内部环境分析可以从企业资源与能力、价值链分析、业务组合分析等方面展开；选项 D 属于外部环境分析的内容。

6. 【答案】ACD

【解析】公司总体战略选择包括发展战略、稳定战略和收缩战略三种类型，选项 B 是发展战略的基本类型之一。

7. 【答案】BCD

【解析】业务单位战略包括成本领先、集中化和差异化三种，故选项 B、C、D 正确。

8. 【答案】ABCD

【解析】一般将公司战略分为三个层次：总体战略、业务单位战略和职能战略，业务单位战略又称为竞争战略，故选项 A、B、C、D 均正确。

9. 【答案】ABC

【解析】公司目标是公司使命的具体化，选项 D 是公司使命。

10. 【答案】ABD

【解析】提供智能共享单车服务是 MB 单车的公司宗旨；创立以来盈利额高达 200 万元说明公司是以营利为目的的；一年内要将市场占有率提高到 70% 以上体现的是公司的目标。所以选项 A、B、D 正确。

11. 【答案】CD

【解析】选项 A 属于变革的节奏，选项 B 属于变革的范围，选项 C 召开全体员工会议，是与员工对话的行为，可有效消除分歧，选项 D 鼓励员工积极参与，可减少抵制情绪。

12. 【答案】BCD

【解析】“对员工的技能和行为方式提出了新的要求”属于人员变革，选项 B 正确。“针对消费潮流的变化开发出若干新产品”属于产品和服务变革，选项 C 正确。“从一家互联网金融公司转型为一家集金融、科技、商贸为一体的公司”属于结构和体系变革，选项 D 正确。

13. 【答案】BD

【解析】（1）文化障碍。当企业所面对的环境发生了变化，并要求企业适应这种变化以求得生存时，原有文化的惯性会阻碍变革的进程；（2）私人障碍。①习惯；②变革对个人收入的影响可能相当大；③对于未知的恐惧降低了人们学习新技能和程序的意愿和兴趣，因为他们可能缺乏自信去迎接新的挑战；④员工往往选择性地接受和处理信息，并因此忽略管理层对于变革的要求。

14. 【答案】CD

【解析】战略目标体系建立的目的在于为公司赢得下列结果：获取足够的市场竞争优势，在产品质量、客户服务或产品革新等方面压倒竞争对手，使整体成本低于竞争对手的成本，提高公司在客户中的声誉，在国际市场上建立更强大的立足点，建立技术上的领导地位，获得持久的竞争优势，抓住诱人的成长机会等。财务目标体系表明公司必须致力于在下列指标上达到较好效果：市场占有率、收益增长率、投资回报率、股利增长率、股票价格评价、现金流以及公司的信任度等。

15. 【答案】ACD

【解析】公司目的是企业组织的根本性质和存在理由的直接体现。组织按其存在理由可以分为两大类：营利组织和非营利组织。以营利为目的而成立的组织，其首要目的是为其所有者带来经济价值。例如，通过满足客户需求、建立市场份额、降低成本等来增加企业价值，其次的目的是履行社会责任，以保障企业主要经济目标的实现。相反，以非营利目的成立的组织，其首要目的是提高社会福利、促进政治和社会变革，而不是营利。一般而言，企业是最普通的营利组织，红十字会是最普通的非营利组织。所以选项B的说法是不正确的，以营利为目的而成立的组织，其首要目的是为其所有者带来经济价值，而不是为其员工带来经济利益。

16.【答案】ACD

【解析】战略的层次分为三层：总体战略（公司层战略）、业务单位战略（竞争战略）和职能战略。在多元化经营的企业，总体战略是企业最高层次的战略。

17.【答案】ABCD

【解析】战略实施是将战略转化为行动。战略实施要解决以下几个主要问题：（1）确定和建立一个有效的组织结构；（2）保证人员和制度的有效管理；（3）正确处理和协调公司内部关系；（4）选择适当的组织协调和控制系统；（5）协调好战略、结构、文化和控制诸方面的关系。

18.【答案】ABD

【解析】一般来说，战略管理包含三个关键要素：战略分析——了解组织所处的环境和相对竞争地位；战略选择——战略制定、评价和选择；战略实施——采取措施使战略发挥作用。战略分析的主要目的是评价影响企业目前和今后发展的关键因素，并确定在战略选择步骤中的具体影响因素。战略分析阶段明确了"企业目前处于什么位置"，战略选择阶段所要回答的问题是"企业向何处发展"。战略实施就是将战略转化为行动。

19.【答案】ACD

【解析】企业在进行最终的战略选择时，可以考虑下列几种方法：（1）根据企业目标选择战略；（2）提交上级管理部门审批；（3）聘请外部机构。

20.【答案】BCD

【解析】革命性变革的特点有：（1）在企业生命周期中不常发生；（2）全面转化；（3）影响整个企业体系。

21.【答案】ABCD

【解析】私人障碍。例如：（1）习惯，因为工作的习惯是很难改变的，新的不熟悉的工作方式通常让人感觉不舒服。安全也不可避免地受到威胁。（2）变革对个人收入的影响可能相当大。（3）对于未知的恐惧降低了人们学习新技能和程序的意愿和兴趣，因为他们可能缺乏自信去迎接新的挑战。（4）选择性的信息处理导致员工去选择应当听什么和忽略什么来判断他们的处境，从而忽略管理层对于变革的要求。

22.【答案】BD

【解析】在处理变革的阻力时，管理层应当考虑变革的三个方面：变革的节奏、变革的管理方式和变革的范围。题干中体现了变革的管理方式和变革的范围，所以选项B、D正确。

23.【答案】ABC

【解析】"尽量用工作方式的改变代替工作团体的重组"属于变革的范围，选项A正确。"公司对员工进行了所需新技术和业务能力的培训"属于变革的管理方式，选项B正确。"在应用互联网技术的基础上重新规划了网点布局和内部组织结构"属于变革的节奏，选项C正确。

24.【答案】ABD

【解析】选项A是变革与原有原则发生冲突；选项B是企业人员的原有习惯需要发生改变；选项C是一种良好的激励机制；选项D是导致员工对未来的不确定。

三、简答题

1.【答案】（1）戴富特在1992年将企业为了适应环境和在市场条件下生存而推行的战略变革进行了分类，共有四种类型：

①技术变革。技术变革往往涉及企业的生产过程，包括开发使之有能力与竞争对手抗衡的知识和技能。这些变革旨在使企业生产更有效率或增加产量。技术变革涉及工作方法、设备和工作流程等生产产品和服务技术。

②产品和服务变革。产品和服务变革是指企业产出的变革，包括开发新产品或改进现有产品，这在很大程度上影响着市场机会。

③结构和体系变革。结构和体系变革是指企业运作的管理方法的变革，包括结构变化、政策变化和控制系统变化。

④人员变革。人员变革是指企业员工价

值观、工作态度、技能和行为方式的转变，目的是确保职工努力工作，完成企业目标。

（2）由于通用电气公司新总裁上任后都会将原来总裁的理念和很好的做事方式抛弃，新总裁要根据现实情况实施自己的管理经营理念和做事方式，而这些理念一定是不同于以往的理念和方式的。通用电气公司的这种做法是企业员工价值观、工作态度、技能和行为方式的转变，属于人员变革。

2.【答案】

（1）绿安集团第一次战略变革的类型是产品和服务变革，指企业的产出的变革，包括开发新产品或改进现有产品。“把产业链延伸到工业实体领域”“成立了一家化纤企业，产品主要是地毯纱线”。第二次战略变革的类型也是产品和服务变革，“绿安集团投资新建了自己的地毯生产企业”。

（2）绿安集团管理层在实施第二次战略变革时应考虑变革的3个方面：

①变革的节奏：

②变革的管理方式；

③变革的范围。

第二章　战略分析

本章考情分析

本章属于考试的重中之重，在近五年的考试中，本章平均分值在20分左右，分值较高的年份分值接近30分，分值密度高。

本章的主要内容是战略分析。企业在开始制定战略时，必须首先识别和评价来自企业外部环境和内部条件的信息。分析外部环境带来的机会与威胁以及内部条件具有的优势与劣势，可以为确定战略目标，制订并实施战略计划奠定良好的基础。战略管理的有效性在很大程度上取决于能否准确地评价外部环境和透彻地识别内部条件。

外部环境的战略分析揭示了企业可能存在的机会和应当避免的威胁。但是，只有企业具备了相应的内部条件，才能通过有效地组合企业内不同种类的资源和能力，形成企业的核心竞争力，从而利用外部环境提供的机会，避免可能的威胁。其中，资源是企业能力的来源，能力则是企业核心竞争力的来源，而核心竞争力则构成了企业的竞争优势。任何企业都会在某些资源或能力方面具有优势，而在另外一些方面具有劣势。分析内部因素的目的就在于评价和识别企业所具有的独特资源和能力，确认企业在产业竞争中的关键优势与劣势。企业内部的优势和劣势加上外部提供给企业的机会与威胁，共同构成了企业确立战略目标和制订战略计划的基础。

战略分析包括对企业所处外部环境和自身内部环境的分析。其中，外部环境分析包括宏观环境分析、产业环境分析、竞争环境分析和国家竞争优势分析；内部环境分析包括企业资源与能力分析、业务组合分析；在分析内外部环境的基础上，运用SWOT分析法对企业的各种环境因素进行系统评价。

本章需要重点掌握的内容包括：

- 外部环境分析部分

（1）PEST分析法及各因素所包含的细分内容；

（2）产品生命周期分析，需掌握各阶段的特征、目标及战略路径；

（3）波特的产业五种竞争力分析，需掌握五种作用力如何影响企业所处的产业环境；

（4）成功关键因素分析，需掌握成功关键因素的几个特征；

（5）竞争环境分析，重点掌握战略群组的含义、划分方法及战略群组分析的意义；

（6）国家竞争优势分析，需掌握钻石模型四要素的含义及如何影响产业的竞争优势。

- 内部环境分析部分

（1）企业资源与能力分析，需掌握企业资源的主要类型，企业资源能够带来竞争优势的判断标准，企业核心能力的辨别和评价（基准分析），理解企业核心能力与成功关键因素的区别；

（2）波特的价值链分析，重点掌握五种基本活动，四种支持活动和企业资源能力的价值链分析；

（3）波士顿矩阵分析，需掌握波士顿矩阵的基本原理，矩阵中四类业务的特征、适宜采用的战略和横向组织结构，波士顿矩阵的局限性；

（4）通用矩阵分析，需掌握通用矩阵的基本原理，矩阵中9个方格应采取的战略；

（5）SWOT分析，需能够运用SWOT方法综合评价企业的外部机会和威胁，内部优势和劣势，并能够与第三章战略选择相结合，做出相应的战略选择。

本章考点在客观题、简答题和综合题都有分布，近五年考试情况如下：

年度	题型	题量	分值	考点
2015	单选题	7	7	五力模型、产品生命周期、产业竞争、蓝海战略、SWOT分析、组织方式、价值链
	简答题	1	8	战略群组
2016	单选题	6	6	环境分析、波士顿矩阵、SWOT分析
	简答题	2	12	价值链、产品生命周期、战略群组
2017	单选题	6	6	产品生命周期、产业五种竞争力、竞争对手分析、企业的核心能力、波士顿矩阵、SWOT分析的应用
	多选题	4	6	产业五种竞争力、产业内的战略群组、企业资源分析、价值链的两类活动
	简答题	3	8	宏观环境分析、产业五种竞争力、国家竞争优势（钻石模型）分析
	综合题	3	10	国家竞争优势（钻石模型）分析、企业的核心能力、价值链确定
2018	单选题	7	7	SWOT分析、产品生命周期、钻石模型、波士顿矩阵、企业竞争优势
	多选题	3	4.5	导入期特征、产业五种竞争力
	简答题	1	4	价值链分析法
	综合题	2	8	基准分析、企业能力分析
2019	单选题	7	7	企业内部环境分析、企业外部环境分析
	多选题	4	6	企业外部环境分析
	简答题	1	8	企业内部环境分析、企业外部环境分析

本章教材变化

本章教材变化2019年相比无重要知识点变化。只是在宏观经济环境中的经济环境之中删除了“（5）”的内容，改为“其他经济条件”；竞争环境分析中删除了部分说明性的内容。案例增加一个减少一个，案例总量没有变化。

基本内容框架

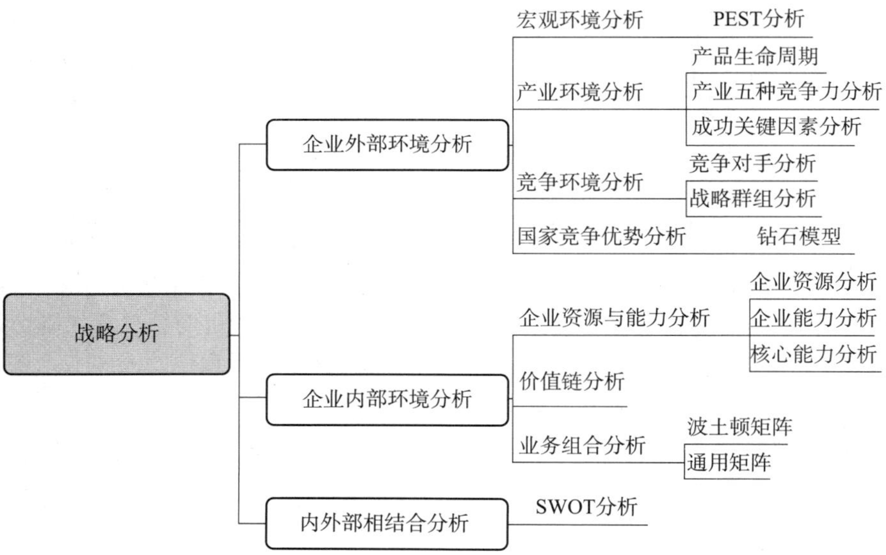

通关重难点例题解析

知识点1　宏观环境分析（★★）

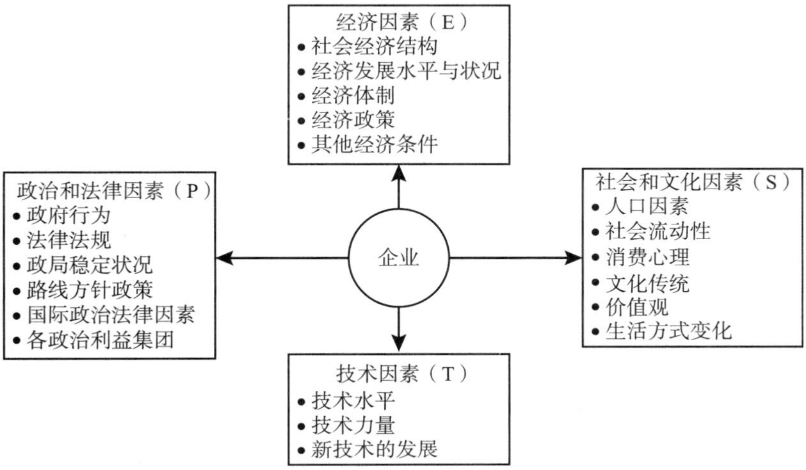

（一）政治和法律环境	
政治环境分析	①企业所在国家和地区的政局稳定状况。 ②政府行为对企业的影响。政府对资源如土地、自然资源掌握情况影响企业战略。 ③执政党所持的态度和推行的基本政策以及政策的连续性和稳定性。 ④各政治利益集团对企业活动产生的影响。
法律环境分析	①保护企业，反对不正当竞争。 ②保护消费者的合法利益。 ③保护员工。涉及员工招聘、工作条件等有关员工权益的法律法规。 ④保护公众权益免受不合理企业行为损害，如环境保护法。

【提示1】通常，政治因素对企业行为有直接影响，而法律因素则产生间接影响。

【提示2】政治和法律因素是保障企业生产经营活动的基本条件，在一个稳定的法治环境下，企业能够通过公平竞争获取自己的正当权益，并得以长期稳定地发展。

【提示3】同一个政策或法规，可能会给不同的企业带来不同的机会或制约。

（二）经济环境

内容	含义	常用指标
1. 社会经济结构	国民经济中不同的经济成分、产业部门等组成的量的比例或相互关联情况。	产业结构、分配结构、交换结构、消费结构和技术结构。
2. 经济发展水平与状况	一个国家经济发展的规模、速度和达到的水平。	国内生产总值GDP、人均GDP和经济增长速度。
3. 经济体制	国家经济组织的形式，规定了国家与企业、企业与企业、企业与经济部门的关系。	
4. 宏观经济政策	国家经济发展目标实现的战略与策略。	综合性全国发展战略、国民收入分配政策、价格政策、物资流通政策、产业政策。
5. 其他经济条件	——	工资水平、供应商及竞争对手的价格变化。

续表

（三）社会和文化环境	
1. 人口因素	常用指标：结婚率和离婚率、出生率和死亡率、人口的平均寿命、人口的年龄和地区分布、人口在民族和性别比例、受教育水平和生活方式差异等。
2. 社会流动性	①社会分层、各阶层差异以及人们是否可在各阶层之间转换； ②人口内部各群体的规模、财富及其构成的变化； ③不同区域的人口分布。
3. 消费心理	消费者在消费活动中的心理过程，会影响企业战略的制定。
4. 生活方式变化	随着生活方式的变化，人们的物质需求会越来越高，精神需求也会越来越强烈。
5. 文化传统	一个国家或地区在较长时期内形成的一种社会习惯，文化传统是影响经济活动的一个重要因素。如中国的春节和西方的圣诞节。
6. 价值观	社会公众评价各种行为的观念和标准。不同国家和地区人们价值观存在差异。
（四）技术环境	
含义	是指企业所处环境中的科技要素及与该要素直接相关的各种社会现象的集合，包括国家科技体制、科技政策、科技水平和科技发展趋势等。
技术环境对企业战略的影响	①技术进步使得企业能对市场及客户进行有效分析。如大数据技术的采用。 ②新技术的出现使社会对本行业产品和服务需求增加，可能扩大企业经营范围或扩大市场。 ③技术进步创造竞争优势，如技术进步可在不增加成本前提下，提供更优质的产品或服务。 ④技术进步导致现有产品淘汰或大大缩短生命周期。 ⑤新技术发展允许企业更多地关注环境保护、社会责任和可持续发展问题。

【提示】技术环境对企业的影响可能是创造性的，也可能是破坏性的，企业必须要预见这些新技术带来的变化，在战略管理上做出相应的决策和行动，以获得竞争优势。

【例2－1】（2019单选题）

国家出台“每对夫妻可生育两个子女”的政策后，少儿智能学习机制造商龙华公司预测其产品的市场需求将明显增长，于是制定并实施了新的发展战略，扩大投资，提高生产能力，同时采用新一代智能技术实现产品升级。龙华公司外部环境分析所采用的主要方法是（　　）。

A. 五种竞争力分析

B. PEST分析

C. 成功关键因素分析

D. 产业生命周期分析

【答案】B

【解析】“国家出台“每对夫妻可生育两个子女的政策”属于宏观环境分析（PEST分析）中的政治和法律因素。选项B正确。

【例2－2】（2019单选题）

2012年政府颁布了《生活饮用水卫生标准》。然而，由于相关设施和技术等方面的原因，国内一些地区的自来水水质短期内还不能达到标准。同时，近年随着国内经济迅速发展，国民追求健康和高品质生活的愿望不断提高。通过对上述情况的分析，华道公司于2013年从国外引进自来水滤水壶项目，获得成功。本案例中，华道公司外部环境分析所采用的主要方法是（　　）。

A. 产品生命周期分析

B. 五种竞争力分析

C. PEST分析

D. 钻石模型分析

【答案】C

【解析】“2012年政府颁布了《生活饮用水卫生标准》”属于政治和法律环境因素，“由于相关设施和技术等方面的原因，国内一些地区的自来水水质短期内还不能达到标准”属于技术环境因素，“国内经济迅速发展”属于经济环境因素，“国民追求健康和高品质生活的愿望不断提高”属于社会和文化环境因素。综上，华道公司外部环境分析采用的是PEST分析。选项C正确。

【例2－3】（单选题）

商界有句名言“女人和孩子的钱好赚”。从战略分析角度来看，该说法主要分析的因素是（　　）。

A. 人口因素　　B. 价值观

C. 生活方式变化　　D. 消费心理

【答案】D

【解析】本题考查PEST分析中社会和文化环境要素中的消费心理，其中消费心理是指消费者在消费活动中表现出的心理特征和心理活动的过程。消费者心理将体现在消费需求上，并对企业生产经营产生影响。企业需要掌握消费者心理。“女人和孩子的钱好赚”体现的是这两类人群在消费时具有冲动消费心理。

知识点 2　产品生命周期（★★）

阶段	特征	经营战略	经营风险
导入期	产品用户少； 产品质量有待提高； 产品价格弹性小。	目标：扩大市场份额，争取成为“领头羊”。 路径：投资于研究开发和技术改进、提高产品质量。	非常高。
成长期	产品销量节节攀升；各厂家产品在技术和性能方面有较大差异；生产能力不足；竞争者涌入，出现兼并等意外事件。	目标：争取最大的市场份额，并坚持到成熟期的到来。 路径：市场营销，改变产品的价格和质量形象。	有所下降，但仍维持在较高水平。
成熟期	竞争者之间出现价格战； 产品逐步标准化； 局部生产能力过剩。	目标：巩固市场份额，提高投资报酬率。 路径：提高效率、降低成本。	进一步下降，达到中等水平
衰退期	客户精明，对性价比要求很高；产品质量可能出现问题；产能严重过剩。	目标：首先是防御，获取最后的现金流。 路径：控制成本，以维持正的现金流量。	进一步降低，主要悬念是何时产品完全退出市场。

【例 2－4】（2019 单选题）

专为商业零售企业提供管理咨询服务的智信公司于 2015 年预测中国的实体百货零售业已进入衰退期。该公司作出上述预测的依据应是（　　）。

A. 实体百货零售业投资额增长率曲线的拐点

B. 实体百货零售业利润额增长率曲线的拐点

C. 实体百货零售业工资额增长率曲线的拐点

D. 实体百货零售业销售额增长率曲线的拐点

【答案】D

【解析】产业发展要经过 4 个阶段：导入期、成长期、成熟期和衰退期。这些阶段是以产业销售额增长率曲线的拐点划分。选项 D 正确。

【例 2－5】（2018 单选题）

近年来，国产品牌智能手机企业强势崛起，出货量迅猛增长，与国际品牌智能手机在市场上平分秋色。中低端智能手机市场基本被国产智能手机占领，新进入者难以获得市场地位。同时，由于运营渠道调整，电商等渠道比重加大，产品“同质化”现象加剧，“价格战”日趋激烈。根据上述情况，国内智能手机产业目前所处的生命周期阶段是（　　）。

A. 成长期　　B. 导入期

C. 衰退期　　D. 成熟期

【答案】D

【解析】“中低端智能手机市场基本被国产智能手机占领，新进入者难以获得市场地位”“产品‘同质化’现象加剧，‘价格战’日趋激烈”均体现的是产品生命周期成熟期的特点。选项 D 正确。

【例 2－6】（2017 单选题）

近年来，国内空调产业的销售额达到前所未有的水平。不同企业生产的空调在技术和质量等方面的差异不明显，空调生产企业的主要战略途径是提高效率、降低成本。按照产品生命周期理论，目前国内空调产业所处的阶段是（　　）。

A. 成长期　　B. 成熟期

C. 衰退期　　D. 导入期

【答案】B

【解析】“国内空调产业的销售额达到前所未有的水平。不同企业生产的空调在技术和质量等方面的差异不明显”“主要战略途径是提高效率、降低成本”表明目前国内空调产业所处的阶段属于成熟期。选项 B 正确。

【例 2－7】（2015 单选题）

根据产品生命周期理论，产业从导入期到进入衰退期，其经营风险（　　）。

A. 不断下降　　B. 不断提高

C. 先提高后下降　　D. 先下降后提高

【答案】A

【解析】导入期经营风险非常高；成长期经营风险有所下降，但仍维持在较高水平；成熟期经营风险进一步降低，达到中等水平；衰退期经营风险会进一步降低。由此可见，从导入期到衰退期，产业经营风险是不断下降的。

【例2-8】(2014多选题)

下列关于产品生命周期的表述中，正确的有（　　）。

A. 以产业销售额增长率曲线的拐点划分，产业生命周期可以划分为导入期、成长期、成熟期和衰退期4个阶段

B. 成熟期开始的标志是竞争者之间出现挑衅性的价格竞争

C. 与产品生命周期每一个阶段相联系的竞争属性随着产业的不同而不同

D. 一个产业所处的生命周期具体阶段通常比较清晰

【答案】ABC

【解析】产品生命周期各阶段的持续时间随着产业的不同而非常不同，并且一个产业究竟处于生命周期的哪一阶段通常不易区分清楚。故选项D错误。

【例2-9】(2013单选题)

关于产品生命周期，以下表述正确的是（　　）。

A. 从产业环境与从国际生产要素组合不同角度分析，产品生命周期的内涵是一致的

B. 从产品研发和生产角度考查，产品生命周期可以划分为导入期、成长期、成熟期和衰退期4个阶段

C. 在衰退期后期，多数企业退出后，产品价格可能上扬

D. 产品生命周期可用于分析所有产业的发展规律，但各阶段的持续时间随着产业不同而不同

【答案】C

【解析】波特产品生命周期理论是以产业销售额增长率曲线的拐点进行划分。弗农在其《产品周期的国际贸易》一文中提出的产品生命周期理论，是从产品的研发和生产角度进行考察，将产品生命周期划分为产品创新、产品成熟和产品标准三个阶段，两者内涵并不相同，故选项A和B错误，不同产业的增长并不总是呈“S”形，有些产业可能会跳过某一阶段，因此选项D错误。

知识点3　产业五种竞争力（★★★）

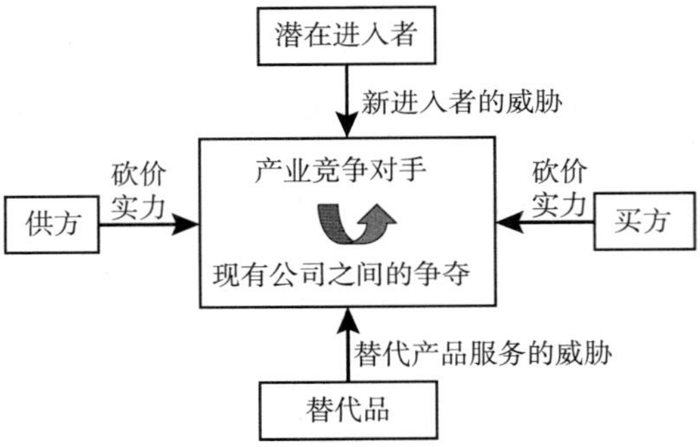

【提示】波特认为，每个产业中都存在五种基本竞争力量，它们共同决定了产业竞争的强度及产业利润率。企业必须努力改变这五种力量，获取竞争优势。

（一）潜在进入者	
对现有厂商的影响	1. 进入者会瓜分原有的市场份额获得一些业务； 2. 进入者减少了市场集中，从而激发现有企业间的竞争，减少价格成本差。
进入障碍	1. 结构性障碍，规模经济、现有企业对关键资源的控制、现有企业的市场优势。 2. 行为性障碍，限制进入定价、进入对方领域。
（二）替代品的威胁	
直接产品替代	某一种产品直接取代另一种产品。如不同品牌的手机之间相互替代。
间接产品替代	由能起到相同作用的产品非直接地取代另外一些产品。如人工合成纤维替代布料。

【提示1】新产品能否替代老产品，主要取决于两种产品的“性能—价格比”；

【提示2】替代品的威胁并不意味着新产品对老产品最终的取代，几种替代品长期共存也是很常见的情况。但替代品之间的竞争规律是不变的，即价值高的产品获得竞争优势。

（三）供应者、购买者讨价还价的能力	
供应者和购买者讨价还价的主要内容围绕价值增值的两个方面，即功能与成本展开，双方都力求在交易中使自己获得更多的价值增值，双方讨价还价能力的大小取决于以下几个方面：	
买方（或卖方）的集中程度或业务量的大小	若买方的购买力集中或者对卖方来说是一笔很可观的交易时，该购买者讨价还价能力就会增加。若卖方较为集中，而购买者较为分散时，则卖方能够在价格、质量等方面向买方施加压力。
产品差异化程度与资产专用性程度	若供方的产品存在差别化，因而替代品不能与供应者所销售的产品相竞争，供方讨价还价的能力就会增强。
纵向一体化程度	若买方实行了部分后向一体化或存在后向一体化的现实威胁，在讨价还价中就处于能迫使对方让步的有利地位；若供方表现出前向一体化的威胁，也会提高其讨价还价的能力。
信息掌握的程度	若供方充分掌握买方的有关信息，了解其转换成本，会增加其讨价还价的能力；若买方充分了解需求、实际市场价格，甚至供应商的成本等方面信息时，要比在信息贫乏的情况下掌握更多的讨价还价的筹码。
（四）产业内现有企业的竞争	
产业内现有企业竞争激烈程度的影响因素	1. 产业内有众多的势均力敌的竞争对手； 2. 产业发展缓慢； 3. 顾客认为所有的商品都是同质的 4. 产业存在过剩的生产能力； 5. 产业进入障碍低而退出障碍高。

五力模型的局限性	该分析模型基本上是静态的。
	该模型能够确定行业的盈利能力，但是对于非营利机构，有关获利能力的假设可能是错误的。
	该模型基于这样的假设：即一旦进行了这种分析，企业就可以制定企业战略来处理分析结果，但这只是一种理想的方式。
	该模型假设战略制定者可以了解整个行业（包括所有潜在的进入者和替代产品）的信息，但这一假设在现实中并不存在。
	该模型低估了企业与供应商、客户或分销商、合资企业之间可能建立长期合作关系以减轻相互之间威胁的可能性。
	该模型对产业竞争力的构成要素考虑不够全面。

【例2-10】（2019单选题）

龙苑公司是一家制作泥塑工艺品的家族企业。该公司成立100多年来，经过世代相传积累了丰富的泥塑工艺品制作经验和精湛技艺，产品远销国内外。目前一些企业试图进入泥塑工艺品制作领域。根据上述信息，龙苑公司给潜在进入者设置的进入障碍是（　　）。

A. 资金需求

B. 学习曲线

C. 行为性障碍

D. 分销渠道

【答案】B

【解析】“经过世代相传积累了丰富的泥塑工艺品制作经验和精湛技艺，产品远销国内外”体现的是学习曲线。选项B正确。

【例2-11】（2019多选题）

惠丰公司是一家柴油机生产企业。最近，该公司拟把业务延伸到农机生产领域。下列各项中，属于惠丰公司进入新产业所面临的结构性障碍的有（　　）。

A. 现有农机企业采取限制进入定价行为

B. 现有农机企业的品牌优势

C. 政府颁布的农机产业进入政策

D. 现有农机企业对销售渠道的控制

【答案】BCD

【解析】选项A属于行为性障碍中的限制进入定价；选项B、C属于结构性障碍中的现有企业的市场优势；选项D属于结构性障碍中的现有企业对资源的控制。

【例2-12】（2019多选题）

巨能公司是多家手机制造企业的电池供应商。根据波特的五种竞争力分析理论，下列各项关于巨能公司与其客户讨价还价能力的说法中，正确的有（　　）。

A. 巨能公司能够进行前向一体化时，其讨价还价能力强

B. 巨能公司提供的电池差异化程度越高，其讨价还价能力越强

C. 巨能公司的客户购买量越大，巨能公司讨价还价能力越强

D. 巨能公司掌握的客户的转换成本信息越多，其讨价还价能力越强

【答案】ABD

【解析】巨能公司的客户购买量越大，巨能公司的讨价还价能力越弱。选项C错误。

【例2-13】（2018多选题）

近年来国内洗涤品生产企业面临日益沉重的竞争压力。国外著名洗涤品公司加快进入中国市场的步伐；原材料及用工成本不断上涨；国内洗涤品生产企业众多，产品差异较小，消费者选择余地大；新型洗涤品层出不穷，产品生命周期缩短，原有洗涤品不断遭到淘汰。从产业五种竞争力角度考察，国内洗涤品生产企业面临的竞争压力包括（　　）。

A. 产业内现有企业的竞争

B. 购买者讨价还价

C. 供应者讨价还价

D. 潜在进入者的进入威胁

【答案】ABCD

【解析】“国内洗涤品生产企业众多，产品差异较小”体现了产业内现有企业的竞争强度大，选项A正确。“国内洗涤品生产企业众多，产品差异较小，消费者选择余地大”体现了购买者的讨价还价能力强，选项B正确。“原材料及用工成本不断上涨”体现了供应者的讨价还价能力强，选项C正确。“国外著名洗涤品公司加快进入中国市场的步伐”体现了潜在进入者的进入威胁大，选项D正确。

【例2-14】（2017单选题）

2007～2013年，S公司在作为P公司最大的元器件和闪存供应商的同时，推出了系列智能手机和平板电脑，成为P公司在智能手机和平板电脑市场主要的竞争对手。P公司很想摆脱对S公司的依赖，但由于S公司在生产关键零部件方面的能力显著强于其他公司，因而在短期内P公司仍然离不开S公司。这一案例中，影响S公司对P公司讨价还价能力的主要因素是（　　）。

A. 业务量

B. 产品差异化程度与资产专用性程度

C. 信息掌握程度

D. 纵向一体化程度

【答案】B

【解析】“P公司很想摆脱对S公司的依赖，但由于S公司在生产关键零部件方面的能力显著强于其他公司，因而在短期内P公司仍然离不开S公司”表明影响S公司对P公司讨价还价能力的主要因素是产品差异化程度与资产专用性程度。

【例2-15】（2016单选题）

哈佛商学院教授大卫·亚非在波特教授五种竞争力研究基础上，提出了影响产业利润的第六个要素。下列各项中，体现该要素作用的是（　　）。

A. 某火力发电企业并购了一家煤矿，降低了原材料成本

B. 某地区交通条件的改善促进了该地区房地产业的发展

C. 某牛奶供应商控制了全市的销售渠道，使其他牛奶供应商在该市难以立足

D. 两家大型超市通过降价销售，争夺消费者

【答案】B

【解析】哈佛商学院教授大卫·亚非在波特教授研究的基础上，根据企业全球化经营的特点，提出了第六个要素，即互动互补作用力。亚非认为，任何一个产业内部都存在

不同程度的互补互动（指互相配合一起使用）的产品或服务业务。例如，对于房地产业来说，交通、家具、电器、学校、汽车、物业管理、银行贷款、有关保险、社区、家庭服务等会对住房建设产生影响，进而影响到整个房地产业的结构。所以，选项B正确。

【例2-16】（2016单选题）

根据波特五种竞争力分析理论，下列各项关于供应商讨价还价能力的说法中，错误的是（　　）。

A. 供应商提供的产品专用性程度越高，其讨价还价能力越强

B. 供应商借助互联网平台掌握的购买者转换成本信息越多，其讨价还价能力越强

C. 占市场份额80%以上的少数供应商将产品销售给较为零散的购买者时，其讨价还价能力强

D. 供应商拥有足够的资源能够进行后向一体化时，其讨价还价能力强

【答案】D

【解析】供应商拥有足够的资源能够进行前向一体化时，其讨价还价能力就强。考生应能够对纵向一体化中的前向一体化和后向一体化的含义进行区分。

【例2-17】（2015单选题）

达美公司在全国各地拥有10多个仓储物流中心，还控制了多个中药材交易市场。基于此优势，达美公司决定构建一个中药材电子商务市场，并把它建成“实体市场与虚拟市场相结合”、中药材电子交易与结算服务为一体的中药材大宗交易平台。目前许多企业计划进入中药材电子商务业务。达美公司给潜在进入者设置的进入障碍是（　　）。

A. 规模经济

B. 资金需求

C. 现有企业的市场优势

D. 现有企业对关键资源的控制

【答案】D

【解析】现有企业对资源的控制一般表现为对资金、专利或专有技术、原材料供应、分销渠道、学习曲线等资源及资源使用方法的积累与控制。题目中，达美公司拥有10多个仓储物流中心，并控制了多个中药材交易市场，属于对原材料供应等关键资源的控制。

知识点4　成功关键因素分析（★★）

成功关键因素是指公司在特定市场获得盈利必须拥有的技能和资产，要点如下：

1. 随着产业的不同而不同。甚至在相同的产业中，也会因产业驱动因素和竞争环境的变化而变化。

2. 即使是同一产业中的各个企业，也可能对产业的成功关键因素有不同的侧重。

3. 随着产品生命周期的演变，成功关键因素也发生变化。

【例2-18】（2017单选题）

近年来，国内智能家电产业的产品销售量节节攀升，竞争者不断涌入。各厂家的产品虽然在技术和性能方面有较大差异，但均可被消费者接受。产品由于供不应求，价格高企。在产品寿命周期的这个阶段，从市场角度看，国内智能家电产业的成功关键因素应当是（　　）。

A. 建立商标信誉，开拓新销售渠道

B. 保护现有市场，渗入别人的市场

C. 选择区域市场，改善企业形象

D. 广告宣传，开辟销售渠道

【答案】A

【解析】“国内智能家电产业的产品销售量节节攀升，竞争者不断涌入。各厂家的产品虽然在技术和性能方面有较大差异，但均可被消费者接受。产品由于供不应求，价格高企”属于成长期的特点。成长期的战略目标是争取最大市场份额，并坚持到成熟期的到来。从市场角度看，成长期产业的成功关键因素是建立商标信誉，开拓新销售渠道。所以，选项A正确。选项B是成熟期市场中的成功关键因素，选项C是衰退期市场中的成功关键因素，选项D是导入期的成功关键因素。

【例2-19】（多选题）

对于电梯制造企业而言，其产业的成功关键因素包括（　　）。

A. 拥有核心能力

B. 售后服务

C. 具有比其他竞争对手做得更好的能力

D. 销售能力

【答案】BD

【解析】成功关键要素是指公司在特定市

场获得盈利必须拥有的技能和资产。成功关键要素应被看作是产业和市场层次的特征，而不是针对某个个别公司。拥有成功关键要素是获得竞争优势的必要条件，但不是充分条件。选项B、D属于电梯产业的成功关键要素，选项A、C属于企业获取竞争优势的核心能力因素。

知识点5 竞争对手分析（★★）

竞争对手分析	竞争对手的未来目标分析，帮助公司揭示竞争对手的驱动力。
	对竞争对手的假设分析，目的在于揭示竞争对手对其自身、所处产业以及产业内其他企业的评价和看法。
	对竞争对手现行战略的分析，目的在于揭示竞争对手正在做什么、能够做什么。
	对竞争对手能力的分析，目的在于揭示竞争对手的强项和弱点在哪里，而其优势与劣势将决定其发起反击的能力以及处理所处环境或产业中事件的能力。

【例2-20】（2018单选题）

随着人民生活水平日益提高，我国消费者对家电产品的选择不仅关注价格，更注重产品的智能属性。家电生产企业甲公司预计其最大的竞争对手乙公司在积极运用职能控制、红外线感应、定位系统、自动识别、自动扫描等技术开发新一代智能家电产品，以提升该公司在高端家电领域的市场份额。甲公司对乙公司进行的上述分析属于（　　）。

A. 财务能力分析

B. 快速反应能力分析

C. 成长能力分析

D. 适应变化能力分析

【答案】D

【解析】适应变化能力关注的是竞争对手对“外部变化”的“反应”，即当外部环境产生变化时，竞争对手能否对外部事件做出反应。“随着人民生活水平日益提高，我国消费者对家电产品的选择不仅关注价格，更注重产品的智能属性”属于外部环境变化；“预计其最大的竞争对手乙公司在积极运用职能控制、红外线感应、定位系统、自动识别、自动扫描等技术开发新一代智能家电产品，以提升该公司在高端家电领域的市场份额”是甲公司对其竞争对手乙公司面对外部环境的变化所做出反应的分析。所以，选项D正确。

【例2-21】（2017单选题）

2010年，R国汽车制造商G公司预计随着绿色环保理念的普及和政府相关产业政策的推出，R国的新能源汽车产业将迎来一个巨大的发展机遇；其本国竞争对手汽车制造商S公司，将凭借雄厚的资金实力和强大的科研能力，把投资和研发的重点转向新能源汽车领域。G公司对S公司的上述分析属于（　　）。

A. 成长能力分析

B. 适应变化能力分析

C. 快速反应能力分析

D. 财务能力分析

【答案】B

【解析】适应变化能力关注的是竞争对手对“外部变化”的“反应”，即当外部产生变化时，竞争对手能否对外部事件作出反应。“R国汽车制造商G公司预计随着绿色环保理念的普及和政府相关产业政策的推出，R国的新能源汽车产业将迎来一个巨大的发展机遇；其本国竞争对手汽车制造商S公司，将凭借雄厚的资金实力和强大的科研能力，把投资和研发的重点转向新能源汽车领域”，这表明G公司对S公司的上述分析属于适应变化能力分析。选项B正确。

【例2-22】（2014单选题）

自由现金储备、留存借贷能力、厂房设备的余力、定型的但尚未推出的新产品等因素决定着竞争对手的（　　）。

A. 快速反应的能力

B. 持久力

C. 适应变化的能力

D. 成长能力

【答案】A

【解析】竞争对手对其他公司的行动迅速做出反应的能力如何？或立即发动进攻的能力如何？这将由以下因素决定：自由现金储备、留存借贷能力、厂房设备的余力、定型的但尚未推出的新产品。故选项A正确。

【例2-23】（2019单选题）

七彩公司以“文化娱乐性”和“观光游

览性”为两维坐标，将旅游业分为不同的战略群组，并将“文化娱乐性高、观光游览性低”的文艺演出与“文化娱乐性低、观光游览性高”的实景旅游两类功能结合起来，率先创建了“人物山水”旅游项目，它将震撼的文艺演出置于秀丽山水之中，让观众在观赏歌舞演出的同时将身心融于自然。七彩公司采用战略群组分析的主要思路是（ ）。

A. 了解战略群组间的竞争状况

B. 了解战略群组间的“移动障碍”

C. 预测市场变化或发现战略机会

D. 了解战略群组内企业竞争的主要着眼点

【答案】C

【解析】“率先创建了人物山水旅游项目”说明发现了旅游业中存在的空缺，体现的是预测市场变化或发现战略机会。选项C正确。

知识点6 战略群组分析（★★）

含义	是指某一个产业中在某一战略方面采用相同或相似战略，或具有相同战略特征的各公司组成的集团。
划分方式	选择区分度较好的2～3项企业特征变量，将产业中的每个公司在“战略群组分析图”上标出。
意义	①有助于很好地了解战略群组间的竞争状况，主动地发现近处和远处的竞争者，也可以很好地了解某一群体与其他群组间的不同（群组间）； ②有助于了解各战略群组之间的“移动障碍”（群组间）； ③有助于了解战略群组内企业竞争的主要着眼点（群组内）； ④利用战略群组图还可以预测市场变化或发现战略机会（产业整体）。

【例2－24】（2014单选题）

下列关于产业内战略群组分析的表述中，正确的是（ ）。

A. 有助于预测市场变化或发现战略机会

B. 有助于寻找产业内的合作伙伴结成战略联盟

C. 有助于了解产业进入障碍

D. 有助于了解产业内企业之间的纵向或横向的联系

【答案】A

【解析】战略群组分析有助于企业了解相对于其他企业本企业的战略地位以及公司战略变化可能的竞争性影响。具体包括：（1）有助于很好地了解战略群组间的竞争状况，主动地发现近处和远处的竞争者，也可以很好地了解某一群体与其他群组间的不同（群组间）；（2）有助于了解各战略群组之间的“移动障碍”（群组间）；（3）有助于了解战略群组内企业竞争的主要着眼点（群组内）；（4）利用战略群组图还可以预测市场变化或发现战略机会（产业整体）。

【例2－25】（2013多选题）

以下关于企业战略群组的描述，正确的是（ ）。

A. 利用战略群组图可以预测市场变化

B. 分析战略群组可以更好地了解不同战略群组之间的竞争状况

C. 通过战略群组分析可以了解组内企业竞争的主要着眼点

D. 突破战略群组的边界就能够进入“蓝海市场”

【答案】ABCD

【解析】战略群组分析有助于企业了解相对于其他企业本企业的战略地位以及公司战略变化可能的竞争性影响。具体包括：（1）有助于很好地了解战略群组间的竞争状况，主动地发现近处和远处的竞争者，也可以很好地了解某一群体与其他群组间的不同（群组间）；（2）有助于了解各战略群组之间的“移动障碍”（群组间）；（3）有助于了解战略群组内企业竞争的主要着眼点（群组内）；（4）利用战略群组图还可以预测市场变化或发现战略机会（产业整体）；故选项A、B、C正确。传统的战略思维立足于当前已存在的行业和市场，采取常规的竞争方式与同行业中的企业展开针锋相对的竞争，是一种“红海战略”；而“蓝海战略”是指不局限于现有产业边界而是极力打破这样的边界条件，故选项D正确。

知识点7 国家竞争优势分析（钻石模型）（★★）

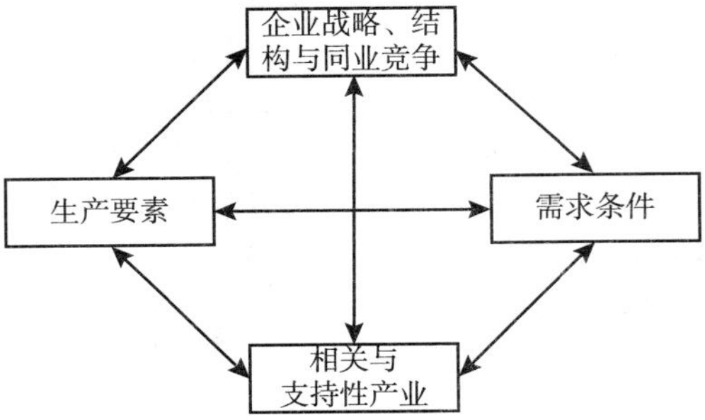

生产要素	生产要素可分为初级要素和高级要素： 初级要素：天然资源、气候、地理位置、非技术工人、资金等； 高级要素：现代通信、信息、交通等基础设施，受过高等教育的人力、研究机构等。 生产要素又可分为一般生产要素和专业生产要素： 高级专业人才、专业研究机构、专用的软硬件设施等为专业生产要素。
需求条件	1. 国内需求市场是产业发展的动力，全球性竞争并没有减少国内市场的重要性； 2. 本地客户的本质非常重要，特别是内行而挑剔的客户，会激发出该国企业的竞争优势； 3. 预期性需求。若本地的顾客需求领先于其他国家，则会给本地企业带来竞争优势。
相关与支持性产业	1. 产业集群：一个优势产业不是单独存在的，一定与国内相关强势产业一同崛起； 2. 产业要形成竞争优势就不能缺少世界一流的供应商，也不能缺少上下游企业的密切合作； 3. 有竞争力的本国产业会带动相关产业的竞争力。
企业战略、结构和同业竞争	1. 企业走向国际化的动力，可能来自国际需求的拉力，也可能来自本地竞争者的压力； 2. 国内市场强有力的竞争对手对创造和持续竞争优势很关键，国际竞争中成功的产业必然先经过国内市场的搏斗。

【提示1】一个国家要想通过生产要素建立起强大而又持久的产业优势，就必须发展高级生产要素和专业生产要素，如果国家把竞争优势建立在初级与一般生产要素的基础上，它通常是不稳定的。

【提示2】在实际竞争中，丰富的资源或廉价的成本因素往往造成没有效率的资源配置，而一些初级要素的不利条件反而形成一种刺激产业创新的压力，促进企业竞争优势的持久升级。

【提示3】资源丰富和劳动力廉价的国家应该发展劳动密集型产业，但这类产业对大幅提高国民收入不会有太大作用，也无法获得全球竞争优势。

【例2-26】（2019多选题）

华泰医药公司拟在J国建立一个药品研发和生产基地，并对该国的相关情况进行了调查分析。下列各项中，符合钻石模型四要素分析要求的有（　　）。

A. J国近年来经济增长较快，对高质量药品需求与日俱增

B. J国政府近期颁布了多项支持医药产业发展的政策

C. J国药品研发人才不足，尚无一项药品专利

D. J国本土医药企业虽然数量较多，但规模小，竞争主要围绕价格进行

【答案】ACD

【解析】选项A体现的是钻石模型中的需求条件因素；选项B体现的是宏观环境分析中的政治因素；选项C体现的是钻石模型中的生产要素；选项D体现的是企业战略、企业结构和同业竞争。

【例2-27】（2018单选题）

甲公司是C国著名的生产和经营电动汽车的厂商，2017年，公司制定了国际化战略，拟到某发展中国家N国投资建厂。为此，甲公司委托专业机构对N国的现有条件进行了认真详细的分析。根据波特的钻石模型理论，下列分析中不属于钻石模型4要素的是（　　）。

A. N国电动汽车零部件市场比较落后，供应商管理水平较低

B. N国电动汽车市场刚刚兴起，市场需

求增长较快

C. N国政府为了保护本国汽车产业，对甲公司的进入设定了限制条件

D. N国劳动力价格相对C国较低，工人技术水平和文化素质不高

【答案】C

【解析】钻石模型四要素是：生产要素；需求条件；相关与支持性产业；企业战略、企业结构和同业竞争对手。选项A属于相关与支持性产业；选项B属于需求条件；选项C属于“五力”模型中影响潜在进入者进入威胁的结构性障碍因素，不属于钻石模型四要素；选项D属于生产要素。

【例2－28】（2014多选题）

甲公司是C国一家生产经营消费类电子产品的企业，准备到发展中国家N国投资彩电生产业务，对N国诸多条件进行了认真的调查分析。以下分析内容属于钻石模型四要素的有（　　）。

A. 国际名牌家电企业早已进入N国彩电市场，且竞争激烈

B. N国市场上质量高、价格适中的大众化彩电较少

C. 由于C国产品在N国名声不好，N国政府对C国家电产品的进入制定了许多限制性政策

D. N国劳动力价格比C国明显偏低，且劳动者的文化与技术水平较低

【答案】ABD

【解析】钻石模型的四要素是指生产要素，需求条件，相关与支持性产业，企业战略、企业结构和竞争对手的表现。选项A和选项B属于竞争对手的表现；选项D属于生产要素的表现。

知识点8　企业资源分析（★★）

企业资源分析的目的在于识别企业的资源状况、企业资源方面所表现出来的优势和劣势，及其对未来战略目标制定和实施的影响。

（一）企业资源的主要类型	
1. 有形资源	含义：是指可见的、能用货币直接计量的资源，主要包括物质资源和财务资源。
	内容：物质资源包括企业的土地、厂房、生产设备、原材料等，是企业的实物资源。财务资源是企业可以用来投资或生产的资金，包括应收账款、有价证券等。
2. 无形资源	含义：是企业长期积累的、没有实物形态的，甚至无法用货币精确计量的资源。
	内容：品牌、商誉、技术、专利、商标、企业文化及组织经验。
3. 人力资源	含义：组织成员向组织提供的技能，知识以及推理和决策能力。

【提示1】具有稀缺性的有形资源能使企业获得竞争优势，如有利的地理位置。

【提示2】资产负债表中的无形资产并不能代表企业全部的无形资源，有相当一部分无形资源是游离在企业资产负债表之外的。

（二）决定企业竞争优势的企业资源判断标准

标准	表现形式与实例
1. 资源的稀缺性	企业（持久地）拥有处于短缺供应状态的资源。
2. 资源的不可模仿性	①物理上独特的资源：如极佳的地理位置、矿物开采权、专利。
	②具有路径依赖性的资源：必须经过长期积累才能获得的资源，如海尔售后。
	③具有因果含糊性的资源：资源形成原因不能清晰的解释，如企业文化。
	④具有经济制约性的资源：如市场空间有限不能同时容纳两个竞争者盈利。
3. 资源的不可替代性	企业资源如果很容易被替代，则企业建立在该资源上的竞争优势很容易失去。
4. 资源的持久性	资源越持久越有利于形成竞争优势。如品牌资源随时间不断升值，而一些建立在信息技术上的企业竞争优势会受到挑战。

【提示】企业资源能够带来竞争优势的判断标准具有递进关系：稀缺性（人无我有）→不可模仿性（竞争对手没有，并且该资源还不易模仿）→不可替代性（竞争对手不仅没有，也不好模仿，还没有可替代的资源）→持久性（竞争对手无论通过什么途径都获取不到该资源，且该资源还具有持久性）。

【例2-29】（2019多选题）

研发和生产家用滤水壶的汇康公司秉承“使员工幸福，让顾客满意”的理念，建立并持续实施了一套以顾客需求为导向、充分调动员工积极性的管理体制，使该公司的技术发明专利数量、盈利率和顾客满意率长期稳居行业前列，显示出难以模仿的竞争优势。汇康公司的资源不可模仿性主要表现为（　　）。

A. 物理上独特的资源

B. 具有路径依赖性的资源

C. 具有因果含糊性的资源

D. 具有经济制约性的资源

【答案】ABC

【解析】“使员工幸福，让顾客满意”的概念属于具有因果含糊性的资源；“建立并持续实施了一套以顾客需求为导向、充分调动员工积极性的管理体制”属于路径依赖性的资源；“该公司的技术发明专利数量……长期稳居行业前列”属于物理上独特的资源。因此，选项A、B、C正确。

【例2-30】（2018单选题）

以生物药品研发为主营业务的康力公司多年来不断完善科研管理体制建设，为科研人才的创造性活动提供了坚实的基础和保障，使公司在激烈的市场竞争中获得明显优势，康力公司的竞争优势来源于（　　）。

A. 具有经济制约性的资源

B. 物理上独特的资源

C. 具有因果含糊性的资源

D. 具有路径依赖性的资源

【答案】D

【解析】具有路径依赖性的资源是指那些必须经过长期积累才能获得的资源。“康力公司多年来不断完善科研管理体制建设，为科研人才的创造性活动提供了坚实的基础和保障”表明康力公司的竞争优势来源于具有路径依赖性的资源。

【例2-31】（2017多选题）

天翔航空公司于2016年初率先布局航空互联网。现在该公司已有50多架飞机完成改造和机组培训，为乘客提供了稳定的互联网接入服务，并由此赢得了明显的竞争优势。下列各项中，属于天翔航空公司竞争优势来源的资源有（　　）。

A. 文化资源　　B. 人力资源

C. 技术资源　　D. 物质资源

【答案】BCD

【解析】机组培训和为乘客提供了稳定的互联网接入服务属于人力资源，选项B正确；率先布局航空互联网属于技术资源，选项C正确；50多架完成改造的飞机属于物质资源，选项D正确。

【例2-32】（2016单选题）

西江公司是一家拥有100多年历史的医药公司，其使用国家级保密配方配制的某种药品，从20世纪初推出以来，疗效显著，一直深受患者欢迎。西江公司拥有的具有不可模仿性的资源属于（　　）。

A. 物理上独特的资源

B. 具有因果含糊性的资源

C. 具有路径依赖性的资源

D. 具有经济制约性的资源

【答案】A

【解析】物理上独特的资源是由物质本身的特性所决定的，是不可能被模仿的。例如，企业所拥有的房地产处于极佳的地理位置、拥有矿物开采权或是受法律保护的专利生产技术等。故选项A正确。

【例2-33】（2015单选题）

W航空公司以“家庭式愉快，节俭而投入”的企业文化为基础，构建起在U国航空业的竞争优势，竞争对手对其难以模仿。W航空公司的竞争优势来源于（　　）。

A. 物理上独特的资源

B. 具有路径依赖性的资源

C. 具有因果含糊性的资源

D. 具有经济制约性的资源

【答案】C

【解析】企业对有些资源形成的原因并不

能给出清晰的解释，例如企业文化常常是一种因果含糊性的资源，竞争对手难以模仿。故选项 C 正确。

【例 2－34】（2014 单选题）

对于产品质量差异较小的软饮料行业而言，最重要的企业资源是（　　）。

A. 财务资源　　　B. 企业文化

C. 商誉　　　D. 技术

【答案】C

【解析】“对于产品质量差异较小的行业，例如软饮料行业，商誉是最重要的企业资源”。

知识点 9　企业的核心能力（★★★）

概念	企业在具有重要竞争意义的经营活动中能够比其竞争对手做得更好的能力。	
辨别	关键性测试	①它对顾客是否有价值？ ②它与企业竞争对手相比是否有优势？ ③它是否很难被模仿或复制？
	其他识别方法	①功能分析：考察企业的功能，方法常用且有效，但只能识别具有特定功能的核心能力； ②资源分析：分析拥有的资源，分析实物资源较容易，而分析商标或商誉等无形资产比较困难； ③过程系统分析：对企业整个过程和系统进行分析，但比较复杂。
评价	1. 自我评价	企业在自己内部收集信息，判断是否强于竞争对手。
	2. 产业内比较	将企业与产业内企业的某些指标数据进行比较。
	3. 基准分析	①内部基准，企业内部各个部门之间互为基准进行学习与比较； ②竞争性基准，直接以竞争对手为基准进行比较； ③过程或活动基准，以具有类似核心经营的企业为基准进行比较，但是两者之间的产品和服务不存在直接竞争的关系； ④一般基准，以具有相同业务功能的企业为基准进行比较； ⑤顾客基准，以顾客的预期为基准进行比较。
	4. 成本驱动力和作业成本法	企业使用作业成本法以找出企业的成本驱动力，可以找出对顾客没有什么价值但投入较多，以及对顾客有价值但投入不够的活动。
	5. 收集竞争对手的信息	企业有多种收集其竞争对手信息的方式：与顾客进行沟通；与供应商、代理人、发行人以及产业分析师进行沟通；对竞争对手进行实地考察；分析竞争对手的产品；通过私下沟通、电话交谈以及网上交谈的方式询问对方的产品；雇用竞争对手的员工。

【例 2－35】（2019 单选题）

2016 年，多年成功经营的啤酒生产企业宝泉公司投资新建了一家果蔬饮料生产企业，但因管理不善出现持续亏损。最近宝泉公司组织果蔬饮料生产企业的管理人员到本公司的啤酒生产企业调研、学习，收获良好。宝泉公司所实施的基准分析的类型属于（　　）。

A. 顾客基准　　　B. 一般基准

C. 内部基准　　　D. 竞争性基准

【答案】C

【解析】“宝泉公司组织果蔬饮料生产企业的管理人员到本公司的啤酒生产企业调研、学习”，属于企业内部之间的学习与比较，即内部基准。选项 C 正确。

【例 2－36】（2019 多选题）

多年成功经营的丰盛纺织集团收购了某国一家濒临破产的纺织厂，并组织该厂管理人员到集团旗下国内某著名纺织厂调研、学习，收效良好。丰盛集团所收购的纺织厂基准分析的类型涉及（　　）。

A. 一般基准　　　B. 顾客基准

C. 竞争性基准　　　D. 内部基准

【答案】AD

【解析】“多年成功经营的丰盛纺织集团收购了某国一家濒临破产的纺织厂”说明两者虽是相同业务，但是不存在竞争关系，属于一般基准，选项 A 正确；“并组织该厂管理人员到集团旗下国内某著名纺织厂调研、学习，收效良好”属于内部基准，选项 D 正确。

【例 2－37】(2018 多选题)

甲公司是一家电力设备制造企业。为了正确评价自身的核心能力，甲公司选取了国内一家知名的同类上市公司进行基准分析。下列各项中，属于甲公司选择基准对象时应当主要关注的领域有（　　）。

A. 能够衡量企业业绩的活动

B. 占用企业较多资金的活动

C. 能够显著改善与客户关系的活动

D. 能够最终影响企业结果的活动

【答案】BCD

【解析】一般来说，能够衡量业绩的活动都可以成为基准对象。当然，把企业的每一项活动都作为基准对象是不切实际的。企业可以关注以下几个领域：占用较多资金的活动；能显著改善与顾客关系的活动；能最终影响企业结果的活动。所以，选项 B、C、D 正确。

【例 2－38】(2017 单选题)

西康酒店是一家位于中国西部某著名旅游景区的五星级酒店，为了提升管理水平，西康酒店定期派人去东部旅游景区的五星级酒店学习，从而逐步提升了服务质量和财务业绩。西康酒店进行基准分析的基准类型是（　　）。

A. 内部基准　　B. 过程或活动基准

C. 一般基准　　D. 竞争性基准

【答案】C

【解析】一般基准是指以具有相同业务的企业为基准进行比较，但比较对象与自身并不构成直接竞争关系。题目中西康酒店与东部旅游景区的五星级酒店具有相同业务，但所面向的市场不同，不构成直接竞争关系，故符合一般基准的含义，选项 C 正确。

【例 2－39】(2016 单选题)

M 国的甲航空公司专营国内城际航线，以低成本战略取得很大成功，专营 B 国国内城际航线的 H 国乙航空公司，也采用低成本战略，学习甲公司的成本控制措施，在 H 国竞争激烈的航空市场取得了良好的业绩。乙公司基准分析的类型是（　　）。

A. 内部基准　　B. 竞争性基准

C. 过程或活动基准　　D. 一般基准

【答案】D

【解析】一般基准是指以具有相同业务的企业为基准进行比较，但比较对象与自身并不构成直接竞争关系。题目中甲航空公司与乙航空公司具有相同业务，但所面向的市场不同，不构成直接竞争关系，故符合一般基准的含义，选项 D 正确。

【例 2－40】(2014 单选题)

下列各项中，可以评价企业核心能力的方式是（　　）。

A. 基准分析　　B. 过程系统分析

C. 功能分析　　D. 资源分析

【答案】A

【解析】可以评价企业核心能力的方法有：企业的自我评价、产业内部比较、基准分析、成本驱动力和作业成本法、收集竞争对手的信息。故选项 A 正确。其他三个选项都属于辨别企业核心能力的方法。

知识点 10　价值链分析（★★）

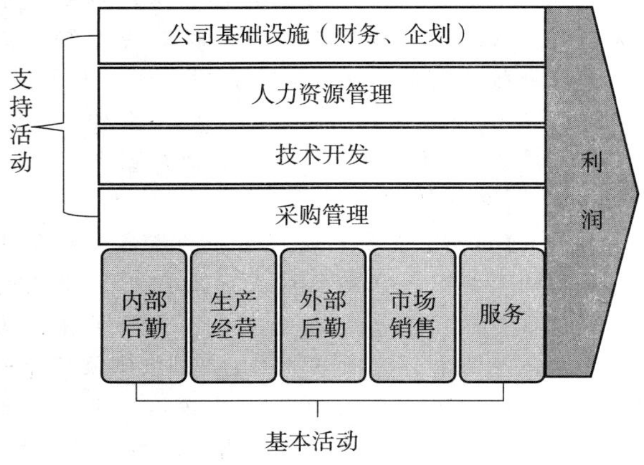

价值链：企业所有互不相同但相互关联的生产经营活动，构成的创造价值的一个动态过程。

基本活动：又称主体活动，是指生产经营的实质性活动，包括内部后勤、生产经营、外部后勤、市场销售和服务五种活动。

支持活动：又称辅助活动，是指用以支持基本活动而且内部之间又相互支持的活动，包括采购、技术开发、人力资源管理和企业基础设施。

续表

（一）基本活动	
1. 内部后勤	又称进货物流，是指与产品投入有关的进货、仓储和分配等活动，如原材料的装卸、入库、盘存、运输以及退货等。
2. 生产经营	是指将投入转化为最终产品的活动，如机加工、装配、包装、设备维修、检测等。
3. 外部后勤	又称出货物流，是指与产品的库存、分送给购买者有关的活动，如最终产品的入库、接受订单、送货等。
4. 市场销售	是指与促进和引导购买者购买企业产品的活动，如广告、定价、销售渠道等。
5. 服务	是指与保持和提高产品价值有关的活动，如培训、修理、零部件的供应和产品的调试等。
（二）支持活动	
1. 采购管理	既包括生产原材料的采购，也包括其他资源投入的购买和管理。如聘请咨询公司进行广告策划、市场预测、管理信息系统设计、法律咨询等。
2. 技术开发	是指可以改进企业产品和工序的一系列技术活动。这也是广义的，既包括生产性技术，也包括非生产性技术（如信息技术、决策技术等）。
3. 人力资源管理	是指企业职工的招聘、雇用、培训、提拔和退休等各项管理活动，人力资源管理在调动职工生产积极性上起着重要的作用，影响着企业的竞争实力。
4. 基础设施	是指企业的组织结构、惯例、控制系统以及文化等活动。企业高层管理人员也是基础设施的一部分。

【例 2－41】（2017 单选题）

根据波特的价值链分析理论，下列各项中，属于企业支持活动（或称辅助活动）的是（　　）。

A. 聘请咨询公司实施广告策略

B. 物流配送产品

C. 生产设备的维修

D. 通过互联网进行广告宣传

【答案】A

【解析】支持活动中的采购指的是广义的，既包括原材料的采购，也包括其他资源投入的购买和管理。例如，企业聘请咨询公司为企业进行广告策划等。选项 B 属于基本活动中的外部后勤；选项 C 属于基本活动中的生产经营；选项 D 属于基本活动中的市场销售。

【例 2－42】（2017 多选题）

华生公司开发了有助于失明患者进行义眼移植的 Y 产品，并且取得了发明专利。公司随后建立了生产 Y 产品的工厂，目前形成了较为完善的进货、生产、发货、服务与分销体系。从企业价值链角度考察，华生公司与 Y 产品有关的价值活动包括（　　）。

A. 基础设施　　B. 生产经营

C. 内部后勤　　D. 技术开发

【答案】BCD

【解析】“建立了生产 Y 产品的工厂”，该项活动属于生产经营，选项 B 正确；“形成了较为完善的进货……体系”，该项活动属于内部后勤，选项 C 正确；“华生公司开发了有助于失明患者进行义眼移植的 Y 产品，并且取得了发明专利”，该项活动属于技术开发，选项 D 正确。

【例 2－43】（2016 单选题）

东海公司为了提升公司的信息化管理水平，聘请某著名咨询公司为其开发一套管理信息系统。东海公司的上述活动属于价值链支持活动中的（　　）。

A. 采购管理　　B. 人力资源管理

C. 基础设施　　D. 技术开发

【答案】A

【解析】企业价值链分析中的采购活动是广义的，既包括原材料的采购，也包括其他资源投入的购买和管理。例如，企业聘请咨询公司为企业进行广告策划、市场预测、管理信息系统设计、法律咨询等都属于采购活动。

【例 2－44】（2015 多选题）

按照波特的价值链分析方法，企业支持活动中的基础设施包括（　　）。

A. 财务管理

B. 厂房、道路等

C. 企业高层管理人员

D. 企业的组织结构、惯例、控制系统以及文化等活动

【答案】ACD

【解析】企业支持活动中的基础设施是指企业的组织结构、惯例、控制系统以及文化等活动。企业高层管理人员也是基础设施的一部分。考生不能想当然地认为是厂房、道路等硬件资产属于基础设施的内容。

企业资源能力的价值链分析	1. 确认那些支持企业竞争优势的关键性活动
	2. 明确价值链内各种活动之间的联系
	3. 明确价值系统内各项活动之间的联系

【例 2-45】(2014 多选题)

下列各项对企业资源能力的价值链分析表述中，正确的有（　　）。

A. 选择或构筑价值链各项活动之间的最佳联系方式，有利于提高价值创造和战略能力

B. 支持企业竞争优势的关键性活动是企业独特能力之一

C. 价值活动的联系既存在于企业价值链内部，也存在于企业与企业的价值链之间

D. 价值链分析适用于多元化经营企业对企业资源能力进行考察

【答案】ABC

【解析】价值链中基本活动之间、基本活动与支持活动之间以及支持活动之间存在各种联系，选择或构筑最佳的联系方式对于提高价值创造和战略能力是十分重要的。所以，选项 A 正确。支持企业竞争优势的关键性活动事实上就是企业的独特能力的一部分。所以，选项 B 正确。价值活动的联系不仅存在于企业价值链内部，而且存在于企业与企业的价值链之间。所以，选项 C 正确。价值链分析有助于对企业的能力进行考察，这种能力来源于独立的产品、服务或业务单位。但是，对于多元化经营的公司来说，还需要将企业的资源和能力作为一个整体来考虑。所以，选项 D 错误。

知识点 11　波士顿矩阵（★★）

（一）基本原理

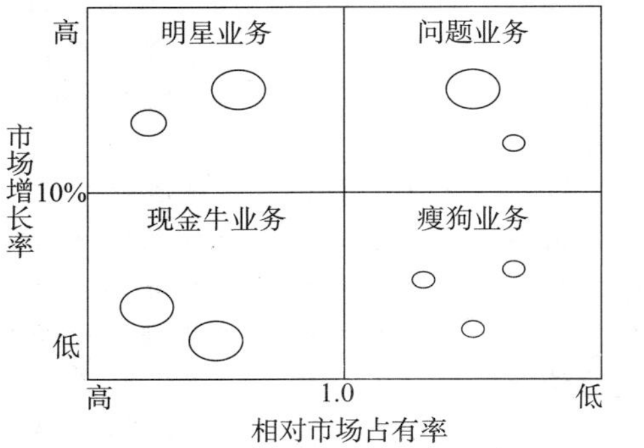

波士顿矩阵的核心在于，要解决如何使企业的产品品种及其结构适合市场需求的变化，并如何将企业有限的资源有效地分配到合理的产品结构中去，以保证企业收益。

◇ 波士顿矩阵将企业所有产品从市场增长率和企业市场占有率角度进行再组合。

◇ 纵轴表示市场增长率，通常用 10% 平均增长率作为增长高、低的界限。

◇ 横轴表示企业在产业中的相对市场占有率，反映企业在市场上的矩阵地位。相对市场占有率的分界线为 1.0，划分为高、低两个区域。

◇ 这样，就将企业全部经营业务定位在四个区域中，划分为明星、现金牛、问题和瘦狗四类业务。图中，圆圈面积的大小表示该业务或产品的收益与企业全部收益的比。

（二）四类业务

1. 明星业务		2. 问题业务	
特征	该业务增长和获利有着极好的长期机会，但它们需要大量的投资。	特征	处于最差的现金流量状态，对于问题业务的进一步投资需要进行分析，研究是否值得投资等问题。
战略与组织选择	积极扩大经济规模和市场机会，以长远利益为目标，提高市场占有率，加强竞争地位。 最好采用事业部形式，由对生产技术和销售两方面都很内行的经营者负责。	战略与组织选择	选择性投资战略。 采取智囊团或项目组织等形式，选拔有规划能力、敢于冒风险、有才干的人负责。

续表

3. 现金牛业务		4. 瘦狗业务	
特征	处于成熟的低速增长的市场中，处于最佳现金流状态。	特征	处于饱和的市场当中，竞争激烈，可获利润很低，不能成为企业资金的来源。
战略与组织选择	采用收获战略，即所投入资源以达到短期收益最大化为限。 适合于用事业部制进行管理，其经营者最好是市场营销型人物。	战略与组织选择	采用撤退战略：首先，应减少批量，逐渐撤退，对那些还能自我维持的业务，应缩小经营范围，加强内部管理；而对那些市场增长率和企业相对市场占有率均极低的业务则应立即淘汰。其次，将剩余资源向其他业务转移。最后，整顿业务系列，最好将“瘦狗”业务与其他事业部合并，统一管理。

（三）波士顿矩阵的运用

战略	含义	适用业务
发展	以提高相对市场占有率为目标，增加资金投入甚至不惜放弃短期收益。	①明星业务 ②想尽快成为明星的问题业务
保持	投资维持现状，目标是保持业务单位现有的市场占有率。	较大的现金牛业务
收割	为了获得短期收益，目标是在短期内尽可能地得到最大限度的现金收入。	①处境不佳的现金牛类业务 ②没有发展前途的问题类业务 ③瘦狗类业务
放弃	清理和撤销某些业务，减轻负担，以便将有限的资源用于效益较高的业务。	①无利可图的瘦狗类业务 ②无利可图的问题类业务

（四）波士顿矩阵的局限

（1）在实践中，企业要确定各业务的市场增长率和相对市场占有率是比较困难的。
（2）波士顿矩阵过于简单。
（3）波士顿矩阵暗含了一个假设：企业的市场份额与投资回报是成正比的。但在有些情况下这种假设是不成立或不全面的。
（4）波士顿矩阵的另一个条件是，资金是企业的主要资源。但在许多企业内，要进行规划和均衡的重要资源不仅是现金，还有技术、时间和人员的创造力。
（5）波士顿矩阵在实际运用中有很多困难。

【例2－46】（2019单选题）

实行多元化经营的达梦公司在家装行业有很强的竞争力，市场占有率达50%以上。近年来家装市场进入低速增长阶段，根据波士顿矩阵原理，下列各项中，对达梦公司的家装业务表达正确的是（　　）。

A. 该业务应采用撤退战略，将剩余资源向其他业务转移

B. 该业务应由生产技术和销售两方面都很内行的经营者负责

C. 该业务的经营者最好是市场营销型人物

D. 该业务需要增加投资以加强竞争地位

【答案】C

【解析】“市场占有率达50%以上”“近年来家装市场进入低速增长阶段”体现了达梦公司的家装业务属于现金牛业务，其经营者最好是市场营销型人物。选项C正确。

【例2－47】（2018单选题）

天兆公司经营造船、港口建设、海运和相关智能设备制造四部分业务，这些业务的市场增长率分别为7.5%、9%、10.5%和18%，相对市场占有率分别为1.2、0.3、1.1和0.6。该公司四部分业务中，适合采用智囊团或项目组等管理组织是（　　）。

A. 港口建设业务

B. 造船业务

C. 相关智能设备制造业务

D. 海运业务

【答案】C

【解析】问题业务适合采用智囊团或项目组等管理组织。问题业务对应高市场增长率（大于10%）低相对市场占有率（小于1.0）。相关智能设备制造的市场增长率为18%，相对市场占有率为0.6，属于问题业务，因此适合采取智囊团或项目组等管理组织。

【例2－48】（2017单选题）

环美公司原以家电产品的生产和销售为主，近年来逐渐把业务范围扩展到新能源、房地产生物制药等行业，依据波士顿矩阵分析，下列对业务定位错误（　　）。

A. 家电业务的多数产品进入成熟期，公司在家电行业竞争优势显著，公司应加大投入力度，以维持优势地位

B. 新能源行业发展潜力巨大，前景广阔，公司该领域竞争优势不足，公司应对新能源重点投资提高市场占有率

C. 房地产进入寒冬期，公司房地产业务始终没有获利，应果断撤出

D. 生物制药行业今年发展迅猛，公司收购的家生物制药企业由弱到强，竞争优势迅猛展现，公司应在短期内优先供给其所需资源，支持发展

【答案】A

【解析】选项 A 错误，家电业务多数产品进入成熟期，竞争优势明显，属于现金牛业务，不需继续投入；选项 B 属于有发展前景的问题业务；选项 C 属于瘦狗业务；选项 D 属于明星业务。

【例 2－49】（2016 单选题）

近年来中国公民出境游市场处于高速发展的阶段，实行多元化经营的鸿湖集团于 2006 年成立了甲旅行社，该旅行社专门提供出境游的服务项目，其市场份额位列第二。根据波士顿矩阵原理，鸿湖集团的甲旅行社业务属于（　　）。

A. 明星业务　　B. 瘦狗业务

C. 现金牛业务　　D. 问题业务

【答案】D

【解析】题目中，甲旅行社的市场份额位列第二，表明其相对市场战略有小于 1；出境游市场处于高速发展阶段，表明市场增长率高；故甲旅行社的业务属于问题业务。

【例 2－50】（2015 多选题）

作为公司业务组合分析的工具，波士顿矩阵的贡献有（　　）。

A. 波士顿矩阵揭示了企业的市场份额与投资回报成正比的事实

B. 波士顿矩阵将企业不同的经营业务综合在一个矩阵中，具有简单明了的效果

C. 波士顿矩阵可以帮助企业推断竞争对手对相关业务的总体安排

D. 波士顿矩阵用多个指标测算产业吸引力和企业竞争地位，比较全面地反映这两个方面的状况

【答案】BC

【解析】选项 A 属于波士顿矩阵暗含的假设前提，而不是揭示的事实。波士顿矩阵有以下几方面重要的贡献：（1）波士顿矩阵是最早的组合分析方法之一，被广泛运用于产业环境与企业内部条件的综合分析、多样化的组合分析、大企业发展的理论依据等方面；（2）波士顿矩阵将企业不同的经营业务综合在一个矩阵中，具有简单明了的效果；（3）该矩阵指出了每个业务经营单位在竞争中的地位、作用和任务，从而使企业能够有选择地和集中地运用企业有限的资金。每个业务经营单位也可以从矩阵中了解自己在总公司中的位置和可能的战略发展方向；（4）利用波士顿矩阵可以帮助企业推断竞争对手对相关业务的总体安排。其前提是竞争对手也使用波士顿矩阵分析方法。所以，选项 B、C 正确。选项 D 属于通用矩阵的贡献。

知识点 12　SWOT 分析（★★）

<table>
<tr><td>基本原理</td><td>一种综合考虑企业内部条件和外部环境的各种因素，进行系统评价，从而选择最佳经营战略的方法。S 是指企业内部的优势（strengths），W 是指企业内部的劣势（weakness），O 是指企业外部环境的机会（opportunities），T 是指企业外部环境的威胁（threats）。</td></tr>
<tr><td>四种战略及适用的业务</td><td>
<table>
<tr><td rowspan="2">内部环境</td><td>优势</td><td>增长型战略（SO）
明星业务</td><td>多种经营战略（ST）
现金牛业务</td></tr>
<tr><td>劣势</td><td>扭转型战略（WO）
问题业务</td><td>防御型战略（WT）
瘦狗业务</td></tr>
<tr><td></td><td></td><td>机会</td><td>威胁</td></tr>
<tr><td></td><td></td><td colspan="2">外部环境</td></tr>
</table>
</td></tr>
</table>

【例 2－51】（2019 单选题）

近年来新能源汽车产业及市场迅猛增长。国内汽车制造商华新公司于 2018 年进入新能源汽车制造领域，但是受技术和管理水平制约，其产品性能欠佳，市场占有率较低。根据 SWOT 分析，该公司应采取的战略是（　　）。

A. 增长型战略　　B. 多元化战略

C. 防御型战略　　D. 扭转型战略

【答案】D

【解析】“近年来新能源汽车产业及市场迅猛增长”体现了外部环境中的机会（O），“受技术和管理水平制约，其产品性能欠佳，市场占有率较低”体现了内部环境中的劣势（T），即为扭转型战略。选项 D 正确。

【例 2－52】（2018 单选题）

平阳公司是国内一家中型煤炭企业，近年来在政府出台压缩过剩产能政策，行业竞争异常激烈的情况下，经营每况愈下，市场份额大幅缩减，根据 SWOT 分析，平阳公司应采取（　　）。

A. 扭转型战略

B. 增长型战略

C. 防御型战略

D. 多种经营战略

【答案】C

【解析】“近年来政府出台压缩过剩产能政策，行业竞争异常激烈”说明平阳公司面临外部环境的威胁（W）；“经营每况愈下，市场份额大幅缩减”说明平阳公司面临内部环境的劣势（T）。根据 SWOT 分析，平阳公司应该采取的战略是 WT 战略，即防御型战略。

【例 2－53】（2017 单选题）

扬帆集团是一家中药制造企业。2015 年以前，扬帆集团主打的 Q 产品治疗热毒肿痛功效显著，很受市场欢迎，被认为是国家名药。近年来中药市场需求依然旺盛，然而扬帆集团的 Q 产品销售增长缓慢，公司的业绩和市值增长指标不如其他著名中药企业。根据 SWOT 分析，扬帆集团目前应该采取的战略是（　　）。

A. 扭转型战略

B. 多种经营战略

C. 防御型战略

D. 增长型战略

【答案】A

【解析】“扬帆集团的 Q 产品销售增长缓慢，公司的业绩和市值增长指标不如其他著名中药企业”是企业自身的劣势（W），“近年来中药市场需求依然旺盛”是外部环境带来的机会（O）。根据 SWOT 分析，扬帆集团目前应该采取的战略是 WO 战略，即扭转型战略。所以，选项 A 正确。

【例 2－54】（2016 单选题）

受国家政策扶持，3D 打印产业及市场呈现爆发式增长，智创三维有限公司是国内一家 3D 打印设备制造商，该公司通过仿造国外同类产品，制造用来打印珠宝、齿科产品等中小型产品的 3D 打印设备。但是，受技术水平的制约，其产品质量欠佳，故障率明显高于国外同类产品。根据 SWOT 分析，该公司应采取的战略是（　　）。

A. 增长型战略　　B. 扭转型战略

C. 防御型战略　　D. 多种经营战略

【答案】B

【解析】企业面临着巨大的外部机会，但内部劣势也很明显，因此应采用扭转型战略（WO），以充分利用外部环境带来的机会，清除内部劣势的限制。

【例 2－55】（2015 多选题）

甲公司是国内火力发电装备制造行业的龙头企业，拥有雄厚的资金实力和品牌优势。2012 年，甲公司在国家政策支持下，投资开展了为核电企业提供配套设备的新业务，由于相关技术研发力量不足，且市场竞争激烈，该业务一直处于亏损状态。下列各项对甲公司所作的 SWOT 分析并提出的相应战略中，正确的有（　　）。

A. 甲公司新业务的相关技术研发力量不足，市场竞争激烈，应将新业务出售。此为 WT 战略

B. 甲公司拥有雄厚的资金实力和品牌优势，但自身研发能力不足，应寻求有实力的公司，结成战略联盟。此为 WO 战略

C. 甲公司虽然新业务的相关技术研发力量不足，但面对国家政策的支持，应寻找有实力的公司，结成战略联盟。此为 ST 战略

D. 甲公司拥有雄厚的资金实力和品牌优势，应借国家政策支持的东风，加强技术攻

第二章

关力度，争取新业务尽快扭亏为盈。此为SO战略

【答案】AD

【解析】SWOT分析中，S代表内部优势，W代表内部劣势，O代表外部机会，T代表外部威胁。甲公司新业务的相关技术研发力量不足属于内部劣势，市场竞争激烈属于外部威胁，因此应采取WT战略，故选项A正确。甲公司拥有雄厚的资金实力和品牌优势，属于内部优势，自身研发能力不足，属于内部劣势，SWOT分析是针对内外部环境的系统分析，不是针对内部优劣势的综合分析，故选项B错误。甲公司新业务的相关技术研发力量不足属于内部劣势，但有国家政策的支持，属于外部机会，因此应找寻有实力的公司，结成战略联盟，属于WO战略，故选项C错误。甲公司拥有雄厚的资金实力和品牌优势，属于内部优势，有国家政策支持的东风，属于外部机会，因此属于SO战略，故选项D正确。

【例2-56】（2014单选题）

下列战略分析工具中，用来分析企业外部环境的是（　　）。

A. 波士顿矩阵

B. 成功关键因素分析

C. SWOT分析

D. 通用矩阵

【答案】B

【解析】选项A和选项D属于企业内部环境分析，选项C属于内外部综合分析。

【例2-57】（2014多选题）

甲公司是C国一家以乳制品业务为主体的多元化经营企业，业务范围涉及乳制品、煤化工、房地产、新能源等。甲公司对其业务发展状况进行分析，以下各项符合SWOT分析的有（　　）。

A. 乳制品行业增长缓慢，公司市场占有率高，应采用SO战略

B. 房地产行业不景气，公司市场占有率低，应采用WT战略

C. 新能源行业具有广阔的发展前景，公司在该行业不具有竞争优势，应采用WO战略

D. 煤化工行业近年来发展势头明显回落，公司在该行业中具备一定优势，应采用ST战略

【答案】BCD

【解析】乳制品行业增长缓慢属于外部威胁，公司市场占有率高属于内部优势，应采用ST战略。故选项A错误。其他选项分析均正确。

【例2-58】（2014多选题）

甲公司是国内一家印刷机制造企业，主要产品是胶印机。为了开发“印后设备”（即折页装订、模切、包装等设备），该公司进行SWOT分析。以下表述中，符合SWOT分析要求的有（　　）。

A. 甲公司产品在国内具有较高的品牌知名度和完善的销售渠道，但在短期内印后设备研发能力不足，甲公司寻求一家有印后研发能力的企业进行战略合作，此战略为WT战略

B. 甲公司产品在国内具有较高的品牌知名度和完善的销售渠道，国家政策鼓励优势企业进行产品和技术开发进入市场需求旺盛的印后设备领域，甲公司决定借政策东风，迅速进入印后设备领域，此战略为SO战略

C. 由于甲公司短期内印后设备研发能力不足，国外印后设备制造商竞争对手实力强大，因此，甲公司决定与一家国外印后设备制造商进行战略合作，此战略为ST战略

D. 由于甲公司短期内印后设备研发能力不足，面对国内对印后设备日益强劲的市场需求，甲公司寻求一家有印后研发能力的企业进行战略合作，此战略为WO战略

【答案】BD

【解析】选项A属于甲公司内部优势和劣势的组合分析，不是SWOT分析的内容。选项C甲公司短期内印后设备研发能力不足属于内部劣势，国外印后设备制造商竞争对手实力强大属于外部威胁，因此属于WT战略。

通关演练

一、单项选择题

1. 根据波士顿矩阵理论，当某企业的两类产品均有较高的市场增长率时，则该两类

产品有可能的所属类别为（　　）。

A. 问题产品和瘦狗产品

B. 明星产品和现金牛产品

C. 明星产品和瘦狗产品

D. 明星产品和问题产品

2. 波士顿矩阵的应用中，收割战略不适用的业务类型是（　　）。

A. 现金牛业务　　B. 明星业务

C. 问题业务　　D. 瘦狗业务

3. 甲公司是全球知名的外卖服务平台，为了追求服务卓越，该公司将未来的参照标准确定为 UPS 这样具有类似核心业务的公司。从基准分析方法判断，甲公司的基准类型为（　　）。

A. 竞争性基准　　B. 过程或活动基准

C. 一般基准　　D. 顾客基准

4. 位于通用矩阵右下方三个方格的业务，适宜采用的战略是（　　）。

A. 增长与发展战略

B. 停止、转移与撤退战略

C. 维持战略

D. 有选择地发展战略

5. 某企业拥有业内领先智能手机显示屏生产技术，随着移动互联网技术的迅猛发展，国际市场对智能手机的需求旺盛，根据 SWOT 分析方法，该企业应采用的战略为（　　）。

A. 增长型战略　　B. 扭转型战略

C. 多元化战略　　D. 防御型战略

6. 20 世纪 90 年代，光美公司在国内推出微波炉产品。目前光美公司已建成覆盖全国的营销网络，包括电商销售平台、数以千计的超市专卖柜和实体店以及十几个仓储物流中心。近年来不少企业试图进入微波炉行业，均未能成功。光美公司给潜在进入者设置的进入障碍是（　　）。

A. 现有企业对关键资源的控制

B. 行为性障碍

C. 现有企业的市场优势

D. 规模经济

7. 兴宇仪表是一家制造大型流量仪表的公司，目前行业内几家大型企业均尚未研发出具备革命性的产品，性能质量趋同，并且国内基建投资的热潮逐渐褪去，对大型流量仪表的需求近年来没有明显增长。根据产品生命周期模型，在此阶段，兴宇仪表所在产业比较恰当的战略路径是（　　）。

A. 投资于研究开发和技术改进

B. 市场营销

C. 提高效率，降低成本

D. 控制成本，维持正的现金流量

8. 甲专车公司是基于互联网的专车服务提供商。甲专车公司采用“专业车辆、专业司机”的运营模式，利用移动互联网及大数据技术为客户提供“随时随地、专人专车”的全新服务体验，在专车服务市场取得很大的成功。甲专车公司给潜在进入者设置的进入障碍是（　　）。

A. 规模经济　　B. 资金需求

C. 价格优势　　D. 产品差异

9. 甲公司是国内一家服装连锁企业，在向网络销售发展的过程中，借鉴某著名的网商服装城的经营策略，从基准分析角度看属于（　　）。

A. 内部基准

B. 竞争性基准

C. 过程或活动基准

D. 一般基准

10. 下列各项中，对规模经济和学习经济之间的关系作出正确表述的是（　　）。

A. 在劳动密集型产业中，学习经济很小，规模经济却很大

B. 两者总是同方向变动

C. 在资本密集型产业中，规模经济很小，学习经济却很大

D. 两者交叉地影响产品成本的下降水平

11. 某公司获准开发某一地区的天然景区，该景区位于一处火山喷发遗址旁，不仅景色宜人、四季如春，火山温泉更是每天都吸引大量游客前来，从而形成了独特的垄断地位和竞争优势。根据资料可以判断，帮助该企业建立核心竞争力的资源属于（　　）。

A. 不可替代的资源

B. 不可被模仿的资源

C. 稀缺资源

D. 持久的资源

12. 下列不属于企业核心竞争能力的表现是（　　）。

A. 持久的业务创新

B. 独特的商业模式

C. 专有控制的自然资源

D. 技术转让得来的高新技术

13. 对企业来说不可控的带有强制性的、约束力的战略环境要素是（　　）。

A. 政治和法律环境要素

B. 经济环境要素

C. 技术环境要素

D. 社会和文化环境要素

14. 甲公司是一家大型化工企业，产品的原材料主要来源于钛铁矿，同行业 7 家主要竞争对手则以金红石为原料。由于开采成本上升，金红石价格大幅上涨，而钛铁矿的开采成本不变。甲公司利用成本优势立即大幅度扩张生产能力，并且降低产品价格，使得 3 家竞争对手退出该产品领域，甲公司的市场份额因此提升到 50% 以上，该行业很长一段时间内没有新的进入者。运用产业五种竞争力理论分析甲公司对付五种竞争力的主要手段，表述正确的是（　　）。

A. 通过差异化手段与竞争对手竞争

B. 通过采用不同的原材料增强对供应商的讨价还价能力

C. 采用限制进入定价手段形成进入障碍

D. 利用成本优势抵御产业替代品的威胁

15. 企业处于其生命周期的（　　）阶段，其客户基本处于饱和状态。

A. 起步期　　B. 成长期

C. 成熟期　　D. 衰退期

16. 对竞争对手的分析，主要包括分析以下几个因素：未来目标、每个竞争对手的假设、竞争对手的能力以及竞争对手的（　　）。

A. 现行战略　　B. 市场占有率

C. 宏观环境　　D. 关键成功因素

17. 根据产品生命周期理论，产业从导入期进入衰退期，其财务风险（　　）。

A. 不断提高　　B. 先提高后下降

C. 先下降后提高　　D. 不断下降

18. 某跨国集团公司涉足房地产、家用电器、酒店服务等行业，其中在甲国的子公司以生产家用电器为主，成本控制的绩效非常突出。该跨国公司其他生产家用电器的子公司纷纷向甲国的子公司学习，这种基准属于（　　）。

A. 内部基准　　B. 竞争性基准

C. 一般基准　　D. 顾客基准

19. 在利用波特钻石模型分析德国或日本的汽车产业时，发现这些国家的汽车产业背后都有强大的钢铁、电子等产业存在，这属于（　　）。

A. 生产要素

B. 相关和支持性产业的存在

C. 企业战略、企业结构和同业竞争

D. 需求条件

20. 在考察世界汽车产业发展时，发现日本消费者对汽车质量及低油耗的极高要求，促使了日本汽车在油耗和品质上出类拔萃，这属于钻石模型中的（　　）。

A. 生产要素

B. 相关和支持性产业的存在

C. 企业战略、企业结构和同业竞争

D. 需求条件

21. G 公司是一家经营多项业务的集团公司，目前对业务进行波士顿矩阵分析。其智能机器人业务目前市场占有率处于行业第三的位置，整个智能机器人市场处于蓬勃发展的时期，市场规模每年增长 150% 左右。根据波士顿矩阵，G 公司的智能机器人业务理想状况下优先采取的战略是（　　）。

A. 重点投资，提高市场占有率

B. 投资维持现状

C. 短期内得到最大限度的现金流

D. 清理和撤销此业务

22. 法国阿尔斯通公司原是世界领先的电力能源和轨道交通巨头。在 2013 年，美国政府以商业贿赂的名义将阿尔斯通公司准备在美国转机前往墨西哥的锅炉部全球负责人羁押并处以 7.72 亿美元罚款，负责人直至 2018 年才被释放。在此期间，阿尔斯通公司的电力能源业务被其主要竞争对手美国 GE 公司收购。导致阿尔斯通公司的电力能源业务被美国 GE 公司收购的外部环境属于（　　）。

A. 技术环境

B. 政治环境

C. 经济环境

D. 社会和文化环境

23. 经营连锁超市的 W 公司，采取在某些小城市率先投入大量资本建立大型超市的战略。由于小城市的市场空间狭小，不能支撑两个竞争者同时盈利，因而 W 公司的竞争者只好放弃竞争。W 公司的竞争优势来源于（　　）。

A. 物理上独特的资源

B. 具有因果含糊性的资源

C. 具有路径依赖性的资源

D. 具有经济制约性的资源

24. 以下关于价值链说法中错误的是（　　）。

A. 价值链理论将价值活动区分为五种基本活动和四种辅助活动

B. 每项辅助活动都会涉及基本活动

C. 价值链分析的目的在于找到为企业贡献最多增加值的活动

D. 价值链中的价值应该站在企业角度来理解

25. 甲公司是一家连锁经营川式火锅的公司，在行业景气度一般的情况下经营业绩高速增长，甲公司的竞争优势来自于其优质的服务，包括每个分店都有一支长期训练有素的服务人员队伍，在客人就餐时熟练表演“街舞拉面”的技艺，顾客都对公司的服务交口称赞，甲公司具有的不可模仿性的资源是（　　）。

A. 具有路径依赖性的资源

B. 物理上独特的资源

C. 具有经济制约性的资源

D. 具有因果含糊性的资源

26. 目前我国国产芯片产业刚刚起步，国家给予非常大的扶持力度，中芯国际、华为海思、上海微电子等公司都在对芯片的国产化加大投资，进行技术开发，提高芯片的质量。这些企业的产品的销量和销售群已经扩大，占据了国内军用民用的一部分市场。根据波特的产品生命周期理论，目前国内芯片产业处于的阶段为（　　）。

A. 导入期　　B. 成长期

C. 成熟期　　D. 衰退期

27. ONLY 和 VERO MODA 是闻名于欧洲的时装公司 BESTSELLER 拥有的其中两个品牌，这两款服装价位相差不大，面向的市场也是一样的，设计风格也没有明显的差别，这两个品牌的竞争主要是依靠公众的品牌忠诚度，那么这两个品牌建立企业核心竞争力的资源属于（　　）。

A. 不可被模仿的资源

B. 不可替代的资源

C. 持久的资源

D. 建立竞争优势的资源

28. 卡帕奇是一家医疗级智能穿戴设备的生产商，2019 年推出了心电贴产品。该产品设计新颖，市场上只有一两家竞争对手。由于产品刚刚出现，一些顾客还心存疑虑，因而卡帕奇投入了较高的成本在营销上。在产品生命周期的这个阶段，从市场角度看，国内医疗级智能穿戴设备产业的成功关键因素应当是（　　）。

A. 建立商标信誉，开拓新销售渠道

B. 保护现有市场，渗入别人的市场

C. 选择市场区域，改善企业形象

D. 广告宣传，开辟销售渠道

29. 以下关于企业核心能力的表述，正确的是（　　）。

A. 核心能力是企业各种单个资源整合的结果

B. 企业的竞争优势只来自企业的核心能力

C. 企业的核心能力主要体现为强大的研发能力

D. 核心能力的本质就是迅速适应环境变化、满足市场需求的能力

30. 甲公司是一家专业机床的生产企业，在提供电话咨询时，要求员工全天 24 小时服务且节假日不休息，以最大限度地满足顾客要求，让顾客时时刻刻享受服务，该公司的这种举措体现了价值链分析中的（　　）。

A. 生产经营　　B. 采购

C. 服务　　D. 技术开发

31. 自由现金储备、留存借贷能力、厂房设备的余力、定型的但尚未推出的新产品等因素，决定着企业竞争对手的（　　）。

A. 成长能力

B. 快速反应能力

C. 适应变化的能力

D. 持久力

32. 某家电制造企业依托信息技术进行转型发展，聘请咨询公司为其进行内部管理信息系统设计，依据设计方案在公司内部组建信息部，负责信息系统关键技术研发及系统实现，系统上线后，为使员工具备信息技术条件下的工作能力，对员工进行多次业务培

训。该企业的上述活动不涉及价值链中的(　　)。

A. 人力资源管理　　B. 技术开发

C. 生产经营　　D. 采购

33. 国内A公司是一家乳制品加工企业，其生产的一种奶粉销售增长率近年来保持稳定。随着竞争对手的增多，牛奶加工的竞争激烈程度很高。尽管如此，A公司仍凭借品牌和产品优势获得了消费者的认可，利润稳定。未来，由于三聚氰胺事件的影响，导致整个市场对国产奶粉的信任度不断下降。这时，企业最应该采取的策略是(　　)。

A. 追加投资，扩大业务

B. 保持目前的市场份额，暂不追加投资

C. 缩小经营规模，退出市场

D. 首先分析自身的实力及优势，再决定是否追加投资，扩大市场份额

34. 企业准备推出新产品，因此在各大商场进行大幅度广告宣传，同时派销售人员在商场进行宣传。该活动属于价值链分析中的(　　)。

A. 生产经营　　B. 市场营销

C. 服务　　D. 人力资源管理

35. 中介机构关于某行业的调查显示：该行业产品销售增长率降到正常水平，且相对稳定，各年销售量变动和利润增长幅度较小，但竞争更加激烈。其中一些企业因投资回报率不满意而退出行业，形成一小部分企业主导行业的局面。由此可判断该行业可能处于(　　)。

A. 起步期　　B. 成熟期

C. 成长期　　D. 衰退期

36. 汽车行业的出现，改变了很多人的出行方式，使得社会的生活节奏大大加快，从企业外部环境考虑，这体现了(　　)。

A. 政治和法律环境因素

B. 技术环境因素

C. 社会和文化环境因素

D. 经济环境因素

37. 某女士彩妆化妆品品牌全面停止在各大百货商场的销售，而是改为在各大美容化妆店直销的模式，让用户在体验中使用该产品。该品牌采用的是(　　)。

A. 成本领先战略

B. 差异化战略

C. 多元化战略

D. 集中化战略

38. 德都来是成立于清朝同治三年的炸鸡店，拥有100多年的历史，是“老字号企业”。德都来客流量最大的三家门店位于某知名旅游城市的核心地段，因人流量巨大而顾客盈门。根据上述情况，德都来三家门店所具有的不可模仿的资源属于(　　)。

A. 具有经济制约性的资源

B. 具有因果含糊性的资源

C. 具有路径依赖性的资源

D. 物理上独特的资源

39. 哈佛商学院教授大卫·亚非在波特教授五种竞争力分析研究的基础上，提出了第六个要素，即互动互补作用力。下列各项中，属于该要素的行为是(　　)。

A. 甲服装企业通过强势的广告宣传推销自己的产品

B. 乙餐饮企业为降低原材料采购成本，投资建设了自己的蔬菜种植基地

C. 丙房地产企业依靠周边完善的配套措施创造销售佳绩

D. 丁白酒生产企业控制着本地销售网络，其他企业难以在该地立足

40. 某饮料企业在对市场进行分析后得到一个结论，即在消费者的认知中，饮食是上火的一个重要原因，特别是“辛辣”“煎炸”饮食，因此该企业在维护原有销售渠道的基础上，加大力度开拓餐饮渠道，重点选择在湘菜馆、川菜馆、火锅店、烧烤店等销售该公司产品，迅速占领了市场，这体现了企业能力中的(　　)。

A. 研发能力　　B. 生产管理能力

C. 营销能力　　D. 组织管理能力

41. 2008年美国次贷危机爆发，波及中国大部分金融企业。在此期间，国外投行K预计其竞争对手中国的甲银行将会逐步降低权益类投资，并逐渐降低对客户的理财产品的收益率。投行K对甲银行进行的上述分析属于(　　)。

A. 财务能力分析

B. 快速反应能力分析

C. 成长能力分析

D. 适应变化的能力分析

42. 甲公司是一家多元化经营的企业，业

务领域涉及图书出版、互联网金融、饮用水、房地产等。公司战略管理部门在对互联网金融板块进行分析时，发现该产业理财产品销售额迅速增长，产业中时常出现兼并等意外事件。对此甲公司战略管理部门应选择的主要战略路径为（　　）。

A. 加大研发和技术改进投资

B. 控制成本

C. 提高效率和降低成本

D. 市场营销

43. 家电企业 A 和手机企业 B 都具备自配物流。A 企业借鉴 B 企业在提高配送效率和防止贵重货品在快递运输途中被损坏等方面的成功经验，对自身业务做出了较大改进。根据以上信息可以判断，家电企业 A 主要采用的是（　　）。

A. 内部基准

B. 竞争性基准

C. 过程或活动基准

D. 顾客基准

44. 在通用矩阵的 9 个方格中，处于左上方三个方格的业务适合采取的战略是（　　）。

A. 增长与发展战略

B. 停止、转移、撤退战略

C. 维持或有选择地发展的战略

D. 维持或收割战略

45. 某企业拥有业内领先的智能手机生产技术，资金实力雄厚。在经济危机期间，国际市场需求疲软，根据 SWOT 模型，该企业应采用的战略为（　　）。

A. 增长型战略

B. 扭转型战略

C. 多种经营战略

D. 防御型战略

46. 某银行为了减少顾客等待的时间，提高银行效率并为顾客创造价值，开发了一种叫号系统，这种系统能使客户知道自己的等待时间并提示他们要办理业务的柜台号。根据以上信息，从价值链分析的角度可以判断这个活动属于（　　）。

A. 服务　　B. 采购

C. 技术开发　　D. 企业基础设施

47. 下列各项企业竞争策略正确运用了波士顿矩阵分析的是（　　）。

A. 放弃与对手的竞争，不再对市场增长快的产品加大投入

B. 重新定位进入成熟期的产品价格，提高该产品的竞争力

C. 减少对市场占有率低且价格竞争激烈的产品的投资

D. 加大对市场占有率下滑产品的广告投放，以使该产品的市场占有率回升

48. 2014 年 8 月，国内 A 省 D 化妆品公司收购 B 省两家化妆品公司的股权，进入 B 省市场。几个月后，B 省 M 化妆品公司也收购 A 省三家化妆品公司的股权，进入 A 省市场。该材料反映了行为性障碍中的（　　）。

A. 现有企业的市场优势

B. 限制进入定价

C. 现有企业对关键资源的控制

D. 进入对方领域

49. 美国的 Intel 公司和英国的 AMD 公司通过交叉专利联合授权几乎垄断了大部分专利，并且瓜分了大部分民用市场。Intel 公司和 AMD 公司给潜在进入者设置的进入障碍是（　　）。

A. 规模经济

B. 现有企业的市场优势

C. 进入对方领域

D. 现有企业对关键资源的控制

50. 根据产品生命周期理论，当企业的主要战略路径是投资于研究与开发和技术改进，提高产品质量时，企业所在产业处于（　　）。

A. 成长期　　B. 导入期

C. 成熟期　　D. 衰退期

51. 近年来，金融行业的工资率不断攀升。在此期间，甲公司分析其竞争对手乙公司发现，乙公司的成本费用非常少，乙公司不断精简公司部门机构，在保持公司活力的同时节省公司费用。甲公司对乙公司进行的上述分析属于（　　）。

A. 成长能力分析

B. 快速反应能力分析

C. 适应变化的能力分析

D. 持久力分析

52. 甲汽车制造公司准备到发展中国家 M 国投资，对 M 国诸多条件进行了认真的调查分析，以下分析内容不属于钻石模型要素的是（　　）。

A. M 国汽车零部件产业发展状况

B. M 国劳动力价格和素质

C. M 国对汽车的需求状况

D. M 国政府对汽车业发展的产业政策

53. 某酒店在进行客户满意度调查时发现，其并未完全满足有利可图的商务旅行者的需求，于是该公司向航空业了解航空公司是如何做得更好去满足这类顾客的。从基准分析方法判断，该酒店的观点是基于（　　）。

A. 竞争性基准

B. 过程或活动基准

C. 一般基准

D. 内部基准

54. 某产业专家收集该产业内企业的某些数据进行企业间的比较，收集的数据包括市场份额、成本结构、顾客满意度等。该核心能力的评价方法是（　　）。

A. 企业自我比较

B. 产业内部比较

C. 基准分析

D. 成本驱动力和作业成本法

55. 某企业生产大型机器设备，每当有新客户时，企业都会对新客户进行培训，教客户一些机器的使用流程。该过程涉及价值链的（　　）。

A. 内部后勤　　B. 技术开发

C. 服务　　D. 基础设施

56. 下列关于波士顿矩阵的表述中，错误的是（　　）。

A. 横轴表示企业在产业中的相对竞争地位

B. 纵轴表示企业销售额增长率

C. 波士顿矩阵事实上暗含了一个假设，企业的市场份额与投资回报是正相关的

D. 市场增长率是决定企业产品结构是否合理的外在因素

57. 某餐饮企业 2014 年开始增添外卖业务，外卖业务的市场增长速度非常快，据 2015 年 1 月统计，其市场增长率为 17%，相对市场占有率为 0.4。下列选项中，企业运用波士顿矩阵对外卖业务的分析正确的是（　　）。

A. 企业应采用保持战略目标，投资维持现状，保持外卖业务现有的市场占有率

B. 企业应采用发展战略目标，以提高相对市场占有率为目标，增加资金投入，甚至不惜放弃短期收益

C. 企业应对外卖业务采用撤退战略，立即淘汰该业务，或将外卖业务与其他业务合并

D. 企业应在短期内优先供给外卖业务所需的资源，支持它们继续发展

58. 下列关于通用矩阵的说法不正确的是（　　）。

A. 企业中处于左上方三个方格的业务适于采取增长与发展战略

B. 企业中处于右下方三个方格的业务，一般就采取停止、转移、撤退战略

C. 企业处于对角线三个方格的业务，一般就采取停止、转移、撤退战略

D. 企业处于对角线三个方格的业务，应采取维持或有选择地发展的战略

59. 某企业进行了 SWOT 分析，发现面临着如下问题：企业刚起步不久，缺乏市场知识与经验，在进行价格战的时候力不从心。以上分析说明，企业应该采用（　　）。

A. 增长型战略　　B. 多种经营战略

C. 扭转型战略　　D. 防御型战略

二、多项选择题

1. 以下方法能够用于识别企业核心能力的有（　　）。

A. 功能分析　　B. 基准分析

C. 资源分析　　D. 过程系统分析

2. 甲公司为国内上市的互联网信息服务商，正在研究收购某发展中国家的乙公司。下列各项因素中，属于甲公司在 PEST 分析中应当考虑的有（　　）。

A. 甲公司收购乙公司符合其总体公司战略

B. 乙公司所在国政府历来对企业实施高税收政策

C. 甲公司在国内提供互联网信息服务积累的经验与技术有助于管理乙公司业务

D. 乙公司所在国互联网行业十年来发展迅速，移动互联网业务过去 5 年增长了 20 倍

3. 关于产品生命周期，以下表述中错误的有（　　）。

A. 不同产业在生命周期每一阶段所采用的竞争属性是相同的

B. 产品生命周期是从产品研发和生产角

度予以划分的

C. 公司可以通过产品创新和重新定位来影响增长曲线的形状

D. 产品生命周期中各阶段的持续时间随产业的不同而非常不同

4. 以下属于 PEST 分析中社会经济结构分析内容的有（　　）。

A. 产业结构　　B. 分配结构

C. 消费结构　　D. 区域人口分布

5. 按照波特的价值链理论，企业的下列各项活动中，属于基本活动的有（　　）。

A. 传统连锁超市物美通过“多点”APP 提供在线销售服务

B. 家电生产企业利用代储代销模式获得供应商的显示屏

C. 快递公司重整其人力资源管理，提升员工的服务能力

D. 阿里巴巴设立特定研究中心专门从事人工智能的研究

6. 近年来，国内调味品企业面临着激烈的竞争压力：其一，海外调味品企业不断通过收购国内品牌或在国内直接建厂进入国内市场；其二，原料成本、用工成本不断上涨，同时由于国内企业众多，产品差异小，利润微薄；其三，天然营养的综合型调味品层出不穷，对传统调味品形成部分替代。从五种竞争力角度考察，国内调味品生产企业面临的竞争压力包括（　　）。

A. 产业内现有企业的竞争

B. 潜在进入者的进入威胁

C. 供应者讨价还价

D. 购买者讨价还价

7. 以下关于替代品的描述中，正确的有（　　）。

A. 替代品之间不可能共存于市场

B. 新产品能否替代老产品主要取决于两种产品的性价比

C. 替代品往往是新技术与社会需求的产物

D. 替代品可以分为直接替代品和间接替代品两类

8. 华为在贸易战开始之后对海思芯片加大投资，助力国产芯片业务的起航，同时在美国聘请专业的法律顾问团队起诉美国政府。上述活动涉及价值链支持活动中的（　　）。

A. 采购管理　　B. 人力资源管理

C. 基础设施　　D. 技术开发

9. 以下情形中，可能导致行业内竞争加剧的情况有（　　）。

A. 产业发展缓慢

B. 行业内竞争对手减少

C. 产品的差别化程度低

D. 用户的转换成本高

10. 潜在进入者的进入威胁主要取决于（　　）。

A. 进入障碍

B. 现有在位者的反击

C. 行业的盈利率

D. 行业中领导企业的市场份额

11. 甲公司是一家以果汁饮料业务为主体的多元化经营企业，业务范围涉及饮品、煤化工、房地产、新能源等。甲公司对其业务发展状况进行分析，以下各项符合 SWOT 分析的有（　　）。

A. 饮品行业增长缓慢，公司市场占有率高，应采用 SO 战略

B. 房地产行业不景气，公司市场占有率低，应采用 WT 战略

C. 新能源行业具有广阔的发展前景，公司在该行业不具有竞争优势，应采用 WO 战略

D. 煤化工行业近年来发展势头明显回落，公司在该行业中具备一定优势，应采用 ST 战略

12. 在进行波士顿矩阵分析时，放弃战略可适用的业务类型包括（　　）。

A. 瘦狗业务　　B. 问题业务

C. 现金牛业务　　D. 明星业务

13. 下列各项企业竞争策略不符合波士顿矩阵分析有（　　）。

A. 放弃与对手的竞争，不再对市场增长快的产品加大投入

B. 加大对市场占有率下滑产品的广告投入，以使该产品的市场占有率回升

C. 重新定位进入成熟期的产品价格，提高该产品的竞争力

D. 减少对市场占有率低且价格竞争激烈的产品的投资

14. 下列关于波士顿矩阵的局限性说法正确的有（　　）。

第二章

A. 波士顿矩阵暗含了一个假设：企业市场份额与投资回报成正比

B. 波士顿矩阵采用两个指标，每个指标仅有两个位级，过于简单

C. 波士顿矩阵认为资金是企业的主要资源，但在企业内还有很多其他资源

D. 用综合指标来测算产业吸引力，这些指标在不同产业的表现可能会产生不一致

15. 国内卫浴产品企业可分为两类。一类是知名的国际名牌企业，其产品实现了功能性和外观时尚性的完美结合，但研发和投资成本都很大，产品价格高；第二类是国内老品牌企业，其产品的功能性和外观性都与国际品牌产生有较大差距，价格也显著低于国际品牌产品。有专家建议，在激烈的竞争中第二类企业应当增强售后服务功能以提升竞争力，因为国内各类企业都没有对该功能给予应有的重视。依据战略群组分析理论，下列各项中，对专家建议理解正确的有（　　）。

A. 了解战略群组内企业竞争的主要着眼点

B. 了解各战略群组之间的移动障碍

C. 了解战略群组间的竞争状况

D. 运用战略群组分析发现战略机会

16. 按照波特的“五力”分析模型，下列各项因素中，可能对某家航空公司获取行业竞争优势产生不利影响的有（　　）。

A. 进入航空业需要大量的资本投入

B. 航空产业的行业增长率开始处于下降趋势

C. 由于廉价航空公司兴起，使得机票价格大幅降低

D. 由于许多大型国际企业采用视频会议管理跨国业务，使得商务航空服务需求降低

17. 甲公司为国内上市的电信公司。甲公司正在研究收购某发展中国家的乙移动通信公司。下列各项因素中，属于甲公司在PEST分析中应当考虑的有（　　）。

A. 甲公司收购乙移动通信公司符合其总体公司战略

B. 乙移动通信公司所在国政府历来对企业实施高税收政策

C. 甲公司在国内提供电信服务积累的经验与技术有助于管理乙移动通信公司的业务

D. 乙移动通信公司所在国的电信行业发展迅速，移动通信业务过去十年增长了300倍

18. 乙公司是一家家电制造企业，乙公司根据“五力”模型对其所处的行业环境进行分析，分析结果表明乙公司的议价能力较强。下列选项中，能够支持乙公司的分析结果的有（　　）。

A. 市场上能够提供乙公司所需原料的供应商众多

B. 乙公司一直以来想要实现后向一体化战略，但是都没有成功

C. 乙公司高薪聘请了一批谈判技巧很高的采购人员

D. 乙企业是某供应商最大的客户，Z的采购量占其可供应总量的60%以上

19. 某旅行社在客户满意度调查中发现并未完全满足商务旅行者的需求，遂决定向具有类似核心经营内容的航空业了解如何更好地满足这类客户，根据以上信息可以判断，该旅行社在基准分析中主要采用了（　　）。

A. 内部基准

B. 竞争性基准

C. 过程或活动基准

D. 顾客基准

20. 下列选项中，属于辨别企业核心能力的关键性测试的有（　　）。

A. 它对顾客是否有价值

B. 它是否很难被模仿或复制

C. 它对管理是否有价值

D. 它与企业的竞争对手相比是否有优势

21. 乙公司拟开办航空业务并将其基地设在印度尼西亚，以使企业多元化发展。在分析该战略提案时，乙公司需要对外部环境进行评估，其可使用的分析工具有（　　）。

A. PEST分析

B. “五力”模型分析

C. 波士顿矩阵分析

D. 通用矩阵分析

22. 甲公司是一家精密仪器制造商，由于相关机器设备和人员培训的昂贵性，导致该行业很长一段时间内没有新的进入者，且精密仪器制造领域长期被甲、乙、丙三家公司

操控着，相关产品的价格极其昂贵。从产业五种竞争力角度分析，上述分析因素包括（ ）。

A. 潜在进入者的进入威胁

B. 替代品的替代威胁

C. 供应者讨价还价能力

D. 购买者讨价还价能力

23. 下列有关价值链中正确的说法有（ ）。

A. 价值链的各环节之间相互关联相互影响

B. 价值链的某个环节不会形成核心竞争力

C. 烟草行业价值链的关键是广告宣传

D. 餐饮业价值链的关键是地点选择

24. 某研究员提出，经过 20 年的发展，饮用水市场目前已进入成熟期。支持该研究员结论的市场现象包括（ ）。

A. 行业内出现企业兼并的机会较多

B. 市场上饮用水品牌的数量逐渐减少

C. 行业产品利润率及企业的市场占有率同时处于低位

D. 同行业企业战略重点倾向于关注效率、成本控制和市场细分

25. 有些行业（例如制药）要求投入大量的资金来建立公司并进行研发，针对这些行业，以下说法错误的有（ ）。

A. 这些行业的进入壁垒较高

B. 潜在进入者进入的难度较大

C. 这些行业的进入壁垒较小

D. 潜在进入者进入的难度较小

26. 乙公司是广东东莞地区一家集团企业，其主营业务为电子元器件的加工与制造等。乙公司拥有自己的研发中心，申请了大量电子产品相关专利。正是由于公司的技术因素，使得该公司产品在全国具有较高的认同度，市场占有率颇高。当然，公司产品成功除了技术层面的原因外，公司在产品营销策划方面和渠道建设方面也很有经验。根据上述信息，可以判断乙公司所拥有的无形资源有（ ）。

A. 优越地理条件　　B. 组织经验

C. 品牌　　D. 专利

27. 甲公司是一家玻璃制造企业，目前甲公司根据“五力”模型对其所处的行业环境进行分析，分析结果表明甲公司的议价能力较强。下列选项中，能够支持甲公司的分析结果的有（ ）。

A. 市场上能够提供甲公司所需原料的供应商众多

B. 该公司一直以来想要实现后向一体化战略，但是都没有成功

C. 甲公司高薪聘请了一批谈判技巧很高的采购人员

D. 该企业是某供应商最大的客户，甲的采购量占其可供应总量的 60% 以上

28. 对于旅游企业来说，下列因素中属于需要考虑的宏观环境因素有（ ）。

A. 某旅游景点发生滑坡泥石流灾害

B. 居民可支配收入逐年提高

C. 国家允许国人出境旅游

D. 随着社会发展，旅游已成为一种普遍接受的休闲方式

29. 下列关于产业成功关键因素的说法中，正确的有（ ）。

A. 成功关键因素随着产业的不同而不同

B. 同一产业中的各个企业，也可能对该产业的成功关键因素有不同的侧重

C. 成功关键因素属于企业层次的特征

D. 随着产品生命周期的演变，成功的关键因素也发生变化

30. 香港半岛酒店位于九龙半岛的天星码头旁，占据有利的地理位置，游客可以遥望对岸香港岛和维多利亚港美不胜收的海景和夜景。关于半岛酒店这一大特色，以下表述正确的有（ ）。

A. 是半岛酒店难以被竞争对手模仿的无形资源

B. 有助于半岛酒店获得竞争优势

C. 是一种有形资源

D. 是一种稀缺性资源

31. 某火锅店近年来盈利一直非常好，为了达到下年预期的盈利水平，该火锅店进行了一项研究来辨别核心竞争力，由于该店位于大学附近，价格合理，很受大学生的喜爱，而该店的各项原材料中蔬菜和肉类都是由供应商提供，但是供应商不是确定的，唯独火锅的调料是本店自己调制的，于是该店购买了市场上的一些调料和本店的调料一起供消费者享用，发现消费者大多选择本店自制的

调料，通过该资料可知，该店主要进行的分析包括（　　）。

A. 过程系统分析　　B. 功能分析

C. 资源分析　　D. 市场分析

32. 下列关于产品生命周期中不同阶段战略选择的说法正确的有（　　）。

A. 导入期的主要战略路径是投资于研究与开发和技术改进，提高产品质量

B. 成长期主要的战略路径是市场营销

C. 成熟期主要的战略路径是提高效率，降低成本

D. 衰退期的战略路径是控制成本

33. 以下关于波士顿矩阵的表述错误的有（　　）。

A. 波士顿矩阵能够根据潜在的现金产生能力和需要的现金支出来评价企业的产品

B. 波士顿矩阵是用来帮助管理层实现他们对多种产品的组合进行分析，以提高企业整体的业绩

C. 波士顿矩阵不能够根据潜在的现金产生能力和需要的现金支出来评价企业的产品

D. 波士顿咨询集团于 1860 年提出了市场增长率与份额矩阵，简称波士顿矩阵

34. 下列进入障碍中，属于结构性障碍的有（　　）。

A. 限制进入定价

B. 规模经济

C. 现有企业对关键资源的控制

D. 现有企业的市场优势

35. 能够建立企业核心竞争力的资源，包括建立竞争优势的资源，还包括（　　）。

A. 稀缺资源

B. 不可被模仿的资源

C. 不可替代的资源

D. 持久的资源

36. 影响行业内企业间竞争激烈程度的因素有（　　）。

A. 行业增长率　　B. 进入壁垒

C. 退出壁垒　　D. 产品差异程度

37. 甲公司是一家复印机生产企业。关于甲公司的价值链，以下表述正确的有（　　）。

A. 进货材料搬运、部件装配、订单处理、广告、售后服务等活动属于基本活动

B. 运输服务、原材料采购、信息系统开发、招聘等活动属于支持活动

C. 价值链的每项活动对甲公司竞争优势的影响是不同的

D. 公司的基础设施包括厂房、建筑物等

38. 根据波特的五力模型，下列各项中，可以提高购买商议价能力的原因有（　　）。

A. 购买商主要为零散的个人，但是通过协议方式进行集体大量购买产品

B. 市场上的替代产品多

C. 购买商对于产品的性能、规格、质量以及售价信息很了解

D. 购买商对于产品的供应时间要求迫切

39. 某行业的领军企业的领导商议通过设置进入壁垒的高度来限制潜在进入者的进入，从而保持各自企业的市场份额。下列各项属于结构性障碍的有（　　）。

A. 规模经济

B. 现有企业对关键资源的控制

C. 现有企业的市场优势

D. 限制进入定价

40. 下列各项属于确认产业成功关键因素必须考虑的有（　　）。

A. 顾客在各个竞争品牌之间进行选择的基础是什么

B. 产业中的一个卖方厂商要取得竞争成功需要什么样的资源和竞争能力

C. 产业中的一个卖方厂商获取持久的竞争优势必须采取什么样的措施

D. 企业的市场营销是否合理

41. 下列关于产品生命周期的表述中，正确的有（　　）。

A. 成长期，产品的经营风险仍然维持在较高水平，原因是竞争激烈，市场的不确定性增加

B. 产业的增长总是呈“S”形

C. 公司可以通过产品创新和产品的重新定位，来影响增长曲线的形状

D. 企业在衰退期如果缺乏成本控制的优势，就应采用退却战略

42. 下列关于产业内的战略群组分析的表述中，正确的有（　　）。

A. 战略群组分析可以很好地了解组内竞争对手的状况，但是不能很好地了解与其他群组间的不同

B. 战略群组分析可以帮助企业了解转向

另一个群组的障碍

C. 战略群组分析可以帮助企业突破产业边界，进入“蓝海市场”

D. 同一战略群组内的企业虽然采用了相同或类似的战略，但战略效果也会不同

43. 下列属于波特的钻石模型中生产要素的有（　　）。

A. 科研机构　　B. 基础设施

C. 相关与支持性产业　D. 人力资源

44. 下列关于企业资源的表述中，正确的有（　　）。

A. 企业的有形资源仅包括物质资源

B. 技术、商誉、专利属于企业的无形资源

C. 列示在资产负债表中的无形资产并不能代表企业的全部无形资源

D. 组织成员向组织提供的技能、知识属于企业的人力资源

45. 下列选项中属于物理上独特资源的有（　　）。

A. 甲企业所拥有的房屋处于极佳的地理位置

B. 乙企业拥有“家庭式愉快，节俭而投入”的企业文化

C. 丙公司拥有矿物开采权

D. 中国海尔公司在售后服务环节的竞争优势

46. 下列关于企业核心能力与成功关键因素的表述，正确的有（　　）。

A. 企业核心能力和成功关键因素都是公司盈利能力的指示器

B. 企业核心能力是产业和市场层次的特征

C. 成功关键因素随着产业的不同而不同，甚至在相同的产业中，也会因产业驱动因素和竞争环境的变化而随时间变化

D. 成功关键因素针对的是产业内某个个别公司

47. 华勤公司在对企业内部环境进行价值链分析时，确立了研发与生产环节的核心地位，重新梳理了采购、生产、销售等多个环节之间的联系，并且计划利用信息系统组建虚拟组织，将上下游企业整合在一个价值体系内，达到整体共赢的效果。从企业资源能力的价值链分析角度来看，上述材料体现了（　　）。

A. 确认那些支持企业竞争优势的关键活动

B. 明确价值链内部各种活动之间的联系

C. 明确价值系统内各项价值活动之间的联系

D. 通过价值链分析发现企业竞争优势

48. 甲企业生产的保健饮料已占到同类饮料销售市场的71.1%，但每年市场增长率已变得很小，几乎没有上行的空间。针对此产品，企业所应采取的投资组合战略为（　　）。

A. 发展　　B. 保持

C. 收割　　D. 放弃

49. 下列关于通用矩阵局限性的说法正确的有（　　）。

A. 用综合指标来测算产业吸引力和企业的竞争地位，这些指标在一个产业或一个企业的表现可能会产生不一致，评价结果也会由于指标权数分配的不准确而产生偏差

B. 划分较细，对于业务类型较多的多元化大公司必要性不大，且需要更多数据，方法比较繁杂，不易操作

C. 通用矩阵过于简单

D. 用市场增长率和企业相对市场占有率两个单一指标分别代表产业吸引力和企业竞争地位，不能全面反映这两方面的状况

50. 光华公司为一家民营石油化工企业，近期对其业务发展状况进行分析，以下各项符合SWOT分析的有（　　）。

A. 公司专家拥有专业的技术知识，政府对石油化工行业的政策正在逐渐放宽，应采用SO战略

B. 公司的产品和竞争对手产品并没有差别，但目前国际贸易壁垒已经消除，应采用WO战略

C. 公司的产品不具有竞争优势，而且公司竞争对手具有垄断地位控制着行业大部分的分销渠道，石油化工行业不断涌入新企业，应采用WT战略

D. 石油化工行业近年来发展势头明显回落，公司石油资源储备不足，应采用ST战略

三、简答题

1. 2004年，春城白药开始尝试进军日化行业。而此时日化行业的竞争已经异常激烈。

B公司、L公司、D公司、H公司等国际巨头们凭借其规模经济、品牌、技术、渠道和服务等优势，基本上占领了C国日化行业的高端市场，占据了C国牙膏市场60%以上的份额；清雅公司、蓝天公司等本土日化企业由于普遍存在产品特色不突出、品牌记忆度弱等问题，加上自身实力不足，因而多是在区域市场的中低端市场生存。

整个产业的销售额达到前所未有的规模，且市场基本饱和。谁想要扩大市场份额，都会遇到竞争对手的顽强抵抗。已有相当数量的本土日化企业淡出市场。价格竞争开始成为市场竞争的主要手段，定位在高端市场的国际巨头们也面临着发展的“瓶颈”，市场份额、增长速度、盈利能力都面临着新的考验，它们的产品价格开始向下移动。

春城白药进入日化行业先从牙膏市场开始。春城白药没有重蹈本土企业的中低端路线，而是反其道而行之。通过市场调研，春城白药了解到广大消费者对口腔健康日益重视，而当时市场上的牙膏产品大多专注于美白、防蛀等基础功能，具有更多口腔保健功能的药物牙膏还是市场“空白点”。于是，春城白药创出了一个独特的、有助于综合解决消费者口腔健康问题的药物牙膏——春城白药牙膏，并以此树立起高价值、高价格、高端的“三高”形象。

春城白药进入牙膏市场短短几年表现突出，不仅打破了本土品牌低端化的现状，还提升了整个牙膏行业价格体系。从2010年开始，随着春城白药推出功能化的高端产品，国际巨头们也纷纷凭借自身竞争优势推出功能化的高端产品抢占市场。B公司推出抗过敏牙膏；L公司推出全优七效系列牙膏；D公司推出去渍牙膏；H公司推出专效抗敏牙膏。这些功能性很强的口腔保健牙膏定价都与春城白药牙膏不相上下。这些功能化的高端牙膏产品出现后，消费者的需求得到进一步满足，整个市场呈现出“销售额增长大于销售量增长”的新特点。

要求：

（1）简要分析春城白药进军日化行业时，日化行业所处的产品生命周期发展阶段。

（2）运用“解决口腔健康问题功能程度”和“价格水平”两个战略特征，各分为“高”“低”两个档次，对2010年以前的B公司、L公司、D公司、H公司、清雅公司、蓝天公司、春城白药进行战略群组划分。

（3）根据战略群组分析的作用，分析：①定位在高端市场的国际巨头们的产品价格开始向下移动的依据；②春城白药在日化行业中战略群组定位的依据；③B公司、L公司、D公司、H公司相继推出功能化高端牙膏的依据。

2. 据专家预测，到2020年中国葡萄酒消费量将进入世界前三位，全球葡萄酒过剩时代结束，即将步入短缺时代。

葡萄酒界流传着“七分原料，三分工艺”的说法，意即决定葡萄酒品质最重要的因素是葡萄产地。G省的葡萄种植基地、葡萄酒生产企业主要集中在西北黄金产业带上。适宜的纬度、最佳光热水土资源组合，加之大幅度的昼夜温差、适宜有效的气温和干燥少雨的气候，使G省成为国内生产葡萄酒原料的最佳区域之一。

G省葡萄酒产业发展具有深厚的文化底蕴。“葡萄美酒夜光杯，欲饮琵琶马上催”等一系列脍炙人口的赞美葡萄酒的诗歌经久不衰。

从历史史料中不难看出，自汉期以来的2000多年，西北黄金产业带的葡萄酒，一直闻名遐迩，享誉盛赞。

然而，G省葡萄酒企业在国内市场的竞争地位却不尽如人意。2011年国内四大葡萄酒知名品牌占据国内市场份额60%左右，而G省最具竞争力的高华品牌只在华南和西北地区占有很低的市场份额，省内另外几家企业的葡萄酒基本未进入省外市场。2011年G省葡萄酒企业年销量仅占全国销量的1.1%。

以下三个方面因素在一定程度上影响了G省葡萄酒企业的竞争力。其一，相对于国内东部产区而言，G省产区交通条件欠发达，因此葡萄酒产品在外运过程中成本较高。其二，随着市场的发展，包装对于葡萄酒来说不仅是保护商品、方便流通的手段，更成为一种差异化、准确定位目标市场的营销方式。而G省与葡萄酒产业相关的包装印刷业发展缓慢，企业产品包装品的制作和商标的印刷主要依靠南方地区的企业提供。其三，G省绝大多数葡萄酒生产企业规模小且分散，产品销售网覆盖地区有限，彼此之间的竞争不够充分。

近年来，为了进一步完善本地葡萄酒企业发展环境，G省酒类商品管理局实施了“抱团走出去，择优引进来”的策略，通过开展品牌宣传、招商引资等多种手段，努力提升G省葡萄酒在国内市场的知名度。

要求：

（1）依据钻石模型四要素，简要分析G省葡萄酒产业发展的优势与劣势；

（2）依据企业资源的判断标准，简要分析G省葡萄酒业资源的“不可模仿性”有哪几种形式。

3. 从1996年开始，爱民医疗器械公司创始人率领研发团队从事生物材料方面的研究，开发出一系列产品。其中，爱民公司2010年开发的专利产品Y产品能够通过义眼的移植帮助失明患者实现部分眼功能，恢复一定的视力。初期的动物试验证明此产品安全有效。

Y产品的核心技术掌握在爱民公司手中，目前在国内还未有类似的产品。前期的市场调研表明，全球至少有5000万Y产品的潜在消费者。新进入者必须投入大量的资金、时间、技术等成本。因而进入难度很大。

在开发Y产品时，爱民公司在保证医疗效果不下降的前提下，坚持选用通用型原材料。这带来两点好处：其一，通用型原材料均由国内厂家生产，进货和运输仓储等方面的成本都比较低，降低了生产成本。其二，供应商的可替代程度高，企业原材料采购的转换成本低。从成立至今，爱民公司逐渐打造出一支实力较强的研发与销售团队，建立和形成了较为完善的采购、进货和发货后勤服务体系，建立了包括300家三甲医院、基本覆盖全国的销售网络。

与上千名临床医疗专家建立了良好的合作关系，分销商渠道健全，建立了专业服务团队，客服部均由经过培训的专业人员负责，服务网络较为完善。

2012年，爱民公司在C国首都建立了生产Y产品的工厂，希望通过进一步的产业化，将Y产品推上市场。

要求：

（1）运用企业核心能力的3个关键测试判断爱民公司掌握的有关Y产品的技术，能否称之为该公司的核心能力；

（2）根据价值链两类活动，简要分析爱民公司开发Y产品具备的优势条件。

4. 随着我国人民生活水平的提高和对咖啡文化认知程度的不断增长，加之巨大的人口红利，刺激国内咖啡消费。目前，中国咖啡市场正在进入一个高速发展的阶段，因此这两年各大咖啡品牌也在不断通过加速开店、布局高端市场、强化咖啡供应链等方式，巩固自身的市场地位。据中商产业研究院数据显示：近年来，我国咖啡厅数量增长十分迅速。2007年全国约有15 906家咖啡厅，到2012年，快速增长到31 794家，预计2019年中国咖啡厅数量突破14万家。在中国咖啡消费量方面，2014～2018年中国咖啡市场消费量稳定增长。2014年咖啡消费总量为2 077.14万吨，同比增长34%；2018年消费总量为3 480.95万吨，同比增长29%。

从我国咖啡行业目前的细分市场来看，速溶咖啡霸占中国咖啡市场。据数据显示，速溶咖啡市场占比高达71.8%；其次为现磨咖啡，市场占比为18.1%；其后为即饮咖啡，市场占比为10.1%。据伦敦国际咖啡组织统计，与全球平均2%的增速相比，中国的咖啡消费正在以每年15%的惊人速度增长。预计到2025年，中国将成长为1万亿元的巨型咖啡消费帝国。随着国内消费者对咖啡好感度不断提升，我国的咖啡市场呈现出巨大的潜力，在近十年内将有长足发展。

在咖啡连锁领域，以上岛咖啡为代表的本土咖啡企业凭借其先入优势和渠道优势占据了可观的市场份额，主要定位为商务休闲，SKU较为丰富，价格也高昂。以星巴克为代表的外资品牌依靠其品牌形象和差异化的竞争策略后来居上，在“一线城市”和“意式咖啡”这个细分领域占据领先地位，同样以商务场景为主，价格符合小资的定位。近年来，一些新兴咖啡连锁品牌凭借精准的市场定位和独树一帜的经营模式逐渐打破了星巴克及上岛咖啡对市场的垄断地位，带动连锁咖啡市场朝着更多元化的方向发展。外卖咖啡以外卖配送作为销售咖啡的主要方式，目标群体为写字楼的上班族为主，主要有瑞幸咖啡和连咖啡，他们以亲民的价格迅速在市场占有一席之地。

要求：

（1）简述产品生命周期不同阶段的特点，简要分析我国咖啡产业所处的产品生命周期阶段。

（2）运用“价格”和“商务性”两个战略特征，各分为“高”“低”两个档次，将案例中所提及的咖啡品牌进行战略群组划分。

四、综合题

资料一

中国海尔创立于1984年，经过30年创业创新，已从一家资不抵债、濒临倒闭的集体小厂发展成为全球白电的第一品牌。海尔在全球有5大研发中心、21个工业园、66个贸易公司、143 330个销售网点，用户遍布全球100多个国家和地区，是极具影响力的跨国集团。海尔的发展历经五次战略转型，从最初注重的品牌效应，以质量取胜到实行多元化的发展战略。在国际化战略阶段，海尔成为当时唯一在国际市场打造出自己品牌的国内企业；在全球化战略阶段，海尔在整合全球资源的基础上保持了其本土化的特色。

在科学技术飞速发展的背景下，海尔自2012年起开始了对互联网模式的探索并提出智慧家居战略；在2014年推出“U+智慧生活”平台，将厂商、服务商、供应商的资源整合起来实现优化配置；2016年，海尔收购了通用家电并进行资产整合，为接下来的发展奠定了坚实的基础；2017年，海尔COSMOPlat入选工信部公布的《2017年制造业与互联网融合发展试点示范项目名单》，在此次名单中，海尔是家电行业唯一入选的企业。

海尔经历了五次大的战略变革：

1. 名牌战略阶段（1984～1991年）

在市场供不应求的背景下，大多数国内企业只关注完成生产任务，不在意产品质量。而1985年时任厂长张瑞敏的“砸冰箱”的举动体现了海尔人以质量取胜的理念。此外，当时的海尔只做冰箱一种产品，在完善企业内部管理制度和机制的同时，打造了企业的品牌效应。

2. 多元化战略阶段（1991～1998年）

抓住了邓小平南方谈话的机遇，海尔通过兼并重组进入了洗衣机、电视机、空调等各个家电领域，在短时间内使企业规模迅速扩大，增强了企业的实力。

3. 国际化战略阶段（1998～2005年）

这一阶段，海尔的产品已经销往全球主要的国家和地区，以国内为中心，海尔的影响力已经逐渐向全球辐射。在美国南卡建厂，并购意大利工厂，组建海外事业部，海尔一步步创出国际知名度。

4. 全球化战略阶段（2005～2012年）

为了适应全球经济一体化趋势，海尔在多个国家的市场创造出本土化品牌。2012年，海尔收购了三洋电机在日本、东南亚的洗衣机、冰箱等多项业务，成功并购新西兰高端家电品牌斐雪派克，整合全球资源以增强企业的竞争力。

5. 网络化战略阶段（2012年至今）

互联网时代，作为传统制造企业的海尔，颠覆一般企业的封闭系统，用开放交互实现企业的无边界、无领导，员工的全员参与和以顾客需求为中心的目标。利用互联网、云计算等信息技术，海尔建立起平台生态圈，使组织结构扁平化、网络化，充分调动各种创新资源，为用户创造价值的同时实现企业自身的价值。具体体现在“人单合一”双赢模式的继续探索，实现大规模的定制、按需设计、按需制造、按需配送。

资料二

2015年，李克强总理在政府报告中提出“互联网+”的行动计划，促进了制造企业与互联网、云计算、物联网等理念的结合，鼓励传统企业提高生产质量和整体效率，通过创新刺激企业的增长。此外，各地方政府对家电行业的智能改造政策的支持力度很大，一般给予15%～20%的补贴。

我国的经济发展进入新常态阶段，经济增长从高速转为中高速，从规模速度型增长转为质量效率型增长，企业发展依靠创新驱动已成为大势所趋。对于家电制造企业，尤其是海尔这种经营国际化业务的企业集团，近期原材料价格的增长和汇率的波动也是不容忽视的问题。

物质的极大丰富和人民生活水平的提高使顾客的需求向高度化、多样化发展，人们普遍寻求个性化的服务，强调自我满足感。同时，电商时代的来临改变了大众的消费方式和对价格的敏感程度。综合以上，海尔必须跟随潮流才能把握发展机遇。

当今，全球范围内移动互联网、大数据和智能制造为基础的新技术正在改变企业的生产方式和创新模式。全球化网络平台的构建技术日臻完善，逐步应用到制造型企业。企业有能力以低成本对技术资源进行整合，利用互联网实现转型与升级。

资料三

当前的家电行业，产品逐渐标准化，价格也开始下降。即便是海尔这样的龙头企业，也面临着生产稳定、局部生产能力过剩的情况。尽管海尔的市场巨大，但国内的城市市场已基本达到饱和，把握和创造乡镇级市场的利润空间非常重要。

家电生产行业规模经济显著，尽管家电市场的需求潜力客观上会吸引一部分企业进入这个领域，但资金和技术限制也使得许多新进入者难以发展。

家电产品在网络支持的条件下更加智能化、人性化，威胁主要来自于行业巨头的创新研发能力。且未来家电朝着装饰化的方向发展，海尔应当在合适的时机引入合适的替代产品，从而抢占先机。在白电产业链中，原材料供应商的集中程度很低。

从下游销售渠道的格局来看，传统的线下渠道日渐惨淡而线上的市场增长飞速。根据工信部发布的《2016 中国家电网购报告》，2016 年传统四大家电网购零售额达 1 161 亿元，同比增幅 34.9%，在这样的情形下，消费者可选择的购买渠道增多。

由于家电行业内有一些势均力敌的对手，产业发展进入相对的缓慢期。但总体而言，海尔凭借其长期积累的实力在竞争中有较强的优势。

海尔在全球建立了制造基地、研发中心、海外贸易公司和现代物流中心，实现了产品的零库存。集团营业利润较为稳定的增长也为企业的发展提供了充足的资金支持。

经过长期的积累，海尔形成的企业商誉、品牌、专利、特有技术和技艺、企业文化具有明显的竞争优势。海尔目前拥有海尔、卡萨帝、统帅、AQUA、斐雪派克五大品牌，能满足不同层次消费者的需求。截至 2015 年，海尔拥有专利 16 316 件，在海外 30 多个国家和地区拥有有效发明专利 528 件，海外发明专利是行业其他公司的 20 多倍。“永远以用户为是，以自己为非”的价值观、创业创新的两创精神是海尔企业文化的重要部分。

海尔提倡让每个员工在不同的自主经营体系中为用户创造价值的同时实现自身的价值，从而实现企业价值和股东价值。这里的员工并非只是内部员工，还包括利用海尔平台进行创业，但与集团没有劳动合同关系的外部员工。

要求：

（1）根据资料一，简要分析海尔五次战略变革的类型；

（2）根据资料二，运用宏观环境分析中的 4 个关键要素，简要分析海尔所面临的宏观环境；

（3）根据资料三，简述产业五种竞争力的基本概念，并对海尔在行业进行五种竞争力分析；

（4）根据资料三，简述产品生命周期的概念，简要分析海尔在行业生命周期中所处的阶段；

（5）根据资料三，简述企业资源的主要类型，简要分析海尔所拥有的资源。

答案及解析

一、单项选择题

1. 【答案】D

【解析】本题考查考生对波士顿矩阵的掌握情况，当产品所处市场的市场增长率较高时，有可能是明星产品和问题产品。

2. 【答案】B

【解析】收割战略主要是为了获得短期收益，目标是在短期内尽可能地得到最大限度的现金收入。对处境不佳的“现金牛”类业务及没有发展前途的“问题”类业务和“瘦狗”类业务可视情况采取该策略。故选项 B 明星业务不适用于收割战略。

3. 【答案】B

【解析】所谓过程或活动基准，即以具有类似核心经营的企业为基准进行比较，但是二者之间的产品和服务不存在直接竞争的关系。故选项 B 正确。

4. 【答案】B

【解析】通用矩阵的右下方业务具有较弱的市场竞争地位，所处产业的吸引力较低，因此应及早采取停止、转移、撤退战略。故选项B正确。

5. 【答案】A

【解析】根据SWOT分析方法，该企业具有领先的智能手机显示屏技术，属于内部优势；国际市场对智能手机需求旺盛，属于外部环境提供的机会，此时应当选择增长型战略（SO）。故选项A正确。

6. 【答案】A

【解析】现有企业对关键资源的控制一般表现为对资金、专利或专有技术、原材料供应、分销渠道、学习曲线等资源及资源使用方法的积累与控制。"目前光美公司已建成覆盖全国的营销网络，包括电商销售平台、数以千计的超市专卖柜和实体店以及十几个仓储物流中心"表明光美公司给潜在进入者设置的进入障碍是现有企业对关键资源的控制。

7. 【答案】C

【解析】根据材料"性能质量趋同""对大型流量仪表的需求近年来没有明显增长"判断属于成熟期，选项C正确。选项A属于导入期战略途径，选项B属于成长期战略途径，选项D属于衰退期战略途径。

8. 【答案】D

【解析】甲公司提供的是差异化服务，可以形成产品差异障碍。所以选项D正确。

9. 【答案】B

【解析】竞争性基准是指直接以竞争对手为基准进行比较，题目中甲公司在发展网络销售业务时与网商服装城具有直接竞争关系。

10. 【答案】D

【解析】"学习曲线"又称"经验曲线"，是指当某一产品累积生产量增加时，由于经验和专有技术的积累所带来的单位产品成本的下降。它与规模经济往往交叉地影响产品成本的下降水平。规模经济使得当经济活动处于一个比较大的规模时，能够以较低的单位成本进行生产；学习经济是由于积累经验而导致的单位成本的减少。即使是学习经济规模很小的情况下，规模经济也可能是很大的。

11. 【答案】B

【解析】该公司开发的天然自然景区，具有极佳的地理位置，属于物理上独特的资源，属于资源的不可模仿性。

12. 【答案】D

【解析】技术转让得来的高新技术并不是企业独有技术，企业自身研发能力并不强，因此构不成核心竞争能力。

13. 【答案】A

【解析】整体来说企业对这四项外部因素都应该去适应，但具有强制性和很强约束力的很显然是政府政策和法律法规。

14. 【答案】C

【解析】限制进入定价往往是在位的大企业报复进入者的一个重要武器。在限制价格的背后包含有一种假定，即从长期看，在一种足以阻止进入的较低价格条件下所取得的收益，将比一种会吸引进入的较高价格条件的收益要大。在位企业企图通过低价来告诉进入者自己是低成本的，进入将是无利可图的。所以，选项C正确。

15. 【答案】C

【解析】成熟期特征之一是市场已经基本饱和，新用户减少，主要靠老用户的重复购买。

16. 【答案】A

【解析】对竞争对手的分析有四个方面的内容，即竞争对手的未来目标、对竞争对手的假设、现行战略和潜在能力。

17. 【答案】A

【解析】导入期的财务风险非常低；成长期的财务风险低；成熟期的财务风险是中等；进入衰退期后，财务风险高。故产业从导入期到衰退期的财务风险是不断提高的。

18. 【答案】A

【解析】内部基准是指企业内部各部门之间互为基准进行学习与比较。由于企业内部存在着不同地理区域的部门，它们之间有着不同的历史和文化、不同的业务类型以及管理层与职员之间不同程度的融洽关系，因此可互为基准进行比较。题中所述跨国集团的其他子公司向甲国子公司学习，属于内部基准。

19. 【答案】B

【解析】钻石模型四个要素包括：生产要素，需求条件，相关和支持性产业的存在，企业战略、结构和同业竞争。汽车产业背后都有强大的钢铁、电子等产业存在表明的是相关和支持性产业的存在。

20.【答案】D

【解析】国内需求市场是产业发展的动力，本地客户对产品、服务的要求或挑剔程度在国际上数一数二，会激发该国企业的竞争优势。符合题中所述。

21.【答案】A

【解析】通过“其智能机器人业务目前市场占有率处于行业第三的位置，整个智能机器人市场处于蓬勃发展的时期，市场规模每年增长150%左右”可以判断G公司的智能机器人业务属于“问题业务”，对于问题业务如果经过改进能转化为明星业务，则需要重点投资，提高市场占有率。选项A正确。

22.【答案】B

【解析】政治环境分析包括以下方面：(1) 企业所在国家和地区的政局稳定状况；(2) 政府行为对企业的影响；(3) 执政党所持的态度和推行的基本政策（例如，产业政策、税收政策、进出口限制等），以及这些政策的连续性和稳定性；(4) 各政治利益集团对企业活动产生的影响。美国政府的行为对企业产生了巨大的影响，因此属于政治环境。

23.【答案】D

【解析】具有经济制约性的资源是指企业的竞争对手已经具有复制其资源的能力，但因市场空间有限不能与其竞争的情况。例如，企业在市场上处于领导者的地位，其战略是在特定的市场上投入大量资本。这个特定市场可能会由于空间太小，不能支撑两个竞争者同时盈利，在这种情况下，企业的竞争对手即使有很强的能力，也只好放弃竞争。这种资源便是具有经济制约性的资源。所以，选项D正确。

24.【答案】D

【解析】价值链中的价值应该站在消费者的角度来理解，因此选项D说法错误。

25.【答案】A

【解析】具有路径依赖性的资源是指那些必须经过长期积累才能获得的资源。题干中“每个分店都有一支长期训练有素的服务人员队伍，在客人就餐时熟练表演‘街舞拉面’的技艺”符合具有路径依赖性资源的特点。所以，选项A正确。

26.【答案】B

【解析】成长期的标志是产品销量节节攀升，产品的销售群已经扩大。“这些企业的产品的销量和销售群已经扩大，占据了国内军用民用的一部分市场”属于成长期。

27.【答案】A

【解析】品牌忠诚度属于不可被模仿的资源。

28.【答案】D

【解析】“产品设计新颖，市场上只有一两家竞争对手”“产品刚刚出现，一些顾客还心存疑虑，因而卡帕奇投入了较高的成本在营销上”都属于导入期的特点。这个阶段，从市场角度看，成功的关键因素应当是广告宣传，开辟销售渠道。所以，选项D正确。

29.【答案】A

【解析】只能说企业的核心能力是形成企业竞争优势的一个主要方面而不是全部。所以，选项B错误。企业的核心能力可以有多种不同的表现形式。所以，选项C、D错误。

30.【答案】C

【解析】本题考核价值链分析的基本活动。甲公司在提供电话咨询时，要求全天24小时服务且节假日不休息，以最大限度地满足顾客的要求，这是企业向顾客提供的一种使产品增值的服务，属于价值链基本活动中的服务。

31.【答案】B

【解析】竞争对手对其他公司的行动迅速作出反应的能力如何？或立即发动进攻的能力如何？这将由下述因素决定：自由现金储备、留存借贷能力、厂房设备的余力、定型的但尚未推出的新产品。

32.【答案】C

【解析】价值链是企业所有互不相同但又相互关联的生产经营活动构成的创造价值的一个动态过程。价值链分析将企业的生产经营活动分为基本活动和支持活动两大类。基本活动是指生产经营的实质性活动，一般分为内部后勤、生产经营、外部后勤、市场销售和服务；支持活动是指用以支持基本活动而且内部之间又相互支持的活动，包括采购、技术开发、人力资源管理和企业基础设施。题目中，聘请外部咨询公司为其进行信息系统设计属于采购；组建信息部进行系统关键技术研发及实现属于技术开发；对员工进行培训属于人力资源管理。

33.【答案】B

【解析】该产品属于金牛产品，且由于行业成长性不明朗，因此企业最好的策略是保持当前份额暂不追加投资。

34.【答案】B

【解析】市场营销是指提供买方购买产品的方式、引导买方进行购买的各种活动。例如，营销管理、广告宣传、销售渠道选择以及定价和促销等。

35.【答案】B

【解析】成熟期行业的增长率降到较正常水平，相对稳定，各年销售量变动和利润增长幅度较小，竞争更激烈。后期一些企业因投资回报率不满意而退出行业，一小部分企业主导行业，需监控潜在兼并机会、探索新市场、研发新技术、开发具有不同特色或功能的新产品。

36.【答案】C

【解析】汽车行业的出现，改变了很多人的出行方式，使得社会的生活节奏大大加快，体现的是生活方式变化，所以是社会和文化环境。

37.【答案】B

【解析】该公司直销模式是选择了差异化营销，不同于以往单纯的销售产品，而是通过服务使顾客感觉到差异化。

38.【答案】D

【解析】有些资源的不可模仿性是物质本身的特性所决定的，这是物理上独特的资源。例如，企业所拥有的房地产处于极佳的地理位置，拥有矿物开采权或是拥有法律保护的专利生产技术等。这些资源都有它的物理上的特殊性，是不可能被模仿的。本题中的德都来三家门店“位于某知名旅游城市的核心地段，因人流量巨大而顾客盈门”说明其资源是物理上独特的资源。不能仅凭“拥有100多年的历史”就选择具有路径依赖性的资源，因为具有路径依赖性的资源强调“积累”，此题并没有强调德都来在100多年中的积累。

39.【答案】C

【解析】选项A，属于产业内现有企业的竞争；选项B，属于增强自身的讨价还价能力；选项C，属于互动互补的体现；选项D，属于现有企业组织潜在进入者的行为。

40.【答案】C

【解析】本题考查企业能力的分类，该饮料企业通过开拓餐饮渠道，提高产品销售量，迅速占领市场，属于营销能力的一种体现。

41.【答案】D

【解析】竞争对手的能力分析，主要围绕竞争对手以下几方面的能力：(1) 核心能力；(2) 成长能力；(3) 快速反应能力；(4) 适应变化的能力；(5) 持久力。美国次贷危机爆发，波及中国大部分金融企业。国外投行K预计其竞争对手中国的甲银行将会逐步降低权益类投资，并逐渐降低对客户的理财产品的收益率。投行K对甲银行进行的上述分析属于对竞争对手能否对外部事件作出反应的分析。所以，选项D正确。

42.【答案】D

【解析】根据题意，互联网金融产业的销售额迅速增长，产业中时常出现兼并等意外事件，说明产业处于成长期，成长期企业的战略目标是争取最大的市场份额，主要的战略路径是市场营销，选项D正确。

43.【答案】C

【解析】过程或活动基准是指以具有类似核心经营的企业为基准进行比较，但是两者之间的产品和服务不存在直接竞争的关系。家电企业A和手机企业B之间的产品和服务不存在直接竞争的关系，但具有类似核心经营的业务（自配物流），属于过程或活动基准。选项C正确。

44.【答案】A

【解析】通用矩阵横轴表示企业竞争地位，分为强、中、弱三个等级；纵轴表示产业吸引力，分为高、中、低三个等级；处于左上方三个方格的业务竞争地位和产业吸引力均处于中上等水平，因此应采用增长与发展战略。

45.【答案】C

【解析】SWOT分析在于识别企业外部环境的机会和威胁、内部环境的优势和劣势。对于外部存在机会，内部具有优势的情境(SO)，应采用增长型战略；对于外部存在机会，但受内部劣势限制的情境（WO），应采取扭转型战略；对于外部环境存在威胁，内部具有优势的情境（ST），应采取多种经营战略；对于外部环境存在威胁，内部存在劣势的情境（WT），应采取防御型战略。

46.【答案】C

【解析】价值链分析中所述的技术开发是指可以改进企业产品和工序的一系列技术活动，既包括生产性技术也包括非生产性技术，比如通信方面的信息技术。题中所述银行开发了一种叫号系统属于技术开发。选项 A 为干扰项。

47.【答案】C

【解析】市场增长率高的产品属于明星产品或问题产品，对于明星产品和有发展前途的问题产品应加大投入。所以，选项 A 错误。进入成熟期的产品属于现金牛产品，应采用收获战略。对于仍有所增长的现金牛产品，应通过市场细分，维持其现有的市场占有率或延缓其下降速度。所以，选项 B 错误。市场占有率低且价格竞争激烈的产品属于瘦狗产品，瘦狗产品应采用撤退战略。所以，选项 C 正确。对于市场占有率下滑的产品，如现金牛产品或瘦狗产品，对于这两类产品通常不再追加投资。所以，选项 D 错误。

48.【答案】D

【解析】行为性障碍是指现有企业对进入者实施报复手段所形成的进入障碍。报复手段主要有两种：限制进入定价和进入对方领域。其中进入对方领域的目的在于抵消进入者首先采取行动可能带来的优势，避免对方的行动给自己带来的风险。

49.【答案】D

【解析】现有企业对关键资源的控制一般表现为对资金、专利或专有技术、原材料供应、分销渠道、学习曲线等资源及资源使用方法的积累与控制。选项 D 正确。

50.【答案】B

【解析】导入期的主要战略路径是投资于研究开发和技术改进，提高产品质量；成长期的主要战略路径是市场营销，此时是改变价格形象和质量形象的好时机；成熟期的主要战略路径是提高效率，降低成本；衰退期的主要战略路径是控制成本，以求能维持正的现金流量。

【提示】关于产品生命周期，学员可以按照下面的总结记忆，注意记住每个时期最显著的特征：

产品生命周期	标志	量本利	竞争环境	经营风险	战略目标	战略路径
导入期		产量小，销量低，成本高，促销费用大，利润低甚至可能为负	竞争对手少	存在很大不确定性，经营风险非常高	扩大市场份额，争做“领头羊”	投资于研究与开发和技术改进，提高产品质量
成长期	产品的销量节节攀升	产品质量参差不齐，差异化较为显著。销售额增长率最快，生产量扩大，单位成本下降，产品价格最高，单位产品净利润也最高	竞争者随着市场扩大而不断涌入，开始争夺人才和资源，会出现兼并等意外事件	有所下降，但维持在较高水平	争取最大市场份额，并坚持到成熟期的到来市场营销。此时是改变价格形象和质量形象的好时机	市场营销此时是改变价格形象和质量形象的好时机
成熟期	竞争者之间出现挑衅性价格竞争	产品逐步标准化，销售增长缓慢，销售额达到最大，产品价格开始下降，利润空间适中	竞争激烈，对手顽强抵抗，并引发价格竞争	进一步降低，达到中等水平	巩固市场份额的同时提高投资报酬率	提高效率，降低成本
衰退期		客户对产品性价比要求很高，市场供大于求	有些竞争者优先于产品退出市场，多数企业退出后，价格才有望上扬	经营风险最低	防御为主，获取最后的现金流	控制成本，以求能维持正的现金流量

51.【答案】C

【解析】竞争对手能否对外部事件作出反应属于适应变化的能力。金融行业的工资率不断攀升，而甲公司的竞争对手乙公司对于高工资率不断降低公司费用，这是乙公司对外部事件作出的反应，属于适应变化的能力。

52.【答案】D

【解析】1990 年波特在《国家竞争优势》一书中，试图对能够加强国家在产业中的竞争优势的国家特征进行分析。他识别出了国家竞争优势的4个决定因素：(1) 生产要素：包括人力资源、天然资源、知识资源、资本资源、基础设施；(2) 需求条件：主要是本国市场的需求；(3) 相关与支持性产业：这些产业和相关上游产业的竞争力；(4) 企业战略、企业结构和同业竞争的表现。所以，选项D不属于钻石模型的要素。

53. 【答案】B

【解析】酒店的功能是提供住宿和餐饮，航空公司的功能是提供运输服务，两者的业务功能是不同的，但是两者在提供服务时，都是为相同的顾客提供服务，比如说提供餐饮，以期达到高标准的顾客满意度，这是两家企业的类似核心经营之处，企业需要在经营流程中做出比较，所以酒店和航空公司作比较是过程或活动基准的体现，选项B正确。

【提示】这里学员需要注意每个基准具体内容的不同，要会判断给出的内容的基准类型：

(1) 内部基准是企业内部各个部门之间互为基准进行学习与比较，例如：甲公司内部的市场部和财务部之间的学习与比较。

(2) 竞争性基准是直接以竞争对手为基准进行比较，例如：大众小轿车生产企业和丰田小轿车生产企业。

(3) 一般基准是在同一行业中的非直接竞争对手，例如：小轿车企业和大卡车企业都是生产汽车，但是它们并不是直接竞争对手，它们两者的比较就是一般基准。

(4) 过程或活动基准是不同行业，也没有竞争关系企业之间的比较，例如：海底捞火锅和丰田汽车两个企业之间的比较。

(5) 顾客基准是以顾客的预期为基准进行比较，例如：与以顾客为基础的市场调研结果进行的比较。

54. 【答案】B

【解析】产业内部比较。产业专家通常会收集这个产业内企业的某些数据并进行企业间的比较，所收集的数据包括市场份额、成本结构、关键成本以及顾客满意度等。

55. 【答案】C

【解析】服务是指与保持和提高产品价值有关的活动，如培训、修理、零部件的供应和产品的调试等。

56. 【答案】B

【解析】在波士顿矩阵中，横轴表示企业在产业中的相对市场占有率，是指以企业某项业务的市场份额与这个市场上最大竞争对手的市场份额之比来表示。相对市场占有率反映企业在市场上的相对竞争地位。所以，选项A正确。波士顿矩阵的纵轴表示市场增长率，是指企业所在产业某项业务前后两年市场销售额增长的百分比。所以，选项B错误。波士顿矩阵暗含了一个假设：企业的市场份额与投资回报是成正比的。所以，选项C正确。对于一个拥有复杂产品系列的企业来说，决定产品结构的基本因素有两个：即市场引力与企业实力。市场引力包括市场增长率、目标市场容量、竞争对手强弱及利润高低等。其中最主要的是反映市场引力的综合指标——市场增长率，它是决定企业产品结构是否合理的外在因素。企业实力包括市场占有率、技术、设备、资金利用能力等，其中市场占有率是决定企业产品结构的内在要素，它直接显示出企业竞争实力。所以，选项D正确。

57. 【答案】B

【解析】外卖业务的市场增长率为17%，相对市场占有率为0.4，说明外卖业务是问题业务，对于问题业务，企业应采用发展战略目标，选项B的说法正确。选项A是现金牛业务的做法，选项C是瘦狗业务的做法，选项D是明星业务的做法。

58. 【答案】C

【解析】企业处于对角线三个方格的业务，应采取维持或有选择地发展的战略，维持原有的发展规模，同时调整其发展方向。

59. 【答案】D

【解析】企业刚起步不久，缺乏市场知识与经验，属于企业的劣势，价格战属于企业面临的威胁，因此面对劣势和威胁，企业应该采用防御型战略。

二、多项选择题

1. 【答案】ACD

【解析】选项B基准分析主要用于企业核心能力评价。

2. 【答案】BD

【解析】选项A、C属于公司内部因素的分析，选项B属于PEST中的政治法律环境分析，选项 D 属于经济环境分析。

3.【答案】AB

【解析】选项 A 错误，与生命周期每一阶段相联系的竞争属性随产业的不同而不同；选项 B 错误，产品生命周期是根据产品销售额增长率曲线的拐点划分的。

4.【答案】ABC

【解析】社会经济结构是指国民经济中不同的经济成分、不同的产业部门及社会再生产各方面在组成国民经济整体时的状况。主要包括产业结构、分配结构、交换结构、消费结构和技术结构。选项 D 属于社会文化环境中的人口因素。

5.【答案】AB

【解析】选项 A 属于基本活动中的市场销售，选项 B 属于基本活动中的外部后勤，选项 C 属于支持活动中的人力资源管理，选项 D 属于支持活动中的技术开发。

6.【答案】ABCD

【解析】“由于国内企业众多，产品差异小，利润微薄”表明产业内现有企业的竞争强度大，选项 A 正确；“海外调味品企业不断通过收购国内品牌或在国内直接建厂进入国内市场”表明潜在进入者的进入威胁大，选项 B 正确；“原料成本、用工成本不断上涨”表明供应者讨价还价能力强，选项 C 正确；“产品差异小，利润微薄”表明购买者讨价还价能力强，选项 D 正确。

7.【答案】BCD

【解析】选项 A 错误，替代品的替代威胁并不一定意味着新产品对老产品最终的取代，几种替代品长期共存也很常见。

8.【答案】AD

【解析】企业聘请专业法律顾问团队是采购管理的体现；华为加大对海思芯片的投入是生产性技术的开发。因此，选项 A、D 正确。

9.【答案】AC

【解析】产业内现有企业的竞争在以下几种情况下可能是激烈的：（1）产业内有众多的或势均力敌的竞争对手；（2）产业发展缓慢；（3）顾客认为所有的商品都是同质的；（4）产业中存在过剩的生产能力；（5）产业进入障碍低而退出障碍高。选项 B、D 能有效降低竞争激烈程度。

10.【答案】AB

【解析】选项 C、D 可以影响潜在进入者，但不构成主要威胁。

11.【答案】BCD

【解析】饮品行业增长缓慢，属于外部环境威胁；公司市场占有率高，属于内部优势，此时应采用 ST 战略。

12.【答案】AB

【解析】放弃战略目标在于清理和撤销某些业务，减轻负担，以便将有限的资源用于效益较高的业务，这种战略适用于无利可图的“瘦狗”类业务和“问题”类业务。

13.【答案】ABC

【解析】市场增长率高的产品属于明星产品或问题产品，对于明星产品和有发展前途的问题产品应加大投入，故选项 A 不符合波士顿矩阵；市场占有率下滑的产品，应界定为现金牛产品或瘦狗产品，而对于这两类产品通常不再追加投资，故选项 B 不符合波士顿矩阵；进入成熟期的产品属于现金牛产品，对于仍有所增长的现金牛产品，应通过市场细分，维持其现有的市场占有率或延缓其下降速度。故选项 C 不符合波士顿矩阵；市场占有率低且价格竞争激烈的产品属于瘦狗产品，瘦狗产品应采用撤退战略，故选项 D 符合波士顿矩阵。

14.【答案】ABC

【解析】选项 D 属于通用矩阵的局限性。

15.【答案】ABCD

【解析】依据战略群组分析理论，战略群组分析的作用有：（1）有助于很好地了解战略群组间的竞争状况，主动地发现近处和远处的竞争者，也有助于了解某一群组与其他群组间的不同。（2）有助于了解各战略群组之间的“移动障碍”。（3）有助于了解战略群组内企业竞争的主要着眼点。（4）利用战略群组图还可以预测市场变化或发现战略机会。

16.【答案】BCD

【解析】选项 A 认为航空业进入壁垒高，属于公司获取行业竞争优势产生的有利影响，因此选项 A 不正确。选项 B 认为航空业增长率缓慢，为了寻求发展，竞争程度就会增强，对企业取得行业竞争优势不利，所以选项 B 正确。选项 C、D 属于替代产品的威胁，都对公司获取行业竞争优势不利，所以选项 C、D 正确。

17.【答案】BC

【解析】选项 A 属于经营环境与竞争优势环境分析；选项 B 属于宏观环境分析中的政治环境因素分析；选项 C 属于宏观环境分析中的技术环境因素分析；选项 D 属于行业环境分析。

18.【答案】ACD

【解析】选项 B 说明 Z 公司还没有能力自行制造或提供供应商的产品或服务，不能提升谈判能力。选项 A、C、D 符合题意。

19.【答案】CD

【解析】企业进行基准分析时的基准类型主要包括内部基准、竞争性基准、过程或活动基准、一般基准、顾客基准五种类型。其中，内部基准是企业内部各部门之间互为基准进行学习和比较；竞争性基准是直接以竞争对手为基准进行比较；过程或活动基准是以具有类似核心业务的企业为基准进行比较，但两者之间的产品或服务不存在直接竞争关系；顾客基准是以顾客期望的预期为基准进行比较；一般基准是以具有相同业务的企业为基准进行比较。需能辨别一般基准、竞争性基准、过程或活动基准的区别。

20.【答案】ABD

【解析】核心能力是企业在具有重要竞争意义的经营活动中能够比竞争对手做得更好的能力，辨别企业能力是否属于核心能力的三个关键性测试是：它对顾客是否有价值？它与竞争对手相比是否有优势？它是否很难被模仿或复制？

21.【答案】AB

【解析】常用于外部评估的工具包括：PEST 分析、五力模型分析。选项 A、B 符合题意。

22.【答案】AC

【解析】“相关机器设备和人员培训的昂贵性，导致该行业很长一段时间内没有新的进入者”体现了潜在进入者的进入威胁低，选项 A 正确；“精密仪器制造领域长期被甲、乙、丙三家公司操控着，相关产品的价格极其昂贵”体现了供应者的讨价还价能力强，选项 C 正确。

23.【答案】ACD

【解析】企业竞争优势的来源可能就来自于某一个价值链环节，而不是全部。如某些企业在产品设计上的优势，某些企业在分销渠道方面的优势等。

24.【答案】AD

【解析】成熟期的市场增长率不高，需求增长率不高，技术上已经成熟，行业特点、行业竞争状况及用户特点非常清楚和稳定，买方市场形成，行业盈利能力下降，新产品和产品的新用途开发更为困难，行业进入壁垒很高。选项 C 属于起步期。选项 A、D 符合题意。

25.【答案】CD

【解析】决定进入壁垒高度的主要因素有以下几方面：规模经济；客户忠诚度；资本金投入；转换成本；对销售渠道的使用权；政府政策；现有产品的成本优势（与规模经济无关）等。对于这些需要资本金投入较大的行业来讲，意味着提高了行业的进入壁垒，潜在进入者的难度较大。

26.【答案】BCD

【解析】无形资源，是指企业长期积累的、没有实物形态的，甚至无法用货币精确度量的资源，通常包括品牌、商誉、技术、专利、商标、企业文化及组织经验等。所以，选项 B、C、D 正确。

27.【答案】ACD

【解析】选项 B 说明甲公司还没有能力自行制造或提供供应商的产品或服务，不能作为支持其分析结果的论点。

28.【答案】BCD

【解析】宏观环境要素包括政治和法律、经济、社会文化和技术。选项 A 属于自然环境因素，不属于宏观环境分析的内容，故选项 A 错误，选项 B 属于宏观环境因素中的经济因素，选项 C 属于宏观环境因素中的政治和法律因素，选项 D 属于宏观环境中的社会和文化因素。

29.【答案】ABD

【解析】成功关键因素（KSF）是指公司在特定市场获得盈利必须拥有的技能和资产，是企业取得成功的前提条件。KSF 随产业的不同而不同，随产业生命周期的变化而变化，同一产业不同企业对 KSF 各有侧重，KFS 属于市场和产业层次的特征，而不是针对某个个别公司。所以，选项 A、B、D 正确。

30.【答案】BCD

【解析】有些有形资源可以被竞争对手轻易地取得，因此，这些资源不能成为企业竞争优势的来源。但是，具有稀缺性的有形资源能使公司获得竞争优势。在香港的五星级观光酒店中，半岛酒店因为位于九龙半岛的天星码头旁，占据有利的地理位置，游客可以遥望对岸香港岛和维多利亚港美不胜收的海景和夜景，便是它的一大特色，构成其竞争优势的一个来源。所以，选项 B、C、D 正确。

31.【答案】BC

【解析】进行核心竞争力的辨别，包括功能分析、资源分析和过程系统分析。该材料中，对地理位置进行了分析，这属于资源分析，并且对原材料进行了分析，发现自制调料深受大众的喜爱，这属于功能分析，本题中并没有涉及过程系统分析。

32.【答案】ABCD

【解析】导入期的战略目标是扩大市场份额，战略路径为投资于研究与开发和技术改进，提高产品质量；成长期的战略目标是争取最大市场份额，战略路径为市场营销；成熟期的战略目标是巩固市场份额，提高投资报酬率，战略路径为提高效率，降低成本；衰退期的战略目标首先是防御，获取最后的现金流，战略途径是控制成本。

33.【答案】BCD

【解析】选项 B 正确的说法是波士顿矩阵是用来帮助管理层实现他们对多种产品的组合进行分析，以提高企业整体的财务业绩；选项 D 应该是波士顿咨询集团于 1960 年提出了市场增长率与份额矩阵，简称波士顿矩阵；选项 C 不正确。

34.【答案】BCD

【解析】进入障碍包括结构性障碍和行为性障碍，通常结构性障碍是静态的，包括规模经济、现有企业对关键资源的控制、现有企业的市场优势；行为性障碍是现有企业对进入者实施的报复手段，主要有进入对方领域和限制进入定价。

35.【答案】ABCD

【解析】能够建立企业核心竞争力的资源主要包括以下五种：建立竞争优势的资源、稀缺资源、不可被模仿的资源、不可替代的资源、持久的资源。

36.【答案】ACD

【解析】行业内竞争者的竞争强度指行业现有竞争者之间的竞争程度。行业增长缓慢，现有的企业间争夺既有市场份额的竞争就会变得激烈；退出壁垒高，使现有企业难以退出某行业的障碍大会令同业的竞争激烈化；如果产品缺乏差异性或具有标准化，购买商可轻易转换供应商，产品转换成本小，则供应商之间会相互竞争。

37.【答案】ABC

【解析】价值链分析将企业的生产经营活动分为基本活动和支持活动两大类。基本活动，又称主体活动，是指生产经营的实质性活动，一般可以分为内部后勤、生产经营、外部后勤、市场销售和服务五种活动。所以，选项 A 正确。支持活动，又称辅助活动，是指用以支持基本活动而且内部之间又相互支持的活动，包括采购管理、技术开发、人力资源管理和企业基础设施。所以，选项 B 正确。虽然价值链的每项活动，包括基本活动和支持活动都是企业成功所必经的环节，但是，这些活动对企业竞争优势的影响是不同的。所以，选项 C 正确。对价值链的定义落脚点在“活动”上，公司的厂房、建筑物等属于固定资产而不是一种活动。所以，选项 D 错误。

38.【答案】ABC

【解析】大量购买，可以增加购买商的讨价还价能力；替代品较多，购买商的选择较多，所以讨价还价能力增强；购买商对于产品的信息很熟悉，也会加大议价能力。

39.【答案】ABC

【解析】选项 A、B、C 属于结构性障碍，选项 D 属于行为性障碍。所以选项 A、B、C 正确。

40.【答案】ABC

【解析】确认产业成功关键因素必须考虑的有：(1) 顾客在各个竞争品牌之间进行选择的基础是什么？(2) 产业中的一个卖方厂商要取得竞争成功需要什么样的资源和竞争能力？(3) 产业中的一个卖方厂商获取持久的竞争优势必须采取什么样的措施？

41.【答案】ACD

【解析】产业的增长并不总是呈“S”形。有时产业跳过成熟阶段，直接从成长走向衰亡；有的产业在一段时间衰退之后又重新上升；还有的产业似乎完全跳过了导入期这个缓慢的起始阶段。选项B说法错误。

42.【答案】BCD

【解析】战略群组分析可以帮助企业了解其所在战略群组的战略特征以及群组中其他竞争对手的战略实力，以选择本企业的竞争战略与战略开发方向。战略群组分析有助于很好地了解战略群组间的竞争状况，主动地发现近处和远处的竞争者，也可以很好地了解某一群体与其他群组间的不同，选项A说法错误。战略群组有助于了解各战略群组之间的“移动障碍”，选项B正确。利用战略群组图还可以预测市场变化或发现战略机会。而“蓝海战略”是不局限于现有产业边界，而是极力打破这样的边界条件，通过提供创新产品和服务，开辟并占领新的市场空间的战略，选项C正确。同一战略群组内的企业虽然采用了相同的或类似的战略，但由于群体内各个企业的优势不同会形成各企业在实施战略的能力上的不同，因而导致实施同样的战略而效果不同，选项D正确。

43.【答案】ABD

【解析】钻石模型中的生产要素分为初级生产要素和高级生产要素，初级生产要素是指天然资源、气候、地理位置、非技术工人、资金等，高级生产要素则是指现代通信、信息、交通等基础设施，以及受过高等教育的人力、研究机构等。相关与支持性产业是钻石模型中的另一项要素。

44.【答案】BCD

【解析】企业的有形资源包括物质资源和财务资源，所以选项A错误；企业的无形资源包括品牌、商誉、技术、专利、商标、企业文化及组织经验等，所以选项B正确；由于会计核算的原因，资产负债表中的无形资产并不能代表企业的全部无形资源，甚至可以说，有相当一部分无形资源是游离在企业资产负债表之外的，所以选项C正确；企业的人力资源是指组织成员向组织提供的技能、知识以及推理和决策能力，所以选项D正确。

45.【答案】AC

【解析】物理上独特的资源，有些资源不可模仿性是物质本身的特性所决定的。例如，企业所拥有的房地产处于极佳的地理位置，拥有矿物开采权或是拥有受法律保护的专利生产技术等，所以选项A、C正确。选项B属于具有因果含糊性的资源。选项D属于具有路径依赖性的资源。

46.【答案】AC

【解析】成功关键因素是产业和市场层次的特征，选项B的说法错误。成功关键因素应被看作是产业和市场层次的特征，而不是针对某个个别公司，选项D的说法错误。

【提示】成功关键因素和企业核心能力的区别：

（1）成功关键因素被看作是产业和市场层次的特征，而不是针对某个个别公司；但是核心竞争力更多的是针对个别公司。

（2）拥有成功关键因素是获得竞争优势的必要条件，而不是充分条件。但是核心竞争力可以说就是竞争优势。

（3）核心能力强调是企业独有的，成功关键要素是整个行业都要具备的。

（4）企业可以在拥有成功关键因素的基础上具备自己的核心能力。企业的核心能力可以是在企业的某一项成功关键因素中重点发展起来的。

47.【答案】ABC

【解析】“确立了研发与生产环节的核心地位”体现确认那些支持企业竞争优势的关键活动；“重新梳理了采购、生产、销售等多个环节之间的联系”体现了明确价值链内部各种活动之间的联系；“计划利用信息系统组建虚拟组织，将上下游企业整合在一个价值体系内，达到整体共赢的效果”体现了明确价值系统内各项价值活动之间的联系。

48.【答案】BC

【解析】根据题意判断该产品属于现金牛产品。对该类产品可视具体情况采用收割战略和保持战略。

49.【答案】AB

【解析】通用矩阵虽然改进了波士顿矩阵过于简化的不足，但是也因此带来了自身的不足。（1）用综合指标来测算产业吸引力和企业竞争地位，这些指标在一个产业或一个企业的表现可能会产生不一致，评价结果也会由于指标权数分配的不准确而带来偏差。

（2）划分较细，对于业务类型较多的多元化大公司必要性不大，且需要更多数据，方法比较繁杂，不易操作。因此选项 A、B 属于通用矩阵的局限性；选项 C、D 属于波士顿矩阵的局限性。

50.【答案】ABC

【解析】石油化工行业近年来发展势头明显回落，属于公司外部威胁（T），公司石油资源储备不足，是公司内部劣势（W），应采用 WT 战略，选项 D 的说法错误。

三、简答题

1.【答案】

（1）春城白药进军日化行业时，日化行业呈现出成熟期的典型特征：

①竞争者之间出现挑衅性的价格竞争。"价格竞争开始成为市场竞争的主要手段"；"国际巨头的产品价格开始向下移动"。

②成熟期虽然市场巨大，但是已经基本饱和。整个产业的销售额达到前所未有的规模，且市场基本饱和。谁想要扩大市场份额，都会遇到竞争对手的顽强抵抗。已有相当数量的本土日化企业淡出市场。

③产品差异不明显。"当时市场上的牙膏大多专注于美白、防蛀等基础功能"。

④局部生产能力过剩。"市场基本饱和""定位在高端市场的国际巨头们也面临着发展的'瓶颈'"。

综上，春城白药进军日化行业时，日化行业处于产品生命周期的成熟阶段。

（2）运用"解决口腔健康问题功能程度"和"价格水平"两个战略特征，各分为"高""低"两个档次，将案例中所提及的 B 公司、L 公司、D 公司、H 公司、清雅公司、蓝天公司、春城白药进行战略群组划分，可分为三个群组：

第一群组：解决口腔健康问题功能程度低、价格水平高的群组：B 公司、L 公司、D 公司、H 公司；

第二群组：解决口腔健康问题功能程度低、价格水平低的群组：清雅公司、蓝天公司；

第三群组：解决口腔健康问题功能程度高、价格水平高的群组：春城白药。

（3）根据战略群组分析的作用，分析：

①定位在高端市场的国际巨头们产品价格开始向下移动，是因为第一群组与第二群组之间以及各群组内部竞争激烈，"日化行业的竞争已经异常激烈""谁想要扩大市场份额，都会遇到竞争对手的顽强抵抗。已有相当数量的本土日化企业淡出市场""定位在高端市场的国际巨头们也面临着发展的'瓶颈'"。而对于第一群组的国际巨头们来说，进入第二群组移动障碍不高，"国际巨头们凭借其规模经济、品牌、技术、渠道和服务等优势……占据了 C 国牙膏市场 60% 以上的份额"。

②春城白药定位于日化行业第三群组，是因为那是一片蓝海，"具有更多口腔保健功能的药物牙膏还是市场'空白点'"。

③B 公司、L 公司、D 公司、H 公司相继推出功能化的高端牙膏，尝试进入第三群组。对国际巨头而言，这一移动障碍也不高。"国际巨头们也纷纷凭借自身竞争优势推出功能化的高端产品抢占市场"。

2.【答案】

（1）钻石模型四要素包括生产要素、需求条件、相关与支持性产业和企业战略、企业结构和同业竞争。

①优势：

生产要素。"G 省的葡萄种植基地、葡萄酒生产企业主要集中在西北黄金产业带上。适宜的纬度、最佳光热水土资源组合，加之大幅度的昼夜温差、适宜有效的气温和干燥少雨的气候，使 G 省成为国内生产葡萄酒原料的最佳区域之一"。

需求条件。"据专家预测，到 2020 年中国葡萄酒消费量将进入世界前三位；全球葡萄酒过剩时代结束，即将步入短缺时代"。

②劣势：

生产要素。"G 省产区交通条件欠发达"。

相关与支持性产业。"其一，相对于国内东部产区而言，G 省产区交通条件欠发达，因此葡萄酒产品在外运过程中成本较高。其二，随着市场的发展，包装对于葡萄酒来说不仅是保护商品、方便流通的手段，更成为一种差异化、准确定位目标市场的营销方式。而 G 省与葡萄酒产业相关的包装印刷业发展缓慢，企业产品包装品的制作和商标的印刷主要依靠南方地区的企业提供"。

企业战略、企业结构和同业竞争。“G省绝大多数葡萄酒生产企业规模小且分散，产品销售网覆盖地区有限，彼此之间的竞争不够充分”。

（2）不可模仿性的资源包括物理上独特的资源、具有路径依赖性的资源、具有因果含糊性的资源和具有经济制约性的资源。

①物理上独特的资源。“G省的葡萄种植基地、葡萄酒生产企业主要集中在西北黄金产业带上。适宜的纬度、最佳光热水土资源组合，加之大幅度的昼夜温差、适宜有效的气温和干燥少雨的气候，使G省成为国内生产葡萄酒原料的最佳区域之一”。

②具有路径依赖性的资源或具有因果含糊性的资源。“G省葡萄酒产业发展具有深厚的文化底蕴。‘葡萄美酒夜光杯，欲饮琵琶马上催’等一系列脍炙人口的赞美葡萄酒的诗歌经久不衰。从历史史料中不难看出自汉朝以来的2 000多年，西北黄金产业带的葡萄酒，一直闻名遐迩，享誉盛赞”。

3.【答案】

（1）企业的能力应同时满足以下三个关键测试才可称为核心能力：

①它对顾客是否有价值？

②它与企业竞争对手相比是否有优势？

③它是否很难被模仿或复制？

爱民公司“初期的动物试验证明此产品安全有效”“全球至少有5 000万Y产品的潜在消费者”符合①；“坚持选用通用型原材料”“爱民公司逐渐打造出一支实力较强的研发与销售团队，建立和形成了较为完善的采购、进货和发货后勤服务体系，建立了包括300家三甲医院、基本覆盖全国的销售网络。与上千名临床医疗专家建立了良好的合作关系，分销商渠道健全，建立了专业服务团队，客服部均由经过培训的专业人员负责，服务网络较为完善”说明符合②；“Y产品的核心技术掌握在爱民公司手中，目前在国内还未有类似的产品”“新进入者必须投入大量的资金、时间、技术等成本，因而进入难度很大”说明符合③。所以爱民公司Y产品的技术是该公司的核心能力。

（2）价值链将企业的生产经营活动分为基本活动和支持活动两大类。基本活动，又称主体活动，是指生产经营的实质性活动，一般可以分为内部后勤、生产经营、外部后勤、市场销售和服务五种活动。支持活动，又称辅助活动，是指用以支持基本活动而且内部之间又相互支持的活动，包括采购管理、技术开发、人力资源管理和企业基础设施。

根据基本活动，爱民公司开发Y产品具备的优势条件有：

①内部后勤：“通用型原材料均由国内厂家生产，进货和运输仓储等方面的成本都比较低”“建立和形成了较为完善的……进货……后勤服务体系”。

②生产经营：“2012年，爱民公司在C国首都建立了生产Y产品的工厂，希望通过进一步的产业化，将Y产品推上市场”。

③外部后勤：“建立和形成了较为完善的……发货后勤服务体系”。

④市场销售：“建立了包括300家三甲医院，基本覆盖全国的销售网络”“分销商渠道健全”。

⑤服务：“建立了专业服务团队，客服部均由经过培训的专业人员负责，服务网络较为完善”。

根据支持活动，爱民公司开发Y产品具备的优势条件有：

①采购管理：“供应商的可替代程度高，企业原材料采购的转换成本低”“建立和形成了较为完善的采购……服务体系”。

②技术开发：“爱民医疗器械公司创始人率领研发团队从事生物材料方面的研究，开发出一系列产品”“Y产品的核心技术掌握在爱民公司手中，目前在国内还未有类似的产品”。

③人力资源管理：“爱民公司逐渐打造出一支实力较强的研发与销售团队”“客服部均由经过培训的专业人员负责”。

④基础设施：“爱民医疗器械公司创始人率领研发团队从事生物材料方面的研究”。

4.【答案】

（1）产品生命周期不同阶段的特点：

①导入期：产品用户很少。产品虽然设计新颖，但质量有待提高。只有很少的竞争对手。为了说服客户购买，导入期的产品营销成本高，广告费用大，而且销量小，产能过剩，生产成本高。

②成长期：产品销量节节攀升，产品的

销售群已经扩大。消费者对于质量的要求不高。各厂家的产品在技术和性能方面有较大差异。广告费用较高，但是每单位销售收入分担的广告费在下降。生产能力不足，需要向大批量生产转换，并建立大宗分销渠道，争取最大市场份额。由于需求大于供应，此时产品价格最高，单位产品净利润也最高。

③成熟期：竞争者之间出现挑衅性的价格竞争。虽然市场巨大，但是已经基本饱和。新的客户减少，主要靠老客户的重复购买支撑。产品逐步标准化，差异不明显，技术和质量改进缓慢。生产稳定，局部生产能力过剩。产品价格开始下降，毛利率和净利润率都下降，利润空间适中。

④衰退期：客户对性价比要求高。各企业的产品差别小，价格差异也会缩小。为降低成本，产品质量可能出现问题。产能严重过剩，只有大批量生产并有自己销售渠道的企业具有竞争力。有些竞争者先于产品退出市场。产品的价格、毛利都很低。

我国的咖啡产业处于成长期：

①产品销量节节攀升，产品的销售群已经扩大。“近年来，我国咖啡厅数量增长十分迅速……预计2019年中国咖啡厅数量突破14万家”“2014～2018年中国咖啡市场消费量稳定增长”“据伦敦国际咖啡组织统计，与全球平均2%的增速相比，中国的咖啡消费正在以每年15%的惊人速度增长”。

②消费者对于质量的要求不高。“从我国咖啡行业目前的细分市场来看，速溶咖啡霸占中国咖啡市场。据数据显示，速溶咖啡市场占比高达71.8%；其次为现磨咖啡，市场占比为18.1%；其后为即饮咖啡，市场占比为10.1%”。

③建立大宗分销渠道，争取最大市场份额。“这两年各大咖啡品牌也在不断通过加速开店、布局高端市场、强化咖啡供应链等方式，巩固自身的市场地位”。

（2）运用“价格”和“商务性”两个战略特征，各分为“高”“低”两个档次，将案例中所提及的咖啡品牌进行战略群组划分，可分为两个群组：

第一群组：商务程度高、价格水平高的群组：上岛咖啡和星巴克；

第二群组：商务程度低、价格水平低的群组：瑞幸咖啡和连咖啡。

四、综合题

【答案】

（1）名牌战略阶段战略变革的类型：

①结构和体系变革。“完善企业内部管理制度和机制”。

②人员变革。“1985年时任厂长张瑞敏的‘砸冰箱’的举动体现了海尔人以质量取胜的理念”。

多元化战略阶段战略变革的类型：

①结构和体系变革。“兼并重组”。

②产品和服务变革。“进入了洗衣机、电视机、空调等各个家电领域”。

国际化战略阶段战略变革的类型：

结构和体系变革。“海尔的产品已经销往全球主要的国家和地区，以国内为中心，海尔的影响力已经逐渐向全球辐射”“在美国南卡建厂，并购意大利工厂，组建海外事业部”。

全球化战略阶段战略变革的类型：

①结构和体系变革。“2012年，海尔收购了三洋电机在日本、东南亚的洗衣机、冰箱等多项业务”“成功并购新西兰高端家电品牌斐雪派克”。

②产品和服务变革。“海尔在多个国家的市场创造出本土化品牌”“成功并购新西兰高端家电品牌斐雪派克”。

网络化战略阶段战略变革的类型：

①结构和体系变革。“作为传统制造企业的海尔，颠覆一般企业的封闭系统，用开放交互实现企业的无边界、无领导，员工的全员参与和以顾客需求为中心的目标”“建立起平台生态圈，使组织结构扁平化、网络化”“体现在‘人单合一’双赢模式的继续探索，实现大规模的定制，按需设计、按需制造、按需配送”。

②产品和服务变革。“以顾客需求为中心的目标”“实现大规模的定制、按需设计、按需制造、按需配送”。

③技术变革。“利用互联网、云计算等信息技术，海尔建立起平台生态圈”。

④人员变革。“无边界、无领导，员工的全员参与和以顾客需求为中心的目标”“为用户创造价值的同时实现企业自身的价值”。

（2）①政治和法律因素。“政府报告中提出‘互联网＋’的行动计划，促进了制造企业与互联网、云计算、物联网等理念的结合，鼓励传统企业提高生产质量和整体效率，通过创新刺激企业的增长。此外，各地方政府对家电行业的智能改造政策的支持力度很大，一般给予15%～20%的补贴”。

②经济因素。“我国的经济发展进入新常态阶段，经济增长从高速转为中高速，从规模速度型增长转为质量效率型增长”“各地方政府对家电行业的智能改造政策的支持力度很大，一般给予15%～20%的补贴”“原材料价格的增长和汇率的波动”。

③社会和文化因素。“顾客的需求向高度化、多样化发展，人们普遍寻求个性化的服务，强调自我满足感”“电商时代的来临改变了大众的消费方式和对价格的敏感程度”。

④技术因素。“全球范围内移动互联网、大数据和智能制造为基础的新技术正在改变企业的生产方式和创新模式。全球化网络平台的构建技术日臻完善，逐步应用到制造型企业”。

（3）波特认为，在每一个产业中都存在五种基本竞争力量，即潜在进入者进入威胁、替代品的替代威胁、购买者讨价还价能力、供应者讨价还价能力、产业内现有企业的竞争。在一个产业中，这五种力量共同决定产业竞争的强度以及产业利润率。

①潜在进入者的进入威胁。“家电生产行业规模经济显著”“资金和技术限制也使得许多新进入者难以发展”表明潜在进入者的进入威胁小。

②替代品的替代威胁。“家电产品在网络支持的条件下更加智能化、人性化，威胁主要来自于行业巨头的创新研发能力。且未来家电朝着装饰化的方向发展”表明替代品的替代威胁大。

③供应者讨价还价的能力。“原材料供应商的集中程度很低”表明供应者讨价还价的能力弱。

④购买者讨价还价的能力。“传统的线下渠道日渐惨淡而线上的市场增长飞速……消费者可选择的购买渠道增多”表明购买者讨价还价的能力较强。

⑤产业内现有企业的竞争。“家电行业内有一些势均力敌的对手，产业发展进入相对的缓慢期”“局部生产能力过剩”“产品逐渐标准化”表明产业竞争较为激烈。

（4）大多数行业都会经历一个与产品生命周期相似的生命周期，即导入期、成长期、成熟期和衰退期。根据产品生命周期不同阶段的特征分析，本案例中海尔所在的家电行业处于产品生命周期的成熟期。“产品逐渐标准化”“价格也开始下降”“生产稳定、局部生产能力过剩”“国内的城市市场已基本达到饱和”。

（5）企业资源主要分为三种：有形资源、无形资源和人力资源。

海尔所拥有的资源：

①有形资源。“全球建立了制造基地、研发中心、海外贸易公司和现代物流中心”“充足的资金支持”。

②无形资源。“海尔形成的企业商誉、品牌、专利、特有技术和技艺、企业文化”“拥有海尔、卡萨帝、统帅、AQUA、斐雪派克五大品牌”“拥有专利16 316件，在海外30多个国家和地区拥有有效发明专利528件，海外发明专利是行业其他公司的20多倍”“‘永远以用户为是，以自己为非’的价值观、创业创新的两创精神是海尔企业文化的重要部分”。

③人力资源。“提倡让每个员工在不同的自主经营体系中为用户创造价值的同时实现自身的价值，从而实现企业价值和股东价值”。

第三章　战略选择

本章考情分析

本章是考试的重中之重，在近五年的考试中，本章平均分值在35分左右，分值较高的年份可达40分以上，因此本章内容非常重要。重点讲解了各种层次、各种类型的战略以及这些战略在国际市场中的运用。各种战略的含义、优缺点及实施条件要能在理解的基础上精准记忆。特别是总体战略、业务单位战略和国际化经营战略是每年的必考内容，分值密度极高，需全面掌握。

公司战略选择可分为总体战略、业务单位战略、职能战略以及国际化经营战略。其中，总体战略分为发展战略、稳定战略和收缩战略。业务单位战略的基本竞争战略包括差异化战略、成本领先战略和集中化战略，业务单位战略还包括中小企业竞争战略和蓝海战略。职能战略包括市场营销战略、生产运营战略等六种职能战略。国际化经营战略则是企业在国际市场上对上述三个层次战略的具体应用。

本章在历年考试中属于都占有重要地位，分值密度高，考题形式多样，客观题、简答题和综合题都有可能出现。需要重点掌握的内容包括：

- 总体战略

（1）总体战略的主要类型及其含义；

（2）一体化战略的主要类型及每种类型的适用情形和主要风险；

（3）密集型战略中四种细分战略的含义、适用情形；

（4）多元化战略的含义、原因、优点及面临的风险；

（5）收缩战略的原因、方式和困难；

（6）发展战略的主要途径及其含义；

（7）并购战略的分类、动机及并购失败的原因；

（8）内部发展战略的动因、应用条件及缺点；

（9）战略联盟的基本特征、动因、主要类型。

- 业务单位战略

（1）基本竞争战略，需要重点掌握成本领先、差异化和集中化战略的优势、实施条件及可能面对的风险；

（2）基本竞争战略的综合分析（战略钟）；

（3）零散产业竞争战略，需要掌握产业零散的原因、零散产业的战略选择及需谨防的陷阱；

（4）新兴产业竞争战略，需要掌握新兴产业的内部结构特征、发展障碍及其战略选择；

（5）蓝海战略的内涵、制定原则及重建市场边界的基本法则。

- 职能战略

（1）市场营销战略，需掌握市场细分的依据、产品定价的方法；

（2）生产运营战略，需掌握平衡产能与需求的方法、JIT及影响生产运营转化过程的因素；

（3）采购战略，需掌握不同货源策略的优缺点；

（4）财务战略，需掌握基于价值创造或增长率的财务战略选择（财务战略矩阵）、基于产品生命周期的财务战略选择。

- 国际化经营战略

（1）发展中国家企业国际化经营动因；

（2）国际市场进入模式；

（3）国际化经营的战略类型；

（4）新兴市场的企业战略。

近五年考题情况如下：

年度	分值	题型	考点
2015	38	单选题	发展战略、企业战略联盟、中小企业竞争战略、蓝海战略、市场营销战略、财务战略、国际化经营动因、新兴市场企业战略
		多选题	发展战略、差异化战略、战略钟、财务战略、新兴市场企业战略
		简答题	发展战略的途径、并购、成本领先战略、差异化战略、国际化经营动因
		综合题	发展战略、发展战略的途径、收缩战略
2016	38	单选题	发展战略、蓝海战略、生产运营战略、采购战略、国际化经营的战略类型、新兴市场企业战略
		多选题	发展战略、收缩战略、企业战略联盟、财务战略
		简答题	并购战略、国际化经营动因
		综合题	发展战略、成本领先战略、差异化战略、市场营销战略、研究与开发战略
2017	37.5	单选题	发展战略、收缩战略、集中化战略、基本战略的综合分析——“战略钟”市场营销战略、生产运营战略
		多选题	并购战略、成本领先战略、差异化战略、集中化战略、零散产业中的竞争战略、采购战略、财务战略
		简答题	发展战略、蓝海战略的内涵、重建市场边界的基本法则、市场营销战略、新兴市场的企业战略
		综合题	发展战略、发展战略可选择的途径、企业战略联盟、成本领先战略、差异化战略、市场营销战略、研究与开发战略、企业国际化经营动因
2018	31.5	单选题	基本竞争战略、战略陷阱
		多选题	企业战略联盟形成的动因、企业零散的原因、发展中国家对外投资的主要动机、促销策略、前向一体化战略
		简答题	蓝海战略、公司发展战略类型和途径、营销组合策略
		综合题	竞争战略实施条件
2019	53	单选题	业务单位战略、国际化经营战略、总体战略、职能战略
		多选题	总体战略、业务单位战略、职能战略、总体战略
		简答题	职能战略、战略选择、业务单位战略
		综合题	国际化经营战略、总体战略、业务单位战略

本章教材变化

2020年教材与2019年相比没有重大变化。小变化主要有：

1. 业务单位战略之中的基本竞争战略中的成本领先战略“（4）”最后一段删除；成本领先战略中的采用成本领先战略的优势“（4）”之中最后一段删除，另有少数说法变化。

2. 业务单位战略之中的中小企业竞争战略中的“新兴产业中的竞争战略”中的“1. 新兴产业内部结构的共同特征”之中“（1）的题目改为：技术的不确定性”，后面序号有相应改变，内容无大变化。删除了“（2）早期进入障碍的内容”，删除“2. 新兴产业的发展障碍第一段话，增加（1）专有技术选择、获得与应用的困难”，序号有相应改变，内容无大变化。

3. 市场营销战略中有少量说法变化。2020年相比2019年的教材第三章中删除了2个案例，增加了12个案例。

基本内容框架

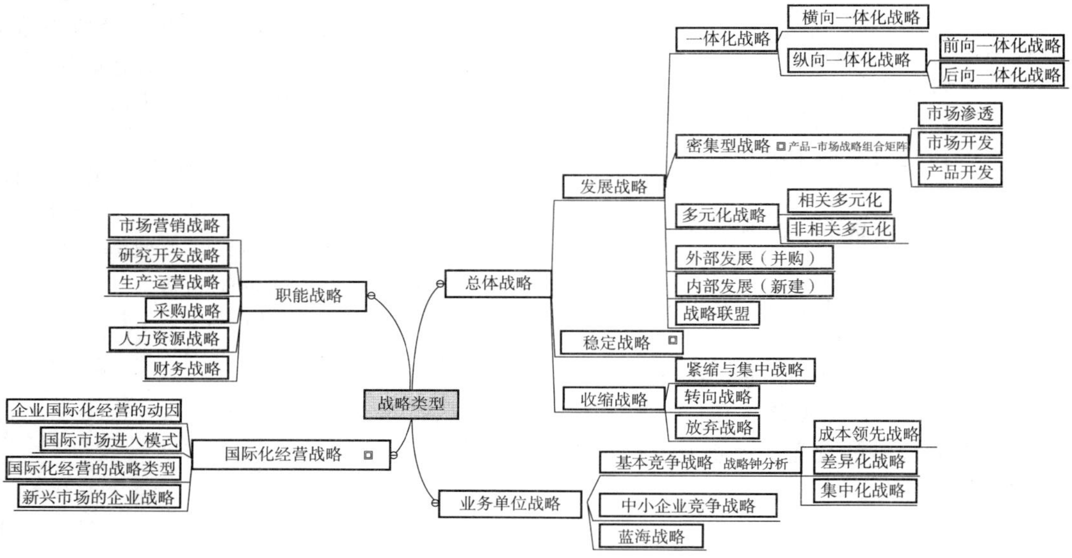

通关重难点例题解析

知识点1　一体化战略（★★★）

<table>
<tr><td colspan="4">含义：企业对具有优势和增长潜力的产品或业务，沿其经营链条的纵向或横向延展业务的深度和广度，扩大经营规模，实现企业成长。</td></tr>
<tr><th colspan="2">类型</th><th>途径</th><th>适用条件</th><th>主要风险</th></tr>
<tr><td rowspan="2">纵向一体化</td><td>前</td><td>获得分销商或零售商的所有权或加强对他们的控制权的战略</td><td>①现有销售商的销售成本较高或可靠性较差；
②所在产业增长潜力大；
③具备前向一体化所需的资金、人力资源；
④销售环节利润率较高。</td><td rowspan="2">①不熟悉新业务领域所带来的风险；
②纵向一体化，尤其是后向一体化，一般涉及的投资数额较大且资产专用性较强，增加了企业在该产业的退出成本。</td></tr>
<tr><td>后</td><td>获得供应商的所有权或加强对其控制权</td><td>①现有供应商的供应成本较高或可靠性较差；
②供应商数量较少而需求方竞争者众多；
③产业增长潜力较大；
④具备后向一体化所需的资金、人力资源；
⑤供应环节利润率较高；
⑥企业产品价格稳定十分关键，后向一体化有利于控制原材料成本，从而确保产品价格稳定。</td></tr>
<tr><td colspan="2">横向一体化</td><td>企业向产业价值链相同阶段方向扩张的战略。目的是实现规模经济获取竞争优势</td><td>①企业所在产业竞争较为激烈；
②企业所在产业的规模经济较为显著；
③企业的横向一体化符合反垄断法律法规，能够在局部地区获得一定的垄断地位；
④企业所在产业的增长潜力较大；
⑤企业具备横向一体化所需的资金、人力资源等。</td><td>—</td></tr>
</table>

【例3－1】（2018多选题）

富华公司是一家特种钢材生产企业，其产品主要用于大型采矿机械、采油设备的生产。为了增强对钢铁市场需求变化的敏感性，富华公司决定把前向一体化作为发展战略。下列各项中，符合该公司发展战略的有（　　）。

A. 参股海城矿山机械公司

B. 与东港石油公司签订集研发、生产、销售为一体的合作协议

C. 投资建立铁矿资源开发和生产企业

D. 与南岗煤炭集团建立战略联盟

【答案】AB

【解析】前向一体化战略是指获得分销商或零售商的所有权或加强对他们的控制权的战略。而本题中的“富华公司是一家特种钢材生产企业，其产品主要用于大型采矿机械、采油设备的生产”，故“参股海城矿山机械公司、与东港石油公司签订合作协议”属于前向一体化战略。所以，选项A、B正确。选项C、D属于后向一体化战略。

【例3－2】（2017单选题）

为克服对客户需求的变化缺乏敏感性、公司结构性产能过剩等问题，神大钢铁公司近年来收购了远航造船厂，参股国兴造船厂，与天州钢帘线制造厂签订了合作协议。神大钢铁公司的发展战略是（　　）。

A. 前向一体化战略

B. 后向一体化战略

C. 密集型战略

D. 多元化战略

【答案】A

【解析】前向一体化战略是指获得分销商或零售商的所有权或加强对他们的控制权的战略。“神大钢铁公司近年来收购了远航造船厂，参股国兴造船厂，与天州钢帘线制造厂签订了合作协议”，表明神大钢铁公司的发展战略是前向一体化战略。

【例3－3】（2017单选题）

神大钢铁公司为确保公司铁矿资源与煤炭的稳定供应，成功收购了甲铁矿石企业，同时与龙潭煤炭公司签订了长期购销协议。

神大钢铁公司的发展战略属于（　　）。

A. 前向一体化战略

B. 多元化战略

C. 密集型战略

D. 后向一体化战略

【答案】D

【解析】后向一体化战略有利于企业有效控制关键原材料等投入的成本、质量及供应可靠性，确保企业生产经营活动稳步进行。本题中的甲铁矿石企业和龙潭煤炭公司都属于神大钢铁公司的原材料或燃料供应商，所以神大钢铁公司的发展战略属于后向一体化战略。

【例 3－4】（2016 单选题）

福海公司是国内一家著名的肉类加工企业，为了保持业绩持续增长，福海公司近年来陆续收购了几家规模较大的养殖场、肉类连锁超市。福海公司采取的发展战略属于（　　）。

A. 多元化战略　　B. 一体化战略

C. 差异化战略　　D. 产品开发战略

【答案】B

【解析】本题主要考查一体化战略的含义。企业对具有优势和增长潜力的产品或业务，沿其经营链条的纵向或横向延展业务的深度和广度，扩大经营规模，实现企业成长。一体化战略可分为横向一体化和纵向一体化。福海公司是经营肉类加工的企业，收购养殖场是纵向一体化战略钟的后向一体化，收购肉类连锁超市是纵向一体化战略钟的前向一体化。所以采取的是一体化战略。

【例 3－5】（2015 多选题）

下列各项中，属于后向一体化战略主要适用条件的有（　　）。

A. 企业的销售商利润率较高

B. 企业现有供应商可靠性差

C. 企业现有销售商可靠性差

D. 控制原材料成本对企业非常重要

【答案】BD

【解析】后向一体化战略的主要适用条件包括：（1）企业现有供应商的供应成本较高或者可靠性较差而难以满足企业对原材料、零件等的需求；（2）供应商数量较少而需求方竞争者众多；（3）企业所在产业的增长潜力较大；（4）企业具备后向一体化所需的资金、人力资源等；（5）供应环节的利润率较高；（6）企业产品价格的稳定对企业而言十分关键，后向一体化有利于控制原材料成本，从而确保产品价格的稳定。选项 A、C 为前向一体化战略的适用条件。

知识点 2　密集型战略（★★★）

		产品	
		现有产品	新产品
市场	现有市场	市场渗透：在单一市场，依靠单一产品，目的在于大幅度增加市场占有率。	产品开发：在现有市场上推出新产品，延长产品生命周期。
	新市场	市场开发：将现有产品推销到新地区；在现有实力、技能和能力基础上发展，改变销售和广告方法。	多元化：新产品与新市场结合的结果，分为相关多元化和非相关多元化。

1. 市场渗透	
途径	通过更强的营销手段而获得更大的市场占有率
方法	①扩大市场份额；②开发小众市场；③保持市场份额。
适用情形	①当整个市场正在增长，那些想要增加市场份额的企业能够以较快的速度达成目标。相反，向停滞或衰退的市场渗透可能会难得多。 ②如果一家企业决定将利益局限在现有产品或市场领域，即使在整个市场衰退时也不允许销售额下降，那么企业可能必须采取市场渗透战略。 ③如果其他企业由于各种原因离开了市场，市场渗透战略可能是比较容易成功的。 ④企业拥有强大的市场地位，并且能够利用经验和能力来获得强有力的独特竞争优势，那么实施市场渗透战略是比较容易的。 ⑤市场渗透战略对应的风险较低、高级管理者参与度较高，且需要的投资较少的时候，市场渗透策略也会比较适用。

续表

2. 市场开发	
途径	开辟其他区域市场和细分市场
原因	①企业发现现有产品生产过程的性质导致难以转而生产全新的产品，因此他们希望能开发其他市场； ②市场开发往往与产品开发结合在一起； ③现有市场或细分市场已经饱和，企业只能去寻找新的市场。
适用情形	①存在未开发或未饱和的市场； ②可得到新的、可靠的、经济的和高质量的销售渠道； ③企业在现有经营领域十分成功； ④企业拥有扩大经营所需的资金和人力资源； ⑤企业存在过剩的生产能力； ⑥企业的主业属于正在迅速全球化的产业。
3. 产品开发	
意义	延长产品寿命周期，提高产品差异化程度，满足市场新的需求，改善企业竞争地位。
原因	①充分利用企业对市场的了解； ②保持相对于竞争对手的领先地位； ③从现有产品组合的不足中寻求新的机会； ④使企业能继续在现有市场中保持稳固的地位。
适用情形	①企业产品具有较高的市场信誉度和顾客满意度； ②企业所在产业属于适宜创新的高速发展的高新技术产业； ③企业所在产业正处于高速增长阶段； ④企业具有较强的研究与开发能力； ⑤主要竞争对手以类似价格提供更高质量的产品。

【例 3－6】（2019 多选题）

京川餐饮公司近期实行了新的经营方式，顾客既可以按照公司提供的菜谱点餐，也可以自带菜谱和食材请公司的厨师加工烹饪，还可以在支付一定学习费用后在厨师指导下自己操作，从而在享受美食的同时提高厨艺。这些新的经营方式使该公司的顾客数量和营业收入均增长 20% 以上。从密集型战略角度看，京川餐饮公司的上述做法属于（　　）。

A. 市场渗透战略

B. 集中化战略

C. 一体化战略

D. 产品开发战略

【答案】AD

【解析】“顾客既可以按照公司提供的菜谱点餐，也可以自带菜谱和食材请公司的厨师加工烹饪，还可以在支付一定学习费用后在厨师指导下自己操作”属于产品开发战略，选项 A 正确；“这些新的经营方式使该公司的顾客数量和营业收入均增长 20% 以上”属于市场渗透战略，选项 D 正确。

【例 3－7】（2018 单选题）

2016 年以来，生产安保设施的天盾公司先后收购了两家同类企业，在扩大生产经营规模、降低成本的同时，开发出功能优于其他同类产品的新产品。天盾公司的上述收购行为属于该公司的（　　）。

A. 业务单位战略　　B. 总体战略

C. 混合战略　　D. 职能战略

【答案】B

【解析】“生产安保设施的天盾公司先后收购了两家同类企业”属于总体战略中的发展战略（一体化战略中的横向一体化战略）；“开发出功能优于其他同类产品的新产品”属于总体战略中的发展战略（密集型战略中的产品开发战略）。所以，选项 B 正确。

【例 3－8】（2017 单选题）

甲公司是一家知名的淮扬菜餐厅，在全国有 100 多家门店，为了在行业中始终保持领先地位，公司在内部设立了研究所，紧跟市场需求变化，定期开发特色菜上市，赢得了消费者好评。根据上述描述，甲公司采取的发展战略类型是（　　）。

A. 市场开发战略　　B. 市场渗透战略

C. 产品开发战略　　D. 多元化战略

【答案】C

【解析】产品开发战略是新产品和现有市场组合的战略。而本题中的甲公司在内部设立了研究所，并为了紧跟市场需求变化，定期开发特色菜上市，这属于现有市场和新产品的组合，故属于产品开发战略。所以，选项 C 正确。

【例 3－9】（2017 单选题）

甲公司是一家玩具生产企业。1998 年以来，该公司依靠其成本优势，将产品成功打入了东南亚、欧洲和北美市场。去年，为了进入 F 国市场，甲公司在该国第二大城市经济开发区建成了一家工厂，并顺利将其产品销往 F 国各地。甲公司采取的发展战略类型是（　　）。

A. 市场开发　　B. 相关多元化

C. 市场渗透　　D. 产品开发

【答案】A

【解析】市场开发战略是新市场和原有产品组合的战略。而本题中的甲公司将产品成功打入了东南亚、欧洲和北美市场，同时在 F 国第二大城市经济开发区建成了一家工厂，并顺利将其现有产品销往 F 国各地，属于市场开发战略。所以，选项 A 正确。

【例 3－10】（2016 多选题）

下列各项中，属于企业采取市场渗透战略的有（　　）。

A. 某酒店收购一家旅游公司，进入新的业务领域

B. 甲公司通过与国外经销商合作的方式将其生产的智能手机出口至拉美国家

C. 甲银行与乙航空公司发行联名卡，刷该银行信用卡客户可累计航空里程积分

D. 某超市为提高牙膏的销量，采用美化产品包装、买赠等促销措施

【答案】CD

【解析】根据安索夫矩阵，市场渗透是“现有产品＋现有市场”组合，选项 A 属于多元化战略，选项 B 属于市场开发战略。选项 C、D 是通过更强的营销手段，增加了现有产品的市场份额，符合市场渗透战略的含义。

【例 3－11】（2015 单选题）

某旅行社与航空公司、出租汽车公司合作，采用代购机票、免费机场接送等营销方法吸引更多的客户。该旅行社采用的战略是（　　）。

A. 市场开发战略

B. 产品开发战略

C. 相关多元化战略

D. 市场渗透战略

【答案】D

【解析】市场渗透战略是现有产品和现有市场的组合。市场渗透战略的基础是增加现有产品或服务的市场份额，或增加正在现有市场中经营的业务。它的目标是通过各种方法来增加产品的使用频率，该旅行社通过各种营销方法吸引更多的客户，主要是为了增加客户对其旅游产品的使用频率。所以，选项 D 正确。

知识点 3　多元化战略（★★★）

原因	①在现有产品或市场中持续经营不能达到目标； ②企业由于以前在现有产品或市场中成功经营而保留下来的资金超过了其在现有产品或市场中的财务扩张所需要的资金； ③与在现有产品或市场中的扩张相比，多元化战略意味着更高的利润。
优点	①分散风险，当现有产品及市场失败时，新产品或新市场能为企业提供保护； ②能更容易地从资本市场中获得融资； ③在企业无法增长的情况下找到新的增长点； ④利用未被充分利用的资源； ⑤运用盈余资金； ⑥获得资金或其他财务利益； ⑦运用企业在某个产业或某个市场中的形象和声誉来进入另一个产业或市场，而在另一个产业或市场中要取得成功，企业形象和声誉是至关重要的。
风险	①来自原有经营产业的风险。 ②市场整体风险。 ③产业进入风险。 ④产业退出风险。 ⑤内部经营整合风险。

续表

分类	相关多元化	非相关多元化
含义	也称同心多元化，是指企业以现有业务或市场为基础进入相关产业或市场的战略。相关多元化的相关性可以是产品、生产技术、管理技能、市场渠道等方面的类似。	也称离心多元化，是指企业进入与当前产业和市场均不相关的领域的战略。
意义	有利于企业利用原有产业的产品知识、制造能力、营销渠道、营销技能等优势来获取融合优势。	主要目标不是考虑利用产品、技术、营销渠道等方面的共同性，而是从财务上考虑平衡现金流或者获取新的利润增长点，规避产业或市场的发展风险。
适用条件	当企业在产业或市场内具有较强的竞争优势，而该产业或市场成长性或吸引力逐渐下降时，比较适宜采用同心多元化战略。	如果企业当前产业或市场缺乏吸引力，而企业也不具备较强的能力和技能转向相关产品或市场，则适合采用非相关多元化战略。

【例 3－12】（2018 单选题）

长森公司是一家从事智能化产品研发和生产的高科技公司，最初的产品是智能手机。近两年来，公司业务范围扩展到智能家电和智能机器人制造等领域。长森公司的发展战略类型属于（　　）。

A. 同心多元化

B. 市场渗透

C. 离心多元化

D. 产品开发

【答案】A

【解析】多元化战略是新产品与新市场结合的战略。智能家电和智能机器人属于新产品，而且它们的用户（市场）和原有的智能手机的用户（市场）也是不同的，即面对新市场，因此，长森公司的发展战略类型属于多元化战略。多元化战略可以分为相关多元化战略和非相关多元化战略。其中，相关多元化也称同心多元化，是指企业以现有业务或市场为基础进入相关产业或市场的战略。相关多元化的相关性可以是产品、生产技术、管理技能、营销渠道、营销技能或用户等方面的类似。本题的相关性体现的是智能化产品研发和生产。

【例 3－13】（单选题）

乙公司为国内经营多年的制药公司，近期成功研制了一种预防新型流感的疫苗。乙公司管理层计划将此疫苗规模化生产，并同时在国内市场和国外市场销售，预计该疫苗的销售可为公司未来数年带来较高的净收益。根据安索夫矩阵来看，乙公司进军国外市场的计划属于（　　）。

A. 市场渗透战略

B. 市场开发战略

C. 产品开发战略

D. 多元化战略

【答案】D

【解析】由于要在国外市场（新市场）销售预防新型流感的疫苗（新产品），按照安索夫矩阵，新产品与新市场的组合属于多元化战略。

【例 3－14】（单选题）

甲公司是一家以豆浆机起家的企业，国内豆浆机市场占有率曾经达到 80%。2018 年年初，该企业高调宣布进军黄豆生产加工行业，在东北建立了有机黄豆生产基地，并以“阳光豆坊”的品牌进行销售。根据以上信息可以判断，该企业采用的这种战略属于（　　）。

A. 相关多元化战略

B. 后向一体化战略

C. 横向一体化战略

D. 非相关多元化战略

【答案】A

【解析】相关多元化也称同心多元化，是指企业以现有业务或市场为基础进入相关产业或市场的战略。相关多元化的相关性可以是产品、生产技术、管理技能、营销渠道、营销技能或用户等方面的类似。采用相关多元化战略，有利于企业利用原有产业的产品知识、制造能力、营销渠道、营销技能等优势来获取融合优势，即两种业务或两个市场同时经营的盈利能力大于各自经营时的盈利能力之和。豆浆机和黄豆的生产属于产品相关，所以甲公司的战略属于相关多元化战略。

【例3-15】（多选题）

下列各项中，属于企业采取多元化战略原因的有（　　）。

A. 在现有产品或市场中持续经营不能达到目标

B. 企业由于以前成功经营而保留下来的资金超过了其在现有市场中扩张所需要的资金

C. 与在现有产品或市场中的扩张相比，多元化战略意味着更高的利润

D. 企业拥有很强的产品研发能力

【答案】ABC

【解析】企业采用多元化战略的原因包括：（1）在现有产品或市场中持续经营不能达到目标；（2）企业由于以前在现有产品或市场中成功经营而保留下来的资金超过了其在现有产品或市场中的财务扩张所需要的资金；（3）与在现有产品或市场中的扩张相比，多元化战略意味着更高的利润。故选项A、B、C正确。选项D适合采用产品开发战略。

【例3-16】（单选题）

下列企业采用的发展战略中，属于多元化发展战略的是（　　）。

A. 甲碳酸饮料生产企业通过按季更换饮料包装、在各传统节日期间附赠小包装饮料等方式增加市场份额

B. 乙汽车制造企业开始将其原在国内生产销售的小型客车出口到南美地区

C. 丙洗衣粉生产企业通过自行研发，开始生产销售具有不同功效的洗发水

D. 丁酸奶生产企业新开发出一种凝固型酸奶，并将其推向市场

【答案】C

【解析】本题考查密集型战略各细分战略的含义。选项A属于市场渗透战略；选项B属于市场开发战略；选项D属于产品开发战略；选项C中，丙企业原是洗衣粉生产企业，现在开始生产销售洗发水，属于相关多元化战略。

知识点4　收缩战略（★★）

<table>
<tr><td>含义</td><td colspan="2">企业缩小原有经营范围和规模的战略。</td></tr>
<tr><td rowspan="2">原因</td><td>主动原因</td><td>①大企业战略重组的需要；②小企业的短期行为。</td></tr>
<tr><td>被动原因</td><td>①外部原因：外部环境出现危机；②企业失去竞争优势。</td></tr>
<tr><td rowspan="3">方式</td><td>紧缩与集中战略</td><td>含义：集中于短期效益，采取补救措施制止利润下滑，以期立即产生效果。
措施：①机制变革；②财政和财务战略；③削减成本战略。</td></tr>
<tr><td>转向战略</td><td>含义：经营方向或经营策略的改变。
措施：①重新定位或调整现有的产品和服务；②调整营销策略。</td></tr>
<tr><td>放弃战略</td><td>含义：涉及企业产权变更，是比较彻底的撤退方式。
措施：特许经营、分包、卖断、管理层与杠杆收购、拆产为股/分拆、资产互换与战略贸易等。</td></tr>
<tr><td>障碍</td><td colspan="2">①固定资产的专用性程度；②退出成本；③内部战略联系；④感情障碍；⑤政府与社会约束。</td></tr>
</table>

【例3-17】（2018单选题）

某外资快餐巨头L公司与国内著名餐饮企业甲公司达成如下交易：L公司把其在国内的200多家直营餐厅中的150家转让给甲公司经营，并向甲公司收取一次性付清的费用，甲公司可以使用L公司的品牌，但要严格遵守L公司的经营规定。L公司所采用的放弃战略的类型是（　　）。

A. 特许经营

B. 拆产为股/分拆

C. 分包

D. 卖断

【答案】A

【解析】特许经营是指企业卖给被特许经营企业有限权利，而收取一次性付清的费用。被特许经营企业可以使用特许经营企业的商标品牌，但是严格遵守许可方的经营规定。本题中“向甲公司收取一次性付清的费用，甲公司可以使用L公司的品牌，但要严格遵守L公司的经营规定”属于特许经营的范畴。所以，选项A正确。

【例3-18】（2017单选题）

竹岭公司是我国知名的白酒生产企业。随着我国公务消费改革的日益推进，白酒市场需求发生了重大变化。该公司积极应对这一变化，对旗下多个白酒品牌重新进行了定位。并按照系列酒薄利多销的策略，快速实现了从满足公务消费需求向满足商务消费和大众消费需求的转型。该公司采取的总体战略类型属于（　　）。

A. 多元化战略　　B. 转向战略

C. 放弃战略　　D. 产品开发战略

【答案】B

【解析】转向战略更多地涉及企业经营方向或经营策略的改变。具体做法有：（1）重新定位或调整现有的产品和服务；（2）调整营销策略。竹岭公司对多个白酒品牌进行重新定位，属于转向战略。故选项 B 正确。

【例 3－19】（2016 多选题）

甲公司是吉祥集团控股的一家钢铁厂。几年来由于扩张过快和市场竞争激烈等原因，甲公司陷入不能偿还到期债务的危机。由于钢铁厂的高炉等设备难以转产，所以吉祥集团拟通过甲公司破产的方式退出钢铁行业，并用买断方式终止与甲公司员工的劳动合同，但引起一些职工的抵触。后来在当地政府的协调下，甲公司被某外资企业收购。在上述案例中，吉祥集团面临的退出障碍有（　　）。

A. 退出成本

B. 政府与社会约束

C. 固定资产的专用性程度

D. 感情障碍

【答案】ACD

【解析】本题考查收缩战略的退出障碍。用买断方式终止与甲公司员工的劳动合同，涉及退出成本，选项 A 正确；由于钢铁厂的高炉等设备的专用性程度比较高，所以就造成了高炉等设备难以转产，选项 C 正确；引起一些职工的抵触属于感情障碍的范畴，选项 D 正确。

【例 3－20】（2014 多选题）

甲公司服装事业部的经营持续严重亏损。2014 年初，甲公司决定关闭服装事业部并进行清算。消息一传出，立即引发了职工的抗议。当地政府要求甲公司就职工补偿和重新安置提出方案。甲公司股东则担心其服装生产线专用性程度高难以对外出售。甲公司关闭服装事业部碰到的退出障碍有（　　）。

A. 固定资产的专用性程度

B. 退出成本

C. 感情障碍

D. 政府和社会约束

【答案】ABCD

【解析】本题考查收缩战略的退出障碍。当地政府要求甲公司就职工补偿和重新安置提出方案，属于政府与社会约束；对职工进行补偿和重新安置，涉及退出成本；服装生产线专用性程度高难以对外出售，属于固定资产的专用性程度；关闭服装事业部的消息一经传出，立即引发职工抗议，属于感情障碍。故选项 A、B、C、D 均正确。

知识点 5　发展战略的主要途径（★★）

（一）外部发展（并购）		
含义	外部发展是指企业通过取得外部经营资源谋求发展的战略。外部发展的狭义内涵是并购，并购包括收购与合并。	
类型	双方所处产业	①横向并购：并购方与被并购方处于同一产业的并购。 ②纵向并购：在经营对象上有密切联系，但处于不同产销阶段的企业之间的并购。 ③多元化并购：处于不同产业、在经营上也无密切联系的企业之间的并购。
	被并购方态度	①友善并购：双方通过友好协商确定并购条件，实现产权转让。 ②敌意并购：当友好协商遭拒后，并购方采取强制手段，强行收购对方企业。
	并购方身份	①产业资本并购：一般由非金融企业进行。 ②金融资本并购：一般由投资银行或非银行金融机构进行。
	收购资金来源	①杠杆收购：利用对外负债获取的资金进行收购。 ②非杠杆收购：利用自有资金进行收购。

续表

动机	①避开进入壁垒，迅速进入，争取市场机会，规避各种风险；②获得协同效应；③克服企业负外部性，减少竞争，增强对市场的控制力。
失败原因	①决策不当的并购；②并购后不能很好地进行企业整合；③支付过高的并购费用；④跨国并购面临政治风险。
（二）内部发展（新建）	
含义	企业在不收购其他企业的情况下利用自身的规模、利润、活动等内部资源来实现扩张。
动因	①开发新产品的过程使企业能最深刻地了解市场及产品。 ②不存在合适的收购对象。 ③保持统一的管理风格和企业文化。 ④为管理者提供职业发展机会。 ⑤可能需要的代价较低，因为获得资产时无须为商誉支付额外的金额。 ⑥并购通常会产生隐藏的或无法预测的损失，而内部发展不太可能产生这种情况。 ⑦这可能是唯一合理的、实现真正技术创新的方法。 ⑧可以有计划地进行，很容易从企业资源获得财务支持，并且成本可以按时间分摊。 ⑨风险较低。而在收购中，购买者可能还需承担以前业主所做的决策而产生的后果。 ⑩内部发展的成本增速较慢。
缺点	①与购买市场中现有的企业相比，在市场上增加了竞争者，这可能会激化某一市场内的竞争。 ②企业并不能接触到另一知名企业的知识及系统，可能会更具风险。 ③从一开始就缺乏规模经济或经验曲线效应。 ④当市场发展得非常快时，内部发展会显得过于缓慢。 ⑤可能会对进入新市场产生非常高的障碍。
应用条件	①产业处于不均衡状况，结构性障碍还没有完全建立起来。 ②产业内现有企业的行为性障碍容易被制约。 ③企业有能力克服结构性壁垒与行为性障碍，或克服障碍的代价小于企业进入后的收益。
（三）战略联盟	
特征	①从经济组织形式来看，战略联盟是介于企业与市场之间的一种“中间组织”。 ②从企业关系来看，是一种平等的合作伙伴关系。这种关系表现为：相互往来的平等性、合作关系的长期性、整体利益的互补性、组织形式的开放性。 ③从企业行为来看，联盟行为是一种战略性合作行为。
动因	①促进技术创新；②避免经营风险；③避免或减少竞争；④实现资源互补；⑤开拓新的市场；⑥降低协调成本。
类型	①合资企业：将各自不同的资产组合在一起进行生产，共担风险和共享收益。 ②相互持股投资：联盟成员通过交换彼此的股份而建立起一种长期的相互合作的关系。 ③功能性协议：契约式战略联盟，无资产性投资的战略联盟。
管控	①订立协议。严格界定联盟目标、周密设计联盟结构、准确评估投入资产、规定违约责任和解散条款。 ②建立合作信任的联盟关系。

【例3-21】（2019单选题）

国内著名商业零售企业东海公司与主营大数据业务的高胜公司签订战略合作协议，商定由东海公司免费向高胜公司开放相关数据收集平台，高胜公司则无偿为东海公司提供数据分析及应用方案。下列各项中，属于上述两个公司结成的战略联盟的特点是（　　）。

A. 企业对联盟的控制力较强

B. 更具有战略联盟的本质特征

C. 有利于企业长久合作

D. 有利于扩大企业资金实力

【答案】B

【解析】根据资料，“东海公司与主营大数据业务的高胜公司签订战略合作协议”，两个公司结成的战略联盟是功能性协议，属于契约式战略联盟。相对于股权式战略联盟而言，契约式战略联盟更具有战略联盟的本质特征，选项B正确。选项A、C、D属于股权式战略联盟的特点。

【例3-22】（2019单选题）

为了拓展国际业务，国内玩具制造商甲

公司收购了H国玩具制造商乙公司，并很快打开H国玩具市场。其后不久，甲公司发现乙公司在被收购前卷入的一场知识产权纠纷，将导致甲公司面临严重的经营风险。甲公司在并购中失败的原因是（ ）。

A. 决策不当

B. 支付过高的并购费用

C. 并购后不能很好地进行企业整合

D. 跨国并购所面临的政治风险

【答案】A

【解析】“其后不久，甲公司发现乙公司在被收购前卷入的一场知识产权纠纷，将导致甲公司面临严重的经营风险”体现了企业在并购前没有认真地分析目标企业的潜在成本和效益，属于决策不当，选项A正确。

【例3-23】（2019多选题）

国内零售企业海川公司与主营大数据业务的出云公司签订战略合作协议，商定由海川公司免费向出云公司开放相关数据收集平台，出云公司无偿为海川公司提供数据分析及应用方案。下列各项中，属于上述两个公司所采用的战略联盟特点的有（ ）。

A. 有利于扩大企业的资金实力

B. 具有较好的灵活性

C. 有利于企业长久合作

D. 更具有战略联盟的本质特征

【答案】BD

【解析】“国内零售企业海川公司与主营大数据业务的出云公司签订战略合作协议”说明该合作形式为契约式战略联盟。选项B、D正确。选项A、C属于股权式战略联盟的特点。

【例3-24】（2018多选题）

从事能源工程建设的百川公司在并购M国一家已上市的同类企业后发现，后者因承建的项目未达到M国政府规定的环保标准而面临巨额赔偿的风险，股价一落千丈，其核心技术人员因对百川公司的管理措施不满而辞职。百川公司为挽救被并购企业的危局做出各种努力，均以失败告终。下列各项中，属于百川公司上述并购失败原因的有（ ）。

A. 并购后不能很好地进行企业整合

B. 决策不当

C. 跨国并购面临政治风险

D. 支付过高的并购费用

【答案】AB

【解析】“百川公司在并购M国一家已上市的同类企业后发现，后者因承建的项目未达到M国政府规定的环保标准而面临巨额赔偿的风险”表明百川公司上述并购失败的原因属于决策不当；“其核心技术人员因对百川公司的管理措施不满而辞职。百川公司为挽救被并购企业的危局做出各种努力，均以失败告终”表明百川公司上述并购失败的原因属于并购后不能很好地进行企业整合。

【例3-25】（2018多选题）

甲客运公司与乙旅行社于2016年开启深度战略合作，联合推出“车票+地接”打包旅游产品。其中，甲客运公司提供用于打包产品的“低价票”，乙旅行社则提供比以往更为丰富、优质的旅游目的地和地接服务。该产品的推出明显提升了合作双方的竞争力。本案例中，甲客运公司与乙旅行社进行战略合作的动因有（ ）。

A. 保持统一的管理风格和企业文化

B. 防范信任危机

C. 开拓新的市场

D. 实现资源互补

【答案】CD

【解析】企业战略联盟形成的动因主要有以下六个方面：（1）促进技术创新；（2）避免经营风险；（3）避免或减少竞争；（4）实现资源互补；（5）开拓新的市场；（6）降低协调成本。“甲客运公司与乙旅行社于2016年开启深度战略合作，联合推出‘车票+地接’打包旅游产品。其中，甲客运公司提供用于打包产品的‘低价票’，乙旅行社则提供比以往更为丰富、优质的旅游目的地和地接服务”，表明甲客运公司与乙旅行社进行战略合作的动因为实现资源互补和开拓新的市场。

【例3-26】（2017多选题）

亚强公司的前身是主营五金矿产进出口业务的贸易公司。2004年，公司在“将亚强从贸易型企业向资源型企业转型”的战略目标指引下，对北美N矿业公司发起近60亿美元的收购，其收购资金中有40亿元有国内银行贷款提供。亚强公司对北美N矿业公司的收购类型包括（ ）。

A. 纵向并购

B. 产业资本并购

C. 杠杆并购

D. 金融资本并购

【答案】ABC

【解析】“亚强公司的前身是主营五金矿产进出口业务的贸易公司……对北美N矿业公司发起近60亿美元的收购”，该并购属于纵向并购。所以，选项A正确。作为并购主体的亚强公司是非金融企业，该并购属于产业资本并购。所以，选项B正确。“对北美N矿业公司发起近60亿美元的收购，其收购资金中有40亿美元由国内银行贷款提供”，该并购属于杠杆并购。所以，选项C正确。

【例3-27】(2017多选题)

Z公司是澳洲一家矿产公司，其拥有的铜、锌、银、铅、金资源储量非常可观。2008年国际金融危机爆发，Z公司面临巨大的债务压力。国内蓝太公司的主营业务为铜、铅、锌等金属产品的生产和经营。2009年，经双方充分协商，蓝太公司以80%的自有资金，完成了对Z公司的并购。蓝太公司对Z公司的收购类型包括(　　)。

A. 友善并购

B. 产业资本并购

C. 杠杆并购

D. 纵向并购

【答案】ABD

【解析】经双方充分协商完成并购，该并购属于友善并购。所以，选项A正确。作为并购主体的蓝太公司是非金融企业，该并购属于产业资本并购。所以，选项B正确。蓝太公司以80%的自有资金，完成了对Z公司的并购，该并购属于非杠杆并购。所以，选项C错误。蓝太公司的主营业务为铜、铅、锌等金属产品的生产和经营，Z公司是澳洲一家矿产公司，其拥有的铜、锌、银、铅、金资源储量非常可观，该并购属于纵向并购。所以，选项D正确。

【例3-28】(2016多选题)

甲公司是一家提供社交媒体服务的互联网公司，乙公司是一家著名的电子商务公司。2015年，甲公司和乙公司签署交换彼此30%股份的战略合作协议。根据协议，双方将在网络支付服务方面进行合作，同时，甲公司将向乙公司提供社交媒体客户端的一级入口位置及其他主要平台的支持。甲公司和乙公司结成的战略联盟的特点有(　　)。

A. 投资转置成本较高

B. 联盟内成员之间的沟通不充分

C. 双方具有较好的信任感和责任感

D. 企业对联盟的控制能力差

【答案】AC

【解析】本题考查不同类型战略联盟的特点。股权式战略联盟的初始投入较大，转置成本较高，有利于扩大企业的资金实力，并通过部分“拥有”对方的形式，增强双方的信任感和责任感，因而更利于长久合作，不足之处是灵活性差。契约式战略联盟具有较好的灵活性，但也有一些先天不足，如企业对联盟的控制能力差、松散的组织缺乏稳定性和长远利益、联盟内成员之间的沟通不充分、组织效率低下等。本题属于甲、乙公司交换彼此30%的股份，属于股权式战略联盟。所以，选项A、C正确。

【例3-29】(2015单选题)

与股权式战略联盟相比，契约式战略联盟(　　)。

A. 更具有战略联盟的本质特征

B. 更强调相关企业的协调与默契

C. 初始投入较大，转置成本较高

D. 在经营的灵活性、自主权等方面具有更大的优越性

【答案】C

【解析】本题考查不同类型战略联盟的特点。相对于股权式战略联盟而言，契约式战略联盟由于更强调相关企业的协调与默契，从而更具有战略联盟的本质特征；故选项A和B错误。股权式战略联盟初始投入较大，转置成本较高，灵活性差，而契约式战略联盟则不存在这类问题；故选项D错误，选项C正确。

知识点6　基本竞争战略（★★）

（一）成本领先战略	
含义	企业通过在内部加强成本控制，在研究开发、生产、销售、服务和广告等领域把成本降到最低限度，成为产业中的成本领先者的战略。

续表

优势	①形成进入障碍； ②增强讨价还价能力； ③降低替代品的威胁； ④保持领先的竞争地位。	
实施条件	市场情况	①产品具有较高的价格弹性，市场中存在大量的价格敏感用户； ②产业中所有企业的产品都是标准化的产品，产品难以实现差异化； ③购买者不太关注品牌，大多数购买者以同样的方式使用产品； ④价格竞争是市场竞争的主要手段，消费者的转换成本较低。
	资源和能力	①在规模经济显著的产业中装备生产设施来实现规模经济； ②降低各种要素成本； ③提高生产率； ④改进产品工艺设计； ⑤提高生产能力利用程度； ⑥选择适宜的交易组织形式； ⑦重点集聚。
风险	①技术的变化可能使过去用于降低成本的投资与积累的经验一笔勾销； ②新加入者或追随者通过模仿或以高技术水平设施的投资能力，达到同样甚至更低的成本； ③市场需求从注重价格转向注重产品的品牌形象，使得企业原有的优势变为劣势。	
（二）差异化战略		
含义	企业向顾客提供的产品和服务在产业范围内独具特色，这种特色可给产品带来额外的加价。	
优势	①形成进入障碍； ②降低顾客敏感程度； ③增强讨价还价能力； ④抵御替代品威胁。	
实施条件	市场情况	①产品能够充分地实现差异化，且为顾客所认可； ②顾客的需求是多样化的； ③企业所在产业技术变革较快，创新成为竞争的焦点。
	资源和能力	①具有强大的研发能力和产品设计能力； ②具有很强的市场营销能力； ③有能够确保激励员工创造性的激励体制、管理体制和良好的创造性文化； ④具有从总体上提高某项经营业务的质量、树立产品形象、保持先进技术和建立完善分销渠道的能力。
风险	①企业形成产品差别化的成本过高。 ②市场需求发生变化。 ③竞争对手的模仿和进攻使已建立的差异缩小甚至转向。	
（三）集中化战略		
含义	针对某一特定购买群体、产品细分市场或区域市场，采用成本领先或产品差异化来获取竞争优势的战略。一般是中小企业采用的战略。	
优势	①具备成本领先和差异化战略抵御五种竞争力的优势； ②对中小企业来说，避免与大公司直接竞争，增强了它们的相对竞争优势； ③对大企业来说，也可避免与竞争对手正面冲突，使企业处于一个竞争的缓冲地带。	
实施条件	①购买者群体之间在需求上存在着差异； ②目标市场在市场容量、成长速度、获利能力、竞争强度等方面具有相对的吸引力； ③在目标市场上，没有其他竞争对手采用类似的战略； ④企业资源和能力有限，难以在整个产业实现成本领先或差异化，只能选定个别细分市场。	
风险	①狭小的目标市场导致的风险； ②购买者群体之间需求差异变小； ③竞争对手的进入与竞争。	

【提示】三种基本竞争战略的含义、主要优势、实施条件和所面临的风险需要重点记忆!

【例3-30】(2018单选题)

尚佳公司是一家办公用品生产和维修企业。该公司运用大数据技术，对某市客户使用办公用品的情况进行了调查分析，并根据分析结果，针对这些客户制定并实施了一套促销策略，取得了显著效果。根据以上描述，尚佳公司实施的竞争战略是(　　)。

A. 市场开发战略

B. 集中化战略

C. 差异化战略

D. 成本领先战略

【答案】B

【解析】“对某市客户使用办公用品的情况进行了调查分析，并根据分析结果，针对这些客户制定并实施了一套促销策略，取得了显著效果”体现了集中化战略。

【例3-31】(2017多选题)

Y国的F公司是一家专门生产高档运动自行车的企业，其产品在Y国高档运动自行车细分市场上的占有率高达80%以上。下列各项中，属于F公司竞争战略实施条件的有(　　)。

A. 购买者群体之间在需求上存在差异

B. 目标市场上在市场容量、成长速度等方面具有相对的吸引力

C. 产业规模经济显著

D. 产品具有较高的价格弹性，市场中存在大量价格敏感用户

【答案】AB

【解析】“Y国的F公司是一家专门生产高档运动自行车的企业”，表明F公司采用的竞争战略类型属于集中化战略。集中化战略的实施条件包括:

(1) 购买者群体之间在需求上存在着差异。

(2) 目标市场在市场容量、成长速度、获利能力、竞争强度等方面具有相对的吸引力。

(3) 在目标市场上，没有其他竞争对手采用类似的战略。

(4) 企业资源和能力有限，难以在整个产业实现成本领先或差异化，只能选定个别细分市场。

选项C、D属于成本领先战略的实施条件。

【例3-32】(2017单选题)

甲公司是一家餐饮外卖公司。该公司运用大数据挖掘技术，对某软件园区的客户订餐行为进行了深入调查，并根据调查结果，针对该区域的客户制订和实施了一套促销方案，取得了良好效果。甲公司实施的竞争战略属于(　　)。

A. 差异化战略　　B. 成本领先战略

C. 集中化战略　　D. 蓝海战略

【答案】C

【解析】针对某一特定购买群体、产品细分市场或区域市场，采用成本领先或产品差异化来获取竞争优势的战略。甲公司针对某软件园区的客户制订和实施特定方案，属于集中化战略。

【例3-33】(2015多选题)

甲公司专门经营一项其率先推出的手机业务。该业务以基于位置定位的手机信息系统为核心，使用户到与甲公司合作的商家消费时，有一定的优惠。甲公司也可从合作商家得到佣金。甲公司实施的竞争战略有(　　)。

A. 混合战略　　B. 差异化战略

C. 集中化战略　　D. 成本领先战略

【答案】BC

【解析】本题需掌握两个关键词：一是专门经营，体现出甲公司是在特定产品细分市场开展业务，属于集中化战略；二是率先推出，体现了目前市场上还没有其他企业能提供此项业务，属于差异化战略。

【例3-34】(2014多选题)

甲公司是一家享誉世界的家电制造巨头，在其涉足的各项家电业务领域，一直坚持差异化战略，强调原创技术、性能卓越、品质不凡且价格高昂。但甲公司近年连续出现亏损。从差异化战略的风险角度分析，甲公司亏损的原因可能包括(　　)。

A. 竞争对手推出了性能更好的差异化产品

B. 甲公司形成产品差异化的成本过高

C. 随着家电行业的发展和成熟，消费者对产品的差异化需求下降

D. 家电行业技术扩散速度加快，竞争对手的模仿能力迅速提高

【答案】ABCD

【解析】差异化战略的风险包括：①企业形成产品差别化的成本过高；②市场需求发生变化；③竞争对手的模仿和进攻使已建立的差异缩小甚至转向。故四个选项均正确。

知识点 7　战略钟分析（★★★）

战略钟：将产品的价格作为横坐标，将顾客对产品认可的价值作为纵坐标，然后将企业可能的竞争战略选择在这一平面上用八种途径表现出来，这一体系称为战略钟。

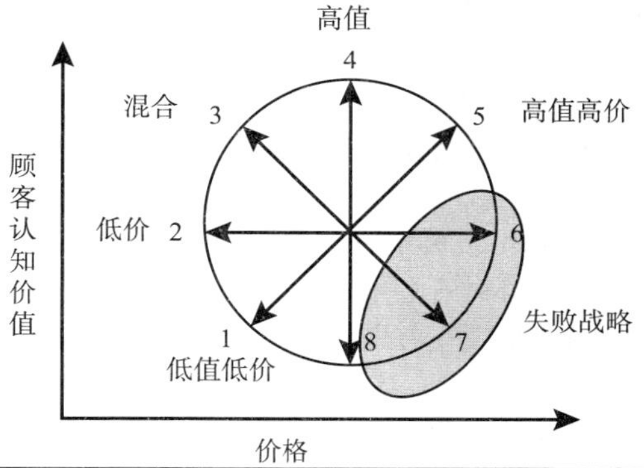

战略类型	途径	含义
成本领先战略	途径 1：低值低价战略	集中成本领先战略，面对收入水平较低的群体适用。
	途径 2：低价战略	在降低价格的同时，努力保持产品或服务的质量不变。
差异化战略	途径 4：高值战略	以相同或略高于竞争者的价格向顾客提供高于竞争对手的价值。
	途径 5：高值高价	集中差异化战略，以特别高的价格为顾客提供更高的认可价值。 如一些高档宾馆、购物中心，该途径针对高收入消费群体很有效。
混合战略（★）	途径 3	在某些情况下，企业可以在为顾客提供更高认可价值的同时，获得成本优势，即注重价格和质量的中间范围。
失败战略	途径 6	提高价格，但不为顾客提供更高的认可价值。
	途径 7	降低产品或服务的顾客认可价值，同时却提高相应的价格。
	途径 8	保持价格不变的同时，降低顾客认可价值。

【例 3－35】（2019 单选题）

从事苹果种植与销售的秋实公司于 2017 年率先采取了一种新的经营方式，在种植区内增设了园林景观、运动场、游戏场等，到秋收季节，顾客可前来付费进行休闲娱乐等活动，同时能以市场最低的价格采摘和购买苹果。顾客采摘和购买的苹果达到一定数量，可免费参加休闲娱乐活动。这一经营方式受到市场的热捧。秋实公司采用的上述战略属于（　　）。

A. 成本领先战略

B. 差异化战略

C. 集中化战略

D. 混合战略

【答案】D

【解析】“从事苹果种植与销售的秋实公司于 2017 年率先采取了一种新的经营方式，在种植区内增设了园林景观、运动场、游戏场等，到秋收季节，顾客可前来付费进行休闲娱乐等活动，同时能以市场最低的价格采摘和购买苹果”体现了企业可以在为顾客提供更高的认可价值的同时，获得成本优势，即为混合战略。选项 D 正确。

【例 3－36】（2018 单选题）

绿屋咖啡店率先采取了一项新的经营方式：顾客点单付费后，亲自操作咖啡机自取咖啡。此举节省了店员的操作和相关费用，相应地把咖啡价格降低到行业最低水平，同时使顾客产生宾至如归的亲切感，“回头客”明显增加。绿屋咖啡店采用的战略属于（　　）。

A. 成本领先战略

B. 混合战略

C. 集中化战略

D. 差异化战略

【答案】B

【解析】“绿屋咖啡店率先采取了一项新的经营方式：顾客点单付费后，亲自操作咖啡机自取咖啡”体现了差异化战略；“节省了店员的操作和相关费用，相应地把咖啡价格降低到行业最低水平”体现了成本领先战略。因此绿屋咖啡店在整体市场中既追求成本领先又兼顾差异化，属于混合战略。

【例3-37】（2017单选题）

轿车生产企业华美公司起步初期，国内汽车市场基本被跨国公司巨头瓜分殆尽。华美公司生存和发展的唯一途径就是走低价低值路线。过去国内汽车市场一直流传一句话，“卖一辆高档车赚一辆中档车；卖一辆低档车只能赚一辆自行车”。华美公司的轿车在入市时只是一般低档车价格的1/2，其利润的微薄可想而知。依据基本竞争战略的“战略钟”分析，华美公司当时的竞争战略是（　　）。

A. 集中成本领先战略

B. 混合战略

C. 失败战略

D. 成本领先战略

【答案】A

【解析】在“战略钟”分析模型中，成本领先战略包括低价低值战略和低价战略，其中低价低值战略对应的是集中成本领先战略。

【例3-38】（2015多选题）

下列各项关于“战略钟”中几种竞争战略的表述中，正确的有（　　）。

A. 成本领先战略包括集中成本领先战略

B. 低价低值战略是一种很有生命力的战略

C. 混合战略包括可能导致企业失败的战略

D. 差异化战略包括高值战略和高值高价战略

【答案】ABD

【解析】“战略钟”中，有效竞争战略分为三大类共五种：成本领先战略包括低价低值战略（集中成本领先战略）和低价战略（成本领先战略）；差异化战略包括高值战略（差异化战略）和高值高价战略（集中差异化战略）；混合战略（整体成本领先/差异化战略）。选项C认为混合战略属于失败战略，故错误。

【例3-39】（单选题）

酒店的使命是“为客人提供舒适”，其目标顾客是那些愿意支付高额住宿费用和希望享受一流个人服务的高端旅行者和度假者。该酒店的经营特色包括：周五是孩子们的卡拉OK之夜；周六，全家在私人小屋里吃龙虾，小游客们可以在月夜下露营；酒店一共有365间客房，每间都能看到海景，还有大量的套房；附属设施有游泳池、海滩、网球场、儿童俱乐部等。该酒店的竞争战略是（　　）。

A. 产品开发战略

B. 混合战略

C. 产品组合战略

D. 集中差异化战略

【答案】D

【解析】该酒店向那些愿意支付高额住宿费用和希望享受一流个人服务的高端旅行者和度假者提供特色服务，属于“战略钟”分析中的高值高价战略，即集中差异化战略。

【例3-40】（单选题）

甲公司是国内一家语言培训公司。公司率先采用引进外籍教师“一对一”的培训方式，在国内外办出了名气。考生们慕名而来，公司因此又获得规模经济优势。甲公司的竞争战略的类型属于（　　）。

A. 混合战略

B. 集中战略

C. 差异化战略

D. 成本领先战略

【答案】A

【解析】“率先采用引进外籍老师‘一对一’的培训方式”是差异化战略；“公司因此又获得规模经济优势”是成本领先战略；在整体市场中既追求成本领先又兼顾差异化，属于混合战略。

知识点8　中小企业竞争战略（★★）

（一）零散产业中的竞争战略	
产业特征	产业集中度很低，没有任何企业占有显著的市场份额，也没有任何一个企业能对整个产业的发展产生重大的影响，通常由很多中小型企业构成。如快餐业、打印店等。

续表

形成原因		①进入障碍低或存在退出障碍；②市场需求多样导致高度产品差异化；③不存在规模经济或难以达到经济规模。
战略选择		①克服零散，获得成本优势。主要途径有：a. 连锁经营或特许经营，b. 技术创新以创造规模经济，c. 尽早发现产业趋势。②增加附加价值，提高产品差异化程度。③专门化，目标聚焦。主要途径有：a. 产品类型或产品细分专门化；b. 顾客类型专门化；c. 地理区域专门化。
战略陷阱		①避免寻求支配地位。②保持严格战略约束力。③避免过分集权化。④了解竞争者的战略目标与管理费用。⑤避免对新产品做出过度反应。
（二）新兴产业中的竞争战略		
形成原因		技术创新、消费者新需求的出现，或其他经济和社会变化将某个产品或服务提高到一种潜在可行的商业机会的水平。如：礼仪公司、搬家公司等。
产业特征		没有游戏规则。
共同的结构环境		①技术的不确定性；②战略的不确定性；③成本的迅速变化；④萌芽企业和另立门户；⑤首次购买者
障碍	进入障碍	①专有技术；②获得分销渠道；③得到适当成本和质量的原材料和其他投入；④经验造成的成本优势；⑤风险。
	发展障碍	①专有技术选择、获取与应用的困难；②原材料、零部件、资金与其他供给的不足；③顾客的困惑与等待观望；④被替代产品的反应；⑤缺少承担风险的胆略与能力。
战略选择		①塑造产业结构；②正确对待产业发展的外在性；③注意产业机会与障碍的转变，在产业发展中占据主动地位；④选择恰当的进入时机与领域。

【例 3－41】（2019 多选题）

快餐业由很多中小餐饮企业组成，其中没有任何一个企业占有显著的市场份额或对整个产业的发展产生重大影响。造成快餐业上述状况的原因有（　　）。

A. 快餐业进入障碍低

B. 快餐业的经营成本变化迅速

C. 快餐业难以达到规模经济

D. 快餐市场需求多样导致产品高度差异化

【答案】ACD

【解析】根据资料的描述，快餐业属于零散产业。造成产业零散的原因有：进入障碍低或存在退出障碍；市场需求多样导致高度产品差异化；不存在规模经济或难以达到规模经济。

【例 3－42】（2018 单选题）

经营中式快餐的力元公司于 2015 年宣布其战略目标是建成门店覆盖全国的“快餐帝国”。由于扩张过快、缺乏相关资源保障、各地流行菜系经营者的激烈竞争以及不同消费者口味难以调和的矛盾，该战略目标未能实现，公司经营也陷入危机。从零散产业角度看，下列各项中，属于力元公司进行战略选择未能避免的战略陷阱是（　　）。

A. 不能保持严格的战略约束力

B. 寻求支配地位

C. 不了解竞争者的战略目标和管理费用

D. 过分集权化

【答案】B

【解析】零散产业的基本结构决定了寻求支配地位是无效的，除非可以从根本上出现变化。造成产业零散的原因通常会使企业在增加市场份额的同时面对低效率和失去产品差异性。特别地，企图对所有的人在所有方面占优势会导致竞争力量的脆弱性达到最大值。“经营中式快餐的力元公司于 2015 年宣布其战略目标是建成门店覆盖全国的‘快餐帝国’。由于扩张过快、缺乏相关资源保障、各地流行菜系经营者的激烈竞争以及不同消费者口味难以调和的矛盾，该战略目标未能实现，公司经营也陷入危机”表明力元公司进行战略选择未能避免的战略陷阱是寻求支配地位。

【例 3－43】（2018 多选题）

近年来，随着汽车销量的上升，洗车行业迅速发展。由于洗车业务不需要复杂的技术和大量的投资，且消费者需要的洗车地点分散，因而洗车公司数量大量增加，洗车行业呈零散状态。根据以上信息，造成洗车产业零散的原因有（　　）。

A. 成本的迅速变化

B. 进入障碍低

C. 技术的不确定性

D. 市场需求多样导致高度产品差异化

【答案】BD

【解析】造成企业零散的原因有：（1）进入障碍低或存在退出障碍；（2）市场需求多样导致高度产品差异化；（3）不存在规模经济或难以达到经济规模。“洗车业务不需要复杂的技术和大量的投资”属于造成洗车产业零散原因中的进入障碍低；“消费者需要的洗车地点分散，因而洗车公司数量大量增加，洗车行业呈零散状态”属于造成洗车产业零散原因中的市场需求多样导致高度产品差异化。选项A、C属于新兴产业共同的结构特征。

【例3－44】（2017多选题）

靓影公司是一家经营照相、冲印、彩扩的企业。靓影公司应当采用的竞争战略有（　　）。

A. 聚焦细分市场需求，如婚庆大尺寸照片的拍摄、冲印、类化等

B. 适应多样化的顾客需求，开发多种服务品种

C. 增加服务的附加价值，如在顾客等候时提供茶水、杂志等

D. 连锁经营或特许经营，将服务点分散在居民生活区中

【答案】ACD

【解析】“靓影公司是一家经营照相、冲印、彩扩的企业”，而照相、冲印、彩扩为典型的零散产业。零散产业的战略选择可分为：（1）克服零散——获得成本优势，其中克服零散的途径包括连锁经营或特许经营（选项D）、技术创新以创造规模经济和尽早发现产业趋势；（2）增加附加价值——提高产品差异化程度（选项C）；（3）专门化——目标集聚（选项A）。选项B是产品开发战略属于总体战略范畴，不属于竞争战略范畴。所以，选项B错误。

【例3－45】（2015单选题）

下列各项中，属于造成产业零散原因的是（　　）。

A. 技术的不确定性

B. 战略的不确定性

C. 成本的迅速变化

D. 市场需求多样导致高度产品差异化

【答案】D

【解析】造成产业零散的原因包括：（1）进入障碍低或存在退出障碍；（2）市场需求多样导致高度产品差异化；（3）不存在规模经济或难以达到经济规模。选项A、B、C属于新兴产业共同的结构特征。

【例3－46】（多选题）

下列各项中，属于新兴产业发展障碍的有（　　）。

A. 原材料、零部件、资金与其他供给不足

B. 顾客的困惑与等待观望

C. 被替代品的反应

D. 经验造成的成本优势

【答案】ABC

【解析】选项D属于新兴产业的早期进入障碍。其他三个选项都属于新兴产业发展障碍。

知识点9　蓝海战略（★）

（一）红海战略与蓝海战略对比	
红海战略立足当前业已存在的行业和市场，采取常规的竞争方式与同行业中的企业展开针锋相对的竞争；蓝海战略不局限于现有产业边界，而是极力打破产业边界，通过提供创新产品和服务，拓展新的市场空间。具体对比如下：	
在已经存在的市场内竞争	拓展非竞争性市场空间
参与竞争	规避竞争
争夺现有需求	创造并攫取新需求
遵循价值与成本互替定律	打破价值与成本互替定律
根据差异化或低成本的战略选择，把企业行为整合为一个体系	同时追求差异化和低成本，把企业行为整合为一个体系
（二）蓝海战略制定原则	
战略制定原则	降低的风险因素
重建市场边界	↓搜寻的风险
注重全局而非数字	↓规划的风险

续表

超越现有需求	↓规模的风险
遵循合理的战略顺序	↓商业模式风险
战略执行原则	↓降低的风险因素
克服关键组织障碍	↓组织的风险
将战略执行建成战略的一部分	↓管理的风险

（三）重建市场边界的法则

	肉搏式竞争	开创蓝海战略
①产业	产业内的竞争者	审视他择产业
②战略群体	战略群体内部的竞争地位	跨越产业内的不同战略群体看市场
③买方群体	更好地为买方群体服务	重新界定产业的买方群体
④产品或服务范围	在产业边界内将产品或服务的价值最大化	放眼互补性产品或服务
⑤功能—情感导向	产业既定功能——情感导向下性价比的改善	重设客户的功能与情感导向
⑥时间	适应外部发生的潮流	跨越时间参与塑造外部潮流

【例 3－47】（2016 单选题）

甲公司是一家区别于传统火锅店的新式火锅餐饮企业，在给顾客提供用餐服务的同时，还免费给顾客提供擦鞋、美甲、擦拭眼镜等服务。甲公司的经营模式取得了成功，营业额高速增长。甲公司实施蓝海战略的路径是（　　）。

A. 跨越时间

B. 跨越战略群体

C. 重新界定产业的买方群体

D. 重设客户的功能性或情感性诉求

【答案】D

【解析】甲公司面向的对象还是传统的顾客，只是在传统用餐服务的同时，增加了一些人性化的服务，满足顾客的情感性诉求。

【例 3－48】（2015 单选题）

下列各项关于蓝海战略的表述中，正确的是（　　）。

A. “蓝海”的开创是基于价值的创新

B. “蓝海”的开创是基于技术的突破

C. “蓝海”不会萌生在产业现有的“红海”之中

D. 企业不能以系统的、可复制的方式去寻求蓝海

【答案】A

【解析】蓝海战略的开创是基于价值的创新而不是技术的突破，是基于对现有市场现实的重新排序和构建，而不是对未来市场的猜测，所以企业能够以系统的、可复制的方式寻求它，故选项 B、D 错误，选项 A 正确。蓝海既可以出现在现有产业领域之外，也可以萌生在产业现有的“红海”之中，故选项 C 错误。

知识点 10　市场营销战略（★★）

（一）确定目标市场

1. 市场细分	
消费者市场细分	①地理细分：消费者所在的地理位置及其他地理变量。 ②人口细分：人口变量，如年龄、性别、收入、家庭规模等。 ③心理细分：消费者生活方式、个性等心理变量。 ④行为细分：消费者购买或使用某种产品的时机、消费者所追求的利益、使用者情况、消费者对某种产品的使用率、消费者对品牌（或商店）的忠诚程度、消费者待购阶段和消费者对产品的态度等行为变量等。

续表

产业市场细分	①最终用户：对不同的最终用户运用不同的市场营销组合，采取不同的营销措施。 ②顾客规模：建立适当的制度分别与大顾客和小顾客打交道。 ③其他变量：采用多个变量的组合来细分产业市场。
2. 目标市场选择	
无差异市场营销	企业在市场细分之后，不考虑各子市场的特性，而只注重子市场的共性，决定只推出单一产品，运用单一的市场营销组合，力求在一定程度上适合尽可能多的顾客的需求。
差异市场营销	企业决定同时为几个子市场服务，设计不同的产品，并在渠道、促销和定价方面都加以相应的改变，以适应各个子市场的需要。
集中市场营销	企业集中所有力量，以一个或少数几个性质相似的子市场作为目标市场，试图在较少的子市场上占领较大的市场份额。
3. 市场定位	
主要方法	根据属性和利益定位；根据价格和质量定位；根据用途定位；根据使用者定位；根据产品档次定位；根据竞争局势定位以及各种方法组合定位等。
考虑因素	一是企业将自己的定位从一个子市场转移到另一个子市场所需的全部费用；二是企业重新定位后的收入有多少，而收入多少又取决于该子市场上的购买者和竞争者情况以及在该子市场上销售价格能定多高等。
（二）设计市场营销组合	
1. 产品策略	
产品组合策略	产品组合策略类型如下：第一，扩大产品组合。第二，缩减产品组合。第三，产品延伸。
品牌和商标策略	①单一的企业名称。 ②每个产品都有不同的品牌名称。 ③自有品牌。
产品开发策略	产品开发的原因包括： ①企业具有较大的市场份额和较强的品牌实力，并在市场中具有独特的竞争优势； ②市场有潜在增长力； ③客户需求的不断变化需要新产品，持续的产品更新是防止产品被淘汰的唯一途径； ④需要进行技术开发或采用技术开发； ⑤企业需要对市场的竞争创新作出反应。
	如下原因使产品开发越来越困难： ①在某些产业中，缺乏新产品创意和构思； ②不断变小的细分市场使得市场容量降低； ③产品开发涉及复杂的研发过程，失败的概率很高； ④企业通常需要进行许多产品构思来开发好产品，因而费用高昂； ⑤即便产品开发获得成功，但是由于被竞争者“模仿”并加以创新和改良，因而新产品的生命周期可能较短。
2. 促销策略	
促销的目的	赢得潜在客户的注意；产生利益；激发客户的购买渴望；刺激客户的购买行为。
促销组合构成要素	广告促销；营业推广；公关宣传；人员推销。
3. 分销策略	
传统分销理论	直接分销指产品不经过中间商而直接从生产商到消费者；间接分销指经过了中间商（批发商、零售商或可能两者）的分销系统。
互联网环境	线上渠道通常指网络上的渠道，通过网上商城或其他网络方法传播产品、服务等；线下渠道是指通过面对面或其他非网络方法交易或传播产品和服务等。

续表

4. 价格策略	
产品差别定价法	指企业对同种同质的产品或服务以两种或两种以上的价格来销售。
	差别定价法有以下几种形式： ①基于细分市场定价；②基于地点定价；③基于产品的版本定价；④基于时间定价；⑤动态定价。
产品上市定价法	渗透定价法，是指在新产品投放市场时确定一个非常低的价格，以便抢占销售渠道和消费者群体，从而使竞争者较难进入市场。
	撇脂定价法，是指在新产品上市之初确定较高的价格，并随着生产能力的提高逐渐降低价格。

【例 3－49】（2019 单选题）

嘉利啤酒公司通过数据分析发现，其产品的 89% 是被 50% 的顾客（重度饮用啤酒者）消费掉的，另外 50% 顾客（轻度饮用啤酒者）的消费量只占总消费量的 11%。该公司据此推出了吸引重度饮用啤酒者而放弃轻度饮用啤酒者的促销策略。该公司进行市场细分的依据是（　　）。

A. 地理细分

B. 人口细分

C. 行为细分

D. 心理细分

【答案】C

【解析】本题主要划分的依据为消费者对啤酒使用程度的划分，属于行为细分。选项 C 正确。

【例 3－50】（2018 多选题）

乐融旅行社定期开展会员俱乐部活动。活动期间，该社向参加活动的会员提供免费茶点、风景摄影及旅游知识讲座、旅游新项目推介等，建立了良好的公众形象。在上述活动中，乐融旅行社采用的促销组合要素有（　　）。

A. 营业推广

B. 广告促销

C. 人员推销

D. 公关宣传

【答案】ACD

【解析】“向参加活动的会员提供免费茶点、风景摄影”属于非媒体促销的手段。所以，选项 A 正确。“旅游知识讲座、旅游新项目推介等”属于人员推销。所以，选项 C 正确。“建立了良好的公众形象”属于公关宣传。所以，选项 D 正确。

【例 3－51】（2017 单选题改编）

某发达国家 X 公司的滤水壶是壶式滤水器领域中的世界第一品牌。在德国，消费者购买 X 滤水壶的主要原因是它可以降低当地水质的硬度，软化后的过滤水可以带来更好的口感。在法国和意大利，消费者将其作为瓶装水的一种低成本替代品。而在进入中国市场初期，X 公司滤水壶代表健康的水质和时尚的生活感受。在本案例中，消费者的市场细分不包括（　　）。

A. 人口细分

B. 心理细分

C. 行为细分

D. 地理细分

【答案】A

【解析】“在德国，消费者购买 X 滤水壶的主要原因是它可以降低当地水质的硬度，软化后的过滤水可以带来更好的口感”（体现消费者所追求的利益）、“在法国和意大利，消费者将其作为瓶装水的一种低成本替代品”（体现对产品的态度），表明消费者市场细分的依据是行为细分；“而在进入中国市场初期，X 滤水壶代表健康的水质和时尚的生活感受”（体现生活方式、个性等心理变量），表明消费者市场细分的依据是心理细分；按照德国、法国、意大利和中国来进行市场细分，表明消费者市场细分的依据是地理细分。

【例 3－52】（2015 单选题）

某办公用品公司将顾客细分为两类：一类是大客户，这类顾客由该公司的全国客户经理负责联系；另一类是小客户，由外勤推销人员负责联系。该公司进行市场细分的依据是（　　）。

A. 顾客规模

B. 消费者的欲望和需求

C. 消费者对某种商品的使用率

D. 最终用户

【答案】A

【解析】解答本题的关键是熟练掌握产业市场细分的依据。并把握关键信息“某办公用品公司将顾客细分为两类：一类是大客户，这类顾客由该公司的全国客户经理负责联系；另一类是小客户，由外勤推销人员负责联系”。

【例3－53】（单选题）

许多汽车制造商都在设计旨在满足所有客户需求的电动车，而A国M公司独辟蹊径，决定按照消费者特定的使用车辆的方式定制生产电动车。该公司将使用车辆的方式分为在城里驾车与通勤，这一市场细分方法可以根据消费者的具体需求，匹配车辆的电池蓄能要求，让消费者无须购买比他们实际需求更大的车辆与电池。M公司这一战略决策的依据是对电动车市场的（　　）。

A. 人口细分

B. 地理细分

C. 心理细分

D. 行为细分

【答案】D

【解析】消费者市场的细分变量主要有地理、人口、心理和行为四类变量。其中，行为细分就是企业按照消费者购买或使用某种产品的时机、消费者所追求的利益、使用者情况、消费者对某种产品的使用率、消费者对品牌（商店）的忠诚程度、消费者待购阶段和消费者对产品的态度等行为变量来细分消费者市场。在城里驾车和通勤，后者的蓄能要求要高得多，并非主要是由于通勤车要行驶的距离更远，最重要的因素其实是平均行车速度更高，因此，在高速路上受到的空气阻力更大。

这清楚地表明，适合于高能源密集型的通勤的电池动力车，对于那些将车辆用于短途的低速行程（例如，在城里办事）的消费者来说，功能就浪费了。因此，题中所讲的细分依据是消费者所追求的利益、使用者情况，即属于行为细分。

【例3－54】（单选题）

甲公司是多元化经营的企业。涉足的产品包括针对儿童的营养液、针对时尚青年的果汁饮料以及八宝粥。根据以上信息，可以判断该企业的目标市场选择战略是（　　）。

A. 无差异市场营销

B. 集中市场营销

C. 差异市场营销

D. 全面市场营销

【答案】C

【解析】目标市场涵盖战略包括三种：无差异市场营销、差异市场营销和集中市场营销。题干表明甲公司针对不同细分市场推出不同产品，因此属于差异市场营销。所以，选项C正确。

【例3－55】（单选题）

为了招徕消费者，餐饮服务类企业通常发放折扣券。从市场营销中的定价策略看，发放折扣券属于（　　）。

A. 渗透定价

B. 撇脂定价

C. 差别定价

D. 营销组合

【答案】C

【解析】发放折扣券是一种巧妙的推销手段，它能使卖家利用不同的价格敏感度把不同的买家划分在不同的市场，然后区别定价：对价格敏感的消费群体，制定较低的折扣后价格；对价格不敏感的消费群体制定正常的价格。持折扣券消费与消费者对价格的敏感度相关。富裕的高收入阶层对价格需求弹性低，对折扣券的价格优惠不敏感，不可能将折扣券随时带在身上，以备下次就餐时用。但低收入的消费者对价格的需求弹性高，对折扣券的价格优惠比较敏感。

餐饮服务类企业通过只对持折扣券消费的顾客收取较低价格，吸引了一部分低收入消费者来用餐，成功地实施了差别定价。如果直接采取打折销售，将会使得对价格不敏感的高收入阶层的高消费意愿减少，同时多得的收入也会减少。

知识点 11 生产运营战略（★★）

（一）生产运营战略所涉及的主要因素	
1. 批量	生产运营流程在所处理的投入和产出的批量上的不同会影响生产运营战略。
2. 种类	企业提供的产品或服务的范围，或企业对这些产品或服务投入的范围。
3. 需求变动	需求在一年中因季节而异，或者在一天中因时间而异。
4. 可见性	生产运营流程为客户所见的程度。
（二）产能计划	
1. 领先策略	根据对需求增长的预期增加产能，是一种进攻性策略。
2. 滞后策略	仅当企业因需求增长而满负荷生产或超额生产后才增加产能，是一种相对保守的策略。
3. 匹配策略	少量地增加产能来应对市场需求的变化，是一种比较稳健的策略。
（三）平衡产能与需求的方法	
1. 资源订单式生产	当需求不确定时，企业仅在需要时才购买所需材料并开始生产。
2. 订单生产式生产	企业持有为满足未来订单所需的资源的存货，在收到实际订单后开始生产产品或提供服务。
3. 库存生产式生产	企业在收到订单之前或在知道需求量之前就开始生产产品或提供服务。
（四）JIT 准时生产方法	
含义	准时生产方法是指生产的产品能够精准地满足客户在时间、质量和数量上的需求，而无论客户是产品的最终用户还是处于生产线上的其他流程。
适用性	JIT 理念多用于服务型企业和制造型企业。
关键要素	①不断改进；②消除浪费；③良好的工作场所整理；④缩短生产准备时间；⑤企业所有员工的参与。
优点	①库存量低。这意味着减少了仓储空间，从而节约了租赁和保险费用。 ②由于仅在需要时才取得存货，因此降低了花费在存货上的运营成本。 ③降低了存货变质、陈旧或过时的可能性。 ④避免因需求突然变动而导致大量产成品无法出售的情况出现。 ⑤降低了检查和返工他人所生产的产品的时间。
缺点	①由于仅为不合格产品的返工预留了最少量的库存，一旦生产环节出错则弥补空间较小。 ②生产对供应商的依赖性较强，并且如果供应商没有按时配货，则整个生产计划都会被延误。 ③由于企业按照实际订单生产所有产品，因此并无备用的产成品来满足预期之外的订单。

【例 3－56】（2019 单选题）

智达公司是一家计算机制造企业。为了减少库存，公司对生产过程实施订单管理。生产部门依据销售部门提供的客户订购的产品数量安排当期生产。智达公司的生产运营战略所涉及的主要因素是（　　）。

A. 种类

B. 批量

C. 需求变动

D. 可见性

【答案】C

【解析】“生产部门依据销售部提供的客户订购的产品数量安排当期生产”属于需求变动。选项 C 正确。

【例 3－57】（2017 单选题）

下列各项中，对准时生产方法（JIT）的作用表述错误的是（　　）。

A. 该方法可能导致生产环节一旦出错则弥补空间小

B. 该方法能够减少对供应商的依赖

C. 该方法避免了因需求突然变动而导致大量产品无法出售的情况

D. 该方法降低了存货变质、陈旧或过时的可能性

【答案】B

【解析】JIT 方法的缺点之一是生产对供应商的依赖性较强。故选项 B 错误。

【例 3－58】（2016 单选题）

瑞祥公司是一家啤酒制造和销售企业。2016 年初，公司管理层预计今年夏天温度较高，加

上今年属于奥运会年，啤酒的销售将比去年有较大增长。因此，瑞祥公司决定加大公司上半年的产量，以应对未来需求的增长，瑞祥公司采用的平衡产能与需求的方法是（　　）。

A. 库存生产式生产

B. 资源订单式生产

C. 准时生产式生产

D. 订单生产式生产

【答案】A

【解析】企业在收到订单之前或在知道需求量之前就开始生产产品或提供服务。瑞祥公司管理层预计今年啤酒的销售将比去年有较大增长，就加大上半年的产量作为库存，来应对未来需求的增长。所以，瑞祥公司采用的平衡产能与需求的方法是库存生产式生产。

【例3-59】（2016单选题）

甲公司是一家高科技环保企业，其自主研发的智能呼吸窗刚一推向市场，即受到消费者欢迎，产品供不应求，企业一直处于满负荷生产状态。为满足持续增长的订单要求，公司决定增加一条生产流水线。甲公司所实施的产能计划属于（　　）。

A. 滞后策略

B. 匹配策略

C. 维持策略

D. 领先策略

【答案】A

【解析】滞后策略是指仅当企业因需求增长而满负荷生产或超额生产后才增加产能。所以，选项A正确。

知识点12　采购战略（★★）

	优点	缺点
单一货源策略	①采购方能与供应商建立较为稳固的关系；②便于信息的保密；③能产生规模经济；④随着与供应商的关系的加深，采购方更可能获得高质量的货源。	①若无其他供应商，则该供应商的议价能力就会增强； ②采购方容易受到供应中断的影响； ③供应商容易受到订单量变动的影响。
多货源策略	①能够取得更多的知识和专门技术；②一个供应商的供货中断产生的影响较低；③供应商之间的竞争有利于对供应商压价。	①难以设计出有效的质量保证计划； ②供应商的承诺较低； ③疏忽了规模经济。
由供应商负责交付一个完整的子部件	①允许采用外部专家和外部技术；②可为内部员工安排其他任务；③采购主体能够就规模经济进行谈判。	①第一阶供应商处于显要地位； ②竞争者能够使用相同的供应商，致使企业在货源上不太可能取得竞争优势。

【例3-60】（2019多选题）

生产农用运输车辆的江陵公司将柴油发动机的生产授权给一个供应商。下列各项中，属于该公司货源策略优点的有（　　）。

A. 能够取得更多的知识和专业技术

B. 采购方能够就规模经济进行谈判

C. 允许采用外部专家和外部技术

D. 有利于在货源上取得竞争优势

【答案】BC

【解析】“生产农用运输车辆的江陵公司将柴油发动机的生产授权给一个供应商”属于由供应商负责交付一个完整的子部件，选项A属于多货源策略的优点；竞争者能够使用相同的外部企业，因此企业在货源上不太可能取得竞争优势。选项D错误。

【例3-61】（2017多选题）

甲公司是一家电动摩托车制造商，长期从一家电机公司购买发动机。下列各项中，属于甲公司货源策略优点的有（　　）。

A. 便于信息的保密

B. 能产生规模经济

C. 随着与供应商关系的加强，更可能获得价格上的优惠

D. 能与供应商建立较为稳固的关系

【答案】ABD

【解析】甲公司长期从一家电机公司购买发动机，甲公司采用的货源策略是单一货源策略。单一货源策略的优点有：（1）采购方能与供应商建立较为稳固的关系；（2）便于信息的保密；（3）能产生规模经济；（4）随着与供应商关系的加深，采购方更可能获得高质量的货源。所以，选项A、B、D正确。

【例 3－62】（2016 单选题）

甲公司是一家中式连锁快餐企业，长期分别从三家粮油公司采购大米、面粉和色拉油等。下列各项中，不属于甲公司货源策略优点的是（　　）。

A. 可利用三家粮油公司之间的竞争压低采购价格

B. 有利于促使三家粮油公司提供有统一质量保证的产品

C. 不会因某家粮油公司的供货问题而严重影响企业经营

D. 有利于从三家粮油公司获得更多的知识和技术信息

【答案】B

【解析】甲公司采用的是多货源策略，该策略的优点包括：（1）能够取得更多的知识和专门技术；（2）一个供应商的供货中断产生的影响较低；（3）供应商之间的竞争有利于对供应商压价。故选项 A、C、D 均属于甲公司货源策略的优点。

【例 3－63】（2014 多选题）

在采购战略中，相对于单一货源策略，采用多货源策略的优点有（　　）。

A. 能获得更多的知识和专门技术

B. 能获得高质量的货源

C. 有利于降低采购成本

D. 能与供应商建立较为稳固的关系

【答案】AC

【解析】多货源策略的优点包括：（1）能够取得更多的知识和专门技术；（2）一个供应商的供货中断产生的影响较低；（3）供应商之间的竞争有利于对供应商压价。选项 B、D 属于单一货源策略的优点。

知识点 13　财务战略（★★）

【例 3－64】（2019 单选题）

甲燃气公司负责某市的民用天然气供给业务。近年来该市的民用天然气需求量比较稳定，甲燃气公司主要通过向银行贷款取得更新设备所需的资金。该公司财务风险与经营风险的搭配属于（　　）。

A. 高经营风险与低财务风险

B. 高经营风险与高财务风险

C. 低经营风险与高财务风险

D. 低经营风险与低财务风险

【答案】C

【解析】“需求量比较稳定”体现的是低经营风险，“主要通过向银行贷款取得更新设备所需的资金”体现的是高财务风险。选项 C 正确。

【例 3－65】（2019 多选题）

甲公司是一家煤炭企业集团。近年来，煤炭产品的客户对性价比的要求很高；各煤炭企业的产品差别很小，价格差异缩小且处于很低水平，产品毛利很低，只有大规模生产并有自己销售渠道的企业才具有竞争力；大量中小煤炭企业陆续退出市场。在该产业发展的现阶段，甲公司具备的财务特征有（　　）。

A. 经营风险低

B. 财务风险高

C. 股价稳定

D. 资金来源于保留盈余和债务

【答案】AB

【解析】“煤炭产品的客户对性价比的要求很高；各煤炭企业的产品差别很小，价格差异缩小且处于很低水平；产品毛利很低，只有大规模生产并有自己销售渠道的企业才具有竞争力；大量中小煤炭企业陆续退出市场”说明目前处于衰退期。选项 A、B 正确。选项 C、D 属于成熟期财务特征。

【例 3－66】（2019 多选题）

甲公司某年的投资回报率为 5%，销售增长率为 10%，经测算甲公司的加权平均资本成本为 8%，可持续增长率为 6%。在上述情况下，甲公司应选择的财务战略有（　　）。

A. 彻底重组

B. 改变财务政策

C. 提高资本回报率

D. 出售

【答案】AD

【解析】投资回报率小于加权平均资本成本，销售增长率大于可持续增长率，应选择减损型现金短缺战略。选项 A、D 正确。

【例 3－67】（2018 单选题）

近年来，建筑机械制造商凯达公司所处行业的市场基本饱和，销售额比较稳定，企业之间的价格竞争十分激烈。在这种情况下，凯达公司宜采用的股利分配政策是（　　）。

A. 零股利政策

B. 稳健的高股利分红政策

C. 低股利政策

D. 全部分配的股利政策

【答案】B

【解析】“建筑机械制造商凯达公司所处行业的市场基本饱和，销售额比较稳定，企业之间的价格竞争十分激烈”，表明凯达公司所处行业属于成熟期。成熟期宜采用的股利分配政策是稳健的高股利分红政策。

【例3－68】（2018多选题）

甲公司是一家互联网叫车平台公司，目前经营处于培育客户的阶段。该公司通过支付大量的营销费用来培养客户通过互联网叫车的习惯。下列各项中，属于甲公司现阶段经营特征的有（　　）。

A. 经营风险非常高而财务风险非常低

B. 具有中等的股利分配率

C. 价格/盈余倍数非常高

D. 主要资金来源是风险资本

【答案】ACD

【解析】“目前经营处于培育客户的阶段。该公司通过支付大量的营销费用来培养客户通过互联网叫车的习惯”，表明互联网叫车平台公司处于导入期。选项A、C、D为导入期企业的经营特征。

【例3－69】（2017多选题）

甲公司财务数据显示，其资本成本为6%，投资回报率为8%，可持续增长率为9%，销售增长率为15%。经进一步分析，该公司的高速增长将持续较长时间。甲公司为支持其业务增长应采取的措施有（　　）。

A. 增加短期借款

B. 增加长期借款

C. 提高可持续增长率

D. 增加权益资本

【答案】BCD

【解析】投资回报率（8%）大于资本成本（6%），销售增长率（15%）高于可持续增长率（9%）。所以，甲公司的业务属于增值型现金短缺业务。对于增值型现金短缺业务，首先应判明这种高速增长是暂时性的还是长期性的。如果高速增长是暂时的，企业应通过短期借款来筹集所需资金，等到销售增长率下降后企业会有多余现金归还借款。如果预计这种情况会持续较长时间，则企业必须采取战略性措施解决资金短缺问题。适宜采用的措施是提高可持续增长率和增加权益资本。其中，增加借款是提高可持续增长率的一个途径。

【例3－70】（2016多选题）

甲公司是一家制造和销售洗衣粉的公司。目前洗衣粉产业的产品逐步标准化，技术和质量改进缓慢，洗衣粉市场基本饱和。处于目前发展阶段的甲公司具备的财务特征有（　　）。

A. 财务风险高

B. 资金来源于保留盈余和债务

C. 股利分配率高

D. 股价迅速增长

【答案】BC

【解析】本题考查了产品生命周期和不同生命周期阶段财务战略选择两个考点。考生应首先能够根据产业特征判定所处的阶段。根据题目描述“目前洗衣粉产业的产品逐步标准化，技术和质量改进缓慢，洗衣粉市场基本饱和”，可知洗衣粉产业处于成熟期，处于成熟期的企业财务风险属于中等水平，股利分配率高，资金来源于保留盈余和债务，而股价是比较稳定的。所以，选项B、C正确。

【例3－71】（2015单选题）

下列股利政策中，适合于成熟企业且能为投资者提供可预测的现金流量的是（　　）。

A. 零股利政策

B. 剩余股利政策

C. 固定股利政策

D. 固定股利支付率政策

【答案】C

【解析】固定股利政策为投资者提供可预测的现金流量，减少管理层将资金转移到盈利能力差的活动的机会，并为成熟的企业提供稳定的现金流，盈余下降时也可能导致股利发放遇到一些困难。故选项C正确。

【例3－72】（2015多选题）

在企业经营风险与财务风险结合的几种方式中，同时符合股东和债权人期望的有（　　）。

A. 高经营风险与高财务风险搭配

B. 高经营风险与低财务风险搭配

C. 低经营风险与高财务风险搭配

D. 低经营风险与低财务风险搭配

【答案】BC

【解析】经营风险与财务风险反向搭配是制定资本结构的一项战略性原则，能够将企业总体风险水平控制在中等水平，并满足股东和债权人期望。故选项B、C正确。

【例3－73】（2014单选题）

甲公司某年的投资资本回报率为7%，销售额增长率为10%，经测算甲公司的加权资本成本为7.5%，可持续增长率为7%。该年甲公司的业务属于财务战略矩阵中的（　　）。

A. 减损型现金短缺

B. 增值型现金剩余

C. 增值型现金短缺

D. 减损型现金剩余

【答案】A

【解析】财务战略矩阵中包括四种战略类型：增值型现金短缺、增值型现金剩余、减损型现金剩余、减损型现金短缺。不同财务战略类型适宜采用的财务对策不同。本题考查知识点为不同财务战略类型的特征，投资资本回报率7%小于加权平均资本成本7.5%，属于减损型；销售增长率为10%大于可持续增长率为7%，属于现金短缺。选项A正确。

知识点14　国际化经营战略（★★）

发展中国家国际化经营动因主要包括：（1）寻求市场；（2）寻求效率；（3）寻求资源；（4）寻求现成资产。

国际市场进入模式包括：（1）出口；（2）对外股权投资；（3）非股权形式。

国际化经营的战略类型包括：

①国际战略：企业将其具有价值的产品与技能转移到国外的市场，以创造价值的举措。

②多国本土化战略：根据不同国家的不同市场，提供更能满足当地市场需要的产品和服务，将自己国家所开发出的产品和技能转移到国外市场，而且在重要的国家市场上从事生产经营活动。

③全球化战略：向全世界的市场推销标准化的产品和服务，并在较有利的国家集中进行生产经营活动，由此形成经验曲线和规模经济效益，以获得高额利润。

④跨国战略：在全球激烈竞争的情况下，形成以经验为基础的成本效益和区位效益，转移企业的竞争力，同时注意当地市场的需要。

【例3－74】（2019单选题）

2015年，国内研发和制造铁路设备的东盛公司开启了国际化经营战略，在国外成立了多家子公司。东盛公司在国内的母公司保留技术和产品开发的职能，在国外的子公司只生产由母公司开发的产品。东盛公司采取的国际化经营战略类型的特点是（　　）。

A. 全球协作程度低，本土独立性和适应能力高

B. 全球协作程度高，本土独立性和适应能力低

C. 全球协作程度高，本土独立性和适应能力高

D. 全球协作程度低，本土独立性和适应能力低

【答案】D

【解析】国际战略，企业多把产品开发的职能留在母国，而在东道国建立制造和营销职能。“东盛公司在国内的母公司保留技术和产品开发的职能，在国外的子公司只生产由母公司开发的产品”属于国际战略，特点是全球协作程度低，本土独立性和适应能力低。选项D正确。

【例3－75】（2018单选题）

多邦公司是一家驼羊毛制品生产和销售企业，产品销往多个国家和地区。为了确保产品质优价廉，该公司在最适合驼羊生长的L国建立统一的驼羊养殖场，并在加工条件最好的N国设厂生产驼羊毛制品。多邦公司国际化经营的战略类型是（　　）。

A. 多国本土化战略

B. 国际战略

C. 跨国战略

D. 全球化战略

【答案】D

【解析】“产品销往多个国家和地区。为了确保产品质优价廉，该公司在最适合驼羊生长的L国建立统一的驼羊养殖场，并在加工条件最好的N国设厂生产驼羊毛制品”表明多邦公司向全世界的市场推销标准化的产品和服务，并在较有利的国家集中地进行生

产经营活动，由此形成经验曲线和规模经济效益以获得高额利润，所以体现的是全球化战略。

【例3－76】（2018多选题）

顺驰公司是国内一家汽车玻璃制造商。面对国内生产要素成本不断上涨和产品订单日趋减少，该公司把一部分资金和生产能力转移至生产综合成本相对较低的汽车产销大国M国。通过独立投资设厂和横向并购M国一家拥有国际知名品牌的企业，顺驰公司在M国不仅很快站稳脚跟，而且获得了M国汽车制造商的大量订单，业务量大幅增长。在本案例中，顺驰公司向M国投资的动机有（　　）。

A. 寻求效率

B. 寻求市场

C. 寻求现成资产

D. 寻求资源

【答案】ABC

【解析】"面对国内生产要素成本不断上涨和产品订单日趋减少，该公司把一部分资金和生产能力转移至生产综合成本相对较低的汽车产销大国M国"体现了寻求效率。所以，选项A正确。"顺驰公司在M国不仅很快站稳脚跟，而且获得了M国汽车制造商的大量订单，业务量大幅增长"体现了寻求市场。所以，选项B正确。"通过独立投资设厂和横向并购M国一家拥有国际知名品牌的企业"体现了寻求现成资产。所以，选项C正确。

【例3－77】（2017单选题）

国内家电企业宏浩集团在2016年5月宣布，将斥资45亿美元收购发达国家G国工业机器人制造商K公司。K公司是该国市场上领先的专注于工业制造流程数字化的企业，其研发的机器人已经被用来装配轿车和飞机。宏浩集团收购K公司的动机是（　　）。

A. 寻求市场

B. 寻求效率

C. 寻求现成资产

D. 寻求资源

【答案】C

【解析】寻求现成资产的主要动机是主动获取发达国家企业的品牌、先进技术与管理经验等现成资产。"K公司是该国市场上领先的专注于工业制造流程数字化的企业，其研发的机器人已经被用来装配轿车和飞机"，表明宏浩集团收购K公司的动机是寻求现成资产。

【例3－78】（2017单选题）

P公司是一家生产经营日化用品的跨国公司，其母公司设立在U国，在其他国家设立了20余个子公司。在该公司的经营过程中，母公司将产品的研发技术和新产品提供给各个子公司，子公司也会把在当地畅销的产品提供给母公司和其他子公司。P公司国际化经营的战略类型属于（　　）。

A. 跨国战略

B. 全球化战略

C. 多国本土化战略

D. 国际战略

【答案】A

【解析】"母公司将产品的研发技术和新产品提供给各个子公司，子公司也会把在当地畅销的产品提供给母公司和其他子公司"，这一举动说明P公司能够形成以经验为基础的成本效益和区位效益，转移企业的核心竞争力，同时注意当地市场的需要。而这属于跨国战略的典型特征。所以，选项A正确。

【例3－79】（2016单选题）

甲公司是一家玩具制造商，其业务已扩展到国际市场。甲公司在劳动力成本较低的亚洲设立玩具组装工厂，在欧洲设立玩具设计中心，产品销往全球100多个国家和地区。甲公司国际化经营的战略类型属于（　　）。

A. 跨国战略

B. 全球化战略

C. 多国本土化战略

D. 国际战略

【答案】B

【解析】全球化战略是向全世界的市场推销标准化的产品和服务，并在较有利的国家集中地进行生产经营活动，由此形成经验曲线和规模经济效益，以获得高额利润。所以，选项B正确。

【例3－80】（2015单选题）

根据国际生产折中理论，如果企业同时具有所有权优势、区位优势与内部化优势，企业最适合采用的国际化经营方式是（　　）。

A. 技术转移

B. 出口贸易

C. 证券投资

D. 对外直接投资

【答案】D

【解析】邓宁的国际生产折中理论认为：企业对外直接投资必须同时具备所有权优势、区位优势与内部化优势；如果企业只拥有所有权优势与内部化优势，只能进行出口贸易；如果企业只拥有所有权优势，则只能考虑采用技术转移形式。故选项D正确。

【例3-81】（2014单选题）

甲公司是国内一家电信设备生产企业。2000年公司开始实施国际化经营，对外直接投资国首先选择东南亚发展中国家Y国。这一选择基于以下三点考虑：一是开发Y国市场；二是以Y国为基地，向东盟市场进军，降低产品进入东盟的关税；三是以Y国为基地，辐射欧盟地区市场，避开反倾销调查。甲公司这一行为的动因是（　　）。

A. 寻求市场

B. 寻求效率

C. 寻求资源

D. 寻求现成资产

【答案】A

【解析】发展中国家企业国际化动因包括：（1）寻求市场；（2）寻求效率；（3）寻求资源；（4）寻求现成资产。对外投资动机中，最重要的是寻求市场型的外国直接投资，他们特别关心如何规避贸易壁垒。甲公司作为国内一家企业对外直接投资，主要关注Y国的市场、降低关税和避开反倾销调查。故选项A正确。

知识点15　新兴市场的企业战略（★★）

【例3-82】（2019单选题）

面对国外著名医药公司在中国市场上不断扩张，多年从事药品研发、生产和销售的康达公司为了自身的长期发展，把药品的生产和销售业务转让给其他公司，同时与国外某医药公司合作专注于新药品的研发业务。从本土企业战略选择的角度看，康达公司扮演的角色可称为（　　）。

A. 防御者

B. 扩张者

C. 抗衡者

D. 躲闪者

【答案】D

【解析】“把药品的生产和销售业务转让给其他公司，同时与国外某医药公司合作专注于新药品的研发业务”体现了躲闪者战略中的“根据自身的本土优势专注于细分市场，将业务重心转向于价值链中的某些环节”。

【例3-83】（2018单选题）

面对国外品牌牙膏不断涌入国内市场的不利局面，健华牙膏厂独创了完全用中草药提取物制造，具有生津健齿功效的牙膏，并通过强化销售网络的建设和管理，赢得了越来越多国内消费者的好评。作为新兴市场的本土企业，健华牙膏厂采用的战略属于（　　）。

A. “扩张者”战略

B. “防御者”战略

C. “抗衡者”战略

D. “躲闪者”战略

【答案】B

【解析】“面对国外品牌牙膏不断涌入国内市场的不利局面，健华牙膏厂独创了完全用中草药提取物制造，具有生津健齿功效的牙膏，并通过强化销售网络的建设和管理，赢得了越来越多国内消费者的好评”，说明健华牙膏厂的战略定位是利用国内市场的优势防卫。因此是“防御者”战略。

【例3-84】（2017单选题）

奇天公司是国内通信行业的知名企业。面对日益加剧的全球化压力，奇天公司于1998年开始实施全球化扩张行动，成功建成了全球性的市场网络和研发平台。奇天公司始终坚持在通信行业的主航道上聚焦，在国际市场上站稳了脚跟。根据以上描述，奇天公司作为新兴市场本土企业所选择的战略是（　　）。

A. “防御者”战略

B. “抗衡者”战略

C. “躲闪者”战略

D. “扩张者”战略

【答案】B

【解析】如果企业所在产业面临的全球化压力大，而企业优势资源可以移植到其他市场，企业有可能与发达国家跨国公司在全球范围内展开正面竞争，则新兴市场本土企业所选择的战略是“抗衡者”战略。

【例 3－85】（2016 单选题）

飞翔公司是国内一家奶粉生产企业。近年来，很多具有品牌优势的国外奶粉制造商纷纷涉足中国市场，竞争十分激烈。飞翔公司为了自身的长期发展，与新西兰乳品巨头甲公司结成战略联盟，双方各以 50% 的股权比例合资成立一家新的公司，产品从奶粉扩展到各类奶制品。从战略选择角度看，飞翔公司扮演的角色可称为（　　）。

A. 防御者　　B. 扩张者

C. 躲闪者　　D. 抗衡者

【答案】C

【解析】根据新兴市场中产业所面临的全球化压力和所拥有的优势资源作为划分变量，可以将新兴市场本土企业战略选择分为防御者、扩张者、躲闪者和抗衡者。如果全球化压力大，企业就会面临更大的挑战。如果企业优势资源只能在本土发挥作用，企业就必须围绕仍有价值的本土资源，对其价值链的某些环节进行重组，以躲避外来竞争对手的冲击，从而保持企业的独立性。这类企业，我们称之为“躲闪者”。飞翔公司所处产业全球竞争激烈，通过与新西兰甲公司达成战略联盟，从而避开外来竞争对手的冲击，所以，选项 C 正确。

【例 3－86】（2015 单选题）

当产业面临的全球化压力很大，而企业优势资源可以转移到其他市场时，新兴市场本土企业可以选择的战略方向是（　　）。

A. 作为“抗衡者”，通过全球竞争发动进攻

B. 作为“防御者”，利用国内市场的优势防卫

C. 作为“扩张者”，将企业的经验转移到周边市场

D. 作为“躲闪者”，通过转向新业务或缝隙市场避开竞争

【答案】A

【解析】如果全球化压力大，而企业优势资源可以转移到其他市场，企业有可能与发达国家跨国公司在全球范围内展开正面竞争。这种情况下的本土企业为“抗衡者”。故选项 A 正确。

【例 3－87】（2015 多选题）

当产业面临的全球化压力很大时，新兴市场本土企业只可能选择的战略方向有（　　）。

A. 作为“防御者”，利用国内市场的优势防卫

B. 作为“躲闪者”，通过转向新业务或缝隙市场避开竞争

C. 作为“扩张者”，将企业的经验转移到周边市场

D. 作为“抗衡者”，通过全球竞争发动进攻

【答案】BD

【解析】新兴市场本土企业的战略选择如下图所示：

产业的全球化程度	适合本国市场	可以向海外转移
高	“躲闪者” 通过转向新业务或 缝隙市场避开竞争	“抗衡者” 通过全球竞争 发动进攻
低	“防御者” 利用国内市场的 优势防卫	“扩张者” 将企业的经验转移 到周边市场

新兴市场本土企业优势资源

由上图可以看出，当产业面临的全球化压力很大时，新兴市场本土企业可能选择的战略方向是作为“躲闪者”或作为“抗衡者”；当产业面临的全球化压力较小时，新兴市场本土企业可能选择的战略方向是作为“防御者”或作为“扩张者”。

通关演练

一、单项选择题

1. 甲公司某业务 2017 年的投资资本回报率为 7%，销售增长率为 10%，经测算甲公司的加权资本成本为 6%，可持续增长率为 7%。该年甲公司的业务属于财务战略矩阵中的（　　）。

A. 减损型现金短缺

B. 增值型现金剩余

C. 增值型现金短缺

D. 减损型现金剩余

2. 下列关于战略联盟的表述中，错误的是（　　）。

A. 战略联盟是介于企业与市场之间的一种“中间组织”

B. 构建战略联盟的企业之间是一种平等的合作伙伴关系

C. 合资企业是战略联盟常见的一种类型

D. 股权式战略联盟具有较好的灵活性，但企业对联盟的控制难度大

3. 下列关于准时生产方法（JIT）的表述中，正确的是（　　）。

A. JIT要求企业为防止发生配送延迟的情况储备材料和部件

B. JIT使企业生产对供应商的依赖性降低

C. JIT可用于服务型企业和制造型企业

D. JIT与企业的采购策略并不相关

4. 下列情况下，适宜采用市场开发战略的是（　　）。

A. 甲公司发现戊国市场上对本企业产品供不应求

B. 乙公司在现有产业中经营多年，竞争优势明显，但该产业属于夕阳产业

C. 丙公司从自身实际出发，决定将经营重心集中在现有产品或市场领域

D. 丁公司希望避免资金投入和开发风险，以及资源重新配置和组合的成本

5. 根据国际生产折中理论，如果企业只有所有权优势与内部化优势，企业最适合采用的国际化经营方式是（　　）。

A. 出口贸易

B. 证券投资

C. 对外直接投资

D. 技术转移

6. 如果并购方不以谋求产业利润为首要目的，而是靠购入然后售出企业的所有权来获得投资利润，则该并购属于（　　）。

A. 产业资本并购　B. 杠杆并购

C. 金融资本并购　D. 非杠杆并购

7. 某制药厂生产的药品均冠以“仲景”商标，并配以标志性仲景头像。据此，该企业采用的品牌和商标策略是（　　）。

A. 自有品牌

B. 组合品牌

C. 单一名称

D. 每种产品独自品牌

8. 与剩余股利政策相比，固定股利政策的优点是（　　）。

A. 为投资者提供可预测的现金流

B. 能改善公司资本结构

C. 避免公司出现负现金流的项目

D. 常为企业保持充足资金

9. 下列企业采用的发展战略中，属于多元化战略的是（　　）。

A. 甲碳酸饮料生产企业通过按季更换饮料包装的方式增加市场份额

B. 乙汽车制造企业开始将其原在国内生产销售的小型客车出口到非洲地区

C. 丙洗衣粉生产企业通过自行研发，开始生产销售具有不同功效的洗发水

D. 丁酸奶生产企业新开发出一种凝固型酸奶，并将其推向新的市场

10. 某大型汽车零部件生产企业之前一直向上海大众供应零部件，现在开始以自己的品牌生产商务用车，这属于（　　）。

A. 后向一体化战略

B. 前向一体化战略

C. 横向一体化战略

D. 市场开发战略

11. 甲公司是一家钢铁企业，近年国内铁矿石价格持续走高，公司成本压力较大。为摆脱此种局面，甲公司可以选择的发展战略类型是（　　）。

A. 后向一体化战略

B. 前向一体化战略

C. 横向一体化战略

D. 多元化战略

12. 甲公司计划开拓国际市场，公司管理层希望能随时获得当地市场的信息和产品的信息反馈，完全控制子公司在目标市场上的日常经营活动。从而使国外子公司的经营战略与企业的总体战略融为一体。下列选项中，适合该公司采取的进入国外市场的形式是（　　）。

A. 出口　B. 对外证券投资

C. 全资子公司　D. 合资经营

13. 下列关于单一货源策略的说法中，不正确的是（　　）。

A. 便于信息的保密

B. 采购方容易受到供应中断的影响

C. 采购主体能够就规模经济进行谈判

D. 采购方更可能获得高质量的货源

14. 下列关于蓝海战略特征的说法中，正确的是（　　）。

A. 企业在产业范围内开展激烈的竞争

B. 企业争取创造和攫取新的市场需求

C. 企业遵循价值与成本互替定律

D. 根据差异化或低成本的战略选择，把企业行为整合为一个体系

15. 某集团是我国特大型电子信息产业集团，首次在我国市场推出了裸眼3D智能电视以及其他十余款智能液晶电视新产品。其产品填补了我国3D电视市场空白，获得了强大的市场竞争地位。则该集团采取的竞争战略类型是（　　）。

A. 集中化战略

B. 差异化战略

C. 研究与开发战略

D. 多元化战略

16. 下列关于企业稳定战略的表述中，正确的是（　　）。

A. 采用稳定战略的企业容易减弱风险意识，降低对风险的敏感性

B. 企业无法充分利用原有生产经营领域的资源

C. 采用稳定战略的企业仍然需要投入一定的资金开发新产品和新市场

D. 企业集中于原有的经营范围和产品，无法增加竞争优势

17. 在下列财务风险与经营风险的搭配中，不符合权益投资人期望的是（　　）。

A. 高经营风险与高财务风险搭配

B. 高经营风险与低财务风险搭配

C. 低经营风险与高财务风险搭配

D. 低经营风险与低财务风险搭配

18. 下列财务政策中，可以用来改善增值型现金短缺企业资金状况的是（　　）。

A. 增加债务比例

B. 支付现金股利

C. 降低资本成本

D. 重组

19. 甲公司是一家中式连锁快餐企业，长期分别从三家粮油公司采购大米、面粉和色拉油等。下列各项中，不属于甲公司货源策略优点的是（　　）。

A. 可利用三家粮油公司之间的竞争压低采购价格

B. 有利于促使三家粮油公司提供有统一质量保证的产品

C. 不会因某家粮油公司的供货问题而严重影响企业经营

D. 有利于从三家粮油公司获得更多的知识和技术信息

20. 国际品牌耐克公司总部设在美国，但是其在美国并没有生产部门，而是将生产部门都分散在印度、中国等地，根据不同市场的需求和特点设计和生产产品，耐克公司的这种国际化行为属于（　　）。

A. 多国化战略　　B. 跨国战略

C. 全球化战略　　D. 多国本土化战略

21. 成功地执行成本领先战略的企业会期待（　　）。

A. 竞争者主要在价格上进行竞争

B. 持续地面对新进入者的挑战

C. 能避开替代品的挑战

D. 集中于自身的成本结构

22. 乙公司为国内经营多年的制药公司，近期成功研制了一种预防新型流感的疫苗。乙公司管理层计划将此疫苗规模化生产，并同时在国内市场和国外市场销售，预计该疫苗的销售可为公司未来数年带来较高的净收益。根据企业成长矩阵，乙公司进军国外市场的计划属于（　　）。

A. 市场渗透战略

B. 多元化战略

C. 产品开发战略

D. 市场开发战略

23. 下列情形中，不适用于产品开发战略的是（　　）。

A. 可得到新的、可靠的、经济的和高质量的销售渠道

B. 企业所在产业属于适宜创新的高速发展的高新技术产业

C. 企业具有较强的研究与开发能力

D. 企业所处产业正处于高速增长阶段

24. 当产业面临的全球压力很大，而企业优势资源可以转移到其他市场时，新兴市场本土企业可以选择的战略方向是（　　）。

A. 作为“抗衡者”，通过全球竞争发动进攻

B. 作为“防御者”，利用国内市场的优势防卫

C. 作为“扩张者”，将企业的经验转移到周边市场

D. 作为“躲闪者”，通过转向新业务或缝隙市场避开竞争

25. 甲企业在市场调查中发现，一部分消费者在购物过程中追求有新鲜感的产品多于其实际需要，因此决定推出不同产品类型以满足不同顾客的需求。这表明甲企业注意到了（　　）的影响。

A. 消费心理　　B. 一般经济条件

C. 价值观　　D. 生活方式

26. 甲公司是一家计算机服务器配件生产企业，其目标是进入主流市场，为了降低进入市场的风险和得到“所需的”进入条件，希望向部分企业学习，互补不足。为此，企业可选择的最佳战略是（　　）。

A. 市场扩展

B. 内部发展

C. 维持经营

D. 联合发展和战略联盟

27. 在新兴市场的企业战略中，关于企业本土战略的选择，说法错误的是（　　）。

A. 如果企业面临的全球化压力较小，又无可转移的优势资源，则企业将成为“抗衡者”

B. 如果全球化压力大，企业就会面临更大的挑战。如果企业优势资源只能在本土发挥作用，那么企业有可能成为“躲闪者”

C. 在向海外延伸本土优势时，企业应当注意寻找在消费者偏好、地缘关系等方面与本国市场相类似的市场，来有效地利用自己的资源

D. “抗衡者”需要找到一个定位明确又易于防守的市场

28. 对于处在成长期的企业，下列财务战略中正确的是（　　）。

A. 采用高财务杠杆的资本结构

B. 寻找风险投资者作为权益出资人

C. 采用高股利政策以树立公司形象

D. 通过公开发行股票募集资金

29. 某市自来水公司由市政府全资控股，其确定的公司使命和目标是为该市所有企事业单位和个人提供生产、生活用水服务。根据公司战略理论，下列各项战略类型中，该自来水公司可以选择的是（　　）。

A. 密集型战略

B. 稳定战略

C. 紧缩与集中战略

D. 转向战略

30. 甲企业是一家大型手机制造厂商，其产品拥有较高的品牌知名度和美誉度。由于劳动力成本的不断上升，甲企业打算在越南寻找合作伙伴，由该企业提供技术、品牌和销售，合作方负责生产。根据以上信息可以判断这种方式为（　　）。

A. 特许经营　　B. OEM

C. 合营　　D. 战略联盟

31. 甲公司是一家火力发电企业，为了稳定原料供货渠道和供货价格。2016 年 3 月收购了一家煤炭开采企业，并对其进行全面重组，注入巨额资金用于扩大该煤炭开采企业的生产能力，希望通过规模经济效应应对竞争对手的竞争。短短一年多时间，该煤炭开采企业通过低成本战略，在市场竞争中遥遥领先于其竞争对手。该煤炭开采企业实施的战略属于（　　）。

A. 业务单位战略

B. 后向一体化战略

C. 发展战略

D. 总体战略

32. 甲公司是一家大型跨国企业，在全球多个国家都有自己的分支机构。随着全球经济的发展，各国消费者的消费需求发生了很大变化。为了适应各地的需求特点，该公司决定把经营决策权下放到各分支机构，向当地提供本土化的产品，以提高企业在当地的竞争力。这种国际化经营行为属于（　　）。

A. 多国化战略　　B. 全球化战略

C. 跨国化战略　　D. 国际化战略

33. 与股权式战略联盟相比，契约式战略联盟（　　）。

A. 更具有战略联盟的本质特征

B. 更具有合作的稳定性和长期性

C. 更有利于扩大企业资金实力

D. 企业对联盟的控制力更强

34. 下列关于财务战略的说法正确的是（　　）。

A. 财务战略是主要涉及财务性质的战略，但它不属于财务管理范畴的战略

B. 财务战略主要考虑财务领域全局的、

长期发展方向问题，并以此与传统财务管理相区别

C. 重要的财务决策总是由企业最高当局者作出的，不需要经过董事会议

D. 财务管理可以分为资金筹集和资金投资两大部分

35. 某手机生产商在进入智能手机行业之初，考虑到需求的不确定性，采用互联网营销模式，先由消费者预约购买，根据所收到的购买订单，在全球范围内选取合适供应商进行零部件采购，所需零部件到货后开始排工生产，该智能手机生产商采用的产能与需求平衡方法是（　　）。

A. 资源订单式生产

B. 订单生产式生产

C. 库存生产式生产

D. 准时制生产

36. 企业在产业内具有较强的竞争优势，而该产业的成长性或吸引力逐渐下降，较为现实的选择是（　　）。

A. 相关多元化战略

B. 非相关多元化战略

C. 一体化战略

D. 暂停战略

37. 天元公司是一家生产家用电器的企业，决定采取并购战略扩大企业经营规模。但是目前经济不景气，公司董事会希望能实现投资多元化，减少行业不景气可能造成的经营风险，则该公司应该采用（　　）。

A. 横向并购　　B. 纵向并购

C. 混合并购　　D. ABC 均可

38. 当某个业务单元的投资资本报酬率小于资本成本并且可持续增长率小于销售增长率时，应当优先采用的战略是（　　）。

A. 提高财务杠杆

B. 分配剩余现金

C. 出售该业务单元

D. 降低资本成本

39. 甲公司是一家大型煤炭企业，近年来受我国节能减排、绿色发展理念的冲击，国内煤炭需求持续下跌，甲公司不得不采取收缩战略，根据上述描述，甲公司采用收缩战略的原因是（　　）。

A. 大企业战略重组的需要

B. 小企业的短期行为

C. 企业失去竞争优势

D. 外部原因

40. 甲公司是我国国有煤炭企业之一，资金实力雄厚。为拓展海外业务，收购了澳大利亚乙矿业公司，初期经营效果良好。但就在此时，甲公司收到了澳大利亚当地法院的判决，要求甲公司对先前乙公司发生的一起重大煤矿透水事故进行巨额赔偿，甲公司的海外经营由此陷入困境，并购以失败告终。根据以上信息，判断甲公司在并购中失败的原因是（　　）。

A. 决策不当

B. 并购后不能进行很好的整合

C. 支付过高的并购费用

D. 跨国并购面临政治风险

41. 与波特观点不同，克利夫·鲍曼提出的“战略钟”体系认为，企业可以在为顾客提供更高认可价值的同时，获得成本优势，即采取混合战略。下列描述中，不属于混合战略原因的是（　　）。

A. 提供高质量产品的公司会增加市场份额，进而降低产品平均成本

B. 生产高质量产品的经验累积降低成本的速度比生产低质量产品快

C. 注重提高生产效率可在高质量产品的生产过程中降低成本

D. 提高产品价格的同时，降低产品的用户认可价值

42. 下列具有不同特征的企业中，可以选择后向一体化战略的是（　　）。

A. 甲企业供应环节的利润率较高

B. 乙企业现有销售商的销售成本较高或可靠性较差

C. 丙公司销售环节的利润率较高

D. 丁公司所在产业竞争较为激烈

43. 下列关于密集型战略的说法不正确的是（　　）。

A. 如果企业拥有强大的市场地位，不适宜采用市场渗透战略

B. 实施市场开发战略的主要途径包括开辟其他区域市场和细分市场

C. 产品开发战略可以提高产品的差异化程度

D. 迪士尼在上海新建一家主题公园属于市场开发战略

44. 采用稳定战略的企业不需要改变企业的宗旨与目标，只需要集中资源用于原有的经营范围和产品，以增加其竞争优势。下列关于稳定战略的描述中错误的是（ ）。

A. 稳定战略适用于对战略期环境的预测变化不大，而企业在前期经营相当成功的企业

B. 企业可以充分利用原有生产经营领域中的各种资源，因此风险较小

C. 稳定战略不会降低企业对风险的敏感性和适应性

D. 稳定战略容易使企业减弱风险意识

45. 甲公司是国内一家领先的新媒体、通信及移动增值服务公司，由于遭受世界金融危机，甲公司经济利润严重下滑，经营面临困境，但为了稳定职工队伍，公司并未进行裁员，而是实行高层管理人员减薪措施。甲公司此举采用的收缩战略方式是（ ）。

A. 转向战略

B. 放弃战略

C. 紧缩与集中战略

D. 稳定战略

46. 中国 L 集团与香港 D 电脑公司“瞎子背瘸子”式的联盟，充分嫁接了两者的优势，L 集团的资金技术优势与香港 D 电脑公司的市场信息优势的有效结合，使它们很快拥有了开拓海外市场的能力。上述资料中体现 L 集团和 D 电脑公司战略联盟的动因是（ ）。

A. 促进技术创新　B. 避免经营风险

C. 避免或减少竞争 D. 实现资源互补

47. 甲海鲜大卖场是一座位于某商厦地下一层的大卖场。一边是海鲜摊位，一边是加工摊位。顾客可以先去选择海鲜，之后再过来加工。提供的都是新鲜的海鲜，味道不错，海鲜价格也便宜。甲海鲜大卖场定位于朋友聚会和家庭聚餐。根据以上信息可以判断甲海鲜大卖场实施的战略属于（ ）。

A. 差异化战略　　B. 成本领先战略

C. 集中化战略　　D. 多元化战略

48. 某旅行社在对旅游市场做出深入分析之后，决定把提供短途、收费较低的旅游服务作为主要业务。旅行社做出这一决定是基于对旅游市场的（ ）。

A. 行为细分　　B. 地理细分

C. 心理细分　　D. 人口细分

49. 对于一些力量还不足以与实力雄厚的大公司抗衡的中小企业来说，可以增强它们相对竞争优势的战略是（ ）。

A. 成本领先战略　B. 差异化战略

C. 集中化战略　　D. 多元化战略

50. 美国零售业 W 公司 20 世纪 80 年代初花费了 4 亿美元买卫星，“用卫星卖鸡蛋”的做法曾不为人们所理解。而正是由于 W 公司在信息技术上的投资，在传统零售业中创造了规模经济，使得 W 公司在 21 世纪连续多年稳居世界 500 强第一位。上述材料体现了克服零散的途径是（ ）。

A. 连锁经营或特许经营

B. 技术创新以创造规模经济

C. 尽早发现产业趋势

D. 增加商品附加价值提高产品差异化程度

51. 红海战略和蓝海战略的比较中，下列说法错误的是（ ）。

A. 红海战略是参与竞争，蓝海战略是规避竞争

B. 红海战略是在已经存在的市场内竞争，蓝海战略是拓展非竞争性市场空间

C. 红海战略争夺现有需求，蓝海战略创造并攫取新需求

D. 红海战略打破价值与成本互替定律，蓝海战略遵循价值与成本互替定律

52. 某企业的竞争战略为成本领先战略，那么营销部门在制定营销战略的时候，较好的选择是（ ）。

A. 无差异市场营销

B. 差异市场营销

C. 集中市场营销

D. 以上三者都不合适

53. SZ 电脑制造商原来只生产价格较低的笔记本电脑，现在开始逐渐推出一系列高价位产品。这种做法属于产品组合策略类型的（ ）。

A. 产品向下延伸　B. 产品双向延伸

C. 产品向上延伸　D. 以上都不是

54. 某演唱会票价根据座位而定，人们虽然观看的是同样的演出，但是需要根据其所在的座位类型支付不同的票价，看台座位价格偏低，内场座位价格偏高。该演唱会的差

别定价方法是（　　）。

A. 细分市场　　B. 地点

C. 产品的版本　　D. 动态定价

55. 李某经营一家餐馆，逢年过节餐馆的客流量会大量增加，由于食材在过节时价格上涨幅度非常大，李某决定，每逢过节前几个月都事先储备好大量食材，以备过节使用。根据以上信息，李某采用平衡产能与需求的方法是（　　）。

A. 资源订单式生产

B. 订单生产式生产

C. 库存生产式生产

D. 领先策略

56. 甲公司是一家电脑制造公司，甲公司将鼠标的制造授权给了乙公司和丙公司，由乙公司和丙公司负责鼠标制造，甲公司所采取策略具有的缺点是（　　）。

A. 供应商承诺较低

B. 不利于实现规模经济

C. 第一阶段供应商处于显要地位

D. 采购方容易受到供应中断的影响

57. 下列各项关于经营风险与财务风险的搭配方式的表述中，错误的是（　　）。

A. 高经营风险与高财务风险搭配通常因不符合风险投资者的期望而无法实现

B. 高经营风险与低财务风险搭配是同时符合股东和债权人期望的现实搭配

C. 低经营风险与高财务风险搭配是同时符合股东和债权人期望的现实搭配

D. 经营风险与财务风险反向搭配是制定资本结构的一项战略性原则

58. 我国A公司并购美国的IBM的PC业务，自此，位于全球PC市场排名从第九位的A公司一跃升至第三位。这次并购主要从品牌、技术、管理经验等各方面，该并购对于A公司本身有巨大的提升，A公司在国际市场上提升了国际竞争力。A公司跨国对外投资的主要动机是（　　）。

A. 寻求资源　　B. 寻求市场

C. 寻求现成资产　　D. 寻求效率

59. 当产业面临的全球化压力很小，而企业优势资源只适合于本国企业，新兴市场本土企业可以选择的战略方向是（　　）。

A. 作为“躲闪者”，通过转向新业务或缝隙市场避开竞争

B. 作为“防御者”，利用国内市场的优势防卫

C. 作为“抗衡者”，通过全球竞争发动进攻

D. 作为“扩张者”，将企业的资源转移到周边市场

二、多项选择题

1. 下列属于准时生产方法（JIT）关键要素有（　　）。

A. 消除浪费

B. 全员参与

C. 不断改进

D. 缩短生产准备时间

2. 甲公司是一家生产彩色电视的企业，为提高市场占有率，取得进一步发展，希望在其现有市场的基础上增加现有产品的市场份额，该公司可以采取的措施有（　　）。

A. 开发小众市场

B. 改进销售和分销方式

C. 改进产品或包装

D. 提供折扣或增加广告

3. 提供“物美价廉”的企业往往在市场上更具有竞争力，下列解释该现象的说法中正确的有（　　）。

A. 公司提供物美价廉的产品，会增加市场份额，进而带来规模经济，降低平均成本

B. 注重提高生产效率可以在高质量产品的生产过程中降低成本

C. 这种现象可用波特基本战略理论解释

D. 生产高质量产品的经验累积降低成本的速度比生产低质量产品快

4. 2014年初，甲公司经营陷入困境。面对困境，甲公司采取了以下措施：高管减薪，加强广告宣传，委托其他公司生产本公司的产品。这些措施所体现的收缩战略的方式有（　　）。

A. 调整营销策略

B. 削减成本

C. 资产互换

D. 分包

5. 下列具有不同特征的企业中，可以选择前向一体化战略的有（　　）。

A. 销售环节利润率较高的企业

B. 供应环节利润率较高的企业

C. 现有上游供应商供应成本较高的企业

D. 现有下游销售商销售成本较高或可靠性较差的企业

6. 甲公司是一家韩国电梯生产企业，近日该企业与我国电梯制造企业乙公司建立战略联盟，一方面利用乙公司的庞大销售渠道轻松打入中国市场；另一方面实现联合研发，根据以上信息可以判断甲公司战略联盟的动因是（　　）。

A. 促进技术创新

B. 避免或减少竞争

C. 开拓新的市场

D. 降低协调成本

7. 从企业关系看，战略联盟之间的协作关系表现为（　　）。

A. 相互往来的平等性

B. 组织形式的开放性

C. 合作关系的长期性

D. 属于一种介于企业与市场之间的中间组织

8. 甲公司是我国主营厨房用具的公司，其将产品定位于高端市场，舍弃低端市场。那么此种竞争战略可能面临的风险包括（　　）。

A. 狭小的目标市场导致的风险

B. 购买者群体之间需求差异变小

C. 竞争对手的进入与竞争

D. 竞争对手的模仿和进攻使已建立的差异缩小甚至转向

9. D公司是一家采用差异化战略生产高档奢侈品的公司，该公司采用差异化战略的风险体现在（　　）。

A. 顾客可能发现低成本的产品和差异化产品之间的价格差距太大

B. 顾客的学习会减少其对公司差异化特征的感知价值

C. 差异化的方式不能再为顾客提供价值

D. 差异化战略是建立在顾客期望的产品特征的基础上

10. 下列情况中，应该采取成本领先战略的有（　　）。

A. 市场中存在大量的价格敏感用户

B. 目标市场具有较大的需求空间或增长潜力

C. 企业所在产业技术变革较快，创新成为竞争的焦点

D. 购买者不太关注品牌

11. 减损型现金剩余的财务战略包括（　　）。

A. 提高税后经营利润率

B. 提高经营资产周转率

C. 彻底重组

D. 提高经营效率

12. 差异化战略的风险包括（　　）。

A. 顾客可能发现高成本的产品及差异化产品之间的价格差距太大

B. 顾客的学习会减少其对公司差异化特征的感知价值

C. 差异化战略是建立在顾客期望的产品特征的基础上

D. 差异化的方式不能再为顾客提供价值

13. 宝洁公司采用多品牌战略的原因有（　　）。

A. 宝洁产品多种多样，运用多品牌战略可以起到分散风险的作用

B. 可以提高市场占有率

C. 能展示企业产品的统一形象，从而可以大大节省营业推广成本

D. 有助于企业在市场高度细分情况下提高效益

14. 某笔记本电脑生产企业正在大力宣传其新推出的某系列笔记本电脑。该系列笔记本电脑不但具有多种可以选择的外壳颜色，而且具有突出的影音、游戏功能配置，其主要目的是满足追求时尚和个性化的年轻人的需要。根据上述情况可以判断，该笔记本电脑生产企业营销该系列笔记本电脑时重点考虑的市场细分依据包括（　　）。

A. 人口细分　　B. 行为细分

C. 地理细分　　D. 心理细分

15. 某企业投资资本回报率为15%，销售增长率为10%，企业资本成本为11%，可持续增长率为8%，对该企业财务战略的选择说法中正确的有（　　）。

A. 该企业属于减损价值型现金短缺

B. 该企业属于创造价值型现金短缺

C. 若暂时性高速增长，可借款筹资

D. 该企业首选战略是提高可持续增长率

16. 某玩具制造商拟实施包括实现规模经济、针对3岁以下的幼儿设计独有的“幼童

速成学习法”玩具系列等在内的战略方案，以增加其业务的竞争优势。该玩具制造商上述竞争战略属于（　　）。

A. 成本领先战略

B. 差异化战略

C. 集中差异化战略

D. 集中成本领先战略

17. 甲公司是华东地区的一家体育用品制造企业，由于华东地区体育用品销售渠道被现有的几大连锁店垄断，为能够在华东地区销售自己的产品，甲公司每年需支付高额的渠道费用，为此，甲公司决定逐步建立自己的品牌专卖店，将业务拓展至体育用品销售领域。与此同时，甲公司发现中西部地区体育用品市场尚未被充分开发，遂决定进军中西部地区，以提高销售额，扩大市场占有率。根据上述信息，甲公司采用的发展战略包括（　　）。

A. 前向一体化战略

B. 横向一体化战略

C. 市场开发战略

D. 密集型战略

18. 下列属于公司进行跨国经营的动机的有（　　）。

A. 利用潜在机会为公司产品扩大市场

B. 确保生产的低成本

C. 减少因公司扩张而遭遇到的国内政治压力

D. 确保有充足的资源

19. 美国的M公司与日本的D公司组成一个以技术交换为导向的战略联盟，在此战略联盟下，D公司获得当时日本公司一直缺乏的单晶片微处理机关键技术，对日后该公司的整体研发有很大的帮助。M公司则因此改善其制造技术，不但缓解其日本公司在此产品上的价格压力，同时也提升了晶片制造的整体技术。根据以上信息可以判断，M公司与D公司组成战略联盟的动因有（　　）。

A. 促进技术创新

B. 避免经营风险

C. 实现资源互补

D. 开拓新的市场

20. 通过协议的方式，甲远洋运输公司收购了乙房地产开发公司，其资金来源为：发行债券25%，银行贷款60%，自有资金15%，该种收购方式属于（　　）。

A. 杠杆收购　　B. 混合收购

C. 友善并购　　D. 敌意并购

21. 在价值创造/增长率矩阵中，处于不同象限的业务单位（或企业）应当选择不同的财务战略，下列说法正确的有（　　）。

A. 如果属于增值型现金短缺，并且高速增长是暂时的，企业应通过借款筹集所需资金

B. 如果属于增值型现金剩余，则首选的战略是利用剩余现金加速增长

C. 如果属于减损型现金剩余，则首选的战略是提高投资资本回报率

D. 如果属于减损型现金短缺，则应该通过扩大销售解决问题

22. 甲企业是一家国际化妆品企业，旗下拥有多个知名品牌。2007年金融危机发生以后，公司经营状况每况愈下。该企业决定关闭多家工厂，裁减一部分员工，并将旗下一些著名品牌出售。该企业采取的策略包括（　　）。

A. 维持利润战略

B. 扭转战略

C. 剥离战略

D. 清算战略

23. 以下（　　）属于成本领先战略在对抗竞争力方面的优势。

A. 某钢铁生产企业依靠规模经济增加了新进入者的进入壁垒

B. 消费者对某品牌食品油的认可度高而造成新进入者难以进入该行业

C. 某工厂由于改进技术降低了产品的固定成本，面对原料供应商的提价有一定的弹性空间

D. 某名牌产品的高利润可以弥补供应商提价而产生的利润损失

24. 乙公司是一家比较保守的公司，该公司的管理层认为利用债务筹资的风险非常大，因此一直都是利用内部融资或股权融资。但乙公司的财务人员认为适当的债务融资也是有必要的，他的理由包括（　　）。

A. 能够利用财务杠杆带来的好处

B. 利息有抵税的作用

C. 债权人的约束可以使企业避免投资风险过高的项目

D. 债务融资的方式比较隐蔽

25. 下列情形中，适宜采用横向一体化战略的有（　　）。

A. 企业所在产业增长潜力较大

B. 企业所在产业规模经济较为显著

C. 企业产品价格稳定对企业而言十分关键

D. 企业所在产业竞争较为激烈

26. 海尔集团在冰箱领域巩固市场之后，开始实行“从白色家电进入黑色家电领域”的发展战略，经过几年的发展，如今的海尔已经从家电业进入 IT 业、房地产业等领域，海尔的发展战略经历了的阶段包括（　　）。

A. 横向一体化　　B. 相关多元化

C. 非相关多元化　D. 纵向一体化

27. 下列选项中，属于企业总体战略决策的有（　　）。

A. 甲牙膏生产企业通过扩大牙膏管口直径的方式来增加消费者使用牙膏的频率

B. 乙汽车制造公司由于存在内部管理问题导致公司发展不景气，于是决定将公司的大部分业务卖给本公司的管理层，从而使母公司在短期内保留股权

C. 丙自行车生产企业针对高收入人群专门开发生产出了一种性能优良的折叠式自行车

D. 丁通信公司斥资 500 亿元人民币收购了国内位列第五的通信公司，并成为本国第三大通信公司

28. 某家电销售公司准备并购一家空调生产厂家，在制订并购案时，公司管理层提出进行并购的风险很大，需要提前做好准备，分析可能导致并购失败的原因，防患于未然。下列各项中，可能导致并购失败的有（　　）。

A. 并购后不能很好地进行企业整合

B. 没有获取规模经济

C. 决策不当

D. 支付过高的并购费用

29. 下列各项关于经营风险与财务风险的搭配方式的表述中，正确的有（　　）。

A. 高经营风险与高财务风险搭配通常因不符合风险投资者的期望而无法实现

B. 高经营风险与低财务风险搭配是同时符合股东和债权人期望的现实搭配

C. 低经营风险与高财务风险搭配是同时符合股东和债权人期望的现实搭配

D. 经营风险与财务风险反向搭配是制定资本结构的一项战略性原则

30. 下列选项中，关于股权式战略联盟和契约式战略联盟描述正确的有（　　）。

A. 契约式战略联盟具有较好的灵活性，股权式战略联盟则灵活性较差

B. 股权式战略联盟更具有战略联盟的本质特征

C. 契约式战略联盟在经营的灵活性、自主权和经济效益等方面比股权式战略联盟具有更大的优越性

D. 股权式战略联盟有利于扩大企业的资金实力，增强双方的信任感和责任感

31. 甲电脑厂商主要有两项业务，一是配置一般、价格便宜的“学生本”，二是行业内顶尖配置、外观设计个性化的笔记本。这两项业务对应的战略分别为（　　）。

A. 低价战略　　B. 低价低值战略

C. 高价高值战略　D. 高值战略

32. 如果从三种基本竞争战略的角度出发，零散产业的战略选择包括（　　）。

A. 克服零散——获得成本优势

B. 塑造产业结构

C. 增加附加价值——提高产品差异化程度

D. 专门化——目标集聚

33. 下列关于企业财务战略矩阵分析的表述中，正确的有（　　）。

A. 对增值型现金短缺业务单位，应首先选择提高可持续增长率

B. 对增值型现金剩余业务单位，应首先选择提高投资资本回报率

C. 对减损型现金剩余业务单位，应首先选择提高投资资本回报率

D. 对减损型现金短缺业务单位，应首先选择提高可持续增长率

34. 下列关于红海战略与蓝海战略的比较中，说法正确的有（　　）。

A. 红海战略是拓展非竞争性市场空间，蓝海战略是在已经存在的市场内竞争

B. 红海战略是参与竞争，蓝海战略是规避竞争

C. 红海战略是创造并攫取新需求，蓝海战略是争夺现有需求

D. 红海战略遵循价值与成本互替定律，蓝海战略打破了价值与成本互替定律

35. 下列选项中，开创蓝海战略采用重设客户的功能性或情感性诉求的有（　　）。

A. 日本 K 理发店将长达 1 小时的按摩、享用咖啡、皮肤护理理发仪式改为 10 分钟的理发

B. Q 日用品公司，提出婴儿护肤品成人也适用的宣传

C. A 水泥公司通过互助系统，推出将水泥作为人们梦想的礼物，建造充满爱的房子

D. N 客车工业公司使用玻璃纤维作为汽车材料，弥补了汽车零配件更换成本高的劣势，并且新材料汽车更加节能环保

36. 乙公司为了提高销量，激发消费者的购买欲望，遂在某台黄金时段投放广告，同时在各大商场安排销售人员进行推销。根据以上描述，该公司采用的促销组合有（　　）。

A. 营业推广　　B. 广告促销

C. 人员推销　　D. 公关宣传

37. 下列选项中，说法正确的有（　　）。

①参观旅游景点的时候，学生、军人和老人均可享受打折优惠

②在周杰伦演唱会上，看台的票价较低属于产品差别定价法中的基于地点定价

③冬天卖电扇，夏天卖电暖气，均可以打折出售

④新推出的手机在上市之初确定一个较高的价格，并随着生产能力的提高价格逐渐降低

A. 上述四项策略均涉及产品差别定价法

B. ①是基于细分市场定价，④是动态定价

C. ②是基于地点差别定价，③是基于时间差别定价

D. ③是基于时间差别定价，④是撇脂定价法

38. 下列选项中，属于产能计划类型的有（　　）。

A. 领先策略　　B. 适中策略

C. 滞后策略　　D. 匹配策略

39. 下列选项中，关于成熟期企业的财务战略说法正确的有（　　）。

A. 财务风险高　　B. 股价增长并波动

C. 股利分配率高　　D. 市盈率中等

40. 甲企业利用财务战略矩阵作为评价和制定战略的分析工具，甲企业相关财务数据如下：销售增长率为 10%，可持续增长率为 11%，投资资本回报率为 4%，资本成本为 3%。甲企业应选择的财务战略为（　　）。

A. 内部投资　　B. 增加借款

C. 出售　　D. 回购股份

41. 一家企业欲采用对外直接投资的方式来实施其国际化战略，则其至少应拥有的优势有（　　）。

A. 所有权优势　　B. 内部化优势

C. 区位优势　　D. 垄断优势

42. 弗农划分的产品生命周期阶段有（　　）。

A. 创新阶段　　B. 成熟阶段

C. 标准化阶段　　D. 成长阶段

43. 下列选项中，属于资产利用战略的有（　　）。

A. 寻求市场　　B. 寻求效率

C. 寻求资源　　D. 寻求现成资产

44. 企业国际化经营选择出口方式要研究的问题有（　　）。

A. 目标市场选择

B. 选择进入战略

C. 选择分销渠道与出口营销

D. 出口市场上的定价

45. 下列选项中，属于全资子公司所具备的缺陷有（　　）。

A. 这种方式可能需要耗费大量资金，公司必须在内部集资或在金融市场上融资以获得资金

B. 全资子公司的协调成本可能过大

C. 由于成立全资子公司需要占用公司的大量资源，所以公司面临的风险可能会很高

D. 全资子公司规避政治风险的能力也明显小于合资经营企业

三、简答题

1. 随着生活节奏的加快，生活在都市的人们越来越希望能有一方净土，在空闲的时光摆脱繁忙的工作，通过劳动来净化自己的心灵，回归到最简单的家庭亲情的生活方式中。此外，消费者对有机农产品的需求与日俱增，而一些企业的不规范行为导致消费者对市场销售的有机农产品的真实性产生怀疑。

一种新型的社区支持型农业顺应这些需求而产生，其中以小马驹市民农园最为知名。小马驹市民农园成立于2008年，农园将农业、休闲业、教育产业融为一体，以会员制的模式运作。会员分为两种类型——配送份额会员和劳动份额会员。

对于配送份额会员，农园提供配送服务，包括宅配和取菜点两种方式。宅配即配送到家，配送频率为每周一次或两次；小马驹农园在市区设立了三个取菜点，会员可以自行选择时间和取菜点。这些配送为消费者提供了便利，使他们享受到被关爱的体验。

劳动份额会员可以在空闲时间到农场耕种自己的园地。有儿童的家庭特别青睐这种亲近自然、家庭团聚、寓教于乐的模式。小马驹农园策划了很多节事活动，包括开锄节、立夏节、端午节、立秋节、中秋节、丰收节等，在这些节事活动中，对小朋友进行传统农耕和文化教育，农园还开展了一些活动激发小朋友的兴趣，包括认识植物、喂养动物、挖红薯、拔萝卜、荡秋千、玩沙子、滚铁环、拔河、在野地里撒欢等，这些活动是孩子们在城市中不可能见到的。在农园一角设立了一个大食堂，会员在劳动过程中，可以到食堂用餐。农园要求会员用餐后自己洗碗，洗碗用的不是洗涤灵，而是麦麸，更增添了农园天然质朴环保的色彩。

小马驹市民农园去掉了中间商，新鲜的有机农产品可以直接被会员们购买，在传统农产品的激烈竞争中，确保了稳定的市场和农民可靠的收入来源。同时，由于降低了农产品物流和包装成本，会员们能够亲历有机农产品的生产过程，也满足了会员们能够放心地享用物美价廉有机农产品的消费需求。

要求：

(1) 依据红海战略和蓝海战略的关键性差异，简要分析小马驹农园怎样体现蓝海战略的特征；

(2) 依据蓝海战略重建市场边界的基本法则（开创蓝海战略的途径），简要分析小马驹农园如何在竞争激烈的农产品生产领域，开创新的生存与发展空间。

2. 原本是地方特产的辣椒调味制品“乡中情”辣酱，如今成了全国和世界众多消费者佐餐和烹饪的佳品。乡中情公司在国内65个大中城市建立了省级、市级代理机构。2001年，乡中情公司产品已出口欧洲、北美、澳洲、亚洲、非洲多个国家和地区。一个曾经的“街边摊”，发展成为一个上缴利税上亿元的国家级重点龙头企业。

“乡中情”辣酱热销多年，无一家其他同类产品能与其抗衡，关键原因就在于其高度稳定的产品品质和低廉的价格。

“乡中情”辣酱恰到好处地平衡了辣、香、咸口味，让大多数消费者所接受。“乡中情”辣酱制作从不偷工减料，用料、配料和工艺流程严谨规范，保持产品风味，虏获消费者的舌尖。乡中情公司对辣椒原料供应户要求十分严格，提供的辣椒全部要剪蒂，保证分装没有杂质。只要辣椒供应户出现一次质量差错，乡中情公司就坚决终止合作关系。为了确保原料品质与低成本的充足供应，乡中情公司在Z地区建立了无公害辣椒基地和绿色产品原材料基地，搭建了一条“企业+基地+农户”的农业产业链，90%以上的原料来源于这一基地。

中低端消费人群是“乡中情”辣酱的目标客户，与此相应的就是低价策略。“乡中情”产品相继开发的十几种品类中，主打产品风味豆豉和鸡油辣椒，210g规格的锁定在8元左右；280g规格占据9元左右的价位。其他几种品类产品根据规格不同，大多也集中在7~10元的主流消费区间。“乡中情”产品价格一直非常稳定，涨幅微乎其微。

多年来，“乡中情”产品从未更换包装和瓶贴。乡中情公司的理念是，包装便宜，就意味着消费者花钱买到的实惠更多，而节省下来的都是真材实料的辣酱。事实上，“乡中情”产品土气的包装和瓶贴，已固化为最深入消费者内心的品牌符号。

乡中情公司不做广告，不搞营销活动。公司产品推广有两条绝招：一是靠过硬的产品让消费者口口相传；二是靠广泛深入的铺货形成高度的品牌曝光，直接促成即时的现实销售。乡中情公司的经销商策略极为强势：(1) 先打款后发货，现货现款；(2) 以火车皮为单位，量小不发货；(3) 没有优惠政策支持，而且利润很低，一瓶甚至只有几毛钱；(4) 大区域布局，一年一次经销商会。乡中情公司如此强势的底气来自产品，将产品做成了硬通货，经销商只要能拿到货，就不愁卖出，流通速度快、风险小，是利润的可靠保障。

多年来，乡中情公司专注辣椒调味制品，着力打造“乡中情”品牌，坚持不上市、不贷款、不冒进、不投资控股其他企业，规避了民营企业创业后急于扩张可能面对的各种风险，走出了一条传统产业中家族企业稳健发展的独特之路。

要求：

（1）简要分析乡中情公司发展战略的类型及其适用条件；

（2）简要分析乡中情公司的营销组合策略。

3. 2003 年，“电池大王”环亚公司收购了一家汽车制造公司，成立了环亚汽车公司。环亚汽车公司将其电池生产技术优势与汽车制造技术相结合，迅速成为国内新能源汽车领域的龙头企业。

新能源汽车生产的关键在于掌握三大核心零部件电机、电控与电池的生产制造技术以及具有完备的整车组装能力。环亚汽车公司下大力气增强企业这些关键性活动的竞争优势。

环亚汽车公司在包括电机、电控与电池生产领域投入的研发费用占销售收入比重达 4.13%，远高于国内同类汽车生产企业的研发投入占比，与国际知名汽车品牌企业相当。环亚汽车公司自主研发的磷酸铁锂电池（锂电池的一种）及管理系统安全性能好、使用寿命长；环亚汽车公司的锂电池专利数量名列国内第一。环亚汽车公司自主研发的永磁同步电机功率大、扭矩大，足够满足双模电动汽车（拥有燃油驱动与电能驱动两种动力系统，驱动力可以由电动机单独供给，也可以由发动机与电动机耦合供给，与混合动力汽车并无差别）与纯电动车的动力需求。环亚汽车公司自主研发的动力系统匹配技术能够保证动力电池、驱动电机及整车系统的匹配，保证整车运行效率。此外，2008 年环亚汽车公司以近 2 亿元的价格收购了半导体制造企业中达公司，此次收购使环亚汽车公司拥有了电动汽车驱动电机的研发能力和生产能力。2011 年环亚汽车公司与国际知名老牌汽车制造企业 D 公司成立合资企业，借助 D 公司掌握的汽车结构以及安全领域的专有技术，增强公司在汽车整车组装方面的研发能力和生产能力。

为了进一步扩大新能源汽车生产制造规模，环亚汽车公司又将在新能源轿车制造的优势延展至新能源客车制造。2009 年环亚汽车公司以 6 000 万元的价格收购国内美泽客车公司，获得客车生产许可证；2014 年环亚汽车公司又与国内广贸汽车集团分别按 51% 和 49% 的持股比例合资设立新能源客车公司，注册资本 3 亿元人民币。

近年来，环亚汽车公司开启了向产业上下游延展的战略新举措。2015 年环亚汽车公司收购专门从事盐湖资源综合利用产品的开发、加工与销售的东州公司，这一收购整合了环亚汽车公司汽车零部件的生产。2016 年环亚汽车公司以 49% 的持股比例，与青山盐湖工业公司及深域投资公司共同建立合资企业，注册资本 5 亿元人民币。此次合作实现了环亚汽车公司的动力锂电池优势与盐湖锂资源优势相结合。2015 年环亚汽车公司与广安银行分别以 80% 和 20% 的持股比例合资成立环亚汽车金融公司，注册资本 5 亿元人民币。这是环亚汽车公司向汽车服务市场延伸的一个重大事件。

到目前为止，环亚汽车公司是全球少有的同时掌握新能源电池、电机、电控及充电配套、整车制造等核心技术以及拥有成熟市场推广经验的企业之一。环亚新能源汽车的足迹已遍布全球六大洲 50 个国家和地区。

要求：

（1）简要分析环亚汽车公司在分析自身的资源和能力从而构筑其竞争优势的过程中，是如何体现价值链分析方法的；

（2）简要分析环亚汽车公司实施发展战略所采用的主要途径。

4. 智勤公司成立于 2010 年，是一家研究开发智能手机的企业。智勤公司从创立之初就做了大量的市场调研，发现智能手机市场上国内中低端品牌与国际高端品牌的技术差距正逐步缩小，消费者更多地关注产品价格，价格竞争开始成为市场竞争的主要手段。在此基础上，智勤公司对消费者的年龄进行了细分，将目标市场消费者的年龄定位在 25 ~ 35 岁之间。这个阶段的年轻人相对经济独立，普遍处于事业的发展期，并且个性张扬，勇于尝试，对于新鲜事物的接受程度比其他年龄段的人更高。

为了适应目标顾客对价格敏感的特点，智勤手机以其“高性价比”走入大众视线。为了降低智勤手机的成本和价格，智勤公司采取了以下措施：

（1）开创了官网直销预订购买的发售方式，减少了昂贵的渠道成本，使智勤手机生产出来之后，不必通过中间商就可以到达消费者手中。

（2）在营销推广方面，智勤公司没有使用传统的广告营销手段，而是根据消费者的不同类型，分别在智勤官网、QQ空间、智勤论坛、微信平台等渠道进行智勤手机的出售和智勤品牌的推广，在很大程度上采用粉丝营销、口碑营销的方式，有效降低了推广费用。

（3）采用低价预订式抢购模式。这种先预订再生产的方式使智勤公司的库存基本为零，大大减少了生产运营成本。

（4）智勤手机定价只有国际高端品牌的1/3，而其硬件成本要占到其定价的2/3以上。为了既保证高性价比又不降低手机的产品质量，智勤公司为手机瘦身，把不需要的硬件去掉，把不需要的功能替换掉，简化框架结构设计，使用低成本的注塑材质工艺等。

（5）将手机硬件的研发和制造外包给其他公司，提高了生产率，大大减少了智勤成立之初的资金压力。

（6）实现规模经济。2011～2015年智勤手机的销售量突飞猛进地增长，进而为智勤手机通过规模经济降低成本和价格奠定了基础。

要求：

（1）从市场情况和资源能力两个方面，简要分析智勤手机实施成本领先战略的条件；

（2）从确定目标市场和设计营销组合两个方面，简要分析智勤手机的营销策略。

5. 1992年，以家电研发、生产和销售为主业的信达公司确立了“技术立企”的发展战略。公司董事长程静强调：“那些只引进不研发、落伍了再引进的企业，没有追求，必死无疑”。信达公司拒绝参与彩电行业价格战，每年将销售收入的5%投入研发。公司实行奖金与开发成果挂钩的制度，将技术开发人员工资涨到一线工人的3倍。几十年来，在信达公司彩电业务的发展过程中，经历了四个关键的转折点。

（1）2005年研发成功“中国芯”，中国首块拥有自主知识产权并产业化的数字视频处理芯片在信达公司诞生，彻底打破了国外芯片的垄断地位。2013年国内首款网络多媒体电视SOC主芯片研制成功并实现量产。2015年发布VP画质引擎芯片，使信达公司正式比肩国际行业巨头，成为中国拥有自主高端画质芯片的企业。（2）建成中国电视行业第一条液晶模组线，彻底扭转中国液晶模组几乎全部依赖外国企业的状况，率先完成平板电视上有产业链的突破。（3）UL电视与激光电视并行。其中，“L显示技术”是信达公司十年来对电视行业上游垄断发起的第3次突围战。凭借历时7年研发的激光电视提前锁定主动权，在全球大屏幕电视市场赢得了一席之地。（4）转型布局智能电视。2017年，信达公司推出的5智能系统由简单的单项人机交互向更简洁的触控交互、智能交互发展，主动感知用户需求，实现智能化推荐。信达公司以强大的研发实力为后盾，以优秀的销售团队为支撑，产品销售额与营销收入实现稳步增长。根据有关部门提供的信息，2018年，信达公司电视机的营业收入位居全球品牌第三位，国内品牌第一位。

要求：

（1）简要分析信达公司所实施的竞争战略类型，并从资源和能力角度分析信达公司实行这一竞争战略的条件。

（2）简要分析信达公司的研发定位。

6. C国北方机床集团于1993年组建，主导产品是两大类金属切削机床。销售市场覆盖全国30多个省、市、自治区，并出口M国、G国等80多个国家和地区。

G国S公司是一个具有140多年历史的世界知名机床制造商，其重大型机床加工制造技术始终处于世界最高水平。但S公司内部管理存在诸多问题，其过高的技术研发成本造成资金链断裂。2004年年初，S公司宣布破产。

2004年10月，北方机床集团收购了S公司全部有形资产和无形资产，北方机床集团在对S公司进行整合中颇费思量，首先，采取“以诚信取信于G国员工”的基本策略，承诺不解雇一个S公司员工，S公司的总经理继续留任；其次，北方机床集团与S公司总经理多次沟通，谋求双方扬长避短、优势互补，使“混合文化形态”成为S公司未来的个性化优势，以避免跨国并购可能出现的文化整合风险；最后，在运营整合方面，仍由S公司主要负责开发、设计及制造重要机械和零部件，组装则在C国完成，力求实现S公司雄厚的技术开发能力和C国劳动力成本优势的最佳组合。

整合后第二年，S公司实现2 000多万欧元的销售收入，生产经营状况已恢复到S公司历史最高水平。

然而，2008～2009年，受世界金融危机的影响，加上S公司内部原有的管理问题尚未彻底解决，公司陷入亏损的困境。北方机床集团不得不开始更换S公司的管理团队，逐渐增强北方机床集团在S公司的主导地位。2010年，S公司经营情况有所好转，实现3 500万欧元的销售收入，但仍处于亏损状态。

2012年，由于受到国内下游需求方——汽车、铁路等固定资产投资放缓的影响，北方机床集团销售收入同比上年下降8%。尽管如此，北方机床集团仍然表示将继续投资S公司项目，因为S公司承载着北方机床集团孜孜以求的核心技术和迈入国际高端市场的梦想，而且由于并购后在技术整合上存在缺陷，北方机床集团尚未掌握S公司的全部核心技术。集团计划到2015年对S公司投入近1亿欧元，同时招聘新的研发人员。

要求：

（1）依据联合国贸易和发展会议（UNCTAD）2006年《世界投资报告》提出的影响发展中国家跨国公司对外投资决策的四大动机，简要分析北方机床集团跨国并购G国S公司的主要动机；

（2）简要分析北方机床集团并购G国S公司所面对的主要风险。

7. 日升公司于1995年成立，1996年在国内设立生产基地，建设了五个制造厂房。日升公司最初主要从事OEM代工业务，为M国的客户FC公司贴牌生产家具配套及小巧家具组件。之后，公司业务扩展至餐厅及卧房家具，成为国内首家生产卧房家具的企业。1998年，日升公司单月出货量从100个货柜大幅提升至300个货柜，制造能力远远超过昔日家具业的龙头老大。

1999年以前，日升公司的家具几乎全部外销，只做OEM代工业务而没有自己的品牌。公司在低附加值的经营中认识到打造自身品牌的重要性。1999年3月，日升公司在M国组建公司并创立公司品牌“LC”，主要从事中低端家具的生产和销售。然而，日升公司在M国自创品牌的成效并不显著。于是，公司先后实施四次跨国并购，获取了欧美知名企业的品牌、渠道、研发设计及制造能力等战略性资产，实现了从OEM向原始设计制造商OBM的升级。

2001年，日升公司斥资完成对原委托方FC公司的收购，直接进入M国中高档家具市场。

2005年日升公司成功上市。上市后，公司市值从2004年的1.37亿美元跃升至2005年的3.69亿美元，增长2.69倍。

在强大的资金和产能支持下，日升公司于2006～2008年又先后收购国际三大品牌家具制造商。四次跨国收购使日升公司的产品组合由单一的中低端木制家具拓展为包含中低端、高端、顶级木制家具，以及沙发、酒店家具的组合；销售市场由M国扩展到欧洲。2000年和2008年，在国内设立研发中心的基础上，日升公司又分别在M国和欧洲设立了研发中心。

2007年以来，全球经济环境发生了很大变化。出于对国内市场潜力的判断，日升公司适时调整经营策略，决定在巩固海外市场的同时，进军国内市场。多年的国际化经历使日升公司在生产、设计、销售方面储备、积累了大量人才和经验。2008年日升公司在国内展会上全面亮相，展出专门针对国内市场开发的三大品牌——“日升家居”“日升家园”“日升屋”。2009年9月在国内建成了日升国际风尚馆。

日升公司在原有多个知名品牌的基础上，运用特许经营品牌、针对细分客户设立新品牌等策略，进一步巩固日升公司的OBM业务。2010年，开展酒店家具业务，并在J国和N国设立生产基地。2009年、2012年，先后推出特许品牌“PDH”和“PDK”；2011年，推出青年家具品牌“SM”；2012年，M国日升推出特许品牌“阳”；2013年，推出特许品牌“B”；2014年，推出婴儿家具品牌“SB”。日升公司的OBM业务约占总业务的90%。目前，日升公司在国内18个城市23家门店销售产品。国际市场仍然是日升公司的主要市场。

要求：

（1）简要分析日升公司“从OEM向OBM升级”所采用的发展途径。

（2）简要分析日升公司“从OEM向OBM升级”所显示的企业能力。

8. 在C国，卫浴产品属于兼具功能性和时尚性的产品。其功能性和外观时尚性的不同导致了不同企业之间的差异。

T公司、K公司都为知名的国际品牌企业。设计研发水平高，在品牌塑造上投入较大，具有很强的品牌影响力，其提供的产品和服务的特征是追求顾客的高端体验，满足了顾客对于功能性与外观时尚性完美结合的要求，在行业中处于标杆地位。

英鸟、达成、维亚、恩典、雄高是C国国内老品牌，通过模仿国际品牌高端产品，其外观和功能都达到一定水准。生产这些产品的企业注重节约设计和研发成本，通过价格优势和广告攻势，不断扩大市场份额，实现了规模经济效益。还有一批以各大产区的杂牌为代表的企业，其产品的功能和外观较为低端、简陋。但由于产品简单，生产线投资成本小，产品价格低廉，适合不发达地区一部分用户的需求。

近年来，伴随人工成本、原料成本的不断攀升，以及恶性竞争带来的大量广告支出，英鸟、达成、维亚、恩典、雄高等产品生产企业的利润率逐年下降，企业亟待寻求新的出路。由于T公司、K公司等国际品牌的产品研发成本很高，固定资产投入大，退出壁垒高，追赶这些企业难度较大。有专家建议，国内这些老品牌企业可以从增强售后服务功能寻找出路，因为目前C国国内各类品牌卫浴产品的生产企业都未对安装、更换、维修等售后服务投入应有的精力，而消费者对这类服务的需求很高。

要求：

（1）运用“功能性”“外观时尚性”两个战略特征，各分为“高”“中”“低”三个档次，将案例中所提及的C国卫浴产品企业进行战略群组划分；

（2）简要分析案例中所提及的C国各类卫浴产品生产企业竞争战略的定位；

（3）根据战略群组分析的作用，分析专家建议国内这些老品牌企业可以从增强售后服务功能寻找出路的依据。

四、综合题

1. 丽岛实业是香港一家餐饮企业集团，已经在香港经营餐饮业30余年。丽岛实业在香港开设了20多家“丽岛大酒楼”“丽岛皇宫”等命名的传统粤菜酒楼。丽岛实业的酒楼面向中、高档消费者，虽然菜式价格高于一般粤菜酒楼，但其菜式以高质量取胜，生意门庭若市，已经形成了一批忠实的老客户。“丽岛”品牌酒楼已经成为香港传统粤菜的著名品牌，占有较高的市场份额。

除了粤菜酒楼外，丽岛实业还在香港各地区开设了100余家“丽岛”品牌的快餐点。虽然是快餐生意，但其经营模式仍以高质量为主，因此“丽岛”品牌的快餐店在中式快餐行业取得了领导地位。在香港餐饮界，“丽岛”就是品质的标志。

丽岛实业的大股东蔡大福已临近退休年龄，其女儿蔡家伦在取得工商管理硕士学位后已经在丽岛实业工作了一段时间，蔡大福随后任命蔡家伦为丽岛实业的总经理。蔡家伦接任后，首先分析了丽岛实业餐饮业务现状及市场情况。

按照蔡家伦的分析，香港目前的年轻人以及中年的中产阶层更崇尚新鲜事物，在餐饮方面不再喜欢传统菜。蔡家伦还发现，丽岛实业各酒楼的主要收入来源为各类喜庆筵席，但近几年来很多年轻人婚宴均在场面较为宏大的五星级饭店举行，丽岛实业酒楼目前的主要顾客群为中、老年的忠实熟客，顾客群已经开始出现缓慢的萎缩趋势。同时，一些竞争对手模仿丽岛实业的高质量、高档次经营模式，对丽岛实业的酒楼形成了较大竞争压力，同时对其菜式价格也产生了一定的压力。一些较弱的传统粤菜竞争对手则选择了放弃，退出了传统粤菜市场。

根据蔡家伦的调查，中式快餐的顾客群主要为午饭时段的各类顾客，以及习惯在外用晚餐的单身人士，用餐人数较为稳定。虽然丽岛实业的快餐店在质量方面领先竞争者，但其几家主要竞争对手已经开始采用提高质量并降低价格的方式招揽顾客，对丽岛实业的快餐店形成了较大竞争压力。同时由于各类快餐店的产品差异很小，新的快餐店不断出现，因此快餐店竞争日趋激烈。

蔡家伦将其在硕士课程中学到的生命周期理论与波士顿矩阵，分析丽岛实业的业务形势。

经过分析后，蔡家伦认为，为保持并提高盈利能力，丽岛实业必须改变企业战略和经营方式。蔡家伦将其父亲一直采用的稳定战略变革为发展战略，并采取了一系列的变革措施。

丽岛实业与某银行结成战略联盟，凡使用该银行发行信用卡在丽岛实业的粤菜酒楼结账均可获得九折优惠。另外，对消费满3 000元的顾客派发礼券，可于下次用餐时免费获得一碗鱼翅。同时，各酒楼在不同月份推出广东不同地区的传统粤菜专题系列。例如，1月份为顺德菜，2月份为潮州菜，3月份为肇庆菜等。各酒楼还按季节和传统节日推出丽岛品牌的粽子、月饼、年糕等，并销售各种调料，供顾客购买回家食用等。

除此之外，丽岛实业的酒楼营业区域从中环商业区及富裕住宅区扩大到各大型中产阶层住宅区。为了避免破坏丽岛实业一贯的高档形象，所有在中产阶层住宅区新开设的粤菜酒楼均不使用“丽岛”名称，而是各自使用不同的名称，如彩云楼、九月花、金月居等。

蔡家伦同时意识到，年轻人喜欢尝新。为了进一步扩大市场，蔡家伦招聘了一批有相关经验的员工，以不同名称开设了京菜、川菜、上海菜等不同地方风格的酒楼，而且还将菜系拓展到日本菜、韩国菜、越南菜等外国特色餐饮。

在快餐店方面，蔡家伦在最高档次的商业和办公大楼内开设多家新的高档快餐店，店名不使用“丽岛”，而是改用“朝九晚五”。与丽岛品牌快餐店及其竞争对手的档次不同，这些“朝九晚五”快餐店装修高尚豪华，主要面向高薪白领阶层，销售高质量快餐菜式和健康食品，因此价格偏高。为吸引原顾客群以外的家庭主妇及学生顾客，现有的丽岛品牌快餐店还在非繁忙时段推出了各类优惠套餐。

由于酒楼和快餐店数量的快速增加，丽岛实业在数量和品种上对食品原料的需求都大幅增加。为了确保稳定的食品原料供应，削弱竞争对手的食品原料供应，蔡家伦收购了丽岛实业的两家主要食品原料供应商。

蔡家伦上任总经理后不久就推出了上述一系列的战略变革措施，引起了不少在丽岛实业追随蔡大福多年的创业元老们的不满。他们联合起来，一同向蔡大福表达了对蔡家伦的作风及其新战略的不满和疑虑，包括：一是丽岛实业进入很多新的、不同的地方菜系领域，可能导致丽岛实业一贯注重的食品质量无法得到有效保证；二是开设大量新的酒楼、餐馆和快餐店，对丽岛实业的资金链产生巨大的压力，蔡家伦这些激进的做法，可能导致丽岛实业因资金短缺出现倒闭危机。当蔡大福与蔡家伦讨论这些创业元老们的不满和疑虑时，蔡家伦认为这些创业元老们跟不上潮流，只是为了个人私利而投拆，而且，蔡家伦认为改革已经取得了初步成果，新业务均已经为丽岛实业带来了较为丰厚的利润。

蔡家伦因此希望蔡大福和她一样，不要理会这些创业元老们的不满和疑虑，并希望蔡大福支持她进行更深层次的改革。

要求：

（1）列示产品生命周期四个阶段的名称、特征以及在各个阶段企业所应遵循的战略目标。结合丽岛实业的实际情况，分析丽岛实业粤菜酒楼和快餐店各自所处的生命周期阶段；

（2）列示波士顿矩阵四种产品的名称；

（3）简述稳定战略的内涵，并简要分析蔡大福采用稳定战略的原因；

（4）简述发展战略的内涵及其具体分类，并结合蔡家伦战略变革的具体措施，分析每项具体变革措施所属的发展战略的具体类型；

（5）分析蔡家伦的战略变革遭到丽岛实业创业元老们反对的主要原因，并指出在战略变革开始时蔡家伦应采取何种方式推行变革才能降低或消除变革的阻力。

2. YN 白药历经百年历史，始终坚守国药立业之本，不懈追求自立自强。1999 年，YN 白药开始尝试应用到其他相关领域。

经过五六年的精心研发，YN 白药将其有效成分添加到个人医用护理产品中，YN 白药气雾剂上市后受到了广大消费者的喜爱。同时，YN 白药拒绝与创可贴的强大劲敌发达国家 Q 公司合资，而是独立研发具有本土优势的 YN 白药创可贴，最终打破 Q 公司创可贴产品主导中国市场的局面。

截至 2008 年底，YN 白药已占据中国小创伤护理品市场中一半份额，从 2001 年的 3 000 万元销售额飙升至约 3 亿元。

创可贴的成功预示了个人护理市场存在的巨大潜力，也拓宽了对新市场的想象空间。2004 年 YN 白药开始尝试进军日化市场。

然而，此时的中国日化市场，本土企业正面临着强大的外资企业的残酷挤压。国际巨头们运用其规模经济、资金、品牌、技术、渠道和服务等竞争优势，在中国日化行业高端市场占据了大片市场，树立起绝对的优势地位。

而本土的日化企业由于普遍存在产品特色不突出、品牌记忆度弱的问题，加上自身实力的不足，多是在区域市场的中低端档次生存。好在中国的人口基数大，消费者需求层次差异较大，集中于中低端市场的一些本土企业得以生存下来。但是，随着互联网数字化的程度的不断提升和物流等硬件设施的不断完善，市场细分的条件被进一步弱化，同时，20 世纪 90 年代进军中国占领着高端市场的国际巨头们也开始将目光投向市场份额更大的中低端层次，本土企业生存发展受到多方面的严峻挑战。

YN 白药进入日化行业先从牙膏市场开始。YN 白药没有重蹈本土企业的中低端路线，而是反其道而行之。通过市场调研，YN 白药了解到广大消费者对口腔健康的日益重视，对于用牙膏来解决口腔健康问题有着巨大的潜在需求。而当时市场上的牙膏产品大多专注于美白、防蛀等基础功能，解决口腔健康问题的牙膏还是市场的“空白点”。于是，YN 白药创出了一个独特的新品种——药物牙膏，综合解决消费者口腔健康问题，并以此树立起自身的“三高”形象：高价值、高价格、高端形象。之后，YN 白药又逐渐将目标人群从口腔问题人群扩展到白领、特殊人群（心脏病、高血压、糖尿病等患者）与吸烟者等。

但是，YN 白药要想成功进入日化产业还需要解决一系列问题。

首先对 YN 白药这家传统中药生产商来说，日化市场是一个完全陌生的领域，在品牌、技术、市场经验、组织与管理水平等诸多方面都处于明显的劣势地位。它所面临的具体问题有：如何克服跨领域的行业研发技术壁垒，例如如何将色泽气味都很重的白药添加到新产品中；如何有效地控制成本；如何与陌生的零售终端打交道；如何与现有日化市场上的领导者展开竞争；如何赢得消费者的认知、唤起消费者的购买欲望，等等。

为了克服进入日化产业的诸多困难，YN 白药全面部署，力求从总体上提高公司在日化产业中的竞争力。

（1）确立市场导向的研发理念和合作开发策略。YN 白药牙膏的研发初期，由于中药的科学家们对牙膏的基本成分无法认识清楚，于是借助与化妆品行业专家以及牙膏企业合作来解决这些基础问题。YN 白药牙膏以市场需求为导向，确定了“开发”和“设计”两条研发思路，并在短期内实现研发成果产业化，创造了新的利润增长点。

（2）有效控制成本。白药成分很珍贵，提取成本也很高，还要经过不断的品质和口感的测试和改进才能最终上市。面对如此高昂的成本和烦琐的工序，YN 白药以信息化管理为契机，全面改造管理体系，实现了从订单、仓库、生产、采购到财务的管理一体化，以强化成本管理。为了保持良好的分销渠道，进一步降低产品的成本，将高质量的产品以尽可能低的价格进入市场，YN 白药自 2000 年后开始实施纵向一体化。一方面，建立了独立的中药材种植基地，为产品的生产提供了原材料的保证，并降低了原材料的生产成本；另一方面，建立起自己的代理分公司和零售终端，有效地控制了自身产品的分销渠道，以保障其产品能以低廉的成本迅速地抢占市场。

（3）探索营销策略，提升品牌知名度。

①多元化分销渠道。YN 白药牙膏从有深厚基础的药店入手，让消费者可以买得到产品；之后，逐步开发商超等其他分销渠道；待整个日化渠道相对成熟后，再将渠道全面理顺、整合，实现对不同业态终端的高度覆盖。

②互动式终端营销。YN 白药牙膏以富有创新和冲击力的终端活动，与消费者进行互动营销。例如，通过参加公益活动，树立品牌形象；组织学生参观公司，让更多的人了解公司文化；借助主题日"全球爱牙日"进行口腔健康知识宣传；设立体验店，让客户现场体验产品的包装、味道、解决口腔问题的效果等。YN 白药牙膏还将医药行业的新闻式平面广告引入中国日用化工行业，已经被证明是一种非常有效的差异化创新。

③打造营销团队。为了有效开展营销活动，YN 白药牙膏通过全国公开竞聘扩充了销售队伍，又在营销系统推行超额利润分成和末位淘汰相互制衡的内部奖惩机制，树立全员营销的经营理念，造就出一支极具市场攻坚力的营销团队。

（4）"走出去"。

YN 白药在东南亚、南亚等目标市场国家开展产品注册登记，先后在印度、新加坡建立办事机构，在澳大利亚建立了子公司，积极寻求合作伙伴，开展药品推广销售工作。截至 2014 年，YN 白药已在东南亚国家取得超过 45 个药品准入许可证；YN 白药牙膏实现了在新加坡、马来西亚上市；部分产品在印度尼西亚、越南进入医院销售，实现中成药在主流医药市场的突破。

YN 白药的产品创新一直没有停止。之后，YN 白药还推出了包括中药提取物、中药保健品、中药日用品、中药化妆品等系列产品。YN 白药不断创新的成功，不仅仅是产品的成功，还证明了创新能重塑消费模式，将民族的传统文化和现代生活完美融合在一起。

YN 白药 2004 年才正式进入日化市场，几年时间表现突出，不仅打破本土品牌低端化的现状，还提升了整个牙膏行业价格体系。2011 年 YN 白药牙膏销量全国第五，2012 年全国第四。随着 YN 白药推出功能化的高端产品，国际品牌也纷纷推出功能化的高端牙膏抢占市场。这些功能化的高端牙膏产品出现后，整个市场显现出"销售额增长大于销量增长"的新特点，牙膏消费区间也不断向中高端移动。

要求：

（1）依据新兴市场本土企业的战略选择，简要分析 YN 白药面对众多跨国公司的进入，在全球化程度相对较低产业的战略选择。

（2）简要分析日化产业本土企业在中低端市场实施集中化战略的主要风险。

（3）说明 YN 白药在牙膏行业所采用的竞争战略的类型，简要分析 YN 白药所采用的竞争战略的实施条件和可能的风险。

（4）简要分析 YN 白药进入日化领域所遭遇的主要结构性障碍。

（5）依据市场营销组合四个要素，简要分析 YN 白药是如何运用市场营销成功进入日化产业的。

（6）简要分析 YN 白药在牙膏领域实施纵向一体化战略的类型与作用。

答案及解析

一、单项选择题

1. 【答案】C

【解析】甲公司该业务投资资本回报率 > 加权资本成本，销售增长率 > 可持续增长率，则该业务能够给企业带来价值增值，但其产生的现金流量不足以支持业务增长，会出现现金短缺问题，属于增值型现金短缺业务，故选项 C 正确。

2. 【答案】D

【解析】契约式战略联盟具有较好的灵活性，但也有一些先天不足，如企业对联盟的控制能力差。故选项 D 错误。

3. 【答案】C

【解析】JIT 的库存降低，仅在需要时才取得存货。所以，选项 A 错误。JIT 使企业生产对供应商的依赖性较强。所以，选项 B 错误。JIT 对采购有影响。所以，选项 D 错误。JIT 的理念可用于服务型企业及制造型企业。所以，选项 C 正确。

4. 【答案】A

【解析】选项 A 适合采用市场开发战略，

进军戊国市场。选项 B 适宜采用相关（同心）多元化战略，企业在产业或市场内具有较强的竞争优势，而该产业或市场成长性或吸引力逐渐下降时，适宜采用此战略。选项 C 适宜采用市场渗透战略，如果一家企业决定将利益局限在现有产品或市场领域，即使在整个市场衰退时也不允许销售额下降，那么企业就必须采取市场渗透战略。选项 D 适宜采用稳定战略。

5.【答案】A

【解析】企业同时具备所有权优势、内部化优势与区位优势，应选择对外直接投资；如果企业只拥有所有权优势与内部化优势，只能进行出口贸易；如果企业只有所有权优势，则只能考虑采用技术转移的形式，将技术出让给其他企业。所以，选项 A 正确。

6.【答案】C

【解析】产业资本并购是以分享目标企业的利润为目的，而金融资本并购则是靠购入后然后售出企业的所有权来获得投资利润。故选项 C 正确。题目中无法判断是杠杆收购和非杠杆收购。

7.【答案】C

【解析】企业可采用的品牌和商标策略包括：（1）单一名称；（2）自有品牌；（3）每种产品不同名称；其中单一名称是指企业对所有产品都是用同一商标，符合题意，故选项 C 正确。需要注意的是，自有品牌通常是指销售商自有品牌，从而建立顾客对销售商的忠诚度，而不是对产品生产商，题目中没有涉及。

8.【答案】A

【解析】固定股利政策是指每年支付固定的或者稳定增长的股利。为投资者提供可预测的现金流量，降低管理层将资金转移到盈利能力差的活动的机会，并为成熟的企业提供稳定的现金流。但是，盈余下降时也可能导致股利发放遇到一些困难。

9.【答案】D

【解析】选项 A 属于市场渗透；选项 B 属于市场开发；选项 C 属于产品开发；选项 D 是新产品与新市场的组合，是多元化战略。

10.【答案】B

【解析】前向一体化战略是指企业沿着产品或业务链向前延伸和扩展企业现有业务，获得分销商或零售商的所有权或加强对他们的控制权的战略。汽车零部件生产企业向商务车生产企业发展，即向下游企业发展，所以属于前向一体化战略。

11.【答案】A

【解析】后向一体化有利于企业有效控制关键原材料等投入的成本、质量及供应可靠性，确保企业生产经营活动稳步进行。甲公司为了缓解成本压力过大问题，应获得铁矿石企业的所有权或加强控制权，应该选择发展战略中的后向一体化战略。

12.【答案】C

【解析】企业进入国际市场的模式一般有出口、股权投资、非股权形式三种，其中股权投资又分为对外证券投资和对外直接投资，对外直接投资分为全资子公司和合资经营。全资子公司的优点为：（1）管理者可以完全控制子公司在目标市场上的日常经营活动，并确保有价值的技术、工艺和其他一些无形资产都留在子公司；（2）可以摆脱合资经营在利益、目标等方面的冲突问题，从而使国外子公司的经营战略与企业的总体战略融为一体。故选项 C 符合题意。

13.【答案】C

【解析】选项 C 属于由供应商交付一个完整的子部件的优点。

14.【答案】B

【解析】选项 A、C、D 属于红海战略的特征。蓝海战略特征包括：（1）拓展非竞争性市场空间；（2）规避竞争；（3）创造并攫取新需求；（4）打破价值与成本互替定律；（5）同时追求差异化和低成本，把企业行为整合为一个体系。

15.【答案】B

【解析】差异化战略是指企业向顾客提供的产品和服务在产业范围内独具特色，这种特色可以带来额外加价。题中所述该集团推出 3D 智能液晶电视，填补了市场空白，属于竞争战略中的差异化战略。选项 C 属于职能战略。

16.【答案】A

【解析】选项 B 错误，采用稳定战略风险比较小，因为可以充分利用原有生产经营领域中的各种资源；选项 C 错误，采用稳定战略可以避免开发新产品和新市场所必需的巨大资金投入和开发风险；选项 D 错误，采用稳定战略，只需要集中资源用于原有的经营范围和产品，以增加其竞争优势。

17. 【答案】D

【解析】低经营风险与低财务风险搭配不符合权益投资人的期望，是一种不现实的搭配；高经营风险与高财务风险这种搭配符合风险投资者的要求，风险投资者会向企业投入权益资本，风险投资者也属于权益投资人。

18. 【答案】A

【解析】增值型现金短缺可以通过提高可持续增长率解决，而提高可持续增长率可以通过增加借款解决。

19. 【答案】B

【解析】甲公司采用的是多货源策略。多货源策略的优点有：(1) 能够取得更多的知识和专门技术（选项 D）；(2) 一个供应商的供货中断产生的影响较低（选项 C）；(3) 供应商之间的竞争有利于对供应商压价（选项 A）。选项 B 有利于提供有统一质量保证的产品属于单一货源策略的优点。

20. 【答案】B

【解析】跨国战略是要在全球激烈竞争的情况下，形成以经验为基础的成本效益和区位效益，转移企业内的特殊竞争力，同时注意当地市场的需要。为避免外部市场的竞争压力，母公司与子公司、子公司与子公司的关系是双向的；不仅母公司向子公司提供产品与技术，子公司也可以向母公司提供产品与技术。企业采取这种战略，能够运用经验曲线的效应，形成区位效益，能够满足当地市场的需求，达到全球学习的效果。选项 B 符合题意。

21. 【答案】C

【解析】成功地执行成本领先战略的企业会期待能避开替代品的挑战。如果出现替代品的挑战，那么成本领先将受到极大挑战。

22. 【答案】B

【解析】由于要在国外市场（新市场）销售新型流感疫苗（新产品），所以是新产品在新市场销售，属于多元化战略。选项 B 符合题意。

23. 【答案】A

【解析】产品开发战略适用情形如下：(1) 企业的产品具有较高的市场信誉度和顾客满意度；(2) 企业所在产业属于适宜创新的高速发展的高新技术产业；(3) 企业所在产业正处于高速增长阶段；(4) 企业具有较强的研究与开发能力；(5) 主要竞争对手以近似价格提供更高质量的产品。选项 A 属于市场开发战略适用情形。

24. 【答案】A

【解析】如果全球化压力大，而企业优势资源可以转移到其他市场，企业有可能与发达国家跨国公司在全球范围内展开正面竞争。我们称这种情况下的本土企业为“抗衡者”。其战略定位是通过全球竞争发动进攻。

25. 【答案】A

【解析】一部分消费者在购物过程中追求有新鲜感的产品多于实际需要属于消费心理的影响。

26. 【答案】D

【解析】在进行适宜性分析时，当企业希望降低进入市场的风险和“所需的”进入条件，但缺乏企业方面的能力时，企业希望向合作伙伴学习，互补不足，那么“联合发展和战略联盟战略”可能是比较适用的。

27. 【答案】A

【解析】如果企业面临的全球化压力较小，又没有什么可转移的优势资源，那就需要集中力量保护已有的市场份额不被跨国竞争对手侵占。

28. 【答案】D

【解析】成长期企业风险尽管比导入期降低，但仍然很高，因此要控制资金来源的财务风险，需要继续使用权益融资，最具吸引力的资金来源是公开发行股票。

29. 【答案】B

【解析】公司总体战略包括：发展战略、稳定战略和收缩战略。其中：稳定战略又称维持战略，是指限于经营环境和内部条件，企业在战略期所期望达到的经营状况基本保持在战略起点的范围和水平上的战略。稳定战略适用于对战略期环境的预测变化不大，而在前期经营相当成功的企业。根据题目资料介绍，该自来水公司适合采用稳定战略。选项 A 属于发展战略，选项 C、D 属于收缩战略。

30. 【答案】B

【解析】OEM 即为一方（委托方）提供

技术、工艺、设计方案、市场、规范、标准、质量要求等产品要素，另一方（制造方）按订单加工的长期战略联盟方式，也称委托制造。

31.【答案】A

【解析】一般将战略分为三个层次：总体战略、业务单位战略和职能战略。总体战略又称公司层战略，主要包括发展战略、稳定战略和收缩战略；业务单位战略又称竞争战略，主要包括成本领先、差异化和集中化战略。本题目中甲公司收购煤炭开采企业属于总体战略中的发展战略，而煤炭开采企业实施的低成本战略则是业务单位战略的范畴。

32.【答案】A

【解析】多国化战略是指企业将业务拓展到所在国以外的战略业务单位进行，由这些单元向本地市场提供本土化的产品，从而把自己有价值的技能和产品推向外国市场而获得收益。典型特征：满足各地个性化需求，适应性强；高度分权。因此，选项A更符合题意。

33.【答案】A

【解析】相对而言，契约式战略联盟更强调相关企业的协调与默契，更具有战略联盟的本质特征；股权式战略联盟更有利于扩大企业资金实力，更有利于合作的长久性，企业对联盟的控制力更强。因此，选项A正确。

34.【答案】B

【解析】选项A正确的说法是财务战略是主要涉及财务性质的战略，它属于财务管理范畴的战略。选项C正确的说法是重要的财务决策总是由企业最高当局者作出的，需要经过董事会决议。选项D正确的说法是财务管理可以分为资金筹集和资金管理两大部分。

35.【答案】A

【解析】掌握资源订单式生产、订单生产式生产和库存生产式生产的含义。其中，资源订单式生产是指企业仅在需要时才购买所需材料并开始生产所需的产品或提供所需的服务；订单生产式生产是指企业对未来需求的上涨非常有信心，从而持有为满足未来订单所需的一种或多种资源的存货；库存生产式生产是指企业在收到订单之前就开始生产产品或提供服务。

36.【答案】A

【解析】相关多元化战略：企业以现有业务为基础进入相关产业，企业在产业内具有较强的竞争优势，而该产业的成长性或吸引力逐渐下降。非相关多元化战略：企业进入与当前产业不相关的产业，企业当前产业缺乏吸引力，而企业也不具备较强的能力和技能转向相关产品或服务。

37.【答案】C

【解析】本题考核并购的相关知识。混合并购能够实现投资多元化，减少行业不景气可能造成的经营风险。因此选项C正确。

38.【答案】C

【解析】当某个业务单元的投资资本报酬率小于资本成本并且可持续增长率小于销售增长率（注意：教材表述销售增长率大于可持续增长率，考生易忽视判断失误）时，属于减损型现金短缺。而在该种情况下应当出售相关的业务单元。

39.【答案】D

【解析】收缩战略的外部原因有多种因素，如整体经济形势、产业周期、技术变化、政策变化、社会价值观或时尚变化、市场饱和、竞争行为等导致企业赖以生存的外部环境出现危机。甲公司采用收缩战略是受政策变化及社会价值观的影响，属于外部原因，所以选项D正确。

40.【答案】A

【解析】甲公司在并购时没有充分了解到乙公司此前牵涉的诉讼案件，导致无法了解乙公司的潜在成本和收益，最终并购失败，属于决策不当造成的并购失败。所以选项A正确。

41.【答案】D

【解析】选项D，属于“战略钟”体系中的失败战略，这种战略只能在垄断行业中才能实现。

42.【答案】A

【解析】后向一体化战略的主要适用条件有：（1）企业现有的供应商供应成本较高或者可靠性较差而难以满足企业对原材料、零件等的需求；（2）供应商数量较少而需求方竞争者众多；（3）企业所在产业的增长潜力较大；（4）企业具备后向一体化所需的资金、人力资源等；（5）供应环节的利润率较高；（6）企业产品价格的稳定对企业而言十分关键，后向一体化有利于控制原材料成本，从而确保产品价格的稳定。选项B和C属于前向一体化战略的适用条件。选项D属于横向一体化战略的适用条件。

43.【答案】A

【解析】企业拥有强大的市场地位，并且能够利用经验和能力来获得强有力的独特竞争优势，那么实施市场渗透战略是比较容易的。因此，选项A表述错误。

44.【答案】C

【解析】采用稳定战略也有一定的风险。一旦企业外部环境发生较大变动，企业战略目标、外部环境、企业实力三者之间就会失去平衡，使企业陷入困境。稳定战略还容易使企业减弱风险意识，甚至会形成惧怕风险、回避风险的企业文化，降低企业对风险的敏感性和适应性。所以选项C的表述是不正确的，故选项C是本题的正确答案。

45.【答案】C

【解析】收缩战略的三种方式：紧缩与集中战略、转向战略和放弃战略。紧缩与集中战略往往集中于短期效益，主要涉及采取补救措施制止利润下滑，以期立即产生效果。具体做法有：（1）机制变革；（2）财政和财务战略；（3）削减成本战略。甲公司实行高层管理人员减薪措施是紧缩与集中战略中的削减成本战略，选项C正确。

【提示】关于收缩战略的方式的区别总结如下：

收缩战略	紧缩与集中战略	往往集中于短期效益，主要涉及采取补救措施制止利润的下滑，以期立即产生效果。主要体现在机制变革、财政和财务战略、削减成本战略。
	转向战略	更多涉及企业的整个经营努力改变，主要体现在重新定位或调整现有的产品和服务、调整营销策略。
	放弃战略	涉及企业或子公司产权的变更。主要包括特许经营、分包、卖断、管理层与杠杆收购、拆产为股/分拆、资产互换与战略贸易。

46.【答案】D

【解析】资源在企业之间的配置总是不均衡的。在资源方面或拥有某种优势，或存在某种不足，通过战略联盟可达到资源共享、优势互补的效果。本题资料中，L集团的资金技术优势与香港D电脑公司的市场信息优势有效地结合，这是实现资源互补的体现。

47.【答案】C

【解析】根据案例信息：“甲海鲜大卖场一边是海鲜摊位，一边是加工摊位。顾客可以先去选择海鲜，之后再过来加工”“海鲜价格也便宜”“甲海鲜大卖场定位于朋友聚会和家庭聚餐”可以判断甲海鲜大卖场实施的战略属于集中成本领先战略和集中差异化战略。所以，选项C正确。

48.【答案】A

【解析】行为细分就是企业按照消费者购买或使用某种产品的时机、消费者所追求的利益、使用者情况、消费者对某种产品的使用率、消费者对品牌（商店）的忠诚程度、消费者待购阶段和消费者对产品的态度等行为变量来细分消费者市场。本题中的“决定把提供短途、收费较低的旅游服务作为主要业务”，这属于根据消费者对某种产品的使用率来划分市场，即属于行为细分。

49.【答案】C

【解析】集中化战略可以避开在大范围内与竞争对手的直接竞争，可以增强中小企业的相对竞争优势。

50.【答案】B

【解析】“正是由于W公司在信息技术上的投资，在传统零售业中创造了规模经济”符合技术创新以创造规模经济。所以选项B正确。

51.【答案】D

【解析】红海战略遵循价值与成本互替定律，蓝海战略打破了价值与成本互替定律。选项D说法错误。

52.【答案】A

【解析】无差异市场营销有利于标准化与大规模生产，有利于降低生产、存货、运输、研究、促销等成本费用。

53. 【答案】C

【解析】向上延伸，指企业原来生产低档产品，后来决定增加高档产品。

54. 【答案】B

【解析】产品差别定价方法包括：细分市场、地点、产品的版本、时间、动态定价。演唱会座位位置的不同，票价也不一样，这是根据地点进行的定价，选项 B 正确。

55. 【答案】B

【解析】订单生产式生产在采用某些生产运营流程的情况下，企业可能对未来需求的上涨非常有信心，从而持有为满足未来订单所需的一种或多种资源的存货，但企业会在实际收到订单之后才开始生产产品或提供服务。本题中李某经营的餐馆会在客流量增加前采购食品原材料，而等到顾客真正到店才会提供餐饮，是先购材料，再接订单，然后去生产的一种行为，这种行为属于订单生产式生产，选项 B 正确。

【提示】关于平衡产能与需求的三种方法的区别如下：

平衡产能与需求的方法	资源订单式生产	接订单—购材料—去生产
	订单生产式生产	购材料—接订单—去生产
	库存生产式生产	购材料—去生产—接订单

56. 【答案】C

【解析】甲公司采用的是由供应商交付一个完整的子部件，缺点有：(1) 第一阶段供应商处于显要地位；(2) 竞争者能够使用相同的供应商，因此企业在货源上不太可能取得竞争优势。

57. 【答案】A

【解析】本题考核的是经营风险与财务风险的搭配。高经营风险与高财务风险的搭配具有很高的总体风险，该种搭配不符合债权人的要求，而符合风险投资者的要求。所以，选项 A 表述错误；高经营风险与低财务风险的搭配以及低经营风险与高财务风险的搭配，具有中等程度的总体风险，该种搭配是一种可以同时符合股东和债权人期望的现实搭配。所以，选项 B、C 表述正确；经营风险与财务风险的反向搭配是制定资本结构的一项战略性原则，所以，选项 D 表述正确。本题选择错误的选项，所以选择选项 A。

58. 【答案】C

【解析】寻求现成资产型对外投资主要是发展中国家跨国公司向发达国家投资，其主要动机是主动获取发达国家企业的品牌、先进技术与管理经验等现成资产。

59. 【答案】B

【解析】当产业面临的全球化压力很小，而企业优势资源只适合于本国企业，新兴市场本土企业可以选择的战略方向是"防御者"。面对来势汹汹且实力雄厚的外国竞争对手，"防御者"要做的就是利用本土优势进行防御。

二、多项选择题

1. 【答案】ABCD

【解析】JIT 理论的关键要素包括：(1) 不断改进；(2) 消除浪费；(3) 良好的工作场所整理；(4) 缩短生产准备时间；(5) 企业中所有员工参与。故选项 A、B、C、D 均正确。

2. 【答案】ABCD

【解析】甲公司利用现有产品在现有市场扩大市场份额，属于密集型战略中的市场渗透。主要方法有：扩大市场份额、开发小众市场和保持市场份额。其中扩大市场份额的措施包括提供折扣或增加广告来增加销售额，改进销售和分销方式来提高所提供服务的水平，通过改进产品或包装来提高和加强对消费者的吸引力并降低成本，故选项 A、B、C、D 均正确。

3. 【答案】ABD

【解析】物美价廉的商品属于"战略钟"中的混合战略，即高值低价，这与波特原来的设想有所不同，无法用波特的基本战略理论予以解释，因此选项 C 错误。其他三个选项都是混合战略产生的原因。

4. 【答案】ABD

【解析】收缩战略的方式包括紧缩与集中战略、转向战略、放弃战略。高管减薪属于削减成本，反映的是实施紧缩与集中战略的措施；加强广告宣传属于调整营销策略，反映的是实施转向战略的措施；委托其他公司生产本公司的产品属于分包，反映的是实施放弃战略的措施。所以，选项 A、B、D 正确。

5. 【答案】AD

【解析】前向一体化战略的主要适用条件包括：（1）企业现有销售商的销售成本较高或者可靠性较差而难以满足企业的销售需要；（2）企业所在产业的增长潜力较大；（3）企业具备前向一体化所需的资金、人力资源等；（4）销售环节的利润率较高。所以，选项A、D正确。

后向一体化战略的主要适用条件包括：（1）企业现有供应商的供应成本较高或者可靠性较差而难以满足企业对原材料、零件等的需求；（2）供应商数量较少而需求方竞争者众多；（3）企业所在产业的增长潜力较大；（4）企业具备后向一体化所需的资金、人力资源等；（5）供应环节的利润率较高；（6）企业产品价格的稳定对企业而言十分关键，后向一体化有利于控制原材料成本，从而确保产品价格的稳定。所以，选项B、C为后向一体化战略的适用条件。

6.【答案】AC

【解析】企业战略联盟形成的动因：（1）促进技术创新；（2）避免经营风险；（3）避免或减少竞争；（4）实现资源互补；（5）开拓新的市场；（6）降低协调成本。根据题意，甲公司与乙公司结成战略联盟主要考虑开拓新市场和促进技术创新，其他方面在题目中没有体现。

7.【答案】ABC

【解析】从企业关系来看，联盟企业之间的协作关系主要表现为：相互往来的平等性、合作关系的长期性、整体利益的互补性、组织形式的开放性。选项D是从经济组织形式来看，而不是从企业关系视角来看。

8.【答案】ABC

【解析】甲公司所采用的是竞争战略中的集中化战略。企业在实施集中化战略时，可能会面临以下风险：（1）狭小的目标市场导致的风险；（2）购买者群体之间需求差异变小；（3）竞争对手的进入与竞争。选项D属于差异化战略的风险。

9.【答案】ABC

【解析】采取差异化战略的风险：（1）竞争者可能模仿，使得差异消失；（2）产品或服务差异对消费者来说失去了重要意义；（3）与竞争对手的成本差距过大；（4）采用差异化集中战略者能够在细分市场实现更大的差异化。选项A、B、C符合题意。

10.【答案】AD

【解析】选项B应该采取集中化战略，选项C应该采取差异化战略。

11.【答案】AB

【解析】减损型现金剩余表明资源未得到充分利用，存在被收购的风险。减损型现金剩余的财务战略选择除了选项A、B外，还可以选择出售业务单元。选项A、B符合题意。

12.【答案】BD

【解析】采取差异化战略的风险主要包括：（1）竞争者可能模仿，使得差异消失；（2）产品或服务差异对消费者来说失去了重要意义；（3）与竞争对手的成本差距过大；（4）采用差异化集中战略者能够在细分市场实现更大的差异化。

13.【答案】AB

【解析】多个品牌能较好地定位不同利益的细分市场，强调各品牌的特点，吸引不同的消费者群体，从而占有较多的细分市场。选项A、B、D均是多品牌战略的优势所在，企业采用多品牌战略会增加营业推广成本，而非减少。

14.【答案】ABD

【解析】题中强调“年轻人”属于人口细分；“突出的影音、游戏功能配置”属于行为细分中的消费者所追求的利益、使用者情况；“追求时尚和个性化”属于心理细分。

15.【答案】BC

【解析】企业的投资资本回报率大于资本成本，同时销售增长率大于可持续增长率，该企业属于创造价值型现金短缺的状态。对于该种情况，企业应分析这种高速增长是属于暂时性的还是长期性的，若是暂时性的增长，企业可以通过借款来筹集所需要的资金；若是长期性的增长，企业可采取措施来提高可持续增长率或者是增加权益资本。选项B、C正确。

16.【答案】AC

【解析】该制造商实施规模经济，属于成本领先战略；针对3岁以下的幼儿设计独有的“幼童速成学习法”玩具系列，属于集中差异化战略。选项A、C符合题意。

17.【答案】ACD

【解析】题目中甲公司在华东地区销售渠

道被垄断的情况下，建立自身品牌专卖店，将业务拓展至体育用品销售领域，属于沿经营链条的前向一体化战略。将现有产品打入中西部地区，属于密集型战略中的市场开发战略。所以，选项A、C、D正确。

18.【答案】ABD

【解析】减少因公司扩张而遭遇到的国内政治压力不属于公司进行跨国经营的动机。

19.【答案】ABC

【解析】企业战略联盟形成的动因有：(1)促进技术创新。(2)避免经营风险。(3)避免或减少竞争。(4)实现资源互补。(5)开拓新的市场。(6)降低协调成本。M公司与D公司组成战略联盟有助于提升双方的整体研发能力，缓解了其日本公司在产品上的价格压力，降低其经营风险。同时，也实现了资源的优势互补。所以，选项A、B、C正确。

20.【答案】ABC

【解析】并购按被并购方的态度分类可分为友善并购和敌意并购，友善并购是并购方与被并购方通过友好协商确定并购条件，在双方意见基本一致的情况下实现产权转让的一类并购；敌意并购是并购方不顾被并购方的意愿强行收购对方企业的一类并购。按收购资金来源分类可分为杠杆收购和非杠杆收购，杠杆收购方的主体资金来源为对外负债；非杠杆收购方的主体资金来源是自有资金。按并购双方的行业分类可分为横向并购、纵向并购和混合并购。

21.【答案】ABC

【解析】选项D错误，减损型现金短缺不能通过扩大销售解决问题，应对业务进行彻底重组或出售。

22.【答案】BC

【解析】扭转战略是指企业采取缩小产销规模、削减成本费用、重组等方式来扭转销售和盈利下降趋势的战略。该企业决定关闭多家工厂，裁减一部分员工属于此种战略。剥离战略是指企业出售或停止经营下属经营单位（如部分企业或子企业）的战略，该企业将旗下一些著名品牌出售属于这一类型。清算战略是指将企业的全部资产出售，从而停止经营的战略。选项A属于稳定型战略。

23.【答案】AC

【解析】选项A是成本领先战略在对抗竞争者方面的优势；选项B是差异战略在对抗竞争者方面的优势；选项C是成本领先战略在对抗供应商方面的优势；选项D是差异战略在对抗供应商方面的优势。

24.【答案】ABCD

【解析】四个选项均是债务融资可能带来的好处。

25.【答案】ABD

【解析】选项C错误，企业产品价格稳定对企业而言十分关键，因此适宜采用后向一体化战略，控制原材料成本，从而保障价格稳定。选项A、B、D都属于适宜采用横向一体化战略的情形。

26.【答案】BC

【解析】本题考核多元化的相关知识。从白色家电进入黑色家电领域是相关多元化，进入IT业、房地产业属于非相关多元化战略。

27.【答案】ABD

【解析】企业总体战略可以分为三大类：发展战略、稳定战略和收缩战略。其中选项A属于密集型战略（发展战略）中的市场渗透战略，选项B属于放弃战略（收缩战略）中的管理层与杠杆收购，选项C属于业务单位战略中的集中差异化战略，选项D属于一体化战略（发展战略）中的横向一体化战略，所以本题选项A、B、D是正确答案。

28.【答案】ACD

【解析】并购失败的主要原因包括：(1)决策不当；(2)并购后不能很好地进行企业整合；(3)支付过高的并购费用；(4)跨国并购面临政治风险。选项B与本题无关。

29.【答案】BCD

【解析】高经营风险与高财务风险的搭配具有很高的总体风险，该种搭配不符合债权人的要求，而符合风险投资者的期望。所以，选项A错误。高经营风险与低财务风险的搭配以及低经营风险与高财务风险的搭配，具有中等程度的总风险，这两种搭配是可以同时符合股东和债权人期望的现实搭配。所以，选项B、C正确。经营风险与财务风险的反向搭配是制定资本结构的一项战略性原则。所以，选项D正确。

30.【答案】ACD

【解析】相对于股权式战略联盟而言，契约式战略联盟由于更强调相关企业的协调与默契，从而更具有战略联盟的本质特征。其在经营的灵活性、自主权和经济效益等方面比股权式战略联盟具有更大的优越性。相对而言，股权式战略联盟有利于扩大企业的资金实力，并通过部分“拥有”对方的形式，增强双方的信任感和责任感，因而更利于长久合作，不足之处是灵活性差。契约式战略联盟具有较好的灵活性，但也有一些先天不足，如企业对联盟的控制能力差、松散的组织缺乏稳定性和长远利益、联盟内成员之间的沟通不充分、组织效率低下等。故本题选项A、C、D是正确答案。

31.【答案】BD

【解析】配置一般、价格便宜的“学生本”属于低价低值战略，行业内顶尖配置、外观设计个性化的笔记本属于高值战略。

32.【答案】ACD

【解析】如果从三种基本竞争战略的角度出发，零散产业的战略选择包括：克服零散—获得成本优势、增加附加价值—提高产品差异化程度、专门化—目标集聚，选项B属于新兴产业的战略选择，所以本题选项A、C、D是正确答案。

33.【答案】AC

【解析】对于增值型现金短缺业务单位，首先应判明这种高速增长是暂时性的还是长期性的。如果高速增长是暂时的，企业应通过短期借款来筹集所需资金，等到销售增长率下降后企业会有多余现金归还借款。如果预计这种情况会持续较长时间，不能仅用短期周转借款来解决，则企业必须采取战略性措施解决资金短缺问题。长期性高速增长的资金问题有两种解决途径：一是提高可持续增长率，使之向销售增长率靠拢；二是增加权益资本，提供增长所需的资金。

不管增长是暂时性的还是长期性的，由于企业目前处于现金短缺的状况，应该首先提高可持续增长率来缓解现金短缺。所以，选项A正确。对于增值型现金剩余业务单位，应首先选择加速增长，充分利用剩余现金。所以，选项B错误。对于减损型现金剩余业务单位，其存在的主要问题是盈利能力差，而不是增长率低，简单的加速增长很可能是有害无益的，应首先选择提高投资资本回报率或降低资本成本的途径，使得投资资本回报率超过资本成本。所以，选项C正确。对于减损型现金短缺业务单位，应选择彻底重组或出售。所以，选项D错误。

34.【答案】BD

【解析】红海战略是在已经存在的市场内竞争，蓝海战略是拓展非竞争性市场空间，所以选项A说法不正确，红海战略争夺现有需求，蓝海战略创造并攫取新需求，所以选项C说法不正确，所以本题选项B、D是正确答案。

35.【答案】AC

【解析】K理发店将理发仪式改为只做理发，这是将情感性产业转换成高度功能型产业，选项A正确；Q日用品公司将目标客户从婴儿转向成人，属于重新界定产业的买方群体，选项B错误；A水泥公司将水泥作为人们梦想的礼物，是将产业由功能主导型转为情感主导型，选项C正确；选项D属于放眼互补性产品或服务的路径。

36.【答案】BC

【解析】促销组合由四个要素构成：(1)广告促销；(2)营业推广；(3)公关宣传；(4)人员推销。该题体现了广告促销和人员促销。所以选项B、C正确。

【提示】关于促销组合的四个要素的区别总结如下：

广告促销	在“媒体”中投放广告，企业承担广告费
营业推广	“非媒体”促销手段，采用试用品、折扣、礼品等方式
公关宣传	“媒体”宣传企业的形象，企业不承担广告费
人员推销	一般企业销售代表直接与预期客户进行接触

37.【答案】CD

【解析】(1)是基于细分市场定价；(2)是基于地点差别定价；(3)是基于时间差别定价；(4)是产品上市定价法中的撇脂定价法，故本题选项C、D是正确答案。

38.【答案】ACD

【解析】产能计划的类型包括领先策略、滞后策略和匹配策略。所以本题选项A、C、D是正确答案。

39.【答案】CD

【解析】处于成熟期的企业，财务风险中等，股价较为稳定，所以本题选项 A、B 的说法是不正确的，故本题的正确答案是 C、D。

40.【答案】AD

【解析】销售增长率 - 可持续增长率 = 10% - 11% < 0，投资资本回报率 - 资本成本 = 4% - 3% > 0，甲企业为增值型现金剩余。由于企业可以创造价值，加速增长可以增加股东财富。加速增长包括：内部投资和收购相关业务。选项 A 正确。如果加速增长后仍有现金剩余，找不到进一步投资的机会，则应把多余的钱还给股东。分配剩余现金的途径包括：增加股利支付和回购股份。选项 D 正确。

41.【答案】ABC

【解析】企业对外直接投资，必须同时具备所有权优势、内部化优势与区位优势；该企业如果只拥有所有权优势与内部化优势，只能进行出口贸易；企业如果只有所有权优势，则只能考虑采用技术转移的形式，将技术出让给其他企业。

42.【答案】ABC

【解析】弗农将产品生命周期分为三个阶段，即产品的创新阶段、成熟阶段和标准化阶段。

43.【答案】ABC

【解析】寻求市场、寻求效率、寻求资源为主要动机的投资都属于"资产利用战略"。而寻求现成资产型的投资是一种"资产扩展战略"。

44.【答案】ABCD

【解析】企业国际化经营选择出口方式要研究以下问题：(1) 目标市场选择；(2) 选择进入战略；(3) 选择分销渠道与出口营销；(4) 出口市场上的定价。

45.【答案】ACD

【解析】全资子公司也有三个重要的缺陷：(1) 这种方式可能需要耗费大量资金，公司必须在内部集资或在金融市场上融资以获得资金；(2) 由于成立全资子公司需要占用公司的大量资源，所以公司面临的风险可能会很高；(3) 由于没有东道国企业的合作与参与，全资子公司难以得到当地的政策与各种经营资源的支持，规避政治风险的能力也明显小于合资经营企业。选项 B 属于创建国际合资经营企业存在的问题，所以本题的正确答案是 A、C、D。

三、简答题

1.【答案】

(1) 小马驹农园体现了蓝海战略的如下特征：

①规避竞争，拓展非竞争性市场空间。"在传统农产品的激烈竞争中，确保了稳定的市场和农民可靠的收入来源"。

②创造并攫取新需求。"随着生活节奏的加快，生活在都市的人们越来越希望能有一方净土，在空闲的时光摆脱繁忙的工作，通过劳动来净化自己的心灵，回归到最简单的家庭亲情的生活方式中。此外，消费者对有机农产品的需求与日俱增，而一些企业的不规范行为导致消费者对市场销售的有机农产品的真实性产生怀疑。一种新型的社区支持型农业顺应这些需求而产生"。

③打破价值与成本互替定律，同时追求差异化和低成本，把企业行为整合为一个体系。"小马驹市民农园新鲜的有机农产品去掉了中间商，可以直接被会员们购买，在传统农产品的激烈竞争中，确保了稳定的市场和农民可靠的收入来源。同时，由于降低了农产品物流和包装成本，会员们能够亲历有机农产品的生产过程，也满足了会员们能够放心地享用物美价廉有机农产品的消费需求"。

(2) 小马驹农园在竞争激烈的农产品生产领域开创新的生存与发展空间的路径如下：

①审视他择产业或跨越产业内不同的战略群组。"农园将农业、休闲业、教育产业融为一体，以会员制的模式运作"。

②重新界定产业的买方群体。"小马驹市民农园新鲜的有机农产品去掉了中间商，可以直接被会员们购买"。

③放眼互补性产品或服务。"农园将农业、休闲业、教育产业融为一体"。

④重设客户的功能性或情感性诉求。"小马驹农园在市区设立了三个取菜点，会员可以自行选择时间和取菜点。这些配送为消费者提供了便利，使他们享受到被关爱的体验""有儿童的家庭特别青睐这种亲近自然、家庭团聚、寓教于乐的模式。小马驹农园策划了

很多节事活动，包括开锄、立夏、端午、立秋、中秋、丰收节等，在这些节事活动中，对小朋友进行传统农耕和文化教育，农园还开展了一些活动激发小朋友的兴趣，包括认识植物、喂养动物、挖红薯、拔萝卜、荡秋千、玩沙子、滚铁环、拔河、在野地里撒欢等，这些活动是孩子们在城市中不可能见到的。在农园一角设立了一个大食堂，会员在劳动过程中，可以到食堂用餐。农园要求会员用餐后自己洗碗，洗碗用的不是洗涤灵，而是麦麸，更增添了农园天然质朴环保的色彩”。

⑤跨越时间参与塑造外部潮流。“一种新型的社区支持型农业顺应这些需求而产生，其中以小马驹市民农园最为知名”。

2. 【答案】

(1) 密集型战略。

①市场渗透——现有产品和现有市场。“坚守阵地”，这种战略强调发展单一产品，试图通过更强的营销手段来获得更大的市场占有率。“多年来，乡中情公司专注辣椒调味制品”。

对于乡中情公司而言，实施这一战略的主要条件有：

A. 如果其他企业由于各种原因离开了市场，那么采用市场渗透战略比较容易成功。“‘乡中情’产品热销多年，其他产品无一能与其抗衡”。

B. 企业拥有强大的市场地位，并且能够利用经验和能力来获得强有力的独特竞争优势，那么实施市场渗透战略是比较容易的。“‘乡中情’产品热销多年，关键之处就在于其高度稳定的产品品质和低廉的产品价格”。

C. 当市场渗透战略对应的风险较低，且在需要的投资较少的时候，市场渗透战略也会比较适用。“多年来，乡中情公司专注辣椒调味制品……不投资控股其他企业，规避了民营企业创业后急于扩张可能面对的各种风险，走出了一条传统产业中家族企业稳健发展的独特之路”。

②市场开发——现有产品和新市场。市场开发战略是指将现有产品或服务打入新市场的战略。“乡中情公司在国内65个大中城市建立了省级、市级代理机构。2001年，乡中情公司产品已出口欧洲、北美、澳洲、亚洲、非洲等多个国家和地区”。

对于乡中情公司而言，实施这一战略的主要条件有：

A. 存在未开发或未饱和的市场。“原本是地方特产的辣椒调味制品‘乡中情’辣酱，如今成了全国和世界众多消费者佐餐和烹饪的佳品”，说明地方特色产品开发为被全国乃至世界接受的产品。

B. 企业在现有经营领域十分成功。“‘乡中情’产品热销多年，其他产品无一能与其抗衡，关键之处就在于其高度稳定的产品品质和低廉的产品价格”。

C. 企业拥有扩大经营所需的资金和人力资源；企业存在过剩的生产能力。“乡中情公司在Z地区建立了无公害干辣椒基地和绿色产品原材料基地，搭建了一条‘企业+基地+农户’的农业产业链，90%以上的原料都来源于这一基地”“先打款后发货，现货现款，乡中情公司把产品做成了硬通货，只要能拿到货，就不愁卖，流通速度快”“不贷款”。

D. 企业的主业属于正在迅速全球化的产业。“原本是地方特产的辣椒调味制品‘乡中情’辣酱，如今成了全国和世界众多消费者佐餐和烹饪的佳品”，说明地方特色产品变为全球化产品。

③产品开发——新产品和现有市场。这种战略是在原有市场上，通过技术改进与开发研制新产品。“‘乡中情’相继开发的十几种品类”。

对于乡中情公司而言，实施这一战略的主要条件有：

企业产品具有较高的市场信誉度和顾客满意度。“‘乡中情’产品热销多年，其他产品无一能与其抗衡，关键之处就在于其高度稳定的产品品质和低廉的产品价格”“‘乡中情’辣酱恰到好处地平衡了辣、香、咸口味，让大多数消费者所接受。‘乡中情’辣酱制作从不偷工减料，用料、配料和工艺流程严谨规范，保持产品风味，虏获消费者的舌尖。乡中情公司对辣椒原料供应户要求十分严格，提供的辣椒全部要剪蒂，保证分装没有杂质”。

一体化战略。纵向一体化战略中的后向一体化。是指获得供应商的所有权或加强对其控制权。“为了确保原料品质与供给，乡中情公司在Z地区建立了无公害干辣椒基地和绿色产品原材料基地，搭建了一条‘企业+基地+农户’的农业产业链，90%以上的原料都来源于这一基地”。

对于乡中情公司而言，实施这一战略的主要条件有：

A. 企业现有的供应商供应成本较高或者可靠性较差而难以满足企业对原材料、零件等的需求。“为了确保原料品质与充足供给”。

B. 企业所在产业的增长潜力较大。“一个曾经的‘街边摊’，发展成为一个上缴利税上亿元的国家级重点龙头企业”。

C. 企业具备后向一体化所需的资金、人力资源等。“搭建了一条‘企业+基地+农户’的农业产业链”（说明该企业具备人力资源）；“先打款后发货，现货现款，乡中情把产品做成了硬通货，只要能拿到货，就不愁卖，流通速度快”“不贷款”（说明现金流充足）。

D. 企业产品价格的稳定对企业而言十分关键，后向一体化有利于控制原材料成本，从而确保产品价格的稳定。“‘乡中情’的价格一直非常稳定，价格涨幅微乎其微”“为了确保原料品质与低成本的充足供给”。

（2）市场营销组合中所包含的可控制的变量很多，可以概括为四个基本变量，即产品、价格、地点（渠道）和促销。

产品策略：

①产品组合策略。

乡中情公司的产品组合很简单，从产品组合的宽度来看，就是一大类，“乡中情”辣酱。从产品组合的深度来看，“乡中情”相继开发了十几种品类产品。

乡中情公司的产品组合策略，也就是一种，扩大产品组合，加强产品组合的深度。“相继开发了十几种品类产品”。

②品牌和商标策略。

乡中情公司的品牌和商标策略属于单一的企业名称。“着力打造‘乡中情’品牌”“多年来‘乡中情’产品从未更换包装和瓶贴，‘乡中情’产品土气的包装和瓶贴，已固化为最深入消费者内心的品牌符号”。

③产品开发策略。“相继开发了十几种品类产品”。

促销策略：

在促销组合的四个要素构成（广告促销、营业推广、公关宣传、人员推销）中，“乡中情”公司以其独特的方法，采用后两种。

①公关宣传。指宣传企业形象，以便为企业及其产品建立良好的公众形象。“二是靠广泛深入的铺货形成高度的品牌曝光，直接促成了即时的现实销售”。

②人员推销。“一是靠过硬的产品让消费者口口相传”。

分销策略：

乡中情公司采用间接分销渠道，“大区域布局，一年一次经销商会”。

价格策略：

“中低端人群是‘乡中情’产品的目标客户，与此相应的就是低价策略”“‘乡中情’产品的价格一直非常稳定，价格涨幅微乎其微”。

3.【答案】

（1）环亚汽车公司在分析自身的资源和能力，从而构筑其竞争优势的过程中，主要通过如下方式体现价值链分析方法：

①确认那些支持企业竞争优势的关键性活动。虽然价值链的每项活动，包括基本活动和支持活动，都是企业成功所必经的环节，但是，这些活动对企业竞争优势的影响是不同的。在关键活动的基础上建立和强化这种优势很可能使企业获得成功。“新能源汽车生产的关键在于掌握三大核心零部件电机、电控与电池的生产制造技术以及具有完备的整车组装能力。环亚汽车公司下大力气增强企业这些关键性活动的竞争优势”。

②明确价值链内各种活动之间的联系。价值链中基本活动之间、基本活动与支持活动之间以及支持活动之间存在各种联系，选择或构筑最佳的联系方式对于提高价值创造和战略能力是十分重要的。“环亚汽车公司在包括电机、电控与电池生产领域投入的研发费用占销售收入比重达4.13%，远高于国内同类汽车生产企业的研发投入占比，与国际知名汽车品牌企业相当”“2008年环亚汽车公司以近2亿元的价格收购了半导体制造企业中达公司，此次收购使环亚汽车公司拥有了电动汽车驱动电机的研发能力和生产能力。2011年环亚汽车公司与国际知名老牌汽车制

造企业D公司成立合资企业，借助D公司掌握的汽车结构以及安全领域的专有技术，增强公司在汽车整车组装方面的研发能力和生产能力”“2009年环亚汽车公司以6 000万元的价格收购国内美泽客车公司，获得客车生产许可证；2014年环亚汽车公司又与国内广贸汽车集团分别按51%和49%的持股比例合资设立新能源客车公司”。

③明确价值系统内各项价值活动之间的联系。价值活动的联系不仅存在于企业价值链内部，而且存在于企业与企业的价值链之间。价值系统内包括供应商、分销商和客户在内的各项价值活动之间的许多联系。“近年来，环亚汽车公司开启了向产业上下游延展的战略新举措。2015年环亚汽车公司收购专门从事盐湖资源综合利用产品的开发、加工与销售的东州公司，这一收购整合了环亚汽车公司汽车零部件的生产。2016年环亚汽车公司以49%的持股比例，与青山盐湖工业公司及深域投资公司共同建立合资企业，注册资本5亿元人民币。此次合作实现了环亚汽车公司的动力锂电池优势与盐湖锂资源优势相结合。2015年环亚汽车公司与广安银行分别以80%和20%的持股比例合资成立环亚汽车金融公司，注册资本5亿元人民币。这是环亚汽车公司向汽车服务市场延伸的一个重大事件”。

（2）环亚汽车公司实施发展战略所采用的主要途径如下：

①内部发展（新建）。“环亚汽车公司在包括电机、电控与电池生产领域投入的研发费用占销售收入比重达4.13%”“环亚汽车公司自主研发的磷酸铁锂电池（锂电池的一种）及管理系统安全性能好、使用寿命长”“环亚汽车公司自主研发的永磁同步电机功率大、扭矩大，足够满足双模电动汽车与纯电动汽车的动力需求”“环亚汽车公司自主研发的动力系统匹配技术能够保证动力电池、驱动电机及整车系统的匹配，保证整车运行效率”。

②外部发展（并购）。“2003年，环亚公司收购了一家汽车制造公司，成立了环亚汽车公司”“2008年环亚汽车公司以近2亿元的价格收购了半导体制造企业中达公司”“2009年环亚汽车公司以6 000万元的价格，收购国内美泽客车公司，获得客车生产许可证”“2015年环亚汽车公司收购专门从事盐湖资源综合利用产品的开发、加工与销售的东州公司，这一收购整合了环亚汽车公司汽车零部件的生产”。

③战略联盟。“2011年环亚汽车公司与国际知名老牌汽车制造企业D公司成立合资公司，借助D公司掌握的汽车结构以及安全领域的专有技术，增强公司在汽车整车组装方面的研发能力和生产能力”“2014年环亚汽车公司又与国内广贸汽车集团分别按51%和49%持股比例合资设立新能源客车公司”“2016年环亚汽车公司以49%的持股比例，与青山盐湖工业公司及深域投资公司共同投资成立合资企业”“2015年环亚汽车公司与广安银行分别以80%和20%的持股比例合资成立环亚汽车金融公司”。

4.【答案】

（1）成本领先战略的实施条件。

市场情况：

①市场中存在大量的价格敏感用户。“消费者更多地关注产品价格”。

②产品难以实现差异化。“智能手机市场上国内中低端品牌与国际高端品牌的技术差距正逐步缩小”。

③购买者不太关注品牌。“智能手机市场上国内中低端品牌与国际高端品牌的技术差距正逐步缩小”。

④价格竞争是市场竞争的主要手段。“价格竞争开始成为市场竞争的主要手段”。

资源和能力：

①实现规模经济。“2011～2015年智勤手机的销售量突飞猛进地增长，进而为智勤手机通过规模经济降低成本和价格奠定了基础”。

②降低各种要素成本。“减少了昂贵的渠道成本”。

③提高生产率。“将手机硬件的研发和制造外包给其他公司，提高了生产率”。

④改进产品工艺设计。“为手机瘦身，把不需要的硬件去掉，把不需要的功能替换掉，简化框架结构设计，使用低成本的注塑材质工艺等”。

⑤选择适宜的交易组织形式。“将手机硬件的研发和制造外包给其他公司，大大减少

了智勤成立之初的资金压力”。

⑥重点集聚。“将目标市场消费者的年龄定位在25～35岁之间”。

（2）从确定目标市场角度分析，智勤公司按照人口细分，把目标市场消费者的年龄定位在25～35岁之间；目标市场的选择是集中市场营销。

从设计营销组合角度分析，智勤公司的营销策略：

①产品策略。“将目标市场消费者的年龄定位在25～35岁之间”“智勤手机以其‘高性价比’走入大众视线”“为了既保证高性价比又不降低手机的产品质量，智勤公司为手机瘦身，把不需要的硬件去掉，把不需要的功能替换掉，简化框架结构设计，使用低成本的注塑材质工艺等”。

②促销策略。“在营销推广方面，智勤公司没有使用传统的广告营销手段，而是根据消费者的不同类型，分别在智勤官网、QQ空间、智勤论坛、微信平台等渠道进行智勤手机的出售和智勤品牌的推广，在很大程度上采用粉丝营销、口碑营销的方式”“采用低价预订式抢购模式。这种先预定再生产的方式使智勤公司的库存基本为零，大大减少了运营成本”。

③分销策略。“开创了官网直销预订购买的发售方式，减少了昂贵的渠道成本，使智勤手机生产出来之后，不必通过中间商就可以到达消费者手中”。

④价格策略。“智勤手机定价只有国际高端品牌的1/3”“为智勤手机通过规模经济降低成本和价格奠定了基础”。

5.【答案】

（1）信达公司实施的是差异化战略。“2005年研发成功‘中国芯’，中国首块拥有自主知识产权并产业化的数字视频处理芯片在信达公司诞生，彻底打破了国外芯片的垄断地位”。资源和能力：①具有强大的研发能力和产品设计能力。“2005年研发成功‘中国芯’，中国首块拥有自主知识产权并产业化的数字视频处理芯片在信达公司诞生，彻底打破了国外芯片的垄断地位”“凭借历时7年研发的激光电视提前锁定主动权，在全球大屏幕电视市场赢得了一席之地”“信达公司以强大的研发实力为后盾，以优秀的销售团队为支撑，产品销售额与营销收入实现稳步增长”。②具有很强的市场营销能力。“信达公司以强大的研发实力为后盾，以优秀的销售团队为支撑，产品销售额与营销收入实现稳步增长”。③有能够确保激励员工创造性的激励体制、管理体制和良好的创造性文化。“信达公司拒绝参与彩电行业价格战，每年将销售收入的5%投入研发。公司实行奖金与开发成果挂钩的制度，将技术开发人员工资涨到一线工人的3倍”。④具有从总体上提高某项经营业务的质量、树立产品形象、保持先进技术和建立完善分销渠道的能力。“信达公司以强大的研发实力为后盾，以优秀的销售团队为支撑，产品销售额与营销收入实现稳步增长。根据有关部门提供的信息，2018年，信达公司电视机的营业收入位居全球品牌第三位，国内品牌第一位”。

（2）研发定位包括：成为向市场推出新技术产品的企业；成为成功产品的创新模仿者；成为成功产品的低成本生产者。信达公司的研发定位包括成为向市场推出新技术产品的企业和成为成功产品的创新模仿者。①成为向市场推出新技术产品的企业。“凭借历时7年研发的激光电视提前锁定主动权，在全球大屏幕电视市场赢得了一席之地”。②成为成功产品的创新模仿者。“2005年研发成功‘中国芯’，中国首块拥有自主知识产权并产业化的数字视频处理芯片在信达公司诞生，彻底打破了国外芯片的垄断地位。2013年国内首款网络多媒体电视SOC主芯片研制成功并实现量产”。

6.【答案】

（1）发展中国家跨国公司对外投资的四大动机包括寻求市场、寻求效率、寻求资源和寻求现成资产。

①“北方机床集团收购了S公司全部有形资产和无形资产”体现了寻求现成资产的动机；

②“北方机床集团仍然表示将继续投资S公司项目，因为S公司承载着北方机床集团孜孜以求的核心技术和迈入国际高端市场的梦想”体现了寻求市场的动机。

（2）北方机床集团并购G国S公司所面对的主要风险有：

①决策不当。表现为：

可能高估并购对象所在产业的吸引力。

"受世界金融危机的影响……S 公司经营情况有所好转，实现 3 500 万欧元的销售收入，但仍处于亏损状态"。

可能高估自己对被并购企业的管理能力。"北方机床集团在对 S 公司进行整合中颇费思量……加上 S 公司内部原有的管理问题尚未彻底解决，公司陷入亏损困境"。

②并购后不能很好地进行企业整合。北方机床集团为减少新的协同问题，"在对 S 公司进行整合中颇费思量，首先，采取'以诚信取信于 G 国员工'的基本策略，承诺不解雇一个 S 公司员工，S 公司的总经理继续留任；其次，北方机床集团与 S 公司总经理多次沟通，谋求双方扬长避短、优势互补，使'混合文化形态'成为 S 公司未来的个性化优势，以避免跨国并购可能出现的文化整合风险；最后，在运营整合方面，仍由 S 公司主要负责开发、设计及制造重要机械和零部件，组装则在 C 国完成，力求实现 S 公司雄厚的技术开发能力和 C 国劳动力成本优势的最佳组合""然而……S 公司内部原有的管理问题尚未彻底解决，公司陷入亏损困境。北方机床集团不得不开始更换 S 公司的管理团队，逐渐增强北方机床集团在 S 公司的主导地位"。

③支付过高的并购费用风险。"北方机床集团收购了 S 公司全部有形资产和无形资产"可能涉及高额的并购费用。

7.【答案】

（1）发展战略的实施途径有：内部发展（新建）、外部发展（并购）、战略联盟。

日升公司涉及的有内部发展（新建）以及外部发展（并购）。

①内部发展（新建）。"1999 年 3 月，日升公司在 M 国组建公司并创立公司品牌'LC'，主要从事中低端家具的生产和销售""2000 年和 2008 年，在国内设立研发中心的基础上，日升公司又分别在 M 国和欧洲设立了研发中心""2008 年日升公司在国内展会上全面亮相，展出专门针对国内市场开发的三大品牌日升家居——'日升家居''日升家园''日升屋'。2009 年 9 月在国内建成了日升国际风尚馆""2010 年，开展酒店家具业务，并在 J 国和 N 国设立生产基地。2009 年、2012 年，先后推出特许品牌'PDH'和'PDK'；2011 年，推出青年家具品牌'SM'；2012 年，M 国日升推出特许品牌'H'；2013 年，推出特许品牌'B'；2014 年，推出婴儿家具品牌'SB'"。

②外部发展（并购）。"公司先后实施四次跨国并购，获取了欧美知名企业的品牌、渠道、研发设计及制造能力等战略性资产"。"2001 年，日升公司斥资完成对原委托方 FC 公司的收购，直接进入 M 国中高档家具市场""在强大的资金和产能支持下，日升公司于 2006～2008 年又先后收购国际三大品牌家具制造商"。

（2）企业能力包括：研发能力、生产管理能力、营销能力、财务能力、组织管理能力。日升集团体现的有：

①研发能力。"2000 年和 2008 年，在国内设立研发中心的基础上，日升公司又分别在 M 国和欧洲设立了研发中心"。

②生产管理能力。"多年的国际化经历使日升公司在生产、设计、销售方面储备、积累了大量人才和经验"。

③营销能力。"2007 年以来，全球经济环境发生了很大变化。出于对国内市场潜力的判断，日升公司适时调整经营策略，决定在巩固海外市场的同时，进军国内市场""日升公司在原有多个知名品牌的基础上，运用特许经营品牌，针对细分客户设立新品牌等策略，进一步巩固日升公司的 OBM 业务""2010 年，开展酒店家具业务，并在 J 国和 N 国设立生产基地。2009 年、2012 年，先后推出特许品牌'PDH'和'PDK'；2011 年，推出年家具品牌'SM'；2012 年，M 国日升推出特许品牌 MH11。2013 年，推出特许品牌'WB1'；2014 年，推出婴儿家具品牌'SB'"。

④财务能力。"在强大的资金和产能支持下""上市后，公司市值从 2004 年的 1.37 亿美元跃升至 2005 年的 3.69 亿美元，增长 2.69 倍"。

8.【答案】

（1）运用"功能性""外观时尚性"两个战略特征，各分为"高""中""低"3 个档次，将案例中所提及的 C 国卫浴产品企业进行战略群组划分，可分为 3 个战略群组：

①功能性高、外观时尚性高的群组，包括 T 公司、K 公司；

②功能性中等、外观时尚性中等的群组，包括英鸟、达成、维亚、恩典、雄高；

③功能性低、外观时尚性低的群组，包括一批以各大产区的杂牌为代表的企业。

（2）T公司、K公司的竞争战略定位在差异化。“设计研发水平高，在品牌塑造上投入较大，具有很强的品牌影响力，其提供的产品和服务的特征是追求顾客的高端体验，满足了顾客对于功能性与外观时尚性完美结合的要求，在行业中处于标杆地位”。

英鸟、达成、维亚、恩典、雄高五大品牌的企业竞争战略定位在成本领先。“其外观和功能都达到一定水准。生产这些产品的企业注重节约设计和研发成本，通过价格优势和广告攻势，不断扩大市场份额，实现了规模经济效益”。

一批以各大产区的杂牌为代表的企业的竞争战略定位在集中成本领先。“其产品的功能和外观较为低端、简陋。但由于产品简单，生产线投资成本小，产品价格低廉，适合不发达地区一部分用户的需求”。

（3）战略群组分析有助于企业了解相对于其他企业而言本企业的战略地位，以及公司战略的变化可能引起的对竞争的影响。

①有助于很好地了解战略群组间的竞争状况，主动地发现近处和远处的竞争者，也可以很好地了解某一群体与其他群组间的不同。

②有助于了解各战略群组之间的“移动障碍”。

③有助于了解战略群组内企业竞争的主要着眼点。

④利用战略群组图还可以预测市场变化或发现战略机会。

“由于T公司、K公司等国际品牌的产品研发成本很高，固定资产投入大，退出壁垒高，追赶这些企业难度较大”是基于对战略群组间的竞争状况、各战略群组之间的移动障碍、战略群组内企业竞争的主要着眼点的了解，专家建议“国内这些老品牌企业可以从增强售后服务功能寻找出路，因为目前C国国内各类品牌卫浴产品的生产企业都未对安装、更换、维修等售后服务投入应有的精力，而消费者对这类服务的需求很高”，则是预测市场变化或发现战略机会的体现，建议C国老品牌企业向功能性高、外观时尚性中等的群组移动，因为这是一片蓝海。

四、综合题

1.【答案】

（1）产品生命周期四个阶段的名称分别是导入期、成长期、成熟期和衰退期。

①导入期。

在这个阶段，产品的用户很少，只有高收入用户会尝试新的产品。产品虽然设计新颖，但产品的质量和可靠性有待提高。由于成败未知，因此只有很少的竞争对手。产品营销成本高，销量低，产能过剩，生产成本高。可以采取高价格、高毛利政策，但由于销量小使得净利润较低。

在这个阶段，企业的战略目标是扩大市场份额，争取成为“领头羊”。为此企业需投资于研究开发和技术改进，提高产品质量。

②成长期。

在这个阶段，产品的销量增加，顾客群扩大。消费者对质量的要求不高。各竞争对手的产品在技术和性能方面有较大差异。由于市场扩大，竞争者涌入，企业之间开始争夺人才和资源。由于需求大于供应，此时产品价格最高，单位产品净利润也最高。

在这个阶段，企业的战略目标是争取最大的市场份额，并坚持到成熟期的到来，因此着重于营销。

③成熟期。

在这个阶段，竞争者之间出现挑衅性的价格竞争。虽然市场巨大，但是已经基本饱和。新的客户减少，主要靠老客户的重复购买支撑。产品逐步标准化，差异不明显，技术和质量改进缓慢。生产稳定，局部生产能力过剩，产品价格开始下降，毛利率和净利润率都下降，利润空间适中。任何竞争者想要扩大市场份额均会遇到对手的顽强抵抗，并引发价格竞争。

在这个阶段，企业的战略目标为巩固市场份额，提高效率，降低成本。

④衰退期。

在这个阶段，客户大多成熟精明，对性价比要求高。各企业的产品差别小，因此价格差异也会缩小。为降低成本，产品质量可能出现问题。产能严重过剩。有些竞争者先于产品退出市场。产品的价格和毛利都很低。只有到后期，多数企业退出后，价格才有望上扬。

在这个阶段，企业的战略目标首先是防御，获取最后的现金流。因此企业必须控制成本，以求能维持正的现金流。如果缺乏成本控制的优势，就应尽早退出市场。

根据本案例材料可知，丽岛实业的粤菜酒楼面对市场萎缩，质量优势的消失及价格压力，部分对手已经退出市场，由此可以判断，丽岛实业粤菜酒楼处于生命周期阶段的衰退期。

丽岛实业的快餐店处于一个成熟和稳定的市场，竞争激烈，产品差异缩小，由此可以判断，丽岛实业快餐店处于生命周期阶段的成熟期。

(2) 波士顿矩阵四种产品的名称分别是问题产品、明星产品、现金牛产品和瘦狗产品。

(3) 稳定战略，又称维持战略，是指限于经营环境和内部条件，企业在战略期所期望达到的经营状况基本保持在战略起点的范围和水平上的战略。

采用稳定战略的企业不需要改变自己的宗旨和目标，而只需要集中资源用于原有的经营范围和产品，以增加其竞争优势。稳定战略适用于对战略期环境的预测变化不大，而企业在前期经营相当成功的企业。

丽岛实业已经在香港经营餐饮业 30 余年，其菜式以高质量取胜，生意门庭若市，已经形成了一批忠实的老客户。“丽岛”品牌酒楼已经成为香港传统粤菜的著名品牌，占有较高的市场份额。蔡大福临近退休年龄，并且希望丽岛实业保持现有的市场份额，因此蔡大福对丽岛实业采用了稳定战略。

(4) 企业发展战略强调充分利用外部环境的机会，充分发掘企业内部的优势资源，以求得企业在现有的基础上向更高一级的方向发展。

发展战略主要包括三种基本类型：一体化战略、密集型战略和多元化战略。

①一体化战略是指企业对具有优势和增长潜力的产品或业务，沿其经营链条的纵向或横向延展业务的深度和广度，扩大经营规模，实现企业成长。一体化战略按照业务拓展的方向可以分为纵向一体化战略及横向一体化战略。纵向一体化战略是指企业沿着产品或业务链条向前或向后延伸和扩展企业现有业务的战略。

横向一体化战略是指企业向产业价值链相同阶段方向扩张的战略。

蔡家伦收购食材供应商是纵向一体化战略中的后向一体化战略。

②企业密集型战略的基本框架，是安索夫的“产品—市场战略组合”矩阵。密集型战略可进一步细分为市场渗透战略、产品开发战略、市场开发战略和多元化战略四种类型。多元化这一战略方向也可以从密集型战略类型中分离出来，归为发展战略的另一种基本类型。

A. 市场渗透战略是用于现有产品和现有市场，基础是增加现有产品或服务的市场份额，它的目标是通过各种方法来增加产品的使用频率。

丽岛实业酒楼所用的信用卡折扣及赠送鱼翅方法，正是市场渗透战略。

B. 产品开发战略是在现有市场推出新的产品，特别适合丽岛实业这种拥有特定细分市场、综合性不强的服务范围窄小的企业，可以利用其现有的声誉和商标，吸引用户购买新产品。

丽岛实业粤菜酒楼推出粽子、月饼、年糕及调料等是推出新产品的产品开发战略，而其推出广东各地方的传统特色菜系列则是改进现有产品，提供不同形式粤菜的产品开发战略。

C. 市场开发战略是指将现有的产品或服务打入新市场的战略，主要途径包括开辟其他区域市场和细分市场。

以不同品牌将丽岛实业的粤菜酒楼开进中产阶层住宅区、丽岛实业快餐店以新的优惠套餐在非繁忙时段吸引新的主妇顾客群、在高档商场和办公大楼开设不同品牌的高档快餐店均是市场开发战略。

③多元化战略是指企业进入与现有产品和市场不同的领域，即在新市场开发新产品。多元化战略包括相关多元化战略和非相关多元化战略两种。前者是指企业以现有业务或市场为基础进入相关产业或市场，后者是指企业进入与当前产业和市场均不相关的领域。

丽岛实业以不同名称开设中国各地方菜式酒楼，以及开设其他国家菜式的餐馆均为多元化战略。

（5）在变革的过程中，对人的行为的掌控至关重要。变革可能会对企业中的人员产生重要影响：包括由于工作模式、工作地点的变化造成的生理变化，按照新规则工作、建立新的关系而造成的环境变化，以及由于迷失方向、不确定性等原因导致无安全感的心理变化。

基于上述的不同因素，变革会面临如下障碍：

①文化障碍——当企业所面对的环境发生了变化，并显著地要求企业对此适应以求得生存时，文化的不可管理性会使之成为一种惯性而阻碍变革的进程。

②私人障碍——除了文化障碍之外，也有一些影响个人的障碍，导致他们认为变革是一种威胁。

丽岛实业创业元老们长期安于现状，蔡家伦的变革把企业推入新的市场和新的产品中，也招聘了一批新的员工，因此无论是对创业元老们的个人以及团队均引起了文化和私人的障碍，令他们产生不满，形成阻力。

在推行战略变革时，应考虑以下三个方面以降低变革的阻力：

①变革的节奏：越是循序渐进，就越有更多的时间来提出问题和解决问题。反之，如果变革过于激进，就会被大多数员工看作是一种威胁并抵制变革。

②变革的范围：范围越大的变革越会带来不安全感。

③变革的管理方式：构建良好的氛围、明确变革的需求、平息对变革的抵制和恐惧情绪并让大多数人了解变革的必要性和可行性。压制只能将抵制转为地下，变成谣言并转化为敌对状态。

蔡家伦推行变革的节奏太快太急、范围太大，而且在管理方面可能没有充分和创业元老们沟通，没有取得他们的接受，因而引起创业元老们的不满以及向蔡大福投诉。蔡家伦应当将各种改革措施分批分期推行，并在推进过程中多向创业元老们解释其用意和方法。

2.【答案】

（1）依据新兴市场本土企业的战略选择，简要分析 YN 白药面对众多跨国公司的进入，在全球化程度相对较低产业的战略选择。

①“防御者”战略：利用本土优势进行防御。如果企业面临的全球化压力较小，又没有什么可转移的优势资源，那就需要集中力量保护已有的市场份额不被跨国竞争对手侵占。YN 白药的具体做法是：

第一，把目光集中于喜欢本国产品的客户，而不考虑那些崇尚国际品牌的客户。“YN 白药拒绝与创可贴的强大劲敌发达国家 Q 公司合资，而是独立研发具有本土优势的 YN 白药创可贴，最终打破 Q 公司创可贴产品主导中国市场的局面”“通过市场调研，YN 白药了解到广大消费者对口腔健康的日益重视，对于用牙膏来解决口腔健康问题有着巨大潜在需求，而当时市场上的牙膏产品大多专注于美白、防蛀等基础功能，解决口腔健康问题的牙膏还是市场的‘空白点’”。

第二，频繁地调整产品和服务，以适应客户特别的甚至是独一无二的需求。“独立研发具有本土优势的 YN 白药创可贴”“YN 白药创出了一个独特的新品种——药物牙膏，综合解决消费者口腔健康问题”“YN 白药的产品创新一直没有停止。之后，YN 白药还推出了包括中药提取物、中药保健品、中药日用品、中药化妆品等系列产品”。

第三，加强分销网络的建设和管理，缓解国外竞争对手的竞争压力。“探索营销策略，提升品牌知名度”“多元化分销渠道”“互动式终端营销”。

②“扩张者”战略：向海外延伸本土优势。其战略定位是将企业的经验转移到周边市场。“YN 白药在东南亚、南亚等目标市场国家开展产品注册登记，先后在印度、新加坡建立办事机构，在澳大利亚建立了子公司，积极寻求合作伙伴，开展药品推广销售工作。截至 2014 年，YN 白药已在东南亚国家取得超过 45 个药品准入许可证；YN 白药牙膏实现了在新加坡、马来西亚上市；部分产品在印度尼西亚、越南进入医院销售，实现中成药在主流医药市场的突破”。

（2）简要分析日化产业本土企业在中低端市场实施集中化战略的主要风险。

①购买者群体之间需求差异变小。“随着互联网数字化的程度的不断提升和物流等硬

件设施的不断完善，市场细分的条件被进一步弱化”。

②竞争对手的进入与竞争。“20 世纪 90 年代进军中国占领着高端市场的国际巨头们也开始将目光投向市场份额更大的中低端层次”。

(3) 说明 YN 白药在牙膏行业所采用的竞争战略的类型，简要分析 YN 白药所采用的竞争战略的实施条件和可能的风险。

YN 白药在牙膏行业所采用的竞争战略的类型是差异化战略。差异化战略的实施条件：

市场情况：

①产品能够充分地实现差异化，且为顾客所认可。“通过市场调研，YN 白药了解到广大消费者对口腔健康的日益重视，对于用牙膏来解决口腔健康问题有着巨大潜在需求，而当时市场上的牙膏产品大多专注于美白、防蛀等基础功能，解决口腔健康问题的牙膏还是市场的‘空白点’”。

②顾客的需求是多样化的。“好在中国的人口基数大，消费者需求层次差异较大”。

③创新成为竞争的焦点。“YN 白药了解到广大消费者对口腔健康的日益重视，对于用牙膏来解决口腔健康问题有着巨大潜在需求”“随着 YN 白药推出功能化的高端产品，国际品牌也纷纷推出功能化的高端牙膏抢占市场”。

资源和能力：

①具有强大的研发能力和产品设计能力。“确立市场导向的研发理念和合作开发策略”“借助与化妆品行业专家以及牙膏企业合作来解决这些基础问题”“以市场需求为导向，确定了‘开发’和‘设计’两条研发思路，并在短期内实现研发成果产业化，创造了新的利润增长点”。

②具有很强的市场营销能力。“探索营销策略，提升品牌知名度”“多元化分销渠道”“互动式终端营销”“通过全国公开竞聘扩充了销售队伍……造就出一支极具市场攻坚力的营销团队”。

③有能够确保激励员工创造性的激励体制、管理体制和良好的创造性文化。“在营销系统推行超额利润分成和末位淘汰相互制衡的内部奖惩机制，树立全员营销的经营理念”。

④具有从总体上提高某项经营业务的质量、树立产品形象、保持先进技术和建立完善分销渠道的能力。“为了克服进入日化产业的诸多困难，YN 白药全面部署，力求从总体上提高公司在日化产业中的竞争力”。

YN 白药在牙膏行业采用差异化战略可能面对的风险：

①企业形成产品差别化的成本过高。“面对如此高昂的成本和烦琐的工序，YN 白药以信息化管理为契机，全面改造管理体系，实现了从订单、仓库、生产、采购到财务的管理一体化，以强化成本管理”。

②竞争对手的模仿和进攻使已建立的差异缩小甚至转向。“随着 YN 白药推出功能化的高端产品，国际品牌也纷纷推出功能化的高端牙膏抢占市场”。

(4) 简要分析 YN 白药进入日化领域所遭遇的主要结构性障碍。

①规模经济。“国际巨头们运用其规模经济……等竞争优势，在中国日化行业高端市场占据了大片市场，树立起绝对的优势地位”。

②现有企业对关键资源的控制。“国际巨头们运用其……资金、技术、渠道等竞争优势，在中国日化行业高端市场占据了大片市场，树立起绝对的优势地位”；YN 白药“所面临的具体问题有：如何克服跨领域的行业研发技术壁垒，例如，如何将色泽气味都很重的白药添加到新产品中……如何与陌生的零售终端打交道等”。

③现有企业的市场优势。“国际巨头们运用其……品牌、服务等竞争优势，在中国日化行业高端市场占据了大片市场，树立起绝对的优势地位”；YN 白药“所面临的具体问题有：……如何有效地控制成本……如何与现有日化市场上的领导者展开竞争；如何赢得消费者的认知、唤起消费者的购买欲望等”。

(5) 依据市场营销组合四个要素，简要分析 YN 白药是如何运用市场营销成功进入日化产业的。

①产品策略。“YN 白药创出了一个独特的新品种——药物牙膏，综合解决消费者口腔健康问题，并以此树立起自身的‘三高’形象：高价值、高价格、高端形象”。

②促销策略。“互动式终端营销”“打造营销团队”。

③分销策略。“多元化分销渠道”。

④价格策略。“以此树立起自身的‘三高’形象：高价值、高价格、高端形象”。

（6）简要分析YN白药在牙膏领域实施纵向一体化战略的类型与作用。

①前向一体化战略。“建立起自己的代理分公司和零售终端”。

主要作用：通过控制销售过程和渠道，有利于企业控制和掌握市场，增强对消费者需求变化的敏感性，提高企业产品的市场适应性和竞争力。“有效地控制了自身产品的分销渠道，以保障其产品能以低廉的成本迅速地抢占市场”。

②后向一体化战略。“建立了独立的中药材种植基地”。

主要作用：有利于企业有效控制关键原材料等投入的成本、质量及供应可靠性，确保企业生产经营活动稳步进行。“为产品的生产提供了原材料的保证，并降低了原材料的生产成本”。

第四章　战略实施

本章考情分析

本章是考试的次重点章，近五年考试分值平均在 8 分左右。本章内容较多，但分值密度相对不高，主要讲解了公司战略与组织结构、公司战略与企业文化、战略控制、战略管理中的权力与利益相关者、信息技术在战略管理中的作用等方面的内容。对本章内容的复习，考生应做到详略得当、有所侧重。对公司战略与组织结构、公司战略与企业文化、战略控制中的有关内容需重点掌握，对信息技术在战略管理中的作用，考生做到熟悉相关内容即可。

需要重点掌握的知识点如下：

• 公司战略与组织结构

（1）横向组织分工结构的 8 种基本类型，掌握每种类型的结构特征、优缺点及适用情形；

（2）横向分工结构的 6 种基本协调机制；

（3）组织的 4 种战略类型，掌握每种类型的含义、特征及适用性。

• 公司战略与企业文化

（1）企业文化的 4 种类型，掌握每种类型的特征及适用性；

（2）文化与绩效，掌握文化与绩效的关系，文化为企业创造价值的途径；

（3）战略稳定性与文化适应性，掌握在 4 种情形下如何处理战略与文化的关系。

• 战略控制

（1）掌握战略失效 3 种类型；

（2）掌握战略控制与预算控制的差异；

（3）战略控制方法，重点掌握预算控制中的 2 种预算类型及每种类型的优缺点；平衡计分卡的 4 个维度及每个维度下的具体指标。

本章考题形式多样，客观题、简答题和综合题都有可能出现，且可出题点较分散，考生复习时既要关注重点，又要兼顾全面，对重点内容做到理解记忆，对其他内容做到熟悉。从考试趋势上来看，本章分值并不高，且近年来以客观题考查的形式为主，即使在简答题和综合题中出现，所占分值也不会很高。但考生需要注意的是，近年来随着移动互联网、大数据、云计算等新一代信息技术的迅猛发展，很多新兴业态伴随而生，同时新一代信息技术对企业战略管理带来了很大影响，衍生出很多新的管理模式，因此，信息技术与战略管理的内容考生需提高警惕。

近五年考试情况如下：

年度	分值	题型	考　　点
2015	5	单选题	利益相关者，内部治理结构
		多选题	纵横向分工结构，内部治理结构
2016	8	单选题	横向分工的协调机制，战略失效类型，公司战略与企业文化
		多选题	两种预算编制方法的特征，平衡计分卡
		简答题	信息技术在战略管理中的作用
2017	6.5	单选题	纵横向分工结构企业文化的类型
		多选题	纵横向分工结构预算控制平衡计分卡的业绩衡量方法
2018	10	单选题	战略实施、国际化经营企业的组织结构、横向分工结构、战略稳定性与文化适应性、大数据时代企业战略转型、组织的战略类型
		多选题	零基预算
2019	6	单选题	公司战略与企业文化、公司战略与组织结构
		多选题	公司战略与组织结构

本章教材变化

本章教材与之前相比，无重要知识点变化，仅涉及增加和减少各一个案例。

基本内容框架

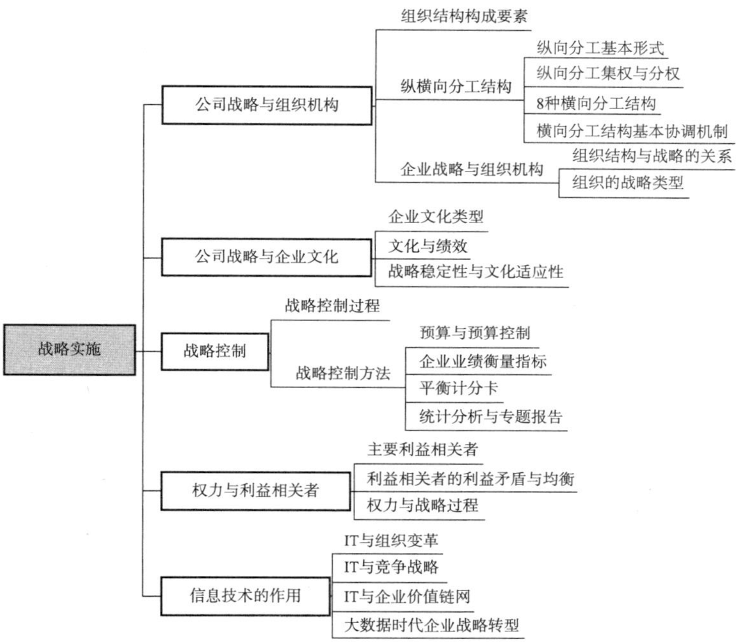

通关重难点例题解析

知识点1 纵横向分工结构（★★）

（一）纵向分工结构	
含义	指企业高层管理人员为了有效地贯彻执行企业的战略，选择适当的管理层次和正确的控制幅度，并说明连接企业各层管理人员、工作以及各项职能的关系。
类型	高长型组织结构，指具有一定规模的企业的内部有很多管理层次。在每个层次上，管理人员的控制幅度较窄。 扁平型组织结构，指具有一定规模的企业的内部管理层次较少。在每个层次上，管理人员的控制幅度较宽。
管理问题	（1）集权与分权； （2）中层管理人员人数； （3）信息传递； （4）协调与激励。

续表

（二）横向分工结构	
基本类型	创业型组织结构、职能制组织结构、事业部制组织结构、M 型企业组织结构（多部门结构）、战略业务单位组织结构（SBU）、矩阵制组织结构、H 型结构（控股企业/控股集团组织结构）和国际化经营企业的组织结构。
基本协调机制	（1）相互适应，自行调整（创业型组织结构、矩阵制结构）； （2）直接指挥，直接控制（创业型组织结构）； （3）工作过程标准化（职能制组织结构）； （4）工作成果标准化（事业部制组织结构、矩阵制结构）； （5）技艺（知识）标准化（专业型企业）； （6）共同价值观（理想型企业）。

【例 4－1】（2019 单选题）

图美公司是某出版社所属的一家印刷厂，该公司按照出版社提供的文稿、图片和质量要求从事印刷、装订工作。图美公司适宜采用的组织协调机制是（　　）。

A. 共同价值观

B. 相互适应，自行调整

C. 工作成果标准化

D. 技艺（知识）标准化

【答案】C

【解析】工作成果标准化是指组织通过预先制定的工作成果标准，实现组织中各种活动的协调。"该公司按照出版社提供的文稿、图片和质量要求从事印刷、装订工作"采用的是工作成果标准化。选项 C 正确。

【例 4－2】（2019 单选题）

生产智能家电产品的凯威公司适应外部环境的不断变化，及时调整内部资源和组织结构，发挥协同效果和整体优势，激发员工的创新精神和使命感，对社会需求作出灵活、快速的反应。该公司采取的组织协调机制是（　　）。

A. 直接指挥，直接控制

B. 工作过程标准化

C. 共同价值观

D. 工作成果标准化

【答案】C

【解析】"及时调整内部资源和组织结构，发挥协同效果和整体优势，激发员工的创新精神和使命感，对社会需求作出灵活、快速的反应"体现了企业对内要及时调整，发挥创新精神、协同效果和整体优势；对外要灵活适应，快速行动，即共同价值观。选项 C 正确。

【例 4－3】（2019 多选题）

以生产、销售多种石化产品为主业的东昌公司对本企业的经营活动和人员，按照北方区域和南方区域进行划分。公司总部负责计划、协调和安排资源，区域分部负责所在区域的所有经营活动、产品销售和客户维护。下列各项中，属于东昌公司组织结构优点的有（　　）。

A. 能实现更好更快的地区决策

B. 可以削减差旅和交通费用

C. 易于处理跨区域的大客户的事务

D. 可以避免管理成本的重复

【答案】AB

【解析】"按照北方区域和南方区域进行划分"体现的是区域事业部制结构，选项 A、B 正确，选项 C、D 属于区域事业部制结构缺点。

【例 4－4】（2018 单选题）

贝乐玩具公司成立 10 年来，生产和经营规模逐步扩大，玩具产品的品种不断增加。为了提高工作效率并实现规模经济，该公司应采用的组织结构是（　　）。

A. M 型组织结构

B. 事业部制组织结构

C. 创业型组织结构

D. 职能制组织结构

【答案】D

【解析】职能制组织结构的优点有：（1）能够通过集中单一部门内所有某一类型的活动来实现规模经济；（2）有利于培养职能专家；（3）由于任务为常规和重复性任务，因而工作效率得到提高；（4）董事会便于监控各个部门。贝乐玩具公司为了提高工作效率并实现规模经济，因此，该公司应采用的组织结构是职能制组织结构。

【例 4－5】（2018 单选题）

百灵公司是一家企业集团，主要从事音响设备、舞台灯具、中西乐器及影视策划与制作等业务，拥有2家全资子公司、3家控股子公司。百灵公司宜采用的组织结构是（　　）。

A. M型组织结构

B. 职能制组织结构

C. 矩阵式组织结构

D. 事业部制组织结构

【答案】A

【解析】“百灵公司是一家企业集团，主要从事音响设备、舞台灯具、中西乐器及影视策划与制作等业务，拥有2家全资子公司、3家控股子公司”表明百灵公司拥有多个业务，多个子公司，宜采用M型组织结构。M型企业组织结构一般适用于在具有较复杂的产品类别或较广泛的地区分布的企业中采用。

【例4-6】（2017多选题）

威能公司是一家生产日常消费品的企业，有四大事业部，分别负责研发和生产洗发类产品、婴儿类产品、洗漱类产品和化妆类产品。每个事业部都拥有多个产品线。公司总部对各个事业部统一进行资源配置。威能公司采取的组织结构类型的特点有（　　）。

A. 能够通过资本回报率等方法对事业部进行绩效考核

B. 集权化的决策机制放慢了反应速度

C. 职权分派到事业部，并在事业部内部进行再次分派

D. 为各事业部分配企业的管理成本比较困难

【答案】ACD

【解析】威能公司“有四大事业部，分别负责研发和生产洗发类产品、婴儿类产品、洗漱类产品和化妆类产品。每个事业部都拥有多个产品线”，威能公司采取的组织结构类型属于M型企业组织结构。M型组织结构的优点：

第一，便于企业的持续成长。随着新产品线的创建或收购，这些新产品线可能被整合到现有的事业部中，或者作为新开发的事业部的基础。

第二，由于每一个事业部都有其自身的高层战略管理者，因此首席执行官所在总部员工的工作量会有所减轻。这样，首席执行官就有更多的时间分析各个事业部的经营情况以及进行资源配置。

第三，职权被分派到总部下面的每个事业部，并在每个事业部内部进行再次分派。

第四，能够通过诸如资本回报率等方法对事业部的绩效进行财务评估和比较。

M型组织结构的缺点：

第一，为事业部分配企业的管理成本比较困难并略带主观性。

第二，由于每个事业部都希望取得更多的企业资源，因此经常会在事业部之间滋生功能失调性的竞争和摩擦。

第三，当一个事业部生产另一个事业部所需的部件或产品时，确定转移价格也会产生冲突。

选项A、C、D正确。M型组织结构实行集权和分权相结合的组织管理体制，能够增强对外部环境变化的适应能力。所以，选项B错误。

【例4-7】（2017单选题）

育英公司是一家英语培训机构，定位于高端培训。该公司实行纯英文教学，全部课程由外籍教师进行授课，另外配备一名中文教师担任助教，所有教师都须有5年以上的教学经验。育英公司培训活动中的组织协调机制是（　　）。

A. 技艺（知识）标准化

B. 工作过程标准化

C. 工作成果标准化

D. 相互适应，自行调整

【答案】A

【解析】育英公司“实行纯英文教学，全部课程由外籍教师进行授课，另外配备一名中文教师担任助教。所有教师都须有5年以上的教学经验”，该公司对其成员所应有的技艺、知识加以标准化。所以，选项A正确。

【例4-8】（2017单选题）

华胜公司是生产经营手机业务的跨国公司，其组织按照两维结构设计，一维是按照职能专业化原则设立区域组织，它们为业务单位提供支持、服务和监管；另一维是按照业务专业化原则设立四大业务运营中心它们对应客户需求来组建管理团队并确定生意人经营目标和考核制度。华胜公司采取的组织结构是（　　）。

A. 事业部结构

B. 战略业务单位结构

C. 矩阵制组织结构

D. 职能结构

【答案】C

【解析】本题考查横向分工组织结构的类型、特征。矩阵制组织结构是指既包含职能专业化又包含产品或项目专业化的二维组织结构，适用于处理非常复杂项目中的控制问题。华胜公司按职能专业和业务专业化设置的二维组织结构属于矩阵制组织结构。故选项C正确。

【例4－9】（2016单选题）

在最简单的组织结构中，适宜采用的组织协调机制是（　　）。

A. 共同价值观

B. 直接指挥，直接控制

C. 相互适应，自行调整

D. 标准化体系结构

【答案】C

【解析】本题考查横向分工结构的基本协调机制。"相互适应，自行调整"是一种自我控制方式，适用于最简单的组织结构。组织成员直接通过非正式的、平等的沟通达到协调，相互之间不存在指挥与被指挥的关系，也没有来自外部的干预。故选项C正确。

【例4－10】（2015多选题）

大众火锅店规定：10万元以下的开支，每个分店的店长就可以做主。普通的一线员工，拥有免单权，而且可以根据客人的需求，赠送水果盘。根据组织纵向分工结构集权与分权理论，大众火锅店这种组织方式的优点有（　　）。

A. 降低管理成本

B. 易于协调各职能间的决策

C. 提高企业对市场的反应能力

D. 能够对普通员工产生激励效应

【答案】ACD

【解析】本题考查纵向分工中集权和分权的优缺点，题目中大众火锅采用的是分权型决策机制，其优点包括：减少了信息沟通的障碍，提高了企业对市场的反应能力，能够为决策提供更多的信息并对员工产生激励效应；在管理中，通过分权制减少管理层次，降低企业内部的管理成本。选项B属于集权型决策的优点。

知识点2　企业战略与组织结构（★★★）

战略类型	开创性问题	工程技术问题	行政管理	适用性及风险
防御型战略组织	创造一个稳定的经营领域，占领一部分产品市场。在有限的市场中，通过竞争性定价或高质量产品等经济活动来阻止竞争对手进入，保持自己的稳定。	运用大量的资源尽可能有效地生产和销售产品或提供服务，技术效率是组织成功的关键。	采取"机械式"结构机制，保证组织严格地控制效率。	适合于较为稳定的产业。风险在于：不可能对市场环境做出重大的改变。
开拓型战略组织	追求动态环境，寻求和开发产品与市场机会，在该过程中企业需具备从整体上把握环境变化的能力。	不是局限在现有的技术能力上，它根据现在和将来的产品结构确定技术能力。	采取"有机式"机制，奉行灵活性原则。	可减少环境动荡的影响，但要冒利润较低与资源分散的风险。
分析型战略组织	在寻求新产品和市场机会的同时，保持传统的产品和市场。	保持技术的灵活性和稳定性之间的平衡，形成一种双重的技术核心。	适应既稳定又变动的经营业务，使两种经营业务达到平衡。	如不能保持必要的平衡，可能导致既无效能又无效率。
反应型战略组织	对外部环境的反应上采取一种动荡不定的调整模式，缺少在变化的环境中随机应变的机制。	企业成为反应型组织的原因： ①决策层没有明文表达企业战略； ②管理层次中没有形成可适用于现有战略的组织结构； ③只注重保持现有战略与结构的关系，忽略了外部环境条件的变化。		仅适用于经营垄断或被高度操纵的产业。

【例4－11】（2019单选题）

华蓓公司是Y市一家生产婴幼儿用品的企业。多年来，公司在Y市婴幼儿用品市场拥有稳定的市场占有率。为了巩固其竞争优势，华蓓公司运用竞争性定价阻止竞争对手进入其经营领域，并实施有利于保持高效率的“机械式”组织机制。华蓓公司所采取的组织的战略类型属于（ ）。

A. 防御型战略组织

B. 反应型战略组织

C. 开拓型战略组织

D. 分析型战略组织

【答案】A

【解析】防御型组织常采用竞争性定价或高质量产品等经济活动来阻止竞争对手进入它们的领域，保持自己的稳定。在行政管理上，行政管理是为了保证组织严格地控制效率。为解决这一问题，防御型组织常常采取“机械式”结构机制。

【例4－12】（2018单选题）

风华公司的主营业务是生产、销售体育运动器材，从去年起，该公司在保留原有业务的同时寻找新的市场机会，开发出适合个人使用的运动健康补测仪并尝试性投放市场，该仪器可随时把使用者在运动中的有关生物指数显示并记录下来，从而帮助使用者了解自己的健康状况并选择适当的运动方式，风华公司适宜采取的组织战略类型是（ ）。

A. 开拓型战略组织

B. 防御型战略组织

C. 反应型战略组织

D. 分析型战略组织

【答案】D

【解析】分析型战略组织综合了防御型战略组织和开拓型战略组织的特点，即在寻求新的产品和市场机会的同时，保持传统的产品和市场。“风华公司的主营业务是生产、销售体育运动器材，从去年起，该公司在保留原有业务的同时寻找新的市场机会，开发出适合个人使用的运动健康补测仪并尝试性投放市场”，表明风华公司适宜采取的组织战略类型是分析型战略组织。

【例4－13】（2014单选题）

甲公司是研发音乐耳机的企业，其近期面向舞台表演者和音乐发烧友推出的3款“入耳型”音乐耳机产品，虽然外形并不时尚，但凭借着先进的音频技术和舒适的佩戴感觉，得到了客户的认可。甲公司决定不断完善3款产品的制造工艺技术，降低产品成本并提高产品质量，从而能够继续保持这一部分耳机市场份额。甲公司宜采取的组织战略类型为（ ）。

A. 防御型战略组织

B. 开拓型战略组织

C. 分析型战略组织

D. 反应型战略组织

【答案】A

【解析】本题考查4种组织战略类型含义及特征。防御型组织主要是要追求一种稳定的环境，试图通过解决开创性问题来达到自己的稳定性。从防御型组织的角度来看，所谓开创性问题就是要创造一个稳定的经营领域，占领一部分产品市场，即生产有限的一组产品，占领整个潜在市场的一小部分。在这个有限的市场中，防御型组织常采用竞争性定价或高质量产品等经济活动来阻止竞争对手进入它们的领域，保持自己的稳定。甲公司针对3款产品采取的不断完善制造工艺技术，降低产品成本，提高产品质量的措施，符合防御型战略组织的特征，故选项A正确。

知识点3 企业战略与企业文化（★★）

类型	特点	适用性
权力导向型	掌权人试图对下属保持绝对控制，企业的决策可以很快地作出，但其质量在很大程度上取决于企业经理人员的能力。企业的变革主要由企业中心权力来决定。	通常存在于家族式企业和刚开创的企业。
角色导向型	尽可能追求理性和秩序，角色文化十分重视合法性、忠诚和责任，十分强调等级和地位。	不太适合动荡的环境。
任务导向型	管理者关心的是不断地和成功地解决问题，对不同职能和活动的评估完全是依据它们对企业目标做出的贡献，专长是个人权力和职权的主要来源。	适用于十分动荡或经常变化的环境。
人员导向型	企业存在的目的主要是为其成员的需要服务，企业是其员工的下属，企业的生存也依赖于员工。职权是多余的，角色分配的依据是个人的爱好及学习和成长的需要。	适用于俱乐部、协会、专业团体和小型咨询公司。

【例 4－14】（2019 单选题）

2017 年，主营电子商城业务的鑫茂公司制定和实施了新零售战略，对原有业务进行了较大调整，建立了多家商品销售实体店，线下线上业务协同开展。这一变革得到企业固有文化的支持。根据战略稳定性和文化适应性矩阵的要求，该公司在实施上述新战略时应（　　）。

A 以企业使命为基础

B. 加强协调作用

C. 重新制定战略

D. 根据文化进行管理

【答案】A

【解析】“对原有业务进行了较大调整，建立了多家商品销售实体店，线下线上业务协同开展”说明组织要素的变化较大；“这一变革得到企业固有文化的支持”说明潜在一致性较大，应采取以企业使命为基础。选项 A 正确。

【例 4－15】（2018 单选题）

志铭公司是一家小型咨询公司，有 20 多名员工，员工既负责从市场上承揽咨询项目，又根据自己的特长和爱好选择并完成咨询任务。公司为员工顺利开展工作提供必要的条件和服务。志铭公司企业文化的类型属于（　　）。

A. 人员导向型

B. 权力导向型

C. 任务导向型

D. 角色导向型

【答案】A

【解析】“志铭公司是一家小型咨询公司，有 20 多名员工，员工既负责从市场上承揽咨询项目，又根据自己的特长和爱好选择并完成咨询任务。公司为员工顺利开展工作提供必要的条件和服务”。表明志铭公司企业文化的类型属于人员导向型。人员导向型文化，也称作利他导向型文化，在这种文化中，重视个人的文化，主要由个人主导工作，强调个人价值与专业，员工对企业的忠诚度较低。员工通过示范和助人精神来互相影响，而不是采用正式的职权。这一文化常见于俱乐部、协会、专业团体和小型咨询公司。

【例 4－16】（2018 单选题）

家电制造商东岳公司于 2015 年并购了一家同类企业，在保留被并购企业原有组织的同时实行了新的绩效考核制度，结果遭到被并购企业大多数员工的反对。本案例中，东岳公司在处理被并购企业战略稳定性与文化适应性关系时正确的做法是（　　）。

A. 加强协调作用

B. 以企业使命为基础

C. 重新制定战略

D. 根据文化的要求进行管理

【答案】D

【解析】“在保留被并购企业原有组织的同时实行了新的绩效考核制度，结果遭到被并购企业大多数员工反对”。体现了组织要素变化少、文化潜在的一致性小，因此应该根据文化的要求进行管理。

【例 4－17】（2017 单选题）

J 国的 S 公司是一家全球 500 强企业，依靠严格的规章制度进行精细化管理，内部等级分明，决策权主要集中在上层，资历在员工晋升中发挥了重要作用。S 公司的企业文化类型属于（　　）。

A. 任务导向型

B. 人员导向型

C. 角色导向型

D. 权力导向型

【答案】C

【解析】本题考查 4 种组织战略类型含义及特征。角色导向型企业文化尽可能追求理性和秩序，角色文化十分重视合法性、忠诚和责任，十分强调等级和地位。在这类企业中，权力仍在上层。S 公司的描述符合角色导向型文化的特征，故选项 C 正确。

【例 4－18】（2016 单选题）

甲公司是一家成功的家电企业，多年来致力于为消费者提供整套家电解决方案。随着互联网技术的兴起，公司于 2004 年制定并实施了进军智能家居领域的战略，通过建立“家庭网络标准产业联盟”，推出了一系列信息及多媒体共享的智能家居产品。同时，公司组织结构进行了重大改革，管理制度也做了相应调整，并与企业多年形成的文化保持了一致。根据战略稳定性与文化适应性矩阵的要求。甲公司在实施上述新战略时，应当（　　）。

A. 加强协同作用

B. 重新制定战略

C. 根据文化进行管理

D. 以企业使命为基础

【答案】D

【解析】本题考查战略稳定性与文化适应性矩阵。题目中，甲公司在实施进军智能家居领域的战略时，重要的组织要素发生很大变化，而这些变化大多与企业现有文化具有潜在的一致性，此时应以企业使命为基础推进变革。故选项D正确。

【例4-19】(2014单选题)

甲公司是一家关注于高科技移动领域的互联网公司。公司没有森严的等级制度，强调员工平等，崇尚创新，在处理多样化的问题时，鼓励员工跨部门合作，在工作中发挥自己的专长和创意，努力打造客户需要的产品。甲公司的企业文化类型属于(　　)。

A. 任务导向型

B. 人员导向型

C. 角色导向型

D. 权力导向型

【答案】A

【解析】本题考查4种组织战略类型含义及特征。任务导向型企业文化中，管理者关心的是不断地和成功地解决问题，对不同职能和活动的评估完全是依据它们对企业目标做出的贡献，专长是个人权力和职权的主要来源。甲公司符合任务导向型企业文化的特征，故选项A正确。

知识点4　战略控制的过程(★★)

【例4-20】(2016单选题)

2002年，小王在市区黄金位置开了一家咖啡店，由于经营有方，小店开业不到一个月就创造了销售佳绩。正在小王准备大干一场时，社会上一场流行性疾病袭来，小店经营陷入困境。小王采取各种措施试图挽救，失败后不得不关闭了咖啡店，根据战略失效理论，小王创业没达到预期目标属于(　　)。

A. 前期失效　　B. 正常失效

C. 偶然失效　　D. 晚期失效

【答案】C

【解析】本题考查战略失效的类型。偶然失效是由一些意想不到的因素导致的，题目中小王的咖啡店由于异常流行疾病袭来，导致经营陷入困境，属于偶然因素的影响。故选项C正确。

【例4-21】(单选题)

在以下关于战略控制与预算控制的表述中，正确的是(　　)。

A. 战略控制的期限通常在一年以内

B. 战略控制的重点是企业内部

C. 预算控制通常在预算期结束后采取纠正行为

D. 预算控制采用定性与定量结合的方法

【答案】C

【解析】本题考查战略控制与预算控制的对比。战略控制：期间比较长，从几年到十几年以上；采用定性方法和定量方法相结合的方法；控制的重点是内部和外部；采用不断纠正行为。预算控制：期间通常为一年以下；常采用定量方法；控制的重点是企业内部；在预算期结束之后采用纠正行为。故选项C正确。

知识点5　战略控制方法(★★)

【例4-22】(多选题)

甲集团以电脑软件起家，立志要做“中国的蓝色巨人”。但在还远远没长成“巨人”的时候，就开始投资生物工程，以及房地产。由于摊子太大，公司资金链出现了断裂，最终使公司发展陷入停顿。根据以上信息可以判断，该公司战略失效的主要原因有(　　)。

A. 企业内部缺乏沟通

B. 战略实施所需的资源条件与现实存在的资源条件之间出现较大缺口

C. 用人不当，主管人员、作业人员不称职或玩忽职守

D. 公司管理者决策错误

【答案】BD

【解析】导致战略失效的原因有很多。“摊子太大”表明公司管理者决策错误，“公司资金链出现了断裂”表明战略实施所需的资源条件与现实存在的资源条件之间出现较大缺口。

【例4-23】(多选题)

下列关于企业业绩衡量的表述错误的有(　　)。

A. 业绩评价可以提供控制行为的必要反馈

B. 股东观认为，应当采用基于会计的方法衡量业绩

C. 利益相关者观认为企业是为所有利益相关者的利益而存在

D. 业绩衡量主要基于财务信息

【答案】BD

【解析】选项A正确，表明的是企业经营业绩衡量的主要目的（属于细小知识点。其他的细小知识点包括战略性业绩计量的特征、识别成功关键因素的意义）。股东观认为，应当采用基于市场的方法衡量业绩，所以，选项B表述错误。业绩衡量可能基于财务信息，也可能基于非财务信息，所以，选项D表述错误。

（一）战略控制与预算控制的差异

	战略控制	预算控制
周期	期间比较长，从几年到十几年以上	期间通常为一年以下
方法	定性方法和定量方法	定量方法
重点	重点是内部和外部	重点是内部
时点	不断纠正行为	在预算期结束之后采用纠正行为

（二）预算的类型

增量预算：新的预算使用以前期间的预算或者实际业绩作为基础来编制，在此基础上增加相应内容。
零基预算：在每一个新的期间必须重新判断所有的费用。

	优点	缺点
增量预算	①预算是稳定的，且变化是循序渐进的；②经理能够在一个稳定的基础上经营他们的部门；③系统相对容易操作和理解；④遇到类似威胁的部门能够避免冲突；⑤容易实现协调预算。	①它假设经营活动以及工作方式都以相同的方式继续下去；②不能拥有启发新观点的动力；③没有降低成本的动力；④它鼓励将预算全部用光以便明年可以保持相同的预算；⑤它可能过期，并且不再和经营活动的层次或者执行工作的类型有关。
零基预算	①能够识别和去除不充分或者过时的行动；②能够促进更为有效的资源分配；③需要广泛的参与；④能够应对环境的变化；⑤鼓励管理层寻找替代方法。	①它是一个复杂、耗费时间的过程；②它可能强调短期利益而忽视长期目标；③管理团队可能缺乏必要的技能。

（三）平衡计分卡

平衡计分卡突破了财务作为唯一指标的衡量工具，平衡了短期和长期业绩、外部与内部的业绩、财务与非财务业绩以及不同利益相关者的角度，包括财务角度、顾客角度、内部流程角度和创新与学习角度。

具体如下图所示：

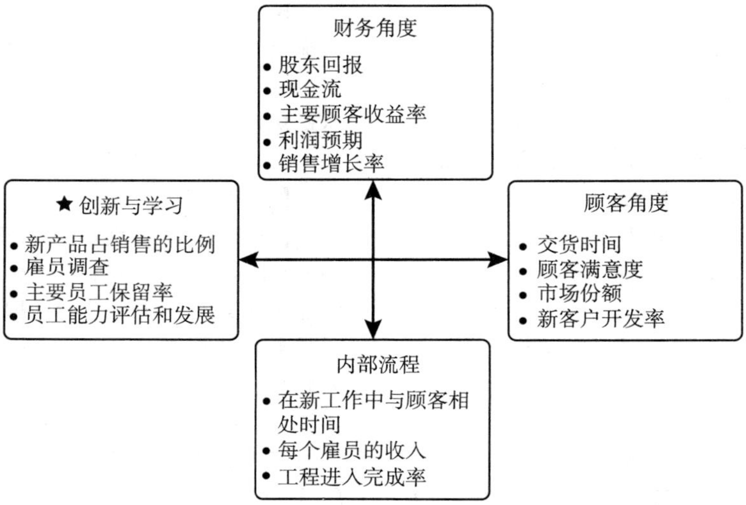

【例 4－24】（2019 单选题）

为高净值客户提供理财咨询服务的天元公司采用平衡计分卡衡量企业业绩，并把主要客户的收益率作为一项重要考核指标。该指标属于平衡计分卡的（　　）。

A. 财务角度

B. 顾客角度

C. 内部流程角度

D. 创新与学习角度

【答案】A

【解析】主要客户的收益率属于平衡计分卡中的财务角度。选项 A 正确。

【例 4－25】（2019 多选题）

美邦服装公司每年都采用投资回报率、销售利润率、资产周转率等比率指标对经营业绩进行评价。下列各项中，属于该公司采用的绩效评价指标的局限性的有（　　）。

A. 鼓励短期行为

B. 比率不是一成不变的

C. 比率不可以用作目标

D. 可比信息的可获得性较差

【答案】ABD

【解析】美邦公司采用的是比率评价；比率评价的局限性：（1）可比信息的可获得性；（2）历史信息的使用；（3）比率不是一成不变的；（4）需要仔细解读；（5）被扭曲的结果；（6）鼓励短期行为；（7）忽略战略目标；（8）无法控制无预算责任的员工。选项 A、B、D 正确。比率可以用作目标，选项 C 错误。

【例 4－26】（2018 多选题）

研发、生产治疗糖尿病药品的仁康公司采用平衡计分卡进行绩效管理。下列选项中，属于该公司的平衡计分卡从内部流程角度包括的内容有（　　）。

A. 药品研发人员和生产技术人员的保留

B. 新药品占销售的比例

C. 每个员工的收入

D. 收益率

【答案】CD

【解析】选项 A、B 属于创新与学习角度，选项 C、D 属于内部流程角度。

【例 4－27】（2018 多选题）

信达银行每年都依据实际业绩编制预算。2016 年底信达银行在某地开设了一家分行，该分行 2017 年预算编制类型的优点有（　　）。

A. 能够促进更为有效的资源分配

B. 系统相对容易操作和理解

C. 容易实现协调预算

D. 能够应对环境的变化

【答案】AD

【解析】零基预算是指在每一个新的期间必须重新判断所有的费用。由于分行是2016 年底新开设的，所以该分行 2017 年预算编制类型属于零基预算。零基预算的优点有：（1）能够识别和去除不充分或者过时的行动；（2）能够促进更为有效的资源分配；（3）需要广泛的参与；（4）能够应对环境的变化；（5）鼓励管理层寻找替代方法。所以，选项 A、D 正确。选项 B、C 属于增量预算的优点。

【例 4－28】（2018 多选题）

龙都钢铁公司每年都用投资报酬率、销售利润率、资产周转率等比率对经营绩效进行评价。下列各项中，属于该公司采用上述绩效评价指标的主要原因有（　　）。

A. 相对于实物数量或货币价值的绝对值，比率更易于理解

B. 比率可以用作目标

C. 能够控制无预算责任的员工

D. 可以避免短期行为

【答案】AB

【解析】使用比率来进行绩效评价的主要原因有：

（1）通过比较各个时期的相应比率可以很容易发现这些比率的变动；

（2）相对于实物数量或货币价值的绝对数，比率更易于理解；

（3）比率可以进行项目比较并有助于计量绩效；

（4）比率可以用作目标；

（5）比率提供了总结企业结果的途径，并在类似的企业之间进行比较。

所以，选项 A、B 正确。

【例 4－29】（2017 多选题）

富友公司实行全面预算管理，每年年底都在深入分析每个部门的需求和成本的基础上，根据未来的需求编制预算，富友公司编制预算采用的方法的优点有（　　）。

A. 系统相对容易操作和理解

B. 能够促进更为有效的资源配置

C. 鼓励管理层寻找替代方法

D. 容易实现协调预算

【答案】BC

【解析】富友公司“每年年底都在深入分析每个部门的需求和成本的基础上，根据未来的需求编制预算”。表明该公司采用零基预算法编制预算。零基预算的优点包括：(1) 能够识别和去除不充分或者过时的行动；(2) 能够促进更为有效的资源分配；(3) 需要广泛的参与；(4) 能够应对环境的变化；(5) 鼓励管理层寻找替代方法。所以，选项 B、C 正确。选项 A、D 属于增量预算的优点。

【例 4-30】(2017 多选题)

顺通公司是一家快递公司，2016 年，顺通公司开始使用平衡计分卡衡量公司业绩，并选取了业务量增长率、交货时间、主要员工保留率、预期利润等指标作为业绩衡量指标。上述指标涵盖的角度有（　　）。

A. 创新与学习角度

B. 顾客角度

C. 内部流程角度

D. 财务角度

【答案】ABCD

【解析】主要员工保留率属于创新与学习角度，所以，选项 A 正确；交货时间同时属于顾客角度和内部流程角度，所以，选项 B、C 正确；业务量增长率、预期利润属于财务角度，所以，选项 D 正确。

【例 4-31】(2016 多选题)

南汇公司实行全面预算管理，每年年底都以当年的实际业绩为基础编制下一年的预算。南汇公司编制预算使用的方法的特征有（　　）。

A. 没有降低成本的动力

B. 能够促进更为有效的资源分配

C. 不能拥有启发新观点的动力

D. 能够应对环境的变化

【答案】AC

【解析】本题考查预算的类型及其优缺点。南汇公司采用的是增量预算，其优点包括：(1) 预算是稳定的，且变化是循序渐进的；(2) 经理能够在一个稳定的基础上经营他们的部门；(3) 系统相对容易操作和理解；(4) 遇到类似威胁的部门能够避免冲突；(5) 容易实现协调预算。缺点包括：(1) 它假设经营活动以及工作方式都以相同的方式继续下去；(2) 不能拥有启发新观点的动力；(3) 没有降低成本的动力；(4) 它鼓励将预算全部用光以便明年可以保持相同的预算；(5) 它可能过期，并且不再和经营活动的层次或者执行工作的类型有关。故选项 A、C 正确。

【例 4-32】(2016 多选题)

甲公司是一家不锈钢生产企业，为了提高企业竞争力，甲公司决定运用平衡计分卡衡量公司绩效。并选取了销售增长率、预期利润、交货时间、客户满意度等作为绩效衡量指标。甲公司选取的绩效衡量指标涵盖的角度有（　　）。

A. 财务角度

B. 内部流程角度

C. 创新与学习角度

D. 顾客角度

【答案】ABD

【解析】销售增长率、预期利润属于财务角度，交货时间属于内部流程角度，客户满意度属于顾客角度。选项 A、B、D 正确。选项 C 创新与学习角度没有涉及。

【例 4-33】(2014 单选题)

下列关于企业增量预算的说法中，正确的是（　　）。

A. 增量预算是稳定的，并且变化是循序渐进的

B. 增量预算能够促使企业降低成本

C. 增量预算拥有启发新观点的动力

D. 增量预算假设经营活动以及工作方式都以不同的方式继续下去

【答案】A

【解析】本题考查增量预算的特征。其优点包括：(1) 预算是稳定的，且变化是循序渐进的；(2) 经理能够在一个稳定的基础上经营他们的部门；(3) 系统相对容易操作和理解；(4) 遇到类似威胁的部门能够避免冲突；(5) 容易实现协调预算。缺点包括：(1) 它假设经营活动以及工作方式都以相同的方式继续下去；(2) 不能拥有启发新观点的动力；(3) 没有降低成本的动力；(4) 它鼓励将预算全部用光以便明年可以保持相同的预算；(5) 它可能过期，并且不再和经营活动的层次或者执行工作的类型有关。故选项 A 正确。

知识点 6　战略管理中的权力与利益相关者（★★）

企业的主要利益相关者

分类	利益相关者	诉求
内部利益相关者	企业投资者	资本收益，包括股息和红利。
	经理阶层	销售额最大化。
	企业员工	追求个人收入和职业稳定的最大化。
外部利益相关者	政府	税收。
	购买者和供应者	在他们各自的阶段增加更多的价值。
	债权人	有理想的现金流量管理状况，以及较高的偿付贷款和利息的能力。
	社会公众	企业能够承担一系列的社会责任。

利益相关者在战略决策与实施中的行为模式

①对抗	坚定 + 不合作	根本不考虑对方的要求，并坚信自己有能力实现所追求的目标。
②和解	不坚定 + 合作	设法满足对方的要求，目的在于保持或改进现存的关系。
③协作	坚定 + 合作	既考虑自己利益的满足，也考虑对方的利益，使双方利益都得到满足。
④折中	中等坚定与合作	相互作出让步，达成双方都能接受的协议。
⑤规避	不坚定 + 不合作	躲避冲突，主动或被动退出。

【例 4－34】（2019 单选题）

2015 年，大型冶金企业金通公司为获得稳定的原料来源，向某稀土开采企业提出以 20 亿元人民币并购该企业的要求，遭到后者拒绝。后来双方经多次谈判，最终达成以部分股权互换的方式结为战略联盟的协议。金通公司在战略决策与实施过程中的行为模式属于（　　）。

A. 对抗　　B. 和解

C. 折中　　D. 规避

【答案】C

【解析】通过各方利益相关者之间的讨价还价，相互做出让步，达成双方都能接受的协议，即为折中。选项 C 正确。

【例 4－35】（2018 单选题）

截至 2015 年秋，U 国 N 航空公司与 M 航空公司合并已有 5 年，但原 N 公司和 M 公司机舱服务员的劳工合约仍未统一。为此，原 N 公司与 M 公司的机舱服务员在临近圣诞节期间，发起抗议行动，有效推动了该问题的解决，本案例中原 N 公司与 M 公司机舱服务员的权力来源于（　　）。

A. 在管理层次中的地位

B. 个人的素质和影响

C. 参与或影响企业战略决策与实施过程

D. 利益相关者集中或联合的程度

【答案】D

【解析】“原 N 公司与 M 公司的机舱服务员在临近圣诞节期间，发起抗议行动，有效推动了该问题的解决”，表明 N 公司与 M 公司机舱服务员的权力来源于利益相关者集中或联合的程度。

【例 4－36】（2018 单选题）

大型采掘设备制造商长河公司在某发达国家建立了一个生产和销售基地。面对当地陌生而复杂的法律环境，该公司的法律事务部门较之在国内拥有了更大的权力，它来源于（　　）。

A. 对资源的控制与交换的权力

B. 个人的素质和影响

C. 利益相关者集中或联合的程度

D. 管理层次中的地位

【答案】B

【解析】个人的素质和影响是一种非正式职权的权力的重要来源。榜样权和专家权是个人素质和影响的重要方面。专家权来源于对其他人或作为整体组织而言有价值的特殊知识的占有，它也可以被认为是在特定情景中对专家的理所当然的遵从。“面对当地陌生而复杂的法律环境，该公司的法律事务部门较之在国内拥有了更大的权力”，体现了专家权，它来源于个人的素质和影响。

【例 4－37】（2018 单选题）

专营化妆品销售的雅兰公司取得某外商

产品的独家经销权后发现，该外商把部分产品批发给另一家化妆品经销商，于是向该外商提出抗议并威胁将诉诸法律，对方当即表示将杜绝同类事情发生并向雅兰公司做出赔偿。雅兰公司接受了对方的意见，在本案例中，雅兰公司对待矛盾与冲突的行为方式是（　　）。

A. 和解　　B. 对抗
C. 协作　　D. 折中

【答案】B

【解析】对抗是坚定行为和不合作行为的组合。发生冲突时，雅兰公司向该外商提出抗议并威胁将诉诸法律，对方当即表示将杜绝同类事情发生并向雅兰公司做出赔偿。雅兰公司的目的在于使对方彻底就范，根本不考虑对方的要求，并坚信自己有能力实现所追求的目标。因此，雅兰公司对待矛盾与冲突的行为方式属于对抗。

【例4－38】(2015单选题)

鲍莫尔的“销售最大化”模型，描述了企业在追求利润最大化和销售额最大化之间的博弈过程，这一模型反映了（　　）。

A. 股东与经理人员的利益矛盾与均衡
B. 企业利益与社会效益的矛盾与均衡
C. 企业与外部利益相关者的矛盾与均衡
D. 企业员工与企业之间的利益矛盾与均衡

【答案】A

【解析】鲍莫尔用“销售最大化”模型表达了他对经理人员强调销售额的重要性的理解。股东追求的是最大化利润，而经理总是期望企业获得最大化销售收益，因此反映的是股东与经理人员的利益矛盾与均衡。

【例4－39】(2015单选题)

某企业管理层拟将该公司旗下的两家子公司合并以实现业务重组，致使这两家子公司的大部分员工面临工作环境改变甚至下岗的风险。这些员工联合起来进行了坚决的抗争，致使公司管理层放弃上述决定，公司管理层对待和处理这场冲突的策略是（　　）。

A. 协作　　B. 折中
C. 和解　　D. 规避

【答案】C

【解析】和解是不坚定行为与合作行为的组合。一方利益相关者面对矛盾与冲突时，为保持或改进现存的关系，设法满足对方要求。该企业管理层面对员工的抗争，放弃了之前的决定，属于和解策略。

知识点7　信息技术在战略管理中的作用（★★）

<table>
<tr><th colspan="3">（一）信息技术与组织变革</th></tr>
<tr><td>两者关系</td><td colspan="2">两者是相互影响的关系。一方面，信息技术是推动组织变革的诱因；另一方面，组织变革又进一步促进信息技术应用。</td></tr>
<tr><td rowspan="2">IT对组织变革的影响</td><td>支持组织扁平化调整</td><td>（1）管理层级变少，授权后的员工在信息技术支持下决策；
（2）基于IT支持，强化组织内部通信、协调和监控能力，控制跨度更大。</td></tr>
<tr><td>支持新型组织结构</td><td>（1）团队结构：IT使得团队成员之间沟通和组织对团队的监督成为可能；
（2）虚拟组织：只有依托于强有力的计算机网络才能存在。</td></tr>
<tr><td rowspan="2">IT与业务流程重组</td><td colspan="2">（1）信息处理能力以及计算机与互联网技术的连通性增加了组织信息和知识的存取性、存储量和传播性，可以大大提高业务流程的效率，使现有过程运行得更快、更好。</td></tr>
<tr><td colspan="2">（2）还在于使组织打破传统的规则，建立全新的工作方式。</td></tr>
<tr><th colspan="3">（二）信息技术与竞争战略</th></tr>
<tr><td>IT与成本领先战略</td><td colspan="2">信息技术在企业中的应用可以帮助企业在生产、工程、设计、服务等环节有效降低成本，甚至达到行业中最低的运营成本</td></tr>
<tr><td>IT与差异化战略</td><td colspan="2">企业可以借助信息技术推出区别于竞争对手的新产品、新服务，从而获取竞争优势。借助这类信息技术，企业可以不需要再响应竞争对手基于价格上的竞争，而是通过提供难以复制的产品和服务，拉开与竞争对手的差距，阻断竞争对手。</td></tr>
<tr><td>IT与集中化战略</td><td colspan="2">信息技术可以帮助企业聚焦于目标市场，并在目标市场的竞争中胜出。借助类似数据挖掘这样的信息技术，企业可以利用产品销售和客户数据分析消费者的购买模式和偏好，从而更好地发现目标客户、服务于目标市场，并针对性地开展营销和市场竞争活动。</td></tr>
</table>

续表

（三）信息技术与价值链网		
IT 与价值链		信息技术对企业价值链基本活动和支持活动都能够起到支撑作用，有效降低成本，提升客户价值，赢得竞争优势。
IT 与价值网	价值网模型	①价值网是由利益相关者之间相互影响而形成的价值生成、分配、转移使用的关系及其结构。 ②价值网络强调“以顾客为中心”，在专业化分工的生产服务模式下，把处于“价值链”上不同位置并存在密切关联的企业或者相关利益体整合在一起，建立一个以顾客为核心的价值创造体系，共同为顾客创造价值。 ③价值网成员的相互关系是双赢的思想紧密合作关系，能够实现优势互补、共担风险和成本，共享市场和顾客忠诚。
	IT 与企业生态系统	①企业生态系统建立在价值网理念基础上，超越了传统价值链，不限于行业部门，涉及供应商、分销商甚至包括竞争对手、客户和监管机构等。 ②生态系统企业通常是跨产业合作，形成一个像自然生态系统的商业生态系统，每个企业与整个企业生态系统共进化、共命运。 ③信息技术在企业生态系统建立与运用中扮演着强有力的角色。价值网络中的企业通过信息技术平台凝聚在一起，形成整体运作的企业生态系统。
（四）大数据时代企业战略转型		
大数据特征		①大量性：大数据的数据量巨大；②多样性：数据类型繁多；③高速性：大数据处理时效性高；④价值性：大数据价值巨大，但价值密度低。
大数据时代的数据分析		①大数据分析和传统数据分析最重要的区别在于数据量。 ②传统的数据分析是“向后分析”，分析的是已经发生的情况。而在大数据时代，数据分析是“向前分析”，具有预测性。 ③传统的数据分析主要针对结构化数据，大数据时代的数据挖掘是在没有明确假设的前提下去挖掘信息、发现知识，用于指导以后的行动。
大数据对战略决策模式的影响		①决策依据：企业管理者可以利用大数据技术充分分析企业当前的经营能力、市场环境的要求，进而作出更加符合企业需求的管理决策。 ②决策主体：各级人员不仅能够轻松地获取影响决策的信息，且越来越主动地参与到决策当中来，使得管理决策活动从原本的管理层独立决策模式转化成全员决策模式。 ③决策技术与方法：一是基于云计算的数据处理与分析技术，云计算作为管理、处理大数据的一种有效工具，可以为数据收集、整理、分析等提供技术上的支撑。二是大数据下的知识发现技术可以有效提升决策质量与决策速度，通过建立面向半结构化、非结构化存储数据的知识发现及融合技术。三是大数据下的决策支持系统，通过大数据云计算技术建立适应全员参与的决策方法。
大数据时代企业战略转型	1. 市场调研与预测	在大数据时代，人们可以通过数据收集和分析，将某一经济活动的过去、现状和未来更紧密、更充分地结合起来，使预测数据更加可靠、过程更加精细，结果更加贴近实际。包括：（1）市场需求调研与预测；（2）资金需要量预测；（3）现金流量预测。
	2. 营销管理	（1）用户行为与特征分析；（2）企业重点客户的筛选；（3）客户分级管理；（4）改善用户体验；（5）竞争对手监测与品牌传播；（6）品牌危机监测与管理。
	3. 生产管理	（1）产品创新过程调研；（2）生产流程优化；（3）提高质量管理水平；（4）科学制订生产计划；（5）产品科学合理定价；（6）优化库存管理；（7）完善供应商管理；（8）实现产品生命周期管理；（9）提高固定资产利用率。
	4. 应收账款管理	相对于传统式的信用调查，利用大数据技术可以在更大的范围内进行客户信用评级查阅、信用变化跟踪、以往失信记录查找等。在现代电子技术的支撑下，几乎可以对所有客户的信用动态、支付能力进行实时追踪，从而对接近信用期、超过信用期的不同客户采用不同的收账政策。对于超过信用期较长时间未付款的客户，实行重点跟踪，分析其信用变化原因，更为准确地预计坏账损失，及时、足额地计提坏账准备，保证应收账款信息的真实性，有效防范企业资金链断裂。

【提示】大数据是新一代信息技术的典型代表，对社会生产生活的各个方面产生了深刻的影响，大数据相关知识点是教材新增内容，在复习时应予以高度关注。

【例 4－40】（2019 单选题）

瑞安保险公司依托医疗大数据智能化管

理系统，将来自保险机构、医院和药房的诸如疾病发病率、治疗效果和医疗费用等方面的大数据及时进行“提纯”和整合，对潜在目标客户进行精细化管理，从而实现对健康保费的有效控制。本案例主要体现的大数据特征是（　　）。

A. 大量性　　B. 多样性

C. 价值性　　D. 高速性

【答案】C

【解析】“瑞安保险公司依托医疗大数据智能化管理系统，将来自保险机构、医院和药房的诸如疾病发病率、治疗效果和医疗费用等方面的大数据及时进行‘提纯’和整合，对潜在目标客户进行精细化管理，从而实现对健康保费的有效控制”体现了大数据特征的价值性。选项C正确。

【例4-41】（2018单选题）

万明电力公司通过大数据分析发现了停电以后恢复供电时间的长短与客户满意度的高度相关性，并依据具体的数据调整了服务战略，提高了客户满意度，根据上述信息，万明公司运用大数据分析影响的战略转型的主要方面是（　　）。

A. 营销管理

B. 生产管理

C. 市场调研与预测

D. 成本管理

【答案】A

【解析】“万明电力公司通过大数据分析发现了停电以后恢复供电时间的长短与客户满意度的高度相关性，并依据具体的数据调整了服务战略，提高了客户满意度”，体现了营销管理的用户行为与特征分析。

【例4-42】（2018单选题）

主营快速消费品网上商城销售的海达公司运用大数据分析方法提升经营效率。下列各项中，对海达公司的大数据分析方法表述正确的是（　　）。

A. 海达公司的管理者利用大数据分析方法，结合自身的经验和判断能力制定了该公司快速消费品的促销策略

B. 海达公司管理人员依据预先设定的研究目的进行大数据分析

C. 海达公司采用大数据分析方法后，各级人员都能够轻松地获取影响决策的信息

D. 海达公司采用大数据分析方法首先从利用数据库存储结构化数据、构建数据仓库入手

【答案】C

【解析】在传统管理决策模式中，企业管理者大多会根据自身的经验及判断能力，对企业适应市场环境变化的措施作出判断。在大数据决策模式中，企业管理者可以利用大数据技术充分分析企业当前的经营能力、市场环境的要求，进而作出更加符合企业需求的管理决策。所以，选项A错误。大数据分析建立在海量原始数据基础上，不需要预先设定研究目的和方法。所以，选项B错误。在大数据时代，各级人员不仅能够轻松地获取影响决策的信息，且越来越主动地参与到决策当中来。所以，选项C正确。传统的数据分析主要针对结构化数据，大数据下的知识发现技术可以有效提升决策质量与决策速度，通过建立面向半结构化、非结构化存储数据的知识发现及融合技术。所以，选项D错误。

【例4-43】（2018单选题）

经营电子商城业务的亚迪公司通过数据挖掘了解消费者的购买经历，对产品的评价，产品浏览和搜索行为，从而在掌握消费者真实需求的基础上有的放矢地向消费者推荐商品。据统计，该公司网站推荐的食品类、服装类和家电类商品的销售转化率分别高达52%、55%和60%。在本案例中，亚迪公司运用信息技术实施了（　　）。

A. 差异化战略

B. 市场开发战略

C. 多元化战略

D. 集中化战略

【答案】D

【解析】“经营电子商城业务的亚迪公司通过数据挖掘了解消费者的购买经历，对产品的评价，产品浏览和搜索行为，从而在掌握消费者真实需求的基础上有的放矢地向消费者推荐商品”。表明亚迪公司借助数据挖掘技术，利用产品销售和客户数据分析消费者的购买模式和偏好，从而更好地发现目标客户、服务于目标市场，并有针对性地开展营销和市场竞争活动。因此，亚迪公司运用信息技术实施了集中化战略。

【例 4-44】(2016 多选题)

信息技术与企业组织结构的关系已经越来越紧密。下列各项关于信息技术对组织结构变革影响的表述中，正确的有（　　）。

A. 信息技术增加组织层次，扩大控制跨度

B. 信息技术支持虚拟组织，不支持团队结构

C. 信息技术在业务流程重组中发挥着重要作用

D. 信息技术有助于企业组织的规范化

【答案】CD

【解析】信息技术减少组织层次，扩大控制跨度。所以，选项 A 错误。信息技术支持新型组织结构，在信息技术的支持下，一些组织设计并采用了一些新型的组织结构以增强组织竞争力，其中最为重要的是团队结构和虚拟组织。所以，选项 B 错误。

【例 4-45】(单选题)

下列关于信息技术与组织变革的说法中，错误的是（　　）。

A. 信息技术是推动组织变革的诱因

B. 组织变革可促进信息技术的应用

C. 信息技术支持虚拟组织等新型组织结构

D. 信息技术有利于扩大管理幅度，支持组织高长化调整

【答案】D

【解析】选项 D 错误，信息技术有利于扩大管理幅度，支持组织扁平化调整。

通关演练

一、单项选择题

1. 以下关于管理层次和控制幅度的说法中，正确的是（　　）。

A. 组织规模一定的情况下，管理层次和控制幅度成反比

B. 组织规模一定的情况下，控制幅度和管理层次成正比

C. 控制幅度和管理层次的含义是相同的

D. 一定规模的企业内部有很多管理层次，该企业属于扁平型组织结构

2. 以下各项不属于企业文化维持企业竞争优势条件的是（　　）。

A. 甲公司企业文化为企业所特有

B. 乙公司企业文化难以被竞争对手模仿

C. 丙公司企业文化有助于内部的团结协作

D. 丁公司企业文化反映了所在国家的优秀传统文化

3. 某企业正在实施国际化发展战略，走出国门开拓东南亚市场，但现有职能制组织结构已无法满足企业开拓国际市场的需求，需对其进行调整。下列适合该企业的组织结构是（　　）。

A. H 型企业组织结构

B. 产品事业部制结构

C. 矩阵制组织结构

D. 区域事业部制结构

4. 下列关于信息系统与企业价值链网表述错误的是（　　）。

A. 信息系统能够帮助企业全面渗透到企业价值链的各主要环节，赢得竞争优势

B. 价值网强调以盈利为核心

C. 价值网很少以线性方式运作

D. 企业生态系统是以组织和个人的相互作用为基础的经济联合体

5. 下列关于钱德勒的组织结构服从战略理论的表述错误的是（　　）。

A. 企业战略的变化快于组织结构的变化

B. 企业组织结构的变化常常慢于战略的变化速度，特别是在经济缓慢发展时期里更是如此

C. 企业最先对经济发展做出反应的是战略，而不是组织结构

D. 企业采用不同的战略时，其组织结构应做出相应的反应

6. 在横向分工结构的基本协调机制中，与“相互适应，自行调整”内在本质相同的是（　　）。

A. 直接指挥，直接控制

B. 技艺标准化

C. 工作成果标准化

D. 共同价值观

7. 外科大夫在给病人进行手术时，需要麻醉师的配合，在手术前配合方案可能已经制定好，但外科大夫在手术台上所遇到的情况往往难以预料，又没有过多的时间与麻醉

师讨论，只有凭借他们各人所掌握的知识及经验各自处理自己的职责，则该种协调机制属于（　　）。

A. 相互适应，自行调整

B. 工作成果标准化

C. 直接指挥，直接控制

D. 技艺（知识）标准化

8. 下列不属于 M 型组织结构优点的是（　　）。

A. 便于企业的持续成长

B. 能够通过诸如资本回报率等方法对事业部的绩效进行财务评估和比较

C. 职权被分派到总部下面的每个事业部，并在每个事业部内部进行再次分派

D. 董事会便于监控各个部门

9. 甲公司是一家制药公司，拟将其生产的药品销售价格提高 25%，因此被相关部门约谈，该部门拟以乱涨价为由对其进行处罚。后甲公司与该部门协商，双方最终达成在未来三年内逐步调整销售价格、三年后销售价格比现价上涨 15% 的协议。此种行为模式为（　　）。

A. 和解　　B. 协作

C. 折中　　D. 让步

10. ofo 是一家领先的共享单车品牌，自 2015 年启动以来，在创始人戴威的领导下，ofo 稳居共享单车的头把交椅，成为了国家的名片。随着时间的推移，市场对 ofo 盈利能力的怀疑日渐加深，ofo 的运行陷入困境，截至 2018 年年底，ofo 已被多家法院认定为被执行人。根据战略失效理论，ofo 最终陷入困境属于（　　）。

A. 早期失效　　B. 正常失效

C. 偶然失效　　D. 晚期失效

11. 下列不属于战略业务单位组织结构的优点的是（　　）。

A. 降低了企业总部的控制跨度

B. 使得具有类似使命、产品、市场或技术的事业部之间能够更好地协调

C. 总部与事业部和产品层之间的关系变得更加紧密

D. 易于监控每个战略业务单位的绩效

12. 甲企业是一家处于成长期的健身公司，地处高校密集的大学城。公司实行会员制，顾客主要通过电话和网络预约方式来门店进行健身。甲企业决定采用平衡计分卡进行绩效管理，从顾客的角度考虑，其平衡计分卡的内容包括（　　）。

A. 顾客订单的增加

B. 顾客续卡率

C. 健身器材的维护

D. 主要员工保留率

13. 下列不属于信息技术对企业价值链基本活动支持的是（　　）。

A. 通过自动仓储系统和自动化运输调度系统来提升企业内外部物流运作效率

B. 通过计算机控制的生产制造系统提升生产运作效率

C. 通过人力资源管理系统加强绩效考评

D. 通过计算机化的产品销售和服务系统提升销售与服务的效能

14. 丙公司为一家高科技企业，主营业务是软件开发，总部设在北京。其主要客户为乙移动通信公司（以下简称“乙公司”），丙公司主要为乙公司实现预期通信功能和业务管理功能提供应用软件开发服务。乙公司以各省或大型城市为业务管理单位，各业务管理单位需求差异较大，软件功能经常升级。丙公司与乙公司保持了多年的良好合作关系。丙公司所处的软件开发行业的突出特点是知识更新快，同时也导致经验丰富、素质高的软件工程师流动性较大，为此丙公司按乙公司的业务管理单位，对各项目进行管理和考核。根据上述情况，适合丙公司选择的最佳组织结构类型是（　　）。

A. 职能制组织结构

B. 事业部制组织结构

C. 战略业务单位组织结构

D. 矩阵制组织结构

15. 位于上海浦东张江科技园区的某电子器件生产厂，公司的组织结构主要由五个部门组成：生产部、采购部、营销部、财务部和研发部。该公司的组织结构类型是（　　）。

A. 创业型组织结构

B. 职能制组织结构

C. 矩阵制组织结构

D. 多国企业组织结构

16. 下列模型中，用来描述企业员工与企业（股东或经理）之间的利益矛盾与均衡的是（　　）。

A. 列昂惕夫模型
B. 威廉姆森的管理权限理论
C. 马里斯的增长模型
D. 鲍莫尔的销售最大化模型

17. 甲企业的产品线数量有限且关系较为密切，判断该企业适合采用的组织结构为（　　）。
A. 分权与集权相结合结构
B. 集权型结构
C. 分权型结构
D. 偏于分权型的结构

18. 甲公司是国内一家大型农业生产资料集团，近年来致力于推进横向一体化和纵向一体化战略，以保持国内规模优势。甲公司对其各子公司实行预算管理，并通常使用增量预算方式进行战略控制，子公司预算需要经甲公司预算管理委员会批准后执行。2013年9月，甲公司在化肥市场低迷时期，收购了乙化肥厂。甲公司收购乙化肥厂后更换了其总经理和财务总监，并计划全面改变乙化肥厂的经营策略。2013年11月，甲公司启动2014年度预算编制工作，此时甲公司应要求乙化肥厂编制（　　）。
A. 增量预算　B. 静态预算
C. 动态预算　D. 零基预算

19. 甲公司是一家关注于高科技移动领域的互联网公司。公司没有森严的等级制度，强调员工平等，崇尚创新，在处理多样化的问题时，鼓励员工跨部门合作，在工作中发挥自己的专长和创意，努力打造客户需要的产品。甲公司的企业文化类型属于（　　）。
A. 权力导向型　B. 角色导向型
C. 人员导向型　D. 任务导向型

20. 夏阳公司是一家打印机生产企业，打印机外壳的压塑成型采用流水线作业，公司制定了完善的流水线生产作业标准，工人在生产过程中根据既定的标准进行生产和检验产品。由此可知，夏阳公司采用的协调机制属于（　　）。
A. 工作过程标准化
B. 工作成果标准化
C. 技艺标准化
D. 直接指挥控制

21. 甲公司是一家内河航运公司，原主要经营水路客货运输业务。为抓住沿岸经济规模扩张和市场领域开放竞争的机遇，公司决定将水路客货运输业务上市筹集的资本金，主要投向已经涉及的物流、仓储、码头、旅游、宾馆、餐厅、航道工程、船舶修造、水难救生等多个业务领域。通过采取兼并收购、战略联盟和内部开发的方式，实现一体化和多元化发展战略，形成规模，建立品牌。为使公司发展战略得以协调实施，公司原有组织结构应当调整为（　　）。
A. 区域事业部制结构
B. 产品/品牌事业部制结构
C. 客户细分/市场细分事业部制结构
D. M型企业组织结构（多部门结构）

22. 某企业的组织结构可以及时地反映市场的变化，并做出相应的反应，但是容易造成管理的失控。则该企业的纵向分工组织结构最有可能是（　　）。
A. 职能制组织结构
B. 事业部制组织结构
C. 高长型组织结构
D. 扁平型组织结构

23. 下列选项中，与国际化经营战略类型中的多国本土化战略相配套的横向分工组织结构是（　　）。
A. 国际部结构
B. 全球区域分部结构
C. 跨国结构
D. 全球产品分部结构

24. 适用于经营垄断或被高度操纵的行业的组织战略类型是（　　）。
A. 开拓型战略组织
B. 防御型战略组织
C. 分析型战略组织
D. 反应型战略组织

25. 某企业在较大的或多样化的市场上提供单一的或密切相关的产品与服务系列，该企业的组织结构类型可能是（　　）。
A. 从简单结构到职能结构
B. 从职能结构到事业部结构
C. 从事业部结构到矩阵结构
D. 从事业部结构到战略业务单位结构

26. 甲企业为国有工程设备公司，企业有着严格的规章制度，公司员工按照入职年限晋升；为了维持公司业务的稳定，公司也会承接一些低收益或者无收益的项目。根据上述描述，甲企业的文化类型可能是（　　）。

A. 权力导向型　B. 角色导向型

C. 任务导向型　D. 人员导向型

27. 当企业实施一个新的战略时，重要的组织要素会发生很大变化，这些变化多与企业目前的文化有潜在的一致性，那么企业应（　　）。

A. 以企业使命为基础

B. 加强协调作用

C. 根据文化的要求进行管理

D. 重新制定战略

28. 下列属于企业外部利益相关者的利益期望的是（　　）。

A. 企业的投资者期望能够分得较多的红利

B. 企业经理希望企业销售额最大化

C. 企业员工希望工资更高

D. 企业的债权人期望企业有较高的偿付贷款和利息的能力

29. 成功的管理者需要建立起榜样权和专家权。关于榜样权和专家权，下列表述中正确的是（　　）。

A. 主要存在于正式组织中

B. 是管理者的权力来源之一

C. 是管理者在管理层次中的体现

D. 是管理者对资源的控制的体现

30. 下列各项关于大数据的说法正确的是（　　）。

A. 大数据决策模式中，企业管理者大多会根据自身的经验作出决策

B. 大数据决策模式中，只有高层管理者才能参与决策

C. 大数据时代的分析是向前分析，具有预测性

D. 大数据价值巨大，价值密度高

二、多项选择题

1. 下列关于分析型战略组织的表述中，正确的有（　　）。

A. 分析型组织是开拓型组织与防御型组织的结合体

B. 分析型组织总是对各种战略进行理智的选择，试图以最小的风险、最大的机会获得利润

C. 若分析型组织不能保持战略与结构关系的必要平衡，它最大的危险是既无效能又无效率

D. 分析型组织所采用的战略在战略中是一种下策

2. 下列关于增量预算的表述正确的有（　　）。

A. 资源的分配是基于未来的任务情况

B. 预算是稳定的，并且变化是循序渐进的

C. 容易实现协调预算

D. 它假设经营活动以及工作方式都以相同的方式继续下去

3. 以企业使命为基础，处理战略与文化关系时，应该重点考虑的有（　　）。

A. 企业在进行重大战略变革的时候，必须考虑与企业基本使命的关系

B. 发挥现有成员在战略变革中的作用

C. 考虑进行组织目前的文化相适应的变革，不要破坏企业已有的行为准则

D. 改变奖励结构时，将奖励重点放在具有新文化意识的事业部或个人身上

4. 甲公司是一家房地产中介公司，公司成立8年来，顺利度过了创业期，开始步入成长期。但自2013年以来，公司运营面临重重问题：公司的效益急剧下降，市场竞争力下降，员工离职率增加等。公司王总知道这是公司组织结构存在问题，需要花时间对公司的组织结构进行诊断、优化。于是他找来人力资源部经理李华，请他沉下心去，在近期完成对公司组织结构的诊断、优化与再设计工作，并出具具体的整改方案直接向领导汇报。李华在考虑公司纵向分工结构组织内部的管理问题时需要考虑的因素有（　　）。

A. 集权与分权

B. 中层管理人员人数

C. 信息传递

D. 协调与激励

5. 甲公司是一家餐饮服务企业，欲采用平衡计分卡进行战略控制，根据平衡计分卡模型，下列描述中属于创新与学习维度的有（　　）。

A. 定期派员工参加餐饮服务行业的相关培训

B. 推出全新菜品

C. 办理会员享受价格优惠

D. 与外卖平台达成协议，提高菜品配送效率

6. 下列关于战略控制的表述正确的有（　　）。

A. 战略控制所关注的重点是外部，而且往往时间跨度较大

B. 战略控制离不开关键成功要素的确定

C. 战略控制往往侧重于定性的方法

D. 战略控制须不断纠正行为

7. 以下描述属于矩阵制组织结构缺点的有（　　）。

A. 可能导致权力划分不清晰

B. 双重权力容易使管理者之间产生冲突

C. 管理层可能难以接受混合型结构

D. 双重权力使得企业具有多重定位

8. 以下关于 H 型结构的描述正确的有（　　）。

A. 控股企业的下属子企业具有独立的法人资格

B. 母企业参与到其下属子企业的产品或市场战略

C. H 型结构的业务单元能够获得一定的节税收益

D. 控股企业可以将风险分散到多个企业中

9. 鲍莫尔的“销售最大化”模型表达了他对经理人员强调销售额的重要性的理解。下列选项中，关于该模型的表述错误的有（　　）。

A. 经理总是期望企业获得最大化利润

B. 最大化销售收益赚得的利润并不一定能满足股东对红利的需求

C. 利润最大化的产出点等于企业的全部生产能力

D. 经理人员的主要目标是公司规模的增长

10. 丙公司是北京一家集团企业，其核心业务为批发外国高级品牌的休闲服及内衣。其他业务包括代理世界各地不同品牌的化妆品、手表和鞋。最近，丙公司购入了在国内拥有五家玩具连锁分店的乙公司，并与甲公司签订战略联盟协议，参与餐饮业务。为配合丙公司的总体战略实施，丙公司可以选择的组织结构类型有（　　）。

A. 产品/品牌事业部制组织结构

B. 职能制组织结构

C. M 型企业组织结构

D. 创业型组织结构

11. 以下关于 M 型组织结构说法正确的有（　　）。

A. 首席执行官所在总部员工的工作量会有所减轻

B. 经常会在事业部之间滋生职能失调性的竞争和摩擦

C. 职权被分派到总部下面的每个事业部，并在每个事业部内部进行再次分派

D. 不能通过资本回报率方法对事业部的绩效进行财务评估和比较

12. 企业以其目标或使命为出发点，计划组织结构。与其他组织结构比较，战略业务单位组织结构的优点有（　　）。

A. 降低企业总部的控制跨度

B. 使企业总部与事业部和产品层关系更密切

C. 使具有类似使命的产品、市场或技术的事业部之间能够更好地协调

D. 更易于监控每个战略业务单位的绩效

13. 南汇公司实行全面预算管理，每年年底都以当年的实际业绩为基础编制下一年的预算。南汇公司编制预算使用的方法的特征有（　　）。

A. 没有降低成本的动力

B. 能够应对环境的变化

C. 不能拥有启发新观点的动力

D. 能够促进更为有效的资源分配

14. “懂球帝”是中国较大的几个专注于足球领域新闻的软件之一，在获取足球板块大量流量之后，“懂球帝”适时推出专注于篮球新闻的软件“上篮”。“懂球帝”采取的组织战略类型的特点包括（　　）。

A. 不断求变当中可以减少环境动荡的影响

B. 技术和行政管理具有很大的灵活性

C. 常常采取“机械式”结构机制

D. 缺乏效率性，很难获得最大利润

15. （　　）属于信息技术对企业竞争战略的支持。

A. 利用信息技术帮助企业有效降低成本，达到行业最低的运营成本

B. 借助信息技术推出区别于竞争对手的新产品和服务，从而获得竞争优势

C. 借助信息技术帮助企业聚焦目标市场，有针对性地开展营销和市场竞争活动

D. 利用信息技术改善管理层决策能力，以提升组织的管理水平

16. 当企业在实施一个新战略时，组织的要素会发生重大变化，又多与企业现有的文化很不一致，或受到现有文化的抵制。为了处理这种重大的变革，企业可以从（　　）方面采取管理行动。

A. 企业的高层管理人员要痛下决心进行变革，并向全体员工讲明变革的意义

B. 要发挥企业现有人员在战略变革中的作用

C. 将奖励的重点放在具有新文化意识的事业部或个人的身上

D. 设法让管理人员和员工明确新文化所需要的行为，形成一定的规范

17. 以下对于企业生态系统表述正确的有（　　）。

A. 企业生态系统大多以线性方式运作，能够灵活适应供求的变化

B. 企业生态系统强调“以顾客为中心”

C. 企业生态系统中每家企业最终都与整个生态系统共进化、共命运

D. 企业生态系统还可能涉及竞争对手、客户、监管机构与媒体等

18. 下列属于全球产品分部结构特点的有（　　）。

A. 获得了更高的全球效率

B. 下属公司对母公司的依赖性程度较高

C. 形成经验曲线和规模经济效益

D. 对当地市场的反应能力较差

19. 薪酬与考核委员会是公司内部治理结构的重要组成部分之一，以下属于其工作职责的有（　　）。

A. 负责制定公司员工的考核标准和薪酬政策

B. 负责制定审查董事、监事和高级管理人员的薪酬政策与方案

C. 负责制定董事、监事与高级管理人员的考核标准

D. 负责对董事、监事和高级管理人员进行考核

20. 约翰·科特提出成功的管理者需要建立起一些基本权利，尤其是榜样权和专家权，这两者比正式职权更具有持久性。下列关于榜样权和专家权的表述中错误的有（　　）。

A. 仅存在于正式组织中

B. 是管理者在管理层次中地位的体现

C. 是管理者对素质和影响的体现

D. 是管理者对资源控制的体现

21. 甲公司是一家集团企业，其核心业务为经营某高级品牌的真皮女鞋和真皮箱包，其他业务包括代理世界各地不同品牌的化妆品、高档手表和高品质餐具等。最近，甲公司达成协议预购入了在国内拥有 5 家玩具连锁分店的乙公司。为配合甲公司的总体战略实施，甲公司可以选择的组织结构类型有（　　）。

A. 产品/品牌事业部制组织结构

B. 职能制组织结构

C. M 型企业组织结构

D. 矩阵制组织结构

22. 光耀公司是一家民营单位，准备对 2017 年度的业绩情况做新的预算，该公司的专业人员为了工作上的方便，在编制预算时，使用以前期间的预算为基础来编制，在此基础上增加相应的内容，于是完成了 2017 年的业绩预算。对于这样的预算方法，下列说法中正确的有（　　）。

A. 不能拥有启发新观点的动力

B. 没有降低成本的动力

C. 是一项复杂、耗费时间的过程

D. 能够应对环境的变化

23. 下列说法中，属于开拓型战略组织特点的有（　　）。

A. 开发产品与市场机会是组织的战略核心任务

B. 组织的结构采取“有机的”机制

C. 适合于较为稳定的行业

D. 组织缺乏效率性

24. 下列关于集权说法正确的有（　　）。

A. 集权型决策比较容易协调各职能之间的决策

B. 集权型决策在危急情况下能够做出快速决策

C. 由于在决策时需要通过所有层级向上汇报，所以决策时间过长

D. 集权型结构信息沟通障碍少，企业反

应快

25. 某公司原本拥有三个产品事业部，每个事业部只有一条产品线，但是通过收购另两家公司，企业不断扩张产品线。该公司的结构变成了拥有三个事业部，每个事业部都有多条产品线。目前该公司的组织结构的优点有（　　）。

A. 便于企业持续成长

B. 首席执行官所在的总部员工的工作量会有所减轻

C. 能够通过诸如资本回报率等方法对事业部的绩效进行财务评估和比较

D. 产品主管与区域主管之间的联系更加直接，从而能够做出更有质量的决策

26. 甲公司是一家知名的教育机构，员工数量众多。但2013年后，公司的效益急剧下降，市场竞争力变弱，员工离职率增加。公司高层召开紧急会议，对公司现状进行了分析，发现公司的内部组织结构和经营管理等方面出现了问题。公司若想改变现状，在讨论组织的层次时，在不同的纵向分工结构中需要从以下（　　）方面考虑。

A. 集权与分权

B. 中层管理人员人数

C. 信息传递

D. 协调与激励

27. 面对不明朗的经济环境，丁公司管理层年初在公司内各部制定实施了开源节流的具体措施。为定期考察相关措施的绩效是否符合管理层的预期，及其在各部门的运作和顾客服务等方面是否与公司的战略目标相符，丁公司管理层可以采用的评价方法有（　　）。

A. SWOT 分析

B. 预算控制

C. 平衡计分卡的业绩衡量

D. 情景分析法

28. 下列属于零基预算的缺点的有（　　）。

A. 它是一个复杂的、耗费时间的过程

B. 它可能强调短期利益而忽视长期目标

C. 管理团队可能缺乏必要的技能

D. 没有降低成本的动力

29. 在平衡计分卡业绩衡量方法下，下列属于领先指标的有（　　）。

A. 客户关系　　B. 企业形象

C. 客户满意度　D. 新客户开发率

30. 下列说法正确的有（　　）。

A. 专题报告必须由企业内部人员完成，企业外部人员不得参与

B. 作专题报告需要有一定的投入，但专题报告与因盲目决策而导致的战略失控所造成的损失相比要经济得多

C. 统计分析报告是以统计数字为主体，用简洁的文字来分析叙述事务量的方面及其关系，并进行定量分析

D. 统计分析报告在结构上的突出特点是脉络清晰、层次分明

31. 下列各项对权力与职权的概念理解中，正确的有（　　）。

A. 利益相关者内部的联合程度会影响其职权大小

B. 职权也是权力的一种类型

C. 权力只沿着企业的管理层次方向自上而下

D. 榜样权和专家权是个人素质和影响的重要方面

32. 下列各项属于企业利益相关者的权力来源的有（　　）。

A. 对资源的控制与交换的权力

B. 在管理层次中的地位

C. 个人的素质和影响

D. 利益相关者集中或联合的程度

33. 下列关于信息技术与企业价值链网说法正确的有（　　）。

A. 信息技术能够帮助企业全面渗透到企业价值链的各主要环节，有效降低成本

B. 价值网络强调“以生产为中心”

C. 价值网理论对价值链理论进行了拓展和提升

D. 企业生态系统的概念建立在竞争战略理论的基础上，有别于传统企业竞争模型的一种新的商业模型

34. 星海公司成立于2003年，其主要业务是为国内主要知名钢琴厂家提供钢琴的各种零部件。星海公司总经理为了提高风险管理水平，确保企业与客户信息安全，主要从以下方面进行管理（　　）。

A. 客户个人数据管理

B. 企业数据管理

C. 建立应急管理系统

D. 市场调研与预测

三、简答题

1. 绿梦公司成立于2004年，公司主营业务是将工业二氧化碳共聚物材料经过提纯改性，应用于医用耗材类产品。绿梦公司的核心优势在于科研与技术支持。企业获得多项专利，在国内外都处于领先地位，成功地进入高附加值的医疗制品应用领域。

绿梦公司的发展战略分为三个阶段，公司根据不同阶段的发展状况，采用不同模式构筑企业竞争优势。

第一阶段：一体化商业模式（2004～2010年）。

绿梦公司实施科研、中试、生产一体化，将资源和能力配置到价值链的各个环节，牢牢掌控价值链的各个经营活动，把握生产经营的全部所得。

第二阶段：外包转型（2010～2014年）。

随着企业业务发展，绿梦公司发现自己在融资、采购、生产、销售等价值活动方面处于劣势，导致企业开发出的产品无法尽快实现商业化转化。于是以增加最终的企业利润为目标，公司将自身的经营业务聚焦于研发和营销服务两个价值创造环节上，而将生产制造环节外包出去。同时，绿梦公司还在价值链上增加了一个价值创造环节，将自己的核心专利业务通过许可的方式获取专利许可使用费，提高企业的价值。

第三阶段：平台战略（2014年至今）。

第二阶段的转型外包，不仅使绿梦公司优化了资源配置，而且使绿梦公司与生产企业达成了协作关系，这提供了平台战略实施的前提。而网络技术的发展，使得绿梦公司实施平台战略成为可能。绿梦公司的平台战略就是以技术研发以及核心医疗产品为核心，以网络效应吸引生产企业、客户（医院、养老院、药店）等多方加入，搭建起跨企业、跨区域、跨行业的医疗设备资源合作、共享的专业化平台。

要求：

（1）运用价值链分析方法，简要分析绿梦公司在各个发展阶段是如何通过运用价值链分析自身的资源和能力而构筑其竞争优势的；

（2）简要分析信息技术在绿梦公司平台战略中的作用。

2. 2005年之前金宝集团着重于公用事业，主要围绕城市燃气来推动企业发展。从2005年开始金宝集团专注于清洁能源的开发和利用，依托技术创新和商业模式创新，形成从能源开发、能源转化、能源物流到能源分销的上中下游纵向一体化的产业链条，为客户提供多种清洁能源组合的整体解决方案。金宝集团“清洁能源生产与应用”的宗旨日益清晰。

随着集团清洁能源战略目标的日益清晰，金宝集团于2006年初进行了重大调整。

一是调整组织结构，将金宝集团的原有三大产业集团调整为能源分销、能源装备、能源化工、生物化工等产业板块，总部下设的支持保障机构也做了相应的变更。

二是人力资源政策调整，实施以科技牵引集团发展清洁能源的战略升级。金宝集团启动科技人才梯队建设，努力实现拥有科研人员、工程设计人员、技术管理人员、项目管理人员、技术工人五类人才和领军人物、核心人才、骨干人才三级智力网络的优秀科技人才队伍。

三是在科技人才激励体系、运行机制方面，金宝集团依据价值共创与价值共享的人本思想建立科技人才激励机制。金宝集团的激励政策致力于激发员工创新能力。重实绩、重贡献、重成果，向优秀科技创新人才和关键技术岗位倾斜，实行“智慧参与分配”和“技术参与股利分配”政策，技术与资本、劳动、管理一起，作为集团价值分配要素，以引导技术人员创造性地工作，全力攻克技术难关，建立以项目为基本单元，以项目成果为导向的激励机制，使激励和项目运作有机地结合起来。

要求：

（1）简要分析金宝集团从2005年开始启动的战略变革的类型；

（2）简要分析钱德勒“组织结构服从战略”理论在金宝集团的战略变革中是如何应用的；

（3）简要分析金宝集团还可采取哪些有效的人力资源战略措施。

四、综合题

1. 资料一

东阿阿胶股份有限公司主要从事阿胶及阿胶系列产品的研发、生产和销售业务，是我国最大的阿胶企业，是阿胶行业标准的制定者。公司的主要产品包括东阿阿胶、复方阿胶浆和阿胶糕。近年来我国阿胶行业发展状态良好，行业产能、产销规模较大，行业利润虽然不高但处于较为稳定的阶段。目前国内阿胶主要生产企业是东阿阿胶和福牌阿胶。东阿阿胶位于山东省聊城市东阿县，福牌阿胶位于山东省济南市平阴县东阿镇，两家企业仅隔一条黄河，都认为自己是“正统名分”。东阿阿胶占据高端市场，福牌阿胶占据中低端市场；东阿阿胶是单品价格第一、收入第一，福牌阿胶产能第一。

目前我国阿胶行业的产能约为14 000吨，其中东阿阿胶和福牌阿胶产能总和约为8 000吨，占到行业总产能的60%左右，整个阿胶行业处于双寡头竞争格局。

随着人们生活水平的提高，对健康和养生越来越重视，而且近几年阿胶行业对宣传的投入逐步增加，更多的人知道了阿胶的滋补功效。据统计，阿胶市场规模从2008年的64亿元到2016年的342亿元，复合年均增长率为23.3%。近年来随着市场需求不断增加，许多医药企业开始考虑涉足阿胶产业。

目前我国阿胶行业有100多家生产企业，除了东阿阿胶、福牌阿胶销售量较大外，其他阿胶小厂普遍产量在100～200吨，全国销量在6 000～7 000吨。市场中新出现的阿胶产品主要是同仁堂阿胶、太极天胶和佛慈阿胶。同仁堂阿胶的生产主体是在港交所上市的同仁堂科技发展股份公司，A股同仁堂是其控股股东，间接受益于阿胶业务。目前同仁堂阿胶的产能只有阿胶双寡头的约1/10，但是在未来规划中，产能将扩大4倍。其销售区域主要分布在华北，在传统强势品牌的带动下，这块业务被市场看好。太极天胶由太极实业在2013年年初正式开始经营，在西南地区有一定市场，产品定位策略偏于中高端，售价略超同仁堂阿胶。与太极实业一样，佛慈制药也是于2012年年底开始经营阿胶业务，目前销售绝对额和相对额在总营业收入中占比都很小。在补血保健品市场，除了阿胶之外，主要还有康富来的血尔口服液和九芝堂的驴胶补血颗粒。此外，还有安利、汤臣倍健等其他品类的保健产品。

阿胶所处的医药保健行业是典型的弱周期行业，随着人们收入水平的增加、人口结构的变化、政府政策的支持以及人们医疗保健意识的增强，医疗保健行业的需求将不断增长。尽管阿胶价格不断上涨，但是消费者的需求量并没有因为提价而降低。许多消费者本身就有一个高价格与高价值对等的观念，东阿阿胶充分利用消费者这种心理，积极开展价值回归之路。近几年十几次反复提价，制造了一种让消费者强制接受的高端形象。一方面是消费者需求的增加，另一方面是原料供应的下降。据估计，国内驴存栏量20年间约减少了50%，未来下降趋势仍将延续。目前全国约有100多家阿胶企业，对驴皮需求量大幅增长。仅东阿阿胶一家企业对驴皮的年需求量就约为100万张，主要来源于国内收购。全国毛驴存栏量如果以500万头计算，驴皮年产出量理论上只有100多万张。东阿阿胶也在积极寻求国外的采购渠道来降低国内原料供应的压力。

资料二

阿胶与人参、鹿茸并称为“中药三宝”。阿胶具有“补血、滋补、养颜”三大功能，在中医药食同源理念中，阿胶是传统第一补血良方。尤其是东阿阿胶，将自己定位于“滋补国宝”，抢占了品牌内涵制高点。东阿阿胶股份有限公司作为国内阿胶行业的双寡头之一，其阿胶类产品在行业内具有一定的优势。东阿阿胶从上游原料基地建设，掌控驴皮收购终端，到下游OTC终端、商超、医院、自建连锁等营销终端掌控，形成了全产业链掌控的模式优势。在山东、内蒙古、辽宁等地建立原料基地，在国外多个国家建立采购网络，国内与国际并重，实现对全球原料资源的掌控，确保公司可持续发展。与百强连锁形成稳固的战略合作，加强对销售渠道的控制，直供及重点连锁终端销量逐年稳步增长，网络优势明显。此外，东阿阿胶建有科技部批准的业内唯一“国家胶类中药工程技术研究中心”，拥有“院士工作站”“博士后科研工作站”“泰山学者岗位”“山东省胶类中药研究与开发重点实验室”等平台。公司在阿胶等胶类中药研发、技术、人才、资源等方面处于行业领先水平，是品类领导者，具有不可复制的竞争优势。

与同行相比，东阿阿胶也具有技术和标准优势，其具有传承千年的国家级保密传统工艺，以及自动化、智能化的现代生产技术；参与制定多项行业标准，拥有大量阿胶传统配方、秘方，具有领先行业的标准优势、产品研发和技术领先优势。

近年来东阿阿胶开创了“3 + X + 2”的新模式，实现全产业链融合发展。追溯产业源头，坚持“把毛驴当药材养”，实施“毛驴活体循环开发”，结合现代养殖和研究技术，突破中药上品发展的原料瓶颈问题，从第一步保证产品品质。充分利用社会资源，加大活驴掌控和驴皮采购力度，积极加强全球原料资源掌控。建立两个百万头毛驴基地，创新规模化养殖合作模式，掌控国内主要毛驴交易市场，控制上游产业关键环节。除了在上游发展毛驴养殖、交易、加工三大产业之外，中游聚焦阿胶主业，培育多种产品、多个品牌，以及下游发展健康服务业、养生旅游业，达到了“一产控资源、二产抓发展、三产重体验”的完美结合，实现了产业链延伸、价值链提升、供应链贯通“三链重构”，走向全产业链体系融合。

2017 年年报显示，东阿阿胶的研发投入占营业收入比例为 3.06%，比 2016 年上升 0.40%。东阿阿胶积极开展上游产业链研发工作，通过技术创新带动毛驴产业健康发展。建立了标准化验收、规范化仓储及自动化处理的“三位一体”驴皮原料处理工艺，优化原料处理与产品生产流程。聚焦阿胶主业，做大阿胶品类，进一步挖掘胶类中药经典大产品治疗及滋补保健功能，开发新产品。2017 年全年发明专利授权 20 项，实用新型授权 48 项，申请发明专利 52 项，申请实用新型 40 项。其中，阿胶特征性成分检测方法通过国家技术监督局审核，为规范行业标准提供支持；制定驴皮团体标准 2 项，提高阿胶行业准入门槛；驴冻精两项标准上升为山东省地方标准，填补国内外行业标准空白；核心产品关键技术获国家授权发明专利 9 项，其中 PCT（美国）1 项；公司被授予“关键核心技术知识产权品牌单位”。未来东阿阿胶将持续提升感知质量，实现原料质量、设备、工艺、技术系统全面提升。深化技术标准研究，推进阿胶、复方阿胶浆两大产品二次开发，为市场提供专业化支撑。

资料三

2017 年，东阿阿胶基于大数据提出“新算法”，深度挖掘客户的潜在需求和价值空间，高度整合自身的资源禀赋，践行“价值回归”的战略理念，为行业的创新营销提供新思路、新模范。借助数据挖掘等信息技术，东阿阿胶利用产品销售和客户数据分析消费者的购买模式和偏好，从而更好地发现目标客户、服务于目标市场，并有针对性地开展营销和市场竞争活动。阿胶聚焦“滋补国宝”的打造，复方阿胶浆广谱气血保养，阿胶糕布局快消市场，进一步确立了东阿阿胶的行业领导地位和品牌定位。

2018 年 2 月 2 日，东阿阿胶股份有限公司与浪潮集团签署战略合作协议，双方将围绕质量链、智慧企业、健康大数据等发展方向共同打造“智慧东阿阿胶”。双方将基于浪潮与中国检验检疫学会共同打造的中国质量链，整合东阿阿胶供应链全链条质量要素，对阿胶产品从毛驴养殖、检疫、炼胶. 到流通、销售的全生命周期的质量以及采用的高标准信息进行数据写链。

2018 年 2 月 2 日，东阿阿胶股份有限公司与浪潮集团签署战略合作协议，双方将围绕质量链、智慧企业、健康大数据等发展方向共同打造“智慧东阿阿胶”。双方将基于浪潮与中国检验检疫学会共同打造的中国质量链，整合东阿阿胶供应链全链条质量要素，对阿胶产品从毛驴养殖、检疫、炼胶. 到流通、销售的全生命周期的质量以及采用的高标准信息进行数据写链，并通过链条上的政府机关和第三方权威检测机构节点进行审核和背书。同时，中国质量链将利用区块链分布式、不可篡改的可信任、高安全特性对产品全生命周期数据进行串联，为消费者提供产品溯源和鉴真服务，在最大限度保障消费者利益的同时，也实现对东阿阿胶品牌与质量的全方位护航。追求卓越、崇尚质量正在成为全社会、全民族的价值导向和时代精神。

要求：

（1）运用波特的五种竞争力模型，简要分析东阿阿胶所处的产业环境；

（2）运用企业核心能力的3个关键性测试，分析东阿阿胶开发生产阿胶产品能否称之为核心能力；

（3）简要分析东阿阿胶采用的总体战略的内涵及类型；

（4）简述研究与开发战略的主要类型和定位，简要分析东阿阿胶研发的类型和定位；

（5）简要分析大数据时代东阿阿胶战略转型的主要方面。

2. 凌美公司是国内一家白色家电生产企业，主营产品包括冰箱、空调、洗衣机等。目前，该公司在国内占据较大的市场份额，在外国市场也具有较好的市场表现。公司目前主要提供的是标准化产品，产品品类和款式较少。

为了明确公司下一步的发展方向，凌美公司管理层对企业主要产品的市场状况做了全面的调查。调查发现，目前白色家电行业整体增长缓慢。其中一个原因便是“家电下乡”政策的后遗症。2008年全球遭遇“金融危机”，为了刺激国内消费，促进经济复苏，政府推出了“家电下乡”政策。这一政策的实施促使国内城乡家庭的白色家电保有量在短时间内得到大幅增加。而白色家电的使用寿命普遍较长，这就导致当前国内白色家电的市场需求量大幅减少。与此同时，公司管理层也注意到，目前国内中低档家电的市场需求渐趋饱和，而中高端环保型家电市场有待进一步开发。政府在2015年提出了“供给侧改革”，随着这一政策的推进，必将迎来新一轮消费升级，城乡内GDP增速放缓，但整体上仍保持平稳较快增长，家庭收入持续增加，尤其是农村居民收入得到了显著增加。因此，农村中高端白色家电市场很值得进一步开发。并且，随着消费者消费能力的提升，消费者的需求将会呈现出更加个性化的态势。

国内在线小额信贷的兴起，也让很多的年轻人具备中高端家电消费能力。由于消费者网络购物习惯的养成，物流运输效率的提升，在线购买家电成为可能。柔性生产线技术和大规模定制技术的发展，使购买高值低价的产品不再是奢望。物联网、人工智能等技术的发展，使得智能家居成为新的消费热点。“创新、协调、绿色、开放、共享”的发展理念成为时代主旋律，为新一代环保型产品提供了巨大的发展空间。

凌美公司意识到，这是一个机遇与挑战并存的时代。公司要想实现长远的发展，必须要瞄准市场，把握机遇，顺势而上。

考虑到国内白色家电市场渐趋饱和，而国外市场仍处于高增长阶段，凌美公司启动了国际化战略，以开拓国际市场。

凌美集团管理层考虑，先进入最为苛刻的发达国家消费市场，能够在消费者高标准的质量要求和激烈的市场竞争中获得相关市场经验和领先技术，尽快提升企业在世界市场的竞争优势。2012年4月，凌美公司在发达国家D国建立生产厂，随后几年内又在D国建立了销售中心和设计中心，以深入把握D国市场的产品需求。由于自身产品过硬的质量和有格调的设计，凌美公司在短短两年内就占据了D国较大的市场份额。

为了其国际化战略的成功，凌美公司决定整合全球优势资源。凌美公司在德国和美国成立了研发中心；在意大利成立了设计中心；在中国、东南亚、印度等市场需求较大、劳动力成本较低的国家和地区成立了7个高效率的生产制造基地。公司提供的产品系列少而精，面向全球市场提供高质量的标准化产品。

为了配合公司国际化经营战略的实施，凌美公司在全球的组织结构按产品划分为事业部，公司总部确定企业的总目标和经营战略，各产品事业部经理根据总部的经营目标和战略分别制订本事业部的经营计划，并根据各国成本和技术的差异来设置活动。

万灵公司是国内G省一家空调制造企业。该公司拥有自主研发的达到国际领先水平的“新一代G10低频控制技术”“高效离心式冷水机组”和“新型超高效定速压缩机”等核心科技。但是，万灵公司以前主要专注在南方市场，没有在北方建立起自己的销售渠道，其生产基地和仓储基地也全部集中在南方。而凌美公司目前在北方市场遇到了多个劲敌。尽管凌美公司在销售渠道、营销能力、品牌认知度等方面拥有优势，但是由于缺乏核心技术，公司的产品正在逐渐失去竞争力，公司上下为此焦虑不安。

鉴于双方的资源与能力具有显著的互补性，凌美公司与万灵公司都有进行合作的意愿。双方管理层就合作的相关事宜进行了协商和谈判。从降低协调成本考虑，最终双方决定建立产销合作联盟：万灵公司以较低的价格为凌美公司提供技术支持；凌美公司为万灵公司提供组装、仓储等服务，并以较低的价格让万灵公司的空调进驻凌美公司的线下门店。双方约定按照一定的比例共享收益、共担风险，并对双方的违约责任和联盟解体等问题都做出了具体的规定。

对于和万灵公司结成战略联盟的计划，凌美公司也对可能会面临的风险进行了分析。公司内部一致认为，产销合作联盟实施过程中可能存在下列风险：首先，双方分别提供的技术与渠道难以按照合适的比例参与利益分配，并且各项成本一直在变动，很难建立合理的动态的利润分配机制；其次，双方同为白色家电制造企业，存在相互竞争的关系，帮助万灵公司销售产品可能会损害自身的利益，合作过程中可能存在商业机密泄露的风险；再次，近期政府的环保标准提升还可能会导致凌美公司自身大量产品不合格，而对于万灵公司提供的技术支持，凌美公司由于专业人员的知识结构不全面、专业经验不足等原因在短期内难以消化吸收。

为了规避这些风险，公司领导层决定，一方面，努力巩固和完善与万灵公司已建立的信任合作的联盟关系；另一方面，尽快建立风险预控机制，成立风险管理委员会。

要求：

（1）从宏观环境角度，简要分析凌美公司当前所面临的机会与威胁。

（2）简要分析凌美公司采取的国际化经营战略类型及其为了实现组织结构与国际化经营战略的匹配，凌美公司所采用的组织结构类型。

（3）简要分析凌美公司对外投资的主要动机。

（4）简要分析凌美公司国际化经营选择目标市场区域路径的方式。

（5）简要分析凌美公司在D国选择的发展途径及其动机。

（6）简要分析凌美公司与万灵公司结成战略联盟的类型与动因，以及凌美公司如何实施对战略联盟的管控。

（7）简要分析凌美公司与万灵公司结成战略联盟之后需要规避的主要运营风险。

答案及解析

一、单项选择题

1. 【答案】A

【解析】管理层次是指在企业中从最高层管理者到基层员工的层级数目，控制幅度是指每个管理者所管理人员的数目。在企业规模一定的情况下，两者成反比关系，即控制幅度越大，管理层级越少，对应的是扁平型组织。故选项A正确。

2. 【答案】D

【解析】企业文化可以成为维持竞争优势的条件有三个：一是文化必须为企业创造价值；二是文化必须是企业所特有的；三是文化必须是难以被模仿的，选项D，丁公司文化反映了所在国家的优秀文化传统，可能是与其他企业相同或类似的，不是该企业特有的，故不能维持竞争优势。

3. 【答案】D

【解析】当企业在不同的地理区域开展业务时，区域事业部结构是一种较为适当的结构，它按照特定的地理位置来对企业的活动和人员进行分类，这种结构可用于本地区域或国家区域。

4. 【答案】B

【解析】选项B错误，价值网强调“以顾客为中心”。

5. 【答案】B

【解析】企业组织结构的变化常常慢于战略的变化，特别是在经济快速发展时期更是如此。

6. 【答案】D

【解析】“相互适应，自行调整”本质上是一种自我控制方式，是基于共同价值观的自我调节，故选项D正确。

7. 【答案】D

【解析】技艺（知识）标准化是指组织对其成员所应有的技艺、知识加以标准化，适用于工作专业性强、工作过程和工作成果均无法标准化的情形。

8. 【答案】D

【解析】选项D属于职能制组织结构的优点。

9. 【答案】C

【解析】折中是中等程度的坚定行为和中等程度的合作行为的组合。通过各方利益相关者之间的讨价还价，相互做出让步，达成双方都能接受的协议。折中模式既可以采取积极的方式，也可以采取消极的方式。前者是指对冲突的另一方做出承诺，给予一定的补偿，以求得对方的让步；后者则以威胁、惩罚等要挟对方做出让步。多数场合则是双管齐下。

10. 【答案】D

【解析】晚期失效是指当战略推进一段时间之后，之前对战略环境条件的预测与现实变化发展的情况之间的差距，会随着时间的推移变得越来越大，战略所依赖的基础就显得越来越糟，从而使失效率大为提高。ofo是在成功运营了较长一段时间之后由于环境的变化与市场预测之间的差距导致的失效，属于晚期失效。

11. 【答案】C

【解析】战略业务单位的优点有：（1）降低了企业总部的控制跨度；（2）减轻了总部的信息过度情况；（3）这种结构使得具有类似使命、产品、市场或技术的事业部之间能够更好地协调；（4）易于监控每个战略业务单位的绩效。

12. 【答案】B

【解析】选项A属于平衡计分卡的财务角度内容；选项B属于平衡计分卡的顾客角度内容；选项C属于平衡计分卡的内部流程角度内容；选项D属于平衡计分卡的创新与学习角度内容。

13. 【答案】C

【解析】选项C是信息技术对企业价值链支持活动的作用。

14. 【答案】D

【解析】矩阵制组织结构是为了处理非常复杂项目中的控制问题而设计的。这种结构在职能和产品或项目之间起到了联系的作用。选项D符合题意。

15. 【答案】B

【解析】企业将职权和责任分派给专业单元的管理者的模式属于职能制组织结构。选项B符合题意。

16. 【答案】A

【解析】企业利益相关者的利益矛盾与均衡主要包括投资者与经理人的矛盾与均衡、企业员工与企业之间的利益均衡与矛盾、企业利益与社会效益的矛盾与均衡。其中，里昂惕夫模型描述了企业员工与企业之间的利益矛盾与均衡。

17. 【答案】B

【解析】产品线数量有限且关系较为密切的企业更适于采用集权型结构。选项B符合题意。

18. 【答案】D

【解析】零基预算是指在每一个新的期间必须重新判断所有的费用。选项D符合题意。

19. 【答案】D

【解析】实现目标是任务导向型企业的主导思想，不允许有任何事情阻挡目标的实现。企业强调的是速度和灵活性，专长是个人权力和职权的主要来源，并且决定一个人在给定情景中的相对权力。这类文化常见于新兴产业中的企业，特别是一些高科技企业。这类企业采用的组织结构往往是矩阵式的。

20. 【答案】A

【解析】工作过程标准化是指组织通过预先制定的工作标准，来协调生产经营活动，在生产之前，企业向职工明确工作的内容，或对工作制定出操作规程及其规章制度，然后要求工作过程中所有活动都按这些标准进行，以实现协调。题目中夏阳公司的做法属于工作过程标准化。

21. 【答案】D

【解析】M型企业组织结构适合于具有多个产品线的企业。该公司通过采取兼并等方式实现了一体化和多元化的成长。所以，适合采用M型企业组织结构。

22. 【答案】D

【解析】职能制组织结构和事业部制组织结构属于横向分工结构，选项A、B错误。纵向分工组织结构有高长型组织结构和扁平型组织结构。扁平型组织结构是指具有一定规模的企业的内部管理层次较少。这种结构可以及时地反映市场的变化，并做出相应的反应，但容易造成管理的失控。所以，选项 D 正确。

23.【答案】B

【解析】与多国本土化战略相配套的组织结构是全球区域分部结构；与国际战略相配套的组织结构是国际部结构；与跨国战略相配套的组织结构是跨国结构；与全球化战略相配套的组织结构是全球产品分部结构。

24.【答案】D

【解析】反应型战略组织只适用于经营垄断或被高度操纵的行业。一个企业组织如果不是存在于经营垄断或被高度操纵的产业里，就不应采取反应型组织形态。

25.【答案】B

【解析】

发展阶段	企业特征	结构类型
1	简单的小型企业。只生产一种产品，或生产一个产品系列，面对一个独特的小型市场	从简单结构到职能结构
2	在较大的或多样化的市场上提供单一的或密切相关的产品与服务系列	从职能结构到事业部结构
3	在多样化的市场上扩展相关的产品系列	从事业部结构到矩阵结构
4	在大型的多元化产品市场进行多种经营，提供不相关的产品与服务	从事业部结构到战略业务单位结构

26.【答案】B

【解析】角色导向型文化一般是围绕着限定的工作规章和程序建立起来的，理性和逻辑是这一文化的中心，分歧由规章和制度来解决，稳定和体面几乎被看成与能力同等重要。但是，这类企业的权力仍在上层，这类结构十分强调等级和地位，权利和特权是限定的，大家必须遵守。

27.【答案】A

【解析】以企业使命为基础：企业实施一个新的战略时，重要的组织要素会发生很大变化。这些变化大多与企业目前的文化有潜在的一致性。这种企业多是那些以往效益好的企业，可以根据自己的实力，寻求可以利用的重大机会，或者试图改变自己的主要产品和市场，以适应新的要求。这种企业由于有企业固有文化的大力支持，实行新战略没有大的困难，一般处于非常有前途的地位。

28.【答案】D

【解析】债权人是企业的外部利益相关者，企业的债权人期望企业有较高的偿付贷款和利息的能力，属于企业外部利益相关者的利益期望，企业的投资者、经理、员工都属于企业的内部利益相关者，所以选项 D 正确。

29.【答案】B

【解析】榜样权和专家权属于企业利益相关者权力来源中个人的素质和影响的表现。

30.【答案】C

【解析】在传统管理决策模式中，企业管理者大多会根据自身的经验及判断能力，对企业适应市场环境变化的措施做出判断。所以 A 选项错误。大数据的应用使得企业的管理决策活动从原本的管理层独立决策模式转化成全员决策模式。所以 B 选项错误。大数据的价值性是指大数据价值巨大，但价值密度低。所以 D 选项错误。C 选项表述正确。

二、多项选择题

1.【答案】ABC

【解析】选项 D 错误，反应型战略组织所采用的战略在战略中是一种下策。

2.【答案】BCD

【解析】选项 A 错误，增量预算的资源分配是基于以前期间的资源分配情况。

3.【答案】ABC

【解析】以企业使命为基础，处理战略与文化关系时，应该重点考虑：(1) 企业在进行重大战略变革的时候，必须考虑与企业基本使命的关系；(2) 发挥现有成员在战略变革中的作用；(3) 在调整企业的奖励系统时，必须注意与企业组织目前的奖励行为保持一致；(4) 考虑进行组织目前的与文化相适应的变革，不要破坏企业已有的行为准则。故选项 A、B、C 正确。选项 D 是在重新制定战略时应采取的管理行动。

4.【答案】ABCD

【解析】纵向分工结构组织内部的管理问

题包括：（1）集权与分权；（2）中层管理人员人数；（3）信息传递；（4）协调与激励。

5.【答案】AB

【解析】创新与学习视角包括新产品占销售的比例，员工能力评估与发展，主要员工保留率和雇员调查；选项 A 和选项 B 符合题意，选项 C 和选项 D 属于顾客角度。

6.【答案】BD

【解析】选项 A 错误，战略控制既要关注内部又要关注外部；选项 C 错误，战略控制要定性方法和定量方法并重。

7.【答案】ABC

【解析】选项 D 属于矩阵制组织结构的优点。

8.【答案】ACD

【解析】选项 B 错误，在 H 型结构中，母企业的作用仅限于做出购买或出售这些企业的决策，而很少参与它们的产品或市场战略。

9.【答案】ACD

【解析】选项 A 表述错误，经理总是期望企业获得最大化销售收益，而不是赚取最大利润；选项 C 表述错误，利润最大化的产出点往往要求企业经营活动低于其全部生产能力；选项 D 表述错误，经理人员的主要目标是公司规模的增长，属于马里斯增长模型的观点。

10.【答案】AC

【解析】该公司涉及多个业务，会有多个生产线。以企业产品的种类为基础设置产品部，采用产品/品牌事业部制组织结构；随着企业经营规模和范围的不断扩张，企业需要将职权和责任分派给专门单元的管理者，实行 M 型企业组织结构。创业型组织结构是多数小型企业的标准组织结构模式。职能制组织结构适合单一业务的组织结构。选项 A、C 符合题意。

11.【答案】ABC

【解析】能够通过诸如资本回报率等方法对 M 型组织结构中事业部的绩效进行财务评估和比较。

12.【答案】ACD

【解析】战略业务单位组织结构的优点有：（1）降低了企业总部的控制跨度。采用这种结构后，企业层的管理者只需要控制少数几个战略业务单位而无须控制多个事业部；（2）由于不同的企业单元都向其上级领导报告其经营情况，因此控制幅度的降低也减轻了总部的信息过度情况；（3）这种结构使得具有类似使命的产品、市场或技术的事业部之间能够更好地协调；（4）由于几乎无须在事业部之间分摊成本，因此易于监控每个战略业务单位的绩效。战略业务单位组织结构使企业总部与事业部和产品层关系变得更疏远。所以，选项 B 错误，选项 A、C、D 正确。

13.【答案】AC

【解析】南汇公司实行的是增量预算，该方法的缺点是：（1）它假设经营活动以及工作方式都以相同的方式继续下去；（2）不能拥有启发新观点的动力；（3）没有降低成本的动力；（4）它鼓励将预算全部用光以便明年可以保持相同的预算；（5）它可能过期，并且不再和经营活动的层次或者执行工作的类型有关。故选项 A、C 正确。选项 B、D 属于零基预算的优点。

14.【答案】ABD

【解析】开拓型战略组织追求一种更为动态的环境，将其能力表现在探索和发现新产品和市场的机会上。“懂球帝”采取的就是开拓型战略组织。开拓型战略组织要求它的技术和行政管理具有很大的灵活性，这类组织的结构应采取“有机的”机制。开拓型战略组织在不断求变当中可以减少环境动荡的影响，但它要冒利润较低与资源分散的风险。在工程技术问题上，该组织由于采用了多种技术，所以很难发挥总体的效率，缺乏效率性，很难获得最大利润。同样，在行政管理上有时也会出现不能有效地使用，甚至错误地使用组织的人力、物力和财力的问题。所以，选项 A、B、D 正确，选项 C 是防御型战略组织的特点。

15.【答案】ABC

【解析】A 属于信息技术对成本领先战略的支持，B 属于信息技术对差异化战略的支持，C 属于信息技术对集中化战略的支持，D 虽然在间接上会影响企业战略，但核心是提升内部管理水平。

16.【答案】ACD

【解析】当企业在实施一个新战略时，组

织的要素会发生重大的变化，又多与企业现有的文化很不一致，或受到现有文化的抵制，在这种情况下，企业首先要考察是否有必要推行这个新战略，如果没有必要，企业则需要考虑重新制定战略。反之，在企业外部环境发生重大变化，企业考虑到自身长远利益，必须实施不能迎合企业现有的文化的重大变革，企业则必须进行文化管理，使企业文化也做出相应重大的变化。为了处理这种重大的变革，企业需要从四个方面采取管理行动：一是企业的高层管理人员要痛下决心进行变革，并向全体员工讲明变革的意义；二是为了形成新的文化，企业要招聘或从内部提拔一批与新文化相符的人员；三是改变奖励结构，将奖励的重点放在具有新文化意识的事业部或个人的身上，促进企业文化的转变；四是设法让管理人员和员工明确新文化所需要的行为，形成一定的规范，保证新战略的顺利实施。

17.【答案】CD

【解析】企业生态系统中相互依赖的企业通常是跨产业合作的，形成一个像自然生态系统的商业生态系统，每家企业最终都会与整个企业生态系统共进化、共命运。该系统可能涉及包括竞争对手、客户、监管机构与媒体等对公司经营产生直接或间接影响的诸多因素。

18.【答案】ABCD

【解析】全球化战略是向全世界的市场推销标准化的产品和服务，并在较有利的国家集中地进行生产经营活动，由此形成经验曲线和规模经济效益，以获得高额利润。从优势的角度看，全球产品分部结构的好处是获得了更高的全球效率。全球产品分部结构最大的弱点是，随着时间的推移，下属公司越来越形成对母公司的依赖，母公司与下属公司的互动缺乏创造力，从而导致公司对市场的反应能力的限制。

19.【答案】BCD

【解析】薪酬与考核委员会是董事会下设的几个专门委员会之一，其主要职责包括：负责制定董事、监事与高级管理人员的考核标准，并进行考核；负责制定审查董事、监事和高级管理人员的薪酬政策与方案。

20.【答案】ABD

【解析】专家权和榜样权是个人素质和影响的重要方面，不仅存在于正式组织中，也大量存在于非正式组织中。

21.【答案】AC

【解析】该公司涉及多个业务，会有多个产品线，可以采用事业部制组织结构和 M 型组织结构。

22.【答案】AB

【解析】根据题目描述，光耀公司采用的预算方法为增量预算。选项 C，属于零基预算的缺点；选项 D，属于零基预算的优点。选项 A 和选项 B 是增量预算的缺点，符合题意。所以，选项 A、B 正确。

23.【答案】ABD

【解析】开拓型组织追求一种更为动态的环境，将其能力表现在探索和发现新产品和市场的机会上。在开拓型组织里，开创性问题是为了寻求和开发产品与市场机会。这就要求开拓型组织在寻求新机会的过程中必须具有一种从整体上把握环境变化的能力。由此可见，寻求和开发产品与市场机会是开拓型组织的战略核心任务。开拓型组织要求它的技术和行政管理具有很大的灵活性，这类组织的结构应采取"有机的"机制。在工程技术问题上，该组织由于采用了多种技术，所以很难发挥总体的效率，缺乏效率性，很难获得最大利润。防御型战略组织适合于较为稳定的行业。

24.【答案】ABC

【解析】集权型决策的优点：（1）易于协调各职能间的决策；（2）易于对上下沟通的形式进行规范（比如利用管理账户）；（3）能与企业的目标达成一致；（4）危急情况下能够做出快速决策；（5）有助于实现规模经济；（6）这种结构比较适用于由外部机构（比如专业的非营利性企业）实施密切监控的企业，因为所有的决策都能得以协调。集权型决策的缺点：（1）高级管理层可能不会重视个别部门的不同要求；（2）由于决策时需要通过集权职能的所有层级向上汇报，因此决策时间过长；（3）对级别较低的管理者而言，其职业发展有限。选项 D 是分权型结构的特点。

25.【答案】ABC

【解析】本题考查的是 M 型企业组织结

构的优点。M 型企业组织结构的优点：（1）便于企业的持续成长；（2）由于每一个事业部都有其自身的高层战略管理者，因此首席执行官所在的总部员工的工作量会有所减轻；（3）职权被分派到总部下面的每个事业部，并在每个事业部内部进行再次分派；（4）能够通过诸如资本回报率等方法对事业部的绩效进行财务评估和比较。由于 M 型企业组织结构的组织层次较多，所以主管之间联系没有更加直接，而产品主管与区域主管是矩阵制结构的特点，所以选项 D 不是该公司组织结构的优点。

26.【答案】ABCD

【解析】在讨论组织的层次时，不可避免地要讨论在不同的纵向分工结构中会遇到的管理问题，包括：（1）集权与分权；（2）中层管理人员人数；（3）信息传递；（4）协调与激励。

27.【答案】BC

【解析】战略控制方法包括预算控制、企业业绩衡量指标、平衡计分卡的业绩衡量方法和统计分析与专题报告。所以，选项 B、C 正确。

28.【答案】ABC

【解析】零基预算的缺点：（1）它是一个复杂的、耗费时间的过程；（2）它可能强调短期利益而忽视长期目标；（3）管理团队可能缺乏必要的技能。而选项 D 是增量预算的缺点。

29.【答案】AB

【解析】客户角度的目标和指针可以包括目标市场的销售额或市场份额以及客户保留率、新客户开发率、客户满意度和盈利率。卡普兰和诺顿把这些称为滞后指标。卡普兰和诺顿定义了几个与客户满意度有关的驱动指标：时间、质量、价格、可选性、客户关系和企业形象。他们把这些称为潜在的领先指标，领先指标的设定取决于企业的战略和对目标市场的价值定位。选项 A、B 正确。

30.【答案】BCD

【解析】专题报告可以由企业内部自己完成；也可以用课题、项目的形式委托大学、科研院所或咨询机构的专业人员完成。所以选项 A 错误。

31.【答案】BD

【解析】利益相关者内部的联合程度会影响其权力的大小，所以，选项 A 错误；职权沿着企业的管理层次方向自上而下，所以，选项 C 错误。

32.【答案】ABCD

【解析】企业利益相关者的权力来源有：（1）对资源的控制与交换的权力；（2）在管理层次中的地位；（3）个人的素质和影响；（4）参与或影响企业的战略决策与实施过程；（5）利益相关者集中或联合的程度。

33.【答案】AC

【解析】价值网络强调“以顾客为中心”，在专业化分工的生产服务模式下，把处于“价值链”上不同位置并存在密切关联的企业或者相关利益体整合在一起，建立一个以顾客为核心的价值创造体系，共同为顾客创造价值。选项 B 说法错误。企业生态系统的概念建立在价值网理念基础上，是有别于传统企业竞争模型的一种新的商业模型。所以选项 D 说法错误。

34.【答案】ABC

【解析】提高风险管理水平，确保企业与客户信息安全可以从以下方面进行管理：（1）客户个人数据管理；（2）企业数据管理；（3）建立应急管理系统。故选项 A、B、C 正确，选项 D 是大数据时代企业战略转型的主要方面之一。

三、简答题

1.【答案】

（1）①确认那些支持企业竞争优势的关键性活动。“绿梦公司的核心优势在于科研与技术支持”“公司将自身的经营业务聚焦于研发和营销服务两个价值创造环节上”。

②明确价值链内各种活动之间的联系。选择或构筑最佳的联系方式对于提高价值创造和战略能力是十分重要的。

绿梦公司“第一阶段：一体化商业模式（2004～2010 年）”“第二阶段：外包转型（2010～2014 年）”“第三阶段：平台战略（2014 年至今）”，都是根据企业不同时期的发展状况，选择或构筑价值链内各种活动之间最佳的联系方式。

③明确价值系统内各项价值活动之间的联系。价值活动的联系不仅存在于企业价值

链内部，而且还存在于企业与企业的价值链之间。

绿梦公司“第三阶段：平台战略（2014年至今）”“以网络效应吸引生产企业、客户（医院、养老院、药店）等多方加入，搭建起跨企业、跨区域、跨行业的医疗设备资源合作、共享的专业化平台”，就是选择和构筑了企业与企业的价值链之间的最佳联系方式。

（2）信息技术在绿梦公司的平台战略中扮演着强有力的角色，平台中的各方通过网络技术凝聚在一起，形成整体运作的企业生态系统。

2.【答案】

（1）金宝集团战略变革的类型有：

①产品和服务变革，指企业产出的变革，包括开发新产品或改进现有产品。“2005年之前金宝集团着重于公用事业，主要围绕城市燃气来推动企业发展，从2005年开始金宝集团专注于清洁能源的开发和利用”。

②结构和体系变革，指企业运作的管理方法的变革，包括结构变化、政策变化和控制系统变化。“将金宝集团的原有三大产业集团调整为能源分销、能源装备、能源化工、生物化工等产业板块，总部下设的支持保障机构也做了相应的变更”。

③人员变革，指企业员工价值观、工作态度、技能和行为方式的转变，目的是确保职工努力工作，完成企业目标。“金宝集团启动科技人才梯队建设……建立科技人才激励机制……以引导技术人员创造性地工作”。

（2）钱德勒的组织结构服从战略理论可以从以下两个方面展开：

①战略的前导性与结构的滞后性。这是指企业战略的变化快于组织结构的变化，企业组织结构的变化常常慢于战略的变化速度。企业应努力缩短结构反应滞后的时间，使结构配合战略的实施。

②企业发展阶段与结构。企业发展到一定阶段，其规模、产品和市场都发生了变化。这时，企业应采用合适的战略，并要求组织结构做出相应的反应。

本案例中“从2005年开始金宝集团专注于清洁能源的开发和利用”体现战略前导性；“随着集团清洁能源战略目标的日益清晰，金宝集团于2006年初进行了重大调整。一是调整组织结构，将金宝集团的原有三大产业集团调整为能源分销、能源装备、能源化工、生物化工等产业板块，总部下设的支持保障机构也做了相应的变更”体现结构的滞后性；也体现出当企业发展到一定阶段，企业会采用合适的战略，并要求组织结构做出相应的反应。

（3）金宝集团还可采取以下有效的人力资源战略措施：

①精确识别出企业为实现短期、中期和长期的战略目标所需要的人才类型。

②通过培训、发展和教育来激发员工潜力。

③尽可能地提高任职早期表现出色的员工在员工总数中所占的比重。

④招聘足够的、有潜力成为出色工作者的年轻新就业者。

⑤招聘足够的、具备一定经验和成就的人才，并使其迅速适应新的企业文化。

⑥确保采取一切可能的措施来防止竞争对手挖走企业的人才。

⑦激励有才能的人员达到更高的绩效水平，并激发其对企业的忠诚度。

⑧创造企业文化，使人才能在这种文化中得到培育并施展才华。

四、综合题

1.【答案】

（1）①潜在进入者的进入威胁。“近年来随着市场需求不断增加，许多医药企业开始考虑涉足阿胶产业”。

②替代品的替代威胁。“在补血保健品市场，除了阿胶之外，主要还有康富来的血尔口服液和九芝堂的驴胶补血颗粒。此外，还有安利、汤臣倍健等其他品类的保健产品”。

③供应者讨价还价的能力。“据估计，国内驴存栏量20年间约减少了50%，未来下降趋势仍将延续。目前全国约有100多家阿胶企业，对驴皮需求量大幅增长。仅东阿阿胶一家企业对驴皮的年需求量就约为100万张，主要来源于国内收购。全国毛驴存栏量如果以500万头计算，驴皮年产出量理论上只有100多万张”。

④购买者讨价还价的能力。“随着人们收入水平的增加、人口结构的变化、政府政策

的支持以及人们医疗保健意识的增强，医疗保健行业的需求将不断增长。尽管阿胶价格不断上涨，但是消费者的需求量并没有因为提价而降低。许多消费者本身就有一个高价格与高价值对等的观念”。

⑤产业内现有企业的竞争。“目前国内阿胶主要生产企业是东阿阿胶和福牌阿胶……东阿阿胶占据高端市场，福牌阿胶占据中低端市场；东阿阿胶是单品价格第一，收入第一，福牌阿胶产能第一。目前我国阿胶行业的产能约为14 000吨，其中东阿阿胶和福牌阿胶产能总和约为8 000吨，占到行业总产能的60%左右，整个阿胶行业处于双寡头竞争格局”“目前我国阿胶行业有100多家生产企业，除了东阿阿胶、福牌阿胶销售量较大外，其他阿胶小厂普遍产量在100～200吨之间”。

（2）辨别企业能力是否属于核心能力的三个关键性测试：

①它对顾客是否有价值？“阿胶与人参、鹿茸并称为‘中药三宝’。阿胶具有‘补血、滋补、养颜’三大功能，在中医药食同源理念中，阿胶是传统第一补血良方”。

②它与企业竞争对手相比是否有优势？“从上游原料基地建设，掌控驴皮收购终端，到下游OTC终端、商超、医院、自建连锁等营销终端掌控，形成了全产业链掌控的模式优势”“参与制定多项行业标准，拥有大量阿胶传统配方、秘方，具有领先行业的标准优势、产品研发和技术领先优势”“公司在阿胶等胶类中药研发、技术、人才、资源等方面处于行业领先水平”。

③它是否很难被模仿或复制？“公司在阿胶等胶类中药研发、技术、人才、资源等方面处于行业领先水平，是品类领导者，具有不可复制的竞争优势”“具有传承千年的国家级保密传统工艺……拥有大量阿胶传统配方、秘方”。

东阿阿胶开发生产阿胶产品同时满足以上三个关键性测试，应当称之为核心能力。

（3）东阿阿胶采用的总体战略是发展战略中的一体化战略。一体化战略是指企业对具有优势和增长潜力的产品或业务，沿其经营链条的纵向或横向延展业务的深度和广度，扩大经营规模，实现企业成长。一体化战略按照业务拓展的方向可以分为纵向一体化和横向一体化。东阿阿胶主要涉及纵向一体化战略。

纵向一体化战略是指企业沿着产品或业务链向前或向后，延伸和扩展企业现有业务的战略。纵向一体化战略包括前向一体化和后向一体化。

①前向一体化战略是指获得分销商或零售商的所有权或加强对他们的控制权的战略。“与百强连锁形成稳固的战略合作，加强对销售渠道的控制，直供及重点连锁终端销量逐年稳步增长”。

②后向一体化战略是指获得供应商的所有权或加强对其控制权的战略。“充分利用社会资源，加大活驴掌控和驴皮采购力度，积极加强全球原料资源掌控。建立两个百万头毛驴基地，创新规模化养殖合作模式，掌控国内主要毛驴交易市场，控制上游产业关键环节……在上游发展毛驴养殖、交易、加工三大产业”。

（4）①研发有两种类型：产品研究（新产品开发）和流程研究。

东阿阿胶研发的类型包括产品研究和流程研究。

A. 产品研究——新产品开发。“聚焦阿胶主业，做大阿胶品类，进一步挖掘胶类中药经典大产品治疗及滋补保健功能，开发新产品”。

B. 流程研究。“建立了标准化验收、规范化仓储及自动化处理的‘三位一体’驴皮原料处理工艺，优化原料处理与产品生产流程”。

②企业研发战略至少存在三种定位：成为向市场推出新技术产品的企业；成为成功产品的创新模仿者；成为成功产品的低成本生产者。东阿阿胶研发的定位是成为向市场推出新技术产品的企业。“2017年全年发明专利授权20项，实用新型授权48项，申请发明专利52项，申请实用新型40项。其中，阿胶特征性成分检测方法通过国家技术监督局审核，为规范行业标准提供支持；制定驴皮团体标准2项，提高阿胶行业准入门槛；驴冻精两项标准上升为山东省地方标准，填补国内外行业标准空白；核心产品关键技术获国家授权发明专利9项，其中PCT（美国）1项；公司被授予‘关键核心技术知识产权

品牌单位’”。

（5）大数据时代东阿阿胶战略转型的方面主要涉及市场调研与预测、营销管理和生产管理。

①市场需求调研与预测。“2017 年，东阿阿胶基于大数据提出‘新算法’，深度挖掘客户的潜在需求和价值空间，高度整合自身的资源禀赋”。

②营销管理。“借助数据挖掘等信息技术，东阿阿胶利用产品销售和客户数据分析消费者的购买模式和偏好，从而更好地发现目标客户、服务于目标市场，并有针对性地开展营销和市场竞争活动。阿胶聚焦‘滋补国宝’的打造，复方阿胶浆广谱气血保养，阿胶糕布局快消市场，进一步确立了东阿阿胶的行业领导地位和品牌定位”。

③生产管理。“整合东阿阿胶供应链全链条质量要素，对阿胶产品从毛驴养殖、检疫、炼胶，到流通、销售的全生命周期的质量以及采用的高标准信息进行数据写链，并通过链条上的政府机关和第三方权威检测机构节点进行审核和背书”“中国质量链将利用区块链分布式、不可篡改的可信任、高安全特性对产品全生命周期数据进行串联，为消费者提供产品溯源和鉴真服务，在最大限度保障消费者利益的同时，也实现对东阿阿胶品牌与质量的全方位护航”。

2. 【答案】

（1）从宏观环境角度，简要分析凌美公司当前所面临的机会与威胁。

威胁主要体现在政治与法律因素，“目前白色家电行业整体增长缓慢。其中一个原因便是‘家电下乡’政策的后遗症”。

机会：

①政治和法律因素。“政府在 2015 年提出了‘供给侧改革’，随着这一政策的推进，必将迎来新一轮消费升级”。

②经济因素。“城乡内 GDP 增速放缓，但整体上仍保持平稳较快增长，家庭收入持续增加，尤其是农村居民收入得到了显著增加。因此，农村中高端白色家电市场很值得进一步开发。并且，随着消费者消费能力的提升，消费者的需求将会呈现出更加个性化的态势”；“在线小额信贷的兴起，也让很多的年轻人具备中高端家电消费能力”；“……物流运输效率的提升，在线购买家电成为可能”。

③社会和文化因素。“消费者网络购物习惯的养成……在线购买家电成为可能”；“‘创新、协调、绿色、开放、共享’的发展理念成为时代主旋律，为新一代环保型产品提供了巨大的发展空间”。

④技术因素。“柔性生产线技术和大规模定制技术的发展，使购买高值低价的产品不再是奢望。物联网、人工智能等技术的发展，使得智能家居成为新的消费热点”。

（2）简要分析凌美公司采取的国际化经营战略类型，及其为了实现组织结构与国际化经营战略的匹配，凌美公司所采用的组织结构类型。

凌美公司采取的国际化经营战略类型是全球化战略。全球化战略是向全世界的市场推销标准化的产品和服务，并在较有利的国家集中地进行生产经营活动，由此形成经验曲线和规模经济效益，以获得高额利润。“凌美公司在德国和美国成立了研发中心；在意大利成立了设计中心；在中国、东南亚、印度等市场需求较大、劳动力成本较低的国家和地区成立了 7 个高效率的生产制造基地。公司提供的产品系列少而精，面向全球市场提供高质量的标准化产品”。

为了实现组织结构与国际化经营战略的匹配，凌美公司所采用的组织结构类型为“全球产品分部结构”。“凌美公司在全球的组织结构按产品划分为事业部，公司总部确定企业的总目标和经营战略，各产品事业部经理根据总部的经营目标和战略分别制订本事业部的经营计划，并根据各国成本和技术的差异来设置活动”，这些都是产品分部结构的基本特征。

（3）简要分析凌美公司对外投资的主要动机。

发展中国家跨国公司对外投资的四大动机有：寻求市场；寻求效率；寻求资源；寻求现成资产。

凌美公司对外投资的主要动机有：

①寻求市场。“考虑到国内白色家电市场渐趋饱和，而国外市场仍处于高增长阶段，凌美公司启动了国际化战略，以开拓国际市场”；“以深入把握 D 国市场的产品需求”。

②寻求效率。“在中国、东南亚、印度等市场需求较大、劳动力成本较低的国家和地区成立了7个高效率的生产制造基地”。

③寻求现成资产。“凌美集团管理层考虑，先进入最为苛刻的发达国家消费市场，能够在消费者高标准的质量要求和激烈的市场竞争中获得相关市场经验和领先技术，尽快提升企业在世界市场的竞争优势”；“凌美公司在德国和美国成立了研发中心；在意大利成立了设计中心”。

（4）简要分析凌美公司国际化经营选择目标市场区域路径的方式。

凌美公司国际化经营目标市场区域路径的方式是新型方式（或不连续方式）。“凌美集团管理层考虑，先进入最为苛刻的发达国家消费市场，能够在消费者高标准的质量要求和激烈的市场竞争中获得相关市场经验和领先技术，尽快提升企业在世界市场的竞争优势”。

（5）简要分析凌美公司在D国选择的发展途径及其动机。

凌美公司在D国选择的发展途径为内部发展（新建）。“凌美公司在发达国家D国建立生产厂，随后几年内又在D国建立了销售中心和设计中心”。

凌美公司采用新建战略的主要动因是：开发新产品的过程使企业能深刻了解市场及产品。“以深入把握D国市场的产品需求”。

凌美公司采用新建战略的应用条件是：企业有能力克服结构性与行为性障碍。“由于自身产品过硬的质量和有格调的设计，凌美公司在短短两年内就占据了D国较大的市场份额”。

（6）简要分析凌美公司与万灵公司结成战略联盟的类型与动因，以及凌美公司是如何实施对战略联盟的管控。

凌美公司与万灵公司结成战略联盟的类型是功能性协议（或契约式战略联盟）。“双方决定建立产销合作联盟”。

凌美公司与万灵公司结成战略联盟的动因：

①促进技术创新。“万灵公司……拥有自主研发的达到国际领先水平的‘新一代G10低频控制技术’‘高效离心式冷水机组’‘新型超高效定速压缩机’等核心科技”；“而凌美公司……缺乏核心技术”。

②避免经营风险。“公司的产品正在逐渐失去竞争力，公司上下为此焦虑不安”；“万灵公司以前主要专注在南方市场，没有在北方建立起自己的销售渠道”。

③避免或减少竞争。“凌美公司目前在北方市场遇到了多个劲敌”。

④实现资源互补。“凌美公司在销售渠道、营销能力、品牌认知度等方面拥有优势”；“万灵公司……拥有自主研发的达到国际领先水平的……核心科技”。

⑤开拓新的市场。“万灵公司以前主要专注在南方市场，没有在北方建立起自己的销售渠道，其生产基地和仓储基地也全部都集中在南方”。

⑥降低协调成本。“从降低协调成本考虑”。

凌美公司对战略联盟的管控主要有：

①订立协议。“双方约定按照一定的比例共享收益，共担风险，并对双方的违约责任和联盟解体等问题都做出了具体的规定”。

②建立合作信任的联盟关系。“努力巩固与完善与万灵公司已建立的合作信任的联盟关系”。

（7）简要分析凌美公司与万灵公司结成战略联盟之后需要规避的主要运营风险。

①企业产品结构、新产品研发方面可能引发的风险。“政府的环保标准提升还可能会导致凌美公司自身大量产品不合格”。

②企业新市场开发，市场营销策略（包括产品或服务定价与销售渠道，市场营销环境状况等）方面可能引发的风险。“双方同为白色家电制造企业，存在相互竞争的关系，帮助万灵公司销售产品可能会损害自身的利益”。

⑥企业现有业务流程和信息系统操作运行情况的监管、运行评价及持续改进能力方面引发的风险。“双方分别提供的技术与渠道难以按照合适的比例参与利益分配，并且各项成本一直在变动，很难建立合理的动态的利润分配机制”。

第五章　公司治理

年度	分值	题型	考点
2018	5	单选题	企业利益相关者的权利来源
		简答题	公司治理问题
2019	1	单选题	公司治理问题

本章考情分析

本章属于次重点章。本章涉及的内容：①公司治理概述；②三大公司治理问题；③公司内部治理结构和外部治理机制；④公司治理的基础设施。本章考试的题型一般为客观题和简答题。“公司治理”这部分内容过去一直是作为相关章的一节内容，近 3 年平均分值为 2 分。但 2018 年教材将该部分内容独立为一章，并进行了完善和补充，2019 年教材内容进一步完善，由此可以看出本章内容在考试中的重要性。

本章需要重点关注以下内容：三大公司治理问题、公司内部治理结构和外部治理机制。

本章教材变化

本章教材 2020 年与 2019 年相比无重大变化。小变化有：（1）在第二节“二”终极股东对于中小股东的“隧道挖掘”问题下面增加一段话：在传统的公司治理理论中委托—代理问题还体现为大股东与中小股东之间的利益冲突，具体体现为终极股东对中小股东的“隧道挖掘”的剥夺型公司治理。（2）删除了部分说明性案例。（3）增加了 3 个案例。

基本内容框架

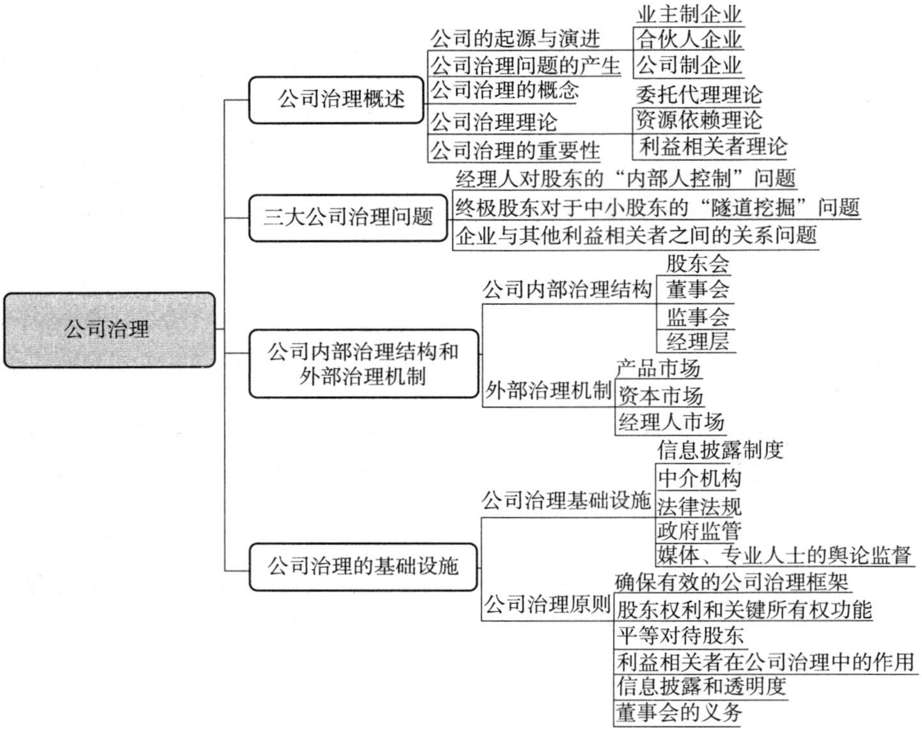

通关重难点例题解析

知识点1　企业的起源与演进

（一）业主制企业	
优点	①企业内部组织形式简单、便于管理，且政策法规、宏观经济等外部环境变化带来的风险对企业影响较小。 ②企业的资产所有权、控制权、经营权、收益权均归业主所有，业主享有完全自主权，便于发挥其个人能动性、生产力及创造力。 ③业主自负盈亏，对企业负债承担无限责任，个人资产与企业资产不存在绝对的界限，当企业出现资不抵债时，业主要用其全部资产来抵偿。因此业主会更加关注于预算和成本控制以降低经营风险。
缺点	①规模小，资金筹集困难，企业容易因资金受限而难以扩大生产和规模。 ②企业所有权、控制权、经营权高度统一归业主所有，使企业存续期受制于业主本人的生命期。 ③企业经营者也只是所有者一人，当企业发展到一定规模后，限制在个人内的人力资本就很可能会影响到组织决策的质量。 ④因业主承担无限责任所带来的风险较大，企业为规避风险而缺乏动力进行创新行为，不利于新产业发展。
（二）合伙制企业	
优点	①扩大了资金来源，有助于企业扩大规模、生产发展。 ②合伙企业虽然拥有多个产权主体，但其产权结构完整统一，更有利于整合发挥合伙人的资源优势，促进技术、土地、资金等资源共享。 ③合伙人共同经营企业、共担风险，在企业经营管理上可以实现优势互补、集思广益，一定程度上分散了经营压力。
缺点	①合伙人对企业债务承担无限责任，风险较大。 ②合伙人间缺乏有效制约机制，监督履责困难，可能产生“搭便车”行为。 ③在经营管理决策中合伙人之间产生的分歧带来很多的组织协调成本，降低了决策效率。 ④合伙人的退伙会影响企业的生存和寿命。
（三）公司制企业	
特点	有限责任制；股东财产所有权与企业控制权分离；公司的永续生命。

【例5-1】（单选题）

以下说法不属于业主制企业特点的是（　　）。

A. 企业内部组织形式简单、便于管理

B. 企业的资产所有权、控制权、经营权、收益权均归业主所有

C. 业主自负盈亏，对企业负债承担无限责任

D. 扩大了资金来源，有助于企业扩大规模、生产发展

【答案】D

【解析】选项D属于合伙制企业的优点。其他三个选项都属于业主制企业的特点。

知识点2　公司治理理论

（一）委托代理理论
所有权与控制权分离导致的直接后果是委托—代理问题的产生。这就是作为委托人的股东怎样才能以最小的代价，使得作为代理人的经营者愿意为委托人的目标和利益而努力工作。在所有权分散的现代公司中与所有权与控制权分离相关的所有问题，最终都与代理问题有关。
（二）资源依赖理论
资源依赖理论强调组织权力，把组织视为一个政治行动者，认为组织的策略无不与组织试图获取资源、控制其他组织的权力行为相关。资源依赖理论也考虑了组织内部的因素，认为组织对某些资源的需要程度、该资源的稀缺程度、该资源能在多大程度上被利用并产生绩效以及组织获取该项资源的能力，都会影响组织内部的权力分配格局。因此，那些能帮助组织获得稀缺性资源的利益相关者往往能在组织中获得更多的话语权，即资源的依赖状况决定组织内部的权力分配状况。

续表

（三）利益相关者理论
利益相关者管理理论是指企业的经营管理者为综合平衡各个利益相关者的利益要求而进行的管理活动。该理论认为任何一个公司的发展都离不开各利益相关者的投入或参与，企业追求的是利益相关者的整体利益，而不仅仅是某些主体的利益。 企业的利益相关者既包括股东在内，又涵盖了股东之外与企业发展相关的群体。而且这些利益相关者都对企业承担着不同的风险，企业的生存和发展取决于其能否有效处理同各个利益相关者之间的关系，而股东只是利益相关者之一。

知识点3　三大公司治理问题

（一）经理人对于股东的“内部人控制”问题	
含义	按照委托代理理论，现代企业可以看作是一系列委托代理合约的结合，在这一合约中，所有者与经营者之间虽然具有委托代理关系，但是由于存在着目标利益的不一致与信息的不对称，企业的外部成员（如股东、债权人、主管部门等）无法实施有效的监督，从而使企业的内部成员（如厂长、经理或工人）能够直接参与企业的战略决策，并掌握了大部分企业实际控制权，在公司战略决策中追求自身利益，甚至内部各方面联手谋取各自的利益，从而架空所有者的有效控制，并以此来侵蚀作为外部人（股东）的合法权益，这就是所谓的“内部人控制”现象。
成因	内部人控制问题的形成，实际上是在所有权和经营权分离的公司制度下，委托代理关系所带来的必然结果。 另外，公司治理机制的不完善为内部人控制提供了有利条件。
对策	首先，完善公司治理体系，加大监督力度。 其次，强化监事会的监督职能，形成企业内部权力制衡体系。 最后，完善和加强公司的外部监督体系，使利益相关者参与到公司的监管中，再结合以经济、行政、法律等手段，构建对企业经营者的外部监督机制。
（二）终极股东对于中小股东的“隧道挖掘”问题	
含义	当资本市场缺乏对小股东利益的保护机制时，对公司经营活动具有控制力的大股东就更加表现得不容易受到约束，他们可以以牺牲众多的中小股东利益为代价，通过追求自利目标而不是公司价值目标来实现自身福利最大化。
成因	“隧道挖掘”行为的产生，在于控制股东“隧道挖掘”的收益大于其“隧道挖掘”的成本。而收益来源于控制股东所掌控的权利，成本则反映了控制股东对其行为所承担的责任。
表现	剥夺型公司治理问题主要是控制股东剥夺其他中小股东的主要行为，即“隧道挖掘”行为。可以分为滥用公司资源和占用公司资源两种类型。终极股东“隧道挖掘”的利益输送行为，又可以分为直接占用资源、关联性交易和掠夺性财务活动三类。
中小股东权益保护	累积投票制；建立有效的股东民事赔偿制度；建立表决权排除制度；完善小股东的代理投票权；建立股东退出机制，包括转股和退股。
（三）企业与其他利益相关者之间的关系问题	
理论要点	大量公司治理实践证明，现代社会任何一个公司的发展均离不开各种利益相关者的投入与参与。当各利益相关者的利益得到合理的配置与满足时，才能建立更有利于企业长远可持续发展的外部环境，这有利于实现企业价值最大化，积累增加股东财富的目标。当前，在企业的治理模式中过度强调股东利益最大化，而缺乏必要机制维护各利益相关者的权益的现象十分普遍。在利益相关者对企业经营和公司治理的影响越来越明显的背景下，企业经营必须重视将利益相关者融入企业的治理模式中，让外部与企业利益相关的主体共同参与公司治理。

【例5－2】（2019单选题）

甲公司在2017年完成发行上市后的首次定增，以每股1元的价格向两名控股股东发行5 000万股。当时该公司股价为每股5元。甲公司披露的2017年年报显示，当时有净利润1.2亿元，市盈率为2.8倍。从终极股东对中小股东的“隧道挖掘”问题角度看，甲公司的上述做法属于掠夺性财务活动中的

（　　）。

A. 内幕交易

B. 掠夺性融资

C. 直接占用资源

D. 超额股利

【答案】B

【解析】根据资料可知，甲公司的做法属于低价定向增发行为，本质上是向大股东进行利益输送，属于掠夺性融资。选项 B 正确。

【例 5－3】（2019 单选题）

佳宝公司是一家上市公司，最近连续两年亏损，经营陷入困境。经审计发现，佳宝公司的重大决策权一直被控股股东控制，控股股东把佳宝公司当作“提款机”，占用佳宝公司的资金累计高达 10 亿元。佳宝公司存在的公司治理问题属于（　　）。

A. 代理型公司治理问题

B. “内部人控制”问题

C. 剥夺型公司治理问题

D. 企业与其他利益相关者之间的关系问题

【答案】C

【解析】“控股股东把佳宝公司当作提款机”“占用佳宝公司的资金累计高达 10 亿元”体现的是终极股东对于中小股东的“隧道挖掘”问题属于剥夺型公司治理问题。选项 C 正确。

【例 5－4】（2017 多选题）

当前，在国内上市公司中，终极股东对中小股东的“隧道挖掘”问题有多种表现形式，其中包括（　　）。

A. 过高的在职消费

B. 产品购销的关联交易

C. 以对大股东有利的形式转移定价

D. 扩股发行稀释其他股东利益

【答案】BCD

【解析】占用公司资源是指终极股东通过各种方法将公司的利益输送至自身的行为，即“隧道挖掘”行为。终极股东“隧道挖掘”的利益输送行为，又可以分为直接占用资源、关联性交易和掠夺性财务活动三类。选项 B、C 属于关联性交易，选项 D 属于掠夺性财务活动。因此，选项 B、C、D 正确。选项 A 属于经理人对于股东的“内部人控制”问题。

【例 5－5】（单选题）

烟台张裕葡萄酿酒股份有限公司（以下简称“张裕”）上市以来，烟台张裕集团有限公司（以下简称“张裕集团”）作为张裕的大股东，接连注册了一系列商标，很多商标是由张裕在生产过程中创立，完全有条件由张裕进行注册，但仍由张裕集团注册后许可给张裕使用，并由张裕集团收取销售收入 2% 的商标使用费，此举侵害了上市公司利益。这体现了三大公司治理问题中的（　　）。

A. 内部人控制

B. 隧道挖掘

C. 企业与其他利益相关者之间的关系问题

D. 外部治理

【答案】B

【解析】三大公司治理问题包括经理人对于股东的“内部人控制”问题、终极股东对于中小股东的“隧道挖掘”问题和企业与其他利益相关者之间的关系问题。终极股东“隧道挖掘”的利益输送行为，又可以分为直接占用资源、关联性交易和掠夺性财务活动三类。终极股东占用公司商标、品牌、专利等无形资产以及抢占公司的商业机会等行为属于直接的利益输送，即终极股东违规占用公司的资源，为其进行利益输送也属于直接的利益。而本题中，张裕集团作为张裕的大股东涉嫌通过注册商标侵占上市公司资产，损害中小股东的利益，属于“隧道挖掘”问题，选项 B 正确。

【例 5－6】（多选题）

新大洲控股股份有限公司（以下简称“新大洲”）是一家在深圳证券交易所上市的公司。恒阳牛业为新大洲公司第一大股东尚衡冠通实际控制人陈阳友控制下的企业。陈阳友间接持有恒阳牛业 34.89% 的股权，并担任恒阳牛业董事。新大洲全资子公司宁波恒阳进口的冷冻牛肉大部分销售给恒阳牛业，恒阳牛业及其子公司又向新大洲全资子公司上海恒阳销售牛肉。在这种业务模式中，恒阳牛业既是客户角色，又是供应商角色。上海恒阳与恒阳牛业付款模式为先款后货。宁波恒阳早期商业模式基本遵循先款后货原则，后经双方协商并签订协议，约定账期为 3 个月。同时，宁波恒阳卖给恒阳牛业的牛肉的单价要比卖给第三方便宜接近20%，上海恒阳向恒阳牛业平均采购价格比向第三方采购价格高出接近28%。2018年度因上述交易导致新大洲存在被恒阳牛业非经营性资金占用的情况，合计金额为4.77亿元，被中国证监会立案调查，存在退市风险。上述终极股东的“隧道挖掘”问题的表现有（　　）。

A. 滥用公司资源

B. 直接占用资源

C. 掠夺性财务活动

D. 通过关联交易进行利益输送

【答案】BD

【解析】新大洲下属全资子公司宁波恒阳与大股东尚衡冠通控制下的恒阳牛业的交易构成关联交易，交易采用先款后货的原则，存在大量预付账款，而预付账款是终极股东及其他关联方占用公司资金的途径之一。同时新大洲与恒阳牛业的关联交易用一句话概括就是：卖得便宜，买的贵，这也是通过关联交易向终极股东进行利益输送。所以，选项B、D正确。

知识点4　公司内部治理结构

（一）公司内部治理结构		
含义	公司内部治理结构是指主要涵盖股东大会、董事会（监事会）、高级管理团队以及公司员工之间责权利相互制衡的制度体系。	
构成	股东大会	股东是出资设立公司并对公司债务负责的人。股东可以是自然人，也可以是各种类型的法人实体。
		股东大会是公司的权力机构，行使决定公司重大问题的权力，决定公司关于合并、分立、解散、年度决算、利润分配、董事会成员等重大事项。 法律上，股东大会主要行使以下职权：①决定公司的经营方针和投资计划；②选举和更换非由职工代表担任的董事、监事，决定有关董事、监事的报酬事项；③审议批准董事会的报告；④审议批准监事会或者监事的报告；⑤审议批准公司的年度财务预算方案、决算方案；⑥审议批准公司的利润分配方案和弥补亏损方案；⑦对公司增加或者减少注册资本作出决议；⑧对发行公司债券作出决议；⑨对公司合并、分立、解散、清算或者变更公司形式作出决议；⑩修改公司章程；⑪公司章程规定的其他职权。
	董事会	董事会是由股东大会选举产生的，负责公司及其经营活动的指挥与管理。它对股东大会负责，是股东大会闭幕期间公司常设的权力机构，是集体行使权力的机构。股东大会所作的公司重大事项的决定，董事会必须执行。董事按照其与公司的关系分为内部董事与外部董事。内部董事也称执行董事，主要指担任董事的本公司管理人员，如总经理、常务副总经理等。外部董事是指不在公司担任除董事以外的其他职务的董事，如其他上市公司总裁、公司咨询顾问和大学教授等。此外，公司的外部董事还可以进一步分为关联董事和独立董事。
	监事会	有限责任公司，经营规模较大的，设立监事会，其成员不得少于3人。监事会应在其组成人员中推选1名召集人。监事会由股东代表和适当比例的公司职工代表组成，具体比例由公司章程规定。监事会中的职工代表由公司职工民主选举产生。有限责任公司，股东人数较少和规模较小的，可以设1～2名监事。董事、经理及财务负责人不得兼任监事。股份有限公司设监事会，其成员不得少于3人。关于监事会组成和人员产生方式的要求与有限责任公司相同。
	经理层	经理人是公司日常经营管理和行政事务的负责人，由公司董事会聘任，在法律、法规及公司章程规定和董事会授权范围内，代表公司从事业务活动的高级管理人员。经理人的薪酬激励主要有年薪制和股权激励。
（二）公司外部治理机制		
产品市场	①在充分竞争的市场上，只有最有效率的企业才能生存，经理人员自然也就面临更大的压力。②产品市场的竞争可以提供有关经理人员行为的更有价值的信息。	
资本市场	①资本市场对经理人员行为的约束是通过接管和兼并方式进行的，也就是通过资本市场上对企业控制权的争夺的方式进行的。②即使收购不成功，在位管理者也会因面临被替代的威胁而主动改变经营行为。	
经理人	市场经理人市场之所以对经理人员的行为有约束作用，是因为在竞争的市场上声誉是决定个人价值的重要因素。经理人员如果不努力，其业绩表现就会不佳，其声誉就会下降。同时，经理人员也必须关心自己的名声，因为信誉好了才会有人在未来愿意聘请他，才能获得更高报酬。	

【例 5－7】（2015 单选题）

审计委员会作为公司治理的主要参与方，其职责不包括（　　）。

A. 对内部审计人员及其工作进行考核

B. 检查、监督公司存在或潜在的各种风险

C. 检查公司会计政策、财务状况和财务报告程序

D. 制定公司长期发展战略

【答案】D

【解析】审计委员会的主要职责有：（1）检查公司会计政策、财务状况和财务报告程序；（2）与公司外部审计机构进行交流；（3）对内部审计人员及其工作进行考核；（4）对公司的内部控制进行考核；（5）检查、监督公司存在或潜在的各种风险；（6）检查公司遵守法律、法规的情况。选项 D 属于战略决策委员会的职责。

【例 5－8】（单选题）

奕瑞光电子的实际控制人曹红光是奕瑞光电子的创业元老兼董事长，同时也在 TCL 集团旗下医疗公司担任副董事长，两家公司有着竞争的关系，曹红光违反了董事的（　　）。

A. 善管义务

B. 竞业禁止义务

C. 信息披露义务

D. 职业审慎义务

【答案】B

【解析】董事的义务包括善管义务和竞业禁止义务，因为其任职的两家公司有着竞争关系，所以曹红光违反了竞业禁止义务。

【例 5－9】（多选题）

申通地铁召开 2018 年第一次临时股东大会，同意设立战略决策委员会，并以 90% 的得票率通过《设立董事会、战略决策委员会、风险管理委员会的议案》。战略决策委员会的主要职责包括（　　）。

A. 制定公司长期发展战略

B. 监督、核实公司重大投资决策

C. 负责制定董事、监事与高级管理人员考核的标准，并进行考核

D. 负责制定、审查董事、监事、高级管理人员的薪酬政策与方案

【答案】AB

【解析】战略决策委员会的主要职责：①制定公司长期发展战略；②监督、核实公司重大投资决策等。薪酬与考核委员会的主要职责：①负责制定董事、监事与高级管理人员考核的标准，并进行考核；②负责制定、审查董事、监事、高级管理人员的薪酬政策与方案。选项 C、D 为薪酬与考核委员会的主要职责。

知识点 5　外部治理机制

从科学决策的角度看，公司内部治理结构不能解决公司治理的所有问题，更需要若干具体的超越结构的外部治理机制。而外部治理机制主要是指除企业内部的各种监控机制外，还包括各个市场机制（如产品市场、资本市场、经理人市场）对公司的监控和约束。

【例 5－10】（单选题）

京东在 2018 年第三季度活跃用户数首次出现下跌的公告公布后，公司的股价应声大跌。从外部治理的角度来看，这体现了（　　）对公司的监控和约束。

A. 资本市场

B. 经理人市场

C. 产品市场

D. 期权市场

【答案】A

【解析】外部治理机制主要是指除企业内部的各种监控机制外的各个市场机制（如产品市场、资本市场、经理人市场）对公司的监控和约束。股价的波动属于资本市场对公司的监控和约束。

知识点 6　公司治理基础设施

（一）信息披露制度	
含义	是上市公司为保障投资者利益、接受社会公众的监督而依照法律规定必须将自身的财务变化、经营状况等信息和资料向证券管理部门和证券交易所报告，并向社会公开或公告，以便使投资者充分了解情况的制度。 它包括公司证券发行前的披露和上市后的持续信息公开，主要由招股说明书制度、定期报告制度和临时报告制度组成。

续表

特征	信息披露制度的特征主要包括：信息披露义务的强制性和自愿性、信息披露内容的多样性和信息披露时间的持续性等。
评估	我们主要从以下四个方面评估信息披露的质量： ①财务信息。 ②审计信息。 ③披露的公司治理信息是否符合相关规定，目前虽具有较高的定性标准，但缺乏具体的量化标准。 ④信息披露的及时性。 总体而言，信息透明度的核心是完整性、真实性、及时性。
（二）中介机构	
主要信用中介机构	会计师事务所、投资银行和律师事务所。
提高中介机构的独立性方案	一方面，通过制定一系列法律法规促使信用中介机构对投资者承担责任；另一方面，建立评价二级信用中介机构以保证一级信用中介机构的质量，比如行业协会和自律组织等。
（三）法律法规	
公司治理是以法治为基础的，《公司法》《银行法》《证券法》《破产法》《劳工法》等各部门法律均会对公司治理产生重大影响。	
（四）政府监督	
有效的政府监督体系应包括以下四个方面：法律监管、行政监管、市场环境监管、信息披露监管。	
（五）媒体、专业人士的舆论监督	

【例5-11】（单选题）

2018年4月10日，《京华时报》连续27天利用67个版面报道农夫山泉所采取的桶装水标准问题，最终导致农夫山泉桶装水在北京质监局的介入下停产。这体现了公司治理基础设施中的（　　）。

A. 公司信息披露制度

B. 中介机构

C. 政府监管

D. 媒体、专业人士的舆论监督

【答案】D

【解析】公司治理基础设施主要包括公司信息披露制度、评价公司财务信息和治理水平的信用中介机构、保护投资者利益的法律法规、政府监管以及媒体和专业人士的舆论监督等。《京华时报》属于媒体。选项D正确。

知识点7　公司治理原则

（一）确保有效的公司治理框架

（二）股东权利和关键所有权功能

（三）平等对待全体股东

（四）利益相关者在公司治理中的作用

（五）信息披露和透明度

至少应当披露的重大信息：①公司的财务和业绩状况；②公司经营目标；③公司主要的股票所有权及相关的投票权；④董事会成员和主要行政人员的薪酬政策；董事会成员的其他信息；⑤关联方交易；⑥可预期的重大风险因素；⑦与雇员和其他利益相关者有关的重要问题；⑧公司的治理结构和政策，尤其是其执行所依据的任何公司治理规则或政策及程序的内容。

（六）董事会的义务

【例5-12】（单选题）

华联控股的第二大股东于平联合部分中小股东，在深圳召开新闻发布会，提议罢免华联现任董事长董炳根。其将在征集10%以上的股份支持后，发起召开临时股东大会，正式提出罢免诉求。这体现了股东的（　　）的权利。

A. 可靠的所有权登记办法

B. 及时、定期地获得公司的实质性信息

C. 选举和罢免董事会成员

D. 分享公司利润

【答案】C

【解析】本题中于平提议罢免现任董事长并在征集10%以上股份支持后，召开临时股东大会正式提出罢免诉求，体现了股东基本权利中的选举和罢免董事会成员的权利。因此，选项 C 正确。

通关演练

一、单项选择题

1. 下列关于公司治理应遵循的基本原则描述正确的是（　　）。

A. 明确董事会的角色和责任

B. 向投资者披露重大信息的最主要方法是企业的记者招待会

C. 必须建立内部审计部门

D. 审计委员会应当向 CEO 就任免内部审计管理人员提供建议

2. 下列不属于审计委员会职能范围的是（　　）。

A. 审核及监督外部审计机构

B. 审核公司的财务信息及其披露

C. 审核公司会计人员的工作绩效

D. 监督公司的内部审计制度及其实施

3. 在公司治理中，对公司经营活动具有控制力的大股东以牺牲众多的中小股东利益为代价，通过追求自利目标而不是公司价值目标来实现自身福利最大化，这种现象称为（　　）。

A. “隧道挖掘”

B. 内部人控制

C. 泛利益相关者治理

D. 利益输送

4. 下列关于薪酬与考核委员会的说法中错误的是（　　）。

A. 负责制定董事、监事与高级管理人员考核的标准

B. 负责对董事、监事与高级管理人员进行考核

C. 负责制定、审查公司员工的薪酬政策与方案

D. 属于董事会最常见的几个专门委员会之一

5. 以下不属于公司外部治理机制的是（　　）。

A. 产品市场　　B. 资本市场

C. 经理人市场　　D. 会计师事务所

6. 下列选项中，关于业主制企业的说法中错误的是（　　）。

A. 业主制企业受政策法规、宏观经济等外部环境变化带来的风险影响较小

B. 业主制企业的资产所有权、控制权、经营权、收益权均归业主所有，业主享有完全自主权

C. 业主制企业由于规模小、资金筹集困难，所以企业易因资金受限而难以扩大生产和规模

D. 由于业主会关注预算和成本控制以降低经营风险，所以当企业出现资不抵债时，业主无须用其全部资产来抵偿

7. 分析现代公司的本质特征是理解公司治理的理论根基和逻辑起点。下列选项中，关于企业理论说法错误的是（　　）。

A. CHM 范式忽略了企业的人力资本及人力资本所具有的专用性

B. 新古典企业理论认为企业只是生产函数、成本效益函数的客观载体

C. 交易成本理论认为，企业产生是因为市场交易成本的存在

D. 不完全契约理论帮助新古典经济学打开了企业的“黑箱”

8. 下列选项中，关于利益相关者理论的表述正确的是（　　）。

A. 企业追求的仅是某些主体的利益，而不是利益相关者的整体利益

B. 利益相关者是指公司股东和雇员，不包括其他利益相关者

C. 股东只是利益相关者之一

D. 利益相关者只包括股东

9. 下列选项中，不属于公司内部治理结构的是（　　）。

A. 股东大会　　B. 监事会

C. 政府监管　　D. 战略决策委员会

10. 为了使公司能够有效地运作，各层权力机构应明确自身的权利与义务，避免出现越级管理的现象。下列表述中，表述不正确的是（　　）。

A. 股东可以分为普通股股东和优先股股东

B. 我国的主要机构投资者包括证券投资基金、证券公司、三类企业

C. 公司的外部董事可以分为关联董事和非独立董事

D. 有限责任公司，经营规模较大的，设立监事会，其成员不得少于3人

11. 下列关于优先股股东的表述中，说法错误的是（　　）。

A. 优先股股东对公司的投资在公司成立后不得抽回，其投资收益从公司的税后利润中提取

B. 优先股股东一般享有股东大会投票权

C. 优先股股东的权利主要集中在利润分配权、剩余财产清偿权和管理权

D. 优先股股东在公司收益分配和财产清算方面比普通股股东享有优先权

12. 下列选项中，说法错误的是（　　）。

A. 信息披露在内部治理结构中具有监督作用

B. 信息披露在内部治理结构中具有激励作用

C. 信息披露在内部治理结构中具有契约沟通作用

D. 信息披露对外部治理机制不提供帮助

13. 下列各项中，说法不正确的是（　　）。

A. 影响公司治理效率的因素仅包括公司治理的基础设施

B. 媒体监督具有全方位性和独立性

C. 信息透明度的核心是完整性、真实性、及时性

D. 信用中介机构的主要作用是保证公司披露信息的质量

14. 下列关于不同类型企业特点的说法中，不正确的是（　　）。

A. 业主制企业当企业出现资不抵债时，业主要用其全部资产来抵偿

B. 合伙制企业的合伙人对企业债务承担无限责任

C. 合伙制企业合伙人的退伙不会影响企业的生存和寿命

D. 公司制企业所有者与法人财产权的分离，使企业实现永续运行

15. 公司治理框架应该保护和促进股东权利的行使。下列各项中，表述错误的是（　　）。

A. 股东必须亲自投票，不能由代理人帮忙投票

B. 股东应当充分、及时收到关于股东大会召开的日期、地点、议程等信息

C. 股东大会的议程和程序应该使所有股东都得到公平对待

D. 反并购机制不应作为董事会和管理层免受监督的借口

二、多项选择题

1. 下列属于股份公司特点的有（　　）。

A. 公司的永续生命

B. 股东财产所有权与企业控制权分离

C. 公司以其全部法人财产对其债务承担有限责任

D. 公司破产清算时，股东仅以其出资额为限，对其公司承担有限责任

2. 下列关于股东大会的说法中错误的有（　　）。

A. 股东大会是公司内部的最高权力机构和决策机构

B. 股东大会是公司的常设机构

C. 股东大会应当每两年召开一次年会

D. 董事会成员是由股东大会决定的

3. 下列属于董事会职权的有（　　）。

A. 负责召集股东大会，并向股东大会报告工作

B. 执行股东大会的决议

C. 决定公司的经营计划和投资方案

D. 制订公司的年度财务预算方案、决算方案

4. 下列属于公司治理基础设施中介机构的有（　　）。

A. 投资银行

B. 会计师事务所

C. 新闻媒体

D. 律师事务所

5. 下列属于公司治理原则的有（　　）。

A. 确保有效的公司治理框架

B. 股东根据所持有的股份不同享受不同待遇

C. 重视利益相关者在公司治理中的作用

D. 公司治理框架应确保及时、准确地披露公司所有重大事件的信息

6. 下列关于公司治理说法正确的有（　　）。

A. 从狭义角度定义看，公司治理的目标是保证股东利益的最大化，防止经营者对所有者利益的背离

B. 广义的公司治理不局限于股东对经营者的制衡

C. 从狭义角度定义看，公司治理只是合理地配置所有者和债权人之间的权力

D. 从广义角度定义看，公司治理的目标是股东利益的最大化

7.《现代公司与私有财产》一书正式拉开了公司治理理论研究的序幕，随后的80多年中，随着理论的不断发展，公司治理理论已取得了极其丰硕的成果。下列选项中，属于公司治理理论的有（　　）。

A. 委托代理理论

B. 资源依赖理论

C. 不完全契约理论

D. 利益相关者理论

8. 下列选项中，属于代理成本构成要素的有（　　）。

A. 代理人保证支出　B. 委托人监督支出

C. 剩余损失　　　　D. 留存收益

9. 针对事前信息不对称企业采用信号显示机制措施，来降低事前代理问题发生的可能性。下列选项中，属于信号显示机制的有（　　）。

A. 学历信号显示　B. 财富信号显示

C. 人员信号显示　D. 经历信号显示

10. 当前，在国内上市公司中，终极股东对中小股东的“隧道挖掘”问题有多种表现形式，其中包括（　　）。

A. 通过扩股发行稀释其他股东权益

B. 大量拖欠债务，甚至严重亏损

C. 国有资产流失、会计信息失真

D. 以低于市场价格回购中小股东的股票

11. 为了更有效解决公司内部治理问题，董事会一般可以下设几个专门委员会，分别从事各方面的工作。下列选项中，关于审计委员会说法正确的有（　　）。

A. 检查公司会计政策、财务状况和财务报告程序

B. 负责制定、审查董事、监事、高级管理人员的薪酬政策与方案

C. 制定公司长期发展战略

D. 对公司的内部控制进行考核

12. 下列关于董事会的相关说法中，表述正确的有（　　）。

A. 董事义务主要包括善管义务和竞业禁止义务

B. 大学的教授、退休的政府官员可以作为上市公司的关联董事

C. 股东大会所作的公司重大事项的决定，董事会必须执行

D. 占据董事职位的人只能是法人

13. 凌美公司是国内一家白色家电生产企业，主营产品包括冰箱、空调、洗衣机等。公司为了更好地发展，决定开拓汽车领域，遂董事会决定聘任经理人员来管理新业务的日常经营管理和行政事务。下列选项中，属于公司经理人员职权的有（　　）。

A. 组织实施公司年度经营计划和投资方案

B. 提请聘任或者解聘公司副经理、财务负责人

C. 制定公司的具体规章

D. 拟订公司合并、分立、解散的方案

14. 从科学决策的角度看，公司内部治理结构不能解决公司治理的所有问题，更需要若干具体的超越结构的外部治理机制。下列选项中，属于公司外部治理机制的有（　　）。

A. 产品市场　B. 期货市场

C. 资本市场　D. 经理人市场

15. 影响公司治理效率的因素不仅包括公司内部治理结构和公司外部治理机制，还包括公司治理的基础设施。下列选项中，属于公司治理基础设施的有（　　）。

A. 公司信息披露制度

B. 信用中介机构

C. 经理人市场

D. 媒体和专业人士的舆论监督

三、简答题

1. 万成公司成立于1984年，1988年进入房地产业，是目前国内最大的专业住宅开发企业。

万成公司的股权极其分散。截至2014年12月31日，其第一大股东华民公司持有万成公司14.97%的股份，而万成公司创始人王刚仅持有总股份的0.05%。华民公司一直给予

万成公司管理层高度的信任，正如万成公司总经理所述，“华民公司是积极不干预管理的股东，是大股东的表率”。正因为如此，万成公司实际上是一个典型的内部人控制企业。万成公司在其高管团队的精心呵护下稳步实施其既定的战略，一步步做大做强，连续多次获得“国内最受尊敬企业”称号。

宝产系是宝产投资集团有限公司及其控制的公司。2015 年 7 月以来，宝产系通过旗下的投资公司大举收购万成公司股份。截至 2015 年 12 月 24 日，宝产系共持有万成公司 24.26% 的股权，力图成为万成公司新的实际控制人。对此，万成公司高管团队反应强烈，不欢迎宝产系成为万成公司第一大股东，理由主要是宝产系素以擅长资本运作著称，长期以来商业信用不佳，一旦控股万成公司，一些投资公司、大金融机构以及商业评级机构便可能调低对万成公司的信用评级，万成公司则有可能沦为实际控制人掏空其他股东的工具。

由于华民公司拒绝增持万成公司股份，万成公司高管团队一度陷入控制权危机。后来广地集团的资本注入，暂时解除了万成公司高管团队的控制权危机。

要求：简要分析“经理人对于股东的‘内部人控制’问题”和“终极股东对于中小股东的‘隧道挖掘’问题”在万成公司中的表现。

2. 四水集团是一家专门从事基础设施研发与建造、房地产开发及进出口业务的公司，1996 年 11 月 21 日在证券交易所正式挂牌上市。2014 年 8 月 8 日，四水集团收到证监局《行政监管措施决定书》，四水集团一系列违规问题被披露出来。

（1）未按规定披露重大关联交易。四水集团监事刘某同时担任 F 公司的董事长、法定代表人；刘某的配偶李某担任 H 贸易公司的董事、总经理、法定代表人。2012 年度，四水集团与 F 公司关联交易总金额 6 712 万元，与 H 贸易公司的关联交易总金额 87 306 万元；2013 年度，四水集团与 H 贸易公司的关联交易总金额为 215 395 万元。这些关联交易均超过 3 000 万元且超过四水集团最近一期经审计净资产的 5%。根据证监会的规定，这些交易属于应当在年报中披露的重大关联交易。但是，四水集团均未在这两年的年度报告中披露上述重大关联交易。

（2）违规在关联公司间进行频繁的资金拆借，非法占用上市公司资金。四水集团无视证监会关于禁止上市公司之间资金相互拆借的有关规定，2012 年 4 月至 2014 年 8 月，向关联公司 H 贸易公司、F 公司拆借和垫付资金 6 笔，共 27 250 万元。

（3）通过派发高额工资等方式变相占用上市公司非经营性资金。四水集团近年来效益很不佳，连续多年没有分红，公司股价也一直处于低迷状态。然而，2011 ~ 2013 年，包括董事长在内的公司高管人数分别为 17 名、19 名和 16 名，合计从公司领走 1 317 万元、1 436 万元和 1 447 万元薪酬，均超过同期四水集团归属于母公司股东的净利润水平。

（4）连续多年向公司董事、监事和高级管理人员提供购房借款。截止到 2013 年 12 月 31 日，四水集团向公司董事、监事和高级管理人员提供购房借款金额达到 610 万元。上述行为违反了《公司法》关于“公司不得直接或通过子公司向董事、监事、高级管理人员提供借款”的相关规定。

（5）利用上市公司信用为关联公司进行大量违规担保。四水集团 2011 ~ 2014 年为公司高管所属的公司提供担保的金额分别为 0.91 亿元、5.2 亿元、5.6 亿元、7.7 亿元。公司管理层将四水集团当作融资工具，为自己所属公司解决资金需求。一旦这些巨额贷款到期无法偿还，四水集团就必须承担起还款的责任。

四水集团管理层频繁的违规行为，导致四水集团的发展陷入举步维艰的地步。公司 2011 ~ 2014 年的经营状况不佳，扣除非经常性损益后的净利润出现连续大额亏损的状况。公司连续多年资产负债率高达 70% 以上，且流动资产和流动负债相差无几，财务风险很大。四水集团的每股收益连续多年走低，远低于上市公司平均水平，反映四水集团股东的获利水平很低。

要求：依据“三大公司治理问题”，简要分析四水集团存在的公司治理问题的类型与主要表现。

3. 太阳公司是 G 省一家于 2013 年发行股票并上市的公司，主营水泥及水泥制品的生产和销售。2018 年 5 月，某财经媒体深度报道了太阳公司存在的多种经营违规行为。该报道在微博等网络平台上成为热话题后，G 省证监局迅速反应，立案调查。

根据证监局的调查结果，太阳公司经营违规行为主要有以下几点：

（1）2016 年 9 月，太阳公司与银行签署一笔担保合同，为大股东星科集团 5 000 万元的贷款提供担保，承担连带保证责任。2016 年 11 月，星科集团向龙辉公司借款 2 亿元，太阳公司为该笔借款提供担保，到期后星科集团没有偿还借款，龙辉公司向法院提起诉讼，法院做出判决，太阳公司作为该笔借款担保方，须和星科集团共同偿还债务本金和利息。这两笔担保均没有在 2016 年年报中进行信息披露。

（2）太阳公司从甲公司购进熟料等重要原材料，双方签订了长期供应合同，价格比市场价高 40%。太阳公司还从乙公司以租赁的方式引入一台机器设备，租赁费用每年 5 000 万元，同样的设备市场租赁价格为 4 000 万元。经查，甲公司和乙公司均为星科集团全资控制的子公司。

（3）太阳公司在 2017 年年底向星科集团以每股 6 元价格定向增发 1 亿股，当时太阳公司股价为每股 12 元，相当于 5 折进行定向增发。

（4）太阳公司发布公告，拟购买丙公司 100% 股权。由于丙公司拥有物联网概念，所以太阳公司发布公告后 10 个交易日内，股价大涨 70%。发布公告前几天，星科集团实际控制人刘某买入太阳公司股票 100 万股，在公告发布后卖出，获利 600 万元。经查，刘某买卖股票的时间都属于证监会认定的敏感期。

（5）2017 年 5 月，太阳公司收购了大股东星科集团持有的丁公司的全部股权，收购价格为 20 亿元，而丁公司账目净资产为 5 000 万元，盈利能力较差，业内专家质疑是超溢价收购。

（6）2016 年太阳公司 1.4 亿元的销售费用未及时入账，造成 2016 年年度报告虚假记载。此外，与星科集团多笔资金往来事项并未披露和记账，导致太阳公司在 2016 年和 2017 年年报中存在信息不实、虚假记载的情况。而太阳公司上述年报经过注册会计师审计后，审计师都出具了标准无保留的审计意见。证监局根据以上调查结果，依法对太阳公司及其大股东星科集团进行了行政处罚。

要求：

（1）依据“三大公司治理问题”，简要分析太阳公司存在的终极股东“隧道挖掘”的利益输送行为的主要表现。

（2）简要分析公司治理基础设施在本案例中发挥作用的情况。

四、综合题

1. 资料一

老板电器是一家国内领先的专业厨房电器生产企业，于 1979 年在杭州创立。在创业过程中，老板电器也在持续进行着内外的改革，从而引领企业的发展。在筹划上市之前，老板电器引入了职业经理人，并利用两年的时间成功在 A 股上市。随着老板电器的上市，投资老板电器的机构投资者也在增多。随着机构投资者推动的内部股权激励制度的改革深入，老板电器的市场份额也在扩张。随着高管年轻化的推进，“事业合伙人制度”也在逐步被采用。这样老板电器就和新加入的合伙人进行利益捆绑，使合伙人与股东的利益一致，从而避免了钻空子和只顾眼前利益的行为。

随着改革的深入，老板电器不仅吸引国内投资机构的注意，同时也开始吸引国外投资机构的注意。自 2019 年起，老板电器多次登上港交所陆股通成交额前十位。截至 2019 年 3 月 4 日，老板电器国外机构的持股量达到 1.18 亿股，占流通股的 12.63%。老板电器认为海外机构具有非常强的人才队伍，相比较个人投资者有着更多在资本市场投资的经验，因此对老板电器未来的发展非常有益。国外的机构投资者也会通过参与上市公司治理给企业注入先进的理念，并对未来整个 A 股市场带来一些改变，为我国资本市场注入活力。最重要的是国外机构投资者相对更为稳定，往往能守住 3 ~ 5 年的投资周期，主要关注有发展前景的公司，也让公司市值管理更为稳定。

资料二

老板电器缔造了中国第一代吸油烟机，

连续19年全国销量领先，这一系列的荣誉背后，与老板电器以智能制造为发展动力的产品战略和品牌年轻化的营销战略是密不可分的。伴随着大数据时代的到来，老板电器调整战略规划，与天猫结为战略伙伴关系。在产品方面，借助阿里巴巴大数据的深度赋能，深入挖掘厨房电器潜能，探索消费新需求，以智能与乐趣为产品发展方向，为消费者创造更加轻松乐趣的厨房生活。在品牌建设方面，依托天猫全链路的营销资源优势，对目标消费者进行深度洞察，了解目标用户的兴趣爱好、购买习惯、行为模式等个人属性，制定更精准的内容投放策略，使得传播声量最大化，助力品牌年轻化战略落地。比如洞察到厨房社交是当下年轻人中最新潮流的社交方式之一。在此基础上，老板电器以ROKI智能烹饪系统来满足年轻人对厨房社交的全新需求，海量定制菜谱，不管是萌娃的创意营养餐，还是朋友们的个性美味大餐，ROKI智能烹饪系统能够让用户秒变大厨，轻松搞定饭局，把厨房社交融入更多的产品使用场景，打造年轻人喜爱的全新生活方式，让消费者切实感受到老板电器给生活带来的全新升级，进而转化为购买力。

老板电器推出ROKI智能烹饪系统系列吸油烟机的核心思想是“以客户为本”，利用信息化大数据让消费者跟老板电器的设计师直接对接，在增加互动的同时可以提供更多的超值服务，如智能烹饪指导、智能安全管理、智能售后服务、智能食材配制等。如果需要，价值链上的相关利益体都可实现直接对接，各方整合起来迅速满足消费者的需求，更好地为顾客提供个性化的价值。如今的智能家电更多意义上是智能与互动，老板电器总结的“自动+互动”给智能化方向提供了许多可行性参考。

资料三

老板电器借助大吸力与智能化方案占据零售市场重要份额后，房地产营销工程也在悄然进行。2015年，老板电器在各类房地产行业论坛、房地产供应商颁奖中频繁出现，并与全国各地房企开始展开战略性合作。2018年3月老板电器正式发布中央吸油烟机，并与万科采筑、恒大恒腾、优采平台签署战略协议，进一步解决油烟排放、净化问题，提升住户的居住舒适度，双方也共同联手进军精装修楼盘的市场。不同于过去数十年的“地王时代”，国内房企纷纷提出“智慧社区”“健康大生态”等口号，努力提升住宅附加值。国内知名房企万科、恒大则瞄准了住宅痛点——油烟污染问题，而作为厨电行业引领者的老板电器的技术创新则是迈向“零油烟”时代的关键。除了研发的中央吸油烟机外，老板电器力求打造“零油烟”社区，2015年研发的中央净化系统逐渐在房地产行业起到关键作用。在推广中央吸油烟机的同时对旧楼进行改造，采用“混合动力”的方式，在旧楼原有油烟机和烟道的基础上，加装楼顶主机等设备，在提升排烟效率方面均反响良好。经过老板电器油烟净化改造可以提升小区楼盘的卖点，增加小区整体的档次。当精装修楼盘越来越受购房者青睐、市场份额逐渐增大时，老板电器趁势切入，利用自身积淀品牌“说服”开发商、征服了购房者。

但近年来，房地产经历一轮又一轮调控，厨电领域的主战场正在经历冬天。2018年上半年我国厨电市场零售额规模为469亿元，较2017年同期下滑0.5%。尤其是在厨电市场扮演主力的传统厨电品类，承受了较大的市场压力。吸油烟机、燃气灶和消毒柜市场零售额分别下滑3.8%、1.6%和13%。老板电器利用对市场的了解，认为对于大部分家庭来说，烟机、灶具、微波炉这三类传统厨电产品普及率已经很高，未来主要以换新驱动为主，而新兴厨电品类呈现出巨大的市场潜力。于是，老板电器率先于同行业竞争者开始寻求第二路战场，2018年将中式蒸箱确立为具有战略意义的第二品类，并且成立了蒸箱事业部，创办中国蒸文化研究院，集中各方面资源推动蒸箱品类快速发展，以谋求新的增长点，使企业在现有市场能继续保持较高的占有率。

从长期来看，厨电依旧是最具成长空间的行业。“烟灶消”在内的传统厨电品类在中国市场还有很大增量空间，尤其是三四五线城市的厨电配套率还有待提升。同时，在消费升级下，简单的传统厨电品类并不能满足国人日益高涨的厨房烹饪生活需求，蒸箱这类需求改善型产品将为行业注入新的活力。

要求：

（1）简述机构投资者参与公司治理的两种途径；

（2）简述机构投资者的特征，简要分析国外机构投资者投资老板电器的特征；

（3）简要分析大数据时代下老板电器战略转型的主要方面；

（4）运用价值网模型，简要分析老板电器推出 ROKI 智能烹饪系统的一系列举措；

（5）简要分析老板电器与房企结成战略联盟的类型及主要动因；

（6）简要分析老板电器在房地产调控的背景下主要采用的发展战略的类型以及采用该战略的原因。

2. 资料一

聚美优品的前身是团美网，是中国第一家专业化妆品团购网站。在 2010 年 9 月，团美网正式全面启用聚美优品新品牌。2014 年 5 月 16 日，聚美优品在纽交所上市，陈欧作为纽交所 222 年来最年轻的 CEO 敲响钟声，聚美优品的股价开盘便上涨 23.86%。近年来垂直电商市场飞速发展变化，在聚美优品上市的时候，市场上专业做美妆和海外购的企业很少或者实力都很小，当时的聚美优品可以说是一家独大。然而，近年来行业内竞争者越来越多，京东海外购、天猫国际、网易考拉、小红书、贝贝网、洋码头等大量竞争者都在瓜分化妆品电销市场，聚美优品的利润也随之大幅缩水。

如今以天猫和京东为首的综合电商在美妆领域的地位，早已不是当初以聚美优品为代表的垂直电商能够分庭抗礼的。产品市场竞争十分激烈，聚美优品试图通过多元化布局突围。

2015 年，赶在跨境电商的风口，聚美优品推出了极速免税店，将业务扩展到境外化妆品和母婴品类。2015 年 6 月底，聚美优品的跨境保税进口业务量居全国第一，占跨境电商试点单量总和的 51.2%。财政部会同海关总署、国家税务总局于 2016 年 3 月 24 日发布我国跨境电子商务零售（企业对消费者，即 B2C）进口税收新政策，自 2016 年 4 月 8 日起，跨境电子商务零售进口商品将不再按邮递物品征收行邮税，而是按货物征收关税和进口环节增值税和消费税。跨境电商将无法再享受利用行邮税降低税收成本的方式，转而按照进口环节增值税、消费税且取消免征税额暂按法定应纳税额的 70% 征收。因此，“408 新政”的实施使海淘税收提高，境外化妆品与母婴品类的利润降低，使得以保税模式为主的聚美优品成本大涨。

与此同时，聚美优品也试图涉足其他产业。最近三年内聚美优品已经做了 5 次业务调整，其中 3 次均是跨界进入电商以外的领域，然而这些投资项目时至今日仍然不温不火。2014 年，陈欧便召集团队研发智能手机，主打给其他手机充电。千万资金砸入无效后，又转向无人机。2016 年，聚美优品又推出自主品牌“Reemake 睿质”，借着智能家电的风，研发空气净化器。然而智能家电市场的竞争早已是一片红海，传统家电品牌吉浦森、飞利浦、远大、美的等占了整个市场份额的 58% 左右。此外，早在两三年之前，因雾霾持续影响，又恰逢双创，市场中涌现了一大批“互联网＋”的空气净化器品牌。聚美的空气净化器一上来就要面对互联网品牌和传统家电品牌净化器的多重夹击，在市场份额、产品质量和后续服务方面聚美优品都没有优势。

之后聚美优品宣布了影视计划，要将触角延伸至产业链上游，作为出品方投资电视剧《温暖的弦》，该电视剧总预算成本 2.4 亿元，聚美优品占其中的 40%，共计投资 9 600 万元。但是电视剧的拍摄一波三折，目前并未给聚美优品带来收益。2017 年随着共享经济的热度不断攀升，聚美优品又涉足共享充电宝领域，斥资 6 000 万美元投资共享充电宝——街电，这部分资金相当于聚美优品市值的 12%。然而外界对共享充电宝的前景却并不看好。

不论是影视业、空气净化器，还是共享充电宝，都与聚美优品的老本行美妆电商渐行渐远，每个风头正劲的领域它都想有所行动。聚美优品把大量资金用于主营业务以外的投资，削弱了对美妆电商的投入，新拓展的业务收效甚微，老本行又面临着利润大幅缩水。如此频繁地更换跑道也给陈欧带来不少质疑。

资料二

2016 年 2 月，聚美优品抛出私有化方案，包括陈欧、戴雨森、红杉资本在内的买方财团将以每股 7 美元的价格对聚美优品进行私有化。这也意味着，在 VIE 和 AB 股的架构下，拥有 90% 投票权的陈欧等买方财团仅用 3 亿美元左右的成本，就可以将中小股东手中的股份收回。然而，聚美优品私有化进程不顺，这个计划当时就遭遇到中小投资人的集体反对，甚至要集合起来组织维权，陈欧也被讽刺为陈七块。聚美优品管理团队内部意见也不一致，随后包括联合创始人刘辉、联席 CFO 高孟、郑云生、戴雨森等高管也纷纷离职。

2017 年 8 月，聚美优品股东 HengRenPartners 发表了一封致聚美优品董事长陈欧和红杉资本中国基金管理和执行合伙人沈南鹏的公开信，公开指责聚美优品不兑现诺言。信件内容指出，陈欧提出将聚美优品以每股 7 美元的价格私有化的提议低估了聚美优品的价值。在陈欧在位期间，一系列错误使得聚美优品股票下跌 45.2%，市值损失 3.97 亿美元。而这次灾难得到了红杉资本的支持和聚美优品董事会的纵容。信件还指责，聚美优品将 2014 年在美 IPO 筹集的 2.8 亿美元中的款项用于投资非核心业务，包括 1 430 万美元用于电视剧制作，4 480 万美元用于投资街电。这些投资目标都值得怀疑。此外，聚美优品 2016 年年底公布的账面现金为 3.31 亿美元，但从没有向股东支付一分钱的股利。同时，聚美优品暂停与股东有意义的交流已长达 22 个月，也没有任何论坛可供投资者使用，已向聚美优品管理层质疑可疑的投资，也无法获得关于公司经营的相关信息，自 2016 年 2 月以来股东就没有从陈欧那里听到过关于每股 7 美元收购要约的任何消息。

恒润投资在信中向聚美优品提出以下要求：聚美优品董事会应当解散负责审核收购要约的特别委员会，聚美优品股价至少在 8 美元以上；要求董事会披露公司问题，包括向股东公布公司治理委员会审阅过的董事会最新一期年度评估；要求薪酬委员会对 CEO 进行年度评估；要求披露委员会和红杉资本对陈欧回购提议的立场。

聚美优品官方和陈欧在微博上分别做出回应后，2017 年 9 月 1 日，聚美优品股东发出了第二篇公开信，先是感谢了“陈欧通过微博来尝试解决我们的疑惑”。然后指出，在社交网络上所发布的内容并不等同于一场规划好的股东电话会议。股东继续强调，聚美优品最近一次的业绩发布是 2017 年 4 月发布的 2016 年年报，2017 年到目前为止尚未发布财务业绩。由于缺少对公司业绩情况的了解，聚美优品的股东正在盲飞。

资料三

质量是企业经营的核心竞争力之一。一直以来，聚美优品假货风波不断，导致聚美优品的品牌形象受损。早在 2013 年，聚美优品便陷入“假货”风波。此前聚美优品一直宣称与众多大牌合作，然而娇兰、兰蔻、DHC 等国际化妆品品牌，纷纷表示与其没有任何关系。更为致命的是，2014 年 7 月，媒体曝出一家名为祎鹏恒业的供应商通过伪造品牌授权书和报关单等相关文件，通过各大电商平台销售假冒名牌服装、手表，聚美优品名列其中。虽然涉及数家平台，但聚美优品无疑是遭受打击最为沉重的。事发当天，聚美优品股价盘前下跌 7.28%，散户紧急退出。此后，不断有对聚美优品商品质量的质疑。2018 年 2 月，中消协发布了 2017 年“双十一”网络购物调查体验情况通报会，称多家电商被发现涉嫌销售假货，聚美优品就是其中之一。聚美优品销售假货的问题一直未彻底解决，严重损害了消费者的利益。

要求：

（1）简要分析聚美优品采取多元化战略的类型以及多元化面临的风险；

（2）简述公司治理问题包含的类型，简要分析聚美优品在公司治理中存在的问题；

（3）简要分析聚美优品的外部治理机制；

（4）从风险管理的角度，简要分析聚美优品面临的内部风险；

（5）简要说明聚美优品应对内部人控制问题应当采取的对策。

3. 资料一

公牛自 1995 年创立之初，迅速找到自身定位，立志创造“制造永不坏的插座”，产品推出之后，使得消费者感受到前所未有的使用体验，公牛集团自此开始秉持科技化、现代化的生产模式。1997 年，公牛在行业内第一个获得国家长城认证，从此奠定了行业内好品质的品牌形象。1998 年，公牛开发了行业内首个按钮式设计的开关插座，断电更方便、使用更安全。2001年公牛插座转换器被认定市场占有率全国第一，成为行业领导品牌。2007年，公牛也是首个获得“中国驰名商标”的转换器品牌。2008年，公牛参与并制定新国标文件，首创新国标组合孔，并获得国家专利。2009年，公牛荣获了“2009年度中国企业营销创新单项奖，年度最佳渠道整合创新奖”。同年，更是建成了经过美国最具权威的安全试验和鉴定的机构——UL国际专业认证组织评定的高标准专业实验室。截至2009年，已经获得国家专利155项。2010年，公牛全面整合，不仅专注产品的生产方面，更是将制度、管理规范化、系统化，这些富有前瞻力的举措使得公牛更加稳健的发展。2011年，携手明星甄子丹先生，推出了一系列的广告推广活动。2011年，随着科技发展节奏加快，人们的生活用电需求日益增加，公牛在行业内率先推出了更加高科技的插座产品。2012年，公牛插座系列更是连续两年获得了消费者最信赖的品牌。至2013年，公牛已经累计获得了国家专利313项。2014年，公牛集团正式进军LED产业，秉承品质为先的一贯追求，以“爱眼”理念自主研发LED照明产品，形成包括爱眼LED阅读灯、灯带、球泡灯、筒射灯等在内的产品陈列，为家装健康照明提供多样化选择。2016年，公牛又提出“数码精品战略”，从为家电产品服务向为数码产品服务进阶转型，推出了包括移动电源、抗折断数据线等一大批数码产品精品。

在这一过程中，公牛依照从“核心业务”向相邻或相近产业链延伸的方式，将产品一步一步向更丰富更多样的方向拓展。这使公牛在保持主要业务稳定上升的同时，具备了更多的发展可能性。公牛在全国各地有着较完善的销售网络。近年来公牛与经销商的关系也发生了本质上的变化。渠道开始变得扁平化、区域精细化，每个区域只设一级经销商，直接对接该区域零售门店的客户。同时，一个经销商一般只负责一个市或县。如此一来，便避免了一个经销商服务多个县市带来的资源和能力的分散，扁平化结构也能更快响应门店需求。对于线上渠道，公牛也在积极探索中。其与万科链家装饰、有住网、蘑菇装修等互联网家装企业达成战略合作。据悉，2017年“双十一”，公牛以站内推广、短视频营销、KOL传播等方式，带来了大批潜在用户。

近年来国家对房地产行业进行调控，新房的供给量较最初有一定的减少，势必会影响公牛开关的销量。电工领域的竞争还随着众多跨界大品牌的介入而变得更激烈、更残酷，这些大品牌企业在行业和市场上拥有一定规模实力、品牌知名度、渠道市场等，跨界大品牌强势启动电工业务后，势必对那些中小电工企业形成更大的冲击，其市场份额被进一步压缩。

资料二

2005年，公牛创新性地将快销品的销售方式运用到插座上，将制造业与服务业相融合，改“坐商”为“行商”。通过各地经销商对区域内的零售店进行分类统计，销售商把插座装进卡车里，各个网点铺货、一家一家派送，迅速打开了全国市场，把几十万家零售店的销量牢牢握在了自己手里。现在，公牛的销售渠道已遍布全国300多个城市，开拓出80多万个终端销售店铺，并成功将公牛产品销往美国、欧洲、东南亚、南亚、非洲等海外市场。借助渠道优势，公牛成长为一个家喻户晓的品牌。与此同时，公牛所利用的是通用型原材料，通用型原材料均由国内厂家生产，进货和运输仓储等方面的成本都比较低；公牛还建立了专业服务团队，客服部均由经过培训的专业人员负责，服务网络较为完善，并承诺质保10年。在2004年，工厂正式迁入慈溪观海卫工业园，成功转型为规范化专业制造型的企业集团，这使公牛有了规模经济，更好地保障了企业的发展。

2012年，公牛通过多年的市场调研，认为目前对装潢需求量高的是年轻人，对开关的美观化要求很高，而且未来中国的家装潮流将重点集中于现代简约、欧式奢华、中式典雅、清新田园四种，因此公牛将眼光放到了少有人问津的装饰开关领域，并且震撼推出了第一代公牛装饰开关。作为墙壁开关行业一个全新的细分品类，公牛装饰开关特意针对四种主流家装风格进行相应设计，无疑会进一步贴合消费者个性化、风格化的家装需求，实现墙壁细节上的优雅动人。公牛决定将美化装饰和实用开关具有的两类互补性功能结合起来。公牛装饰开关是采用IMR技术，首次赋予墙壁开关不同的色彩与纹理而制成的装饰开关产品，将美观和实用两种功能结合。公牛装饰开关还独创“专利悬摆技术”，使开关能够连续开、关80 000次，使用寿命超出国家标准一倍。相比较西门子等国外大品牌，公牛装饰开关价格有着明显的优势。

资料三

在同行业公司纷纷谋求资本运作的情况下，公牛作为老牌厂商却迟迟没有动静。直到2018年2月，公牛才最终确定了保荐机构国金证券，并向宁波证监局递交了IPO申请。2018年10月，公牛的招股书姗姗来迟。

根据信息披露，外加外界的分析，家族的关联交易、巨额募资的合理性以及变相降低管理费用等都是其阻碍IPO进程的因素。其中较为明显的是向“董监高”低息贷款从而降低管理费用。公牛曾经制定过一个员工购房借款管理制度，符合借款条件的员工可向公司申请购房借款，公司对各级别员工设定了借款最高限额，一般借款年限最长为6年，员工可以选择提前还款。尽管公牛并未披露具体的筛选条件，但根据招股书可以看出，符合借款条件的员工基本是“董监高”。在报告期内，共有5人向公司借款购房，这5人的身份分别是公牛的董事兼副总裁、监事、副总裁、董事兼副总裁兼董秘、职工监事。5人的借款额均为50万元，年利率为3.8%。而我国当前的房贷基准利率最低也在4.34%（6个月）以上，商业银行实际执行的房贷利率更高。公牛此举，无异于是给“董监高”的变相福利。在这种操作下，公牛向“董监高”支付的薪酬，还能否体现其真实的工资水平，就存在一定的疑问了。

要求：

（1）运用SWOT分析法对公牛集团进行分析；

（2）依据蓝海战略重建市场边界的基本法则（开创蓝海战略的路径），简要分析公牛集团如何在竞争激烈的家装开关领域，开创了新的生存与发展空间；

（3）从设计营销组合方面，简要分析公牛营销策略；

（4）根据价值链的基本活动，简要分析公牛集团在2005年开发插座上的优势；

（5）简要分析公牛集团的发展战略；

（6）简要分析公牛集团内部治理中所存在的问题。

4. 资料一

深圳市金立通信设备有限公司是一家专业手机研发、加工生产、内外销同步进行的民营高科技企业。“金品质、立天下”，这句气势磅礴又极具野心的广告词，曾是金立手机辉煌时期的最好见证。这家国产手机老将，一度直逼三星、诺基亚，将“步步高”挑于马下，销量仅次于华为和小米，排名第三，当仁不让地成为手机行业巨头之一。凭借在三四线城市的渠道深耕，金立手机也享受到时代所赐予的红利。金立在过去10年里，通过区域总代模式，覆盖了全国近5万家销售网点，600多家售后服务中心，销售渠道网络覆盖到县乡一级。

金立手机一直在续航方面做着深度研究，由于其一直主推商务领域，内置安全加密芯片也是一大特色，每颗芯片都和CPU进行唯一绑定，暴力拆解或更换芯片都无法破解手机里的加密数据，一时间为国产手机做了很好的表率。在产品定价上，经历了运营商定制、电商渠道价格战等市场浪潮后，金立选择了高端路线，其系列化产品中高端机型的价格远远高于附加功能的成本。

近年来，手机行业面临“消费降级”与“研发升级”，从数据和市场端情况看，消费者依然热衷高性价比产品，用户需求并未明显减弱，中低端手机市场依然潜力巨大，消费市场的日趋成熟，与手机制造企业研发能力的不断提升，已经相互促使成为良性发展。但在后来者层出不穷的激烈竞争中，不争朝夕、只争长久的金立手机，资金链出现重大问题，负债高达百亿元，失去了最后一张“安全牌”，至此，金立深陷泥沼中。

资料二

2018年11月28日上午，金立手机在其深圳总部召开了面向部分大额供应商的债权人沟通会议。会议上公布了一份截至2018年8月31日的金立财务数据。数据显示，金立的总负债约为202亿元，而总资产却大幅下调至约26亿元（账面价值约26亿元，估值

76亿元)。这意味着金立目前的净负债变成了约176亿元。

金立总资产的大幅减值让一些债权人感到不解。从超过200亿元到仅仅26亿元,金立的资产在前后两份数据中出现了明显缩水。对于进行债转股的债权人来说,这也意味着他们能够获得的资产价值大大减低。因此,他们虽然同意破产重组这一方向,但却不同意目前的方案。他们呼吁金立方面提供更多详细资产信息的同时,也提出了金立是否进行了资产转移的疑问。

据《第一财经日报》报道,原属金立通信旗下的“深圳市金立创新投资有限公司”,在2018年1月进行了工商信息变更。这次变更之后,公司更名为“深圳市新基地创新投资有限公司”,原本担任公司董事长的金立董事长刘立荣也和金立一起退出了公司。除去这家公司之外,还有一家名为“深圳市奥软网络科技有限公司”的企业也出现了类似的情况,在2017年12月,原公司大股东刘立荣退出了股东名单。

无论是2018年1月还是2017年12月,都发生在金立资金危机爆发之后不久。而在上述两次变更后,两家公司都没有被列入本次金立破产重组方案的主要对象中。因此,不少供应商怀疑,在这个过程中,金立管理层在正式申请破产,甚至于财产冻结之前,就已经将部分原有的金立名下资产转让出去,从而套取资金,最终尽可能保全自身的利益。

资料三

从“去金立化”到“小清新”,再到2015年重回“商务”,拼命追逐市场潮流的金立,早已疲惫不堪,更在前后夹击中乱了阵脚。2017年11月底,金立一口气同时发布了8款产品,让金立的品牌定位,成了一锅大杂烩,越发让人看不懂。外界质疑金立在走“机海战术”,遭到了刘立荣的强烈否认,称是为了赶上全面屏的浪潮,才做了这个史无前例的举动。虽然全面屏是2017年智能手机的主流,但屏幕这种并非手机核心技术的革新,并不能带来预期中的质变,金立的全年出货量反而下滑超过10%。

直到今天,金立依然没有明晰的品牌定位,产品始终徘徊不定。高端手机效仿华为,主打商务、安全;中端手机效仿OPPO和VIVO,主打时尚。两个都想学,两手都想抓,结果都没学到家,反而失去了从前的优势,变得不伦不类,一地鸡毛。

曾以电视广告打下一片天的金立,在看到OPPO和VIVO明星营销的成功后,开始了一系列“财大气粗”的营销霸屏,这也为金立日后的资金链断裂,埋下了隐患。近几年,金立冠名赞助了《最强大脑》《笑傲江湖》《2017湖南卫视跨年演唱会》等12档综艺节目,平均每年赞助6部。在代言人方面,金立更是“大手笔”,最直观的体现是,品牌代言人更替频繁,既有濮存昕、郎咸平、柯洁、冯小刚等一众名人,也有阮经天、薛之谦、余文乐、刘涛等当红流量IP,高频次出现在公众视野。然而,一个尴尬的事实是,消费者记住了代言人,却没有记住金立。

2017年金立手机仅售出1 494万部手机,这与年初刘立荣定下的保底销量3 000万台,相差甚远。2016~2017年,金立营销费用投入60多亿元,对金立资金链造成很大影响,导致货款周转困难。过度营销成为导致资金危机的主因之一,在没有销量支撑的时候,这种跟风式的大体量广告投入,注定是资源浪费。金立的营销策略,非但没有为金立带来转机,反而使金立陷入债务缠身的境地。

相较于其他手机品牌,不断扩展自身业务范围来说,金立更热衷于布局金融、地产领域,而金融、地产的竞争早已是一片红海,金立的贸然入局要面对诸多行业巨头的多重夹击。2014年8月,金立以7.1亿元竞拍下“前海深港服务合作区”编号为7102－0248用地的使用权。一年后的11月,金立大厦动工,这座占地5 776.77平方米,高23层的大厦,整体投入12.36亿元。同年,刘立荣购入微众银行3%的股权。近两年经济整体呈下行的趋势下,金融地产行业本身就生存艰难,金立在资源分散的情况下处境就更为窘迫。

2017年,刘立荣又以12.18亿元购入南粤银行的9.30%股份,还宣布在重庆投入50亿元建设生产基地,这一系列的动作却不被各利益相关方看好。如此庞大的重资产模式,使金立资金链绷得极紧,财务压力越来越大,却又难以抽身,一时间陷入两难的境地,致使公司不得不面对破产重组的困境。

要求：

（1）运用 SWOT 分析法对金立手机进行分析；

（2）从确定目标市场和设计营销组合两个方面，简要分析金立手机的营销策略；

（3）简要分析金立手机多元化战略的类型以及多元化战略面临的风险；

（4）从风险管理的角度，简要分析金立手机面临的内部风险；

（5）简述公司治理问题的类型，并简要分析金立手机存在的公司治理问题；

（6）简要说明金立手机应对公司治理问题应当采取的对策。

答案及解析

一、单项选择题

1.【答案】A

【解析】有效的公司治理原则主要包括：（1）建立完善的组织结构；（2）明确董事会的角色和责任；（3）提倡正直及道德行为；（4）维护财务报告的诚信及外部审计的独立性；（5）及时披露信息提高透明度；（6）鼓励建立内部审计部门；（7）尊重股东；（8）确认利益相关者的合法权益；（9）鼓励提升业绩；（10）公平的薪酬和责任。向投资者披露重大信息的最主要方法就是企业的年度报告，选项 B 错误。企业是否建立内部审计部门要根据企业的规模和经营特点等因素决定，规模很小的企业可能不需要建立审计部门，选项 C 错误。审计委员会应当向董事会就任免内部审计管理人员提供建议，选项 D 错误。选项 A 符合题意。

2.【答案】C

【解析】选项 A、B、D 均属于审计委员会的职责，但选项 C 会计人员的绩效考核不属于审计委员会的工作范围。

3.【答案】A

【解析】本题考查终极股东对中小股东“隧道挖掘”问题的理解。当资本市场缺乏对小股东利益的保护机制时，对公司经营活动具有控制力的大股东就更加表现为不容易受到约束，他们以牺牲众多的中小股东利益为代价，通过追求自利目标而不是公司价值目标来实现自身福利最大化。这种现象被称为“隧道挖掘”。

4.【答案】C

【解析】薪酬与考核委员会的主要职责是：①负责制定董事、监事与高级管理人员考核的标准，并进行考核；②负责制定、审查董事、监事、高级管理人员的薪酬政策与方案。选项 C 错误，薪酬与考核委员会并不负责制定、审查公司一般员工的薪酬政策与方案。

5.【答案】D

【解析】选项 D 属于公司治理基础设施中介机构的重要组成部分。

6.【答案】D

【解析】业主制企业中的业主自负盈亏，对企业负债承担无限责任，个人资产与企业资产不存在绝对的界限，当企业出现资不抵债时，业主要用其全部资产来抵偿。因此业主会更加关注于预算和成本控制以降低经营风险。

7.【答案】D

【解析】科斯对企业性质和交易成本的讨论帮助新古典经济学打开了企业的“黑箱”，他将企业的本质解释为对市场机制的替代以有效节约交易费用。故选项 D 说法错误。

8.【答案】C

【解析】利益相关者管理理论认为企业追求的是利益相关者的整体利益，而不仅仅是某些主体的利益，所以选项 A 错误。利益相关者包括公司股东、雇员、供应商、管理者、投资人、消费者、债权人、社区、政府等。所以选项 B 错误，选项 C 正确。利益相关者既包括股东在内，又涵盖了股东之外与企业发展相关的群体。所以选项 D 错误。

9.【答案】C

【解析】选项 C 属于公司治理基础设施的范畴，故为本题的正确答案。

10.【答案】C

【解析】公司的外部董事还可以进一步分为关联董事和独立董事。关联董事是指虽然不在公司中担任其他职位，但仍与公司保持着利益关系的董事，如公司关联机构的雇员或咨询顾问等。而独立董事才是真正具有独立性的董事，他们不仅是公司的外部董事，而且还需要与公司或公司经营管理者没有重要的业务联系或专业联系，并对公司事务做出独立判断的董事，如大学的教授、退休的政府官员等。故本题选项 C 为正确答案。

11. 【答案】B

【解析】优先股的根本特征在于优先股股东在公司收益分配和财产清算方面比普通股股东享有优先权。与这种优先权相伴随的是，优先股股东一般不享有股东大会投票权。故选项 B 的说法是不正确的，为本题的正确答案。

12. 【答案】D

【解析】信息披露有助于外部治理机制的有序运行。所以，选项 D 错误。

13. 【答案】A

【解析】影响公司治理效率的因素不仅包括公司内部治理结构和公司外部治理机制，还包括公司治理的基础设施。故选项 A 的说法是不正确的。

14. 【答案】C

【解析】合伙制企业合伙人的退伙会影响企业的生存和寿命。选项 C 错误。

15. 【答案】A

【解析】股东可以亲自或由代理人投票，两者都赋予投票结果以同等效力。故选项 A 的说法是不正确的。

二、多项选择题

1. 【答案】ABCD

【解析】股份公司具有以下三个重要特征：(1) 有限责任制；(2) 股东财产所有权与企业控制权分离；(3) 公司的永续生命。其中，有限责任制有两层含义：一是公司以其全部法人财产对其债务承担有限责任；二指当公司破产清算时，股东仅以其出资额为限，对其公司承担有限责任。故选项 A、B、C、D 均正确。

2. 【答案】BC

【解析】选项 B 错误，股东大会是公司的非常设机构，除了每年的例行年会和特别会议外，股东大会并不会在公司出现；选项 C 错误，按照《公司法》的规定，股东大会应当每年召开一次年会。

3. 【答案】ABCD

【解析】董事会对股东大会负责，行使下列职权：(1) 负责召集股东大会，并向股东大会报告工作；(2) 执行股东大会的决议；(3) 决定公司的经营计划和投资方案；(4) 制订公司的年度财务预算方案、决算方案；(5) 制订公司的利润分配方案和弥补亏损方案；(6) 制订公司增加或者减少注册资本的方案以及发行公司债券的方案；(7) 拟订公司合并、分立、解散的方案；(8) 决定公司内部管理机构的设置；(9) 聘任或者解聘公司经理，根据经理的提名，聘任或者解聘公司副经理、财务负责人，决定其报酬事项；(10) 制定公司的基本管理制度。选项 A、B、C、D 均正确。

4. 【答案】ABD

【解析】公司治理基础设施中的主要中介机构包括：会计师事务所、律师事务所和投资银行。选项 C 新闻媒体属于媒体、专业人士的舆论监督。

5. 【答案】ACD

【解析】选项 B 错误，公司治理原则之一是：公司治理框架应确保所有股东（包括少数股东和外国股东）受到平等对待。

6. 【答案】AB

【解析】狭义公司治理的目标是保证股东利益的最大化，防止经营者对所有者利益的背离，选项 A 的说法正确；广义的公司治理不局限于股东对经营者的制衡，还涉及广泛的利益相关者，选项 B 的说法正确；狭义的公司治理是通过一种制度安排，合理地配置所有者和经营者之间的权力和责任关系，选项 C 的说法错误；广义的公司治理目标不仅是股东利益的最大化，而是保证所有利益相关者的利益最大化，选项 D 的说法错误。

7. 【答案】ABD

【解析】三大公司治理理论包括委托代理理论、资源依赖理论和利益相关者理论。故本题选项 A、B、D 是正确答案。

8. 【答案】ABC

【解析】代理成本包括委托人监督支出、代理人保证支出和剩余损失。故本题选项 A、B、C 是正确答案。

9. 【答案】ABD

【解析】具体而言，信号显示机制可以分为：(1) 学历信号显示；(2) 财富信号显示；(3) 经历信号显示。故本题选项 A、B、D 是正确答案。

10.【答案】AD

【解析】“隧道挖掘”有许多表现形式，例如，可以通过资产购销、产品购销的关联交易，以对控股大股东有利的形式进行转移定价、债务担保，对公司投资机会进行侵占。另外，还可以利用各种金融手段直接实现利益侵占，如采用通过扩股发行稀释其他股东权益、冻结少数股权、操纵上市公司的会计报告、渐进的收购行为、以低于市场价格回购中小股东的股票，以及“高派现”等其他旨在侵害中小股东的各种财务交易行为。故选项A、D说法正确，选项B、C属于经理人对于股东的“内部人控制”问题的表现形式。

11.【答案】AD

【解析】审计委员会的主要职责是：（1）检查公司会计政策、财务状况和财务报告程序；（2）与公司外部审计机构进行交流；（3）对内部审计人员及其工作进行考核；（4）对公司的内部控制进行考核；（5）检查、监督公司存在或潜在的各种风险；（6）检查公司遵守法律、法规的情况。故选项A、D说法正确，选项B属于薪酬与考核委员会的主要职责，选项C属于战略决策委员会的主要职责。

12.【答案】AC

【解析】公司的外部董事还可以进一步分为关联董事和独立董事。而独立董事才是真正具有独立性的董事，他们不仅是公司的外部董事，而且还需要与公司或公司经营管理者没有重要的业务联系或专业联系，并对公司事务做出独立判断的董事，如大学的教授、退休的政府官员等。故选项B说法错误。占据董事职位的人可以是自然人，也可以是法人。故选项D说法错误，所以本题的正确答案是A、C。

13.【答案】ABC

【解析】我国《公司法》规定，公司经理人员的职权包括：（1）主持公司的生产经营管理工作，组织实施董事会决议；（2）组织实施公司年度经营计划和投资方案；（3）拟订公司内部管理结机构设置方案；（4）拟订公司的基本管理制度；（5）制定公司的具体规章；（6）提请聘任或者解聘公司副经理、财务负责人；（7）决定聘任或者解聘除应由董事会决定聘任或者解聘以外的负责管理人员；（8）董事会授予的其他职权。故选项A、B、C正确，选项D属于董事会行使的主要职权。

14.【答案】ACD

【解析】从科学决策的角度看，公司内部治理结构不能解决公司治理的所有问题，更需要若干具体的超越结构的外部治理机制。而外部治理机制主要是指除企业内部的各种监控机制外，还包括各个市场机制（如产品市场、资本市场、经理人市场）对公司的监控和约束。故选项A、C、D说法正确。

15.【答案】ABD

【解析】公司治理基础设施主要包括公司信息披露制度、评价公司财务信息和治理水平的信用中介机构、保护投资者利益的法律法规、政府监管以及媒体和专业人士的舆论监督等。这几个方面可以围绕确保披露高质量的公司信息而被有机地联系起来。故选项ABD说法正确，选项C属于公司外部治理机制的内容。

三、简答题

1.【答案】

两大公司治理问题在万成公司中的具体表现如下：

（1）经理人对于股东的“内部人控制”问题。本案例中，在宝产系大举收购万成公司股份之前，由于大股东华民“是积极不干预管理的股东……万成公司实际上是一个典型的内部人控制企业。万成公司在其高管团队的精心呵护下稳步实施其既定的战略，一步步做大做强”说明尽管万成公司内部成员能够直接参与企业的战略决策，并掌握了大部分企业实际控制权，但是没有造成架空所有者的有效控制并以此来侵蚀外部人（股东）的合法权益的后果，因而不存在经理人对于股东的“内部人控制”问题。

（2）终极股东对于中小股东的“隧道挖掘”问题。本案例中，在宝产系大举收购万成公司股份之前，“第一大股东华民公司持有万成公司14.97%的股份……华民公司一直给予万成公司管理层高度的信任……是积极不干预管理的股东”，因而，这一阶段万成公司不存在终极股东对于中小股东的“隧道挖掘”问题。然而，宝产系大举收购万成公司股份，力图成为万成公司新的实际控制人，“万成公司高管团队反应强烈，不欢迎宝产系成为万成公司第一大股东，理由主要是宝产系素以擅长资本运作著称，长期以来商业信用不佳，一旦控股万成公司，一些投资公司、大金融机构以及商业评级机构便可能调低对万成公司的信用评级，万成公司则有可能沦为实际控制人掏空其他股东的工具”说明万成公司认为宝产系成为万成公司第一大股东后，难免会出现终极股东对于中小股东的“隧道挖掘”问题。“后来广地集团的资本注入，暂时解除了万成公司高管团队的控制权危机”说明万成公司暂时避免了宝产系作为终极股东对于中小股东的“隧道挖掘”问题。

2.【答案】

四水集团存在的公司治理问题的类型是经理人对于股东的“内部人控制”问题。主要表现有：

（1）信息披露不规范、不及时。“未按规定披露重大关联交易……根据证监会的规定，这些交易属于应当在年报中披露的重大关联交易。但是，四水集团均未在这两年的年度报告中披露上述重大关联交易”。

（2）工资、奖金等收入增长过快，侵占利润。“通过派发高额工资等方式变相占用上市公司非经营性资金。四水集团近年来效益很不佳，连续多年没有分红，公司股价也一直处于低迷状态。然而，2011～2013年，包括董事长在内的公司高管人数分别为17名、19名和16名，合计从公司领走1 317万元、1 436万元和1 447万元薪酬，均超过同期四水集团归属于母公司股东的净利润水平”。

（3）资产转移。“违规在关联公司间进行频繁的资金拆借，非法占用上市公司资金”；“连续多年向公司董事、监事和高级管理人员提供购房借款”。

（4）大量负债，甚至亏损。“利用上市公司信用为关联公司进行大量违规担保（这是一种变相的负债）”“公司2011～2014年的经营状况不佳，扣除非经常性损益后的净利润出现连续多年大额亏损的状况。公司连续多年资产负债率高达70%以上，且流动资产和流动负债相差无几，财务风险很大”。

3.【答案】

（1）①直接占用资源。“2016年9月，太阳公司与银行签署一笔担保合同，为大股东星科集团5 000万元的贷款提供担保，承担连带保证责任。2016年11月，星科集团向龙辉公司借款2亿元，太阳公司为该笔借款提供担保”。

②商品服务交易活动。“太阳公司从甲公司购进熟料等重要原材料，双方签订了长期供应合同，价格比市场价高40%”。

③资产租用和交易活动。“太阳公司还从乙公司以租赁的方式引入一台机器设备，租赁费用每年5 000万元，同样的设备市场租赁价格为4 000万元”。

④掠夺性融资。“太阳公司在2017年年底向星科集团以每股6元价格定向增发1亿股，当时太阳公司股价为每股12元，相当于5折进行定向增发”。

⑤内幕交易。“太阳公司发布公告，拟购买丙公司100%股权。由于丙公司拥有物联网概念，所以太阳公司发布公告后10个交易日内股价大涨70%。发布公告前几天，星科集团实际控制人刘某买入太阳公司股票100万股，在公告发布后卖出，获利600万元。经查，刘某买卖股票的时间都属于证监会认定的敏感期”。

⑥掠夺性资本运作。“2017年5月，太阳公司收购了大股东星科集团持有的丁公司的全部股权，收购价格为20亿元，而丁公司账目净资产为5 000万元，盈利能力较差，业内专家质疑是超溢价收购”。

（2）本案例中公司治理的基础设施主要体现在信息披露制度、中介机构、政府监管以及媒体、专业人士的舆论监督。

①信息披露制度。“这两笔担保均没有在2016年年报中进行信息披露。”“2016年太阳公司1.4亿元的销售费用未及时入账，造成2016年年度报告虚假记载。此外，与星科集团多笔资金往来事项并未披露和记账，导致太阳公司在2016年和2017年年报中存在信息不实、虚假记载的情况”。

②中介机构。“太阳公司上述年报经过注册会计师审计后，审计师都出具了标准无保留的审计意见”。

③政府监管。“G省证监局迅速反应，立案调查”“证监局根据以上调查结果，依法对太阳公司及其大股东星科集团进行了行政处罚”。

④媒体、专业人士的舆论监督。“2018年5月，某财经媒体深度报道了太阳公司存在的多种经营违规行为。该报道在微博等网络平台上成为热门话题”。

四、综合题

1.【答案】

（1）机构投资者主要通过以下两种途径参与公司治理、改善上市公司治理结构：

①“用脚投票”。“用脚投票”就是机构投资者作为投资人通过买入或卖出公司股票而参与被投资公司的管理的行为。②“用手投票”。“用手投票”就是机构投资者通过董事会选举获取董事会席位，入驻董事会和出席股东大会，对公司投资、融资、人事、分配等重大问题议案进行表决或否决，参与公司的重要决策，直接对公司董事会和经理层的行为施加影响。

（2）机构投资者的特征主要包括：①相对个人投资者而言，机构投资者具有显著的人才优势；②机构投资者往往奉行稳健的价值投资理念，投资具有中长期投资价值的股票；③相对个人投资者而言，机构投资者可以利用股东身份，从而更可能参与上市公司的治理。

投资老板电器的国外机构投资者的特征包括：

①“海外机构具有非常强的人才队伍，相比较个人投资者有着更多在资本市场投资的经验”。

②“国外机构投资者相对更为稳定，主要关注有发展前景的公司，往往能守住3～5年的投资周期，也让公司市值管理更为稳定”。

③“国外的机构投资者也会通过参与上市公司治理给企业注入先进的理念，也会对未来整个A股市场带来一些改变”。

（3）大数据时代下，老板电器战略转型的主要方面：

①市场调研与预测。“在产品方面，借助阿里巴巴大数据的深度赋能，深入挖掘厨房电器潜能，探索消费新需求，以智能与乐趣为产品发展方向，为消费者创造更加轻松乐趣的厨房生活”。

②营销管理。“在品牌建设方面，依托天猫全链路的营销资源优势，对目标消费者进行深度洞察，了解目标用户的兴趣爱好、购买习惯、行为模式等个人属性，制定更精准的内容投放策略，使得传播声量最大化，助力品牌年轻化战略落地。比如洞察到厨房社交是当下年轻人中最新潮流的社交方式之一。在此基础上，老板电器以ROKI智能烹饪系统来满足年轻人对厨房社交的全新需求，海量定制菜谱，不管是萌娃的创意营养餐，还是朋友们的个性美味大餐，ROKI智能烹饪系统能够让用户秒变大厨，轻松搞定饭局，把厨房社交融入更多的产品使用场景，打造年轻人喜爱的全新生活方式，让消费者切实感受到老板电器给生活带来的全新升级，进而转化为购买力”。

③生产管理。“利用信息化大数据让消费者跟老板电器的设计师直接对接，在增加互动的同时可以提供更多的超值服务，如智能烹饪指导、智能安全管理、智能售后服务、智能食材配制等”。

（4）价值网是由利益相关者之间相互影响而形成的价值生成、分配、转移和使用的关系及其结构。价值网络强调“以顾客为中心”，在专业化分工的生产服务模式下，把处于“价值链”上不同位置并存在密切关联的企业或者相关利益体整合在一起，建立一个以顾客为核心的价值创造体系，共同为顾客创造价值。当顾客出现新的价值需求时，网络成员也可以联合起来进行共同研发，迅速地满足顾客需求。“老板电器推出ROKI智能烹饪系统系列吸油烟机的核心思想是‘以客户为本’，利用信息化大数据让消费者跟老板电器的设计师直接对接，在增加互动的同时可以提供更多的超值服务，如智能烹饪指导、智能安全管理、智能售后服务、智能食材配制等。如果需要，价值链上的相关利益体都可实现直接对接，各方整合起来迅速满足消费者的需求，更好地为顾客提供个性化的价值”。

（5）老板电器与房地产企业结成战略联盟的类型是功能性协议。“2018年3月老板电器正式发布中央吸油烟机，并与万科采筑、恒大恒腾、优采平台签署战略协议，进一步解决油烟排放、净化问题，提升住户的居住舒适度”。

双方结成战略联盟的主要动因：

①促进技术创新。“国内知名房企万科、恒大则瞄准了住宅痛点——油烟污染问题，而作为厨电行业引领者的老板电器的技术创新则是迈向‘零油烟’时代的关键”。

②实现资源互补。老板电器有油烟净化的技术，房企有售卖楼盘的资源。“经过老板电器油烟净化改造可以提升小区楼盘的卖点，增加小区整体的档次”。

③开拓新的市场。“双方也共同联手进军精装修楼盘的市场”。

（6）老板电器在房地产调控的背景下主要采用的发展战略的类型是密集型战略中的产品开发战略。

老板电器采用产品开发战略的原因：

①充分利用企业对现有市场的了解。“老板电器利用对市场的了解，认为对于大部分家庭来说，烟机、灶具、微波炉这三类传统厨电产品普及率已经很高，未来主要以换新驱动为主，而新兴厨电品类呈现出巨大的市场潜力”。

②保持相对于竞争对手的领先地位。“老板电器率先于同行业竞争者开始寻求第二路战场”。

③从现有产品组合的不足中寻求新的机会。“集中各方面资源推动蒸箱品类快速发展，以谋求新的增长点”。

④使企业能继续在现有市场中保持稳固的地位。“使企业在现有市场中能继续保持较高的占有率”。

2.【答案】

（1）多元化战略的类型。

①相关多元化战略：是指企业以现有业务或市场为基础进入相关产业或市场的战略。“2015 年，赶在跨境电商的风口，聚美优品推出了极速免税店，将业务扩展到境外化妆品和母婴品类”。

②非相关多元化战略：是指企业进入与当前产业和市场均不相关的领域的战略。“2014 年，陈欧便召集团队研发智能手机”“2016 年，聚美优品又推出自主品牌‘Reemake 睿质’，借着智能家电的风，研发空气净化器”“之后聚美优品宣布了影视计划，要将触角延伸至产业链上游，作为出品方投资电视剧《温暖的弦》”“2017 年随着共享经济的热度不断攀升，聚美优品又涉足共享充电宝领域，斥资 6 000 万美元投资共享充电宝——街电”。

实施多元化战略的主要风险：

①来自原有经营产业的风险。企业资源总是有限的，多元化经营往往意味着原有经营的产业要受到削弱。“聚美优品把大量资金用于主营业务以外的投资，削弱了对美妆电商的投入，新拓展的业务收效甚微，老本行又面临着利润大幅缩水”。

②市场整体风险。在宏观力量的冲击之下，企业多元化经营的资源分散反而加大了风险。“‘408 新政’的实施使海淘税收提高，境外化妆品与母婴品类的利润降低，使得以保税模式为主的聚美优品成本大涨”。

③产业进入风险。“智能家电市场的竞争早已是一片红海……聚美的空气净化器一上来就要面对互联网品牌和传统家电品牌净化器的多重夹击”。

④产业退出风险。如果企业深陷一个错误的投资项目却无法做到全身而退，那么很可能导致企业全军覆没。“聚美优品又涉足共享充电宝领域，斥资 6 000 万美元投资共享充电宝——街电，这部分资金相当于聚美优品市值的 12%。然而外界对共享充电宝的前景并不看好”。

（2）公司治理的问题主要包括代理型公司治理问题和剥夺型公司治理问题。具体包括三类问题，即经理人对于股东的“内部人控制”问题、终极股东对于中小股东的“隧道挖掘”问题和企业与其他利益相关者之间的关系问题。

聚美优品在公司治理中存在的主要问题如下。

经理人对于股东的“内部人控制”问题：

①盲目过度投资。“聚美优品将 2014 年在美 IPO 筹集的 2.8 亿美元中的款项用于投资非核心业务，包括 1 430 万美元用于电视剧制作，4 480 万美元用于投资街电”“投资街电部分的资金相当于聚美优品市值的 12%”。

②信息披露不完整、不及时。“股东继续强调，聚美优品最近一次的业绩发布是 2017 年 4 月发布的 2016 年年报，2017 年到目前为止尚未发布财务业绩。由于缺少对公司业绩情况的了解，聚美优品的股东正在盲飞”。

终极股东对于中小股东的“隧道挖掘”问题：

以低于市场价格回购中小股东的股票。“聚美优品抛出私有化方案，包括陈欧、戴雨森、红杉资本在内的买方财团将以每股7美元的价格对聚美优品进行私有化。这也意味着，在VIE和AB股的架构下，拥有90%投票权的陈欧等买方财团仅用3亿美元左右的成本，就可以将中小股东手中的股份收回”“将聚美优品以每股7美元的价格私有化的提议低估了聚美优品的价值”“聚美优品股价至少在8美元以上”。

企业与其他利益相关者之间的关系问题：

当各利益相关者的利益得到合理的配置与满足时，才能建立更有利于企业长远可持续发展的外部环境。客户是聚美优品的利益相关者之一，而聚美优品涉嫌销售假货，侵犯了消费者的利益。“早在2013年，聚美优品便陷入‘假货’风波”“更为致命的是，2014年7月，媒体曝出一家名为祎鹏恒业的供应商通过伪造品牌授权书和报关单等相关文件，通过各大电商平台销售假冒名牌服装、手表，聚美优品名列其中。虽然涉及数家平台，但聚美优品无疑是遭受打击最为沉重的”“中消协发布了2017年‘双十一’网络购物调查体验情况通报会，称多家电商被发现涉嫌销售假货，聚美优品就是其中之一”。

（3）聚美优品的主要外部治理机制：

①产品市场。市场竞争越激烈，经理人员败德行为的空间就越小。“近年来行业内竞争者越来越多，京东海外购、天猫国际、网易考拉、小红书、贝贝网、洋码头等大量竞争者都在瓜分化妆品电销市场，聚美优品的利润也随之大幅缩水”。

②资本市场。当公司现有经理人员经营不力时，企业的业绩就可能下降，企业的股票价格就会下跌，股东施压会使在位管理者因面临被替代的威胁而主动改变经营行为。“在陈欧在位期间，一系列错误使得聚美优品股票下跌45.2%，市值损失3.97亿美元”。同时，股东给聚美优品的公开信中“要求薪酬委员会对CEO进行年度评估”。

③经理人市场。在竞争的市场上声誉是决定个人价值的重要因素。经理人员如果不努力，其业绩表现就会不佳，声誉就会下降。“频繁地更换跑道也给陈欧带来不少质疑”“这个计划当时就遭遇到中小投资人的集体反对，甚至要集合起来组织维权，陈欧也被讽刺为陈七块”。

（4）聚美优品面临的内部风险：

①战略风险。

a. 缺乏明确的发展战略或发展战略实施不到位，可能导致企业盲目发展，难以形成竞争优势，丧失发展机遇和动力。聚美优品在多元化扩张时频繁更换跑道，盲目多元化。

b. 发展战略过于激进，脱离企业实际能力或偏离主业，可能导致企业过度扩张，甚至经营失败。聚美优品研发空气净化器，投资影视、共享充电宝，过度偏离主业。

c. 发展战略因主观原因频繁变动，可能导致资源浪费，甚至危及企业的生存和持续发展。近三年内聚美优品已经做了5次业务调整，其中3次均是跨界进入电商以外的领域，时至今日仍不温不火，频繁地更换跑道给公司带来风险。

②运营风险。

a. 企业产品结构、新产品研发方面可能引发的风险。“聚美优品又推出自主品牌‘Remake睿质’，借着智能家电的风，研发空气净化器。然而智能家电市场的竞争早已是一片红海……聚美的空气净化器一上来就要面对互联网品牌和传统家电品牌净化器的多重夹击，在市场份额、产品质量和后续服务方面聚美优品都没有优势”。

b. 企业新市场开发、市场营销策略方面可能引发的风险。“聚美优品又涉足共享充电宝领域，斥资6 000万美元投资共享充电宝——街电，这部分资金相当于聚美优品市值的12%，然而外界对共享充电宝的前景并不看好”。

c. 质量、安全、环保、信息安全等管理发生失误导致的风险。“聚美优品假货风波不断，导致聚美优品的品牌形象受损”。

③财务风险。

a. 投资决策失误，引发盲目扩张或丧失发展机遇，可能导致资金链断裂或资金使用效益低下。聚美优品大量资金投入共享充电宝街电，而这个行业并不被看好，投资风险大；研发智能手机，千万资金砸入后无效果。

b. 资金调度不合理、营运不畅，可能导

致企业陷入财务困境或资金冗余。“聚美优品2016年年底公布的账面现金为3.31亿美元，但从没有向股东支付一分钱的股利”。

（5）聚美优品应对内部人控制问题应当采取的对策：

①完善公司治理体系，加大监督力度。

②强化监事会的监督职能，形成企业内部权力制衡体系。

③完善和加强公司的外部监督体系，使利益相关者参与到公司的监管中，再结合经济、行政、法律等手段，构建对企业经营者的外部监督机制。

3.【答案】

（1）①S（优势）：“1997年，公牛在行业内第一个获得国家长城认证，从此奠定了行业内好品质的品牌形象……截至2009年，已经获得国家专利155项”“2011年，随着科技发展节奏加快，人们的生活用电需求日益增加，公牛在行业内率先推出了更加高科技的插座产品……至2013年，公牛已经累计获得了国家专利313项”“公牛集团在全国各地有着较完善的销售网络”“公牛装饰开关还独创‘专利悬摆技术’”“相比较西门子等国外大品牌，公牛装饰开关价格有着明显的优势”“借助渠道优势，公牛成长为一个家喻户晓的品牌”“2005年，公牛创新性地将快销品的销售方式运用到插座上，将制造业与服务业相融合，改‘坐商’为‘行商’”“公牛装饰开关是采用IMR技术，首次赋予墙壁开关不同的色彩与纹理而制成的装饰开关产品，将美观和实用两种功能结合”。

②W（劣势）：“家族的关联交易、巨额募资的合理性以及变相降低管理费用等都是其阻碍IPO进程的因素”。

③O（机会）：“随着科技发展节奏加快，人们的生活用电需求日益增加”“目前对装潢需求量高的是年轻人，对开关的美观化要求很高，而且未来中国的家装潮流将重点集中于现代简约、欧式奢华、中式典雅、清新田园四种”。

④T（威胁）：“国家对房地产行业进行调控，新房的供给量较最初有一定的减少，势必会影响公牛开关的销量”“电工领域的竞争还随着众多跨界大品牌的介入而变得更激烈、更残酷，这些大品牌企业在行业和市场上拥有一定规模实力、品牌知名度、渠道市场等，跨界大品牌强势启动电工业务后，势必对那些中小电工企业形成更大的冲击，其市场份额或被进一步压缩”。

（2）①重新界定产业的买方群体。“目前对装潢需求量高的是年轻人，对开关的美观化要求很高”。

②放眼互补性产品或服务。“公牛决定将美化装饰和实用开关具有的两类互补性功能结合起来。公牛装饰开关是采用IMR技术，首次赋予墙壁开关不同的色彩与纹理而制成的装饰开关产品，将美观和实用两种功能结合”。

③重设客户的功能性或情感性诉求。“作为墙壁开关行业一个全新的细分品类，公牛装饰开关特意针对四种主流家装风格进行相应设计，无疑会进一步贴合消费者个性化、风格化的家装需求，实现墙壁细节上的优雅动人”。

④跨越时间参与塑造外部潮流。“未来中国的家装潮流将重点集中于现代简约、欧式奢华、中式典雅、清新田园四种，因此公牛将眼光放到了少有人问津的装饰开关领域，并且震撼推出了第一代公牛装饰开关”。

（3）从设计营销角度分析，公牛的营销策略：

①产品策略。“借助渠道优势，公牛成长为一个家喻户晓的品牌”“公牛装饰开关是采用IMR技术，首次赋予墙壁开关不同的色彩与纹理而制成的装饰开关产品”“公牛装饰开关还独创‘专利悬摆技术’，使开关能够连续开、关80 000次，使用寿命超出国家标准一倍”。

②促销策略。“对于线上渠道，公牛也在积极探索中。其与万科链家装饰、有住网、蘑菇装修等互联网家装企业达成战略合作。据悉，2017年‘双十一’，公牛以站内推广、短视频营销、KOL传播等方式，带来了大批潜在用户”。

③分销策略。“公牛集团在全国各地有着较完善的销售网络”“近年来公牛与经销商的关系也发生了本质上的变化。渠道开始变得扁平化、区域精细化，每个区域只设一级经销商，直接对接该区域零售门店的客户。同时，一个经销商一般只负责一个市或县。如

此一来，便避免了一个经销商服务多个县市带来的资源和能力的分散，扁平化结构也能更快响应门店需求”“公牛的销售渠道已遍布全国 300 多个城市，开拓出 80 多万个终端销售店铺”。

④价格策略。“相比较西门子等国外大品牌，公牛装饰开关价格有着明显的优势”。

（4）价值链将企业的生产经营活动分为基本活动和支持活动两大类。基本活动，又称主体活动，是指生产经营的实质性活动，一般可以分为内部后勤、生产经营、外部后勤、市场销售和服务五种活动。

根据基本活动，公牛具备的优势条件：

①内部后勤：“通用型原材料均由国内厂家生产，进货和运输仓储等方面的成本都比较低”。

②生产经营：“在 2004 年，工厂正式迁入慈溪观海卫工业园，成功转型为规范化专业制造型的企业集团”。

③外部后勤：“销售商把插座装进卡车里，各个网点铺货、一家一家派送，迅速打开了全国市场，把几十万家零售店的销量牢牢握在了自己手里”。

④市场销售：“现在，公牛的销售渠道已遍布全国 300 多个城市，开拓出 80 多万个终端销售店铺，并成功将公牛产品销往美国、欧洲、东南亚、南亚、非洲等海外市场”“对于线上渠道，公牛也在积极探索中。其与万科链家装饰、有住网、蘑菇装修等互联网家装企业达成战略合作。据悉，2017 年‘双十一’，公牛以站内推广、短视频营销、KOL 传播等方式，带来了大批潜在用户”“公牛集团在全国各地有着较完善的销售网络”“相比较西门子等国外大品牌，公牛装饰开关价格有着明显的优势”。

⑤服务：“建立了专业服务团队，客服部均由经过培训的专业人员负责，服务网络较为完善，并承诺质保 10 年”。

（5）发展战略包括一体化战略、密集型战略和多元化战略，公牛主要采取的是密集型战略和多元化战略。

①密集型战略中的市场渗透战略是现有产品和现有市场的组合。“2011 年，携手明星甄子丹先生，推出了一系列的广告推广活动”。密集型战略中的产品开发战略是现有市场和新产品的组合。“公牛装饰开关是采用 IMR 技术，首次赋予墙壁开关不同的色彩与纹理而制成的装饰开关产品”“公牛装饰开关还独创‘专利悬摆技术’，使开关能够连续开、关 80 000 次，使用寿命超出国家标准一倍”。密集型战略中的市场开发战略是新市场和现有产品的组合。“对于线上渠道，公牛也在积极探索中。其与万科链家装饰、有住网、蘑菇装修等互联网家装企业达成战略合作。据悉，2017 年‘双十一’，公牛以站内推广、短视频营销、KOL 传播等方式，带来了大批潜在用户”“销售商把插座装进卡车里，各个网点铺货、一家一家派送，迅速打开了全国市场，把几十万家零售店的销量牢牢握在了自己手里”“现在，公牛的销售渠道已遍布全国 300 多个城市，开拓出 80 多万个终端销售店铺，并成功将公牛产品销往美国、欧洲、东南亚、南亚、非洲等海外市场”。

②多元化战略是新产品和新市场的组合。“2014 年，公牛正式进军 LED 产业，秉承品质为先的一贯追求，以‘爱眼’理念自主研发 LED 照明产品，形成包括爱眼 LED 阅读灯、灯带、球泡灯、筒射灯等在内的产品陈列，为家装健康照明提供多样化选择。2016 年，公牛又提出‘数码精品战略’，从为家电产品服务向为数码产品服务进阶转型，推出了包括移动电源、抗折断数据线等一大批数码产品精品。在这一过程中，公牛依照从‘核心业务’向相邻或相近产业链延伸的方式，将产品一步一步向更丰富更多样的方向拓展。这使公牛在保持主要业务稳定上升的同时，具备了更多的发展可能性”。

（6）公牛主要存在的公司治理问题为“内部人控制”问题。

一般认为违背忠诚义务导致的内部人控制问题的主要表现：过高的在职消费，盲目过度投资，经营行为的短期化；侵占资产，资产转移；工资、奖金等收入增长过快，侵占利润；会计信息作假、财务作假；大量负债，甚至严重亏损；建设个人帝国。

一般认为违背勤勉义务导致的内部人控制问题的主要表现：信息披露不完整、不及时；敷衍偷懒不作为；财务杠杆过度保守；经营过于稳健、缺乏创新等。

“公牛曾经制定过一个员工购房借款管理

制度，符合借款条件的员工可向公司申请购房借款，公司对各级别员工设定了借款最高限额，一般借款年限最长为6年，员工可以选择提前还款。尽管公牛并未披露具体的筛选条件，但根据招股书可以看出，符合借款条件的员工基本是‘董监高’。在报告期内，共有5人向公司借款购房，这5人的身份分别是公牛集团的董事兼副总裁、监事、副总裁、董事兼副总裁兼董秘、职工监事。5人的借款额均为50万元，年利率为3.8%。而我国当前的房贷基准利率最低也在4.34%（6个月）以上，商业银行实际执行的房贷利率更高。公牛此举，无异于是给‘董监高’的变相福利。在这种操作下，公牛向‘董监高’支付的薪酬，还能否体现其真实的工资水平，就存在一定的疑问了”。

4.【答案】

（1）运用SWOT分析法对金立手机进行分析：

①优势（S）。“金立手机一直在续航方面做着深度研究，由于其一直主推商务领域，内置安全加密芯片也是一大特色，每颗芯片都和CPU进行唯一绑定，暴力拆解或更换芯片都无法破解手机里的加密数据，一时间为国产手机做了很好的表率”。

②劣势（W）。“直到今天，金立依然没有明晰的品牌定位，产品始终徘徊不定。高端手机效仿华为，主打商务、安全；中端手机效仿OPPO和VIVO，主打时尚。两个都想学，两手都想抓，结果都没学到家，反而失去了从前的优势，变得不伦不类，一地鸡毛”。

③机会（O）。“从数据和市场端情况看，消费者依然热衷高性价比产品，用户需求并未明显减弱，中低端手机市场依然潜力巨大，消费市场的日趋成熟，与手机制造企业研发能力的不断提升，已经相互促使成为良性发展”。

④威胁（T）。“相较于其他手机品牌，不断扩展自身业务范围来说，金立更热衷于布局金融、地产领域，而金融、地产的竞争早已是一片红海，金立的贸然入局要面对诸多行业巨头的多重夹击”。

（2）从确定目标市场角度分析，金立按照地理细分，把三四线城市作为目标市场。“凭借在三四线城市的渠道深耕，金立手机也享受到时代所赐予的红利”。

从设计营销组合角度分析，金立公司的营销策略：

①产品策略。“金立手机一直在续航方面做着深度研究，由于其一直主推商务领域，内置安全加密芯片也是一大特色，每颗芯片都和CPU进行唯一绑定，暴力拆解或更换芯片都无法破解手机里的加密数据，一时间为国产手机做了很好的表率”“2017年11月底，金立一口气同时发布了8款产品，让金立的品牌定位，成了一锅大杂烩”“直到今天，金立依然没有明晰的品牌定位，产品始终徘徊不定”。

②促销策略。“近几年，金立冠名赞助了《最强大脑》《笑傲江湖》《2017湖南卫视跨年演唱会》等12档综艺节目，平均每年赞助6部。在代言人方面，金立更是‘大手笔’，最直观的体现是，品牌代言人更替频繁，既有濮存昕、郎咸平、柯洁、冯小刚等一众名人，也有阮经天、薛之谦、余文乐、刘涛等当红流量IP，高频次出现在公众视野”。

③分销策略。“金立在过去10年里，通过区域总代模式，覆盖了全国近5万家销售网点，600多家售后服务中心，销售渠道网络覆盖到县乡一级”。

④价格策略。“在产品定价上，经历了运营商定制、电商渠道价格战等市场浪潮后，金立选择了高端路线，其系列化产品中高端机型的价格远远高于附加功能的成本”。

（3）多元化战略的类型有相关多元化战略和非相关多元化战略。

金立公司采取的是非相关多元化战略。“金立更热衷于布局金融、地产领域”。

实施多元化战略的主要风险：

①来自原有经营产业的风险。企业资源总是有限的，多元化经营往往意味着原有经营的产业要受到削弱。“如此庞大的重资产模式，使金立资金链绷得极紧，财务压力越来越大”。

②市场整体风险。在宏观力量的冲击之下，企业多元化经营的资源分散反而加大了风险。“近两年经济整体呈下行的趋势下，金融地产行业本身就生存艰难，金立在资源分散的情况下处境就更为窘迫”。

③产业进入风险。“而金融、地产的竞争早已是一片红海，金立的贸然入局要面对诸多行业巨头的多重夹击”。

④产业退出风险。“2017 年，刘立荣又以 12.18 亿元购入南粤银行的 9.30% 股份，还宣布在重庆投入 50 亿元建设生产基地，这一系列的动作却不被各利益相关方看好。如此庞大的重资产模式，使金立资金链绷得极紧，财务压力越来越大，却又难以抽身，一时间陷入两难的境地，致使公司不得不面对破产重组的困境”。

(4) 金立手机面临的内部风险有战略风险、运营风险和财务风险。

战略风险具体体现在以下三个方面：

①缺乏明确的发展战略或发展战略实施不到位，可能导致企业盲目发展，难以形成竞争优势，丧失发展机遇和动力；

②发展战略过于激进，脱离企业实际能力或偏离主业，可能导致企业过度扩张，甚至经营失败；

③发展战略因主观原因频繁变动，可能导致资源浪费，甚至危及企业的生存和持续发展。

金立手机体现的战略风险有：

①“2017 年 11 月底，金立一口气同时发布了 8 款产品，让金立的品牌定位，成了一锅大杂烩”“直到今天，金立依然没有明晰的品牌定位，产品始终徘徊不定”。

②“相较于其他手机品牌，不断扩展自身业务范围来说，金立更热衷于布局金融、地产领域。如此庞大的重资产模式，使金立资金链绷得极紧，财务压力越来越大，却又难以抽身，一时间陷入两难的境地，致使公司不得不面对破产重组的困境”。

③“从‘去金立化’到‘小清新’，再到 2015 年重回‘商务’，拼命追逐市场潮流的金立，早已疲惫不堪，更在前后夹击中乱了阵脚”。

运营风险至少要考虑以下几个方面：

①企业产品结构、新产品研发方面可能引发的风险；

②企业新市场开发、市场营销策略（包括产品或服务定价与销售渠道，市场营销环境状况等）方面可能引发的风险；

③企业组织效能、管理现状、企业文化、高中层管理人员和重要业务流程中专业人员的知识结构、专业经验等方面可能引发的风险；

④期货等衍生产品业务中发生失误带来的风险；

⑤质量、安全、环保、信息安全等管理发生失误导致的风险；

⑥因企业内、外部人员的道德风险或业务控制系统失灵导致的风险；

⑦给企业造成损失的自然灾害等风险；

⑧企业现有业务流程和信息系统操作运行情况的监管、运行评价及持续改进能力方面引发的风险。

金立手机体现的运营风险有①②③。

“金立依然没有明晰的品牌定位，产品始终徘徊不定。高端手机效仿华为，主打商务、安全；中端手机效仿 OPPO 和 VIVO，主打时尚。两个都想学，两手都想抓，结果都没学到家，反而失去了从前的优势，变得不伦不类”可以看出①③。

“过度营销成为导致资金危机的主因之一，在没有销量支撑的时候，这种跟风式的大体量广告投入，注定是资源浪费。金立的营销策略，非但没有为金立带来转机，反而使金立陷入债务缠身的境地”可以看出②。

金立手机体现的财务风险：

①筹资决策不当，引发资本结构不合理或无效融资，可能导致企业筹资成本过高或债务危机。“资金链出现重大问题，负债高达百亿”。

②投资决策失误，引发盲目扩张或丧失发展机遇，可能导致资金链断裂或资金使用效益低下。“相较于其他手机品牌，不断扩展自身业务范围来说，金立更热衷于布局金融、地产领域……庞大的重资产模式，使金立资金链绷得极紧”。

(5) 公司治理的问题主要包括代理型公司治理问题和剥夺型公司治理问题。具体包括三类问题，即经理人对于股东的“内部人控制”问题、终极股东对于中小股东的“隧道挖掘”问题和企业与其他利益相关者之间的关系问题。

①金立手机存在经理人对于股东的“内部人控制”问题。

一般认为违背忠诚义务导致的内部人控

制问题主要表现有：过高的在职消费，盲目过度投资，经营行为的短期化；侵占资产，资产转移；工资、奖金等收入增长过快，侵占利润；会计信息作假、财务作假；大量负债，甚至严重亏损；建设个人帝国。

金立手机的管理层盲目过度投资。“相较于其他手机品牌，不断扩展自身业务范围来说，金立更热衷于布局金融、地产领域”“如此庞大的重资产模式，使金立资金链绷得极紧，财务压力越来越大，却又难以抽身，一时间陷入两难的境地，致使公司不得不面对破产重组的困境”。

金立手机的管理层存在经营行为的短期化。“2016～2017 年，金立营销费用投入 60 多亿元，对金立资金链造成很大影响，导致货款周转困难。过度营销成为导致资金危机的主因之一，在没有销量支撑的时候，这种跟风式的大体量广告投入，注定是资源浪费”。

金立手机的管理层在申请破产前有侵占资产、资产转移的迹象。“金立管理层在正式申请破产，甚至于财产冻结之前，就已经将部分原有的金立名下资产转让出去，从而套取资金，最终尽可能保全自身的利益”。

金立手机的管理层经营不善导致大量负债。“会议上公布了一份截至 2018 年 8 月 31 日的金立财务数据。数据显示，金立的总负债约为 202 亿元，而总资产却大幅下调至约 26 亿元（账面价值约 26 亿元，估值 76 亿元）。这意味着金立目前的净负债变成了约 176 亿元”。

②金立手机存在企业与其他利益相关者之间的关系问题。“2018 年 11 月 28 日上午，金立手机在其深圳总部召开了面向部分大额供应商的债权人沟通会议。会议上公布了一份截至 2018 年 8 月 31 日的金立财务数据。数据显示，金立的总负债约为 202 亿元，而总资产却大幅下调至约 26 亿元（账面价值约 26 亿元，估值 76 亿元）。这意味着金立目前的净负债变成了约 176 亿元”“这一系列的动作却不被各利益相关方看好”。

（6）①完善公司治理体系，加大监督力度。

②强化监事会的监督职能，形成企业内部权力制衡体系。

③完善和加强公司的外部监督体系，使利益相关者参与到公司的监管中，再结合以经济、行政、法律等手段，构建对企业经营者的外部监督机制。

第六章　风险与风险管理

本章考情分析

本章在考试中是重点章，近五年考试分值平均在12分左右。主要介绍风险基本概念和风险管理基本流程、体系与方法。从具体内容来看，本章共分五个部分。在第一部分，分析了风险的定义及企业可能面临的各种风险种类，介绍了风险管理的概念及特征，以及从内部控制的角度展开了几个主要运营风险；第二部分简单介绍了风险管理的基本目标；第三部分全面介绍了风险管理的五项基本流程；第四部分风险管理体系重点介绍了风险管理策略、理财措施、组织职能体系、风险管理信息系统和内部控制系统五大体系，这部分需要重点掌握；在第五部分，介绍了风险管理的具体技术与方法，这些方法需要掌握每种方法的含义及特征。

本章内容较多，但分值密度相对不高，考题主要以客观题的形式出现，可出题点较分散，考生复习时既要关注重点，又要兼顾全面，对重点内容做到理解记忆，对其他内容做到熟悉。

本章需要重点掌握的知识点如下：

（1）企业面对的风险种类，掌握11种内外部风险的含义及内容；

（2）掌握全面风险管理的特征，及与传统风险管理理念的对比；

（3）掌握7种风险管理策略工具的含义；

（4）风险理财措施，掌握损失事件管理的方法；

（5）风险管理技术与方法，掌握11种风险管理技术与方法的含义、特征及适用性；

（6）从内部控制角度看几个主要的运营风险。

本章近五年考试情况如下：

年度	分值	题型	考点
2015	13.5	单选题	风险管理策略，敏感性分析法，风险理财措施，风险管理概念
		多选题	企业面对的风险种类，风险度量方法，风险理财措施
		综合题	企业面对的风险种类
2016	11.5	单选题	企业面对的风险种类，风险管理策略，德尔菲法
		多选题	风险管理组织体系，企业面对的风险种类，风险管理的概念
		简答题	企业面对的风险种类
2017	9.5	单选题	企业面对的风险种类、提出和实施风险管理解决方案、风险理财措施、情景分析法、敏感性分析法、决策树法、统计推论法
		多选题	企业面对的风险种类、收集风险管理初始信息、风险管理策略
		综合题	企业面对的风险种类
2018	17.5	单选题	内部风险、风险管理技术与方法、风险管理体系、技术风险
		多选题	内部控制要素、风险管理技术与方法、应急资本
		简答题	内部控制应用
		综合题	市场风险
2019	41.5	单选题	风险管理体系、风险与风险管理概述
		多选题	风险管理基本流程
		简答题	风险与风险管理概述
		综合题	风险与风险管理概述

本章教材变化

本章教材2020年与2019年相比内容无重大变化。

基本内容框架

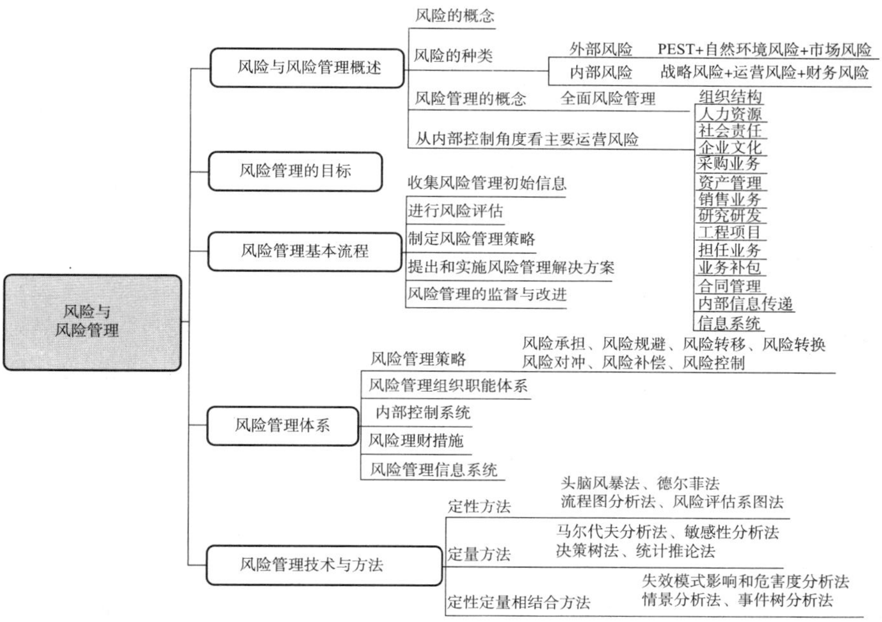

通关重难点例题解析

知识点1 风险种类

企业面对的主要风险可分为两大类，其中外部风险包括5种，内部风险包括3种，考生应在掌握理论知识的基础上，辨识考题中出现的风险类型。

外部风险	1. 政治风险	含义：完全或部分由政府官员行使权力和政府组织行为而产生的不确定性。
		内容：限制投资领域、设置贸易壁垒、外汇管制的规定、进口配额和关税、组织结构及要求最低持股比例、限制向东道国的银行借款、没收资产。
	2. 法律风险与合规风险	合规风险是指因违反法律或监管要求而受到制裁、遭受金融损失以及因未能遵守所有适用法律、法规、行为准则或相关标准而给企业信誉带来损失的可能性。 合规风险侧重于行政责任和道德责任的承担。
		法律风险是指企业在经营过程中因自身经营行为的不规范或者外部法律环境发生重大变化而造成的不利法律后果的可能性。

第六章

续表

外部风险	3. 社会文化风险	跨国经营活动引发的文化风险：东道国文化与母国文化的差异带来风险； 企业并购活动引发的文化风险：并购双方文化的碰撞与交流； 组织内部因素引发的文化风险：组织文化变革、组织员工的多元文化背景。
	4. 技术风险	广义：与某一种新技术给某一行业或某些企业带来增长机会的同时，可能对另一行业或另一些企业形成巨大威胁。
		狭义：技术在创新过程中，由于技术本身复杂性和其他相关的不确定性而导致技术创新遭遇失败的可能性。
		分类：技术设计风险、技术研发风险、技术应用风险。
	5. 市场风险	①产品或服务的价格及供需变化带来的风险； ②能源、原材料、配件等物资供应的充足性、稳定性和价格的变化带来的风险； ③主要客户、主要供应商的信用风险； ④税收政策和利率、汇率、股票价格指数的变化带来的风险； ⑤潜在进入者、竞争者、与替代品竞争带来的风险。
内部风险	1. 战略风险	企业在战略管理过程中，由于内外部环境的复杂性和变动性以及主体对环境的认知能力和适应能力的有限性，而导致企业整体性损失和战略目标无法实现的可能性及其损失。
	2. 运营风险	企业在运营过程中，由于内外部环境的复杂性和变动性以及主体对环境的认知能力的有限性，而导致的运营失败或使运营活动达不到预期的目标的可能性及其损失。
	3. 财务风险	企业在生产经营过程中，由于内外部环境的各种难以预料或无法控制的不确定性因素的作用，使企业在一定时期内所获取的财务收益与预期收益发生偏差的可能性。

【例 6－1】（2019 单选题）

随着云计算技术的崛起，传统数据技术受到严峻挑战。此前引领世界数据库软件市场的 J 公司对环境变化反应迟钝，没有及时研究云计算技术。当公司意识到云计算是未来技术方向时，转型为时已晚。2018 年，J 公司营业收入基本零增长，净利润比前一年暴跌 59%。J 公司面对的主要风险是（　　）。

A. 运营风险

B. 法律风险

C. 财务风险

D. 社会文化风险

【答案】A

【解析】“公司对环境变化反应迟钝，没有及时研究云计算技术。当公司意识到云计算是未来技术方向时，转型为时已晚”体现的是运营风险中的“企业组织效能、管理现状、企业文化、高中层管理人员和重要业务流程中专业人员的知识结构、专业经验等方面可能引发的风险”。

【例 6－2】（2019 多选题）

主营太阳能电池组件业务的日华公司上市后，通过股权融资、债券融资、银行借贷、信贷融资、民间集资等各种手段融资近 70 亿元，在多个国家投资布局光伏全产业链，还大举投资房地产、汽车等项目。后来光伏产业国际市场需求急剧萎缩，致使公司出现大额亏损，深陷债务危机。本案例中，日华公司所面临的主要风险类型有（　　）。

A. 战略风险

B. 政治风险

C. 社会文化风险

D. 财务风险

【答案】AD

【解析】“在多个国家投资布局光伏全产业链，还大举投资房地产、汽车等项目”体现了发展战略过于激进，脱离企业实际能力或偏离主业，可能导致企业过度扩张，甚至经营失败，属于战略风险，选项 A 正确；“通过股权融资、债券融资、银行借贷、信贷融资、民间集资等各种手段融资近 70 亿元”体现了筹资决策不当，引发资本结构不合理或无效融资，可能导致企业融资成本过高或债务危机，属于财务风险。选项 D 正确。

【例 6－3】（2018 单选题）

惠通公司开发出一种用于少儿英语学习

的智能机器人。该产品投放市场不久，便被其他公司仿制。从技术活动过程所处的不同阶段考察，惠通公司面临的技术风险属于（　　）。

A. 技术选择风险

B. 技术设计风险

C. 技术应用风险

D. 技术研发风险

【答案】C

【解析】技术应用风险是指由于技术成果在产品化、产业化的过程中所带来的一系列不确定的负面影响或效应。例如，他人的技术模仿行为。“该产品投放市场不久，便被其他公司仿制”体现了技术风险中的技术应用风险。选项C正确。

【例6-4】（2018单选题）

甲公司曾是一家世界著名的照相机生产企业。近年来，面对各类新型照相设备的兴起，该公司业务转型迟缓，目前出现巨额亏损，濒临破产。甲公司遭遇的风险属于（　　）。

A. 财务风险　　B. 技术风险

C. 产业风险　　D. 战略风险

【答案】D

【解析】战略风险是指企业在战略管理过程中，由于内外部环境的复杂性和变动性以及主体对环境的认知能力和适应能力的有限性，而导致企业整体性损失和战略目标无法实现的可能性及损失。“近年来，面对各类新型照相设备的兴起，该公司业务转型迟缓，目前出现巨额亏损，濒临破产”表明该公司由于内外部环境的复杂性和变动性以及主体对环境的认知能力和适应能力的有限性，而导致企业整体性损失。选项D正确。

【例6-5】（2018单选题）

有关研究机构证实，从事中成药生产的上市公司天康公司的主打产品含有对人体健康有害的成分。该研究结果被媒体披露后，天康公司的股价大跌，购买其产品的部分消费者和经销商纷纷要求退货，致使其经营陷入危机。上述案例中，天康公司面临的风险属于（　　）。

A. 市场风险　　B. 运营风险

C. 财务风险　　D. 产业风险

【答案】B

【解析】“天康公司的主打产品含有对人体健康有害的成分。该研究结果被媒体披露后……购买其产品的部分消费者和经销商纷纷要求退货，致使其经营陷入危机”体现的是天康公司在质量、安全、环保、信息安全等管理发生失误导致的风险，属于运营风险。选项B正确。

【例6-6】（2018多选题改编）

平昌制冷设备公司在对某客户提供个性化定制产品服务时，因缺乏设计、制造经验，产品质量未达到客户的特殊需求，遭到该客户索赔。根据上述信息，平昌制冷设备公司遇到的风险类型有（　　）。

A. 技术风险

B. 法律与合规风险

C. 市场风险

D. 运营风险

【答案】ABD

【解析】“缺乏设计、制造经验”属于技术风险，选项A正确；“遭到该客户索赔”属于法律与合规风险，选项B正确；“产品质量未达到客户的特殊需求”属于运营风险，选项D正确。

【例6-7】（2018多选题）

甲公司是一家钢铁生产企业。2015年上半年，甲公司把通过银行贷款取得的大部分技改项目基金投入股市。后来，由于政府宏观管理措施的出台和股市的暴跌，甲公司投入股市的资金无法收回。在上述案例中，甲公司面临的风险有（　　）。

A. 战略风险

B. 技术风险

C. 政治风险

D. 法律和合规风险

【答案】ACD

【解析】“甲公司是一家钢铁生产企业。2015年上半年，甲公司把通过银行贷款取得的大部分技改项目基金投入股市”表明甲公司的发展战略偏离主业，面临战略风险，选项A正确。“由于政府宏观管理措施的出台和股市的暴跌，甲公司投入股市的资金无法收回”表明甲公司面临政治风险，选项C正确。“甲公司把通过银行贷款取得的大部分技改项目基金投入股市”表明甲公司面临法律和合规风险，选项 D 正确。

【例 6－8】（2017 单选题）

亚洲 R 国 H 公司推出了一个名为“东大机器人”的项目，该项目的目标是通过 R 国顶级学府 J 大学的入学考试。2013 年以来，“东大机器人”每年都参加 J 大学的入学考试，但连续 3 年的得分均低于 J 大学的录取分数线。H 公司于 2016 年 11 月正式宣布因项目过于复杂而最终放弃该项目。根据上述描述，H 公司研发“东大机器人”项目面临的风险是（　　）。

A. 战略风险　　B. 市场风险

C. 技术风险　　D. 产业风险

【答案】C

【解析】狭义的技术风险是指技术在创新过程中，由于技术本身复杂性和其他相关因素变化的不确定性而导致技术创新遭遇失败的可能性。例如技术手段的局限性、技术系统内部的复杂性、技术难度过高等原因都可能导致技术创新夭折；又如，如果企业现有科研水平一旦不能满足新技术目标的需求，那么技术创新就有面临失败的风险。“H 公司于 2016 年 11 月正式宣布因项目过于复杂而最终放弃该项目”，表明 H 公司研发“东大机器人”项目面临的风险是技术风险。

【例 6－9】（2017 单选题）

思达集团原是一家房地产企业。2016 年，思达集团以银行贷款为主要资金来源，开始大举并购一些发达国家的酒店和娱乐、体育健身等方面的业务。最近，思达集团由于收购规模过大，资金出现短缺。同时银行收紧了银根，不再向思达集团发放贷款。因此，思达集团被迫中止了收购活动，并为弥补资金漏洞出售了一些已购的业务。根据《企业内部控制应用指引第 2 号——发展战略》，思达集团在制定和实施发展战略方面存在的主要风险是（　　）。

A. 发展战略实施不到位

B. 发展战略过于激进，脱离企业实际能力或偏离主业

C. 发展战略因主观原因频繁变动

D. 缺乏明确的发展战略

【答案】B

【解析】“由于收购规模过大，资金出现短缺。同时银行收紧了银根，不再向思达集团发放贷款。因此，思达集团被迫中止了收购活动，并为弥补资金漏洞出售了一些已购的业务”，这表明思达集团发展战略过于激进，脱离企业实际能力或偏离主业。选项 B 正确。

【例 6－10】（2016 单选题）

我国某纺织生产企业甲公司向欧洲 H 国出口“双羊”牌高档羊绒被，其英文商标名为“Goats”。该产品虽然质量上乘，但在 H 国一直销路不佳。甲公司进行详细调查后发现，在 H 国，“Goats”除了有山羊的意思以外，还有其他的贬义，一些消费者因此产生不好的联想，影响了产品的销售。这个案例表明，企业跨国营销可能面临（　　）。

A. 市场风险　　B. 环境风险

C. 文化风险　　D. 品牌风险

【答案】C

【解析】在 H 国，“Goats”除了有山羊的意思以外，还有其他的贬义，一些消费者因此产生不好的联想，影响了产品的销售。这个案例表明，甲公司跨国营销可能面临社会文化风险。

【例 6－11】（2016 多选题改编）

甲公司是一家从事手机研发和制造的高科技企业。2015 年，甲公司将手机的制造外包给乙公司。此后，市场上发生多起甲公司的手机电池爆炸事件，给用户造成人身和财产损失的事故。甲公司详细调查后发现，乙公司提供的手机电池质量不合格，存在很大的安全隐患。甲公司将手机的制造外包给乙公司后面临的风险有（　　）。

A. 法律风险　　B. 运营风险

C. 市场风险　　D. 技术风险

【答案】AB

【解析】“市场上发生多起甲公司的手机电池爆炸事件，给用户造成人身和财产损失的事故”，可能会引发一些法律风险，如法律诉讼等；“甲公司详细调查后发现，乙公司提供的手机电池质量不合格，存在很大的安全隐患”属于运营风险中的质量、安全、环保、信息安全等管理发生失误导致的风险。因此，选项 A、B 正确。

【例 6－12】（2016 多选题改编）

甲会计师事务所为了节约成本，减轻管理人员的压力，将公司信息系统软硬件服务外包给了乙公司。3 个月后，甲公司出现客户财务数据泄密事件。甲公司经过调查，发现是乙公司技术人员在对信息系统进行维护时操作不当，导致信息安全漏洞被黑客攻击所致。在上述案例中，甲会计师事务所面临的风险有（　　）。

A. 运营风险　　B. 市场风险

C. 法律风险　　D. 技术风险

【答案】AC

【解析】“甲公司出现客户财务数据泄密事件”，可能承担法律和合规风险；“乙公司技术人员在对信息系统进行维护时操作不当，导致信息安全漏洞被黑客攻击”属于运营风险中的企业现有业务流程和信息系统操作运行情况的监管、运行评价及持续改进能力方面引发的风险。因此，选项 A、C 正确。

【例 6－13】（2016 多选题改编）

根据《企业内部控制应用指引第 4 号——社会责任》，企业在履行社会责任方面需要关注的主要风险有（　　）。

A. 环境保护投入不足，资源耗费大，造成环境污染或资源枯竭

B. 安全生产措施不到位，责任不落实，可能导致安全事故的发生

C. 产品质量低劣，侵害消费者利益，可能导致企业巨额赔偿、形象受损

D. 促进就业和员工权益保护不够，可能导致员工积极性受挫

【答案】ABCD

【解析】企业履行社会责任方面需关注的主要风险：(1) 安全生产措施不到位，责任不落实，可能导致企业发生安全事故。(2) 产品质量低劣，侵害消费者利益，可能导致企业巨额赔偿、形象受损，甚至破产。(3) 环境保护投入不足，资源耗费大，造成环境污染或资源枯竭，可能导致企业巨额赔偿、缺乏发展后劲，甚至停业。(4) 促进就业和员工权益保护不够，可能导致员工积极性受挫，影响企业发展和社会稳定。选项 A、B、C、D 均正确。

【例 6－14】（2015 单选题）

下列各项关于企业全面风险管理的说法中，错误的是（　　）。

A. 全面风险管理既管理纯粹风险也管理机会风险

B. 全面风险管理主要由财务会计和内部审计等部门负责

C. 全面风险管理的焦点在所有利益相关者的共同利益最大化上

D. 全面风险管理主动将风险管理作为价值中心

【答案】B

【解析】本题考查全面风险管理的特征，全面风险管理具有战略性、全员化、专业性、二重性和系统性特征。选项 B 错误，全面风险管理需要全员参与。

【例 6－15】（2015 多选题）

甲公司是我国一家长期向 X 国出口摩托车的企业。2013 年，X 国对我国出口的摩托车大幅度提高了关税。面对这种情况，甲公司在 X 国与当地企业组建了一家合资公司，生产销售摩托车。甲公司在 X 国组建合资公司规避的风险有（　　）。

A. 运营风险　　B. 市场风险

C. 政治风险　　D. 产业风险

【答案】BC

【解析】“2013 年，X 国对我国出口的摩托车大幅度提高了关税”表明甲公司向 X 国出口摩托车面临政治风险，选项 B 正确。税收风险是指由于税收政策变化使企业税后利润发生变化产生的风险，而这种风险属于市场风险，选项 C 正确。

【例 6－16】（2015 多选题改编）

甲公司是一家光伏发电企业。受技术、经济等多种因素影响，光伏发电投资成本居高不下，而同一区域的风力发电企业成本较低，给甲公司的生存和发展带来威胁。更糟糕的是，公司在新建光伏电站时，因不了解当地的实际情况，选址不当，造成运输成本过高。甲公司面临的风险有（　　）。

A. 操作风险　　B. 市场风险

C. 政治风险　　D. 运营风险

【答案】BD

【解析】“光伏发电投资成本居高不下，

而同一区域的风力发电企业成本较低”属于市场风险中替代品的竞争带来的风险；“因不了解当地的实际情况，选址不当，造成运输成本过高”属于企业管理层决策上的失误，属于运营风险。因此，选项B、D正确。

【例6-17】（多选题）

关于现代市场经济中人们对风险观念的理解。下列表述中正确的有（　　）。

A. 风险是一系列可能发生的结果而不是最有可能的结果

B. 可以由人的主观判断来决定选择不同的风险

C. 风险是可预测、可度量的负面因素

D. 风险总是与机遇并存

【答案】ABD

【解析】风险是一系列可能发生的结果，不能简单理解为最有可能的结果。选项A正确。风险既具有客观性，又具有主观性。风险是事件本身的不确定性，是在一定具体情况下的风险，可以由人的主观判断来决定选择不同的风险。选项B正确。从现代市场经济的角度考虑企业风险是指未来的不确定性对企业实现其经营目标的影响，而不能简单地理解为风险就是负面因素，风险总是和机遇并存的。所以，选项C错误，选项D正确。

知识点2　风险管理基本流程

风险管理基本流程包括：

（1）收集风险管理初始信息；

（2）进行风险评估；

（3）制定风险管理策略；

（4）提出和实施风险管理解决方案；

（5）风险管理的监督与改进。

【例6-18】（2019多选题）

宝胜公司是一家全球性的手机生产企业。近年来公司在高速发展的同时，面临的风险也与日俱增。为了更好地分析面临的市场风险，宝胜公司至少应该收集的与该公司相关的重要信息有（　　）。

A. 全球汇率变动状况

B. 全球手机价值链生产供应状况

C. 各国手机的价格及供需变化

D. 各国对手机及其零部件进出口的政策导向

【答案】ABC

【解析】分析市场风险，企业应广泛收集国内外企业忽视市场风险、缺乏应对措施导致企业蒙受损失的案例，并至少收集与本企业相关的以下重要信息：

（1）产品或服务的价格及供需变化；（选项C）

（2）能源、原材料、配件等物资供应的充足性、稳定性和价格变化；（选项B）

（3）主要客户、主要供应商的信用情况；

（4）税收政策和利率、汇率、股票价格指数的变化；（选项A）

（5）潜在竞争者、竞争者及其主要产品、替代品情况。

【例6-19】（2017单选题）

下列各项关于风险管理解决方案的表述，错误的是（　　）。

A. 风险管理解决方案中的外部解决方案一般指外包

B. 风险管理解决方案应有风险解决的具体目标和风险管理工具等方面的内容

C. 落实风险管理解决方案必须认识到风险管理是企业价值创造的根本源泉

D. 风险管理解决方案中的内部解决方案一般指风险管理策略

【答案】D

【解析】风险管理解决方案中的内部解决方案是指风险管理体系的运转。在具体实施中，一般是以下几种手段的综合应用：风险管理策略、组织职能、内部控制（包括政策、制度、程序）、信息系统（包括报告体系）、风险理财措施。选项D错误。

【例6-20】（2017多选题）

分析企业运营风险，企业应至少收集与该企业、本行业相关的信息，其口包括（　　）。

A. 企业风险管理的现状和能力

B. 潜在竞争者、竞争者及其主要产品、替代品情况

C. 期货等衍生产品业务曾发生或易发生失误的流程和环节

D. 新市场开发、市场营销策略

【答案】ACD

【解析】分析运营风险，企业应至少收集

与本企业、本行业相关的以下信息：

（1）产品结构、新产品研发；

（2）新市场开发，市场营销策略，包括产品或服务定价与销售渠道、市场营销环境等；

（3）企业组织效能、管理现状、企业文化，高中层管理人员和重要业务流程中专业人员的知识结构、专业经验；

（4）期货等衍生产品业务中曾发生或易发生失误的流程和环节；

（5）质量、安全、环保、信息安全等管理中曾发生或易发生失误的业务流程或环节；

（6）因企业内、外部人员的道德风险致使企业遭受损失或业务控制系统失灵；

（7）给企业造成损失的自然灾害以及除上述有关情形之外的其他纯粹风险；

（8）对现有业务流程和信息系统操作运行情况的监管、运行评价及持续改进能力；

（9）企业风险管理的现状和能力。

选项 A、C、D 正确。选项 B 属于分析市场风险，企业应至少收集与该企业、本行业相关的信息。

【例 6－21】（2016 多选题）

下列各项关于风险评估的表述中，正确的有（　　）。

A. 风险评估包括风险辨识、风险分析和风险评价三个步骤

B. 风险定性评估时应统一制定各风险的度量单位和度量模型

C. 企业应当定期或不定期对新风险或原有风险的变化进行重新评估

D. 风险评估应当将定性方法和定量方法相结合

【答案】ACD

【解析】进行风险定量评估时，应统一制定各风险的度量单位和风险度量模型，故选项 B 错误。

【例 6－22】（2014 单选题）

下列各项中，不属于分析企业战略风险应收集的信息是（　　）。

A. 主要客户、供应商及竞争对手的有关情况

B. 市场对企业产品或服务的需求

C. 科技进步、技术创新的有关内容

D. 企业组织效能和管理现状

【答案】D

【解析】选项 D 错误，企业的组织效能、管理现状是分析运营风险应该考虑的方面。

知识点 3　风险管理策略工具（★★）

工具	要点	
风险承担	含义	企业对所面临的风险采取接受的态度，从而承担风险带来的后果。
	适用情形	（1）对未能辨识出的风险，企业只能采用风险承担。 （2）对于辨识出的风险，①缺乏能力进行主动管理，对这部分风险只能承担；②没有其他备选方案；③从成本效益考虑，风险承担是最适宜的方案。 （3）对于影响到企业目标实现的重大风险，一般不采用风险承担。
风险规避	含义	企业回避、停止或退出蕴含风险的商业活动或商业环境，避免成为风险所有人。
	措施	①退出某一市场以避免激烈竞争； ②拒绝与信用不好的交易对手进行交易； ③外包某项对工人健康安全风险较高的工作； ④停止生产可能有潜在客户安全隐患的产品； ⑤禁止各业务单位在金融市场进行投机； ⑥不准员工访问某些网站或下载某些内容。
风险转移	含义	企业通过合同将风险转移到第三方，企业对转移后的风险不再拥有所有权。
	措施	①保险：保险合同规定保险公司为预定的损失支付补偿，作为交换，在合同开始时，投保人要向保险公司支付保险费。 ②非保险型的风险转移：将风险可能导致的财务风险损失转移给非保险机构。 ③风险证券化：通过证券化保险风险构造的保险连接型证券（ILS）。
	特点	不会降低风险可能的严重程度，只是从一方转移到另一方。

续表

工具		要点
风险转换	含义	企业通过战略调整等手段将企业面临的风险转换成另一个风险。
	措施	战略调整、衍生产品。
	特点	一般不会降低企业总的风险，其简单形式为：在减少某一风险的同时，增加另一风险。如：通过放松交易客户信用标准，增加了应收账款，但扩大了销售。
风险对冲	含义	采取各种手段，引入多个风险因素或承担多个风险，使它们能够互相对冲。
	实例	资产组合使用、多种外币结算的使用和战略上的多种经营。
	特点	风险对冲必须涉及风险组合，而不是对单一风险。对于单一风险，只能进行风险规避和风险控制。
风险补偿	含义	企业对风险可能造成的损失采取适当的措施进行补偿。
	形式	财务补偿（自身风险准备金＋应急资本）、人力补偿、物资补偿。
风险控制	含义	控制风险事件发生的动因、环境、条件等，来达到减轻风险事件发生时的损失或降低风险事件发生的概率的目的。
	特点	风险控制的对象一般为可控风险。

【例 6－23】（2019 单选题）

中科公司是国内家著名的印刷机制造商。面对 G 国先进印刷机在中国的市场占有率迅速提高，中科公司将业务转型为给 G 国印刷机的用户提供零配件和维修保养服务，取得比业务转型前更高的收益率。从风险管理策略角度看，中科公司采取的策略是（　　）。

A. 风险规避　　B. 风险转换

C. 风险转移　　D. 风险补偿

【答案】A

【解析】“中科公司将业务转型为给 G 国印刷机的用户提供零配件和维修保养服务”体现了中科公司退出了印刷机制造商的领域，即为风险规避。选项 A 正确。

【例 6－24】（2018 单选题）

M 国某地区位于地震频发地带，那里的居民具有较强的防震意识，住房普遍采用木质结构，抗震性能优越。不少家庭加装了地震时会自动关闭煤气的仪器，以防范地震带来的相关灾害。根据上述信息，该地区居民采取的风险管理策略工具是（　　）。

A. 风险控制　　B. 风险转移

C. 风险规避　　D. 风险转换

【答案】A

【解析】“住房普遍采用木质结构，抗震性能优越。不少家庭加装了地震时会自动关闭煤气的仪器，以防范地震带来的相关灾害”，有利于减轻风险事件发生时的损失。因此，该地区居民采取的风险管理策略工具是风险控制。选项 A 正确。

【例 6－25】（2017 多选题）

星云公司制造手机所需要的部分零部件由奇象公司提供。星云公司为了防范和应对采购过程中可能出现的风险，与奇象公司签订了严格而规范的合同，其中一项规定是：如果由于外界不可抗力因素造成奇象公司不能按时供货并给星云公司带来损失，只要损失额超过一定数量，那么超过的部分由奇象公司予以赔偿。在上述案例中，星云公司采取的风险管理工具有（　　）。

A. 风险规避　　B. 风险转移

C. 风险补偿　　D. 风险承担

【答案】BD

【解析】“星云公司与奇象公司签订了严格而规范的合同，其中一项规定是：如果由于外界不可抗力因素造成奇象公司不能按时供货并给星云公司带来损失，只要损失额超过一定数量，那么超过的部分由奇象公司予以赔偿”，星云公司采取的风险管理工具有非保险型的风险转移（超过的部分由奇象公司予以赔偿）和风险承担（损失额未超过规定数量）。选项 B、D 正确。

【例 6－26】（2016 单选题）

下列各项中，属于企业一般不应把风险承担作为风险管理策略的情况是（　　）。

A. 企业管理层及全体员工都未辨识出风险

B. 企业从成本效益考虑认为选择风险承担是最适宜的方案

C. 企业缺乏能力对已经辨识出的风险进行有效管理与控制

D. 企业面临影响企业目标实现的重大风险

【答案】D

【解析】对未能辨识出的风险，企业只能采用风险承担。对于辨识出的风险，（1）缺乏能力进行主动管理，对这部分风险只能承担；（2）没有其他备选方案；（3）从成本效益考虑，风险承担是最适宜的方案。但对于影响到企业目标实现的重大风险，一般不采用风险承担。

【例 6－27】（2015 单选题）

甲公司是一家生产遮阳用品的企业。2013 年公司在保留原有业务的同时，进入雨具生产业务。从风险管理策略的角度看，甲公司采取的策略是（　　）。

A. 风险规避　　B. 风险转换

C. 风险对冲　　D. 风险承担

【答案】C

【解析】风险对冲是指采取各种手段，引入多个风险因素或承担多个风险，使它们能够互相对冲。甲公司由遮阳用品发展为遮阳用品和雨具，采用的是资产组合，所以属于风险对冲。

知识点 4　风险度量（★★）

方法	含义	适用性
最大可能损失	是指风险事件发生后可能造成的最大损失。	企业一般在无法判断发生概率或无须判断概率的时候，使用该方法。
概率值	是指风险事件发生的概率或造成损失的概率。	在可能的结果只有好坏、对错、是否、输赢、生死等二选一情形下使用该方法。
期望值	所有事件中，每一事件发生的概率乘以该事件的影响的乘积，然后将这些乘积相加得到和。	综合了最大可能损失和概率值两种方法。
在险值	在正常的市场条件下，在给定的时间段中和给定的置信区间内，预期可能发生的最大损失。	具有通用、直观和灵活的特点，但其局限性是对数据要求严格，计算困难，对肥尾效应无能为力。

【例 6－28】（2019 单选题）

甲基金公司在对基金管理、受托资产管理、基金销售和咨询等业务活动进行风险度量时，首先对所有事件中每一事件所发生的概率乘以该事件的影响，然后将这些乘积相加得到风险数值。甲基金公司采用的风险度量方法是（　　）。

A. 概率值

B. 最大可能损失

C. 期望值

D. 在险值

【答案】C

【解析】期望值通常指的是数学期望，即概率加权平均值：所有事件中，每一事件发生的概率乘以该事件的影响的乘积，然后将这些乘积相加得和。本题中，“首先对所有事件中每一事件所发生的概率乘以该事件的影响，然后将这些乘积相加得到风险数值”采用的是期望值。选项 C 正确。

【例 6－29】（2019 单选题）

厨具生产商佳乐公司为了分散经营风险，开展多元化经营，投资了一个环保项目。由于对该项目的前期调研不够充分，相关信息搜索不足，公司管理人员在分析项目运营风险时，无法判断风险发生的概率。在这种情况下，佳乐公司应采取的风险度量方法是（　　）。

A. 期望值

B. 在险值

C. 最大可能损失

D. 概率值

【答案】C

【解析】企业一般在无法判断发生概率或无须判断概率的时候，使用最大可能损失作为风险的衡量。选项 C 正确。

【例 6－30】（2015 多选题）

下列风险度量方法中，建立在概率基础上的方法有（　　）。

A. 期望值法

B. 在险值法

C. 层次分析法

D. 最大可能损失法

【答案】AB

【解析】期望值即概率加权平均值，是建立在概率基础上的，故选项A正确。在险值是在正常的市场条件下，在给定的时间段中和给定的置信区间内，预期可能发生的最大损失。故在险值也是建立在概率基础上，选项B正确。选项C，层次分析法属于直观度量方法；选项D，企业一般在无法判断发生概率或无须判断概率的时候，使用最大可能损失法，故不建立在概率基础上。

知识点5 风险管理组织体系（★★）

企业风险管理组织体系，主要包括规范的公司法人治理结构、风险管理职能部门、内部审计部门和法律事务部门以及其他有关职能部门、业务单位的组织领导机构及其职责。

组织结构	职责
董事会	①审议并向股东（大）会提交企业全面风险管理年度工作报告； ②确定企业风险管理总体目标、风险偏好、风险承受度，批准风险管理策略和重大风险管理解决方案； ③了解和掌握企业面临的各项重大风险及风险管理现状，做出有效控制风险的决策； ④批准重大决策、重大风险、重大事件和重要业务流程的判断标准或判断机制； ⑤批准重大决策的风险评估报告； ⑥批准内部审计部门提交的风险管理监督评价审计报告； ⑦批准风险管理组织机构设置及其职责方案； ⑧批准风险管理措施，纠正和处理任何组织或个人超越风险管理制度做出的风险性决定的行为； ⑨督导企业风险管理文化的培育； ⑩全面风险管理的其他重大事项。
风险管理委员会	①提交全面风险管理年度报告； ②审议风险管理策略和重大风险管理解决方案； ③审议重大决策、重大风险、重大事件和重要业务流程的判断标准机制，以及重大决策的风险评估报告； ④审议内部审计部门提交的风险管理监督评价审计综合报告； ⑤审议风险管理组织机构设置及其职责方案； ⑥办理董事会授权的有关全面风险管理的其他事项。
风险管理职能部门	①研究提出全面风险管理工作报告； ②研究提出跨职能部门的重大决策、重大风险、重大事件和重要业务流程的判断标准或判断机制； ③研究提出跨职能部门的重大决策风险评估报告； ④研究提出风险管理策略和跨职能部门的重大风险管理解决方案，并负责该方案的组织实施和对该风险的日常监控； ⑤负责对全面风险管理有效性的评估，研究提出全面风险管理的改进方案； ⑥负责组织建立风险管理信息系统； ⑦负责组织协调全面风险管理日常工作； ⑧负责指导、监督有关职能部门、各业务单位以及子企业开展全面风险管理工作； ⑨办理风险管理的其他有关工作。
审计委员会	企业应在董事会下设立审计委员会，企业内部审计部门对审计委员会负责。内部审计部门在风险管理方面，主要负责研究提出全面风险管理监督评价体系，制定监督评价相关制度，开展监督与评价，出具监督评价审计报告。
其他职能部门及业务单位	①执行风险管理基本流程； ②研究提出本职能部门或业务单位重大决策、重大风险、重大事件和重要业务流程的判断标准或判断机制； ③研究提出本职能部门或业务单位的重大决策风险评估报告； ④做好本职能部门或业务单位建立风险管理信息系统的工作； ⑤做好培育风险管理文化的有关工作； ⑥建立健全本职能部门或业务单位的风险管理内部控制子系统； ⑦办理风险管理其他有关工作。
下属公司	企业应通过法定程序，指导和监督其全资、控股子企业建立与企业相适应或符合全资、控股子企业自身特点、能有效发挥作用的风险管理组织体系。

【提示1】公司法人治理结构包括股东大会、董事会、监事会、经理层，同时还应建立外部董事、独立董事制度，外部董事和独立董事人数应超过董事会全部成员的半数。

【提示2】董事会就全面风险管理工作的有效性对股东大会负责，风险管理委员会对董事会负责，风险管理职能部门对总经理或其委托的高级管理人员负责，企业内部审计部门对审计委员会负责。

【例6－31】（2014单选题）

下列各项中，属于风险管理委员会职责的是（　　）。

A. 组织协调全面风险管理日常工作

B. 批准重大决策的风险评估报告

C. 审议风险管理策略和重大风险管理解决方案

D. 督导企业风险管理文化的培育

【答案】C

【解析】风险管理委员会主要履行以下职责：(1) 提交全面风险管理年度报告；(2) 审议风险管理策略和重大风险解决方案；(3) 审议重大决策、重大风险、重大事件和重要业务流程的判断标准或判断机制，以及重大决策的风险评估报告；(4) 审议内部审计部门提交的风险管理监督评价审计综合报告；(5) 审议风险管理组织机构设置及其职责方案；(6) 办理董事会授权的有关全面风险管理的其他事项。选项A属于风险管理职能部门的职责，选项B、D属于董事会职责。

知识点6　内部控制系统

COSO委员会关于内部控制的定义与框架	
定义	公司的董事会、管理层及其他人士为实现以下目标提供合理保证而实施的程序：运营的效益和效率、财务报告的可靠性和遵守适用的法律法规。
三项目标	取得经营的效率和有效性、确保财务报告的可靠性、遵循适用的法律法规。
五大要素	控制环境、风险评估、控制活动、信息与沟通和监控。

内部控制的要素	
控制环境	①企业应当根据国家有关法律法规和企业章程，建立规范的公司治理结构和议事规则，明确决策、执行、监督等方面的职责权限，形成科学有效的职责分工和制衡机制。 ②董事会负责内部控制的建立健全和有效实施。监事会对董事会建立与实施内部控制进行监督。经理层负责组织领导企业内部控制的日常运行。 ③企业应当在董事会下设立审计委员会。 ④企业应当结合业务特点和内部控制要求设置内部机构，明确职责权限，将权利与责任落实到各责任单位。 ⑤企业应当加强内部审计工作，保证内部审计机构设置、人员配备和工作的独立性。 ⑥企业应当制定和实施有利于企业可持续发展的人力资源政策。 ⑦企业应当将职业道德修养和专业胜任能力作为选拔和聘用员工的重要标准，切实加强员工培训和继续教育，不断提升员工素质。 ⑧企业应当加强文化建设，培育积极向上的价值观和社会责任感，倡导诚实守信、爱岗敬业、开拓创新和团队协作精神，树立现代管理理念，强化风险意识。董事、监事、经理及其他高级管理人员应当在企业文化建设中发挥主导作用。 ⑨企业应当加强法制教育，增强董事、监事、经理及其他高级管理人员和员工的法制观念，严格依法决策、依法办事、依法监督，建立健全法律顾问制度和重大法律纠纷案件备案制度。
风险评估	①企业应当根据设定的控制目标，全面系统持续地收集相关信息，结合实际情况，及时进行风险评估。 ②企业开展风险评估，应当准确识别与实现控制目标相关的内部风险和外部风险，确定相应的风险承受度。 ③企业识别内部风险，应当关注人力资源因素、管理因素、自主创新因素、财务因素、安全环保因素等。 ④企业识别外部风险，应当关注经济因素、法律因素、社会因素、科学技术因素、自然环境因素等。 ⑤企业应当采用定性与定量相结合的方法，按照风险发生的可能性及其影响程度等，对识别的风险进行分析和排序，确定关注重点和优先控制的风险。 ⑥企业应当根据风险分析的结果，结合风险承受度，权衡风险与收益，确定风险应对策略。 ⑦企业应当综合运用风险规避、风险降低、风险分担和风险承受等风险应对策略，实现对风险的有效控制。 ⑧企业应当结合不同发展阶段和业务拓展情况，持续收集与风险变化相关的信息，进行风险识别和风险分析，及时调整风险应对策略。

续表

内部控制的要素	
控制活动	①企业应当结合风险评估结果，通过手工控制与自动控制、预防性控制与发现性控制相结合的方法，运用相应的控制措施，将风险控制在可承受度之内。 ②不相容职务分离控制要求企业全面系统地分析、梳理业务流程中所涉及的不相容职务，实施相应的分离措施，形成各司其职、各负其责、相互制约的工作机制。 ③授权审批控制要求企业根据常规授权和特别授权的规定，明确各岗位办理业务和事项的权限范围、审批程序和相应责任。 ④会计系统控制要求企业严格执行国家统一的会计准则制度，加强会计基础工作，明确会计凭证、会计账簿和财务会计报告的处理程序，保证会计资料真实完整。 ⑤财产保护控制要求企业建立财产日常管理制度和定期清查制度，采取财产记录、实物保管、定期盘点、账实核对等措施，确保财产安全。 ⑥预算控制要求企业实施全面预算管理制度，明确各责任单位在预算管理中的职责权限，规范预算的编制、审定、下达和执行程序，强化预算约束。 ⑦运营分析控制要求企业建立运营情况分析制度，经理层应当综合运用生产、购销、投资、筹资、财务等方面的信息，通过因素分析、对比分析、趋势分析等方法，定期开展运营情况分析，发现存在的问题，及时查明原因并加以改进。 ⑧绩效考评控制要求企业建立和实施绩效考评制度，科学设置考核指标体系，对企业内部各责任单位和全体员工的业绩进行定期考核和客观评价，将考评结果作为确定员工薪酬以及职务晋升、评优、降级、调岗、辞退等的依据。 ⑨企业应当根据内部控制目标，结合风险应对策略，综合运用控制措施，对各种业务和事项实施有效控制。 ⑩企业应当建立重大风险预警机制和突发事件应急处理机制，明确风险预警标准，对可能发生的重大风险或突发事件，制定应急预案、明确责任人员、规范处置程序，确保突发事件得到及时妥善处理。
信息与沟通	①企业应当建立信息与沟通制度，明确内部控制相关信息的收集、处理和传递程序，确保信息及时沟通，促进内部控制有效运行。 ②企业应当对收集的各种内部信息和外部信息进行合理筛选、核对、整合，提高信息的有用性。 ③企业应当将内部控制相关信息在企业内部各管理级次、责任单位、业务环节之间，以及企业与外部投资者、债权人、客户、供应商、中介机构和监管部门等有关方面之间进行沟通和反馈。 ④企业应当利用信息技术促进信息的集成与共享，充分发挥信息技术在信息与沟通中的作用。 ⑤企业应当建立反舞弊机制，坚持惩防并举、重在预防的原则，明确反舞弊工作的重点领域、关键环节和有关机构在反舞弊工作中的职责权限，规范舞弊案件的举报、调查、处理、报告和补救程序。 ⑥企业应当建立举报投诉制度和举报人保护制度，设置举报专线，明确举报投诉处理程序、办理时限和办结要求，确保举报、投诉成为企业有效掌握信息的重要途径。
监控	①企业应当根据本规范及其配套办法，制定内部控制监督制度，明确内部审计机构（或经授权的其他监督机构）和其他内部机构在内部监督中的职责权限，规范内部监督的程序、方法和要求。 ②企业应当制定内部控制缺陷认定标准，对监督过程中发现的内部控制缺陷，应当分析缺陷的性质和产生的原因，提出整改方案，采取适当的形式及时向董事会、监事会或者经理层报告。 ③企业应当结合内部监督情况，定期对内部控制的有效性进行自我评价，出具内部控制自我评价报告。 ④企业应当以书面或者其他适当的形式，妥善保存内部控制建立与实施过程中的相关记录或者资料，确保内部控制建立与实施过程的可验证性。

【例6-32】（2019单选题）

甲公司在实施全面风险管理过程中，注重加强法制教育，增强董事、监事、经理及其他高级管理人员和员工的法制观念，严格依法决策、依法办事、依法监督。甲公司的上述做法所涉及的内部控制要素是（　　）。

A. 控制环境

B. 风险评估

C. 监控

D. 控制活动

【答案】A

【解析】依据《企业内部控制基本规范》关于内部环境要素的要求：企业应当加强法制教育，增强董事、监事、经理及其他高级管理人员和员工的法制观念，严格依法决策、依法办事、依法监督，建立健全法律顾问制度和重大法律纠纷案件备案制度。选项A正确。

【例6-33】（2018单选题）

众城银行是一家股份制商业银行。自成

立以来，该银行坚持将职业道德修养和专业胜任能力作为选拔和聘用员工的重要标准，切实加强员工培训和继续教育，不断提升员工素质，保证了该银行规范高效运营。根据我国《企业内部控制基本规范》，众城银行的上述做法涉及的内部控制要素是（　　）。

A. 控制环境

B. 控制活动

C. 风险评估

D. 信息与沟通

【答案】A

【解析】“该银行坚持将职业道德修养和专业胜任能力作为选拔和聘用员工的重要标准，切实加强员工培训和继续教育，不断提升员工素质”，这是我国《企业内部控制基本规范》关于内部环境要素的要求。选项A正确。

【例6-34】（2018多选题）

隆盛信托投资公司自成立以来，结合业务特点和内部控制要求设置内部机构，明确职责权限，将权力和责任落实到责任单位，同时综合运用风险规避、风险降低、风险分担和风险承受等风险应对策略，实现对风险的有效控制。根据我国《企业内部控制基本规范》，该公司的上述做法涉及的内部控制要素有（　　）。

A. 风险评估

B. 控制环境

C. 信息与沟通

D. 控制活动

【答案】AB

【解析】“综合运用风险规避、风险降低、风险分担和风险承受等风险应对策略，实现对风险的有效控制”属于风险评估，选项A正确。“结合业务特点和内部控制要求设置内部机构，明确职责权限，将权力和责任落实到责任单位”属于控制环境。选项B正确。

【例6-35】（2017单选题）

凌云公司近年来不断加强企业内部控制体系建设，在董事会下设立了审计委员会。审计委员会负责审查企业内部控制，监督内部控制的有效实施和内部控制自我评价情况，协调内部控制审计及其他相关事宜。根据COSO《内部控制框架》，凌云公司的上述做法属于内部控制要素中的（　　）。

A. 风险评估

B. 控制活动

C. 监控

D. 控制环境

【答案】D

【解析】企业应当在董事会下设立审计委员会。审计委员会负责审查企业内部控制，监督内部控制的有效实施和内部控制自我评价情况，协调内部控制审计及其他相关事宜等。根据COSO《内部控制框架》，属于控制环境的范畴。选项D正确。

【例6-36】（2016单选题）

下列各项中，属于控制活动要素的是（　　）。

A. 企业实施全面预算管理制度

B. 企业制定内部控制缺陷认定标准

C. 企业根据设立的控制目标，及时进行风险评估

D. 董事会下设立审计委员会

【答案】A

【解析】选项A属于控制活动要素；选项B属于内部监督要素；选项C属于风险评估要素；选项D属于内部环境要素。因此，选项A正确。

【例6-37】（2016多选题）

下列各项中，属于《企业内部控制基本规范》对内部环境要素要求的有（　　）。

A. 企业应当建立举报投诉制度和举报人保护制度

B. 企业应当建立重大风险预警机制和突发事件应急处理机制

C. 企业应当制定和实施有利于企业可持续发展的人力资源政策

D. 企业应当加强内部审计工作

【答案】CD

【解析】选项A属于信息与沟通要素的要求，选项B属于控制活动要素的要求，选项C、D正确。

【例6-38】（2015单选题）

随着全面风险管理意识的加强，甲公司的股东要求管理层建立重大风险预警机制，明确风险预警标准，对可能发生的重大风险

事件，制定应急方案，明确相关责任人和处理流程、程序和政策，确保重大风险事件得到及时、稳妥的处理。甲公司股东的要求所针对的内部控制要素是（　　）。

A. 控制活动

B. 内部监督

C. 信息与沟通

D. 风险评估

【答案】A

【解析】企业应当建立重大风险预警机制和突发事件应急处理机制，明确风险预警标准，对可能发生的重大风险或突发事件，制定应急预案、明确责任人员、规范处置程序，确保突发事件得到及时妥善处理，属于我国《企业内部控制基本规范》关于控制活动要素的要求中的第10条。选项A正确。

【例6-39】（单选题）

根据COSO框架，反舞弊机制属于内部控制要素中的（　　）。

A. 控制活动

B. 风险评估

C. 内部监督

D. 信息与沟通

【答案】D

【解析】反舞弊机制属于内部控制要素中的信息与沟通。选项D正确。

知识点7　风险理财措施（★★）

【例6-40】（2019单选题）

甲公司每年最低运营资本是10亿元，但是有5%的可能性需要12亿元维持运营。该公司筹集了12亿元，将其生存概率提高到95%。甲公司管理损失事件的方法是（　　）。

A. 风险资本

B. 损失融资

C. 保险

D. 专业自保

【答案】A

【解析】风险资本是指除经营所需的资本之外，企业还需要额外的资本用于补偿风险造成的财务损失。甲公司每年最低运营资本是10亿元，筹集了12亿元，将其生存概率提高到95%，属于风险资本。

【例6-41】（2019单选题）

甲公司每年维持经营所需的最低资本为1 000万元，但是有4%的可能性需要1 500万元才能维持经营。该公司为了保证96%的生存概率所需的风险准备金是（　　）万元。

A. 500

B. 1 500

C. 2 500

D. 1 000

【答案】A

【解析】“甲公司每年维持经营所需的最低资本为1 000万元，但是有4%的可能性需要1 500万元才能维持经营”，也就是说如果风险资本为500万元，那么这家公司的生存概率就是96%。选项A正确。

【例6-42】（2017单选题）

宏远海运公司为了加强对损失事件的管理成立了一家附属机构，这家附属机构的职责是用母公司提供的资金建立损失储备金，并为母公司提供保险。宏远海运公司管理损失事件的方法属于（　　）。

A. 损失融资

B. 风险资本

C. 保险

D. 专业自保

【答案】D

【解析】专业自保公司又称专属保险公司，是非保险公司的附属机构，为母公司提供保险，并由其母公司筹集保险费，建立损失储备金。“宏远海运公司为了加强对损失事件的管理成立了一家附属机构，这家附属机构的职责是用母公司提供的资金建立损失储备金，并为母公司提供保险”，表明宏远海运公司管理损失事件的方法属于专业自保。

【例6-43】（2017单选题）

下列各项关于金融衍生产品的说法中，正确的是（　　）。

A. 远期合约价格不能预先确定

B. 期货价格不是通过公开竞价达成的

C. 欧式期权只能在到期日执行

D. 远期合约是标准化合约

【答案】C

【解析】远期合约是指合约双方同意在未来日期按照固定价格交换金融资产的合约，

选项A错误；期货价格通过公开竞价达成，选项B错误；远期合约是非标准化合约，选项D错误。

【例6－44】（2015单选题）

宏远海运公司为加强对风险损失事件的管理，与甲银行签订协议，规定在一定期间内，如果宏远海运公司由于台风等自然灾害遭受重大损失，可从甲银行取得贷款，并为此按约定的期间向甲银行缴纳权力费。宏远海运公司管理损失事件的方法称为（　　）。

A. 损失融资

B. 专业自保

C. 应急资本

D. 风险补偿合约

【答案】C

【解析】本题考核风险理财措施中的损失事件管理。应急资本是一个金融合约，规定在某一时间段内、某个特定事件发生的情况下公司有权从应急资本提供方处募集股本或贷款，并为此按时间向资本提供方缴纳权力费，这里特定事件称为触发事件。宏远海运公司采取的措施属于应急资本，故选项C正确。

【例6－45】（2015多选题）

乙公司近年来实施全面风险管理，运用衍生产品等风险理财工具防范风险。下列对乙公司风险理财的表述中，正确的有（　　）。

A. 乙公司运用风险理财工具不需要判断风险定价

B. 乙公司运用风险理财工具的主要目的是降低风险

C. 乙公司运用风险理财工具注重风险因素对现金流的影响

D. 乙公司运用风险理财工具既可以针对不可控风险也可以针对可控风险

【答案】CD

【解析】风险理财需要判断风险的定价，因此量化的标准较高，即不仅需要风险事件的可能性和损失的分布，更需要量化风险本身的价值，故选项A错误；运用风险理财工具是为了创造价值，而不是降低风险，故选项B错误；风险理财注重风险因素对现金流的影响，故选项C正确；风险理财既可以针对不可控风险也可以针对可控风险，故选项D正确。

【例6－46】（2014多选题）

某商品经销商在期货市场上做与现货市场商品相同或者相近但交易部位相反的买卖行为，以便将现货市场价格波动的风险在期货市场上抵消。下列各项中，对该经销商采用的风险管理方法表述正确的有（　　）。

A. 该经销商采用的风险管理方法是风险对冲

B. 该经销商采用的风险管理方法主要是为了盈利

C. 该经销商采用的风险管理方法回避了价格风险

D. 该经销商采用的风险管理方法主要是为了管理财务风险

【答案】AC

【解析】该经销商采用的风险管理办法是期货的套期保值，其目的主要是降低风险，故选项B错误；套期保值主要是对冲价格风险，所以主要管理的是市场风险，故选项D错误。

【例6－47】（单选题）

甲企业是一家大型纺织企业，主要生产原材料为棉花。甲企业预计未来棉花价格将持续上涨。为了降低已经承接的纺织品订单的生产成本上涨风险，甲企业决定以套期保值的方式规避棉花现货风险。下列选项中，不符合套期保值特征的是（　　）。

A. 甲企业从事棉花套期保值的目的是通过降低棉花价格变动风险而获利

B. 甲企业为套期保值所持有的棉花期货合约可以在到期日之前卖出平仓或者到期交割

C. 甲企业棉花期货合约开仓时的价格反映了市场参与者对棉花的远期预期价格

D. 甲企业持有的棉花期货合约对应的“基差”反映了棉花现货和棉花期货的价格差异，该差异在期货合约到期日之前，既可以为正，也可以为负

【答案】A

【解析】套期保值目的是降低风险，投机的目的是承担额外的风险以盈利。故选项A错误。

知识点8 风险管理技术与方法（★★）

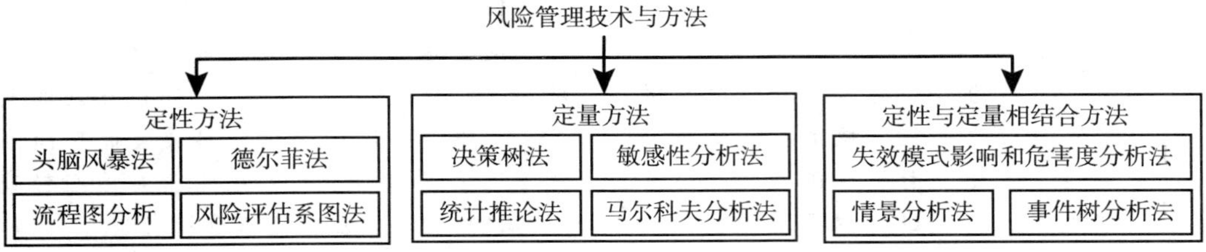

（一）定性方法

1. 头脑风暴法

基本特征		刺激并鼓励一群知识渊博、知悉风险情况的人员畅所欲言，开展及讨论的方法。
适用范围		适用于充分发挥专家意见，在风险识别阶段进行定性分析。
优缺点	优点	①激发想象力，有助于发现新风险和全新的解决方案； ②让主要的利益相关者参与其中，有助于全面沟通； ③速度较快并易于开展。
	缺点	①参与者可能缺乏必要技术知识，无法提出有效建议； ②由于头脑风暴法相对松散，因此较难保持过程全面性； ③可能会出现特殊小组状况，导致某些有重要观点的人保持沉默而其他人成为主角； ④实施成本较高，要求参与者有较好的素质，这些因素是否满足会影响实施效果。

2. 德尔菲法

基本特征		专家单独、匿名表达各自观点，同时随着过程的进展，他们有机会了解其他专家观点。
适用范围		适用于在专家一致意见基础上，在风险识别阶段进行定性分析。
优缺点	优点	①由于观点是匿名的，因此更有可能表达出那些不受欢迎的看法； ②所有观点有相同的权重，避免重要人物占主导地位的问题； ③专家不必一次聚集在某个地方，比较方便； ④这种方法具有广泛的代表性。
	缺点	①权威人士的意见影响他人的意见； ②有些专家碍于情面，不愿意发表与其他人不同的意见； ③出于自尊心而不愿意修改自己原来不全面的意见； ④德尔菲法的主要缺点是过程比较复杂，花费时间较长。

3. 流程图分析法

基本特征		对流程的每一阶段、每一环节逐一进行调查分析，从中发现潜在风险，找出导致风险发生的因素，分析风险产生后可能造成的损失以及对整个组织可能造成的不利影响。
适用范围		通过业务流程图方法，对企业生产或经营中的风险及其成因进行定性分析。
优缺点	优点	清晰明了，易于操作，组织规模越大，流程越复杂，流程图分析法就越能体现出优越性。
	缺点	该方法的使用效果依赖于专业人员的水平。

4. 风险评估系图法

基本特征		风险评估系图识别某一风险是否会对企业产生重大影响，并将此结论与风险发生的可能性联系起来，为确定企业风险的优先次序提供框架。
适用范围		适用于对风险初步的定性分析。
优缺点	优点	是一种简单的定性方法，直观明了。
	缺点	如需要进一步探求风险原因，则显得过于简单，缺乏有效的经验证明和数据支持。

续表

（二）定量方法		
5. 马尔科夫分析法		
基本特征		如果系统未来的状况仅取决于其现在的状况，那么就可以使用马尔科夫分析。
适用范围		适用于对复杂系统中不确定性事件及其状态改变的定量分析。
优缺点	优点	能够计算出具有维修能力和多重降级状态的系统的概率。
优缺点	缺点	①无论是故障还是维修，都假设状态变化的概率是固定的； ②所有事项在统计上具有独立性，因此未来的状态独立于一切过去的状态，除非两个状态紧密相连； ③需要了解状态变化的各种概率； ④有关矩阵运算的知识比较复杂，非专业人士很难看懂。
6. 敏感性分析法		
基本特征		针对潜在的风险性，研究项目的各种不确定因素变化至一定幅度时，计算其主要经济指标变化率及敏感程度的一种方法。
适用情形		适用于对项目不确定性对结果产生的影响进行的定量分析。
优缺点	优点	①为决策提供有价值的参考信息； ②可以清晰地为风险分析指明方向； ③可以帮助企业制定紧急预案。
优缺点	缺点	①分析所需要的数据经常缺乏，无法提供可靠的参数变化； ②分析时借助公式计算，没有考虑各种不确定因素在未来发生变动的概率； ③无法给出各参数的变化情况，因此其分析结果可能和实际相反。
7. 决策树法		
基本特征		考虑到在不确定性情况下，以序列方式表示决策选择和结果。
适用情形		适用于对不确定性投资方案期望收益的定量分析。
优缺点	优点	①对于决策问题的细节提供了一种清楚的图解说明； ②能够计算到达一种情形的最优路径。
优缺点	缺点	①大的决策树可能过于复杂，不容易与其他人交流； ②为了能够用树形图表示，可能有过于简化环境的倾向。
8. 统计推论法		
基本特征		进行项目风险评估和分析的一种十分有效的方法，它可分为前推、后推和旁推三种类型。前推是根据历史推测未来，后推是根据未来分析现在，旁推是利用类似项目进行外推。
适用情形		适合于各种风险分析预测。
优缺点	优点	①在数据充足可靠的情况下简单易行；②结果准确率高。
优缺点	缺点	①由于历史事件的前提和环境已发生了变化，不一定适用于今天或未来； ②没有考虑事件的因果关系，使外推结果可能产生较大偏差。
（三）定性与定量相结合方法		
9. 失效模式影响和危害度分析法		
基本特征		按规定的规则记录系统中所有可能存在的影响因素，分析各因素对系统工作及状态的影响，将各影响因素按其影响的严重度及发生概率排序，从而发现系统中潜在的薄弱环节，提出可能采取的预防改进措施，以消除或减少风险发生的可能性，保证系统的可靠性。
适用情形		适用于对失效模式、影响及危害进行定性或定量分析，还可以对其他风险识别方法提供数据支持。
优缺点	优点	①广泛适用于人力、设备和系统失效模式，以及硬件、软件和程序； ②识别组件失效模式及其原因和对系统的影响，同时用可读性较强的形式表现出来； ③通过在设计初期发现问题，从而避免了开支较大的设备改造； ④识别单点失效模式以及对冗余或安全系统的需要。
优缺点	缺点	①只能识别单个失效模式，无法同时识别多个失效模式； ②除非得到充分控制并集中充分精力，否则研究工作既耗时且开支较大。

续表

10. 情景分析法		
基本特征		基于某种趋势可以持续到未来的假定，在识别和分析那些反映诸如最佳情景、最差情景及期望情景的多种情景时，可用来识别在特定环境下可能发生的事件并分析潜在的后果及每种情景的可能性。
适用情形		通过模拟不确定性情景，对企业面临的风险进行定性和定量分析。
优缺点	优点	对于未来变化不大的情况能够给出比较精确的模拟结果。
	缺点	在存在较大不确定性的情况下，有些情景可能不够现实； 在运用情景分析时，主要的难点涉及数据的有效性以及分析师和决策者开发现实情境的能力，这些难点对结果的分析具有修正作用； 如果将情景分析作为一种决策工具，其危险在于所用情景可能缺乏充分的基础，数据可能具有随机性，同时可能无法发现那些不切实际的结果。
11. 事件树分析法		
基本特征		事件树是一种表示初始事件发生之后互斥性后果的图解技术，其根据是为减轻其后果而设计的各种系统是否起作用，它可以定性地和定量地应用。
适用情形		适用于对故障发生以后，在各种减轻事件严重性的影响下，对多种可能后果的定性和定量分析。
优缺点	优点	①以清晰的图形显示经过分析的初始事项之后的潜在情景，以及缓解系统或功能成败产生的影响； ②它能说明时机、依赖性，以及故障树模型中很烦琐的多米诺效应； ③它生动地体现事件的顺序，而使用故障树是不可能表现的。
	缺点	①为了将 ETA 作为综合评估的组成部分，一切潜在的初始事项都要进行识别，这可能需要使用其他分析方法但总是有可能错过一些重要的初始事项； ②事件树只分析了某个系统的成功及故障状况，很难将延迟成功或恢复事项纳入其中； ③任何路径都取决于路径上以前分支点处发生的事项。因此，要分析各可能路径上众多从属因素。然而，人们可能会忽视某些从属因素，如果不认真处理这些从属因素，就会导致风险评估过于乐观。

【例 6－48】（2019 单选题）

科环公司计划在某市兴建一所垃圾处理厂，并对占用土地的价格、垃圾处理收入和建设周期等不可控因素的变化对该垃圾处理厂内部收益率的影响进行了分析。科环公司采取的风险管理方法是（　　）。

A. 马尔科夫分析法

B. 失效模式影响和危害度分析法

C. 情景分析法

D. 敏感性分析法

【答案】D

【解析】敏感性分析是针对潜在的风险性，研究项目的各种不确定因素变化至一定幅度时，计算其主要经济指标变化率敏感程度的一种方法。科环公司“对占用土地的价格、垃圾处理收入和建设周期等不可控因素的变化对该垃圾处理厂内部收益率的影响进行了分析”表明采用的是敏感性分析法。选项 D 正确。

【例 6－49】（2019 单选题）

甲公司在实施风险管理过程中，对由人为操作和自然因素引起的各种风险对企业影响的大小和发生的可能性进行分析，为确定企业风险的优先次序提供分析框架。该公司采取的上述风险管理方法属于（　　）。

A. 决策树法

B. 马尔科夫分析法

C. 流程图分析法

D. 风险评估系图法

【答案】D

【解析】风险评估系图识别某一风险是否会对企业产生重大影响，并将此结论与风险发生的可能性联系起来，为确定企业风险的优先次序提供框架。选项 D 正确。

【例 6－50】（2018 单选题）

中海路桥建设公司最近承接了一项跨海大桥建设项目。该公司根据以前完成的一个类似项目的相关数据，并结合环境的变化，对新项目进行风险评估和分析。中海路桥建设公司采用的风险管理办法是统计推论法中的（　　）。

A. 正推法　　B. 前推法

C. 后推法　　D. 旁推法

【答案】D

【解析】旁推法就是利用类似项目的数据进行外推，用某一项目的历史记录对新的类似建设项目可能遇到的风险进行评估和分析，当然这还得充分考虑新环境的各种变化。选项D正确。

【例6－51】（2018多选题）

东风林场为了加强对火灾风险的防控工作，组织有关人员深入分析了由于自然或人为因素引发火灾、场内消防系统工作、火警和灭火直升机出动等不确定事件下产生各种后果的频率。下列各项中，属于该林场采用的风险管理方法优点的有（ ）。

A. 生动地体现事件的顺序

B. 不会遗漏重要的初始事项

C. 能够将延迟成功或恢复事件纳入其中

D. 能说明时机、依赖性和多米诺效应

【答案】AD

【解析】“东风林场为了加强对火灾风险的防控工作，组织有关人员深入分析了由于自然或人为因素引发火灾、场内消防系统工作、火警和灭火直升机出动等不确定事件下产生各种后果的频率”表明东风林场所选择的风险管理方法是事件树分析法。事件树分析法的主要优点：（1）ETA以清晰的图形显示了经过分析的初始事项之后的潜在情景，以及缓解系统或功能成败产生的影响；（2）它能说明时机、依赖性，以及故障树模型中很烦琐的多米诺效应；（3）它生动地体现事件的顺序，而使用故障树是不可能表现的。选项A、D正确。

【例6－52】（2017单选题）

为了适应市场需求，甲公司决定投资扩大手机生产规模。市场预测表明：该产品销路好的概率为0.6，销路差的概率为0.4。据此，公司计算出多个备选方案，并根据在产品销路不确定情况下净现值的期望值，选择出最优方案。根据上述信息，甲公司采用的风险管理技术与方法是（ ）。

A. 流程图分析法

B. 事件树分析法

C. 敏感性分析法

D. 决策树分析法

【答案】D

【解析】决策树法是一种用树形图来描述各方案在未来收益的计算、比较以及选择的方法，其决策是以期望值为标准进行的。

【例6－53】（2017单选题）

面对未来国内外经济形势不确定因素增加的局面，鑫华基金公司按照较好、一般、较差三种假设条件，对公司未来可能遇到的不确定因素及其对公司收入和利润的影响作出定性和定量分析。鑫华基金公司使用的风险管理技术与方法是（ ）。

A. 情景分析法

B. 敏感性分析法

C. 统计推论法

D. 马尔科夫分析法

【答案】A

【解析】情景分析法通过模拟不确定性情景，对企业面临的风险进行定性和定量分析。选项A正确。

【例6－54】（2017单选题）

通达路桥公司拟在某省兴建一座大桥。这项工程将面临诸多不确定因素，如工程总投资、银行贷款、过桥费收入等。公司为了预测这项工程所产生的效益并防范可能发生的风险，组织相关人员分析了上述每一个因素的变化对该项目内部收益率的影响。通达路桥公司所采用的风险管理方法是（ ）。

A. 敏感性分析法

B. 马尔科夫分析法

C. 风险评估分析法

D. 情景分析法

【答案】A

【解析】敏感性分析法是针对潜在的风险性，研究项目的各种不确定因素变化至一定幅度时，计算其主要经济指标变化率及敏感程度的一种方法。“这项工程将面临诸多不确定因素，如工程总投资、银行贷款、过桥费收入等。公司为了预测这项工程所产生的效益并防范可能发生的风险，组织相关人员分析了上述每一个因素的变化对该项目内部收益率的影响”，表明通达路桥公司所采用的风险管理方法是敏感性分析法。

【例6－55】（2017单选题）

甲公司是一家大型商场。开业以来，公司积累了丰富的销售数据。公司战略部门每年都会对这些数据进行收集整理，据此推算出未来年度企业的销售风险。根据上述信息，甲公司采用的风险管理方法是（ ）。

A. 后推法　　B. 前推法

C. 逆推法　　D. 正推法

【答案】B

【解析】前推法就是根据历史的经验和数据推断出未来事件发生的概率及其后果。甲公司战略部门每年都会对积累的丰富的销售数据进行收集整理，据此推算出未来年度企业的销售风险，属于前推法。

【例6－56】（2016单选题）

甲公司是一家计划向移动互联网领域转型的大型传统媒体企业。为了更好地了解企业转型中存在的风险因素，甲公司聘请了20位相关领域的专家，根据甲公司面临的内外部环境，针对六个方面的风险因素，反复征询每个专家的意见，直到每一个专家不再改变自己的意见、达成共识为止。该公司采取的这种风险管理方法是（　　）。

A. 德尔菲法　　B. 头脑风暴法

C. 情景分析法　　D. 因素分析法

【答案】A

【解析】德尔菲法又名专家意见法，是在一组专家中取得可靠共识的程序。其基本特征是专家单独、匿名表达各自的观点，同时随着过程的进展，他们有机会了解其他专家的观点。德尔菲法采用背对背的通信方式征询专家小组成员的意见，专家之间不得互相讨论，不发生横向联系，只能与调查人员发生关系。通过反复填写问卷，搜集各方意见，以达成专家之间的共识。故选项A正确。

【例6－57】（2015单选题）

甲公司拟新建一个化工项目。经过可行性研究，该项目预计净现值为420万元，内部收益率为13%。甲公司进一步分析初始投资、建设期及寿命期的变动对该项目预计净现值的影响及影响程度。甲公司风险管理技术与方法是（　　）。

A. 情景分析法

B. 事件树分析法

C. 敏感性分析法

D. 决策树分析法

【答案】C

【解析】敏感性分析是针对潜在的风险性，研究项目的各种不确定因素变化至一定幅度时，计算其主要经济指标变化率及敏感程度的一种方法。甲公司分析初始投资、建设期及寿命期的变动对该项目预计净现值的影响及影响程度，属于敏感性分析法。故选项C正确。

通关演练

一、单项选择题

1. 永泽公司是一家餐饮公司。2010年，一场传染病的流行使餐饮业进入“寒冬”。该公司在进行风险评估后认为，这场传染病的流行将使消费者的健康饮食意识大大增强，于是组织员工迅速开发并推出系列健康菜品，使公司营业额逆势上升。永泽公司的上述做法体现的风险管理特征是（　　）。

A. 专业性　　B. 战略性

C. 系统性　　D. 二重性

2. 下列各项中，不属于分析企业市场风险应收集的信息是（　　）。

A. 主要客户、供应商的信用情况

B. 市场对企业产品或服务的需求

C. 潜在竞争者、竞争者的情况

D. 产品或服务的价格及供需变化

3. 下列各项中，属于企业操作风险的是（　　）。

A. 罕见冰冻天气导致供电中断，使某企业生产设备无法正常运转

B. 设备零件发生故障，导致某化工企业生产被迫中断

C. 某高科技企业总经理管理知识缺乏，企业仍处于粗放式管理阶段

D. 人民币汇率升值导致某外贸企业损失50万元

4. 甲公司是一家规模较小的微视频制作企业，为了保护视频版权，该公司与某网络平台签订合作协议，由该网络平台每年支付固定版权费用，平台会员即可下载受到版权保护的甲公司制作的微视频，则甲公司应对版权风险的措施属于（　　）。

A. 风险补偿　　B. 风险转移

C. 风险规避　　D. 风险对冲

5. 某企业在进行风险度量时，采用的方法为：在正常的市场条件下，在给定的时间段中和给定的置信区间内，预期可能发生的最大损失。则该企业采用的方法是（　　）。

A. 最大可能损失　　B. 概率值

C. 期望值　　　　　D. 在险值

6. 甲公司是一家上市公司，主营业务为生产销售冰箱。2017 年收购利多矿业 100% 的股权。由于甲公司未从事过矿产资源的开采、生产和销售，在矿山经营管理和技术方面缺少经验。为防范可能发生的风险，甲公司决定提取风险准备金。根据以上信息可以判断，甲公司的这一做法属于（　　）。

A. 损失融资　　　　B. 风险资本

C. 应急资本　　　　D. 套期保值

7. 甲企业是一家制造业企业，为进行风险管理，该企业对采购审批制度进行了调查分析。调查过程中，将采购审批的每一个步骤确定为一个模块，在每个模块中标示出各种潜在的风险因素，从而进行定性分析。该企业采用的风险管理技术与方法属于（　　）。

A. 风险评估系图法

B. 流程图分析法

C. 敏感性分析法

D. 事件树分析法

8. 甲企业打算进军中东某国市场，在对该国进行政治法律环境分析时，发现该国存在着政治风险。下列不属于甲企业面临的政治风险的是（　　）。

A. 该国政府正计划将一些外国企业的资产收归国有

B. 该国政策明确规定外国企业必须采取与本国企业合资的形式

C. 该国消费者消费能力不足

D. 该国实行严格的外汇管制

9. 统计推论是进行项目风险评估和分析的一种十分有效的方法，其主要类型不包括（　　）。

A. 前推　　　　　B. 后推

C. 旁推　　　　　D. 下推

10. 下列关于损失融资的说法中，错误的是（　　）。

A. 损失的内容包括企业的资金、声誉、技术、品牌、人才等

B. 损失事件融资分为预期损失融资和非预期损失融资

C. 损失融资是损失事件管理中最有共性，也是最重要的部分

D. 预期损失融资则是属于风险资本的范畴

11. 下列关于应急资本的说法中，错误的是（　　）。

A. 应急资本是一个金融合约

B. 应急资本费用、利息和额度在合同签订时约定

C. 应急资本是企业风险补偿策略的一种方式

D. 应急资本是一个在一定条件下的融资选择权，公司必须使用这个权利

12. 下列关于德尔菲法的相关表述中，错误的是（　　）。

A. 由于观点是匿名的，因此更有可能表达出那些不受欢迎的看法

B. 所有观点有相同的权重，避免重要人物占主导地位的问题

C. 专家不必一次聚集在某个地方，比较方便

D. 速度较快，易于开展

13. 对流程的每一阶段、每一环节逐一进行调查分析，从中发现潜在风险，找出导致风险发生的因素，分析风险产生后可能造成的损失以及对整个组织可能造成的不利影响的方法是（　　）。

A. 事故树法

B. 流程图分析法

C. 风险评估系图法

D. 马尔科夫分析法

14. 下列风险中，不属于市场风险的是（　　）。

A. 商品价格风险　　　B. 信用风险

C. 利率风险　　　　　D. 汇率风险

15. 下列各项关于应对风险的措施中，属于风险转移的是（　　）。

A. 甲公司是一家稀有资源开发企业，按照国际惯例，甲公司每年向矿区所在地政府预付一定金额的塌陷补偿费

B. 乙公司是一家股票上市的商品零售企业。为了筹建更多商场，扩大市场占有率，乙公司要求母公司为其金额为 5 亿元的中长期贷款提供担保

C. 丙公司是一家区域性奶制品生产企业。为了推广高端乳酸菌饮料产品，丙公司决定按照“买一送一”的政策对乳酸菌饮料新产品和传统水果味酸奶产品进行捆绑销售

D. 丁公司是一家规模较小的唱片制作企业。为了保护唱片版权，丁公司与某网络商场签订合作协议，由该网络商场每年支付固定版权费用，商场会员即可无限次下载受到版权保护的丁公司制作的唱片音乐

16. 风险评估系图中，风险对企业所产生的影响是风险评级的一个重要参数，另一个影响风险评级的参数是（　　）。

A. 企业风险偏好

B. 风险发生的可能性

C. 企业对风险的辨识

D. 应对风险的措施

17. 德尔菲法区别于其他专家预测法的明显特点是（　　）。

A. 引入了权重参数

B. 多次有控制的反馈

C. 专家之间互相取长补短

D. 至少经过 4 轮预测

18. 风险评估是企业风险管理基本流程的主要工作之一，下列不属于风险评估步骤的是（　　）。

A. 风险辨识　　B. 风险分析

C. 风险评价　　D. 风险信息收集

19. 甲公司是一家大型基础设施承建企业，根据业务发展需要，甲公司需要在美国采购一套大型机械设备。管理层经过讨论确定了与此次设备采购相关的主要风险。下列各项与该设备采购有关的风险中，属于市场风险的是（　　）。

A. 采购部门可能由于不熟悉美国市场供应商的情况，无法在有限时间内寻找到最佳设备供应商

B. 该套设备由于采用了某项国防科技核心技术，可能受到美国政府的监控，甚至可能限制外国厂商购买

C. 财务人员可能由于疏忽发生错误的外汇套期操作指令

D. 该套设备购置单价较高，甲公司向一家外资申请专项贷款，但是由于无法提供同等金额的担保物/质押品，甲公司可能无法获得必要的贷款

20. 2012 年以来，受国内外各种不确定性因素的影响，煤炭行业的发展进入了寒冬期，甲煤炭企业从定性和定量的角度，按照很好、较好、一般、较差 4 种不同的假设条件，预测了本公司年度将面临的各种不确定因素，以及由此给企业带来的各种不同结果。甲煤炭公司采用的风险管理技术方法是（　　）。

A. 敏感性分析法　　B. 统计推论法

C. 情景分析法　　D. 条件预测法

21. 大华公司是一家大型家电企业。2018 年初，公司领导召开会议，集体通过以下决定：（1）将手中多余资金 1.2 亿元投资于国家发行的三年期国债、某能源集团发行的三年期重点企业债券，以及业绩优良的公司股票。（2）预提 1 000 万元准备金用于可能发生的异地员工劳动争议。（3）在厂区内全面禁止吸烟。（4）针对公司固定资产加强投保，防止出现意外损失。根据以上信息可以判断，该公司以上决策中属于风险补偿策略的是（　　）。

A. （1）　　B. （2）

C. （3）　　D. （4）

22. 企业在无法判断风险发生概率或无须判断概率的时候，度量风险一般使用（　　）。

A. 最大可能损失　　B. 期望值

C. 概率值　　D. 在险值

23. 甲公司是一家大型煤炭开采企业，每月都要对关键采掘设备进行检修。甲公司在对设备故障进行分析时，先将设备运行情况划分为几种情景状态，然后用随机转移矩阵描述这几种状态之间的转移，最后用计算机程序计算出每种状态发生的概率。甲公司采用的这种风险管理方法是（　　）。

A. 失效模式影响和危害度分析法

B. 事件树分析法

C. 马尔科夫分析法

D. 情景分析法

24. 下列情形中，企业一般不应采用风险承担的是（　　）。

A. 企业管理层及全体员工都未辨识出风险

B. 企业从成本效益考虑，认为选择风险承担是最适宜的方案

C. 企业缺乏能力对已辨识的风险进行主动管理

D. 企业面临影响战略目标实现的重大风险

25. 某工厂预期半年后须买入燃料油 1 000 吨，目前现货市场价格为 3 750 元/吨，

现在该工厂买入20手6个月后到期的燃料油期货合约，50吨/手，成交价为3 788元/吨。半年后，该工厂以3 960元/吨购入1 000吨燃料油，并以3 980元/吨的价格将期货合约平仓，则该工厂燃料油净进货成本为（　　）元/吨。

A. 3 768　　B. 3 867

C. 3 688　　D. 3 678

26. 某公司2017年应收账款为10亿元，坏账率超过了公司警戒线5%，为了降低坏账率，该公司风险管理部门决定提高客户的信用标准，该政策预计可降低坏账率至3%，但同时公司销售额会有一定比率的降低。该公司风险管理部门应对坏账风险的对策为（　　）。

A. 风险规避　　B. 风险控制

C. 风险转换　　D. 风险对冲

27. A公司是一家手机生产企业，在投入大量资金研发出新一代智能手机并推向市场后，市场上出现了大量成本更低的类似手机。造成A公司大量市场的流失，研发投入也迟迟得不到收回。根据以上信息可以判断该公司可能面临的风险为（　　）。

A. 技术设计风险

B. 技术研发风险

C. 技术应用风险

D. 技术转化风险

28. 某银行最近被监管部门发现，由于内部流程的设计问题，导致发生了大量的客户洗钱行为。银行所暴露的风险是（　　）。

A. 舞弊风险和财务风险

B. 合规风险

C. 合规风险和操作风险

D. 财务风险

29. 下列选项中，说法错误的是（　　）。

A. 风险管理基本流程的第一个步骤是提出和实施风险管理解决方案

B. 风险评估包括风险辨识、风险分析、风险评价三个步骤

C. 企业内部审计部门应至少每年一次对开展的风险管理工作及工作效果进行监督评价

D. 制定风险管理策略的一个关键环节是企业根据不同业务特点统一确定风险偏好和风险承受度

30. 下列选项中，关于企业进行风险评估说法正确的是（　　）。

A. 风险分析是指查找企业各业务单元、各项重要经营活动及其重要业务流程中有无风险，有哪些风险

B. 进行风险辨识、分析、评价，应将定性与定量方法相结合

C. 进行风险定量评估时，不能统一制定各风险的度量单位和风险度量模型

D. 由于风险可能涉及企业的机密问题，所以风险评估不能聘请中介机构协助实施

31. 关于风险管理的监督与改进，下列说法正确的是（　　）。

A. 企业可采用压力测试、返回测试、穿行测试以及风险控制自我评估等方法对风险管理的有效性进行检验

B. 企业各有关部门定期对各部门和业务单位风险管理工作的检查、检验报告应及时报送企业风险管理委员会

C. 企业内部审计部门应至少每年三次对包括风险管理职能部门在内的各有关部门和业务单位能否按照有关规定开展风险管理工作及其工作效果进行监督评价

D. 企业不可以聘请中介机构对企业全面风险管理工作进行评价

32. 下列关于风险偏好和风险承受度的相关描述中，说法错误的是（　　）。

A. 对每一个风险都可以确定风险偏好和风险承受度

B. 一般来说，风险偏好和风险承受度是针对公司的重大风险制定的

C. 同一风险在不同行业风险偏好不同

D. 重大风险的风险偏好是企业的重大决策，应由股东大会决定

33. 一家公司每年最低运营资本是5亿元，但是有5%的可能性需要7.5亿元维持运营，如果该公司的风险资本为2.6亿元，那么这家公司的生存概率是（　　）。

A. 95%　　B. 5%

C. 大于95%　　D. 小于5%

34. 2019年4月10日，国内某铜贸易商，以7 155美元/吨的价格与智利供货商签订了5 000吨购货合同。由于从订货到装船运输再到国内港口的时间预计还要45天左右。于是，该贸易商于4月10日在英国伦敦期货市

场卖出 6 月期铜合约 200 手，25 吨/手，成交均价为 7 145 美元/吨。到 2019 年 5 月 25 日，进口铜到港卸货完毕，该贸易商卖出 5 000 吨铜现货，价格为 7 172 美元/吨；同时在期货市场上买入 200 手 6 月铜合约进行平仓，成交均价为 7 168 美元/吨。该贸易商的这种做法属于（　　）。

A. 风险对冲　　B. 风险规避

C. 风险转移　　D. 风险转换

35. 下列选项中，关于风险管理技术与方法的表述中，错误的是（　　）。

A. 失效模式影响和危害度分析法适用于对失效模式、影响及危害进行定性或定量分析，还可以对其他风险识别方法提供数据支持

B. 头脑风暴法适用于充分发挥专家意见，在风险识别阶段进行定性分析

C. 敏感性分析法适用于对项目不确定性对结果产生的影响进行的定性分析

D. 事件树分析法适用于对故障发生以后，在各种减轻事件严重性的影响下，对多种可能后果的定性和定量分析

36. 根据我国《企业内部控制基本规范》，反舞弊机制属于内部控制要素中的（　　）。

A. 控制活动　　B. 监控

C. 控制环境　　D. 信息与沟通

37. 下列不属于资产管理需关注的主要风险的是（　　）。

A. 固定资产使用效能低下，可能导致企业资产价值贬损

B. 存货积压或短缺，可能导致流动资金占用过量或固定资产更新改造不够

C. 无形资产缺乏核心技术，可能导致企业缺乏可持续发展能力

D. 工程物资质次价高，可能导致工程质量低劣

38. 下列不属于财务报告风险的是（　　）。

A. 不能有效利用财务报告，可能导致企业财务和经营风险失控

B. 提供虚假财务报告，误导财务报告使用者，造成决策失误，干扰市场秩序

C. 内部财务信息传递不通畅、不及时，可能导致决策失误

D. 财务报告的编制违反会计法律法规和国家统一的会计准则制度，导致企业声誉受损

39. 下列关于审计委员会描述错误的是（　　）。

A. 绝大多数成员必须是独立董事

B. 负责整个风险管理过程，包括确保内部控制系统是充分且有效的

C. 批准年报中有关内部控制和风险管理的陈述

D. 审计委员会成员至少拥有相关的财务经验

40. 《企业内部控制基本规范》结合中国国情，要求企业所建立与实施的内部控制，应当包括五个要素，下列不属于五要素的是（　　）。

A. 控制环境　　B. 内部监督

C. 信息与沟通　　D. 风险评估

41. 甲公司正在打造全员参与的预算体系，在此过程中，可能存在风险和问题的做法是（　　）。

A. 为争取时间，甲公司只编制了销售预算和采购预算

B. 销售预算较去年全年销售额翻了一番，而目前市场受金融危机影响比较低迷

C. 只制定了预算完成或超额完成的奖励办法，未制定惩罚办法

D. 设立了预算管理委员会并下设办公室

42. 甲公司是一家非上市大型企业，为了提前实施《企业内部控制基本规范》，正在考虑设立审计委员会。下列各项关于甲公司设立审计委员会的具体方案内容中，错误的是（　　）。

A. 在董事会下设立审计委员会

B. 审计委员会的主要活动之一是核查对外报告规定的遵守情况

C. 确保充分有效的内部控制是审计委员会的义务，其中包括负责监督内部审计部门的工作

D. 审计委员会应当每两年对其权限及其有效性进行复核，并就必要的人员变更向董事会报告

43. 某培训机构在处理会员信息时，其信息资料系统遭遇黑客入侵，所有会员的个人资料全部外泄，导致会员收到很多骚扰短信，给会员造成困扰，并且使得该培训机构的声

誉严重受损。该风险属于（　　）。

A.《企业内部控制应用指引》提出的内部信息传递中企业应关注的风险

B.《企业内部控制应用指引》提出的企业利用信息系统实施内部控制中应关注的风险

C.《企业内部控制应用指引》提出的针对企业拥有无形资产应关注的有关风险

D.《企业内部控制应用指引》提出的全面梳理项目各个环节可能存在的风险

44. 下列关于内部控制的说法中，不正确的是（　　）。

A. 内部控制评价报告应当报经董事会或类似权力机构批准后对外披露或报送相关部门

B. 按照内部控制本质上的不同，内部控制缺陷分为重大缺陷、重要缺陷和一般缺陷

C. 重大缺陷应由董事会予以最终认定

D. 企业应在内部控制评价报告中披露内部控制评价的程序和方法

45. 根据 2013 年修订发布的 COSO 内部控制框架，下列不属于信息与沟通要素应当坚持的原则的是（　　）。

A. 企业获取、生成、使用相关的高质量信息，支持内控其他要素发挥作用

B. 企业于内部沟通的内控信息，必须能够支持其他要素发挥作用

C. 企业就影响内控其他要素发挥效用的事项与外部方进行沟通

D. 企业用以支持目标实现的技术选择并制定一般控制政策

46. 2019 年 5 月 18 日，某投资者持有在美国纽交所上市的甲公司股票 10 000 股，此时甲公司股价为每股 30 美元。该投资者认为甲公司股价在未来 3 个月内可能下跌，而 3 个月期限的看跌期权行权价为 27 美元/股，2019 年 5 月 18 日看跌期权的价格为 100 美元/手，100 股/手。如果该投资者 2019 年 5 月 18 日购买 100 手看跌期权，8 月份甲公司股价下跌至 22 美元，那么该投资者的损益是（　　）。

A. 损失 40 000 美元

B. 损失 70 000 美元

C. 获利 70 000 美元

D. 获利 40 000 美元

47. 下列不属于人力资源管理需要关注的主要风险的是（　　）。

A. 人力资源缺乏或过剩、结构不合理、开发机制不健全

B. 人力资源激励约束制度不合理、关键岗位人员管理不善

C. 人力资源退出机制不当

D. 促进就业和员工权益保护不够

48. 3 月份，某投机者认为丙公司股价在未来 3 个月内可能下跌。此时，丙公司股价为每股 30 美元；而 3 个月期限的看跌期权行权价为 23 美元，目前售价为每份 2 美元。如果该投机者 3 月份投入 30 000 美元购买看跌期权，6 月份丙公司股价下跌至 21 美元，那么其损益是（　　）。

A. 损失 30 000 美元

B. 损失 5 000 美元

C. 没有任何损益

D. 获利 30 000 美元

49. 某公司拟进行组织架构重组工作，其中设立审计委员会是一项重要的工作内容。在选拔审计委员会成员时，公司拟定以下候选人员，下列符合公司审计委员会任职资格的是（　　）。

A. 公司总会计师

B. 公司经营副总裁

C. 公司财务总监

D. 某退休大学教授

50. 下列关于信息系统的说法中，错误的是（　　）。

A. 企业开发信息系统，可以采取自行开发、外购调试、业务外包等方式

B. 对异常的或违背内部控制要求的交易数据，应当设计由系统自动报告并设置跟踪处理机制

C. 信息部门主管可直接接触企业的关键信息设备

D. 企业应当建立信息系统安全保密和泄露责任追求制度

51. 下列各项关于企业担保业务内部控制的表述中，正确的是（　　）。

A. 重大担保业务由总经理审批

B. 在采取相应措施的情况下，可以给经营风险较大的企业进行担保

C. 被担保人要求变更担保事项的，企业

应当重新履行评估与审批程序

D. 企业的内设机构不得办理担保业务

52. 根据《企业内部控制应用指引》，关于全面预算内部控制要求，下列说法错误的是（　　）。

A. 预算管理委员会审核全面预算草案

B. 预算管理委员会负责拟定预算政策

C. 预算管理工作机构一般设在财会部门

D. 预算委员会考核预算执行情况

53. 审计委员会职能范围中不包括下列哪一项（　　）。

A. 审核公司会计人员的工作绩效

B. 审计公司的财务信息及其披露

C. 审核及监督外部审计机构

D. 监督公司的内部审计制度及其实施

54. 随着全面风险管理意识的加强，甲公司股东要求公司建立反舞弊机制，明确反舞弊工作的重点领域、关键环节和有关机构在反舞弊工作中的职责权限。该股东的要求所针对的内部控制要素是（　　）。

A. 控制活动　　B. 控制环境

C. 信息与沟通　　D. 监控

55. 根据《企业内部控制应用指引》的有关规定，下列各项关于企业合同管理的表述中，正确的是（　　）。

A. 企业对外发生经济行为，应当订立书面合同

B. 合同文本一般由法律部门起草，公司一把手审核

C. 正式对外订立的合同，应当由企业法定代表人签名并加盖有关印章

D. 企业对影响重大或法律关系复杂的合同文本，应当组织内部相关部门进行审核

56. 某公司在开展内部控制评价工作时强调，应当在全面评价的基础上，关注重要业务单位、重大业务事项和高风险领域，这反映了内部控制评价的（　　）原则。

A. 全面性原则　　B. 重要性原则

C. 客观性原则　　D. 特殊性原则

57. 下列各项关于企业采购环节内部控制措施的表述中，正确的是（　　）。

A. 不得安排同一机构办理采购业务的全过程

B. 对于超预算和预算外采购项目，应先办理请购手续，再履行预算调整程序

C. 大宗采购应当根据市场行情制定最高采购限价

D. 一般物资或劳务的采购可以采用询价或定向采购的方式并签订合同

58. 某煤矿企业预期我国煤炭市场有回暖趋势，拟扩大生产规模，近期需进行巷道挖掘与支护工程项目，以下不属于该企业工程项目需关注风险的有（　　）。

A. 立项缺乏可行性或可行性研究流于形式，可能导致项目失败

B. 项目招标暗箱操作，存在商业贿赂，可能导致中标价格失实

C. 工程物资质次价高，可能导致工程质量低劣

D. 固定资产维护不当、更新改造不够，可能导致安全事故频发

59. 以下关于内部控制缺陷的表述，错误的是（　　）。

A. 物资采购申请金额已超其采购权限，未向上级公司申请安排大宗物品采购属于运行缺陷

B. 未建立定期的现金盘点程序属于设计缺陷

C. 重大缺陷应当由董事会予以最终确认

D. 对存在内部控制缺陷的情形，内部控制评价报告不得做出内部控制有效结论

60. 担保业务流程中，企业应关注各环节的风险控制点，包括受理申请、调查评估、审批、签订担保合同、进行日常监控等环节。以下审批阶段可采取的控制措施中错误的是（　　）。

A. 在授权范围内进行审批，不得超越权限审批

B. 对重大担保业务应当报董事会批准

C. 企业内设机构可以自由办理金额较小的担保业务

D. 企业为关联方提供担保时，与关联方存在经济利益或近亲属关系的有关人员在评估与审批环节应当回避

二、多项选择题

1. 下列风险管理技术与方法中，能够对风险进行定性和定量分析的有（　　）。

A. 事件树分析法

B. 情景分析法

C. 流程图分析法

D. 风险评估系图法

2. 下列关于风险管理信息系统的表述中，正确的有（　　）。

A. 能够对各种风险进行计量和定量分析

B. 对输入信息系统的数据，任何人不得更改

C. 实现风险相关信息在各职能部门、业务单位之间的集成和共享

D. 实现风险相关信息与企业外部利益相关者的共享

3. 下列关于法律风险与合规风险说法正确的有（　　）

A. 法律风险和合规风险既有重合又各有侧重

B. 合规风险侧重于行政责任和道德责任的承担

C. 法律风险侧重于民事责任的承担

D. 法律风险和合规风险不会同时发生

4. 下列描述中属于法律风险的有（　　）。

A. 立法不完备、执法不公正

B. 市场主体自身法律意识淡薄，在经营活动中不考虑法律因素

C. 交易对方的失信、违约或欺诈

D. 违反监管要求而受到制裁

5. 市场风险需要考虑的风险包括（　　）。

A. 产品或服务的价格及供需变化带来的风险

B. 能源、原材料、配件等物资供应的充足性、稳定性和价格的变化带来的风险

C. 税收政策和利率、汇率、股票价格指数的变化带来的风险

D. 潜在进入者、竞争者与替代品的竞争带来的风险

6. 某上市公司为加强和规范企业内部风险管理，在董事会下设有风险管理委员会。下列选项中，属于风险管理委员会职责的有（　　）。

A. 提交全面风险管理年度报告

B. 审议内部审计部门提交的风险管理监督评价审计综合报告

C. 审议风险管理策略和重大风险管理解决方案

D. 督导企业风险管理文化的培育

7. 企业在选择风险理财策略时，需要遵循的原则和要求包括（　　）。

A. 与公司整体风险管理策略一致

B. 与公司所面对的风险性质相匹配

C. 选择合适的风险理财工具

D. 考虑成本与收益的平衡

8. 下列属于可能引发运营风险的情况有（　　）。

A. 企业产品结构、新产品研发方面可能引发的风险

B. 期货等衍生产品业务中发生失误带来的风险

C. 质量、安全、环保、信息安全等管理中发生失误导致的风险

D. 涉及执行、交割以及交易过程管理的风险事件

9. 近几年光伏企业面临很激烈的市场竞争形势，企业面临竞争对手的低价竞争，同时经营环境复杂，企业知识不足，厂址选择不利，还造成环境污染，这体现了（　　）。

A. 市场风险　　B. 运营风险

C. 操作风险　　D. 技术风险

10. 下列各项中，属于企业风险管理体系的有（　　）。

A. 风险管理策略

B. 风险理财措施

C. 风险管理的组织职能体系

D. 风险管理信息系统

11. 甲公司为澳大利亚的一家电子公司，正在考虑应否把生产总部迁往我国的大连市，然后上市筹资。甲公司管理层希望在投资前了解此项计划获得我国政府批准的可能性及其对公司未来现金流量的影响。甲公司管理层同时也考虑了将生产总部迁往其他国家如韩国的可能性，以及与大连方案相比的风险和回报。在整个分析中，甲公司管理层可用的分析工具有（　　）。

A. 波士顿矩阵　　B. 决策树

C. 情景设计　　D. 平衡计分卡

12. 甲公司是在上海证券交易所上市的钢铁生产企业。甲公司60%以上的铁矿石从巴西淡水河谷公司进口。甲公司的长期债务中，长期银行借款占80%。下列各项中，属于甲公司在日常经营中面临的市场风险有

（　　）。

A. 利率、汇率风险

B. 股票价格风险

C. 产品或服务价格变化带来的风险

D. 流动性风险

13. 风险管理策略的组成部分包括（　　）。

A. 风险偏好和风险承受度

B. 全面风险管理的有效性标准

C. 风险管理的工具选择

D. 全面风险管理的资源配置

14. 下列关于风险管理的说法正确的有（　　）。

A. 风险管理是指对风险进行识别和评估，针对风险制定、实施相应战略，并对该战略进行监控的过程

B. 管理风险时，管理层需要评估企业所面临的风险，采取措施来降低所有的风险

C. 风险管理是一个持续的过程，它要求对风险进行持续识别、评估、处理、监控和复核

D. 尽管将风险管理看成线性过程最为方便，但它实际上是一个圆形过程

15. 情景分析法的实施步骤包括（　　）。

A. 在建立了团队和相关沟通渠道，同时确定了需要处理的问题和事件的背景之后

B. 对主要趋势、趋势变化的可能时机以及对未来的预见进行研究

C. 调查不确定性事件各种状态及其变化情况

D. 建立数学模型并求解模型，得到风险事件各个状态发生的可能性

16. 事件树分析法的优点包括（　　）。

A. 它能说明时机、依赖性，以及故障树模型中很烦琐的多米诺效应

B. 以清晰的图形显示了经过分析的初始事项之后的潜在情景，以及缓解系统或功能成败产生的影响

C. 它生动地体现事件的顺序，而使用故障树是不可能表现的

D. 识别单点失效模式以及对冗余或安全系统的需要

17. 下列各项关于应对风险的措施中，属于风险补偿的有（　　）。

A. 甲公司是一家稀有资源开发企业。按照国际惯例，甲公司每年向矿区所在地政府预付一定金额的塌陷补偿费

B. 乙公司是一家股票上市的商品零售企业。为了筹建更多商场，扩大市场占有率，乙公司要求母公司为其金额为5亿元的中长期贷款提供担保

C. 丙公司是一家区域性奶制品生产企业。为了推广高端乳酸菌饮料产品，丙公司决定按照“买一送一”的政策对乳酸菌饮料新产品和传统水果味酸奶产品进行捆绑销售

D. 丁公司是一家规模较小的唱片制作企业。为了保护唱片版权，丁公司与某网络商场签订合作协议，由该网络商场每年支付固定版权费用，商场会员即可无限次下载受到版权保护的丁公司制作的唱片音乐

18. 风险评估所采取的措施包括（　　）。

A. 检查各种风险管理策略的可行性

B. 通过归纳和分析来掌握风险产生的原因和条件

C. 调查和了解风险存在的可能性

D. 选择最佳风险管理策略

19. 某大型中央直属企业为加强全面风险管理，对自身的风险管理组织体系进行分析，以下不符合风险管理组织体系规定的有（　　）。

A. 公司董事会中，外部董事、独立董事人数应超过总人数的1/3，以保证董事会在重大风险管理等方面工作的独立性

B. 企业总经理对全面风险管理工作的有效应向董事会负责，董事会向股东大会负责

C. 内部审计部门负责研究提出全面风险管理工作报告，并提交全面风险管理年度报告

D. 风险管理委员会负责研究提出全面风险管理监督评价体系

20. 下列选项中，属于市场风险至少要考虑的方面有（　　）。

A. 产品或服务的价格及供需变化带来的风险

B. 主要客户、主要供应商的信用风险

C. 税收政策和利率、汇率、股票价格指数的变化带来的风险

D. 企业产品结构、新产品研发方面可能引发的风险

21. 下列关于企业全面风险管理特征的表

述中，正确的有（　　）。

A. 主要运用于企业的日常风险管理层面

B. 使用系统的、规范的方法，以确保所有的风险都得到识别

C. 由风险管理专业人才实施专业化管理

D. 由企业治理层、管理层和所有员工参与，旨在把风险控制在风险容量以内，增进企业价值的过程

22. 通过保险、期货等金融手段进行风险理财的风险，可以采用的风险管理策略有（　　）。

A. 风险转移　　B. 风险规避

C. 风险对冲　　D. 风险补偿

23. 下列情形中，适宜采用风险承担的有（　　）。

A. 企业缺乏能力进行主动管理

B. 企业未能辨识出的风险

C. 企业从成本效益考虑，这一方案是最适宜的方案

D. 企业没有其他备选方案

24. 风险管理委员会对董事会负责，主要履行的职责有（　　）。

A. 办理董事会授权的有关全面风险管理的其他事项

B. 督导企业风险管理文化的培育

C. 负责组织协调全面风险管理日常工作

D. 审议内部审计部门提交的风险管理监督评价审计综合报告

25. 关于应急资本的描述，正确的有（　　）。

A. 应急资本是风险资本的表现形式之一

B. 应急资本的提供方承担特定事件发生的风险

C. 应急资本不涉及风险的转移，是企业风险补偿策略的一种方式

D. 应急资本可以提供经营持续性的保证

26. 下列选项中，关于风险理财的说法正确的有（　　）。

A. 风险理财使用金融手段管理风险

B. 风险理财既可以针对可控的风险，也可以针对不可控的风险

C. 风险理财的应用范围一般包括声誉等难以衡量其价值的风险

D. 风险理财的手段既不改变风险事件发生的可能性，也不改变风险事件可能引起的直接损失程度

27. 下列关于期货和期权说法正确的有（　　）。

A. 期货合约中期货标的物的交割时间和交割地点可由交易双方自由决定

B. 期货价格则是通过公开竞价而达成的

C. 如果在到期日之前的任何时间以及到期日都能执行，称这种期权为美式期权

D. 衍生产品的杠杆作用很大，因而风险很大，如用来投机可能会造成巨大损失

28. 下列各项关于企业全面风险管理的表述中，正确的有（　　）。

A. 企业全面风险管理是增进企业价值的过程

B. 企业全面风险管理旨在把风险控制在风险容量以内

C. 企业全面风险管理的参与者由管理层和全体员工组成

D. 企业全面风险管理既要管理纯粹的风险，也要管理机会风险

29. 下列选项中，关于风险管理信息系统说法正确的有（　　）。

A. 对输入信息系统的数据，未经批准，不得更改

B. 能够进行对各种风险的计量和定量分析、定量测试

C. 能够满足风险管理内部信息报告制度和企业对外信息披露管理制度的要求

D. 实现风险相关信息与企业外部利益相关者的共享

30. 某企业打算在A市兴建一座大桥，但这个项目的不确定性因素很多，如项目总投资、银行贷款利率、过桥费收入等。于是该公司把这三个因素作为分析对象，分析每一个因素的变化对本大桥内部收益率的影响。结合上述信息，该企业采用风险管理技术与方法的特点有（　　）。

A. 适用于对项目不确定性对结果产生的影响进行的定性分析

B. 结果准确率高

C. 为决策提供有价值的参考信息

D. 分析所需要的数据经常缺乏，无法提供可靠的参数变化

31. 甲公司管理层为了改进完善内部控制，正在重新检查本公司现有的职责、岗位

设置的合理性。下列各项中，属于兼任不相容岗位的情况有（　）。

A. 财务部主任同时担任采购部的审批主管

B. 记录存货明细账的会计人员同时负责存货的实物管理

C. 行政部经理兼任工会主席

D. 销售部经理同时负责客户信用的调查评估与销售合同的审批签订

32. 下列企业采购活动中，符合内部控制基本规范的有（　）。

A. 甲公司采购部经理预测原材料价格已探底，大宗购买囤积，但原材料价格继续走低

B. 乙公司生产部门经理可直接发起对外请购

C. 丙公司仅向经批准的列表中供应商进行采购

D. 丁公司向德国公司进口先进生产设备，技术人员也随采购人员一同前往

33. 某公司设置了内部审计部、风险管理部和审计委员会，制定了本企业的风险管理监督与改进措施。下列选项中，符合《中央企业全面风险管理指引》要求的有（　）。

A. 各有关部门定期对风险管理工作进行自查和检验，及时发现缺陷并改进，将风险管理报告报送企业总经理

B. 外聘风险管理中介机构进行风险管理评价并出具报告

C. 风险管理部对跨部门和业务单位的风险管理解决方案进行评价，提出建议和出具报告，报送公司总经理

D. 内部审计部门至少每年一次对风险管理部门和各业务部门的风险管理工作及效果进行监督评价，评价报告直接报送审计委员会

34. 甲公司是一家智能手机研发企业，近日通过社会招聘引进了海归博士王某从事智能手机核心技术的研发和攻关，根据《企业内部控制应用指引第 10 号——研究与开发》的有关要求，甲公司在与王某签订劳动合同时，应特别约定（　）。

A. 研究成果归属

B. 离职条件

C. 离职后保密义务

D. 离职后竞业限制年限及违约责任

35. 根据 2013 年修订发布的 COSO 内部控制框架，下列属于控制环境要素应当坚持的原则的有（　）。

A. 企业对诚信和道德价值观做出承诺

B. 企业根据其目标，使员工各自担负起内部控制的相关责任

C. 董事会独立于管理层，对内部控制的制定及其绩效实施监控

D. 企业为用以支持目标实现的技术选择并制定一般控制政策

36. 甲公司的董事会在讨论企业的内部控制时，考虑到企业的组织架构对于企业的内部控制非常关键，需要识别企业的组织架构设计与运行中需要关注的风险，下列属于应该关注的风险的有（　）。

A. 治理结构形同虚设

B. 缺乏科学决策、良性运行机制和执行力

C. 权责分配不合理

D. 内部机构设计不科学

37. 我国《企业内部控制基本规范》将内部控制的目标归纳为五个方面，以下属于这五方面的有（　）。

A. 合理保证企业经营管理合法合规

B. 合理保证企业资产安全

C. 合理保证企业财务报告及相关信息真实完整

D. 提高经营效率和效果

38. 企业内部控制缺陷中的运行缺陷类别包括下列（　）。

A. 未建立授权机制与不相容职务岗位分离制度

B. 物资采购申请金额超标，未向上级公司安排大宗物品采购

C. 未定期盘存固定资产

D. 董事会审计委员会构成中包含了公司财务总监

39. 根据《企业内部控制应用指引》有关规定，以下关于企业投资活动的说法中错误的有（　）。

A. 重大投资项目应当按照规定的权限和程序实行集体决策或联签制度

B. 企业选择投资项目应当突出主业，不得从事股票投资或衍生金融产品等高风险

投资

C. 投资方案发生重大变更的，应视情况决定是否重新进行可行性研究并履行相应审批程序

D. 转让投资必须委托具有相应资质的专门机构进行评估，并报授权批准部门批准

40. 根据《企业内部控制应用指引》，发展战略内部控制的措施有（ ）。

A. 企业应当在充分调查研究、科学分析预测和广泛征求意见的基础上制定发展目标

B. 企业应当根据发展目标制定战略规划

C. 企业应当在董事会下设立战略委员会，或指定相关机构负责发展战略管理工作

D. 组织外部因素引发的文化风险

41. 甲公司成立于 1998 年，自成立以来，在追求公司盈利的同时，一直以履行社会责任为己任，该公司在履行社会责任方面需关注的主要风险包括（ ）。

A. 安全生产措施不到位，责任不落实，可能导致企业发生安全事故

B. 产品质量低劣，侵害消费者利益，可能导致企业巨额赔偿、形象受损，甚至破产

C. 缺乏诚实守信的经营理念，可能导致舞弊事件的发生，造成企业损失，影响企业信誉

D. 促进就业和员工权益保护不够，可能导致员工积极性受挫，影响企业发展和社会稳定

42. 下列属于销售业务需要关注的风险的有（ ）。

A. 销售政策和策略不当，市场预测不准确，可能导致销售不畅

B. 客户信用管理不到位，可能导致销售款项不能收回或遭受欺诈

C. 产品质量低劣，侵害消费者利益，可能导致企业巨额赔偿、形象受损

D. 销售过程存在舞弊行为，可能导致企业利益受损

43. 以下属于 COSO 内部控制框架提出的内控目标的有（ ）。

A. 取得经营的效率和有效性

B. 确保财务报告的可靠性

C. 遵循适用的法律法规

D. 促进企业实现发展战略

44. 根据《企业内部控制应用指引》，以下属于企业内部信息传递需关注的主要风险的有（ ）。

A. 内部报告系统缺失、功能不健全、内容不完整，可能影响生产经营有序运行

B. 系统运行维护和安全措施不到位，可能导致信息泄露或毁损，系统无法正常运行

C. 内部信息传递不通畅、不及时，可能导致决策失误、相关政策措施难以落实

D. 内部信息传递中泄露商业秘密，可能削弱企业核心竞争力

45. 下列关于独立董事的说法正确的有（ ）。

A. 董事会中大部分成员应该是独立董事

B. 独立董事应独立于管理层，能够不受约束地进行独立判断

C. 对于公司独立董事的变动，公司应立即向市场披露

D. 独立董事在董事会中占的比例较小

三、简答题

1. 1988 年，U 国跨国公司 P 公司以每瓶价格 19 元的洗发水叩开了 C 国日化用品市场的大门，并顺势占领了 C 国高端消费市场的高地。之后，P 公司又进入 C 国日化用品低端市场，依靠规模化、标准化，迅速行销全国，市场份额一度达到 47%，洗护发产品更是超过 50%，市场上耳熟能详的日化用品品牌，几乎全是 P 公司旗下的产品。

进入 21 世纪，随着 C 国经济的迅猛发展，中产阶级崛起，追求品质、个性化成为时代潮流。面对市场需求的变化，C 国日化用品市场的竞争日趋激烈，威胁 P 公司的霸主地位。

日化用品行业其他几家国际知名品牌企业都开足马力开发 C 国市场。例如，2011 年 H 国 A 公司首次将其旗下的高端品牌主打产品草药护肤雪花霜引入 C 国，火速完成在 C 国一线城市各高端商场的铺货，大大分流与该产品定位相同的 P 公司旗下 S 品牌产品的市场份额。以往受到 P 公司挤压排斥的 C 国日化用品本土品牌，纷纷开发具有本土特色的产品，狙击 P 公司。众多品牌一拥而上，在消费者选择多样化的新形势下，P 公司的产品不再那么不可替代。C 国本土品牌的优势还在需求量增长更快的三至六线城市渠道

布局中体现出来。本土品牌与个体或连锁的日化商店已有多年合作的积累，这种人情构建的渠道排他性很强。

面对消费者需求的巨大变化和市场日趋激烈的竞争，P公司的反应却很迟钝。

P公司管理层认为C国的中产阶级是一群“节俭的中产阶级”，因而在C国市场开发高品质、个性化的新产品严重滞后。例如，P公司是世界上第一家生产合成洗衣粉的企业，然而第一个将洗衣液带入C国市场的却是名不见经传的C国本土品牌L洗衣液。P公司总部认为，从U国消费者的消费习惯看，从使用洗衣粉过渡到使用洗衣液用了近30年时间，C国这一过程至少也需要20年。在P公司链条过长、结构过于精密、近于僵化的决策系统指挥下，P公司在洗衣液这个本该属于自己的C国市场迟到了4年。

在广告营销方面，P公司也未能将其在国外市场的成功经验移植到C国市场。尽管长期以来，P公司的广告在C国各大主流卫视的屏幕上保持着较高的出镜率，但P公司近年来除了常规的电视广告投放外，很少出现让人印象深刻的广告设计。

随着互联网时代到来，尤其是移动互联网的飞速发展，C国消费渠道迎来巨变，线上消费渠道占据主流地位。而P公司在C国大量的线下布局，不仅不再是优势，反而成了累赘，利益干扰成了P公司线上布局的阻力。

P公司发布的财务报告显示，截至2018年3月31日的9个月时间内，P公司净利润同比下滑40%；营业收入也自2012年达到800亿美元之后，增长陷入停滞，2017年营业收入仅为651亿美元。

要求：

（1）简要分析P公司近年来在C国所面临的市场风险；

（2）简要分析P公司近年来在C国所面临的运营风险。

2. 四水集团是一家专门从事基础设施研发与建造、房地产开发及进出口业务的公司，1996年11月21日在证券交易所正式挂牌上市。2014年8月8日，四水集团收到证监局《行政监管措施决定书》，四水集团一系列违规问题被披露出来。

（1）未按规定披露重大关联交易。四水集团监事刘某同时担任F公司的董事长、法定代表人；刘某的配偶李某担任H贸易公司的董事、总经理、法定代表人。2012年度，四水集团与F公司关联交易总金额6 712万元，与H贸易公司的关联交易总金额87 306万元；2013年度，四水集团与H贸易公司的关联交易总金额为215 395万元。这些关联交易均超过3 000万元且超过四水集团最近一期经审计净资产的5%。根据证监会的规定，这些交易属于应当在年报中披露的重大关联交易。但是，四水集团均未在这两年的年度报告中披露上述重大关联交易。

（2）违规在关联公司间进行频繁的资金拆借，非法占用上市公司资金。四水集团无视证监会关于禁止上市公司之间资金相互拆借的有关规定，2012年4月至2014年8月，向关联公司H贸易公司、F公司拆借和垫付资金6笔，共27 250万元。

（3）通过派发高额工资等方式变相占用上市公司非经营性资金。四水集团近年来效益很不佳，连续多年没有分红，公司股价也一直处于低迷状态。然而，2011～2013年，包括董事长在内的公司高管人数分别为17名、19名和16名，合计从公司领走1 317万元、1 436万元和1 447万元薪酬，均超过同期四水集团归属于母公司股东的净利润水平。

（4）连续多年向公司董事、监事和高级管理人员提供购房借款。截至2013年12月31日，四水集团向公司董事、监事和高级管理人员提供购房借款金额达到610万元。上述行为违反了《公司法》关于“公司不得直接或通过子公司向董事、监事、高级管理人员提供借款”的相关规定。

（5）利用上市公司信用为关联公司进行大量违规担保。四水集团2011～2014年为公司高管所属的公司提供担保的金额分别为0.91亿元、5.2亿元、5.6亿元、7.7亿元。公司管理层将四水集团当作融资工具，为自己所属公司解决资金需求。一旦这些巨额贷款到期无法偿还，四水集团就必须承担起还款的责任。

四水集团管理层频繁的违规行为，导致四水集团的发展陷入举步维艰的地步。公司2011～2014年的经营状况不佳，扣除非经常性损益后的净利润出现连续大额亏损的状况。公司连续多年资产负债率高达70%以上，且流动资产和流动负债相差无几，财务风险很大。四水集团的每股收益连续多年走低，远低于上市公司平均水平，反映四水集团股东的获利水平很低。

要求：

（1）依据“三大公司治理问题”，简要分析四水集团存在的公司治理问题的类型与主要表现；

（2）依据《企业内部控制应用指引第6号——资金活动》，简要分析四水集团资金活动存在的主要风险。

3. 金瑞科技公司是在“煤矿管理信息系统”研发团队基础上创建的专业从事煤炭行业管理软件研发与服务的高新技术企业。公司的主要产品是煤炭企业管理软件，主要客户是煤炭行业相关企业。因此，公司产品的市场前景主要取决于煤炭行业的整体发展规模和信息化水平，对煤炭行业具有很强的依赖性。若煤炭行业本身受国家政策、市场竞争等因素的影响时，比如受到煤炭价格下跌、进口煤冲击、新能源的推广使用等因素影响导致煤炭行业不景气，煤炭企业对信息化建设的资金投入必将减少，从而会对金瑞科技公司的业务产生不利影响。同时，煤炭行业开采过程中难以根治的环境污染和生态破坏问题也为公司发展带来潜在风险。公司产品在煤炭行业的信息化领域具有一定的竞争优势，但总体来讲，公司规模相对较小，营销能力偏弱，仍然面临着较大的市场竞争压力。此外，知识产权作为一种无形资产，其特征决定了保护的难度和受侵害的可能性远远超过其他有形资产。金瑞科技公司拥有多项计算机软件著作权和非专利技术，尽管公司采取了产品加密等保护措施，但软件仍然存在被解密及复制的可能并且追查侵权者难度较大，这使得公司不可能完全避免产品被盗版的风险。

2018年2月，金瑞科技公司宣布于近日收到中国证券监督管理委员会江苏监管局行政监管措施决定书。经江苏证监局查明，金瑞科技公司存在关联方资金占用不审议、不及时披露，内部控制及公司治理存在重大缺陷等问题。经核查，2017年度金瑞科技公司存于苏州工商银行的520万元资金在未告知公司的情况下被转出，该账户资金往来涉及六个外部主体，其中四家公司均与金瑞科技公司原董事顾一鸣相关联，为公司关联方，上述资金往来构成关联交易，未履行审议程序且未进行披露，违反了《全国中小企业股份转让系统业务规则（试行）》第1.5条、第4.1.4条，《全国中小企业股份转让系统挂牌公司信息披露细则（试行）》第三十五条的规定。另外，公司存在实际控制人吕尚简股份被质押未及时披露的情况。经核查，吕尚简于2017年11月28日与上海般泽投资中心签订了《股份质押合同》，以其持有的公司股份8 484 750股为其个人借款1 000万元提供质押保证，并于12月1日办理了质押登记。该质押股份占公司总股本的50.50%，可能导致公司控股股东和实际控制人发生变化，违反了《信息披露细则（试行）》第四十六条第一款第四项的规定。吕尚简作为公司实际控制人、董事长、财务总监，直接控制公司苏州工商银行账户，并长期通过通信方式对公司进行管理；公司存在财务审核不严、报销不规范，部分财务报销无总经理、财务总监签字确认，多笔大额提现无具体事由，个别离职人员仍在公司领取工资等情形。

要求：

（1）依据《中央企业全面风险管理指引》，简要分析金瑞科技公司在经营中面临的风险类型；

（2）从内部控制要素角度列出控制活动的主要方面，简要分析金瑞科技公司缺失的控制活动；

（3）从公司治理的角度，简要分析金瑞科技公司董事善管义务的履行情况。

4. 中简科技是一家生产、销售高性能碳纤维及碳纤维织物的公司，产品主要应用于航空航天领域。近年来，随着航空航天领域的不断发展，全球碳纤维市场需求以每年10%的增长率上升。在市场需求不断提升的背景下，近年来，中简科技业绩稳增，年营业收入由2014年的6 029万元，增至2016年的1.5亿元；净利润由2014年的1 271万元，增至2016年的5 984万元。

但中简科技披露的财务数据存在三大疑点。其一，中简科技在2016年向前五大供应商采购金额合计为 1 858.95 万元，占当期采购总额的比重为 76.79%，由此计算采购总额为 2 420.82 万元，对应含税采购总额也不会超过 2 832.36 万元。但在中简科技当年的财务报表中显示，现金流量表中“购买商品、接受劳务支付的现金”项目 2016 年支出金额高达 3 495.54 万元，显著高于同期采购总额对应的资金支付需求。其二，2017 年上半年年末中简科技对客户 M 的应收账款余额为 2 305.91 万元，而在 2016 年年末对该客户的应收账款余额还仅为 423.99 万元，说明 2017 年上半年应收账款余额净增加了 1 881.92 万元。但是中简科技在 2017 年上半年销售了 973.6 万元碳纤维和 625.57 万元碳纤维织物，合计销售额尚不足 1 600 万元。其三，中简科技 2016 年和 2017 年上半年的产品产销率均不足 100%，其中 2016 年产销差达 926.66 千克、2017 年上半年的产销差则为 2 007.84 千克，合计 2 900 多千克产成品的新增库存，相当于 2017 年上半年实际产品销量 23 859.03 千克的 1/10 以上。由于中简科技已于 2019 年 3 月成功过会，4 月首次公开发行股票并在创业板上市初步询价及推介，其披露出的虚假财务数据会误导财务报告使用者，干扰市场。

中简科技当前在产的湿法 T700 工艺的碳纤维产品涉嫌侵犯北京化工大学的专利，在研究的干湿法工艺碳纤维与中科院和中复神鹰的核心技术权属存在重大争议。中简科技在招股说明书中对核心技术及其权属争议的披露采用“文字游戏”进行隐瞒，其行为涉嫌虚假记载、误导性陈述和重大遗漏。

中简科技应收账款余额占比较大主要与航空航天行业的特性有关。由于航空航天装备的产业链较长，货款结算程序复杂、周期相对较长，导致公司的应收账款具有回收周期相对较长、期末金额较大的特点。高占比的应收账款有可能会对公司盈利和资金状况造成以下不利影响：如果未来客户资信情况或与公司合作关系发生恶化，将可能因应收账款不能及时回收形成坏账；若应收账款规模进一步扩大、账龄进一步上升，坏账准备金额会相应增加，对公司经营成果造成不利影响；如果应收账款规模扩大，也会影响公司经营性现金流量，对公司资金状况造成不利影响，并可能导致银行贷款和财务费用的增加而影响公司盈利能力。

我国航空航天行业高度集中的经营模式导致企业普遍具有客户集中的特征。中简科技生产的高性能碳纤维已通过航空航天型号验证，成为国内大型航空航天企业集团的主要供应商。公司与主要客户形成了密切配合的战略合作关系，且这些客户对公司产品具有较高依赖性。如果现有客户需求受国家国防政策变化而大幅下降，而中简科技又没有其他的销售渠道，则较高的客户集中度将对公司的经营产生一定影响。

要求：

（1）依据《企业内部控制应用指引第 14 号——财务报告》，简述编制、对外提供和分析利用财务报告需关注的主要风险并简要分析中简科技面临的财务报告风险；

（2）依据《企业内部控制应用指引第 8 号——资产管理》，简述资产管理需关注的主要风险并简要分析中简科技面临的资产管理风险；

（3）依据《企业内部控制应用指引第 9 号——销售业务》，简述销售业务需关注的主要风险并简要分析中简科技面临的销售业务风险。

四、综合题

1. 20 世纪 80 年代初，在乡镇企业做水表玻璃的李耀国先生，通过一次偶然的机会了解到国内汽车玻璃全部依赖进口，价高难买，一个创业者和企业家的责任感油然而生。1987 年光祖有限公司正式成立。

30 多年来，光祖公司以“为 C 国人做一片属于自己的玻璃”为使命，围绕着人品、产品、品质、品位“四品一体”的经营理念，专注汽车玻璃，专注客户价值，专注质量经营，致力于将 C 国人的这片玻璃做到极致。

随着国内汽车产业的迅猛增长，光祖玻璃逐渐被全球知名品牌汽车企业认同，光祖公司产品需求日益增大。公司在国内十几个地区建立了现代化的生产基地。之后，作为全球化程度很高的产业——汽车制造的零部件供应商，光祖玻璃开启了进军国际市场的航程。

1991 年 9 月，光祖公司开始向北美 J 国 T 公司出口汽车玻璃，将其业务拓展至北美的汽车配件市场。

1994年底，光祖公司在北美U国成立了L玻璃工业有限公司，主营光祖汽车玻璃在北美的销售业务。

2001年，世界玻璃巨头U国P公司对C国维修用汽车前挡风玻璃发起倾销诉讼，U国商务部展开对C国维修用汽车前挡风玻璃的反倾销调查。同年3月，光祖集团作为20多家被调查企业中的唯一上市公司，收到U国国际贸易委员会的反倾销调查问卷。如果被判定倾销，企业需要缴纳高额的罚款，这会让一个正常经营的企业陷入困境。光祖公司认为公司并没有接受国家的补贴，更没有低价倾销，聘请U国律师，提供国际会计师事务所出具的财务报表，积极应诉。2004年10月，光祖集团取得历时三年多的反倾销案胜诉，成为C国汽车玻璃销售企业中唯一出口U国无须缴纳反倾销税的企业。

通过这一事件，李耀国意识到，作为一个新兴市场国家实力相对弱小的企业，急于扩大市场份额会让发达国家实力强大的企业产生危机感，从而会遭遇发达国家企业致命的挤压。因此，光祖集团想在世界汽车产业市场寻求一席之地，必须学会当好“配角”。光祖集团不做大而全的公司，而是专注于汽车玻璃的高科技产品，当好汽车集团的“配角”。光祖集团在应诉的过程中，运用公关与市场策略，与发起倾销诉讼的世界玻璃巨头U国P公司化敌为友，后来双方还建立了契约式战略联盟关系，互补对方在欧美和亚洲市场的不足。

2008年全球金融危机之后，光祖集团加快了国际化经营“走出去”的步伐。

2008年的金融危机给汽车玻璃行业格局带来巨大的变化，国际同行因为原有的大批量生产模式与个性化、小批量的消费需求相悖，导致成本高涨。同时，汽车玻璃业务只是汽车制造集团多元业务的一块，因而被边缘化。由于光祖公司始终专注于做汽车玻璃，打造了核心竞争力，逐步赢得更多汽车厂商的信赖。

2011年6月，应发达国家D国Z汽车公司等合作伙伴之邀，光祖公司挺进R国，在该国投资2亿美元设厂，设计产能为年供应300万套汽车安全玻璃。2013年9月，项目一期100万套汽车玻璃顺利投产。使光祖公司成为R国汽车市场主要玻璃供应商。

2014年，光祖公司又启动U国项目，总投资6亿美元，这是C国汽车零部件企业在U国最大投资项目。该工厂建成后将形成450万套汽车玻璃+400万片汽车配件的生产能力，成为全球最大的汽车玻璃单体厂房。项目一期已于2015年底投产，国际品牌整车客户的订单络绎不绝。

2016年，光祖公司在继续完成U国项目二期建设、建立研发中心的同时，又在D国建立玻璃包边工厂。届时，光祖公司在全球已拥有四大设计中心。以此为依托构建全球制造基地，光祖公司将实现全球客户需求与供应的即时对接、互联互通，进一步做大做强。

稳打稳扎的全球化布局，支撑光祖公司获得在全球的资源优势和规模经济优势，攀登上更高的起点。过去，海外市场收入占比不到一成，如今已有1/3的收入来自海外市场。

长期以来，全球汽车玻璃市场被国外三大汽车玻璃制造商高度垄断。三家巨头连同其在世界各地合资公司，共同占据了全球60%左右的市场份额。对比世界先进水平，C国玻璃产业在快速发展的过程中，长期积累的矛盾和问题日益凸显，产品结构不尽合理、低端产品产能过剩，高端市场的汽车玻璃技术严重短缺。更为严峻的是，国外跨国公司在汽车玻璃的新材料及应用技术上不断推陈出新。如此现状下要想直接购买技术或是仿造产品绝非现实。

光祖集团认识到，在全球汽车玻璃市场激烈的竞争中，C国企业要想寻求新的发展，必须大力推行“高附加值功能化汽车玻璃的智能工厂”建设，研发汽车玻璃新材料、新产品，突破材料、工艺、装备、检测试验等关键技术，带动上游材料、软件集成、装备各产业链技术升级。就整车而言，除提升安全性和舒适性之外，对汽车玻璃节能环保、智能驾驶、功能集成方面提出更高要求。

近几年，光祖公司联合高校和科研单位，成立“产学研用一体化”四方创新联合体，建立长效合作机制，共同策划和实施光祖公司智能制造新模式。光祖公司技术创新硕果累累。光祖镀膜前挡玻璃技术打破了国际巨头的垄断。机械加工设备实现自主研发生产，且基本达到国际先进装备水平。这些设备填补了一系列国内空白，解决了批量、成本、光学等矛盾，实现汽车玻璃规模化生产及出口业务的快速增长，成为U国知名汽车品牌的全球优秀供应商。

在工业4.0方兴未艾之际，光祖公司敏锐地把握机遇，乘势而上，从“制造”迈向“智造”。通过自动化和信息化不断融合，搭建数字化的链接通道，打通市场调研、研发、生产、管控、供给、销售等各个环节，实现定制化产品以销定产、自动化制造、智能化运营。

如今，光祖公司结合信息技术和自动化的生产工厂，已经走在全球同行业前列。“多品种、小批量”的柔性生产方式，不仅有效保证了品质和效率，而且降低了生产成本。高度柔性的生产方式可以在同一条生产线上，实现数十种不同汽车玻璃的生产，普通复杂度的玻璃品类切换通常只需1小时，一个车间一年可以生产上万种不同的汽车玻璃，从下订单开始，客户定购2 000片汽车玻璃最快仅需1天时间即可完成。不仅如此，生产线上的每一件产品的每一道加工工序都被电脑记录信息，在生产流程中形成了完整的可追溯体系。

在提升制造柔性化、智能化和高效率的同时，光祖公司还在力求让自己遍布全球各地的工厂更加紧密地联网，与客户和供应商无缝的信息化对接也在积极推进。以往光祖公司可能仅仅为客户提供一片片的汽车玻璃，而现在提供的是包括各种安装配件的汽车玻璃总成，甚至安装服务都由光祖公司负责。光祖公司的汽车玻璃制造与上下游产业链正在形成“你中有我、我中有你”的新格局。

要求：

（1）简要分析光祖公司30多年来所选择的发展战略的主要类型及其适用条件。

（2）简要说明光祖公司国际化经营进入国际市场所采用的模式。

（3）简要分析2001年光祖公司所面临的政治风险与市场风险。

（4）简要分析光祖公司研发的类型与定位。

（5）简要分析大数据时代光祖公司从“制造”迈向“智造”战略转型的主要方面。

（6）运用价值链分析方法，简要分析光祖公司是如何构筑其竞争优势的。

（7）依据“新兴市场的企业战略”相关理论，简要分析光祖公司在与发达国家跨国公司竞争中所采用的几种主要战略。

2. 资料一

2018年10月23日晚，美的集团（SZ：000333）、小天鹅（SZ：000418）同步披露预案：美的集团拟发行A股股份换股吸收合并小天鹅，资产交易价格为143.83亿元。完成后，小天鹅将终止上市并注销法人资格。

小天鹅原本是地方性国资上市企业，2001~2002年间，因为陷入“拼命生产—库存增加—降价处理”的死循环，加上原材料价格上涨的因素，导致2002年亏损8亿多元，所以临时转手给了无锡国联。无锡国联通过前期剥离非关键性业务后，实现了公司从亏损3亿多元到扭亏为盈，盈利1个亿后，终于找到了可以托付未来的美的。2008年，当时对于渠道格外渴求的美的，豪掷16.8亿元收购盈利未久的小天鹅，至此开始打通洗衣机下游渠道生意。这次美的并没有完全收购小天鹅。自从被美的控股之后，小天鹅大部分销售和采购渠道都是通过控股公司美的集团实现，但是这也出现一个问题，那就是一旦美的集团的渠道出现问题，小天鹅的销售渠道必然受到波及。对于上游，鉴于原本小天鹅历史上的原材料上涨导致亏损8亿多元的悲惨历史，2008年4月之后，小天鹅即开始开展大宗原材料期货业务，包括铜、铝、塑料等，进行套期保值，规避价格波动风险。由于小天鹅的国企背景，其期货等衍生品的操作经验较为匮乏，从而影响了一定的效率。随着时间的流逝，洗衣机技术在国内外已经很成熟，销售收入并不存在较大变化。通过2015~2017年的销售收入结构显示，小天鹅的主营业务收入90%以上都来自于洗衣机，属于单一主营业务的上市公司。

这笔收购也在当时被誉为民营产权和国有产权及地方政府三方治理的模范案例：一家亏损严重的地方国企通过自身渠道优势，保证了对收购地方国企的民企未来销售渠道的畅通无阻；民企代表的美的则开始了自身对国有企业的改造和改组；而地方国资委通过妥善处理使人员分流、债务等司法问题顺利解决。

资料二

美的是一家多元化业务的家电企业，而并非格力单一主营业务的企业模式，因此美的会在各个赛道出击，这其中最好的方法就是并购。美的和格力作为国内家电业的两大巨头，在国内家电市场都非常有号召力，在现代人常用家电领域其实基本上已经是一个日趋成熟的市场，而非新兴的市场，技术开发和迭代更大作用是锦上添花而非平步青云。美的是以空调起家的企业，多元化的发展能更好地帮助企业控制风险。

2008 年，与东芝合资，切入冰箱压缩机领域；2011 年，美的收购开利在拉美的空调业务；2016 年 6 月 30 日，美的以约 5 亿美元对价收购东芝白色家电业务板块 80.1% 的股权，获得东芝品牌授权及 5 000 项白电专利；2017 年 1 月，美的以 292 亿元人民币对价收购库卡集团 94.55% 的股权，进入机器人及自动化设备领域，主要产品为负重机器人，2016 年占我国工业机器人市场份额的 14%。此番美的再度对小天鹅进行资产合并，可以预见的是，交易完成后，将最大限度地放大 2016 年 6 月美的并购东芝后 5 亿美元的产业价值——这项并购主要涉及洗衣机方面的专利。很有可能，美的会将这部分生产链转移给小天鹅，并通过内销渠道实现并购重组，完成美的集团价值的再次腾飞，并且减少小天鹅品牌与美的自有品牌的正面冲突。小天鹅并入美的集团，将与美的集团旗下其他品牌洗衣机业务形成合力，小天鹅借此走向高端市场、协同东芝扩展海外市场，而美的洗衣机主打中低端市场，共同补足美的集团的洗衣机业务。

资料三

“十三五”时期是我国全面建成小康社会的决胜阶段，是新旧动能接续转换的关键时期，大数据的发展深刻改变人们的生活、工作和思维方式。大数据、云计算、移动物联网等为代表的新一轮科技革命席卷全球，与信息技术、经济社会以前所未有的广度和深度交汇融合，大数据技术以开源为主，迄今为止，尚未形成绝对技术垄断。因此，国家大力发展大数据产业，催生出一大批大数据的企业。但是在大数据时代，企业在海量数据的管理方面也会导致成本的增加。

美的通过大数据完善了产品细节，降低了投诉率，并且通过精准地用户画像来对各产品进行精准的营销。在企业组织结构方面，美的在大数据时代的背景下开启了 2012 年转型大调整以来的第二次组织结构上的变革，并于 2017 年年底开始在全国 30 多个主要市场区域逐一设立商务中心。这次调整后，管理将更加扁平化、去行政化，有助于管理效率的提升，更加契合企业的发展战略。此次美的集团成立 30 多个商务中心，与当年的二级集团的中国区营销总部区别很大，以前的中国营销总部只管二级集团的所有业务以及全国市场，无法与其他二级集团形成协同配合作战，现在的商务中心则主抓各地区所有品类的协同作战，这种职能要比中国营销总部更精准、更能激发战斗力。

要求：

（1）简述运营风险应该考虑的主要方面，并简要分析小天鹅被完全并购前所面临的主要运营风险；

（2）简要分析美的集团采取的多元化战略的优势；

（3）简述发展战略的途径，并简要分析美的在洗衣机领域所采取的外部发展途径的动机；

（4）简述企业的品牌和商标策略，并简要分析美的集团在洗衣机领域所采取的品牌和商标策略；

（5）利用 PEST 分析法，简要分析在大数据时代美的集团面临的机会与威胁；

（6）简要分析美的集团在大数据时代背景下组织结构的改变。

答案及解析

一、单项选择题

1.【答案】D

【解析】“这场传染病的流行将使消费者的健康饮食意识大大增强，于是组织员工迅速开发并推出系列健康菜品，使公司营业额逆势上升”说明当风险预示着机会时，会化风险为增进企业价值的机会，故本题体现了风险管理特征中的二重性。选项 D 正确。

2. 【答案】B

【解析】选项 B“市场对该企业产品或服务的需求”属于分析战略风险需收集的信息。

3. 【答案】B

【解析】操作风险是指由于内部程序、人员和系统的不完备或失效，或由于外部事件造成损失的风险，选项 B 属于操作风险，选项 A、C 属于运营风险，选项 D 属于市场风险。

4. 【答案】B

【解析】风险转移是指企业通过合同将风险转移到第三方，企业对转移后的风险不再拥有所有权。甲公司通过与网络平台的合作，将风险转移给了网络平台，因此属于风险转移。

5. 【答案】D

【解析】最大可能损失是指风险事件发生后可能造成的最大损失；概率值是指风险事件发生的概率或造成损失的概率；期望值是指所有事件中，每一事件发生的概率乘以该事件的影响的乘积，然后将这些乘积相加得到和；在险值在正常的市场条件下，在给定的时间段中和给定的置信区间内，预期可能发生的最大损失。故选项 D 符合题意。

6. 【答案】B

【解析】风险资本即除经营所需的资本之外，公司还需要额外的资本用于补偿风险造成的财务损失。传统的风险资本表现形式是风险准备金，选项 B 正确。损失融资是为风险事件造成的财物损失融资，是从风险理财的角度进行损失事件的事后管理。应急资本是一个金融合约，规定在某一个时间段内、某个特定事件发生的情况下公司有权从应急资本提供方募集股本或贷款（或资产负债表上的其他实收资本项目），并为此按时间向资本提供方缴纳权力费。

7. 【答案】B

【解析】流程图分析法是对流程的每一阶段、每一环节逐一进行调查分析，从中发现潜在风险，找出导致风险发生的因素，分析风险产生后可能造成的损失以及对整个组织可能造成的不利影响。

8. 【答案】C

【解析】政治风险包括：外汇管制的规定、进口配额和关税、组织结构及要求最低持股比例、限制向东道国的银行借款、没收资产。选项 A 属于没收资产，选项 B 属于东道国对组织结构的要求，选项 D 属于外汇管制。选项 C 属于市场风险。

9. 【答案】D

【解析】统计推论可以分为前推、后推和旁推。

10. 【答案】D

【解析】预期损失融资一般作为运营资本的一部分，非预期损失融资则属于风险资本的范畴。

11. 【答案】D

【解析】应急资本是一个在一定条件下的融资选择权，公司可以不使用这个权利。

12. 【答案】D

【解析】德尔菲法的主要优点有：（1）由于观点是匿名的，因此更有可能表达出那些不受欢迎的看法；（2）所有观点有相同的权重，避免重要人物占主导地位的问题；（3）专家不必一次聚集在某个地方，比较方便；（4）这种方法具有广泛的代表性。选项 D 错误，“速度快，易于开展”属于头脑风暴法的优点，相比较而言，德尔菲法过程比较复杂，花费时间较长。

13. 【答案】B

【解析】流程图分析法是对流程的每一阶段、每一环节逐一进行调查分析，从中发现潜在风险，找出导致风险发生的因素，分析风险产生后可能造成的损失以及对整个组织可能造成的不利影响。

14. 【答案】B

【解析】市场风险包括利率风险、汇率风险、商品价格风险和股票价格风险，不包括信用风险。选项 B 符合题意。

15. 【答案】D

【解析】选项 A、B 属于风险补偿，选项 C 属于风险控制，选项 D 属于风险转移。

16. 【答案】B

【解析】风险评估系图可识别某一风险是否会对企业产生重大影响，并将此结论与风险发生的可能性联系起来，为确定企业风险的优先次序提供框架。

17. 【答案】B

【解析】逐轮收集意见并为专家反馈信息

是德尔菲法的主要环节。收集意见和信息反馈一般要经过三四轮。在向专家进行反馈的时候，只给出各种意见，但并不说明发表各种意见的专家的具体姓名。这一过程重复进行，直到每一个专家不再改变自己的意见为止。选项 B 符合题意。

18.【答案】D

【解析】收集与本企业风险和风险管理相关的内外部初始信息是企业风险管理基本流程的第一步，不属于风险评估的步骤。

19.【答案】D

【解析】选项 A 属于运营风险（重要业务流程中专业人员的知识结构、专业经验等方面可能引发的风险）；选项 B 属于政治风险（可能受到美国政府的监控，甚至可能限制外国厂商购买）；选项 C 属于运营风险（期货等衍生产品业务中发生失误带来的风险）；选项 D 属于市场风险（能源、原材料、配件等物资供应的充足性、稳定性和价格的变化带来的风险）。

20.【答案】C

【解析】掌握常用的风险管理技术方法中几种定量分析方法的含义。情景分析法通过模拟不确定性情景，对企业面临的风险进行定性和定量分析。

21.【答案】B

【解析】风险补偿指企业对风险可能造成的损失采取适当的措施进行补偿。(1) 属于风险对冲；(2) 属于风险控制；(3) 属于风险转移。

22.【答案】A

【解析】最大可能损失指风险事件发生后可能造成的最大损失，一般在无法判断发生概率或无须判断概率的时候用最大可能损失作为风险的衡量。选项 B 和选项 D 都需要在已知概率的前提下度量风险。

23.【答案】C

【解析】马尔科夫分析法通常用于对那些存在多种状态的可维修复杂系统进行分析。该方法主要围绕“状态”这个概念展开，而随机转移概率矩阵可用来描述状态间的转移，以便计算各种输出结果。所以，选项 C 正确。

24.【答案】D

【解析】对于企业的重大风险，即影响到企业目标实现的风险，一般不应采用风险承担。所以，选项 D 正确。

25.【答案】A

【解析】每吨期货合约平仓盈利 =（3 980 - 3 788）= 192（元/吨），期货合约盈利抵减现货购买价格，净进货成本 = 3 960 - 192 = 3 768（元/吨）。

26.【答案】C

【解析】风险转换指企业通过战略调整等手段将企业面临的风险转换为另一个风险，其简单形式就是在减少某一风险的同时，增加另一风险。题目中，该公司通过提高信用标准，降低了坏账率，但同时导致销售收入减少。属于风险转换策略工具。

27.【答案】C

【解析】从技术活动过程所处的不同阶段考察，技术风险可以划分为技术设计风险、技术研发风险和技术应用风险。题中所述，A 公司已成功研发出了新一代智能手机，在推向市场后出现了大量成本更低的类似手机，属于技术应用风险。

28.【答案】C

【解析】合规性风险是指不符合法律或法规要求的风险。操作风险是指由于员工、过程、基础设施或技术或对运作有影响的类似因素（包括欺诈活动）的失误而导致亏损的风险。

29.【答案】A

【解析】风险管理基本流程：(1) 收集风险管理初始信息；(2) 进行风险评估；(3) 制定风险管理策略；(4) 提出和实施风险管理解决方案；(5) 风险管理的监督与改进。风险管理基本流程的最后一个步骤是风险管理的监督与改进，而不是提出和实施风险管理解决方案，所以选项 A 是不正确的。

30.【答案】B

【解析】风险辨识是指查找企业各业务单元、各项重要经营活动及其重要业务流程中有无风险，有哪些风险；风险分析是对辨识出的风险及其特征进行明确的定义描述，分析和描述风险发生可能性的高低、风险发生的条件，选项 A 错误。进行风险定量评估时，应统一制定各风险的度量单位和风险度量模型，并通过测试等方法，确保评估系统的假设前提、参数、数据来源和定量评估程序的合理性和准确性，选项 C 错误。风险评估应由企业组织有关职能部门和业务单位实施，也可聘请有资质、信誉好、风险管理专业能力强的中介机构协助实施，选项 D 错误。

31.【答案】A

【解析】企业各有关部门和业务单位应定期对风险管理工作进行自查和检验，及时发现缺陷并改进，其检查、检验报告应及时报送企业风险管理职能部门，选项 B 错误。企业内部审计部门应至少每年一次对包括风险管理职能部门在内的各有关部门和业务单位能否按照有关规定开展风险管理工作及其工作效果进行监督评价，监督评价报告应直接报送董事会或董事会下设的风险管理委员会和审计委员会，选项 C 错误。企业可聘请有资质、信誉好、风险管理专业能力强的中介机构对企业全面风险管理工作进行评价，出具风险管理评估和建议专项报告，选项 D 错误。

32.【答案】D

【解析】重大风险的风险偏好是企业的重大决策，应由董事会决定，选项 D 错误。

33.【答案】C

【解析】有 5% 的可能性需要 7.5 亿元维持运营，说明该公司的风险资本为 7.5 - 5 = 2.5（亿元），这时企业的生存概率是 95%，那么当风险资本为 2.6 亿元时，大于 2.5 亿元，那么企业的生存概率大于 95%，选项 C 正确。

34.【答案】A

【解析】风险对冲指采取各种手段引入多个风险因素或承担多个风险，使得这些风险能够互相对冲，也就是，使这些风险的影响互相抵消。在金融资产管理中，对冲也包括使用衍生产品，如利用期货进行套期保值。

35.【答案】C

【解析】敏感性分析法适用于对项目不确定性对结果产生的影响进行的定量分析。

36.【答案】D

【解析】我国《企业内部控制基本规范》对信息与沟通要素的要求包括：企业应当建立反舞弊机制，故反舞弊机制属于信息与沟通，选项 D 正确。

37.【答案】D

【解析】选项 D 属于工程项目需要关注的主要风险。

38.【答案】C

【解析】选项 C“内部信息传递不通畅、不及时，可能导致决策失误、相关政策措施难以落实”属于内部信息传递的风险。考生应避免看到“财务”字眼，就归于财务报告的风险。

39.【答案】A

【解析】审计委员会成员必须全部由独立、非行政董事组成。

40.【答案】A

【解析】我国《企业内部控制基本规范》五要素包括内部环境、风险评估、控制活动、信息与沟通和内部监督；其中风险评估、控制活动、信息与沟通与 COSO 内控框架五要素是完全一致的。选项 A 控制环境属于 COSO 内控框架五要素之一。

41.【答案】D

【解析】选项 A，属于预算编制不健全；选项 B，属于预算指标不合理、编制不科学；选项 C，会导致预算执行不力、考核不严。选项 D 属于全面预算的内控措施。

42.【答案】D

【解析】选项 D，审计委员会应当每年对其权限及其有效性进行复核，并就必要的人员变更向董事会报告。

43.【答案】B

【解析】《企业内部控制应用指引第 18 号——信息系统》提出了企业利用信息系统实施内部控制中所应关注的主要风险，包括：(1) 信息系统缺乏或规划不合理，可能造成信息孤岛或重复建设，导致企业经营管理效率低下；(2) 系统开发不符合内部控制要求，授权管理不当，可能导致无法利用信息技术实施有效控制；(3) 系统运行维护和安全措施不到位，可能导致信息泄露或毁损，系统无法正常运行。依题意，该培训机构属于第三类风险。

44.【答案】B

【解析】按照内部控制本质上的不同，内部控制缺陷分为设计缺陷和运行缺陷。

45.【答案】D

【解析】选项 D 属于控制活动要素应当坚持的原则。

46.【答案】A

【解析】看跌期权的净损益 = 100 × 100 ×

$(27-22)-100\times100=40\ 000$（美元）。该投资者持有股票的损益为$(22-30)\times10\ 000=-80\ 000$（美元）。因此该套期保值的净损益为亏损 40 000 美元（$-80\ 000+40\ 000=-40\ 000$）。

47. 【答案】D

【解析】选项 D 属于企业履行社会责任方面需关注的风险。

48. 【答案】C

【解析】投资者投入 30 000 美元购买看跌期权，可以购买 $30\ 000/2=15\ 000$（份）。由于股价低于执行价格，看跌期权到期日价值$=15\ 000\times(23-21)=30\ 000$（美元），该项投资净损益$=30\ 000-30\ 000=0$（美元）。

49. 【答案】D

【解析】一般来说，审计委员会的组成应全部由独立、非行政董事组成。独立董事是公司外部董事，且与公司经营管理者没有重要的业务联系或专业联系，选项 D 符合题意。

50. 【答案】C

【解析】选项 C 错误，"企业应当加强服务器等关键信息设备的管理，未经授权，任何人不得接触关键信息设备。"

51. 【答案】C

【解析】重大担保业务，应当报经董事会或类似权力机构批准，选项 A 错误；出现财务状况恶化、资不抵债、管理混乱、经营风险较大的情形不得提供担保，选项 B 错误；企业内设机构未经授权不得办理担保业务，选项 D 错误。被担保人要求变更担保事项的，企业应当重新履行评估与审批程序，选项 C 正确。

52. 【答案】A

【解析】本题考查对《企业内部控制应用指引——全面预算》中关于预算委员会的掌握。选项 A 错误，应为企业董事会审核全面预算草案。

53. 【答案】A

【解析】审计委员会的职能是监督、评估和复核企业内的其他部门和系统。在一般情况下，审计委员会负责整个风险的管理过程，包括确保内部控制系统是充分且有效的。选项 BCD 均属于审计委员会的职责，但会计人员的绩效考核则不属于审计委员会的工作范围。选项 A 符合题意。

54. 【答案】C

【解析】企业应当建立反舞弊机制，属于《企业内部控制基本规范》关于信息与沟通要素的要求中第五条。所以，选项 C 正确。

55. 【答案】D

【解析】选项 A，企业对外发生经济行为，除即时结清方式外，应当订立书面合同；选项 B，合同文本一般由业务承办部门起草、法律部门审核；选项 C，正式对外订立的合同，应当由企业法定代表人或由其授权的代理人签名或加盖有关印章。所以，选项 D 正确。

56. 【答案】B

【解析】重要性原则是指内部控制评价应当在全面评价的基础上，关注重要业务单位、重大业务事项和高风险领域。因此选项 B 正确。

57. 【答案】D

【解析】选项 A 错误，企业除小额零星物资或服务外，不得安排同一机构办理采购业务的全过程；选项 B 错误，对于超预算和预算外采购项目，应先履行预算调整手续，再办理请购手续；选项 C 错误，大宗采购应当采用招投标方式确定采购价格，其他商品或劳务的采购，应根据市场行情制定最高采购限价。

58. 【答案】D

【解析】选项 D，属于资产管理存在的风险，其他选项均属于工程项目需关注的风险。

59. 【答案】D

【解析】选项 D，"内部控制有效性的结论：对不存在重大缺陷的情形，出具评价期末内部控制有效结论；对存在重大缺陷的情形，不得做出内部控制有效的结论"，所以选项 D 错误。

60. 【答案】C

【解析】企业内设机构未经授权不得办理担保业务，选项 C 错误。

二、多项选择题

1. 【答案】AB

【解析】事件树分析法和情景分析法能够对风险进行定性和定量分析；流程图法和风险评估系图法只能够进行定性分析，所以选项 AB 正确。

2. 【答案】AC

【解析】选项B错误，对输入信息系统的数据，未经批准，不得更改；选项D错误，风险相关的信息不应该随意与外部利益相关者共享，但应在内部共享。

3. 【答案】ABC

【解析】选项D错误，合规风险和法律风险有时会同时发生，有时会发生分离。

4. 【答案】ABC

【解析】选项D属于合规风险，不属于法律风险。

5. 【答案】ABCD

【解析】市场风险至少要考虑以下几个方面：(1) 产品或服务的价格及供需变化带来的风险；(2) 能源、原材料、配件等物资供应的充足性、稳定性和价格的变化带来的风险；(3) 主要客户、主要供应商的信用风险；(4) 税收政策和利率、汇率、股票价格指数的变化带来的风险；(5) 潜在进入者、竞争者、与替代品竞争带来的风险。

6. 【答案】ABC

【解析】风险管理委员会的职责包括：(1) 提交全面风险管理年度报告；(2) 审议风险管理策略和重大风险管理解决方案；(3) 审议重大决策、重大风险、重大事件和重要业务流程的判断标准机制，以及重大决策的风险评估报告；(4) 审议内部审计部门提交的风险管理监督评价审计综合报告；(5) 审议风险管理组织机构设置及其职责方案；(6) 办理董事会授权的有关全面风险管理的其他事项。选项D属于董事会在全面风险管理方面的主要职责之一。

7. 【答案】ABCD

【解析】选择风险理财策略的原则和要求包括：(1) 与公司整体风险管理策略一致；(2) 与公司所面对的风险性质相匹配；(3) 选择合适的风险理财工具；(4) 成本与收益的平衡。

8. 【答案】ABC

【解析】运营风险至少要考虑以下方面：(1) 企业产品结构、新产品研发方面可能引发的风险；(2) 企业新市场开发，市场营销策略方面可能引发的风险；(3) 企业组织效能、管理现状、企业文化，中高层管理人员和重要业务流程中专业人员的知识结构、专业经验等方面可能引发的风险；(4) 期货等衍生产品业务中发生失误带来的风险；(5) 质量、安全、环保、信息安全等管理中发生失误导致的风险；(6) 因企业内、外部人员的道德风险或业务控制系统失灵导致的风险；(7) 给企业造成损失的自然灾害等风险；(8) 企业现有业务流程和信息系统操作运行情况的监管、运行评价及持续改进能力方面引发的风险。选项D属于操作风险的内容。

9. 【答案】AB

【解析】本题中，竞争对手的低价竞争属于市场风险，选项A正确；经营环境复杂和企业知识不足，厂址选择不利，交通困难，运输成本高，属于运营风险，选项B正确。

10. 【答案】ABCD

【解析】企业风险管理体系包括五大体系：(1) 风险管理策略；(2) 风险理财措施；(3) 风险管理的组织职能体系；(4) 风险管理信息系统；(5) 内部控制系统。选项ABCD符合题意。

11. 【答案】BC

【解析】决策树：常用于目标管理中，以证实每个阶段存在的不确定性，根据每种可能的结果出现的可能性及包括的现金流量，评估项目的期望值。情景设计：通常借助企业内部探讨，形成关于未来情况的各种看法。选项BC符合题意。

12. 【答案】ABC

【解析】甲公司在日常经营中面临的市场风险中没有流动性风险，所以不应该选择流动性风险。选项ABC符合题意。

13. 【答案】ABCD

【解析】风险管理策略的组成包括：(1) 风险偏好和风险承受度；(2) 全面风险管理的有效性标准；(3) 风险管理的工具选择；(4) 全面风险管理的资源配置。选项ABCD均符合题意。

14. 【答案】ACD

【解析】管理风险时，管理层需要评估企业所面临的风险，采取措施来降低最严重的风险，并确保余下的风险处于企业所能承受的范围内。

15. 【答案】AB

【解析】情景分析法的实施步骤：(1) 在

建立了团队和相关沟通渠道，同时确定了需要处理的问题和事件的背景之后，下一步就是确定可能出现变化的性质；（2）对主要趋势、趋势变化的可能时机以及对未来的预见进行研究。选项 AB 符合题意。

16. 【答案】ABC

【解析】事件树分析法（ETA）的主要优点：（1）ETA 以清晰的图形显示了经过分析的初始事项之后的潜在情景，以及缓解系统或功能成败产生的影响；（2）它能说明时机、依赖性，以及故障树模型中很烦琐的多米诺效应；（3）它生动地体现事件的顺序，而使用故障树是不可能表现的。选项 ABC 符合题意。

17. 【答案】AB

【解析】本题考核的是风险应对策略的类型。选项 A、B 属于风险补偿；选项 C 属于风险控制；选项 D 属于风险转移。

18. 【答案】AC

【解析】选项 B 是风险识别的措施，选项 D 是风险应对的措施。

19. 【答案】ACD

【解析】选项 A 错误，董事会中独立董事、外部董事人数应超过董事会全部成员的半数；选项 C 错误，风险管理职能部门研究提出全面风险管理工作报告，风险管理委员会提交全面风险管理年度报告；选项 D 错误，内部审计部门负责研究提出全面风险管理监督评价体系。

20. 【答案】ABC

【解析】市场风险指企业所面对的外部市场的复杂性和变动性所带来的与经营相关的风险。市场风险可以考虑以下几个方面：（1）产品或服务的价格及供需变化带来的风险；（2）能源、原材料、配件等物资供应的充足性、稳定性和价格的变化带来的风险；（3）主要客户、主要供应商的信用风险；（4）税收政策和利率、汇率、股票价格指数的变化带来的风险；（5）潜在进入者、竞争者与替代品的竞争带来的风险。所以选项 ABC 是本题的正确答案，选项 D 属于运营风险应该考虑的方面。

21. 【答案】BCD

【解析】企业全面风险管理具有战略性、全员化、专业性、二重性和系统性的特征。企业风险管理具有战略性，尽管风险管理渗透到企业各项活动中，存在于企业管理者对企业的日常管理当中，但它主要运用于企业战略管理层面，站在战略层面整合和管理企业层面风险是全面风险管理的价值所在。选项 B 是企业全面风险管理系统性特征的体现，选项 C 是企业全面风险管理专业性特征的体现，选项 D 是企业全面风险管理全员化特征的体现。

22. 【答案】ACD

【解析】企业在制定风险管理策略时，要根据风险的不同类型选择其适宜的风险管理策略。例如，一般认为，对战略、财务、运营、政治风险、法律风险等，可采取风险承担、风险规避、风险转换、风险控制等方法。对能够通过保险、期货、对冲等金融手段进行理财的风险，可以采用风险转移、风险对冲、风险补偿等方法。

23. 【答案】ABCD

【解析】对于辨识出的风险，企业可能由于以下几种原因采用风险承担：（1）缺乏能力进行主动管理，对这部分风险只能承担；（2）没有其他备选方案；（3）从成本效益考虑，这一方案是最适宜的方案。对于未能辨识出的风险，企业只能采用风险承担。所以本题选项 ABCD 是正确答案。

24. 【答案】AD

【解析】风险管理委员会对董事会负责，主要履行以下职责：（1）提交全面风险管理年度报告；（2）审议风险管理策略和重大风险管理解决方案；（3）审议重大决策、重大风险、重大事件和重要业务流程的判断标准或判断机制，以及重大决策的风险评估报告；（4）审议内部审计部门提交的风险管理监督评价审计综合报告；（5）审议风险管理组织结构设置及其职责方案；（6）办理董事会授权的有关全面风险管理的其他事项。所以选项 AD 正确。而选项 B 属于董事会在全面风险管理方面履行主要职责，选项 C 属于风险管理职能部门履行全面风险管理的职责。

25. 【答案】ACD

【解析】应急资本的提供方并不承担特定事件发生的风险，而只是在事件发生并造成损失后提供用于弥补损失、持续经营的资金。选项 B 说法错误。

26.【答案】ABD

【解析】风险理财的应用范围一般不包括声誉等难以衡量其价值的风险，也难以消除战略失误造成的损失，所以选项 C 的说法是不正确的。所以本题选项 ABD 是正确答案。

27.【答案】BCD

【解析】期货合约是期货交易的买卖对象或标的物，是由期货交易所统一制定的，规定了某一特定的时间和地点交割一定数量和质量商品的标准化合约。选项 A 错误。

28.【答案】ABD

【解析】企业全面风险管理是一个由企业治理层、管理层和所有员工参与，旨在把风险控制在风险容量以内，增进企业价值的过程。所以，选项 C 错误，选项 A、B、D 正确。

29.【答案】ABC

【解析】风险管理信息系统应实现信息在各职能部门、业务单位之间的集成与共享，而不是与企业外部利益相关者的共享，所以选项 D 错误。

30.【答案】CD

【解析】该公司采用的风险管理技术与方法是敏感性分析法。敏感性分析法适用于对项目不确定性对结果产生的影响进行的定量分析。所以选项 A 的说法是不正确的；选项 B 属于统计推论法的主要优点，所以选项 B 的说法是不正确的，故本题选项 CD 是正确答案。

31.【答案】ABD

【解析】不相容职务分离控制要求企业全面系统地分析、梳理业务流程中所涉及的不相容职务，防止具有欺骗性的活动发生或未被查出。企业可以通过在两个或两个以上的人员之间分配工作的方式，相互制约的工作机制来实现这一监控目标。因为行政部门经理负责企业内部的行政管理业务，工会主席只负责工会工作，并不会涉及企业内部的行政业务，所以这两个职务不属于不相容职务，可以由同一个人兼任。选项 A、B、D 都属于不相容职务。

32.【答案】CD

【解析】选项 A，甲公司采购计划不合理，市场变化趋势预测不准确；选项 B，乙公司对需求、请购等职能未进行合理分工；选项 C，应建立供应商评估和准入制度，确定合格供应商清单；选项 D，技术性强的采购应由技术人员参加。

33.【答案】BCD

【解析】企业各有关部门和业务单位应定期对风险管理工作进行自查和检验，及时发现缺陷并改进，其检查、检验报告应及时报送企业风险管理职能部门。所以，选项 A 错误。企业可聘请有资质、信誉好、风险管理专业能力强的中介机构对企业全面风险管理工作进行评价，出具风险管理评估和建议专项报告。所以，选项 B 正确。企业风险管理职能部门应定期对各部门和业务单位风险管理工作实施情况和有效性进行检查和检验，要根据在制定风险策略时提出的有效性标准的要求对风险管理策略进行评估，对跨部门和业务单位的风险管理解决方案进行评价，提出调整或改进建议，出具评价和建议报告，及时报送企业总经理或其委托分管风险管理工作的高级管理人员。所以，选项 C 正确。企业内部审计部门应至少每年一次对包括风险管理职能部门在内的各有关部门和业务单位能否按照有关规定开展风险管理工作及其工作效果进行监督评价，监督评价报告应直接报送董事会或董事会下设的风险管理委员会和审计委员会。所以，选项 D 正确。

34.【答案】ABCD

【解析】《企业内部控制应用指引第 10 号——研究与开发》要求：企业与核心研究人员签订劳动合同时，应特别约定研究成果归属、离职条件、离职移交程序、离职后保密协议、离职后竞业限制年限及违约责任等内容。

35.【答案】ABC

【解析】根据 2013 年修订发布的 COSO 内部控制框架，控制环境要素应当坚持以下原则：（1）企业对诚信和道德价值观做出承诺；（2）董事会独立于管理层，对内部控制的制定及其绩效实施监控；（3）管理层在董事会的监控下，建立目标实现过程中所涉及的组织架构、报告路径以及适当的权利和责任；（4）企业致力于吸引、发展和留住优秀人才，以配合企业目标达成；（5）企业根据其目标，使员工各自担负起内部控制的相关责任。选项 D 属于控制活动要素应当坚持的原则。

36. 【答案】ABCD

【解析】组织架构设计与运行需要关注的主要风险有：（1）治理结构形同虚设，缺乏科学决策、良性运行机制和执行力，可能导致企业经营失败，难以实现发展战略；（2）内部机构设计不科学，权责分配不合理，导致机构重叠，职能交叉，运行效率低下。

37. 【答案】ABCD

【解析】《基本规范》将内部控制的目标归纳为五个方面：（1）合理保证企业经营管理合法合规；（2）合理保证企业资产安全；（3）合理保证企业财务报告及相关信息真实完整；（4）提高经营效率和效果；（5）促进企业实现发展战略。选项ABCD均符合题意。

38. 【答案】BC

【解析】按照缺陷的本质分类，选项AD属于设计缺陷；选项BC属于运行缺陷。选项BC符合题意。

39. 【答案】BCD

【解析】选项B错误，“企业选择投资项目应当突出主业，谨慎从事股票投资或衍生金融产品等高风险投资”；选项C错误，“投资方案发生重大变更的，应重新进行可行性研究并履行相应审批程序”；选项D错误，“转让投资必要时可委托具有相应资质的专门机构进行评估”；所以，选项A正确。

40. 【答案】ABC

【解析】内部控制要求与措施：（1）企业应当在充分调查研究、科学分析预测和广泛征求意见的基础上制定发展目标；（2）企业应当根据发展目标制定战略规划；（3）企业应当在董事会下设立战略委员会，或指定相关机构负责发展战略管理工作，履行相应职责。选项ABC符合题意。

41. 【答案】ABD

【解析】选项C，缺乏诚实守信的经营理念，可能导致舞弊事件的发生，造成企业损失，影响企业信誉。属于企业文化方面的风险。

42. 【答案】ABD

【解析】选项C“产品质量低劣，侵害消费者利益，可能导致企业巨额赔偿、形象受损”属于企业履行社会责任方面需关注的主要风险之一。

43. 【答案】ABC

【解析】选项D“促进企业实现发展战略”属于我国《企业内部控制基本规范》的目标。考生应注意区分COSO内控框架与我国《基本规范》在内控目标和要素上的差异。

44. 【答案】ACD

【解析】选项B，属于企业利用信息系统实施内部控制需关注的主要风险。

45. 【答案】ABC

【解析】董事会中大部分成员应该是独立董事。

三、简答题

1. 【答案】

（1）P公司近年来在C国所面临的市场风险主要体现在以下几个方面：

①产品或服务的价格及供需变化带来的风险。“中产阶级崛起，追求品质、个性化成为时代潮流。面对市场需求的变化，C国日化用品市场的竞争日趋激烈，威胁P公司的霸主地位”。

②潜在进入者、竞争者、与替代品的竞争带来的风险。“日化用品行业其他几家国际知名品牌企业都开足马力开发C国市场。例如，2011年H国A公司首次将其旗下的高端品牌主打产品草药护肤雪花霜引入C国，火速完成在C国一线城市各高端商场的铺货，大大分流了与该产品定位相同的P公司旗下S品牌产品的市场份额”“以往受到P公司挤压排斥的C国日化用品本土品牌，纷纷开发具有本土特色的产品，狙击P公司。众多品牌一拥而上，在消费者选择多样化的新形势下，P公司的产品不再那么不可替代”“C国本土品牌的优势还在需求量增长更快的三至六线城市渠道布局中体现出来。本土品牌与个体或连锁的日化商店已有多年合作的积累，这种人情构建的渠道排他性很强”。

（2）P公司近年来在C国所面临的运营风险主要体现在以下几个方面：

①企业产品结构、新产品研发方面可能引发的风险。“面对消费者需求的巨大变化和市场日趋激烈的竞争，P公司的反应却很迟钝”“在C国市场开发高品质、个性化的新产品严重滞后”“P公司是世界上第一家生产合成洗衣粉的企业，然而第一个将洗衣液带入

C国市场的却是名不见经传的C国本土品牌L洗衣液……P公司在洗衣液这个本该属于自己的C国市场迟到了4年”。

②企业新市场开发、市场营销策略（包括产品或服务定价与销售渠道，市场营销环境状况等）方面可能引发的风险。“C国本土品牌的优势还在需求量增长更快的三至六线城市渠道布局中体现出来”“在广告营销方面，P公司也未能将其在国外市场的成功经验移植到C国市场。尽管长期以来，P公司的广告在C国各大主流卫视的屏幕上保持着较高的出镜率，但P公司近年来除了常规的电视广告投放外，很少出现让人印象深刻的广告设计”“C国消费渠道迎来巨变，线上消费渠道占据主流地位。而P公司在C国大量的线下布局，不仅不再是优势，反而成了累赘，利益干扰成了P公司线上布局的阻力”。

③企业组织效能、管理现状、企业文化、高中层管理人员和重要业务流程中专业人员的知识结构、专业经验等方面可能引发的风险。“P公司管理层认为C国的中产阶级是一群‘节俭的中产阶级’，因而在C国市场开发高品质、个性化的新产品严重滞后”“P公司总部认为，从U国消费者的消费习惯看，从使用洗衣粉过渡到使用洗衣液用了近30年时间，C国这一过程至少也需要20年……P公司在洗衣液这个本该属于自己的C国市场迟到了4年”。

④因企业内、外部人员的道德风险或业务控制系统失灵导致的风险。“P公司在C国大量的线下布局，不仅不再是优势，反而成了累赘，利益干扰成了P公司线上布局的阻力”。

⑤企业现有业务流程和信息系统操作运行情况的监管、运行评价及持续改进能力方面引发的风险。“在P公司链条过长、结构过于精密、近于僵化的决策系统指挥下，P公司在洗衣液这个本该属于自己的C国市场迟到了4年”。

2.【答案】

（1）四水集团存在的公司治理问题的类型是经理人对于股东的“内部人控制”问题。主要表现：

①信息披露不完整、不及时。“未按规定披露重大关联交易……根据证监会的规定，这些交易属于应当在年报中披露的重大关联交易。但是，四水集团均未在这两年的年度报告中披露上述重大关联交易”。

②工资、奖金等收入增长过快，侵占利润。“通过派发高额工资等方式变相占用上市公司非经营性资金。四水集团近年来效益不佳，连续多年没有分红，公司股价也一直处于低迷状态。然而，2011～2013年，包括董事长在内的公司高管人数分别为17名、19名和16名，合计从公司领走1 317万元、1 436万元和1 447万元薪酬，均超过同期四水集团归属于母公司股东的净利润水平”。

③侵占资产，资产转移。“违规在关联公司间进行频繁的资金拆借，非法占用上市公司资金”“连续多年向公司董事、监事和高级管理人员提供购房借款”。

④大量负债，甚至严重亏损。“利用上市公司信用为关联公司进行大量违规担保”（这是一种变相的负债）“公司2011～2014年的经营状况不佳，扣除非经常性损益后的净利润出现连续多年大额亏损的状况。公司连续多年资产负债率高达70%以上，且流动资产和流动负债相差无几，财务风险很大”。

（2）依据《企业内部控制应用指引第6号——资金活动》，四水集团资金活动需关注的主要风险：

①资金活动管控不严，可能导致资金被挪用、侵占、抽逃或企业遭受欺诈。“违规在关联公司间进行频繁的资金拆借，非法占用上市公司资金”“连续多年向公司董事、监事和高级管理人员提供购房借款”“利用上市公司信用为关联公司进行大量违规担保……一旦这些巨额贷款到期无法偿还，四水集团就必须承担起还款的责任”。

②资金调度不合理、营运不畅，可能导致企业陷入财务困境或资金冗余。“在关联公司间进行频繁的资金拆借……2012年4月至2014年8月，向关联公司H贸易公司、F公司拆借和垫付资金6笔，共27 250万元”“公司2011～2014年的经营状况不佳，扣除非经常性损益后的净利润出现连续大额亏损的状况”“公司连续多年资产负债率高达70%以上，且流动资产和流动负债相差无几，财务风险很大”。

3.【答案】

（1）①法律风险与合规风险。“金瑞科技公司宣布于近日收到中国证券监督管理委员会江苏监管局行政监管措施决定书”“违反了《全国中小企业股份转让系统业务规则（试行）》第1.5条、第4.1.4条，《全国中小企业股份转让系统挂牌公司信息披露细则（试行）》第三十五条的规定”“违反了《信息披露细则（试行）》第四十六条第一款第四项的规定”。

②技术风险。“公司拥有多项计算机软件著作权和非专利技术，尽管公司采取了产品加密等保护措施，但软件仍然存在被解密及复制的可能并且追查侵权者难度较大，这使得公司不可能完全避免产品被盗版的风险”。

③市场风险。“公司产品的市场前景主要取决于煤炭行业的整体发展规模和信息化水平，对煤炭行业具有很强的依赖性。若煤炭行业本身受国家政策、市场竞争等因素的影响时，比如受到煤炭价格下跌、进口煤冲击、新能源的推广使用等因素影响导致煤炭行业不景气，煤炭企业对信息化建设的资金投入必将减少，从而会对金瑞科技公司的业务产生不利影响”。

④运营风险。“公司规模相对较小，营销能力偏弱，仍然面临着较大的市场竞争压力”。

⑤财务风险。“金瑞科技公司存在关联方资金占用不审议、不及时披露，内部控制及公司治理存在重大缺陷等问题。经核查，2017年度金瑞科技公司存于苏州工商银行的520万元资金在未告知公司的情况下被转出”“吕尚简作为公司实际控制人、董事长、财务总监，直接控制公司苏州工商银行账户，并长期通过通讯方式对公司进行管理；公司存在财务审核不严、报销不规范，部分财务报销无总经理、财务总监签字确认，多笔大额提现无具体事由，个别离职人员仍在公司领取工资等情形”。

（2）基本规范中的控制活动或控制措施一般包括不相容职务分离控制、授权审批控制、会计系统控制、财产保护控制、预算控制、运营分析控制和绩效考评控制等。

金瑞科技公司缺失的控制活动：

①“吕尚简作为公司实际控制人、董事长、财务总监，直接控制公司苏州工商银行账户”。由此可见，金瑞科技公司缺失不相容职务分离控制。

②“公司存在财务审核不严、报销不规范，部分财务报销无总经理、财务总监签字确认，多笔大额提现无具体事由，个别离职人员仍在公司领取工资等情形”。由此可见，金瑞科技公司缺失会计系统控制。

③“吕尚简作为公司实际控制人、董事长、财务总监，直接控制公司苏州工商银行账户”“2017年度金瑞科技公司存于苏州工商银行的520万元资金在未告知公司的情况下被转出”“公司存在财务审核、报销不规范，部分财务报销无总经理、财务总监签字确认，多笔大额提现无具体事由，个别离职人员仍在公司领取工资等情形”。由此可见，金瑞科技公司缺失授权审批控制。

④“2017年度金瑞科技公司存于苏州工商银行的520万元资金在未告知公司的情况下被转出”。由此可见，金瑞科技公司缺失财产保护控制。

（3）董事义务又称作勤勉义务或专项，主要包括善管义务和竞业禁止义务。其中，董事的善管义务可以分为以下三条：

①董事必须忠实于公司。②董事必须维护公司资产。③董事在董事会上有审慎行使决议权的义务。

“2017年度金瑞科技公司存于苏州工商银行的520万元资金在未告知公司的情况下被转出，该账户资金往来涉及六个外部主体，其中四家公司均与金瑞科技原董事顾一鸣相关联”“公司存在实际控制人吕尚简股份被质押未及时披露的情况。经核查，吕尚简于2017年11月28日与上海殷泽投资中心签订了《股份质押合同》，以其持有的公司股份8 484 750股为其个人借款1 000万元提供质押保证，并于12月1日办理了质押登记。该质押股份占公司总股本的50.50%，可能导致公司控股股东和实际控制人发生变化”。

4.【答案】

（1）依据《企业内部控制应用指引第14号——财务报告》，编制、对外提供和分析利用财务报告需关注的主要风险包括：

①编制财务报告违反会计法律法规和国家统一的会计准则制度，可能导致企业承担法律责任和声誉受损。

②提供虚假财务报告，误导财务报告使用者，造成决策失误，干扰市场秩序。

③不能有效利用财务报告，难以及时发现企业经营管理中存在的问题，可能导致企业财务和经营风险失控。

中简科技面临的财务报告风险是②。“中简科技披露的财务数据存在三大疑点”“其披露出的虚假财务数据会误导财务报告使用者，干扰市场”。

(2) 依据《企业内部控制应用指引第8号——资产管理》，资产管理需关注的主要风险包括：

①存货积压或短缺，可能导致流动资金占用过量、存货价值贬损或生产中断。

②固定资产更新改造不够、使用效能低下、维护不当、产能过剩，可能导致企业缺乏竞争力、资产价值贬损、安全事故频发或资源浪费。

③无形资产缺乏核心技术、权属不清、技术落后、存在重大技术安全隐患，可能导致企业出现法律纠纷、缺乏可持续发展能力。

中简科技面临的资产管理风险是③，无形资产权属不清。“中简科技当前在产的湿法T700工艺的碳纤维产品涉嫌侵犯北京化工大学的专利，在研究的干湿法工艺碳纤维与中科院和中复神鹰的核心技术权属存在重大争议。中简科技在招股说明书中对核心技术及其权属争议的披露采用‘文字游戏’进行隐瞒，其行为涉嫌虚假记载、误导性陈述和重大遗漏”。

(3) 依据《企业内部控制应用指引第9号——销售业务》，销售业务需关注的主要风险包括：

①销售政策和策略不当，市场预测不准确，销售渠道管理不当等，可能导致销售不畅、库存积压、经营难以为继。

②客户信用管理不到位，结算方式选择不当，账款回收不力等，可能导致销售款项不能收回或遭受欺诈。

③销售过程存在舞弊行为，可能导致企业利益受损。

中简科技面临的销售业务风险是①②。

①“如果现有客户需求受国家国防政策变化而大幅下降，而中简科技又没有其他的销售渠道，则较高的客户集中度将对公司的经营产生一定影响”。

②“由于航空航天装备的产业链较长，货款结算程序复杂、周期相对较长，导致公司的应收账款具有回收周期相对较长、期末金额较大的特点”“如果未来客户资信情况或与公司合作关系发生恶化，将可能因应收账款不能及时回收形成坏账”。

四、综合题

1.【答案】

(1) 第一，密集型战略。

①市场渗透——现有产品和现有市场。“坚守阵地”，这种战略强调发展单一产品，试图通过更强的营销手段来获得更大的市场占有率。

对于光祖集团而言，实施这一战略主要条件是：

A. 当整个市场正在增长时，那些想要增加市场份额的企业能够以较快的速度达到目标。“随着国内汽车产业的迅猛增长，光祖玻璃逐渐被全球知名品牌汽车企业认同，光祖公司产品需求日益增大”。

B. 当市场渗透战略对应的风险较低，且需要的投资较少的时候，市场渗透战略也会比较适用。“作为一个新兴市场国家实力相对弱小的企业，急于扩大市场份额会让发达国家实力强大的企业产生危机感，从而会遭遇发达国家企业致命的挤压。因此，光祖集团想在世界汽车产业市场寻求一席之地，必须学会当好‘配角’。光祖集团不做大而全的公司，而是专注于汽车玻璃的高科技产品，当好汽车集团的‘配角’”。

C. 企业拥有强大的市场地位，并且能够利用经验和能力来获得强有力的独特竞争优势。那么实施市场渗透战略是比较容易的。“由于光祖公司始终专注于做汽车玻璃，打造了核心竞争力，逐步赢得了更多汽车厂商的信赖”。

②市场开发——现有产品和新市场。市场开发战略是指将现有产品或服务打入新市场的战略。

对于光祖集团而言，实施这一战略主要条件是：

企业的主业属于正在迅速全球化的产业。“作为全球化程度很高的产业——汽车制造的零部件供应商，光祖玻璃开启了进军国际市场的航程”。

③产品开发——新产品和现有市场。这种战略是在原有市场上，通过技术改进与开发研制新产品。

对于光祖集团而言，实施这一战略主要条件是：

A. 企业产品具有较高的市场信誉度和顾客满意度。“成为U国知名汽车品牌的全球优秀供应商”。

B. 企业所在产业属于适宜创新的高速发展的高新技术产业。“国外跨国公司在汽车玻璃的新材料及应用技术上不断推陈出新。如此现状下要想直接购买技术或是仿造产品绝非现实”。

C. 企业所在产业正处于高速增长阶段。“C国玻璃产业在快速发展的过程中”。

D. 企业具有较强的研究与开发能力。“光祖公司在全球已拥有四大设计中心。以此为依托构建全球制造基地”“近几年，光祖公司联合高校和科研单位，成立‘产学研用一体化’四方创新联合体，建立长效合作机制，共同策划和实施光祖公司智能制造新模式”。

第二，一体化战略。

①纵向一体化战略。纵向一体化战略是指企业沿着产品或业务链向前或向后，延伸和扩展企业现有业务的战略。

对于光祖集团而言，实施这一战略的主要条件是：

A. 企业所在产业的增长潜力较大。“C国玻璃产业在快速发展的过程中”。

B. 企业具备前向一体化与后向一体化所需的资金、人力资源等。“光祖公司结合信息技术和自动化的生产工厂，已经走在全球同行业前列……在提升制造柔性化、智能化和高效率的同时，光祖公司还在力求让自己遍布全球各地的工厂更加紧密地联网，与客户和供应商无缝的信息化对接也在积极推进”。

②横向一体化战略。横向一体化战略是指企业向产业价值链相同阶段方向扩张的战略。“公司在国内十几个地区建立了现代化的生产基地。之后，作为全球化程度很高的产业——汽车制造的零部件供应商，光祖玻璃开启了进军国际市场的航程”。

对于光祖集团而言，实施这一战略主要条件是：

A. 企业所在产业竞争较为激烈。“全球汽车玻璃市场激烈的竞争”。

B. 企业所在产业的规模经济较为显著。“支撑光祖获得在全球的规模经济优势”。

C. 企业所在产业的增长潜力较大。“C国玻璃产业在快速发展的过程中”。

D. 企业具备横向一体化所需的资源能力。“2008年的金融危机给汽车玻璃行业格局带来巨大的变化，国际同行因为原有的大批量生产模式与个性化、小批量的消费需求相悖，导致成本高涨。同时，汽车玻璃业务只是汽车制造集团多元业务的一块，因而被边缘化。由于光祖公司始终专注于做汽车玻璃，打造了核心竞争力，逐步赢得更多汽车厂商的信赖”。

（2）第一，出口。“1991年9月，光祖公司开始向北美J国T公司出口汽车玻璃，将其业务拓展至北美的汽车配件市场。1994年底，光祖公司在北美U国成立了L玻璃工业有限公司，主营光祖汽车玻璃在北美的销售业务”。

第二，股权投资（对外直接投资）。“2011年6月，……光祖公司挺进R国，在该国投资2亿美元设厂，设计产能为年供应300万套汽车安全玻璃……2014年，光祖公司又启动U国项目，总投资6亿美元，这是C国汽车零部件企业在U国最大投资项目。该工厂建成后将形成450万套汽车玻璃+400万片汽车配件的生产能力，成为全球最大的汽车玻璃单体厂房……2016年，光祖公司在继续完成U国项目二期建设、建立研发中心的同时，又在D国建立玻璃包边工厂。届时，光祖公司在全球已拥有四大设计中心”。

第三，非股权安排（战略联盟）。“与发起倾销诉讼的世界玻璃巨头U国P公司化敌为友，后来双方还建立了契约式战略联盟关系，互补对方在欧美和亚洲市场的不足”“应发达国家D国Z汽车公司等合作伙伴之邀，光祖公司挺进R国”。

（3）第一，政治风险。本案例中，光祖公司在国际化经营中所面临的政治风险主要表现为U国设置的反倾销贸易壁垒，“2001年……U国商务部展开对C国维修用汽车前挡风玻璃的反倾销调查。同年3月，光祖集团作为20多家被调查企业中的唯一上市公司，收到U国国际贸易委员会的反倾销调查问卷……2004年10月，光祖集团取得历时三年多的反倾销案胜诉，成为C国汽车玻璃销售企业中唯一出口U国无须缴纳反倾销税的企业”。

第二，市场风险。潜在进入者、竞争者、与替代品的竞争带来的风险。“2001年，世界玻璃巨头U国P公司对C国维修用汽车前挡风玻璃发起倾销诉讼”“作为一个新兴市场国家实力相对弱小的企业，急于扩大市场份额会让发达国家实力强大的企业产生危机感，从而会遭遇发达国家企业致命的挤压”。

（4）光祖集团研发的类型包括两种类型：

①产品研究——新产品开发。“光祖镀膜前挡玻璃技术打破了国际巨头的垄断。机械加工设备实现自主研发生产，且基本达到国际先进装备水平”。

②流程研究。“光祖公司敏锐地把握机遇，乘势而上，从‘制造’迈向‘智造’。通过自动化和信息化不断融合，搭建数字化的链接通道，打通市场调研、研发、生产、管控、供给、销售等各个环节，实现定制化产品以销定产、自动化制造、智能化运营”。

光祖集团研发的定位：

①成为成功产品的创新模仿者。“光祖镀膜前挡玻璃技术打破了国际巨头的垄断。机械加工设备实现自主研发生产，且基本达到国际先进装备水平。这些设备填补了一系列国内空白”。

②成为向市场推出新技术产品的企业。“光祖公司结合信息技术和自动化的生产工厂，已经走在全球同行业前列”。

（5）①市场需求调研与预测。“通过自动化和信息化不断融合，搭建数字化的链接通道，打通市场调研、研发、生产、管控、供给、销售等各个环节，实现定制化产品以销定产、自动化制造、智能化运营”“在提升制造柔性化、智能化和高效率的同时，光祖公司还在力求让自己遍布全球各地的工厂更加紧密地联网，与客户和供应商无缝的信息化对接也在积极推进”。

②产品创新过程调研。“通过自动化和信息化不断融合，搭建数字化的链接通道，打通市场调研、研发、生产、管控、供给、销售等各个环节，实现定制化产品以销定产、自动化制造、智能化运营”。

③生产流程优化。“高度柔性的生产方式可以在同一条生产线上，实现数十种不同汽车玻璃的生产，普通复杂度的玻璃品类切换通常只需1小时，一个车间一年可以生产上万种不同的汽车玻璃，从下订单开始，客户定购2000片汽车玻璃最快仅需1天时间即可完成”。

④提高质量管理水平。“不仅如此，生产线上的每一件产品的每一道加工工序都被电脑记录信息，在生产流程中形成了完整的可追溯体系”。

⑤科学制订生产计划。“实现定制化产品以销定产”。

⑥优化库存管理。“实现定制化产品以销定产”。

⑦完善供应商管理。“打通市场调研、研发、生产、管控、供给、销售等各个环节”。

⑧实现产品生命周期管理。“与客户和供应商无缝的信息化对接也在积极推进”。

（6）第一，确认那些支持企业竞争优势的关键性活动。价值链的每项活动对企业竞争优势的影响是不同的，在关键活动的基础上建立和强化这种优势很可能使企业获得成功。“在全球汽车玻璃市场激烈的竞争中，C国企业要想寻求新的发展，必须大力推行‘高附加值功能化汽车玻璃的智能工厂’建设，研发汽车玻璃新材料、新产品，突破材料、工艺、装备、检测试验等关键技术，带动上游材料、软件集成、装备各产业链技术升级。就整车而言，除提升安全性和舒适性之外，对汽车玻璃节能环保、智能驾驶、功能集成方面提出更高要求”。说明光祖集团在初创时期和近几年，都分别抓住了支持企业竞争优势的关键性活动——生产经营（质量管理）和研究开发。

第二，明确价值链内各种活动之间的联系。选择或构筑价值链中各种活动最佳的联系方式对于提高价值创造和战略能力是十分重要的。“光祖公司……通过自动化和信息化不断融合，搭建数字化的链接通道，打通市场调研、研发、生产、管控、供给、销售等各个环节，实现定制化产品以销定产、自动化制造、智能化运营”“‘多品种、小批量’

的柔性生产方式，不仅有效保证了品质和效率，而且降低了生产成本”。光祖集团从“制造”迈向“智造”的这一进程，体现了选择和构筑价值链中各种活动最佳的联系方式。

第三，明确价值系统内各项价值活动之间的联系。价值活动的联系不仅存在于企业价值链内部，而且存在于企业与企业的价值链之间。“在提升制造柔性化、智能化和高效率的同时，光祖公司还在力求让自己遍布全球各地的工厂更加紧密地联网，与客户和供应商无缝的信息化对接也在积极推进。以往光祖公司可能仅仅为客户提供一片片的汽车玻璃，而现在提供的是包括各种安装配件的汽车玻璃总成，甚至安装服务都由光祖公司负责。光祖公司的汽车玻璃制造与上下游产业链正在形成‘你中有我、我中有你’的新格局”。反映出光祖集团正在不断优化价值系统内各项价值活动之间的联系方式。

（7）第一，“躲闪者”战略：避开跨国公司的冲击。对于光祖集团而言，实施这一战略主要做法是：①根据自身的本土优势专注于细分市场，将业务重心转向价值链中的某些环节；②生产与跨国公司产品互补的产品。“通过这一事件，李耀国意识到，作为一个新兴市场国家实力相对弱小的企业，急于扩大市场份额会让发达国家实力强大的企业产生危机感，从而会遭遇发达国家企业致命的挤压。因此，光祖集团想在世界汽车产业市场寻求一席之地，必须学会当好‘配角’。光祖集团不做大而全的公司，而是专注于汽车玻璃的高科技产品，当好汽车集团的‘配角’”。

第二，“扩张者”战略：向海外延伸本土优势。“随着国内汽车产业的迅猛增长，光祖玻璃逐渐被全球知名品牌汽车企业认同，光祖公司产品需求日益增大。公司在国内十几个地区建立了现代化的生产基地。之后，作为全球化程度很高的产业——汽车制造的零部件供应商，光祖玻璃开启了进军国际市场的航程”。

第三，“抗衡者”战略：在全球范围内对抗。新兴市场的企业也可以羽翼渐丰，最后成长为跨国公司。对于光祖集团而言，实施这一战略主要做法是：

①不要拘泥于成本上竞争，而应该比照行业中的领先公司来衡量自己的实力。“对比世界先进水平，C国玻璃产业在快速发展的过程中，长期积累的矛盾和问题日益凸现，产品结构不尽合理、低端产品产能过剩，高端市场的汽车玻璃技术严重短缺。更为严峻的是，国外跨国公司在汽车玻璃的新材料及应用技术上不断推陈出新……光祖集团认识到，在全球汽车玻璃市场激烈的竞争中，C国企业要想寻求新的发展，必须大力推行‘高附加值功能化汽车玻璃的智能工厂’建设，研发汽车玻璃新材料、新产品，突破材料、工艺、装备、检测试验等关键技术，带动上游材料、软件集成、装备各产业链技术升级。就整车而言，除提升安全性和舒适性之外，对汽车玻璃节能环保、智能驾驶、功能集成方面提出更高要求”。

②找到一个定位明确又易于防守的市场。“光祖集团想在世界汽车产业市场寻求一席之地，必须学会当好‘配角’。光祖集团不做大而全的公司，而是专注于汽车玻璃的高科技产品，当好汽车集团的‘配角’”“汽车玻璃业务只是汽车制造集团多元业务的一块，因而被边缘化。由于光祖公司始终专注于做汽车玻璃，打造了核心竞争力，逐步赢得更多汽车厂商的信赖”。

③在一个全球化的产业中找到一个合适的突破口。“国际同行因为原有的大批量生产模式与个性化、小批量的消费需求相悖，导致成本高涨”“在工业4.0方兴未艾之际，光祖公司敏锐地把握机遇，乘势而上，从‘制造’迈向‘智造’。通过自动化和信息化不断融合，搭建数字化的链接通道，打通市场调研、研发、生产、管控、供给、销售等各个环节，实现定制化产品以销定产、自动化制造、智能化运营”“如今，光祖公司结合信息技术和自动化的生产工厂，已经走在全球同行业前列。‘多品种、小批量’的柔性生产方式，不仅有效保证了品质和效率，而且降低了生产成本”。

④学习从发达国家获取资源，以克服自身技能不足和资本的匮乏。“届时，光祖公司在全球已拥有四大设计中心。以此为依托构建全球制造基地，光祖公司将实现全球客户需求与供应的即时对接、互联互通，进一步做大做强”“稳打稳扎的全球化布局，支撑光祖公司获得在全球的资源优势和规模经济优

势，攀登上更高的起点”。

2.【答案】

（1）运营风险应考虑的主要方面：

①企业产品结构、新产品研发方面可能引发的风险；

②企业新市场开发、市场营销策略（包括产品或服务定价与销售渠道，市场营销环境状况等）方面可能引发的风险；

③企业组织效能、管理现状、企业文化、高中层管理人员和重要业务流程中专业人员的知识结构、专业经验等方面可能引发的风险；

④期货等衍生产品业务发生失误带来的风险；

⑤质量、安全、环保、信息安全等管理发生失误导致的风险；

⑥因企业内、外部人员的道德风险或业务控制系统失灵导致的风险；

⑦给企业造成损失的自然灾害等风险；

⑧企业现有业务流程和信息系统操作运行情况的监管、运行评价及持续改进能力方面引发的风险。

小天鹅应该考虑的运营风险为①②④：

“洗衣机技术在国内外已经很成熟，销售收入并不存在较大变化。通过2015～2017年的销售收入结构显示，小天鹅的主营业务收入90%以上都来自于洗衣机，属于单一主营业务的上市公司”符合①。

“小天鹅大部分销售和采购渠道都是通过控股公司美的集团实现……一旦美的集团的渠道出现问题，小天鹅的销售渠道必然受到波及”符合②。

“对于上游，鉴于原本小天鹅历史上的原材料上涨导致亏损8亿多元的悲惨历史，2008年4月之后，小天鹅即开始开展大宗原材料期货业务，包括铜、铝、塑料等，进行套期保值，规避价格波动风险。由于小天鹅的国企背景，其期货等衍生品的操作经验较为匮乏，从而影响了一定的效率”符合④。

（2）美的集团采取的多元化战略的优势：

①分散风险。当现有产品及市场失败时，新产品或新市场可能为企业提供保护。“美的是以空调起家的企业，多元化的发展能更好地帮助企业控制风险”。

②当企业在原产业无法增长时找到新的增长点。“在现代人常用家电领域其实基本上已经是一个日趋成熟的市场，而非新兴的市场，技术开发和迭代更大作用是锦上添花而非平步青云”。

③利用未被充分利用的资源。“将最大程度放大2016年6月美的并购东芝后5亿美元的产业价值——这项并购主要涉及洗衣机方面的专利。很有可能，美的会将这部分生产链转移给小天鹅，并通过内销渠道实现并购重组，完成美的集团价值的再次腾飞”。

④运用企业在某个产业或某个市场中的形象和声誉来进入另一个产业或市场，而在另一个产业或市场中要取得成功，企业形象和声誉是至关重要的。“美的和格力作为国内家电业的两大巨头，在国内家电市场都非常有号召力”。

（3）企业实施发展战略的主要途径有内部发展（新建）、外部发展（并购）和战略联盟。美的集团采取的外部发展（并购）的动机：

①避开进入壁垒，迅速进入，争取市场机会，规避各种风险。“在现代人常用家电领域其实基本上已经是一个日趋成熟的市场，而非新兴的市场，技术开发和迭代更大作用是锦上添花而非平步青云”，通过对小天鹅的并购，美的能快速进入洗衣机市场，减少市场开发的成本。

②获得协同效应。协同效应产生于互补资源。“此番美的再度对小天鹅进行资产合并，可以预见的是，交易完成后，将最大程度放大2016年6月美的并购东芝后5亿美元的产业价值——这项并购主要涉及洗衣机方面的专利。很有可能，美的会将这部分生产链转移给小天鹅，并通过内销渠道实现并购重组，完成美的集团价值的再次腾飞”“小天鹅并入美的集团，将与美的集团旗下其他品牌洗衣机业务形成合力，小天鹅借此走向高端市场、协同东芝扩展海外市场，而美的洗衣机主打中低端市场，共同补足美的集团的洗衣机业务”。

③克服企业负外部性，减少竞争，增强对市场的控制力。“很有可能，美的会将这部分生产链转移给小天鹅，并通过内销渠道实现并购重组，完成美的集团价值的再次腾飞，并且减少小天鹅品牌与美的自有品牌的正面冲突”。

（4）企业可采用的品牌和商标策略：

①单一的企业名称；②多品牌策略；③自有品牌策略。

美的集团在洗衣机领域所采取的品牌和商标策略为多品牌策略。“小天鹅并入美的集团，将与美的集团旗下其他品牌洗衣机业务形成合力，小天鹅借此走向高端市场、协同东芝扩展海外市场，而美的洗衣机主打中低端市场，共同补足美的集团的洗衣机业务”。

（5）机会：

①政治和法律因素。“国家大力发展大数据产业，催生出一大批大数据的企业”。

②经济因素。“‘十三五’时期是我国全面建成小康社会的决胜阶段，是新旧动能接续转换的关键时期”。

③社会和文化因素。“深刻改变人们的生活、工作和思维方式”。

④技术因素。“大数据技术以开源为主，迄今为止，尚未形成绝对技术垄断”“大数据、云计算、移动物联网等为代表的新一轮科技革命席卷全球，与信息技术、经济社会以前所未有的广度和深度交汇融合”。

威胁：

技术因素。“在大数据时代，企业在海量数据的管理方面也会导致成本的增加”。

（6）美的集团应用大数据后组织结构的改变：

①支持组织扁平化调整。“美的在大数据时代背景下开启了2012年转型大调整以来的第二次组织结构上的变革，并于2017年年底开始在全国30多个主要市场区域逐一设立商务中心。这次调整后，管理将更加扁平化、去行政化，有助于管理效率的提升，更加契合企业的发展战略”。

②支持新型组织结构。“此次美的集团成立30多个商务中心，与当年的二级集团的中国区营销总部区别很大，以前的中国营销总部只管二级集团的所有业务以及全国市场，无法与其他二级集团形成协同配合作战，现在的商务中心则主抓各地区所有品类的协同作战，这种职能要比中国营销总部更精准、更能激发战斗力”。

第二部分

跨章节综合题演练

一、跨章节综合题考点综述

1. 命题规律

综合题的最大特点就是《公司战略与风险管理》各知识点的系统性和综合性。体现"技能为重"的命题指导思想。根据近五年的命题规律可以得知，主观题越来越注重对考生综合运用所学《公司战略与风险管理》的知识处理实际问题能力的考查，尤其是对于公司各种具体战略运用的判断以及风险管理措施的掌握会有比较高的要求。为顺利通过考试，考生需要熟悉并掌握战略管理循环的各个节点，包括基本战略分析、战略选择、战略实施及战略控制、风险识别与控制手段、内部控制等，并能够灵活运用。通过对《公司战略与风险管理》科目历年试题进行分析，我们认为公司战略与风险管理的命题规律可以总结为以下几点：

第一，严格按照考试大纲和指定考试用书的范围命题。

公司战略与风险管理的考试大纲和指定考试用书包含了作为一名称职的注册会计师所应当掌握的基本的战略与风险管理知识和技术。考试大纲和指定用书既是考生复习的范围，也是考试命题的基本依据。虽然此门考试是2009年新增加的考试科目，历年试题可供参考量有限，但从科目的历年考试题目情况来看，公司战略与风险管理均没有超过考试大纲和考试用书范围。因此，考生应当全面掌握考试用书的基本内容，并能重点掌握其中重要章节，能将知识点融会贯通。该部分试题主要突出了对基本原理、基本概念、基本方法的掌握和运用，具有较高的科学性和综合性。

第二，题型较多、题量较大，覆盖面全面。

该部分试题题型较多、题量较大。由于是跨章节的综合题，所给出的材料势必比较可观，阅读量大；问题当中不仅会出现简答题、简述题，有时还会涉及相关的简单计算题和分析题。覆盖面较广，考核的知识点往往很多。但试题中的简述题和简单计算题均不会脱离教材的重点内容，这充分说明了命题具有一定的稳定性。

第三，全面考核、重点突出。

该部分试题不仅突出全面考核的原则，还突出了重点。该门课程的开设就是为了提高注册会计师的层次，掌握对公司战略和风险管理的基本概念、基本理论和基本方法的实际应用。该部分试题会涉及与注册会计师职业密切相关、实际应用较多的内容。这些内容在教材中所占篇幅较大，涉及考点多、题量也大，所占分值也会相对较高。

第四，应用性强、灵活性大、综合分析要求高，侧重于考查考生分析问题和解决问题的能力。

公司战略与风险管理是一门应用性很强的考试科目，该部分试题在考核考生对基本原理、基本方法把握的基础上，注重考核考生对所学《公司战略与风险管理》知识的综合分析能力和实际应用能力。注册会计师考试是针对成人考试的特点而命题的，主要侧重于考查考生对基本概念、基本原理和基本方法的理解、运用的能力，考查考生利用基本知识分析问题和解决问题的能力，而较少单考死记硬背的知识点及概念，侧重于对考生的分析问题和解决问题的能力考查。

2. 解题方法指导

综合题的分值较多，答题要求也较高，其目的是考核考生综合运用《公司战略与风险管理》的分析判断能力、综合分析能力和实务操作能力。综合题涉及的原理和方法较多，且将不同章节的内容联系起来进行考核，是本课程考试难度最大的一种题型。在考试命题时，综合题的叙述文字较多，涉及的管理关系又较为复杂，有些考生由于紧张，第一眼看到题目，就会感觉头脑发昏，理不出头绪，越看越乱，无从落笔，既影响情绪，又浪费时间。考生应考时应注意以下几方面：

首先，考生在答此部分试题时切忌头脑发昏，胆战心惊。跨章节综合题涉及知识点多、综合性强，具有较高难度，但也不是无从下手。考生只需平心静气，综合运用自己所学知识分析解答即可。

其次，针对跨章节综合题涉及知识点多、综合性强的特点，考生在复习时，应当注意相关章节之间的联系，对相关问题可以采取集中归纳复习的办法，注意彼此间的区别与联系。

最后，跨章节综合题涉及知识点多，其

问题势必会比较多。问题之间的关联性都比较大，下一问题往往是以上一问题为基础，鉴于此，考生只需按照题目顺序一步步解答即可；对于关联性不大的题目，考生也需将题目读完，看懂题目，逐一答题，切忌一看第一个题目不会答就放弃后续题目。

二、跨章节综合题

综合题1

资料一

1994年，电表行业的巨头升达公司进军空调行业。由于当时国内空调还是属于少数人的奢侈品，升达公司与业内其他公司一样，产品定位于比较高档的空调。因为升达空调没有品牌优势，产品价格又与竞争对手不相上下，所以升达空调在规模上一直没有多大突破，年产量不到60万台。

经过几年的努力，升达公司生存下来。1999年之后，升达公司意识到，国内空调从少数人的奢侈品转为大众消费品的时机已经来临，市场需要大量老百姓买得起、用得起的“民牌”空调。处于弱势地位的升达公司找到了挑战竞争对手、壮大自身的法宝——以价格制胜。经过缜密的策划之后，2002年4月，面对百余名记者，升达公司突然抛出《空调成本白皮书》文中指出，一台1.5匹的冷暖型空调的生产成本为1 378元，加上销售费用370元、商家利润80元、厂家利润52元，市场零售价应该是1 880元。而当时市场上同为1.5匹的其他空调价格大多在2 800元到3 800元之间。

升达公司在公布空调成本的同时，将其空调产品全线降价，平均降幅达20%。升达公司得罪了同行，却赢得无数的消费者。2003年，升达空调销量达到了250万台，进入国内前三强，比2002年高出近100万台。升达公司发动的价格战也使整个空调行业的产品价格节节下滑，市场均价从2002年的2 500元降到2003年的2 000元。

升达公司在空调制造业发动价格战并非鲁莽之举，而是以其自身优势为底气的。首先，在升达公司家乡N市，做空调配件的企业很多，整个空调产业链已经成型，升达公司通过整合这些企业，产品零部件自制率达到90%，与同类企业一般不超过50%的自制率相比，在零部件成本、生产率、设备利用率、规模经济等方面都具备整机制造成本优势。以空调的关键元器件冷凝器和蒸发器为例，其成本在空调总成本中分别占80%以上，而升达公司自2000年建立分厂以来，该种元器件的成本就下降至原来外购时的3/5左右，而且质量更好。

其次，公司在2001年引起全球最先进的信息化管理工具ERP，配合内部各个部门严格的承包制的实施，对提高企业效率和降低运营成本起到了极大的作用。

再次，在采购环节，升达公司同时采用自制和外购两条路线，当自制的质量和价格有优势时，采用自制；当自制明显不如外购有竞争力时，就毫不犹豫地采用外购，甚至关掉自制部门。升达公司借鉴国外企业“全球论质比价采购”的模式，其加工蒸发器和冷凝器的自动生成设备购自J国；保证镀层10年不脱皮泛锈的瓦格纳喷涂设备是引进D国的；制造空调塑壳的ABS粉料来自H国；机身上的所有接插件购自M国。这些设备和原料共有的特点是品质在全球范围内相对较好，价格最低。

最后，以年轻人为主体的人员结构和灵活的民营企业机制是升达公司成本优势的又一源泉。升达公司是新办的企业，没有下岗职工和离退休人员的负担；升达公司发挥其灵活的民营企业机制，实施全方位的承包责任制，激发了各级人员的积极性、主动性和创造性，对于提高企业效率和降低运营成本发挥了重要作用。

资料二

然而，质疑甚至批评之声一直伴随着升达公司：“升达公司的‘价格屠夫’策略是不是在自断创新之路?”“升达公司低价营销得到了规模优势，但牺牲了品牌优势。”近年来随着国内消费升级与产品更新换代，大众的空调消费需求开始从“功能型”向“品质型”转变。升达公司日益认识到启动新的战略转型的必要性与紧迫性。

早在2012年，升达公司就敏锐察觉到互联网发展的大趋势，积极与电商平台合作，在整体布局上确定了互联网、智能化发展战略。为了避开与国内空调行业优势品牌的正面较量，升达公司将目标客户聚焦在新一代网络消费群体，充分依托电商平台，用18～35岁年轻消费者熟悉的代言人和沟通方式，建立起年轻化、时尚化的品牌形象，打造了“倾国倾城”“淑女窈窕”等情感化的明星产品，吸引了一批有时尚要求、重情感又注重性价比的年轻人群。这样的选择让升达公司的产品品质与创新力不断提升，从而实现了跨越式的增长。在随后的2013年，升达公司开始进行企业产品升级，累计投入超过30亿元用于技术创新、效率提升。先后推出二级供应链管理、引进全球领先检测设备、吸纳超过50%的硕博人才组成创新研究团队，从根本上把控产品品质。

2017年，升达公司智能工厂落成投产，以更加标准化、高周转率的技术实力，实现产品品质的又一次提升；在J国建立研发中心，实现智能化产品占比超80%；筹建多个智能制造基地，累计投资超过150亿元，为实现空调产业全智能一体化做好准备。

资料三

2017年下半年以来，升达公司意识到，虽然电商存量市场很大，但增长速度开始下降，线上流量红利在下滑。面对市场环境新的变化，升达公司采用了两个新的战略举措。

一是与国内著名电商普天组建联合团队，打通商家与平台的供应链，全面提升电商渠道供应链效率。升达公司和普天旗下天鸟、乐淘融合的智慧供应链系统销售预测准确率达到70%。升达空调原来的电商渠道供应链SOP（即标准操作程序）分为18个节点，操作共需33个小时，新的系统上线以后优化为6个节点，操作只需1个多小时，大大提升了供应链效率。

二是抓住国内电商平台纷纷下沉开店的机遇，向基层市场渗透，逐步熟悉终端零售商渠道。升达公司放弃了向经销商层层压货完成销售任务后给予返利的销售模式，而是采用“互联网直卖”方式，只发展一层终端零售商，产品订货起点定为8台。这样做的好处是投资少，不压货。目前升达公司拥有1.5万多家终端零售商，这些终端零售商通过手机App直接下单，升达公司接单后通过各区域的仓储中心调配，由第三方物流送货到店。升达公司已建成社会化的售后服务网点7500个，覆盖国内98%的县市。终端零售商或用户通过云平台寻找所在地的升达公司售后服务人员，由他们抢单帮助安装、维修。在“互联网直卖”模式下，终端零售商不管卖多少台产品，每一台的利润都是固定的，不和总销量挂钩。这不仅有利于市场价格体系的稳定，也克服了传统模式下渠道库存严重、层层加价、经销商资金周转慢、利润不稳定等弊端。

2018年11月，升达公司与以线下销售为主的长宁家电零售公司合作，共创智慧零售新模式。升达公司作为长宁家电品牌主力军，通过长宁零售公司快速开启渠道下沉绿色通道，从线上渠道转移至线下渠道，在运营上借助长宁零售公司在市场上的口碑和服务，形成很强的品牌竞争力。

2018年12月，升达公司召开新闻发布会，宣布启动“双轮战略”规划，从以前“通过厂家直供的方式真正让利于经销商，打造至真至诚的利益共同体”，进一步延伸到“以升达公司主导产业为基础搭建O2O（即online To offline，线上到线下）平台，为更多中小企业服务，全面赋能线下经销商”。“双轮战略”的实施，将进一步实现线上线下融合、深耕零售发展的模式。

2018年，升达空调总销售量达到1 500万台，在国内排名第三；在电商平台上，升达是销量最大的空调品牌。升达公司致力于推动模式创新、技术革新、品质升级，已然成为国内家电行业的佼佼者、互联网时代空调智能化的“领头羊”。

要求：

（1）从市场情况与资源能力两个方面，简要分析从2002年开始升达公司实施成本领先战略的条件。

（2）简要分析升达公司在1999年之后、2012年之后、2017年之后所意识到的市场风险，并简要说明升达公司相应的三次战略转型（变革）的类型。

（3）依据资料二，简要分析作为跟跑者的升达公司在与国内强大竞争对手竞争时所体现的蓝海战略特征（即红海战略和蓝海战略的关键性差异），简要分析升达公司在竞争激烈的空调市场开辟新的生存与发展空间的途径（即蓝海战略重建市场边界的基本法则）。

(4) 依据企业价值链两类活动，简要分析升达公司的主要竞争优势。

(5) 依据信息技术与企业价值网相关理论，简要分析2017年下半年以后，升达公司所采用的新的战略举措，是如何在网络经济背景下，构建以顾客为核心的价值创造体系的。

(6) 简要分析升达公司与普天公司、长宁公司结成战略联盟的动因。

(7) 依据市场营销组合四个要素，简要分析升达公司在其三次战略转型进程中市场营销组合策略的变化。

综合题2

2010年4月，由6名工程师、2名设计师组成的联合团队创建的科通科技公司正式成立。公司成立之初，时任CEO的霍兵与他的合伙人们就有一个想法：要做一款设计好、品质好而价格又便宜的智能手机。

2010年的手机市场，还是国际品牌的天下，功能机仍是主体，智能手机的价格至少也要在3 000～4 000元。虽然也有一些国产品牌手机，但大多是低质低价的山寨机。

为了开发物美价廉的智能手机，科通公司首先运用互联网工具，让用户参与到手机硬件的设计、研发之中，通过用户的反馈意见，了解消费者的最新需求。而此前其他公司的研发模式都是封闭式的，动辄一两年，开发者以为做到了最好，但其实未必是用户喜欢的，而且一两年时间过去，市场很可能已经变化。其次，科通坚持做顶级配置，真材实料，高性能，高体验，强调超用户预期的最强性价比。再次，以品牌和口碑积累粉丝，靠口口相传，节省大量广告费用。最后，开创了官网直销预订购买的发售方式，不必通过中间商，产品就可以直接送到消费者的手上，省去了实体店铺的各种费用和中间的渠道费用。

2011年8月16日，科通公司发布了第一款科通手机，这款号称顶级配置的手机其定价只有1 999元，几乎是相同配置手机价格的一半。科通手机2012年实现销售量719万部。2014年第二季度，科通手机成为国内智能手机市场的第一名，科通公司在全球也成为第三大手机厂商。

短短5年时间，科通公司的估值增长180倍，高达460亿美元，科通成为国内乃至全球成长最迅猛的企业，一度是全球估值最高的初创企业。霍兵总结科通公司成功的秘诀是"用互联网思维做消费电子，这是科通在过去5年取得成绩的理论基础"。在霍兵看来，"互联网思维"体现在两个关键点上：一是用户体验，利用互联网接近用户，了解他们的感受和需求；二是效率，利用互联网技术提高企业的运行效率，使优质的产品能够以高性价比的形式出现，这样才能做到"感动人心、价格厚道"。

科通的成功模式成为各行各业观摩学习的范本，大量企业开始对标科通，声称要用科通模式颠覆自己所在的行业，"做××行业的科通"，成为众多企业的口号。

然而，在2015年，迅猛增长的科通遇到了前所未有的危机。一方面，销量越来越大就意味着要与数百个供应商建立良好高效的合作协同关系，不能有丝毫闪失。而科通的供货不足、发货缓慢被指为"饥饿营销"，开始颇受质疑；另一方面，竞争对手也越来越多、越来越强大，H公司推出的互联网手机品牌R手机成为科通手机强劲的对手，O公司和V公司也借助强大的线下渠道开始崛起。芯片供应商G公司的一脚急刹车成为了导火索。在经历了5年的超高速增长后，2015年下半年，科通停止了飞速前进的脚步。由于市场日趋饱和，整个智能手机行业的增速在下滑，虽然科通手机2015年7 000万部的销量依然是国内出货量最高的手机厂商，但霍兵在年初喊出的8 000万部销量的目标未能实现。

科通的下滑并没有止住。2016年，科通首次跌出全球出货量前五，在国内市场，科通手机也从第一跌到了第五，季度出货量跌幅一度超过40%，全年出货量暴跌36%。而这一年，以线下渠道为主的O公司和V公司成为手机行业的新星，其手机出货量不仅增幅超过100%，而且双双超过科通进入全球前五、国内前三。

因为增速放缓，一直被顶礼膜拜的科通模式在这一年开始遭遇前所未有的质疑。科通公司似乎自己也乱了节奏，在渠道、品牌和产品等方面都出现了不少问题。

科通公司认识到过于迅猛的发展背后还

有很多基础没有夯实，亟待主动减速、积极补课。2016年，科通内部开始进行架构和模式多维调整。

（1）霍兵亲自负责科通手机供应链管理，前供应链负责人转任首席科学家，负责手机前沿技术研究。这意味着科通公司从组织架构上加大了对供应链的管理力度。

（2）开启“新零售”战略。所谓新零售就是指通过线上线下互动融合的运营方式，将电商的经验和优势发挥到实体零售中。让消费者既能享用线下看得见摸得着的良好体验，又能获取电商一样的低价格。截至2018年3月10日，全国范围内已经有330个实体店科通之家，覆盖186座城市。

（3）早年一直坚持口碑营销从未请过代言人的科通公司在2016年开始改变策略，先后请来几位明星作为代言人，赢得不少新老用户。

2017年科通公司开始重新恢复了高速增长。2017年第二季度，科通手机的出货量环比增长70%，达2316万部，创造了科通手机季度出货量的新纪录。2017年第四季度，在其他全球前五名的智能手机厂商出货量全部负增长的情况下，科通手机出货量增长了96.9%。

2014年，霍兵开始意识到“智能硬件”和“万物互联（Internet of Things，IoT）”可能是比智能手机还要大的发展机遇。于是，科通公司开启了科通生态链计划，运用科通公司已经积累的大量资金，准备在5年内投资100家创业公司，在这些公司复制科通模式。

科通公司抽出20名工程师，让他们从产品的角度看拟投资的创业公司，通过与创业公司团队的沟通，了解这家公司的未来走向。科通生态链团队不仅做投资，而且是一个孵化器，从ID、外观、结构、硬件、软件、云服务、供应链、采购、品牌等诸多方面给予创业公司全方位的支持。这些创业公司有一大半是科通生态链团队从零开始孵化的。但是，科通公司并没有控股任何一家科通生态链公司，所有的公司都是独立的。这样有利于在统一的价值观和目标下，生态链企业各自发挥技术创新优势，同时降低科通公司整体的内部协调整合的成本，规避经营风险。

科通生态链的投资主要围绕以下5大方向：（1）手机周边，如手机的耳机、移动电源、蓝牙音箱；（2）智能可穿戴设备，如科通手环、智能手表；（3）传统白电的智能化，如净水器、净化器；（4）极客酷玩类产品，如平衡车、3D打印机；（5）生活方式类，比如科通插线板。

2016年，科通生态链宣布启用全新的麦家品牌，除了手机、电视、路由器等继续使用科通品牌，其他科通生态链的产品都将成为“麦家”成员。2016年，科通生态链企业的总营业收入超过了150亿元。至2018年5月，科通已经投资了90多家生态链企业，涉足上百个行业。在移动电源、空气净化器、可穿戴设备、平衡车等很多新兴产品领域，麦家的多个产品已经做到了全球数量第一，科通生态链公司也出现多个独角兽（指那些估值达到10亿美元以上的初创企业）。

由于科通品牌给人们高性价比的印象已经根深蒂固，因此不少人认为科通生态链企业的产品无法赢利。但实际上，科通生态链企业已经有多家实现盈利。这是因为科通公司利用其规模经济所带来的全球资源优势帮助这些生态链公司提高效率，科通公司运用其全球供应链优势能够让生态链上的小公司瞬间有几百亿的供应链提供的能力。

科通公司还建成了全球最大消费类IoT平台，连接超过1亿台智能设备。正是通过这种独特的战略联盟模式，科通投资并带动了更多志同道合的创业者，围绕手机业务构建起手机配件、智能硬件、生活消费产品三层产品矩阵，科通公司也从一家手机公司过渡到一个涵盖众多消费电子产品、软硬件和内容全覆盖的互联网企业。

2018年7月，科通公司成功上市。

要求：

（1）简要分析科通公司从初创时期和上市之前企业宗旨的变化。

（2）依据“战略钟”理论，简要分析科通智能手机与科通生态链产品所采用的竞争战略类型；依据信息技术与竞争战略关系的相关理论，简要分析科通智能手机与科通生态链产品所采用的竞争战略的实施条件。

（3）“科通的成功模式成为各行各业观摩学习的范本”，依据核心能力评价理论，简要分析本案例中向科通公司学习的企业进行基准分析的基准类型。

（4）简要分析科通公司在2015年所面临的市场风险。

（5）简要分析科通公司2016年所采用的收缩战略（撤退战略）的主要方式。

（6）简要分析科通生态链所采用的发展战略的类型、途径及动因（或优点）。

（7）简要分析科通公司的企业能力。

综合题3

广源天药集团是一家专门生产医药产品，并且拥有独一无二的国家级保密配方和百年老字号品牌的医药企业，其核心产品广源天药在治疗出血、消炎等方面有非常好的疗效，在国内外享有很高声誉。

广源天药集团最初生产销售的粉剂产品，产品结构较为单一。随着人们经济生活水平逐渐提高，医药企业竞争日趋激烈，消费者对医药产品功能的要求也日益多样化。广源天药集团顺应时代发展，从1975年开始，针对药品剂型、便捷性、准确性等多方面的需求，在广源天药秘方原有剂型的基础上研制出系列新剂型、新品种，历经30多年时间，逐步开发构建了广源天药完整、庞大的产品群。如主打止血消炎的广源天药膏、广源天药酊，用于外伤止痛的广源天药气雾剂，具有止血功效的创可贴等。同时，广源天药深入挖掘创新以天然植物为原料的民族药物，成功研发出具有地方特色的新产品，如脑脉通口服液、宫血宁胶囊等。广源天药集团公司坚持稳老扶新，循序渐进的优化产品群结构，将自身独特的技术优势与多变的市场需求相结合，不断开发出新的高品质药品，赢得了消费者的信赖。

广源天药新产品开发最具有代表性的产品是广源天药创可贴。2000年，创可贴市场占领者国际品牌BD创可贴仅仅是一种卫生消毒材料，没有对伤口的止血和愈合功效。而广源天药的药性具有很强的止血和愈合功效。如果将广源天药的药性与创可贴的功效结合起来，可与其他创可贴形成功能性差异。但是当时广源天药不具备生产透皮方面的技术，为了快速推出此类产品，广源天药选择暂时不进行自主研发，与国外创可贴企业合作，广源天药提供创可贴的敷料部分，国外企业负责成品生产。2001年3月广源天药投资成立专业透皮研究部门，主要对创可贴进行研究开发，引进日本更先进的生产透皮技术，委托国内企业加工生产8 000多万张，产量比2000年增长了近100倍。随后投资300万元建立广源天药创可贴生产线，并投资2 000多万组建医药电子商务公司，完善创可贴销售网络。2004年广源天药创可贴年销售额合计达到4 000万元。2006年广源天药继续加大宣传攻势，着重广源天药创可贴弥补了其他同类产品只能护理不能治疗的缺陷，彻底打破了BD独霸创可贴天下的局面，当年广源天药创可贴与BD的市场比率由2000年的1∶10增长到1∶2.6。随后广源天药集团成立主要生产经营透皮产品的事业部，并于2011年收购国内一家制药厂，作为与透皮事业部相配套的生产企业，2012年广源天药创可贴销售额再创新高，达到4亿元，到目前为止，广源天药仍然是创可贴行业的翘楚。

广源天药并没有止步于药品系列的开发。广源天药集团管理层考虑，一方面，广源天药集团进入国家基本药物目录的药品在价格上受到限制，招标采购模式也使得药品维持在一个较低的价格水平，毛利率较低；另一方面，一种药品从立项、临床报批到进入市场需要很长的周期和资金投入，进入市场的结果也存在着未知的风险，一旦产品销售不佳，会对广源天药集团产生较大的影响。因此，广源天药集团希望开发非药品业务作为公司新的利润增长源泉，这样，一方面可以获取足够的资金支撑企业研发新的医药产品，另一方面也可以抵御医药市场的竞争压力，规避产业发展风险。此外，广源天药集团管理层还期望充分发挥企业在药品经营中各种有形资源和良好的声誉品牌优势，进一步扩大公司生存发展空间。

早在2002年，广源天药集团就开始进军日化产业。先从牙膏产品入手。一般传统牙膏的主要功能是解决牙齿防蛀和清洁问题，而80%左右的成年人或多或少都有口腔溃疡或者牙龈萎缩、出血等问题。广源天药集团开始研发天药牙膏，利用天药的活性成分，开发出一种能帮助消费者减轻牙龈出血等口腔问题的独特的药物牙膏，2004年广源天药牙膏开始投放市场，市场反应良好，2005年天药牙膏销售收入接近8 000万元。在此基础上，广源天药集团又对产品进行不断改进和完善，2014年广源天药牙膏销售额突破19亿元，在国内所有牙膏品牌中的市场份额位列第三。

开发广源天药牙膏的成功激励着企业进入其他日化产品领域。2008年初与日本高端品牌化妆品企业S公司签订化妆品转让技术，进行护肤类化妆品研究、开发、生产及销售。2010年广源天药集团投资500万组建健康产品事业部，主要进行健康护理产品类的生产经营。从2009年到2014年，公司相继推出健康类个人护理产品沐浴素、洗发水、护发素、面膜、护手霜、卫生棉等新产品。

从2003年以来国内房地产行业突飞猛进，房地产的巨大利润吸引了广源天药集团。2006年广源天药集团投资成立100%控股的广源天药置业有限公司，主营房地产开发，注册资本1 000万元。2011年又成立了物业服务有限公司，为集团的房地产公司提供配套物业服务。2012年集团又投资38亿元在大理修建集旅游、休闲、养生、娱乐为一体的度假村。2013年7月广源天药集团出售了广源天药置业有限公司所有股份。

广源天药集团多元化经营的各个领域的经营状况呈现出多种不同态势。

（1）医药板块稳步增长。公司医药产品中已经有6种产品销量过亿元，其中最高的销售额超过10亿元。

（2）日化板块仅有牙膏一枝独秀支撑，其他日化产品发展不佳。2004～2014年广源天药牙膏的销售额从3 000万元上升到19亿元，成为广源天药集团利润增长的主要产品之一。然而，其他的日化产品都销售不佳，发展势头萎靡不振。几种主要产品市场占有率大大低于外资品牌，也低于国内其他著名品牌。目前市面上已经很少能看到广源天药的沐浴素、洗发水、面膜、护手霜等产品的踪迹。

究其原因，广源天药日化产品的开发和发展，虽然都能够依托集团公司强势的品牌效应，但是，只有牙膏产品能够将广源天药集团的核心竞争力真正体现出来。其一，广源天药牙膏运用公司的关键资源——广源天药粉的神奇功效，使得广源天药牙膏具有独特的治疗功能；其二，广源天药牙膏首先采用药品的销售渠道是医院和药房、网络销售渠道，随后才进入超市等渠道。这样有利于在产品问世时显现出药企的背景，让消费者觉得质量有保障，并且巧妙避开了与行业龙头的直接竞争，还可降低前期的销售费用。而其他日化产品由于其产品功能和特点无法体现广源天药粉的独特优势，因而难以成功。

（3）房地产板块经营不善。广源天药集团在2006年房地产行业发展热火朝天的大好形势下进入房地产行业，但是房地产行业与广源天药集团的主营业务不存在联系，在生产技术、市场、营销等方面也无法产生协同效应。广源天药集团没有强大的资源和人才来支撑这个庞大的房地产业务体系，致使房地产业务在5年内4年都是亏损，侵蚀了集团的资源，占用了人力，还占据了企业大量的现金。广源天药集团管理层没有审时度势和合理分析房地产行业的未来走势，没有结合集团房地产业务连续数年亏损的实际和房地产整个行业的发展现状及时做出调整，却于2012年反其道而行耗费38亿元兴建度假村，直到2013年才出售广源天药置业有限公司退出不良业务。

近年来，广源天药集团由于多元化经营资源分散，不仅导致其在缺乏核心优势的产业中经营绩效不佳，而且对其主业带来了负面影响。2007～2014年广源天药集团有4种药品进入国家药监局不合格药品名单，其中影响最大的是2012年国内某省药监局查出广源天药胶囊的水分不合格，相关产品被召回，广源天药集团被列入医药企业黑名单，该省药物采购联合办公室取消了广源天药胶囊中标权利和网上采购资格，并且在2013～2016年严格禁止广源天药胶囊进入该省基本药物统一招标采购目录。从2007～2016年9年间，广源天药至少10次因为部分药品质量不合格、夸大广告疗效等原因导致负面消息，这些负面消息无疑给广源天药集团的企业形象和口碑造成了不良影响。

要求：

（1）依据市场营销组合的产品策略，简要分析广源天药集团医药板块产品组合策略的类型及产品开发的原因。

（2）简要分析广源天药集团开发广源天药创可贴过程中所实施的发展战略的几种途径。

(3) 简要分析广源天药集团实施多元化战略的动因（即多元化经营的优点）与风险。

(4) 运用辨别企业核心能力的3个关键性测试，简要分析广源天药集团在医药板块、牙膏、日化其他产品、房地产4个领域是否具备核心能力。

(5) 简要分析广源天药集团在医药板块、广源天药牙膏两个领域研发的类型、动力来源与研发定位。

(6) 简要分析广源天药集团在经营中面临的运营风险。

综合题4

资料一

20世纪90年代，兰微公司在C国推出微波炉产品。兰微公司充分利用市场对微波炉产品价格的高度敏感，通过集中生产少数品种、规模经济、减少各种要素成本、提高生产效率、不断改进产品工艺设计、承接外包等多种手段降低成本，以“价格战”不断摧毁竞争对手的防线，抬高行业的进入门槛，使自己成为微波炉行业的“霸主”，国内市场占有率超过70%，全球产量占比超过30%。国内微波炉生产厂商也从超过200家迅速下降到不足30家。

1999年，在众人的质疑声中，光美公司宣布大举进入微波炉行业。光美公司当时的战略决策是基于两点理由：一是从制造技术的角度看，微波炉和光美公司生产的电饭煲、电磁炉等产品都是使用电能转换加热系统，因此对微波炉的技术研发、生产制造和营销网络都有着极其便利的条件和经验，还可以利用光美公司在其他厨具小家电市场上树立的品牌优势开拓市场；二是光美公司的主打产品空调、风扇等，销售旺季集中在每年的3~8月，在其余时间里资金和经销商资源的利用都明显不足，而推出微波炉产品可以弥补这一缺陷，有利于优化公司整体运作和产品结构，建立新的增长点。

对于光美公司的挑战，兰微公司予以迎击，不仅再次举起了“价格战”的大旗，而且宣布大举进军光美公司已拥有优势的产业，如空调、冰箱、风扇、电暖气等产业。针对兰微公司的行为和兰微公司价格血洗形成的行业规模壁垒，光美公司的微波炉业务确立了“低成本、规模化”的跟随发展策略，利用光美公司强大的品牌优势、销售网络和资源实力，以“低价渗透”的方式与兰微公司展开正面的激烈对抗，开启了微波炉行业“两强争霸”的征程。

在与兰微公司竞争力的对比分析中，光美公司清楚地看到自己的微波炉业务竞争地位不稳固，多年来一直被迫接受价格战，而没有通过差异化创新建立与兰微公司相抗衡的产品特色和品牌形象。

2006年，在一次光美公司每年例行的经营策略高层研讨会上，与会人员对微波炉行业的发展趋势和公司应对策略形成了统一的判断和认识。

与炉灶等加热工具相比，微波炉具有多种优点，它不仅能快速加热或烹调食物，而且没有油烟，还能保持食物的原汁原味与减少营养损失。在C国，虽然80%以上的家庭已经使用微波炉，但微波炉只是作为一个加热工具，它的多种优点还未被消费者充分认识。同时，市场上的微波炉设计、构造与性能雷同，缺少创新型产品。如果能够开发并向市场推出使消费者迅速认识并接受微波炉的多种优点的产品，微波炉市场将进入另一个高速发展期。

光美公司对全球微波炉产销调研情况显示，在国际市场，日本、韩国垄断了中高端市场，C国企业控制了中低端市场，而全球微波炉市场中低端制造向C国转移已经接近尾声。随着材料成本、物流成本的加速上升，微波炉行业的利润空间将进一步缩小。日本、韩国企业在规模、产业链的配套上不如C国企业，成本劣势将进一步凸显，只能逐步退出制造领域，因此为C国企业进入中高端制造领域、实现中高端产品出口增长提供了机会。

与会人员一致认为，公司应当从以跟随为主的“低成本”战略向“差异化”战略转变；公司竞争的焦点应当从关注竞争对手向关注消费者、关注客户需求转变；用3~5年时间，扭转目前品牌竞争的被动局面，由“中低端”向“中高端”转变，最终超越兰微公司成为全球微波炉行业霸主，成为全球最优秀的微波炉供应商。

资料二

光美公司于2006年在国内率先推出具备

蒸功能的产品，这不仅是第一款针对国内市场消费者使用习惯开发的本土化创新产品，实现了C国传统烹饪习惯与微波炉功能优点的有效结合，而且在核心技术上形成了对兰微公司的技术壁垒，突破了兰微公司的价格和产品封锁。经过将近一年的推广，市场反响很好，显示了巨大的发展潜力。光美公司决定通过对微波炉“蒸功能”的持续升级和传播实现战略转型，扭转在国内市场上竞争的被动局面。

2007年，公司确立了以“80后”白领阶层以及一二线城市家庭作为具备“蒸功能”微波炉的主要目标客户群，推出了第二代具备蒸功能的产品——“全能蒸”微波炉，这款微波炉可以使国内8大菜系的代表性菜式烹饪通过“蒸功能”实现，并将健康、营养、口感、杀菌与外观的时尚及使用的安全、便捷、完美地结合在一起。此后，光美公司以“蒸功能”为主题的产品功能不断升级，针对不同消费群体的产品线不断扩充，“蒸文化”逐步普及，公司和产品的品牌形象日益鲜明。

2008年，光美公司发布了5个系列14款“蒸功能”微波炉。该产品在智能化、时尚设计方面对第二代产品进行了升级，并针对不同细分市场推出系列新品。

2009年，公司第三代产品“蒸立方”面世，该款产品创造了三项纪录：首创新的蒸技术，即不借助其他器具，由蒸汽将食物蒸熟；首创炉腔内蒸汽温度达300℃，使食物脱脂减盐，更有效地保留营养；首创自动供水、排水系统，使用更加便捷，也更省电。

2010年，光美公司发布第五代“蒸功能”系列新品，新产品顺应节能、绿色、环保的时代潮流，率先将历时4年开发的变频技术应用在微波炉上，产品更节能。同时，光美公司宣布，退出300元以下微波炉市场，主流变频蒸立方产品价格集中在3 000~5 000元，最高端变频高温产品的零售价格高达10 000元。

2012年光美公司发布了半导体、太阳能和云技术微波炉三大创新产品，而且宣布把蒸立方作为独立的高端品牌。从2012年开始，超市系统将停止销售399元以下产品，在连锁销售系统中将停止销售599元以下产品。光美公司解释，从光美公司掌握的数据看，国内市场的高端化消费趋势已经非常明显，低端产品对消费者已不具吸引力。

光美公司在不断创新和推出产品的过程中，成功地开展了一系列促销活动。

2006年，光美公司开启了以“食尚蒸滋味”为主题的全年推广活动，首次在各大电视台开展广告营销活动，同时在全国主要市场开展产品的循环演示活动。2008年，光美公司主办了“蒸夺营养冠军”的全国推广活动。2009年，光美公司推出“全蒸宴”的全国演示推广活动。2010年，光美公司推出“蒸出营养与健康——光美公司蒸立方”微波炉的电视形象广告片。

配合线上的品牌广告推广以及线下的循环演示活动，2010年光美公司耗巨资在国内主要城市的核心终端，开辟了1 000个“蒸立方”品牌专柜。

2011年公司开发上线了新一代营销管理系统，该系统实现了全国主要终端的销售、库存数据动态更新，公司能及时了解市场销售变化情况。2012年光美公司推出另一项重大变革措施，变以产定销为以销定产。这项变革成效显著，仅2012年第一季度工厂库存就下降了60%。

自2007年起，光美公司在海外前15大市场设立了区域经理，同时针对不同区域的主流客户设立了专门的产品开发团队。通过资源的聚焦、本土化市场拓展以及公司技术、品牌等后台支持体系的不断强化，至2010年，光美公司生产的微波炉在9个国家成功实现对竞争对手产品的超越，在10个国家中市场占有率排名首位。

资料三

提升自主创新能力一直是光美公司努力的方向和管理的重点。光美公司在这方面开展的主要工作：

（1）确定公司技术发展方向以及技术发展路线。2009年公司制定了三年技术路线图，其中不仅规划出公司主要技术发展方向，而且第一次将产品实现技术（关键制造技术）纳入技术规划中，形成基础研究、核心技术研究、产品开发的阶梯创新模式，实现了技术与市场的有效对接。

（2）开展广泛技术合作。2008年光美公司引进变频器开发的鼻祖——日本D公司的变频技术以及高温蒸汽技术和生产工艺。经过一年多的消化吸收，公司于2010年在国内市场推出“变频蒸立方高端新品”，树立了光美公司在微波炉“蒸功能”上的绝对技术领先地位。此外，公司广泛开展与国内外科研院校、零部件供应商在研发项目上的合作。公司还与其他单位建立联合实验室，开展长期的合作研究。

（3）投入巨资改善软硬件条件。到2012年年底，光美公司研发体系的人员从转型前的约100人增加到240人，形成了10多个前沿、关键的技术研究团队。公司调整了研发项目激励方式，提高了基础研究项目的激励比例。同时，公司调整了科技人员的薪酬结构，减少年底绩效收入，提高固薪，以稳定研发队伍。公司累计投资3亿多元，建立了包括零部件质量检验、整机性能寿命检测、消费者体验研究、营养分析等在内的全球最先进、最完善的研发测试体系。

（4）大刀阔斧进行组织变革。2009年之后，公司不断完善基于以市场、客户为导向的矩阵式管理模式，各产品、客户经理对经营结果负责，并拥有相应的产品企划和定价、供应商选择、人员选择等关键决策权力；其他管理人员在各自职责体系中对产品、客户经理经营提供后台支持。

（5）变革学习、考核机制。公司不断加大对各类人员培训的投入，同时转变培训方式。公司要求中高层管理者每年必须走访市场不少于4次，倾听市场和客户的声音。公司定期组织中高层管理者赴日本、韩国企业进行学习交流取经。公司每年投入超过1 000万元的培训费用用于员工的专业技能培训。公司出台专项政策，鼓励员工进行再学习、再深造。公司经常组织读书心得分享会，书目由公司总经理亲自选定，均与公司当期推动的变革措施有关。光美公司的绩效导向文化逐渐深入员工骨髓，公司也结合各阶段工作重点在绩效考核导向方面进行不断的调整和优化。

（6）提升成本竞争力。为了避免差异化成本过高，光美公司通过加大部件自制、精益运营、加强价值链信息共享和协同降低运营成本等手段来创新成本管控，解决成本与结构升级的矛盾，应对资源要素价格的持续上升，保证成本优势。

经过多年的努力，光美公司在2010年成功超越兰微公司成为微波炉出口冠军；在2012年，光美公司微波炉国内市场品牌价格指数全面超越兰微公司，由行业跟随者升级为行业领导者，跳出行业“价格战”的恶性循环，实现了企业业绩持续增长。

要求：

（1）简要分析光美公司实行多元化经营进入微波炉产业的动因（即采用多元化战略的优点）；

（2）简要分析兰微公司微波炉产品实施成本领先战略的条件（从市场情况、资源能力两个方面）与风险；

（3）简要分析光美公司微波炉产品战略转型、实施差异化战略的条件（从市场情况、资源能力两个方面），以及光美公司如何防范差异化战略的风险；

（4）简要分析兰微公司为阻止光美公司进入微波炉产业所设置的行为性障碍；

（5）简要分析光美公司战略变革的主要任务；

（6）简要分析光美公司战略转型中研发的类型、动力来源和定位；

（7）依据市场营销组合四个要素，简要分析光美公司如何运用市场营销来实现战略转型。

综合题5

资料一

C国蓝先生在D国攻读物理学硕士学位期间，兼职于D国一家光伏产业的公司，从事光伏组件的销售业务。蓝先生熟悉太阳能电极板零部件产品的销售渠道及客户群体，积累了丰富的销售经验及客户资源，善于搜集客户需求信息，并能够根据客户需求对产品提出改进的建议。

2008年蓝先生回国创业，与几位具有丰富行业经验的有识之士按不同比例出资成立了蓝天公司。蓝天公司认为，石油、煤炭等传统能源都是不可再生能源，而且会产生污染。太阳能是传统能源重要的替代品，光伏产业作为对太阳能的开发利用，已经被社会接受并获得推崇，国内外市场需求不断攀升，市场潜力巨大。各国政府鼓励光伏产业发展的政策相继出台。光伏产业生产技术已被市场认可，企业生产成本与产品价格不断降低。蓝天公司因此选择生产太阳能光伏电池板，产品主要出口欧洲市场，供光伏设备装机时使用。蓝天公司的产品在欧洲市场的交易以美元结算，以预防欧元币值的大幅度变动。

蓝天公司的光伏电池板是基于以往积累的客户需求做出的改良产品，研发成本较低，相对市场上的一般产品具有一定的优势。蓝天公司根据市场变化，不断对产品进行再创新，比同行业的竞争者获得了更高的利润和更多的客户。

在C国，由于近年来国际市场对光伏产品需求的快速增长和光伏产品的丰厚利润，吸引了大量产业资本蜂拥而入。一些低端制造企业，也从2009年起投资或组建光伏项目，光伏电池板生产企业很多。蓝天公司基于自身的技术与外销渠道优势，与国内多家光伏电池板生产商达成协议，采用代工模式（OEM），由生产商按照蓝天公司的订单要求，为其提供符合标准的产品。

蓝天公司的主要客户是欧洲太阳能发电企业。欧洲国家的太阳能发电产业发展迅速，对光伏电池板需求很大，且不断增长，为公司提供了广阔的发展空间。

基于自身优势及市场状况，蓝天公司将收付款模式设定为：在收到合格产品后支付生产商一半货款，在收到客户全部货款后发货，在客户确认产品无误后支付生产商剩余货款。由此，蓝天公司可以很好地控制资金周转，也有效防范了一些销售舞弊行为。同时，不必在生产阶段投入资金，仅赚取产品购销差价，以最小的资金投入获得最大的资金收益。

蓝天公司的光伏电池板业务经营很成功，至2010年已实现净利润1 900万元。

资料二

2010年年底，蓝天公司召开股东会，研究公司下一步发展方向。蓝先生认为，对于太阳能光伏电池板制造商而言，进军电池板销售业务领域障碍不大。根据他了解的信息，受利润吸引已经有更多的企业投入这一行业中，其中不乏一批大型太阳能光伏电池板生产企业，这些企业产销一体的优势对蓝天公司业务形成威胁，且对市场的供需状况带来重大影响，2011年以后的市场并不乐观。因此蓝先生认为，公司应该基于自身的研发实力，开发新的太阳能光伏产品，以有效规避光伏电池板行业由卖方市场转向买方市场的市场风险，同时，可以充分发挥公司自身的优势，将企业做强做大。

根据市场环境的变化，蓝天公司开始研发和生产光伏电池接线盒。接线盒在光伏电池组件中起着非常重要的作用。蓝天公司凭借自身研发实力很快研制出新型光伏电池接线盒，并开始投放市场。这使得蓝天公司的客户从原来的光伏发电企业，扩展到光伏电池板的生产企业，使公司原来的供应商变成了公司的客户。

蓝天公司研发的新型光伏电池接线盒供不应求，急需扩大生产规模。传统精密制造企业中山公司提出与其合作的意愿。中山公司正在寻求新的发展机遇，而与蓝天公司合作生产新型太阳能光伏电池接线盒，正是中山公司向新兴产业转型的契机。于是蓝天公司与中山公司以合资企业的形式达成上马新型太阳能光伏电池接线盒生产线的协议，目标是3年内实现1.5亿元的销售收入。根据协议，总投资为1 000万元，蓝天公司以研发成果及100万元资金为投入，占40%的股份，其余资金由中山公司投资，占60%的股份。该项目于2011年年初投产。

资料三

随着全球太阳能光伏产业的日益成熟，光伏产业技术革新日新月异，各国政府的相关政策也在不断调整，C国政府已经缩减了对光伏行业的税收优惠政策范围。蓝先生认为，蓝天公司处于太阳能光伏产业的中游，必须向产业链的下游拓展，才能最终成为太阳能光伏企业中的重要一员。蓝天公司于2011年5月将发展方向投向太阳能光伏产业链的下游，开始从事光伏逆变器的研发工作，并于2012年8月底投入生产。在太阳能光伏发电系统中，逆变器效率的高低是决定太阳能电池容量大小的重要因素，与接线盒相比，逆变器具有更高的科技含量，产品进入门槛更高，也意味着竞争对手相对减少。

对于新研发的光伏逆变器及其生产线，蓝天公司采用了不同于与中山公司合作的方式，以投入自有资金为主，再吸收部分风险投资资金入股，以有效降低融资成本，并能完全掌控生产线的运作。

2011年，C国大型制造企业上天公司提出与蓝天公司共同开拓光伏产品海外市场的意向，蓝天公司与上天公司签订了营销合作协议，由蓝天公司负责上天公司产品在海外市场的销售。至此，蓝天公司从基于合资形式的太阳能光伏电池接线盒生产线，到采取控股方式的太阳能光伏逆变器生产线，再到与上天公司合作的太阳能光伏产品贸易业务，蓝天公司在光伏产业中的产业链不断延伸，其组织结构也从创业期的职能制发展成为矩阵制。蓝天公司正在一步步地实现“成为国内乃至全球太阳能光伏产业的优秀企业”的目标。

要求：

（1）从宏观环境角度简要分析蓝天公司2008年初创时光伏产业所面临的机会与2010年后光伏产业所面临的威胁；

（2）从产业五种竞争力角度分析蓝天公司从2008年开始经营光伏电池板业务时所面临的机会与2010年后所面临的威胁；

（3）阐述企业战略联盟的主要类型，简要分析蓝天公司与合作伙伴所结成的战略联盟的类型、各方的主要动因；

（4）简要分析蓝天公司企业能力的主要表现；

（5）简要分析蓝天公司在发展中注重规避的主要市场风险；

（6）依据《企业内部控制应用指引第9号——销售业务》，简要分析蓝天公司在采用OEM方式经营光伏电池板业务时注重规避的主要风险，并分析蓝天公司在此项业务中还应当防范哪些风险。

综合题6

资料一

20多年前，欧洲N公司的产品线很长，除移动通信产品以外，还生产纸张、电视机、电脑、电缆、轮胎等。1995年，N公司新任总裁Q先生一上任，就抓住时机促使管理层和员工达成共识，专注电信业务，执行以移动电话为中心的专业化发展新战略，将造纸、轮胎、电缆、家用电器等业务压缩到最低限度，甚至出售了当时规模位居欧洲第二的电缆生产业务，以集中90%的资金和人力加强移动通信器材和多媒体技术的研究和开发。

在战略变革中，N公司注重人才的培养，通过各种渠道，创造优越条件，让员工去实现他们的个人价值。在实现“以价值观为基础的领导”理念时，N公司始终在寻找和保持一种领导和管理之间的平衡，也就是通过领导的影响力，使企业的价值观渗透到员工的思想和行动中去。

这种独特的企业文化，使广大员工凝聚到一起。N公司以其顽强的成本控制能力、快速的市场反应、持续的产品创新、严格而完善的质量控制与检验、人性化的售后服务等优势，成为欧洲手机行业的龙头企业。

正是这些组织优势使得N公司能在2G时代以最快的速度和最新的技术研制出用户最需要的高质量产品，产品型号的更新犹如时代的变化，使人应接不暇，层出不穷的每一款手机都代表着N公司一次经典性创新，最终N公司超越欧美两家手机生产企业，成为全球手机市场老大，成为2G时代当之无愧的市场“霸主”。

资料二

早在20世纪90年代，N公司CEO Q先生就曾预言，通话将成为手机的一个附加功能。2006年年底，N公司原首席执行官K先生接任CEO后，明确提出未来互联网将与手机融合在一起，N公司要“站在这一新时代的前沿”，成为一家移动互联网公司。

然而，正如N公司一位高管曾说，“N公司醒悟得很早，但是当时N公司并没有考虑清楚自己要做什么类型的互联网公司，不清楚互联网公司的内涵是什么，也不清楚怎么干。”在2006年至2007年期间，N公司对在线业务的投入高达100多亿美元。先后设立了游戏平台、在线音乐商店、邮件服务平台，不断的变化无法让用户对N公司的业务产生清晰的理解和记忆。

拥有5 000名创新人员和专业研究机构的N公司。虽然很早就预见到未来手机行业的发展，但其产品开发的指导思想还停留在2G时代，产品研发所解决的问题还是如何更好地实现通信功能。虽然现在大量被智能终端所普遍采用的技术，如纳米科技、可视化、感应器、触控等当时在N公司的研发都成熟到了可应用的地步，但由于没有在企业内达成共识，这些新技术不仅被束之高阁，而且被竞争对手所用，甚至成为竞争对手产品的主要特色。

由于对新技术的认识不能在组织内部达成一致，新的组织惯例也就很难在各部门之间得到有效执行。N公司的员工普遍认为“当我们最早提出转型口号时，企业内响应的人较少。大家也是在看热闹，并不觉得这个改变真会发生。当时有种孤掌难鸣的感觉，只有你一家改变，很难把产业链做起来”。

N公司的互联网战略惯性地保持着2G时代的战略思维，做手机意味着卖插件。互联网是手机式的互联网，要以手机为主导。2003年N公司买入塞班操作系统。在实践中，N公司发现塞班操作系统不适合3G时代的网络，它承载不了互联网庞大的流量。

面对以3G为标志的移动互联模式和以“硬件+软件+移动服务”为商业模式的手机行业新的游戏规则面前，N公司显得力不从心。对于发展迅速的发展中国家C国移动网络商的合作要求，N公司也因以相当傲慢的态度拒绝而失去了占据C国3G市场的绝佳时机。

2007年，发达国家D公司的第一款iPhone诞生，并迅速成为手机界的一朵奇葩，紧接着，原先只搞搜索引擎的G公司也带着刚刚买来的安卓系统，强势踏进移动通信领域。从这一刻起，N公司的好日子彻底结束了。截至2010年年末，安卓系统在智能手机市场的占有率已经超过了塞班系统，成为世界上最受欢迎的智能手机操作系统。与此同时，手机的品牌界限逐渐消失，很多以往名不见经传的手机品牌因为搭载了安卓系统而与知名品牌一起，对N公司构成了巨大威胁。2G时代N公司面临的只是其他手机厂商的竞争。到了3G时代，有线、无线、图像视频、娱乐、电子商务等在不断融合，N公司将要面对更多的未确定的竞争对手。

资料三

面对巨大的挑战，N公司不得不再次进行新的战略变革。

第一步是放弃塞班系统，采用微软系统。N公司宣布与V公司合作开发Windows Phone系统。放弃塞班系统可以为N公司每年节省大约14亿美元的开支，而Windows Phone系统则是N公司在研究出可以替代塞班的新智能手机系统之前的过渡系统。

第二步是用节省出来的开支加大对新兴市场特别是亚非国家市场的投入。据统计，仅2010年，N公司在亚非市场的销售收入已占N公司全部销售收入的33%。

第三步是实施大规模的人员调整计划，N公司计划在2012年年底前裁减雇员4 000人。2011年4月，N公司首席技术官离职。A先生走马上任，A先生要打造一支自己的开发团队。而这支开发团队将成为这个名叫“变革未来”新团队的核心，他们的任务是为N公司开发出塞班的替代软件。

要求：

(1) 简要分析1995年N公司前任总裁Q先生上任后所实施的总体战略的类型；

(2) 简要分析3G时代N公司战略实施过程中战略失效的原因；

(3) 根据《企业内部控制应用指引第2号——发展战略》，简要分析3G时代N公司制定与实施发展战略需关注的主要风险；

(4) 根据文化与绩效的关系，简要分析在2G时代和3G时代N公司文化对公司绩效的不同影响；

(5) 简要分析N公司“面对庞大的挑战不得不再次进行新的战略变革”的类型。

综合题7

资料一

1987年于深圳成立的夏兴公司在相当长的时间内都将精力放在交换机、基站等电信设备的研发与制造上，并不生产面向普通消费者的终端产品。直到2003年，夏兴公司才成立手机事业部，采用不做品牌而是与运营商合作的模式进行经营。由于利润微薄，该手机事业部是企业里的边缘部门。但是，随着触摸屏技术以及IOS、安卓等智能手机操作系统技术的逐渐成熟，以及工资水平和居民可支配收入的增加，自2007年开始，智能手机开始渗透到人们的生活、工作等各个领域，彻底改变了用户对于IT产品的使用习惯，其影响力比肩电视和PC端互联网。国家发改委、工信部也纷纷出台《关于组织实施移动互联及第四代移动通信（TD－LTE）产业化专项的通知》等政策，支持移动互联网的发展。

夏兴的掌舵人任承军认识到，公司的手

机业务一定要转型，于是在2010年12月召开了一次高级座谈会，公司的高层管理者悉数到场。任承军指出，产品设计一定要贴近客户，而不是闭门造车、不做品牌、不做渠道，怎么确定客户需求？这次会议从思想上坚定了终端转型的决心，此次会议被称为夏兴手机的“遵义会议”。与会人员对手机产业进行了深入细致的讨论和分析，形成了以下主要观点：一方面，消费者对智能手机的需求各不相同，有的顾客希望手机的操作系统方便好用，有的顾客青睐于续航时间长的手机，有的则希望手机有很强的拍照功能；另一方面，智能手机是拍照、触屏、电池以及芯片等多种技术结合的产物，很多企业在这些技术领域进行探索，创新此起彼伏。VIVO在电池续航能力方面取得了长足的进步，OPPO在拍照领域独树一帜。这些企业都希望可以通过技术创新使自己的产品与众不同，在激烈的市场竞争中能够获得顾客的青睐。这些企业已经初步取得了成功，基于独创技术开发出的新款手机销量都不错。夏兴公司的管理层认为，自身的强项就在于研发，每年投在研发上的费用平均占整个销售额的15%以上，这与苹果、IBM等国际性企业的投放水准不相上下。与会人员还指出，经过多年的实践，夏兴公司在研发人员激励制度建设方面已经取得了较好的成效，通过高薪聘用优秀应届毕业生、提供有助于个人成长与发展的广泛的培训计划以及带薪学习等多种措施，有效地激发了员工的积极性，并且在研发方面打造出了容忍失败、知识共享的文化氛围。因此，通过技术创新打造差异化的手机是完全可行的。基于上述分析，此次会议决定了夏兴手机不做运营商定制服务，要做消费者自己的品牌业务，还确定了三大转变：一是从中低端机转向高端机；二是从运营商贴牌手机转向自有品牌；三是由功能机转向智能手机。会议确定夏兴手机未来的发展方向是不断调整和扩充自己的产品，构建全面发展的智能生态系统。

资料二

为了更好地支持智能手机等移动终端业务的发展，夏兴公司于2011年对组织架构进行了大幅调整，终端业务被独立成业务集团运营。为了增强终端集团的研发力量，专门配备了开发团队，并在公司层面有独立的实验室为其提供研究支持。凭借着在研发领域的强大实力，夏兴公司迅速开发出一批“黑科技”。其独家研发的“智像”处理引擎可在弱光、微距、点光源等特殊环境下实现高清晰度成像；语音助手与夏兴云管端无缝对接，打造最适合中国用户的语音控制系统；独创的快速电力控制及自动非连续接听省电技术能够有效延长设备的续航时间，配合快速充电技术进一步优化效率。

夏兴公司凭借这些新技术在2012年推出了四个系列的手机产品，分别为Elite系列、S系列、T系列和乐享系列。这四个系列虽然都使用夏兴的品牌，但却有着不同的市场定位：Elite系列定位于高端商务，主要针对具有高收入水平的商务人士，在彰显商务人士的身份与品位的同时，更加注重满足他们对超长续航（视频会议、长时间通话）的需求；S系列手机产品的定位兼顾高端和中端市场，主要针对25～30岁青年人消费群体，产品着重满足这部分群体追求美观、时尚的需求；T系列针对25岁左右中等收入的白领人士，兼顾性能、时尚与价格优势；乐享系列则属于入门机型，主要针对那些收入较低的消费群体。为了满足顾客多样化的需求，每个系列手机又分为了普通版和加强版，顾客还可以选择不同容量的内存。

酒香也怕巷子深，除了过硬的产品质量和精准的产品定位以外，夏兴公司还通过多种手段打开产品的销路。首先，夏兴公司一直在努力塑造夏兴手机“梦想”与“坚持”的主题形象。2014年夏兴公司在《人民日报》等主流媒体推出的向“布鞋院士”李小文先生学习，以及2015年的“芭蕾脚”均大获成功。其次，通过电影《分手大师》植入式广告让更多的人认识夏兴手机。这样的广告在提升夏兴手机知名度的同时进一步丰富了夏兴手机的品牌内涵，在延续其“梦想”与“坚持”的品牌形象的基础上，又赋予了其灵活、搞怪与潮流的品牌内涵。再次，夏兴公司还特别重视渠道关系的构建，对渠道商给予了相当优厚的条件，比如给渠道商更高的利润分成，与之相交换的是渠道商给予夏兴公司更多的资源。最后，在价格方面，夏兴公司并没有采取之前的根据成本定价的策略，而是适当地提高了价格，提价所带来的利润相当一部分用作研发费用，这使得后续的手机能够有更好的性能和更多的功能。夏兴的付出终于获得了回报，其四个系列的智能手机在推出后取得了骄人的销量，2015年的总销量达到了2 800万台，其中S6手机的发货量高达1 200万台，闯入了全球手机销量排行榜的前三强。

资料三

中高端智能手机的高额利润吸引了众多厂商加入其中，竞争日趋激烈，因而夏兴公司萌生了到海外开拓新市场的想法。夏兴公司一开始将欧洲、北美等手机成熟市场作为智能手机发展的重点，后来由于美国政府的阻挠，只能将欧洲作为重点发展地区。夏兴首先进军欧洲市场的另外一个原因是想并购欧洲卡特集团的相机事业部，获得其拥有的在图形图像处理方面的领先专利技术，然后将其整合到自己的智能手机中。这一设想虽然由于各种原因未能实现，但后来夏兴与卡特集团达成了战略合作协议，设立麦克斯·别雷克创新实验室进行联合研发，并将研究成果双摄像头运用到了夏兴后续推出的手机上。

由于缺少海外市场的手机销售经验，夏兴手机在一开始并没有迅速获得成功，四个系列的手机在欧洲市场反响平平。作为新进入者，夏兴公司还受到了竞争对手的诉讼“狙击”，在欧洲市场的诉讼案件高达40余起，其中包括LTE系统、手机、数据卡等。此外，夏兴公司在根据欧洲国家的用户需求研发新型手机的过程中也并非一帆风顺，由于其海潮芯片需要与其他硬件磨合，导致产品必须修改，使得新型手机上市时间推迟了半年，宣传时间和消费者关注度早就过了，产品销售遭遇滑铁卢。但是，夏兴并没有气馁，反而更加努力地不断将新技术融入产品设计中，持续打磨产品。经过4年的自主品牌发展，夏兴手机在功能、外观以及实用性方面都受到了欧洲消费者的信赖，在欧洲市场站稳了脚跟，如何让夏兴手机从欧洲品牌变成国际品牌是夏兴公司下一步的任务。任承军开始多头并举，重兵布局海外十多个国家，希望创建夏兴智能手机的全新格局。夏兴优先考虑进军印度市场，这是由于其与中国市场有相似性，而且印度的工人和研发人员的工资水平更低。因此，夏兴在印度建厂并成立了软件研究所，智能手机的研发及生产成本得到了进一步降低，产品销售情况良好。此外，夏兴手机在肯尼亚、缅甸等国也均得到了当地顾客的喜爱。2017年夏兴智能手机出货量超过3 000万部，成为世界排名第三的智能手机制造商。

就在夏兴手机业务一路高歌猛进之时，美国与中国发生贸易战。随着贸易战的升级，2019年5月美国单方面宣布夏兴及70个关联企业列入美方的“实体清单”，禁止夏兴在未经美国政府批准的情况下从美国企业获得元器件和相关技术。由于夏兴手机的很多零部件及操作系统都来自美国企业，此举让夏兴手机陷入危机。更为严重的是，其他一些国家的零部件供应商在得知夏兴受到美国制裁后，有的暂停发货，有的延迟发货，使得夏兴的零部件供应的稳定性和充足性受到了不利的影响。如何应对突如其来的危机成为夏兴手机所要解决的头号问题。

要求：

（1）从宏观环境角度分析夏兴公司选择进入智能手机产业面临的机会；

（2）简要分析夏兴公司开拓海外市场前战略变革的类型及主要任务；

（3）简要分析夏兴公司开拓海外市场前在手机业务领域的产品战略转型中，实施差异化战略的条件（从市场情况、资源和能力两个方面）；

（4）简要分析夏兴公司在国内智能手机领域研发的类型、研发的动力来源与研发定位；

（5）简要分析夏兴公司智能手机业务在国内的市场营销组合策略；

（6）根据发展中国家跨国公司对外投资的四大动因，简要分析夏兴公司国际化经营的主要动因；

（7）依据《中央企业全面风险管理指引》，简要分析夏兴公司智能手机业务发展过程中所面临的主要风险。

综合题8

YG机床公司曾经是国内机床工业的摇篮，在这里诞生了国内第一台普通车床、第一台摇臂钻床、第一台卧式镗床、第一台自动机床和第一台数控车床等。

然而，在2004年重组搬迁之前，YG机床公司面临着一系列严重影响企业进一步发展的问题：

(1) YG机床公司主要是以普通机床为主，数控机床也以经济型为主，高端市场则被外国制造商，特别是欧洲、日本的制造商垄断。

公司在高端数控机床研究方面投入的资金不够，创新能力不足，由此导致企业在低附加值的普通机床市场的利润越来越少，在高利润的高端数控机床市场却没有竞争力。

(2) YG机床公司在营销模式上仅仅靠卖设备赚钱，模式较为单一，没有形成更为突出的盈利模式，企业收入和利润有限。

(3) YG机床公司老工厂是封闭式生产单元，不是专业化的生产结构，不利于上产量、上规模，且空间太小，难以扩张；同时，由于生产条件所限，从组织结构和管理运营上，业务流程和信息系统操作运行不顺，难以开展集约化管理，致使下属若干分厂的产品重复，内部资源不能有效利用。

2004年，YG机床公司收购了CY机床公司；同年，YG机床公司又收购了具有140多年重型机床制造历史的德国X公司；2005年，YG机床公司控股J机床公司。2006年底，YG机床公司开始进行厂址搬迁，占地70多万平方米，规划产能100个亿。搬迁完成后，公司于2007年初进行了事业部重组，内部管理架构由原来的四大主机厂变为10余个主机事业部，成立了统一的采购、销售部门，实现了内部资源的整合。各个系列产品都能独立参与市场竞争，经营效率得到了进一步提高。

YG机床公司通过并购重组与搬迁整合，实现了三大集群跨地区、跨国度的协同发展，形成了从产品设计、采购供应到生产物流、营销服务一套完整的数控机床产业链，企业核心能力得以极大提升。

YG机床公司确立了自主研发高端产品的创新战略，资源配置的重点向中高端数控产品倾斜，逐步提升中高端产品比重，在新产品研发方面则更注重商业化运作。

数控系统是机床的“大脑”，其最核心的是运动控制技术。自2007年组建数控系统研发团队以来，YG机床公司每年投入上亿元资金攻关，并承接了多项国家科技重大专项课题，终于在2009年取得了技术上的突破，成功研制出“YG”牌数控系统。经过两年多的试用，2011年底，该系统的软件与硬件通过了严格的集成测试，运行稳定、高效，具有独特的优势，具备了大批量应用的条件，这标志着我国机床产业从根本上解决了自主创新的核心技术难题。

YG机床公司先后与国内许多知名院校、科研单位和同行业企业进行了深度的产学研合作发展。2008年底，YG机床公司联合国内15家高校和研究所，建成以YG机床公司为依托的中国高档数控机床重点实验室、中国行业数控机床产业技术创新联盟。此外，YG机床公司还与数家国外科研机构建立了广泛的技术合作联盟，组成了数控系统核心技术战略研发联盟，并积极开展与国外两家机床企业的合资合作，加快建设重大型数控机床生产基地。

从2012年开始，YG机床公司又以合资方式与国内其他企业联手，投资建设数控系统产业化基地，到2013年底生产1万台数控系统。

YG机床公司连续大手笔投入30余亿元进行技术攻关，取得了令世人瞩目的可喜成果。2010年4月，YG机床公司推出具有“低成本、国际化”水准的新五类产品，标志着中国机床企业首次以民族自主创新品牌，全方位进军世界中高端机床领域。2011年，YG机床公司又推出新数控产品“亮剑”，集中体现了产品的“集成与优化”“客户化与智能化”。

为腾出更多有限的空间和资源，集中力量发展中高端数控产品，实现产品结构的全面升级，2010年11月，YG机床公司推出一个革命性的战略举措，运用OEM方式，将占据市场绝对优势的普通机床产品面向全球招商。通过普通机床代工生产，将占据市场绝对优势的CA普通车床、CW普通车床和Z普通摇臂钻床等普通机床产品，按主机、部件、零件和铸锻件四个层次进行社会化转移，形成30余家新的普通机床及零部件制造企业，并最终形成20万吨铸锻件能力、普通机床7.8万台和总规模55亿元的普通机床产业集群。

在此基础上，2011年底，YG机床公司又启动了第二轮大规模OEM行动，建设国内最大规模的数控零部件加工配套产业集群，将手中的64亿元数控机床零部件全部分包至产业集群内的企业，以实现“数控机床产品销售额占总销售额的80%”这一战略目标。如今在产业集群中正在形成一个机床制造的产业链条，几家世界知名机床生产企业以及机床功能部件企业纷纷与YG机床公司进行战略性合作。

YG机床公司提出“买机床像买汽车一样，享受着精心系统化服务支持，产品的销售一定要与完善的服务相伴相形”这一客户服务理念，并为此设立了“4S”店模式。“4S”店提供集产品展示、销售、配件服务、技术服务为一体的服务，这是YG机床公司营销模式转型的重要举措之一。其目的不仅仅局限于卖产品，而是以产品为载体，向上下游延伸并提供相关技术服务，以获取产业链上最丰厚的利润。2009年，YG机床公司的4家“4S”店实现了8.1亿元销售额，占总销售额的11.4%；2010年，“4S”店发展至7家，实现销售额25.2亿元，占总销售额的23.6%。

YG机床公司计划到2015年在C国建成“4S”店70余家，编织成一张全面覆盖国内工业细分市场的营销网，更好地体现为客户创造价值的营销理念。

与此同时，YG机床公司在机床行业中率先设立客户服务呼叫中心系统，重点突出大客户、关注重点行业的核心制造领域，布局世界销售服务体系，已在欧美国家组建了若干家销售服务中心，计划到2015年建设20家功能强大的海外营销与服务的平台。

要求：

（1）简要分析YG机床公司在战略变革前所面临的主要运营风险。

（2）简要分析YG机床公司2004年开始的战略变革的类型。

（3）简要分析YG机床公司2004年以后发展战略的主要途径。

（4）简要分析YG机床公司与国内外企业建立战略联盟的类型。

（5）依据价值链理论，简要分析YG机床公司如何整合价值链各项活动。

（6）简述研究与开发战略的主要类型和定位，简要说明分析YG机床公司研发的类型和定位。

综合题9

资料一

沃尔玛是一家综合型的商超，在全球15个国家拥有超过8 000家门店，是名副其实的零售业巨头。2016年6月20日，京东与沃尔玛宣布达成一系列深度战略合作，通过整合双方在电商和零售领域的巨大优势，为中国消费者提供更优质的商品和服务。作为此次协议的一部分，沃尔玛用中国本土电商“1号店”的第三方平台获得京东约5%的A类普通股，成为京东战略股东。京东将拥有1号商城主要资产，包括“1号店”的品牌、网站、App。沃尔玛将继续经营“1号店”自营业务，并入驻“1号店”商城。按照双方达成的协议，京东旗下本地即时物流和生鲜商超O2O平台“新达达”还获得沃尔玛5 000万美元战略投资，整合各自在O2O到家服务、物流和零售领域的优势。双方的合作协议将涉及广泛的业务领域，并覆盖线上线下零售市场。对于沃尔玛来说，此次合作将极大地拓展其在中国电商市场的增长机遇。京东海量的线上用户以及强大的当日到达物流网络将为沃尔玛门店和山姆会员商店带来巨大的客流量，将山姆会员商店的业务拓展至全国范围，并为沃尔玛和山姆会员商店的顾客提供更好的物流配送服务。而京东将通过沃尔玛旗下“1号店”的强大品牌优势、其在食品杂货和家居产品领域的品类优势、其长期形成的优质低价的良好口碑，以及在华东华南等重要区域的领先布局，极大地补充和增强京东的产品丰富度和在重点区域的竞争力。此外，京东的用户也将享受到来自山姆会员商店和沃尔玛更为丰富的精选进口商品。

沃尔玛通过将“1号店”转手给京东，搭上了京东这个中国电商中巨头级别的平台。此后，沃尔玛和京东进行了深入的合作，2016年年末，沃尔玛再次增持京东股份到12.1%，成为京东第三大股东；沃尔玛旗下山姆会员商店、全球官方旗舰店以及全球购官方旗舰店也相继入驻了京东。作为全球知名企业，沃尔玛看中的是京东的电商经验和能力，在中国市场频频受挫的沃尔玛希望借助京东的力量来重塑自己的线下业态，以试图通过新零售盘活自己的线下店，同时借助京东的电商经验来抵抗竞争对手亚马逊的全球攻势。而京东也希望可以在“1号店”和沃尔玛身上得到进军新零售的筹码，在国内市场中先一步获得渠道优势。

除了与京东的合作，沃尔玛在开拓电子商务领域也有一系列举措。沃尔玛收购了Jet. com、鞋履电商Shoebuy、户外服饰电商平台Moosejaw、女装电商平台Modcloth以及在线男装品牌Bonbos。类似于同京东的深度合作，这些平台的流量最终会回归到沃尔玛，或者与沃尔玛电商进行深度合作，打通供货渠道和配送渠道，通过充分整合这些企业的价值创造能力，实现核心能力优势互补，共担风险和成本，共享市场和顾客忠诚，基于双赢思想实现紧密合作，从而让沃尔玛可以更好地为顾客提供个性化的商品和服务。

资料二

沃尔玛是最早开始投资和部署大数据应用的传统企业巨头之一，通俗地讲，大数据天然不是沃尔玛，但沃尔玛天然是大数据。在大数据概念引爆产业界之前，沃尔玛已经开始了网站数据库整合迁移和Hadoop集群扩展工作，沃尔玛收购Kosmix，在此基础上建立了Walmart Labs。Walmart Labs成立于2011年，旨在通过深度挖掘消费者在社交网站上产生的峰值数据预测商品和消费需求，将这些数据转为有助于决策的信息，通过移动终端向用户进行精准推送。这就是沃尔玛大数据挖掘的开始。

在Walmart Labs成立之初，主要实现两大功能：第一是数据挖掘。分析消费者在社交网络上展现的兴趣，从而预测他们下一次可能在Walmart. com上购买的产品。第二是发展地理位置科技。他们开发的一个实验项目是门店定位、商品搜索功能，即帮助购物者更快更省更便捷地在店里找到他想购买的物品。此外，Walmart Labs着手整合了沃尔玛旗下网站，把分散存放在Oracle、Neteeza、Greenplum等数据库中的资源统一存入Hadoop数据仓库，并进行内部数据共享分析，使得数据能够在公司内部实现共享，各级人员都可以轻松获取影响决策的数据，逐步实现由管理层独立决策向全员决策模式的转变。

通过自身数据积累整合及并购研发，沃尔玛已经拥有一个涵盖消费者的线下交易数据、沃尔玛网络商城的电子数据与社交媒体应用数据为一体的实时更新积累的大数据库，使沃尔玛在做出决策前，将执行成本降到最低，并且创造新的消费机会。例如，沃尔玛在过去几年里建立了大型专用电子商务物流配送中心，每个物流中心配有沃尔玛专用运输车队。这些电子商务物流中心通过利用大数据技术，以高度自动化的新仓库流程，实现资产的优化配置，每年为公司节约10%的成本。

Walmart Labs推出的The Social Genome能够让沃尔玛将消费者线下购物数据、网络浏览点击数据、社交网络关系数据及消费者个人数据等组合成实时更新扩展且具有定向预测功能的强大数据库，逐步解决线上环节与线下渠道数据匹配上的难点，通过对社交网络进行深度的数据挖掘，分析消费者的购买模式和偏好，从而更好地发现目标客户、服务于目标市场、实现网站主页、商品搜索个性化，依据消费者的兴趣来排列页面上的结果，有针对性地向消费者推送产品信息，实现精准营销。

此外，沃尔玛的工程师利用Facebook和Twitter的数据，从每天热门消息中，推出与社会时事呼应的商品，创造消费需求。同时，沃尔玛内部的大数据实验室专门发展出一套追踪系统，结合手机上网，专门管理追踪庞大的社交动态，每天能处理的资讯量超过10亿笔。利用大数据捕获和分析消费者的相关数据，沃尔玛可以推出区别于竞争对手的个性化服务，拉开与竞争对手之间的差距。

资料三

沃尔玛本身就是一个海量资料系统，适用于各种商业上的分析行为。媒体称沃尔玛拥有将近七成美国人的相关消费数据，八成以上的境内邮箱信息。通过其强大数据库的算法推荐和预测方案、个人消费数据能够预测一系列的高敏感个人信息，沃尔玛将清楚地知道你是谁，你要买什么，甚至你下一步要干什么。由于缺乏个人信息保护意识，很多有色、低收入、边缘化社区人群的个人数据信息受到大数据商业计划侵犯，而弱势人群在沃尔玛的数据标签化分类中很容易被识别区分出来，遭受歧视化待遇。

沃尔玛大数据每天以惊人速度增长，它的大数据生态系统每天处理 TB 级的新数据和 PB 级的历史数据，如此大的数据量对后台运行、终端处理技术也提出了更高的要求。而大数据人才的缺乏成为沃尔玛数据分析的主要障碍，难以找到有分析前沿应用程序经验的专业人士和能够利用像 Python 和 R 编程语言构建机器学习模型的数据科学家成为沃尔玛的难题。

要求：

（1）简述企业战略联盟形成的动因，简要分析京东与沃尔玛结成战略联盟的主要动因；

（2）简述企业战略联盟的主要类型，简要分析京东与沃尔玛采用的战略联盟的类型；

（3）运用价值网模型，简要分析沃尔玛在开拓电子商务领域的一系列举措；

（4）简要分析大数据对沃尔玛的战略决策模式的影响；

（5）简要分析信息技术对沃尔玛竞争战略的影响；

（6）简要分析大数据时代下沃尔玛战略转型的主要方面；

（7）简要分析大数据时代沃尔玛战略转型面临的困难。

综合题 10

资料一

思达公司前身是 C 国 J 省一家冷气设备生产企业。1985 年开始，公司集中资源研发、生产当时国内市场处于一片空白的家用空调和大型柜式空调，企业获得了迅猛发展。到 1994 年，思达公司已成为 C 国最大空调生产基地。

1994 年，思达公司积累了大量的资金，急需找到新的投资渠道。为了最大限度地利用市场机会和公司在家电行业的优势地位，思达公司陆续上马了电冰箱、洗衣机、电视机、电脑等产品项目，希望利用公司的品牌优势，为企业获取更多的利润。

然而，1994 年后，思达公司领导层不再看好家电行业，认为家电行业已经面临行业生命周期的衰退期，因此，公司必须开拓新的领域，建立新的经济增长点。

资料二

1995 年年初，思达公司开始向机动车领域发展。到 1995 年年底，思达公司投资 1.5 亿元兴建了年产 100 万辆摩托车的生产线，投资 2.5 亿元兴建了年产 100 万台摩托车发动机的生产线。思达公司生产的摩托车凭借先进的技术和新颖的外观，1997 年上半年就实现了 6 万台的销量，销售收入近 10 亿元。但好景不长，由于思达公司的摩托车单台车的售价较高，其主要消费对象是大中城市中收入较高的人群，而主要的大中城市都于 1997 年前后相继实行了“禁摩令”，封闭了思达摩托车的消费市场。2005 年思达公司不得不将摩托车业务低价转让给其他公司。

1997 年，思达公司斥资 7.2 亿元收购了 C 国国内一家汽车厂，上马中型卡车项目，成为首家非汽车企业入主汽车行业的企业。但是，思达公司在汽车制造方面缺乏高素质的管理人员，对相关业务流程的监管及持续改进能力不足，同时没有对汽车市场需求与行业发展状况进行深入的调研和分析，其生产经营的中型卡车的承重量都在 15 吨以下，与市场需求脱节较大，且关键零部件都需外购，尤其是动力配置须向竞争对手采购，企业的发展受到竞争对手的制约。2012 年思达公司不得不将中型卡车业务出售。

从 1998 年开始，C 国加大对新能源行业的政策支持，思达公司领导层认为这一领域发展潜力巨大、前景广阔。1999 年思达公司对高能动力镍氢电池项目进行了立项。2002 年，思达公司召开了“高能动力镍氢电池及应用发布会”，标志着这个跨度更大的新能源行业成为思达公司的又一个主营领域。至 2013 年，思达公司是 C 国仅有的掌握镍氢电池自主专利技术的厂家，技术优势明显，但 C 国整个镍氢电池市场规模还不大，企业从新能源产业上的获利不足以支撑整个企业的发展。

2009 年思达公司的领导力排众议，坚持成立思达房地产开发有限公司，宣布进入房地产行业，希望高回报率的房地产业能给企业发展带来新的转机。然而之后不久，C 国政府对房地产行业进行了宏观调控，房地产业进入了一个“寒冬期”，资金链紧张，房地产销售面积大降。而作为一个没有房地产开发经验的行业“新手”，要想在宏观政策收紧的情况下，从众多经验丰富、实力雄厚、拥有良好品牌的房地产企业中夺取市场份额无疑难度极大。2010 年思达公司房地产业务亏损近千万元。

资料三

在 C 国，空调等家电产品的市场需求巨大，行业发展前景十分广阔。在这样的背景下，思达公司将大量人力、财力、物力转向与主业完全不相关的领域，对其主业发展带来了极大的负面影响，原有的核心能力基本丧失殆尽。

思达公司家电业几大业务的经营状况如下：

（1）空调器业务。思达公司曾经是 C 国最大空调生产基地、世界空调器生产企业七强之一，由于思达公司的领导层未充分利用企业资源对空调业务扩大投资，公司生产的空调逐渐失去了市场优势，其市场份额逐年下降，已沦为 C 国国内空调器三类品牌。

（2）洗衣机业务。思达公司的洗衣机业务只在投产的第一年实现盈亏基本平衡，其余年份都是亏损。思达公司试图通过调整产品结构、不断推出新产品来打开市场局面，但效果一直不理想，洗衣机业务的经营状况未得到根本扭转。

（3）电冰箱业务。思达品牌电冰箱的发展不尽如人意。2003 年思达公司将电冰箱业务全部出售给另一家公司。

要求：

（1）按照企业发展战略可选择的三种途径，分析思达公司进入几个主要产业所选择的途径；

（2）简要分析思达公司实施多元化战略的类型、优点与风险；

（3）根据波士顿矩阵划分企业经营业务的两维坐标及其四类业务的内容，分析思达公司现存的家电业务、新能源业务、房地产业务在波士顿矩阵中的业务类型，并根据波士顿矩阵原理说明这三类业务下一步的发展方向；

（4）简要分析思达公司发展进程中所表现出的主要运营风险。（2015 年改编）

综合题 11

资料一

C 国青亚公司成立于 1986 年，主营业务是向国内外主要知名钢琴厂家提供钢琴的各种零部件。

钢琴的核心部件是码克，做工要求极为精细，2002 年青亚公司开始自行研发码克，公司创始人投入多年积蓄，并向亲朋好友借款，累计筹资 4 000 万元，引进了世界最先进的五轴联动 CMC 加工技术，同时开发了全套数控系统。由于大量的资金和人员投入，青亚公司实现了码克的自主生产。在 2003 年举办的国际乐器展销会上，青亚公司的码克以优良的性能和低于欧洲同类产品三分之二的价格受到世界顶尖钢琴企业的关注。欧洲著名钢琴制造商 A 公司因此向青亚公司购买了大批码克，并提出采用 OEM 方式生产钢琴整琴的合作意向。青亚公司承接订单后，将码克及配件、A 公司的生产要求交给国内一家钢琴生产企业万顺公司生产钢琴整琴，但万顺公司钢琴整琴质量达不到 A 公司的要求，于是青亚公司决定自己生产钢琴整琴。

在钢琴整琴生产之初，青亚公司确定了“高技术、高质量、高起点”的经营原则，直接与世界领先的设计和工艺接轨。2005 年开始，青亚公司先后投资 8500 多万元，从发达国家引进钢琴专用数控加工设备 16 台，组建了现代化的钢琴生产线，采用标准化、系列化、正规化管理，最大限度地应用现代高新科技成果设计和制造钢琴，并注重继承和发展钢琴的传统音乐特性。至此，青亚公司的钢琴整琴开始面世，实现了从钢琴配套厂到钢琴整琴生产商的转型。

为了进一步提高钢琴的设计和制造水平，青亚公司聘请了世界顶级钢琴设计、制作、调音、整理检验等专家担任研发团队的高级顾问。青亚公司每年研发费用占销售收入 5% 以上。青亚公司已拥有 31 项专利技术，并形成了专业技术人才团队。

由于钢琴整琴产量和质量不断提升，青亚公司向 A 公司提出使用联合品牌的要求。经协商，至 2007 年年底，青亚公司的钢琴开始在欧洲市场以“A—青亚”品牌销售。在欧洲这个钢琴普及率相对较高的市场上，“A”代表质量保证，“青亚”代表价格优势，两者的结合使得青亚公司的钢琴在欧洲市场的占有率不断提高。青亚公司的“A—青亚”牌钢琴随即打入北美市场。短短数年时间，青亚公司知名度和美誉度快速提升，跻身 C

国三大名牌钢琴生产企业。

资料二

2007年青亚公司以产品创新和品质保障为基点，确定了公司发展的“三步走”战略，即系列钢琴、精品钢琴、智能钢琴三个发展阶段，计划用10～15年完成。第一步，研发生产青亚系列化钢琴，力求建成C国品种最全、销量最大的钢琴生产线；第二步，研发生产青亚精品钢琴，确保产品品质达到C国各类品牌钢琴的最高水平；第三步，在精品钢琴的基础上，进一步着手开展智能钢琴研发的准备工作。

青亚公司制定的“三步走”战略和具体实施方案取得了良好的效果。至2011年，青亚公司出厂了20余个品种、几十个款式的系列钢琴；立式精品钢琴也开始投放市场，并取得良好的销售业绩。目前青亚公司正在进行三角精品钢琴的研发工作，并着手开展智能钢琴的研发准备工作。

青亚公司始终坚持质量至上的理念，在产品设计、生产、销售、服务的全过程中加强质量控制。青亚公司销售政策规定，如客户发现钢琴存在质量问题，一切退、换及维修费用均由青亚公司承担；对于提出青亚钢琴存在设计缺陷的客户，青亚公司给予一定的奖励。

经过多年跨越式发展，青亚公司的实际产量已经超出原有的设计生产能力，产能瓶颈的限制非常明显。为了满足不断增长的订单需求，青亚公司决定改变过去的融资方式，以进一步扩大生产规模。

青亚公司通过公司股份制改组，进一步明晰了产权，健全了管理制度；同时，引进外部创投机构，增加了公司透明度，为公司上市奠定了基础。2012年青亚股份有限公司在创业板上市，筹集了所需资金，开始启动新的精品钢琴及智能钢琴生产线的建设，进一步扩大了生产规模。

资料三

上市后青亚公司面临诸多新的挑战。

其一，随着C国逐渐成为全球钢琴生产中心，C国具有一定规模的钢琴生产企业增至30多家，普通钢琴市场竞争日趋激烈。青亚公司部分技术人员被新建企业挖走，个别技术人员甚至在离职时带走了一些设计图纸，一些研发项目被迫中断。

其二，金融危机之后，钢琴生产所需部分原材料价格随市场波动上升，C国劳动力成本也持续上升；此外，汇率变化也使青亚公司产品的国际竞争力下降。

其三，国际一流品牌大量进入C国，带来了新技术新观念。顾客对钢琴产品的品质、外观、款式的要求也在不断提高，加大了企业技术创新压力。

面对新的挑战，青亚公司提出未来三年发展目标为：完善产品生产线；扩建钢琴制造工程技术中心，提高研发能力；拓展优化市场渠道。

要求：

（1）简要分析青亚公司与A公司结成战略联盟的类型及双方的主要动因；

（2）简述安索夫矩阵包括的基本类型；依据研发的战略作用，简要分析青亚公司如何通过研发实现这些战略类型；

（3）简要分析青亚公司上市后所面临的主要市场风险。

综合题12

作为PC界领头羊，为了充分运用公司在IT行业的研发优势，分散行业发展风险，寻找新的增长点，思翔集团于2002年创建思翔移动，专门从事手机研发和制造。伴随中国手机市场的快速发展，思翔移动的手机业务经历了从功能手机——智能手机——移动互联网转型的过程。相应地，思翔移动的战略定位和转型经历了三个阶段。

第一阶段：2002～2010年，思翔移动定位为功能手机时代的设备提供商。

思翔移动成立伊始的业务起点很高，着手国内先进的彩屏手机、拍照手机的研发与制造，取得了不俗的业绩。2006年，思翔手机在国内市场的占有率排名第四，在国产手机中排名第一。2007年，思翔集团国内PC业务销量和利润大幅增长，而思翔移动的手机业务出现持续亏损，不断蚕食着集团的整体盈利。思翔集团领导层认为，在短时间内手机业务难以扭亏为盈，而国内PC机业务正在高速扩张，需要大量的资金投入。因此，2008年1月，思翔集团以1亿美金的价格将思翔移动的全部股份出售给宏大公司。

出售给宏大公司后的思翔移动把产品开

发作为战略重点，并将研发部门分成两部分，一部分自主研发手机，另一部分以 ODM（Original Design Manufacture，指品牌企业看中生产企业设计制造的某一产品，生产企业按品牌企业的要求生产该产品）方式与国外手机品牌企业合作研发。通过对公司进行一系列的改革，2008 年底，思翔移动终于扭亏为盈。2009 年 11 月，思翔集团回购思翔移动 100% 的股份。回归后的思翔移动保持独立运营。

第二阶段：2010～2011 年，思翔移动转型为中低端智能手机市场的领先者。

随着市场需求的改变和技术的成熟，思翔移动开始向研发和制造智能手机转型。2010 年初，思翔移动发布了国内首款智能手机，建立了思翔移动应用商店以及思翔移动互联网投资基金，从移动设备研制、应用到商务生态系统创建全面布局。思翔移动正式开启了向移动互联网时代迈进的战略转型。

2010 年 4 月，思翔移动组建了智能手机事业部和通用手机事业部。这两个部门业务界线分明。智能手机事业部定位于开拓智能手机市场，并逐步向高端智能手机市场延伸，与国际高端品牌竞争；通用手机事业部则集中精力运营传统的功能手机，进一步扩大功能手机的市场份额。思翔移动领导层如此安排是遵循公司业务“以老养新、以新带老”的战略理念——传统的功能手机业务能够为思翔移动带来相对稳定的市场份额和现金流，同时其所积累的技术、渠道等资源可以促使思翔移动在智能手机时代顺势而为，探索新的智能手机业务；而智能手机业务的探索和推进又可以为功能手机的研发提供创意和技术支持，为思翔移动带来新的利润增长源。

然而智能手机事业部在研发新产品过程中，没有深入理解和贯彻高层关于两个业务板块协同发展的战略理念，忽视对原功能手机业务拥有的技术、渠道等资源的利用，加上具有明显优势的国际高端品牌的强力竞争，导致智能手机事业部向高端智能手机业务的进军受挫，经营举步维艰。

与此同时，市场上传统功能手机的售价及利润都受到智能手机的严重挤压。思翔移动通用手机事业部意识到功能手机市场在迅速萎缩，发展智能手机才是出路。该部门一方面将此信息反馈给思翔移动领导层，说服思翔移动领导层同意在通用手机事业部下成立一个跨部门的项目组，整合资源专攻中低端智能手机的研发；另一方面鼓励员工利用功能手机业务的技术、渠道等资源，积极探索中低端智能手机的创新。通用手机事业部的上述举措推动了思翔移动向中低端智能手机业务的全面战略转型。

2011 年 7 月，思翔移动发布了由其通用手机事业部定制的千元双卡智能手机。该产品从定义到上市的周期只有 5 个月，领先竞争对手 3～4 个月的时间，市场销量大大超出预期。思翔移动总裁曾自豪地表示：“我们赢得了先机，在那 3 个月时间之内独步天下，没有人可以有相同的或者可以跟我们竞争的产品”。那一时期，国内智能手机中低端市场容量迅速扩大，而中高端市场容量仅略有增长。伴随通用手机事业部的中低端智能手机在思翔手机中的比重日益加大，思翔移动在智能手机市场上的份额快速增长。

2011 年 9 月，思翔移动调整组织架构，将智能手机事业部和通用手机事业部合并为掌管全部手机业务的手机事业部，由原通用手机事业部负责人掌舵。手机事业部成立后立即调整产品战略，全面开发中低端智能手机市场。

第三阶段：2011 年至今，思翔移动全面布局移动互联网。

伴随手机行业从智能手机时代进入移动互联时代，思翔移动的智能手机业务成为一个能够为公司开发新业务提供技术、资金、渠道等资源支持的成熟业务。思翔移动“以老养新、以新带老”的战略理念又体现为：具有稳定的市场占有率的智能手机，能够为移动互联的软件产品研发提供智能设备的载体，而软件产品探索的成功可以带动智能手机销量的增长。

为了在智能手机时代发展移动互联网业务，思翔移动管理层设立了 E2E（端到端生态系统）事业部，以利于在开发智能手机的同时，在手机设备上预装具有思翔特色的软件产品。但 E2E 事业部发觉软件产品在思翔手机中的预装率并不高。其原因是 E2E 和手机事业部是并列的两个单位，各自的考核目标不一样。2012 年 4 月，思翔移动任命 E2E

事业部负责人兼任手机事业部研发负责人，重新梳理E2E事业部和手机事业部研发的所有软件产品，并根据软件的特性重新分配这两个事业部各自负责研发的产品。同时精简产品测试团队资源，避免两个部门之间重复测试。

一番变革之后，E2E事业部的产品落地，与手机事业部的手机研发实现了协同发展。思翔移动的智能手机所具有的渠道和客户资源给E2E软件产品带来了数以千万计的用户，使得E2E的软件产品有了共计过亿的用户。思翔移动在促进手机硬件产品销量增长的同时，努力为用户提供端到端的应用服务，这反过来进一步推动了硬件销售业绩的增长。

要求：

（1）简要分析思翔集团创立思翔移动属于发展战略的何种类型；简要说明采用该种战略的意义（优点）与风险。

（2）简要分析思翔移动在出售给宏大公司后所采用的发展战略的类型和途径。

（3）依据波士顿矩阵理论中明星业务、问题业务与现金牛业务之间资源配置的关系，简要分析思翔移动领导层在2010~2011年组建智能手机事业部和通用手机事业部、2011年组建E2E事业部所遵循的“以老养新、以新带老”战略理念的理论依据。

（4）简要分析思翔移动智能手机事业部发展中高端智能手机所面临的运营风险。

（5）依据“企业资源能力的价值链分析”理论，简要分析思翔移动在其发展的第二阶段通用事业部开发中低端智能手机、第三阶段布局移动互联网业务获得成功的理论依据。

（6）依据《企业内部控制应用指引第1号——组织架构》，简要分析思翔移动在其发展的第二阶段2011年9月调整组织架构、第三阶段2012年4月调整手机事业部研发负责人所应对的主要风险。

综合题13

QR汽车公司于1997年动工建设。2001年，QR轿车正式面市。2002年，QR轿车产销量突破5万辆，成功跻身中国轿车行业“八强”之列。2006年QR汽车在国内市场占有率达7.2%，排名位居国内乘用车第四。

在中国自主品牌汽车企业起步初期，在跨国公司品牌的强势压力下，自主品牌汽车企业进入市场的唯一途径就是走低端低价路线，与国际品牌进行“错位经营”。作为自主品牌的典型代表QR汽车在发展初期也选择了中低级别的轿车作为其主要产品定位。由于中国人均收入水平较低，广大消费者对汽车的价格比较敏感，在价格竞争中QR汽车迅速成为行业中一匹“黑马”。

为了获得成本优势，QR汽车公司力求实现产能和产销量的最大化，运用规模优势对其他竞争对手和潜在进入者形成威胁。为了提高生产效率，QR公司在不断完善和改进产品工艺设计的同时，致力于打造一套完善的汽车零部件及整车供应链体系，在其主要的零部件供应商中基本上都占有一定的股份。QR还成立了为数不少的子公司进入整个汽车产业链。供应链上各环节的协同运作，使QR公司有序掌控着零部件质量并有效降低了物流成本。

2010年，QR公司开始实施多品牌、多品种策略，产品定位也开始向中高端延伸。公司将其产品分为4个品牌：QR、GF、SW、AR。QR继续主攻中低端乘用车市场、GF主打乘用车中高端市场，SW主攻商用车市场，AR以微车和卡车为主。4个分支品牌下又各自有4~5个系列产品，加之正在研发中的系列产品，4个分支品牌车型超过20款。

随着公司竞争力的不断提升，QR公司开始进军国际市场。2001年QR汽车第一批轿车出口，到2011年，QR汽车在海外市场完成销售18万辆，连续十年占据C国最大的乘用车出口企业的宝座。自2007年开始，QR汽车开始了海外直接投资的探索，采用合资或独资的方式在当地建厂。随着QR公司国际化经营方式的不断深化，公司投资规模也逐渐增大。从区位上看，QR公司出口与直接投资的东道国主要是发展中国家。

然而，近年来QR公司管理层在光鲜数据的业绩背后，却意识到公司的发展正在面临着潜在的危机。

（1）在传统自主品牌中地位下降。2012年行业协会发布的数据显示，CK汽车、LD汽车和ZY汽车整车销量分别以28.3%、13.56%和1.67%的速度增长，其中CK汽车总销量超过QR公司，位居传统自主品牌第一，而 QR 公司却呈现出 10.69% 的负增长。究其原因，这些竞争对手通过对 QR 公司的模仿或者以高技术水平设施的投资能力，用更低成本进行学习，使得 QR 公司在传统自主品牌中的低成本优势地位受到巨大挑战。

（2）消费者需求的变化。QR 品牌之下的 QR1 汽车是国内第一款为年轻人打造的轿车，其 2.66 万 ~5 万元的价格实现了不少年轻人的有车梦。然而，近些年来随着人民生活水平的提高，消费者的需求从“有车”提升为“开好车、开大车”，以经济实用型轿车为主要产品的 QR 汽车已经不能满足消费者的需求。

（3）公司产品价格与质量出现诸多问题。在消费者心中，低价格伴随着低质量。QR 公司的低价策略，形成了在消费者心中低端的形象。此外，2010 年之后 QR 公司推行多品牌、多品种策略，由于产品推出过快，生产工人压力大，配件厂调整节奏跟不上，造成 QR 早期上市的汽车质量稳定性不够，影响了消费者的满意度，也增加了售后压力。

（4）多品牌、多品种带来的问题。2010 年，QR 公司将其产品分为 4 个品牌。其中仅在售的微型轿车就有六七个品种，涉及 QR 公司两个品牌。众多微小车型甚至连 QR 内部员工都分不清内部代号和生产车间。此外，不同品牌车的销售分别设置销售网点，导致销售资源不集中。

（5）研发队伍臃肿，资源不共享，信息不畅通。原本统一在 QR 汽车工程研究院下的研发队伍于 2007 年分为 6 个研究院，每个研究院又细分为不同单位研发不同的产品。各个研究院相对独立地完成着自己的车型开发任务，在开发过程中出现的问题不能够迅速地与兄弟部门共同研究和解决，导致不能集中 QR 汽车有限的资源，众多车型未能进行有序的系统研发。

从上述种种迹象中，QR 公司管理层意识到公司进行战略变革的必要性。自 2013 年初开始，QR 公司的战略变革一步步地展开。

（1）明确企业定位及战略目标。QR 公司从筹划战略转型时就明确了企业在今后发展目标，不再单纯地追求速度和销量规模，而是转向追求“品质、品牌、效益”为目标的发展模式。2013 年 4 月 QR 公司正式对外公布了公司的战略目标：第一阶段，2013 ~ 2016 年，稳固在入门级汽车市场的领先地位，成为中国最好的汽车品牌企业；第二阶段，2016 ~ 2020 年，达到主流跨国汽车企业的体系能力，产品主要技术性能达到国际标准水平；第三阶段，2020 年后，成为具有国际竞争力的世界级汽车企业，产品主要技术性能达到国际一流水平。

结合当前，QR 又将第一个阶段细分为三个阶段，2012 年至 2013 年集中力量做一个产业、一个品牌和两个产品线，打造核心竞争力。2014 年至 2015 年力争使年销量达到 100 万辆，销售网络达到 1 000 家。2016 年力争成为本土核心竞争力最强的企业，全新的战略产品开始上市，产品品质接近合资品牌产品。

（2）产品与价格策略转型。QR 汽车将旗下四个品牌集中到一个大 QR 品牌，QR 品牌下再细分为 A 系列（高端）、E 系列（家用）两大产品谱系；在此基础上，积极寻找并合理配置资源，实现产品的精细化。在价格策略上，从价格战转变为价值战，同时加大产品开发前期的市场调研和研发力度，力求产品配置和技术上的创新，开发出符合消费者需求的不同于竞争对手的新产品。为了提高产品质量，公司要求无论是采购质量、在线生产过程质量、售后质量，都要提升到一个新的层次。

（3）技术研发的转型。为实现三个阶段的战略目标，QR 公司要在公司内部形成一套自有的创新体系，构建高标准的研发平台。QR 公司建立起以本公司研发机构为依托，与关键零部件企业和供应商协同合作，与国内大专院校、科研单位联合开发的研发体系，在国内外汽车技术资源丰富的地区设立研发机构，以关键技术为突破，推进企业整体研发水平的提升，打造拥有自主知识产权的核心产品和技术。公司设立了专门的经费用于研发的转型，建立一套关于汽车行业知识产权的数据库，并不断完善对自主知识产权的管理。转型后，QR 公司研发体系重新回到集中资源的组织机构上来，新的研发机构形成了以项目管理（纵向）和产品开发中心（横向）交叉协作的矩阵式组织机构。

经过近两年的调整，QR 形成了以产品开

发管理中心和专业技术中心交叉协作的研发体系组织机构，打造了一支由多位具有多年经验的国际技术专家带领的国际化研发团队，这些核心专家大多来自欧美国际一流主机厂和供应商，有着丰富的经验和行业影响力。

要求：

（1）简要分析 QR 公司在创业之初所实施的竞争战略的类型，分析 QR 公司实施该种竞争战略所依据的市场条件，以及公司在公司资源和能力方面如何建立该种竞争战略所需的条件，分析 QR 公司实施该种竞争战略所面对的风险。

（2）简要分析 QR 公司 2010 年和 2013 年以后产品策略的变化。

（3）简要分析 QR 公司国际化经营国际市场进入模式的主要类型，分析 QR 公司目标市场选择的区域路径。

（4）简要分析 QR 公司 2013 年战略变革的类型与主要任务。

（5）简要分析 QR 公司在战略变革前所面临的主要市场风险。

（6）简要分析 QR 公司在战略变革前所面临的主要运营风险。

综合题 14

20 世纪 90 年代，亚洲 H 国有近百家自行车生产企业转移到亚洲自行车 C 国。留在 H 国的自行车生产企业采用多种路径实现了整体产业升级。这些路径主要有：

（1）产业重新定位，形成产业分工模式。H 国排名前三位的自行车厂商均在 C 国设厂。基于对自行车商品在“后工业社会”“休闲社会”大背景下的功能、特性以及消费特点的重新认识和深刻理解，H 国自行车企业将留在本国的企业定位于生产中高价位的多品种车型，致力于自动化生产与研究开发；而将设在 C 国的企业定位于生产中低价位、以交通工具为主的少品种车型，以充分利用 C 国劳动力成本低、生产效率高、规模经济显著、生产能力利用程度高等优势。明确的分工使 H 国自行车企业摆脱与 C 国的低价竞争，奠定了其在全球高级自行车供应领域的领先地位。

（2）研发新材料与新工艺，实现产品与技术的跨越升级。面对日益挑剔和多样化的国内外消费者对自行车产品的需求，H 国自行车企业集中力量在新材料和新工艺上实现了技术跨越，积极研发设计和生产关键零部件，引进了美国模块化技术与日本供应链模式。1983 年至今，H 国自行车材料从钢管发展到钛合金、镁合金，甚至碳纤合金，重量由原来的 30 公斤降低到 7 公斤；制造技术从铜焊发展到氩焊，从一体成形发展到无氧化电弧焊接，实现了产品轻量化，同时保持高标准的刚性、韧性和强度。

（3）在发展自有品牌的同时注重品牌并购，获取新市场机会与新技术。H 国第二大自行车企业“星友”通过并购发达国家 U 国自行车品牌 SP 和 D 国品牌 CE，以较低的成本和较短的时间就获得发达国家的许多市场机会和先进技术，其订单掌握度、生产安排效率及欧美高档车市场占有率大幅提高。

（4）从 OEM 到 ODM 再到 OBM，沿着价值链升级。OEM（Original Equipment Manufacturer）是指品牌厂商提供设计图纸，制造企业按单生产；ODM（Original Design Manufacturer）是指品牌企业看中生产企业设计制造的某一产品，生产企业按要求生产该产品；OBM（Original Brand Manufacturer）则是指制造企业做自有品牌。H 国自行车企业普遍实现了从模仿到更有创新性的改进，再到领先的产品设计与创新的过程。通过这一过程，H 国自行车企业将研发开发、生产制造、市场营销三个主要环节在企业发展不同阶段采用不同模式进行资源配置与整合。例如，H 国第一大自行车厂商“天空机械”，原本以 OEM 为主，发挥其生产制造的优势；进而为发达国家 U 国 CH 公司做 ODM，打造自身设计能力。之后，“天空机械”开始创建自有品牌，在不断完善自身设计与营销能力的同时，将其具有自主品牌和研发优势的一部分零部件和整车的生产制造以 OEM 方式向 C 国企业转移。现在“天空机械”自有品牌销售收入占其总收入的比重为 70%，其 ODM 客户均为全球知名品牌。

（5）组织创新，建立新的网络型战略联盟。H 国自行车企业实现从 OEM 到 ODM 再到 OBM 的升级，网络型战略联盟发挥了重要作用。2003 年 H 国自行车第一大企业“天空机械”联合其主要竞争对手“星友”及 11 家零部件生产企业组成行业战略联盟“ATC”。

"ATC"具有如下功能：

第一，形成大企业带动小企业、中心厂带动卫星厂的"中心卫星体系"。这一体系内的两大企业"天空机械"和"星友"以"ATC"为载体，与零部件生产企业形成中心卫星体系。卫星企业订单稳定，完全致力于专业性生产，同时借助中心企业的协助并按照合约要求提高生产力。而中心企业集中力量开展市场调研与拓展、研发、检验、装配等工作。相互的整合活动，带动了整个产业向高技术、高附加值升级和发展。

第二，高度的互动学习机制。"ATC"打破了竞争对手不该彼此交换信息的旧模式，降低了企业在产业内的交易成本和信息不对称的程度。通过高度的互动学习机制，横向促进成员紧密交流，纵向共建产业链并加强合作，确保各方优先共享先进经验和提高信任程度。联盟内频繁的活动及由此产生的组织学习，使零部件企业在产品开发初期就能参与研发活动；各个企业的研发力量集合起来，同步工程缩短产品上市时间，联盟内部知识的消化能力变得更强大。

第三，协同发展。"ATC"规定优先供应成员间具竞争力的产品，协助作业流程改善，提供辅导与培训，鼓励成员创新设计和参与特殊车种的合作开发，参与各种自行车会展，并与科研院所合作建设信息平台。"ATC"为成员企业提供了良好的技术开发和服务环境，实现成车企业及零部件企业的协同发展。

2003年成立的"ATC"仅有22家成员企业，在H国343家自行车厂商中只是少数，但其销售收入占比却达到六至七成。对比表明，"ATC"企业的绩效明显优于非"ATC"企业。例如，"ATC"企业在2006年出口平均单价为350美元，大大高于行业平均单价206.6美元。另外，"ATC"成员中有95.2%是以自有品牌销售，而行业水平是55.46%，说明"ATC"有效推动了产业整体升级。

H国自行车产业的发展经过重大调整与转型，实现了整体升级，目前已在全球占据高端、高附加值市场。H国第一大自行车企业"天空机械"的自有品牌已成为欧洲市场的三大品牌之一，全球销售网络分布在50多个国家和地区，拥有10 000多个经销服务点，是全球企业组织网分布最广、最绵密的公司之一。H国第三大自行车品牌"神飞"，2003年以自有品牌扩展到美国与亚洲市场。

C国和H国均是全球自行车市场的重要产销地。1991年C国自行车外销数量首度超过H国，2000年起外销量与出口值双双超越H国。近年来C国自行车出口量占全球贸易量的60%。虽然C国自行车出口数量近年有大幅度的增长，但是这种增长更多是以价格下降为代价的。从2000年到2009年，H国年均出口数量仅为C国的1/10，但年均出口总值已达到C国的一半。

近年来，C国自行车产业也面临产业升级的压力。一方面，人们生活观念的变化以及收入水平的提高，使自行车已不再是单纯普通的交通工具，而是演化为集健身用品、休闲用具、玩具、高档消费品于一体的商品。由此，出现了对自行车新的需求，形成了多个新的细分消费市场。C国用途单一的低端自行车生产线的优势在国际市场受到巨大挑战；另一方面，由于C国劳动力成本大幅上升，自行车产业低端产品开始向劳动力成本更低的东南亚转移。业内人士指出，C国自行车产业升级转型势在必行。

要求：

（1）说明H国与C国的自行车企业所实施的竞争战略的类型，并从资源和能力角度简要分析H国与C国实施该种竞争战略的条件，以及C国自行车企业所实施的竞争战略面临的风险。

（2）运用价值链分析方法，简要分析H国自行车企业是如何实现"从OEM到ODM再到OBM，沿着价值链升级"的。

（3）简要分析H国自行车第一大企业"天空机械"联合其主要竞争对手"星友"及11家零部件生产企业组成的行业战略联盟"ATC"的类型与动因。

（4）依据钻石模型，简要分析H国自行车产业的竞争优势。

（5）简要分析H国自行车企业进入欧美市场的动机。

（6）依据企业发展战略可采用的3种途径，简要分析H国自行车企业进入欧美市场所采用的发展战略的途径。

三、跨章节综合题参考答案及解析

综合题 1

(1) 市场情况。

①产品具有较高的价格弹性，市场中存在大量的价格敏感用户。“市场需要大量老百姓买得起、用得起的‘民牌’空调”。

②购买者不太关注品牌，大多数购买者以同样的方式使用产品。“升达公司在公布空调成本的同时，将其空调产品全线降价，平均降幅达20%。升达公司得罪了同行，却赢得无数的消费者”。

③价格竞争是市场竞争的主要手段，消费者的转换成本较低。“升达公司发动的价格战也使整个空调行业的产品价格节节下滑，市场均价从2002年的2 500元降到2003年的2 000元”。

资源和能力：

①在规模经济显著的产业中装备相应的生产设施来实现规模经济。“在零部件成本、生产率、设备利用率、规模经济等方面都具备整机制造成本优势”。

②降低各种要素成本。“在零部件成本、生产率、设备利用率、规模经济等方面都具备整机制造成本优势”“升达公司发挥其灵活的民营企业机制，实施全方位的承包责任制，激发了各级人员的积极性、主动性和创造性，对于提高企业效率和降低运营成本发挥了重要作用”。

③提高生产率。“在零部件成本、生产率、设备利用率、规模经济等方面都具备整机制造成本优势”“公司在2001年引进全球最先进的信息化管理工具ERP，配合内部各个部门严格的承包制的实施，对提高企业效率和降低运营成本起到了极大的作用”“升达公司发挥其灵活的民营企业机制，实施全方位的承包责任制，激发了各级人员的积极性、主动性和创造性，对于提高企业效率和降低运营成本发挥了重要作用”。

④提高生产能力利用程度。“在零部件成本、生产率、设备利用率、规模经济等方面都具备整机制造成本优势”。

⑤选择适宜的交易组织形式。“在升达公司家乡n市，做空调配件的企业很多，整个空调产业链已经成型，升达公司通过整合这些企业，产品零部件自制率达到90%，与同类企业一般不超过50%的自制率相比，在零部件成本、生产率、设备利用率、规模经济等方面都具备整机制造成本优势”“在采购环节，升达公司同时采用自制和外购两条路线，当自制的质量和价格有优势时，采用自制；当自制明显不如外购有竞争力时，就毫不犹豫地采用外购，甚至关掉自制部门”“这些设备和原料共有的特点是品质在全球范围内相对较好，价格最低”。

(2) 1999年之后：公司主要面临的是市场风险中的产品或服务的价格及供需变化带来的风险。“升达公司意识到，国内空调从少数人的奢侈品转为大众消费品的时机已经来临，市场需要大量老百姓买得起、用得起的‘民牌’空调。处于弱势地位的升达公司找到了挑战竞争对手、壮大自身的法宝——以价格制胜”。

涉及的战略变革类型：

①技术变革。“与同类企业一般不超过50%的自制率相比，在零部件成本、生产率、设备利用率、规模经济等方面都具备整机制造成本优势”

②结构和体系变革。“在升达公司家乡N市，做空调配件的企业很多，整个空调产业链已经成型，升达公司通过整合这些企业，产品零部件自制率达到90%”。

③人员变革。“升达公司发挥其灵活的民营企业机制，实施全方位的承包责任制，激发了各级人员的积极性、主动性和创造性，对于提高企业效率和降低运营成本发挥了重要作用”

2012年之后：公司面临的主要是市场风险中的潜在进入者、竞争者与替代品的竞争带来的风险。“为了避开与国内空调行业优势品牌的正面较量，升达公司将目标客户聚焦在新一代网络消费群体”。

涉及的战略变革的类型为：

①产品和服务变革。“建立起年轻化、时尚化的品牌形象，打造了‘倾国倾城’‘淑女窈窕’等情感化的明星产品” “在随后的2013年，升达公司开始进行企业产品升级”。

②技术变革。“累计投入超过30亿元用于技术创新、效率提升”。

③结构和体系变革。“先后推出供应链管

理，引进全球领先检测设备、吸纳超过50%的硕博人才组成创新研究团队，从根本上把控产品品质”“2017年，升达公司智能工厂落成投产，以更加标准化、高周转率的技术实力，实现产品品质的又一次提升；在J国建立研发中心，实现智能化产品占比超80%”。

2017年之后：公司面临的主要是市场风险中的产品或服务的价格及供需变化带来的风险。“2017年下半年以来，升达公司意识到，虽然电商存量市场很大，但增长速度开始下降，线上流量红利在下滑”。

涉及的战略变革的类型为：

结构和体系变革。“与国内著名电商普天组建联合团队，打通商家与平台的供应链，全面提升电商渠道供应链效率”“升达公司放弃了向经销商层层压货、完成销售任务后给予返利的销售模式，而是采用‘互联网直卖’方式，只发展一层终端零售商，产品订货起点定为8台”。

（3）红海战略与蓝海战略的关键性差异。

①拓展非竞争性空间或规避竞争。“为了避开与国内空调行业优势品牌的正面较量，升达公司将目标客户聚焦在新一代网络消费群体”。

②创造并攫取新需求。“打造了‘倾国倾城’‘淑女窈窕’等情感化的明星产品，吸引了一批有时尚要求、重情感又注重性价比的年轻人群”。

③打破价值与成本互替定律。“吸引了一批有时尚要求 、重情感又注重性价比的年轻人群”。

蓝海战略重建市场边界的基本法则。

①重新界定产业的买方群体。“为了避开与国内空调行业优势品牌的正面较量，升达公司将目标客户聚焦在新一代网络消费群体”。

②重设客户的功能与情感导向。“用18～35岁年轻消费者熟悉的代言人和沟通方式，建立起年轻化、时尚化的品牌形象，打造了‘倾国倾城’‘淑女窈窕’等情感化的明星产品，吸引了一批有时尚要求、重情感又注重性价比的年轻人群”。

③跨越时间。“升达公司就敏锐察觉到互联网发展的大趋势，积极与电商平台合作，在整体布局上确定了互联网、智能化发展战略”。

（4）基本活动。

①生产经营。“2017年，升达公司智能工厂落成投产，以更加标准化、高周转率的技术实力，实现产品品质的又一次提升；在J国建立研发中心，实现智能化产品占比超80%；筹建多个智能制造基地累计投资超过150亿元，为实现空调产业全智能一体化做好准备”。

②外部后勤。“目前升达公司拥有1.5万多家终端零售商，这些终端零售商通过手机APP直接下单，升达公司接单后通过各区域的仓储中心调配，由第三方物流送货到店。升达公司已建成社会化的售后服务网点7 500个，覆盖国内98%的县市”。

③市场销售。“将目标客户聚焦在新一代网络消费群体，充分依托电商平台，用18～35岁年轻消费者熟悉的代言人和沟通方式，建立起年轻化、时尚化的品牌形象，打造了‘倾国倾城’‘淑女窈窕’等情感化的明星产品，吸引了一批有时尚要求、重情感又注重性价比的年轻人群”“抓住国内电商平台纷纷下沉开店的机遇，向基层市场渗透，逐步熟悉终端零售商渠道”“升达空调总销售量达到1 500万台，在国内排名第三；在电商平台上，升达是销量最大的空调品牌”。

④服务。“终端零售商或用户通过云平台寻找所在地的升达公司售后服务人员，由他们抢单帮助安装、维修”。

①采购管理。“在采购环节，升达公司同时采用自制和外购两条路线，当自制的质量和价格有优势时，就采用自制。自制明显不如外购有竞争力时，就毫不犹豫地采用外购，甚至关掉自制部门”。

②技术开发。“在随后的2013年，升达公司开始进行企业产品升级，累计投入超过30亿元用于技术创新、效率提升。先后推出二级供应链管理、引进全球领先检测设备、吸纳超过50%的硕博人才组成创新研究团队，从根本上把控产品品质”。

③人力资源管理。“升达公司是新办的企业，没有下岗职工和离退休人员的负担；升达公司发挥其灵活的民营企业机制，实施全方位的承包责任制，激发了各级人员的积极

性、主动性和创造性，对于提高企业效率和降低运营成本发挥了重要作用”“吸纳超过50%的硕博人才组成创新研究团队”。

（5）价值网络强调“以顾客为中心”，在专业化分工的生产服务模式下，把处于“价值链”上不同位置并存在密切关联的企业或者相关利益体整合在一起，建立一个以顾客为核心的价值创造体系，共同为顾客创造价值。当顾客出现新的价值需求时，网络成员也可以联合起来进行共同研发，迅速地满足顾客需求。“与国内著名电商普天组建联合团队，打通商家与平台的供应链，全面提升电商渠道供应链效率”“抓住国内电商平台纷纷下沉开店的机遇，向基层市场渗透，逐步熟悉终端零售商渠道”“终端零售商或用户通过云平台寻找所在地的升达公司售后服务人员……这不仅有利于市场价格体系的稳定，也克服了传统模式下渠道库存严重、层层加价、经销商资金周转慢、利润不稳定等弊端”“升达公司与以线下销售为主的长宁家电零售公司合作，共创智慧零售新模式”“从以前‘通过厂家直供的方式真正让利于经销商，打造至真至诚的利益共同体源进一步延伸到以升达公司主导产业为基础搭建020（即Online TO offline，线上到线下）平台，为更多中小企业服务，全面赋能线下经销商’。‘双轮战略’的实施，将进一步实现线上线下融合、深耕零售发展的模式”。

（6）①促进技术创新。“升达空调原来的电商渠道供应链SOP（即标准操作程序）分为18个节点，操作共需33个小时，新的系统上线以后优化为6个节点，操作只需1个多小时，大大提升了供应链效率”。

②避免经营风险。“与国内著名电商普天组建联合团队，打通商家与平台的供应链，全面提升电商渠道供应链效率”。

③实现资源互补。“升达公司作为长宁家电品牌主力军，通过长宁零售公司快速开启渠道下沉绿色通道，从线上渠道转移至线下渠道，在运营上借助长宁零售公司在市场上的口碑和服务，形成很强的品牌竞争力”。

（7）第一次战略转型：

价格策略：“升达公司在公布空调成本的同时，将其空调产品全线降价，平均降幅达20%”。

第二次战略转型：

产品策略：“充分依托电商平台，用18～35岁年轻消费者熟悉的代言人和沟通方式，建立起年轻化、时尚化的品牌形象，打造了‘倾国倾城’‘淑女窈窕’等情感化的明星产品”“在随后的2013年，升达公司开始进行企业产品升级，累计投入超过30亿元用于技术创新、效率提升”。

第三次战略转型：

分销策略：“一是与国内著名电商普天组建联合团队，打通商家与平台的供应链，全面提升电商渠道供应链效率。”“二是抓住国内电商平台纷纷下沉开店的机遇，向基层市场渗透，逐步熟悉终端零售商渠道。”“2018年11月，升达公司与以线下销售为主的长宁家电零售公司合作，共创智慧零售新模式”。

综合题2

（1）公司宗旨旨在阐述公司长期的战略意向，其具体内容主要说明公司目前和未来所要从事的经营业务范围。科通公司初创时期的业务定位是做手机业务，“要做一款设计好、品质好而价格又便宜的智能手机”；而历经8年的发展，到2018年科通公司上市之前，科通公司的业务定位是“围绕手机业务构建起手机配件、智能硬件、生活消费产品三层产品矩阵，科通公司也从一家手机公司过渡到一个涵盖众多消费电子产品、软硬件和内容全覆盖的互联网企业”。

（2）依据“战略钟”理论，科通智能手机与生态链产品所采用的竞争战略类型是混合战略，即在为顾客提供更高的认可价值的同时，获得成本优势。亦即差异化与成本领先兼顾的战略。“科通坚持做顶级配置，真材实料，高性能，高体验，强调超用户预期的最强性价比”“这款号称顶级配置的手机其定价只有1 999元，几乎是同配置手机价格的一半”“由于科通品牌给人们高性价比的印象已经根深蒂固，因此不少人认为科通生态链企业的产品无法赢利。但实际上，科通生态链企业已经有多家实现盈利”“感动人心、价格厚道”。

科通公司智能手机与生态链产品能够实现混合战略主要依靠互联网信息技术。

首先，企业可以借助信息技术推出区别于竞争对手的新产品、新服务，从而获取竞争优势。“科通公司第一是运用互联网工具，让用户参与到手机硬件的设计、研发之中，通过用户的反馈意见，了解消费者的最新需求。而此前其他公司的研发模式都是封闭式的，动辄一两年，开发者以为做到了最好，但其实未必是用户喜欢的，而且一两年时间过去，市场很可能已经变化”“在霍兵看来，‘互联网思维’体现在两个关键点上：一是用户体验，利用互联网接近用户，了解他们的感受和需求……这样才能做到‘感动人心、价格厚道’”。

其次，信息技术在企业中的应用可以帮助企业在生产、工程、设计、服务等环节有效降低成本，甚至达到行业中最低的运营成本。“开创了官网直销预订购买的发售方式，不必通过中间商，产品就可以直接送到消费者的手上，省去了实体店铺的各种费用和中间的渠道费用”“在霍兵看来，‘互联网思维’体现在两个关键点上……二是效率，利用互联网技术提高企业的运行效率，使优质的产品能够以高性价比的形式出现，这样才能做到‘感动人心、价格厚道’”。

（3）“科通的成功模式成为各行各业观摩学习的范本”，依据核心能力评价理论，向科通公司学习的企业基准分析的基准类型是过程或活动基准，即以具有类似核心经营的企业为基准进行比较，但是两者之间的产品和服务不存在直接竞争的关系。这类基准分析的目的在于找出企业做得最突出的方面。“大量企业开始对标科通，声称要用科通模式颠覆自己所在的行业，‘做 xx 行业的科通’”，说明不是同一行业企业，当然也不存在直接竞争关系。

（4）科通公司在 2015 年所面临的市场风险主要表现在两个方面：

①能源、原材料、配件等物资供应的充足性、稳定性和价格的变化带来的风险。“销量越来越大就意味着要与数百个供应商建立良好高效的合作协同关系，不能有丝毫闪失。而科通的供货不足、发货缓慢被指为‘饥饿营销’，开始颇受质疑”“芯片供应商 G 公司的一脚急刹车成为导火索”。

②潜在进入者、竞争者、与替代品的竞争带来的风险。“竞争对手也越来越多、越来越强大，H 公司推出的互联网手机品牌 R 手机成为科通手机强劲的对手，O 公司和 V 公司也借助强大的线下渠道开始崛起”“以线下渠道为主的 O 公司和 V 公司成为手机行业的新星，其手机出货量不仅增幅超过 100%，而且双双超过科通进入全球前五、国内前三”。

（5）科通公司 2016 年所采用的收缩战略（撤退战略）的主要方式有：

①紧缩与集中战略中的机制变革，主要做法是调整管理层领导班子。“霍兵亲自负责科通手机供应链管理，前供应链负责人转任首席科学家，负责手机前沿技术研究。这意味着科通公司从组织架构上加大对供应链的管理力度”。

②转向战略中的调整营销策略，在价格、广告、渠道等环节推出新的举措。“开启‘新零售’战略。所谓新零售就是指通过线上线下互动融合的运营方式，将电商的经验和优势发挥到实体零售中。让消费者既能享用线下看得见摸得着的良好体验，又能获取电商一样的低价格。截至 2018 年 3 月 10 日，全国范围内已经有 330 个实体店科通之家，覆盖 186 座城市”“早年一直坚持口碑营销从未请过代言人的科通公司在 2016 年开始改变策略，先后请来几位明星作为代言人，赢得了不少新老用户”。

（6）科通生态链所采用的发展战略的类型属于相关多元化（同心多元化）。“科通生态链的投资主要围绕以下 5 大方向：①手机周边，如手机的耳机、移动电源、蓝牙音箱；②智能可穿戴设备，如科通手环、智能手表；③传统白电的智能化，如净水器、净化器；④极客酷玩类产品，如平衡车、3D 打印机；⑤生活方式类，比如科通插线板”“围绕手机业务构建起手机配件、智能硬件、生活消费产品三层产品矩阵”。

科通采用这一战略的优点：

①有利于企业利用原有产业的产品知识、制造能力、营销渠道、营销技能等优势来获取融合优势，即两种业务或两个市场同时经营的盈利能力大于各自经营时的盈利能力之和。“科通生态链团队不仅做投资，而且是一个孵化器，从 ID、外观、结构、硬件、软件、云服务、供应链、采购、品牌等诸多方面给予创业公司全方位的支持”“麦家的多个产品已经做到了全球数量第一，科通生态链公司

也出现多个独角兽”“科通生态链企业已经有多家实现盈利。这是因为科通利用其规模经济所带来的全球资源优势帮助这些生态链公司提高效率”“科通公司也从一家手机公司过渡到一个涵盖众多消费电子产品、软硬件和内容全覆盖的互联网企业”。

②利用未被充分利用的资源。“科通公司抽出20名工程师，让他们从产品的角度看拟投资的创业公司，通过与创业公司团队的沟通，了解这家公司的未来走向”。

③运用盈余资金。“运用科通公司已经积累的大量资金”。

④运用企业在某个产业或某个市场中的形象和声誉来进入另一个产业或市场，而在另一个产业或市场中要取得成功，企业形象和声誉是至关重要的。“科通生态链团队不仅做投资，而且是一个孵化器，从ID、外观……品牌等诸多方面给予创业公司全方位的支持”。

科通生态链所采用的发展战略的途径是战略联盟。“科通生态链团队不仅做投资，而且是一个孵化器……但是，科通公司并没有控股任何一家科通生态链公司，所有的公司都是独立的”“正是通过这种独特的战略联盟模式，科通投资并带动了更多志同道合的创业者，围绕手机业务构建起手机配件、智能硬件、生活消费产品三层产品矩阵”。

科通采用这种方式的动因：

①促进技术创新。“生态链企业各自发挥技术创新优势”“很多新兴产品领域，麦家的多个产品已经做到了全球数量第一，科通生态链公司也出现多个独角兽”。

②避免经营风险。“同时……规避经营风险”。

③实现资源互补。“从ID、外观、结构、硬件、软件、云服务、供应链、采购、品牌等诸多方面给予创业公司全方位的支持”“科通公司利用其规模经济所带来的全球资源优势帮助这些生态链公司提高效率”。

④开拓新的市场。“科通已经投资了90多家生态链企业，涉足上百个行业”。

⑤降低协调成本。“同时降低科通公司整体的内部协调整合的成本”。

(7) 第一，研发能力。“科通公司第一是运用互联网工具，让用户参与到手机硬件的设计、研发之中，通过用户的反馈意见，了解消费者的最新需求。而此前其他公司的研发模式都是封闭式的，动辄一两年，开发者以为做到了最好，但其实未必是用户喜欢的，而且一两年时间过去，市场很可能已经变化。

第二，科通坚持做顶级配置，真材实料，高性能，高体验，强调超用户预期的最强性价比”“科通生态链团队不仅做投资，而且是一个孵化器，从ID、外观、结构、硬件、软件、云服务、供应链、采购、品牌等诸多方面给予创业公司全方位的支持。这些创业公司有一大半是科通生态链团队从零开始孵化的”。“在移动电源、空气净化器、可穿戴设备、平衡车等很多新兴产品领域，麦家的多个产品已经做到了全球数量第一”。

第三，生产管理能力。“利用互联网技术提高企业的运行效率，使优质的产品能够以高性价比的形式出现”“科通公司运用其全球供应链优势能够让生态链上的小公司瞬间有几百亿元的供应链提供的能力”。

第四，营销能力。

①产品竞争能力。“科通手机2012年实现销售量719万部。2014年第二季度，科通手机成为国内智能手机市场的第一名，科通公司在全球也成为第三大手机厂商” “2017年第二季度，科通手机的出货量环比增长70%，达2316万部，创造了科通手机季度出货量的新纪录。2017年四季度，在其他全球前五名的智能手机厂商出货量全部负增长的情况下，科通手机出货量增长了96.9%”“在移动电源、空气净化器、可穿戴设备、平衡车等很多新兴产品领域，麦家的多个产品已经做到了全球数量第一，科通生态链公司也出现多个独角兽”。

②销售活动能力。“以品牌和口碑积累粉丝，靠口口相传，节省大量广告费用。第四，开创了官网直销预订购买的发售方式，不必通过中间商，产品就可以直接送到消费者的手上，省去了实体店铺的各种费用和中间的渠道费用” “开启‘新零售’战略。所谓‘新零售’就是指通过线上线下互动融合的运营方式，将电商的经验和优势发挥到实体零售中”“早年一直坚持口碑营销从未请过代言人的科通公司在2016年开始改变策略，先后请来几

位明星作为代言人，赢得了不少新老用户”。

③市场决策能力。“霍兵与他的合伙人们就有一个想法：要做一款设计好、品质好而价格又便宜的智能手机。2010 年的手机市场，还是国际品牌的天下，功能机仍是主体，智能手机的价格至少也要在 3 000 ~ 4 000 元。虽然也有一些国产品牌手机，但大多是低质低价的山寨机” “2014 年，霍兵开始意识到‘智能硬件’和‘万物互联（Internet of Things，IoT）’可能是比智能手机还要大的发展机遇。于是，科通公司开启了科通生态链计划”。

第五，财务能力。“科通公司开启了科通生态链计划，运用科通公司已经积累的大量资金，准备在 5 年内投资 100 家创业公司，在这些公司复制科通模式” “2018 年 7 月，科通公司成功上市”“由于科通品牌给人们高性价比的印象已经根深蒂固，因此不少人认为科通生态链企业的产品无法赢利。但实际上，科通生态链企业已经有多家实现盈利”。

第六，组织管理能力。“2016 年，科通内部开始进行架构和模式多维调整。霍兵亲自负责科通手机供应链管理，前供应链负责人转任首席科学家，负责手机前沿技术研究。这意味着科通公司从组织架构上加大对供应链的管理力度”“科通公司抽出 20 名工程师，让他们从产品的角度看拟投资的创业公司，通过与创业公司团队的沟通，了解这家公司的未来走向”“科通公司并没有控股任何一家科通生态链公司，所有的公司都是独立的。这样有利于在统一的价值观和目标下，生态链企业各自发挥技术创新优势，同时降低科通公司整体的内部协调整合的成本，规避经营风险”。

综合题 3

（1）依据市场营销组合的产品策略，简要分析广源天药集团医药板块产品组合策略的类型及产品开发的原因。

广源天药集团医药板块产品组合策略的类型属于扩大产品组合。包括拓展产品组合的宽度和加强产品组合的深度。前者是在原产品大类内增加新的产品项目；后者是增加每种产品项目的花色、品种、规格。“广源天药集团最初生产销售的粉剂产品，产品结构较为单一……广源天药集团顺应时代发展，从 1975 年开始，针对药品剂型、便捷性、准确性等多方面的需求，在广源天药秘方原有剂型的基础上研制出系列新剂型、新品种，历经 30 多年时间，逐步开发构建了广源天药完整、庞大的产品群。如主打止血消炎的广源天药膏、广源天药酊，用于外伤止痛的广源天药气雾剂，具有止血功效的创可贴等。同时，广源天药深入挖掘创新以天然植物为原料的民族药物，成功研发出具有地方特色的新产品，如脑脉通口服液、宫血宁胶囊等”。

产品开发的原因：

①企业具有较高的市场份额和较强的品牌实力，并在市场中具有独特的竞争优势。“将自身独特的技术优势与多变的市场需求相结合，不断开发出新的高品质药品，赢得了消费者的信赖”。

②市场中有潜在增长力。“不断开发出新的高品质药品，赢得了消费者的信赖”“彻底打破了 BD 独霸创可贴天下的局面，当年广源天药创可贴与 BD 的市场比率由 2000 年的 1 : 10 涨到 1 : 2.6……2012 年广源天药创可贴销售额再创新高，达到 4 亿元”。

③客户需求的不断变化需要新产品。“随着人们经济生活水平逐渐提高，医药企业竞争日趋激烈，消费者对医药产品功能的要求也日益多样化。广源天药集团顺应时代发展，从 1975 年开始，针对药品剂型、便捷性、准确性等多方面的需求……研制出系列新剂型、新品种”。

④需要进行技术开发或采用技术开发。“创可贴市场占领者国际品牌 BD 创可贴仅仅是一种卫生消毒材料，没有对伤口进行止血和愈合的功效。而广源天药的药性具有很强的止血和愈合功效。如果将广源天药的药性与创可贴的功效结合起来，可与其他创可贴形成功能性差异。但是当时广源天药不具备生产透皮方面的技术”。

⑤企业需要对市场的竞争创新作出反应。“随着人们经济生活水平逐渐提高，医药企业竞争日趋激烈，消费者对医药产品功能的要求也日益多样化”。

（2）简要分析广源天药集团开发广源天药创可贴过程中所实施的发展战略的几种途径。

外部发展（并购）。“2011 年收购国内一家制药厂，作为与透皮事业部相配套的生产企业”。

内部发展（新建）。“2001 年 3 月广源天药投资成立专业透皮研究部门，主要对创可贴进行研究开发……随后投资 300 万元建立广源天药创可贴生产线，并投资 2 000 多万元组建医药电子商务公司，完善创可贴销售网络……随后广源天药集团成立主要生产经营透皮产品的事业部”。

战略联盟。“但是当时广源天药不具备生产透皮方面的技术，为了快速推出此类产品，广源天药选择暂时不进行自主研发，与国外创可贴企业合作，广源天药提供创可贴的敷料部分，国外企业负责成品生产”“引进日本更先进的生产透皮技术，委托国内企业加工生产 8 000 多万张”。

（3）简要分析广源天药集团实施多元化战略的动因（即多元化经营的优点）与风险。

广源天药集团实施多元化战略的动因：

①分散风险。“广源天药集团进入国家基本药物目录的药品在价格上受到限制，招标采购模式也使得药品维持在一个较低的价格水平，毛利率较低……一种药品从立项、临床报批到进入市场需要很长的周期和资金投入，进入市场的结果也存在着未知的风险，一旦产品销售不佳，会对广源天药集团产生较大的影响”“也可以抵御医药市场的竞争压力，规避产业发展风险”。

②在企业无法增长的情况下找到新的增长点。“广源天药集团希望开发非药品业务作为公司新的利润增长源泉”。

③利用未被充分利用的资源。“广源天药集团管理层还期望充分发挥企业在药品经营中各种有形资源……进一步扩大公司生存发展空间”。

④获得资金或其他财务利益。“获取足够的资金支撑企业研发新的医药产品”。

⑤运用企业在某个产业或某个市场中的形象和声誉来进入另一个产业或市场，而在另一个产业或市场中要取得成功，企业形象和声誉是至关重要的。“广源天药集团管理层还期望充分发挥企业在药品经营中……良好的声誉品牌优势，进一步扩大公司生存发展空间”。

广源天药集团实施多元化战略的风险：

①来自原有经营产业的风险。“由于多元化经营资源分散，不仅导致其在缺乏核心优势的产业中经营绩效不佳，而且对其主业带来了负面影响”。

②市场整体风险。“由于多元化经营资源分散……对其主业带来了负面影响”。

③产业进入风险。“而其他日化产品由于其产品功能和特点无法体现广源天药粉的独特优势，因而难以成功”“房地产行业与广源天药集团的主营业务不存在联系，在生产技术、市场、营销等方面也无法产生协同效应。广源天药集团没有强大的资源和人才来支撑这个庞大的房地产业务体系，致使房地产业务在 5 年内 4 年都是亏损，侵蚀了集团的资源，占用了人力，还占据了企业大量的现金”。

④产业退出风险。“广源天药集团管理层没有审时度势和合理分析房地产行业的未来走势，没有结合集团房地产业务连续数年亏损的实际和房地产整个行业的发展现状及时做出调整，却于 2012 年反其道而行耗费 38 亿元兴建度假村，直到 2013 年才出售广源天药置业有限公司退出不良业务”。

⑤内部经营整合风险。“房地产行业与广源天药集团的主营业务不存在联系，在生产技术、市场、营销等方面也无法产生协同效应。广源天药集团没有强大的资源和人才来支撑这个庞大的房地产业务体系，致使房地产业务在 5 年内 4 年都是亏损，侵蚀了集团的资源，占用了人力，还占据了企业大量的现金”。

（4）运用辨别企业核心能力的 3 个关键性测试，简要分析广源天药集团在医药板块、牙膏、日化其他产品、房地产 4 个领域是否具备核心能力。

①医药板块：

它对顾客是否有价值？“核心产品广源天药在治疗出血、消炎等方面有非常好的疗效，在国内外享有很高声誉”“不断开发出新的高品质药品，赢得了消费者的信赖”。

它与企业竞争对手相比是否有优势？“拥有独一无二的国家级保密配方和百年老字号品牌的医药企业”“到目前为止，广源天药仍然是创可贴行业的翘楚”。

它是否很难被模仿或复制？“拥有独一无二的国家级保密配方”“将自身独特的技术优势与多变的市场需求相结合，不断开发出新的高品质药品”“广源天药创可贴弥补了其他同类产品只能护理不能治疗的缺陷”。

广源天药集团医药板块同时满足3个关键测试，具备核心能力。

②广源天药牙膏：

它对顾客是否有价值？“80%左右的成年人或多或少都有口腔溃疡或者牙龈萎缩出血等问题。广源天药集团……利用天药的活性成分，开发出一种能帮助消费者减轻牙龈出血等口腔问题的独特的药物牙膏……广源天药集团又对产品进行不断改进和完善”。

它与企业竞争对手相比是否有优势？“一般传统牙膏的主要功能是解决牙齿防蛀和清洁问题”“开发出一种能帮助消费者减轻牙龈出血等口腔问题的独特的药物牙膏”。

它是否很难被模仿或复制？“广源天药牙膏运用公司的关键资源——广源天药粉的神奇功效，使得广源天药牙膏具有独特的治疗功能”“广源天药牙膏首先采用药品的销售渠道是医院和药房、网络销售渠道，随后才进入超市等渠道。这样有利于在产品问世时显现出药企的背景，让消费者觉得质量有保障，并且巧妙避开了与行业龙头的直接竞争，还可降低前期的销售费用”。

广源天药集团牙膏产品同时满足3个关键测试，具备核心能力。

③日化板块其他产品：

它对顾客是否有价值？“其他的日化产品都销售不佳，发展势头萎靡不振。几种主要产品市场占有率大大低于外资品牌，也低于国内其他著名品牌。目前市面上已经很少能看到广源天药的沐浴素、洗发水、面膜、护手霜等产品的踪迹”。

它与企业竞争对手相比是否有优势？“而其他日化产品由于其产品功能和特点无法体现广源天药粉的独特优势，因而难以成功”。

它是否很难被模仿或复制？“而其他日化产品由于其产品功能和特点无法体现广源天药粉的独特优势，因而难以成功”。

广源天药集团日化板块其他产品不能满足3个关键测试，不具备核心能力。

④房地产业务：

它对顾客是否有价值？“广源天药集团管理层没有审时度势和合理分析房地产行业的未来走势（因此，其房地产业务很难适应顾客需求）”。

它与企业竞争对手相比是否有优势？“房地产业务在5年内4年都是亏损的”。

它是否很难被模仿或复制？“房地产行业与广源天药集团的主营业务不存在联系（因此，其房地产业务不存在难以被模仿或复制的因素）”。

广源天药集团房地产业务不能满足3个关键测试，不具备核心能力。

（5）简要分析广源天药集团在医药板块、广源天药牙膏两个领域研发的类型、动力来源与研发定位。

①医药板块：

研发的类型：产品研究——新产品开发。“将自身独特的技术优势与多变的市场需求相结合，不断开发创造出新的高品质药品”。

动力来源：需求拉动。“广源天药集团顺应时代发展，从1975年开始，针对药品剂型、便捷性、准确性等多方面的需求，在广源天药秘方原有剂型的基础上研制出系列新剂型、新品种”。

研发定位：成为向市场推出新技术产品的企业。“将自身独特的技术优势与多变的市场需求相结合，不断开发创造出新的高品质药品”。

②广源天药牙膏：

研发的类型：产品研究——新产品开发。“广源天药集团开始研发广源天药牙膏，利用天药的活性成分，开发出一种能帮助消费者减轻牙龈出血等口腔问题的独特的药物牙膏”。

动力来源：需求拉动。“80%左右的成年人或多或少都有的口腔溃疡或者牙龈萎缩出血等问题”。

研发定位：成为向市场推出新技术产品的企业。“广源天药集团开始研发广源天药牙膏，利用天药的活性成分，开发出一种能帮助消费者减轻牙龈出血等口腔问题的独特的药物牙膏”。

（6）简要分析广源天药集团在经营中面临的运营风险。

①企业产品结构、新产品研发方面可能

引发的风险。“而其他日化产品由于其产品功能和特点无法体现广源天药粉的独特优势，因而难以成功”“房地产行业与广源天药集团的主营业务不存在联系，在生产技术、市场、营销等方面也无法产生协同效应……房地产业务在5年内4年都是亏损的”“由于多元化经营资源分散，不仅导致其在缺乏核心优势的产业中经营绩效不佳，而且对其主业也带来了负面影响”。

②企业新市场开发，市场营销策略方面可能引发的风险。“广源天药牙膏首先采用药品的销售渠道是医院和药房、网络销售渠道，随后才进入超市等渠道……而其他日化产品由于其产品功能和特点无法体现广源天药粉的独特优势，因而难以成功”“房地产行业与广源天药集团的主营业务不存在联系，在生产技术、市场、营销等方面也无法产生协同效应”。

③企业组织效能、管理现状、企业文化，高中层管理人员和重要业务流程中专业人员的知识结构、专业经验等方面可能引发的风险。“广源天药集团没有强大的资源和人才来支撑这个庞大的房地产业务体系，致使房地产业务在5年内4年都是亏损的”“广源天药集团管理层没有审时度势和合理分析房地产行业的未来走势，没有结合集团房地产业务连续数年亏损的实际和房地产整个行业的发展现状及时做出调整，却于2012年反其道而行耗费38亿元兴建度假村，直到2013年才出售广源天药置业有限公司退出不良业务”。

④质量、安全、环保、信息安全等管理中发生失误导致的风险。“2007～2014年广源天药集团有4种药品进入国家药监局不合格药品名单，其中影响最大的是2012年国内某省药监局查出广源天药胶囊的水分不合格，相关产品被召回，广源天药集团被列入医药企业黑名单，该省药物采购联合办公室取消了广源天药胶囊中标权利和网上采购资格，并且在2013～2016年严格禁止广源天药胶囊进入该省基本药物统一招标采购目录”。

⑤因企业内、外部人员的道德风险或业务控制系统失灵导致的风险。“9年间，广源天药至少10次因为部分药品质量不合格、夸大广告疗效等原因导致负面消息”。

⑥企业现有业务流程和信息系统操作运行情况的监管、运行评价及持续改进能力方面引发的风险。“广源天药集团管理层没有审时度势和合理分析房地产行业的未来走势，没有结合集团房地产业务连续数年亏损的实际和房地产整个行业的发展现状及时做出调整，却于2012年反其道而行耗费38亿元兴建度假村，直到2013年才出售广源天药置业有限公司退出不良业务”。

综合题4

（1）①分散风险。“光美公司的主打产品空调、风扇等，销售旺季集中在每年的3～8月，在其余时间里资金和经销商资源的利用都明显不足，而推出微波炉产品可以弥补这一缺陷”。

②当企业在原产业无法增长时找到新的增长点。“有利于优化公司整体运作和产品结构，建立新的增长点”。

③利用未被充分利用的资源。“从制造技术的角度看，微波炉和光美公司已生产的电饭煲、电磁炉等产品都是使用电能转换加热系统，因此对微波炉的技术研发、生产制造和营销网络都有着极其便利的条件和经验”“在其余时间里资金和经销商资源的利用都明显不足”。

④运用盈余资金。“在其余时间里资金和经销商资源的利用都明显不足”。

⑤运用企业在某个产业或某个市场中的形象和声誉来进入另一个产业或市场。“还可以利用光美公司在其他厨具小家电市场上树立的品牌优势开拓市场”。

（2）实施条件（市场情况）：

①市场中存在大量的价格敏感用户。“兰微公司充分利用市场对微波炉产品价格的高度敏感”。

②产品难以实现差异化。“通过集中生产少数品种……使自己成为微波炉行业的‘霸主’”。

③价格竞争是市场竞争的主要手段。“充分利用市场对微波炉产品价格的高度敏感”“以‘价格战’不断摧毁竞争对手的防线”。

实施条件（资源和能力）：

①在规模经济显著的产业中装备相应的生产设施来实现规模经济。“通过……规模经济……多种手段降低成本”。

②降低各种要素成本。“通过……减少各

种要素成本……多种手段降低成本”。

③提高生产率。“通过……提高生产效率……多种手段降低成本”。

④改进产品工艺设计。“通过……不断改进产品工艺设计……多种手段降低成本”。

⑤选择适宜的交易组织形式。“通过……承接外包等多种手段降低成本”。

⑥重点集聚。“通过集中生产少数品种……多种手段降低成本”。

风险：市场需求从注重价格转向注重产品的品牌形象，使得企业原有的优势变为劣势。“从光美公司掌握的数据看，国内市场的高端化消费趋势已经非常明显，低端产品对消费者已不具吸引力”“光美公司在2010年成功超越兰微公司成为微波炉出口冠军；在2012年，光美公司微波炉国内市场品牌价格指数全面超越兰微公司，由行业跟随者升级为行业领导者，跳出行业‘价格战’的恶性循环，实现了企业业绩持续增长”。

（3）实施条件（市场情况）：

①产品能够充分地实现差异化，且为顾客所认可。“如果能够开发并向市场推出使消费者迅速认识并接受微波炉的多种优点的产品，微波炉市场将进入另一个高速发展期”“从光美公司掌握的数据看，国内市场的高端化消费趋势已经非常明显，低端产品对消费者已不具吸引力”。

②顾客的需求是多样化的。“微波炉具有多种优点，它不仅能快速加热或烹调食物，而且没有油烟，还能保持食物的原汁原味与减少营养损失。在C国，虽然80%以上的家庭已经使用微波炉，但微波炉只是作为一个加热工具，它的多种优点还没被消费者充分认识”。

③创新成为竞争的焦点。“如果能够开发并向市场推出使消费者迅速认识并接受微波炉的多种优点的产品，微波炉市场将进入另一个高速发展期”“从光美公司掌握的数据看，国内市场的高端化消费趋势已经非常明显，低端产品对消费者已不具吸引力”。

实施条件（资源和能力）：

①具有强大的研发能力和产品设计能力。“确定公司技术发展方向以及技术发展路线”“开展广泛技术合作”“投入巨资改善软硬件条件”“变革学习、考核机制”。

②具有很强的市场营销能力。“光美公司在不断创新和推出产品的过程中，成功地开展了一系列促销活动”“2010年光美公司耗巨资在国内主要城市的核心终端，开辟了1 000个‘蒸立方’品牌专柜”“2011年公司开发上线了新一代营销管理系统”“光美公司在海外前15大市场设立了区域经理，同时针对不同区域的主流客户设立了专门的产品开发团队”。

③有能够确保激励员工创造性的激励体制、管理体制和良好的创造性文化。“2009年之后，公司不断完善基于以市场、客户为导向的矩阵式管理模式”“公司不断加大对各类人员培训的投入，同时转变培训方式。公司要求中高层管理者每年必须走访市场不少于4次，倾听市场和客户的声音。公司定期组织中高层管理者赴日本、韩国企业进行学习交流取经。公司每年投入超过1 000万元的培训费用用于员工的专业技能培训。公司出台专项政策，鼓励员工进行再学习、再深造。公司经常组织读书心得分享会，书目由公司总经理亲自选定，均与公司当期推动的变革措施有关。光美公司的绩效导向文化逐渐深入员工骨髓，公司也结合各阶段工作重点在绩效考核导向方面进行不断的调整和优化”。

④具有从总体上提高某项经营业务的质量、树立产品形象、保持先进技术和建立完善分销渠道的能力。“为了避免差异化成本过高，光美公司通过加大部件自制、精益运营、加强价值链信息共享和协同降低运营成本等手段来创新成本管控，解决成本与结构升级的矛盾，应对资源要素价格的持续上升，保证成本优势”“确定公司技术发展方向以及技术发展路线”“光美公司在不断创新和推出产品的过程中，成功地开展了一系列促销活动”“光美公司在海外前15大市场设立了区域经理，同时针对不同区域的主流客户设立了专门的产品开发团队”。

光美公司注重防范差异化战略的风险：

①企业形成产品差异化的成本过高。“为了避免差异化成本过高，光美公司通过加大部件自制、精益运营、加强价值链信息共享和协同降低运营成本等手段来创新成本管控，解决成本与结构升级的矛盾，应对资源要素价格的持续上升，保证成本优势”。

②竞争对手的模仿和进攻使已建立的差异缩小甚至转向。“光美公司以‘蒸功能’为主题的产品功能不断升级，针对不同消费群体的产品线不断扩充……公司和产品的品牌形象日益鲜明”。

(4) ①限制进入定价。“对于光美公司的挑战，兰微公司予以迎击……再次举起了‘价格战’的大旗”。

②进入对方领域。“宣布大举进军光美公司已拥有优势的产业，如空调、冰箱、风扇、电暖气等产业”。

(5) 光美公司战略变革的主要任务：

①调整企业理念。“2006 年，在一次光美公司每年例行的经营策略高层研讨会上，与会人员对微波炉行业的发展趋势和公司应对策略形成了统一的认识和判断”。

②企业战略重新进行定位。“与会人员一致认为，公司应当从以跟随为主的‘低成本’战略向‘差异化’战略转变；公司竞争的焦点应当从关注竞争对手向关注消费者、关注客户需求转变”“用 3 ~ 5 年时间，扭转目前品牌竞争的被动局面，由‘中低端’向‘中高端’转变，最终超越兰微公司成为全球微波炉行业霸主，成为全球最优秀的微波炉供应商”。

③重新设计企业的组织结构。“大刀阔斧进行组织变革。2009 年之后，公司不断完善基于以市场、客户为导向的矩阵式管理模式，各产品、客户经理对经营结果负责，并拥有相应的产品企划和定价、供应商选择、人员选择等关键决策权力；其他管理人员在各自职责体系中对产品、客户经理经营提供后台支持”“光美公司在海外前 15 大市场设立了区域经理，同时针对不同区域的主流客户设立了专门的产品开发团队”。

(6) ①研发的类型：产品研究——新产品开发。

②研发的动力来源：既是需求拉动，也是技术推动。“如果能够开发并向市场推出使消费者迅速认识并接受微波炉的多种优点的产品，微波炉市场将进入另一个高速发展期”“光美公司于 2006 年在国内率先推出具备蒸功能的产品，这不仅是第一款针对国内市场消费者使用习惯开发的本土化创新产品，实现了 C 国传统烹饪习惯与微波炉功能优点的有效结合……经过将近一年的推广，市场反响很好，显示了巨大的发展潜力”。

③研发的定位：成为向市场推出新技术产品的企业。“光美公司于 2006 年在国内率先推出具备蒸功能的产品”。

(7) ①产品策略：“对微波炉‘蒸功能’的持续升级和传播”“2007 年……推出了第二代具备蒸功能的产品——‘全能蒸’微波炉”“2008 年，光美公司发布了 5 个系列 14 款‘蒸功能’微波炉”“2009 年，公司第三代产品‘蒸立方’面世”“2010 年，光美公司发布第五代‘蒸功能’系列新品”“2012 年光美公司发布了半导体、太阳能和云技术微波炉三大创新产品”。

②促销策略：“光美公司在不断创新和推出产品的过程中，成功地开展了一系列促销活动”“2006 年，光美公司开启了以‘食尚蒸滋味’为主题的全年推广活动，首次在各大电视台开展广告营销活动，同时在全国主要市场开展产品的循环演示活动。2008 年，光美公司主办了‘蒸夺营养冠军’的全国推广活动。2009 年，光美公司推出‘全蒸宴’的全国演示推广活动。2010 年，光美公司推出‘蒸出营养与健康——光美公司蒸立方’微波炉的电视形象广告片”。

③分销策略：“2010 年光美公司耗巨资在国内主要城市的核心终端，开辟了 1 000 个‘蒸立方’品牌专柜”“2011 年公司开发上线了新一代营销管理系统，该系统实现了全国主要终端的销售、库存数据动态更新，公司能及时了解市场销售变化情况”“自 2007 年起，光美公司在海外前 15 大市场设立了区域经理，同时针对不同区域的主流客户设立了专门的产品开发团队”。

④价格策略：“退出 300 元以下微波炉市场，主流变频蒸立方产品价格集中在 3 000 ~ 5 000 元，最高端变频高温产品的零售价格高达 10 000 元”“从 2012 年开始，超市系统将停止销售 399 元以下产品，在连锁销售系统中将停止销售 599 元以下产品”。

综合题 5

(1) 从 PEST 角度分析蓝天公司 2008 年初创时光伏产业所面临的机会：

①政治和法律因素：“各国政府鼓励光伏产业发展的政策相继出台”；

②经济因素："国内外市场需求不断攀升，市场潜力巨大"；

③社会和文化因素："光伏产业作为对太阳能的开发利用，已经被社会接受并获得推崇"；

④技术因素："光伏产业生产技术已被市场认可，企业生产成本与产品价格不断降低"。

从 PEST 角度分析 2010 年后光伏产业所面临的威胁：

①政治和法律因素："各国政府的相关政策也在不断调整，C 国政府已经缩减了对光伏行业的税收优惠政策范围"；

②技术因素："光伏产业技术革新日新月异"。

（2）从产业五种竞争力角度分析蓝天公司从 2008 年开始经营光伏电池板业务时所面临的机会：

①供应者："由于近年来国际市场对光伏产品需求的快速增长和光伏产品的丰厚利润，吸引了大量产业资本蜂拥而入。一些低端制造企业，也从 2009 年起投资或组建光伏项目，光伏电池板生产企业很多"；

②购买者："主要客户是欧洲太阳能发电企业。欧洲国家的太阳能发电产业发展迅速，对光伏电池板需求很大，且不断增长，为公司提供了广阔的发展空间"；

③现有竞争者："蓝天公司的光伏电池板是基于以往积累的客户需求做出的改良产品，研发成本较低，相对市场上的一般产品具有一定的优势。蓝天公司根据市场变化，不断对产品进行再创新，比同行业的竞争者获得了更高的利润和更多的客户"；

④替代品："太阳能是传统能源重要的替代品"。

从产业五种竞争力角度分析蓝天公司 2010 年后经营光伏电池板贸易业务面临的威胁：

①潜在进入者："对于太阳能光伏电池板制造商而言，进军电池板销售业务领域障碍不大"；

②供应商："这些企业产销一体的优势对蓝天公司业务形成威胁，且对市场的供需状况带来重大影响"；

③购买者："光伏电池板行业由卖方市场转向买方市场的市场风险"；

④现有竞争者："这些企业产销一体的优势对蓝天公司业务形成威胁"。

（3）战略联盟的主要类型：合资企业、相互持股投资和功能性协议。

"蓝天公司基于自身的技术与外销渠道优势，与国内多家光伏电池板生产商达成协议，采用代工模式（OEM），由生产商按照蓝天公司的订单要求，为其提供符合标准的产品"属于功能性协议类型（契约式类型）。

"蓝天公司与中山公司以合资企业的形式达成上马新型太阳能光伏电池接线盒生产线的协议"属于合资企业类型（股权参与方式）。

"对于新研发的光伏逆变器及其生产线，蓝天公司采用了……以投入自有资金为主，再吸收部分风险投资资金入股"属于股权参与方式。

"蓝天公司与上天公司签订了营销合作协议"属于功能性协议类型（契约式类型）。

各方的主要动因：

①促进技术创新。"蓝天公司基于自身的技术与外销渠道优势，与国内多家光伏电池板生产商达成协议""蓝天公司研发的新型光伏电池接线盒供不应求，急需扩大生产规模""对于新研发的光伏逆变器及其生产线，蓝天公司采用了……以投入自有资金为主，再吸收部分风险投资资金入股"。

②避免经营风险。"可以很好地控制资金周转……同时，不必在生产阶段投入资金，仅赚取产品购销差价，以最小的资金投入获得最大的资金收益"。

③避免或减少竞争。"采用代工模式（OEM），由生产商按照蓝天公司的订单要求，为其提供符合标准的产品"，减少了自己生产所要承担的竞争压力。

④实现资源互补。"蓝天公司基于自身的技术与外销渠道优势……生产商按照蓝天公司的订单要求，为其提供符合标准的产品""蓝天公司研发的新型光伏电池接线盒供不应求，急需扩大生产规模"。

⑤开拓新的市场。"与蓝天公司合作生产新型太阳能光伏电池接线盒，正是中山公司向新兴产业转型的契机""上天公司提出与蓝天公司共同开拓光伏产品海外市场的意向"

“蓝天公司从基于合资形式的太阳能光伏电池接线盒生产线，到采取控股方式的太阳能光伏逆变器生产线，再到与上天公司合作的太阳能光伏产品贸易业务，蓝天公司在光伏产业中的产业链不断延伸”。

（4）企业能力主要由研发能力、生产管理能力、营销能力、财务能力和组织管理能力等组成。

①研发能力。“蓝天公司的光伏电池板是基于以往积累的客户需求做出的改良产品，研发成本较低，相对市场上的一般产品具有一定的优势。蓝天公司根据市场变化，不断对产品进行再创新”“蓝天公司研发的新型光伏电池接线盒供不应求”“与接线盒相比，逆变器具有更高的科技含量，产品进入门槛更高，也意味着竞争对手相对减少”。

②生产管理能力。“以投入自有资金为主，再吸收部分风险投资资金入股，以有效降低融资成本，并能完全掌控生产线的运作”。

③营销能力。“蓝先生熟悉太阳能电极板零部件产品的销售渠道及客户群体，积累了丰富的销售经验及客户资源，善于搜集客户需求信息，并能够根据客户需求对产品提出改进的建议”。

④财务能力。“收付款模式……可以很好地控制资金周转……同时，不必在生产阶段投入资金，仅赚取产品购销差价，以最小的资金投入获得最大的资金收益”“蓝天公司与中山公司以合资企业的形式达成上马新型太阳能光伏电池接线盒生产线的协议”“对于新研发的光伏逆变器及其生产线，蓝天公司……以投入自有资金为主，再吸收部分风险投资资金入股，以有效降低融资成本，并能完全掌控生产线的运作”。

⑤组织管理能力。“蓝天公司在光伏产业中产业链不断延伸，其组织结构也从创业期的职能制发展成为矩阵制”。

（5）蓝天公司在发展中注重规避的主要市场风险：

①产品或服务的价格及供需变化带来的风险。“一批大型太阳能电池生产企业，这些企业产销一体的优势对蓝天公司业务形成威胁，且对市场的供需状况带来重大影响，2011 年以后的市场不一定乐观”“光伏电池板行业由卖方市场转向买方市场的市场风险”。

②税收政策的变化带来的风险。“各国政府的相关政策也在不断调整，C 国已经缩减了对光伏行业的税收优惠政策范围”。

③汇率的变化带来的风险。“蓝天公司的产品在欧洲市场的交易以美元结算，以预防欧元币值的大幅度变动”。

④潜在进入者、竞争者与替代品的竞争带来的风险。“对于太阳能光伏电池板制造商而言，进军电池板销售业务领域障碍不大”“其中不乏一批大型太阳能光伏电池板生产企业，这些企业产销一体的优势对蓝天公司业务形成威胁”“随着全球太阳能光伏产业的日益成熟，光伏产业技术革新日新月异”。

（6）依据《企业内部控制应用指引第 9 号——销售业务》，与蓝天公司采用 OEM 方式经营光伏电池板业务相关的主要风险：

①销售政策和策略不当，市场预测不准确，销售渠道管理不当等，可能导致销售不畅、库存积压、经营难以为继。

②客户信用管理不到位，结算方式选择不当，账款回收不力等，可能导致销售款项不能收回或遭受欺诈。

③销售过程存在舞弊行为，可能导致企业利益受损。

“蓝天公司将收付款模式设定为：在收到合格产品后支付生产商一半货款，在收到客户全部货款后发货，在客户确认产品无误后支付生产商剩余货款。由此，蓝天公司可以很好地控制资金周转，也有效防范了一些销售舞弊行为”反映蓝天公司很好地规避了上述第二类风险和第三类风险。但是，如果蓝天公司不能根据市场条件与自身优势的变化增加此项政策执行的灵活性，可能会导致第一类风险的发生。

综合题 6

（1）1995 年 N 公司前任总裁 Q 先生上任后所实施的总体战略的类型分为两类：

①收缩战略。

a. 转向战略。“1995 年，N 公司新任总裁 Q 先生一上任，就抓住时机促使管理层和员工达成共识，专注电信业务，执行以移动电话为中心的专业化发展新战略”。

b. 放弃战略。“将造纸、轮胎、电缆、

家用电器等业务压缩到最低限度，甚至出售了当时规模位居欧洲第二的电缆生产业务”。

②发展战略。主要表现为密集型战略中的产品开发战略。“集中90%的资金和人力加强移动通信器材和多媒体技术的研究和开发”“以最快的速度和最新的技术研制出用户最需要的高质量产品，产品型号的更新犹如时代的变化，使人应接不暇，层出不穷的每一款手机都代表着N公司一次经典性创新”。

（2）导致战略失效的原因很多，主要有以下几点：

①企业内部缺乏沟通，企业战略未能成为全体员工的共同行动目标，企业成员之间缺乏协作共事的愿望。“由于没有在企业内达成共识，这些新技术不仅被束之高阁，而且被竞争对手所用，甚至成为竞争对手产品的主要特色”“由于对新技术的认识不能在组织内部达成一致，新的组织惯例也就很难在各部门之间得到有效执行”。

②战略实施过程中各种信息的传递和反馈受阻。“N公司的员工普遍认为‘当我们最早提出转型口号时，企业内响应的人较少。大家也是在看热闹，并不觉得这个改变真会发生。当时有种孤掌难鸣的感觉，只有你一家改变，很难把产业链做起来’”。

③战略实施所需的资源条件与现实存在的资源条件之间出现较大缺口。“2003年N公司买入塞班操作系统。在实践中，N公司发现塞班操作系统不适合3G时代的网络，它承载不了互联网庞大的流量”。

④公司管理者决策错误，使战略目标本身存在严重缺陷或错误。“N公司的互联网战略惯性地保持着2G时代的战略思维，做手机意味着卖插件。互联网是手机式的互联网，要以手机为主导。2003年N公司买入塞班操作系统。在实践中，N公司发现塞班操作系统不适合3G时代的网络，它承载不了互联网庞大的流量”“对于发展迅速的发展中国家C国移动网络商的合作要求，N公司也因以相当傲慢的态度拒绝而失去了占据C国3G市场的绝佳时机”“‘N公司醒悟得很早，但是当时N公司并没有考虑清楚自己要做什么类型的互联网公司，不清楚互联网公司的内涵是什么，也不清楚怎么干。’在2006年至2007年期间，N公司对在线业务的投入高达100多亿美元。先后设立了游戏平台、在线音乐商店、邮件服务平台，不断的变化无法让用户对N公司的业务产生清晰的理解和记忆”。

⑤企业外部环境出现了较大变化，而现有战略一时难以适应等。“虽然很早就预见到未来手机行业的发展，但其产品开发的指导思想还停留在2G时代，产品研发所解决的问题还是如何更好地实现通信功能。虽然现在大量被智能终端所普遍采用的技术，如纳米科技、可视化、感应器、触控等当时在N公司的研发都成熟到了可应用的地步，但由于没有在企业内达成共识。这些新技术不仅被束之高阁，而且被竞争对手所用，甚至成为竞争对手产品的主要特色”“面对以3G为标志的移动互联模式和以‘硬件+软件+移动服务’为商业模式的手机行业新的游戏规则面前，N公司显得力不从心。对于发展迅速的发展中国家C国移动网络商的合作要求，N公司也因以相当傲慢的态度拒绝而失去了占据C国3G市场的绝佳时机”“手机的品牌界限逐渐消失，很多以往名不见经传的手机品牌因为搭载了安卓系统而与知名品牌一起，对N公司构成了巨大威胁。2G时代N公司面临的只是其他手机厂商的竞争。到了3G时代，有线、无线、图像视频、娱乐、电子商务等在不断融合，N公司将要面对更多的未确定的竞争对手”。

（3）3G时代N公司制定与实施发展战略需关注的主要风险：

①缺乏明确的发展战略或发展战略实施不到位，可能导致企业盲目发展，难以形成竞争优势，丧失发展机遇和动力。“N公司醒悟得很早，但是当时N公司并没有考虑清楚自己要做什么类型的互联网公司，不清楚互联网公司的内涵是什么，也不清楚怎么干”“先后设立了游戏平台、在线音乐商店、邮件服务平台，不断的变化无法让用户对N公司的业务产生清晰的理解和记忆”“面对以3G为标志的移动互联模式和以‘硬件+软件+移动服务’为商业模式的手机行业新的游戏规则面前，N公司显得力不从心。对于发展迅速的发展中国家C国移动网络商的合作要求，N公司也因以相当傲慢的态度拒绝而失去了占据C国3G市场的绝佳时机”。

②发展战略因主观原因频繁变动，可能

导致资源浪费，甚至危及企业的生存和持续发展。“在2006年至2007年期间，N公司对在线业务的投入高达100多亿美元。先后设立了游戏平台、在线音乐商店、邮件服务平台，不断的变化无法让用户对N公司的业务产生清晰的理解和记忆”。

（4）文化与绩效的关系：文化可能与高绩效相联系，文化也可能损害企业的绩效。

2G时代，N公司的文化与高绩效相联系。“N公司注重人才的培养，通过各种渠道，创造优越条件，让员工去实现他们的个人价值。在实现‘以价值观为基础的领导’理念时，N公司始终在寻找和保持一种领导和管理之间的平衡，也就是通过领导的影响力，使企业的价值观渗透到员工的思想和行动中去”“这种独特的企业文化，使广大员工凝聚到一起。N公司以其顽强的成本控制能力、快速的市场反应、持续的产品创新、严格而完善的质量控制与检验、人性化的售后服务等优势，成为欧洲手机行业的龙头企业”。

而在3G时代，N公司的文化损害企业的绩效。“但由于没有在企业内达成共识，这些新技术不仅被束之高阁，而且被竞争对手所用，甚至成为竞争对手产品的主要特色”“由于对新技术的认识不能在组织内部达成一致，新的组织惯例也就很难在各部门之间得到有效执行”“对于发展迅速的发展中国家C国移动网络商的合作要求，N公司也因以相当傲慢的态度拒绝而失去了占据C国3G市场的绝佳时机”。

（5）①技术变革。“放弃塞班系统，采用微软系统，并开发塞班的替代软件”。

②产品和服务变革。“放弃塞班系统，采用微软系统”。（就本题而言，也属于产品和服务变革）。

③结构和体系变革。“用节省出来的开支加大对新兴市场特别是亚非国家市场的投入”。“实施大规模的人员调整计划，N公司计划在2012年年底前裁减雇员4 000人”。

④人员变革。“A先生要打造一支自己的开发团队。而这支开发团队将成为这个名叫‘变革未来’新团队的核心”。

综合题7

（1）从PEST角度分析夏兴公司选择进入智能手机产业所面临的机会：

①政治和法律因素。“国家发改委、工信部也纷纷出台《关于组织实施移动互联及第四代移动通信（TD－LTE）产业化专项的通知》等政策，支持移动互联网的发展”。

②经济因素。“工资水平和居民可支配收入的增加”。

③社会和文化因素。“自2007年开始，智能手机开始渗透到人们的生活、工作等各个领域，彻底改变了用户对于IT产品的使用习惯，其影响力比肩电视和PC端互联网”。

④技术因素。“随着触摸屏技术以及IOS、安卓等智能手机操作系统技术的逐渐成熟”。

（2）夏兴公司开拓海外市场前战略变革的类型：

①产品和服务变革。“夏兴公司凭借这些新技术在2012年推出了四个系列的手机产品，分别为Elite系列，S系列，T系列和乐享系列”。

②结构和体系变革。“为了更好地支持智能手机等移动终端业务的发展，夏兴公司于2011年对组织架构进行了大幅调整，终端业务被独立成业务集团运营。为了增强终端集团的研发力量，专门配备了开发团队，并在公司层面有独立的实验室为其提供研究支持”。

③人员变革。“经过多年的实践，夏兴公司在研发人员激励制度建设方面已经取得了较好的成效……在研发方面打造出了容忍失败、知识共享的文化氛围”。

夏兴公司战略变革的主要任务：

①调整企业理念。“这次会议从思想上坚定了终端转型的决心，此次会议被称为夏兴手机的‘遵义会议’”。

②企业战略重新进行定位。“此次会议决定了夏兴手机不做运营商定制服务，要做消费者自己的品牌业务，还确定了三大转变：一是从中低端机转向高端机；二是从运营商贴牌手机转向自有品牌；三是由功能机转向智能手机。会议确定夏兴手机未来的发展方向是不断调整和扩充自己的产品，构建全面发展的智能生态系统”。

③重新设计企业的组织结构。“为了更好地支持智能手机等移动终端业务的发展，夏

兴公司于2011年对组织架构进行了大幅调整，终端业务被独立成业务集团运营。为了增强终端集团的研发力量，专门配备了开发团队，并在公司层面有独立的实验室为其提供研究支持”。

(3) 夏兴手机在开拓海外市场前，实施差异化战略的条件（市场情况）：

①顾客的需求是多样化的。“消费者对智能手机的需求各不相同，有的顾客希望……的手机，有的则希望手机有很强的拍照功能”。

②产品能够充分地实现差异化，且为顾客所认可。“智能手机是拍照、触屏、电池以及芯片等多种技术结合的产物，很多企业在这些技术领域进行探索，创新此起彼伏”“通过技术创新打造差异化的手机是完全可行的”。

③企业所在产业技术变革较快，创新成为竞争的焦点。“很多企业在这些技术领域进行探索，创新此起彼伏”“这些企业都希望可以通过技术创新使自己的产品与众不同，在激烈的市场竞争中能够获得顾客的青睐”。

实施条件（资源和能力）：

①具有强大的研发能力和产品设计能力。“夏兴公司的管理层认为，自身的强项就在于研发，因此每年投在研发上的费用占整个销售额的15%以上，这与苹果、IBM等国际性企业的投放水准不相上下”“专门配备了开发团队，并在公司层面有独立的实验室为其提供研究支持。凭借着在研发领域的强大实力，夏兴公司迅速开发出一批‘黑科技’”。

②具有很强的市场营销能力。“酒香也怕巷子深，除了过硬的产品质量和精准的产品定位以外，夏兴公司还通过多种手段打开产品的销路” “电影《分手大师》植入式广告……赋予了其灵活、搞怪与潮流的品牌内涵” “夏兴公司一直在努力塑造夏兴手机‘梦想’与‘坚持’的主题形象……均大获成功”“夏兴还特别重视渠道关系的构建……渠道商给予夏兴更多的资源”。

③有能够确保激励员工创造性的激励体制、管理体制和良好的创造性文化。“经过多年的实践，夏兴公司在研发人员激励制度建设方面已经取得了较好的成效……在研发方面打造出了容忍失败、知识共享的文化氛围”。

④具有从总体上提高某项经营业务的质量、树立产品形象、保持先进技术和建立完善分销渠道的能力。“夏兴公司还通过多种手段打开产品的销路”“夏兴公司一直在努力塑造夏兴手机‘梦想‘与‘坚持’的主题形象……均大获成功” “通过电影《分手大师》植入式广告让更多的人认识夏兴手机。这样的广告在提升夏兴手机知名度的同时进一步丰富了夏兴手机的品牌内涵”“夏兴公司还特别重视渠道关系的构建……渠道商给予夏兴更多的资源”“每年投在研发上的费用占整个销售额的15%以上，这与苹果、IBM等国际性企业的投放水准不相上下”“经过多年的实践，夏兴公司在研发人员激励制度建设方面已经取得了较好的成效……打造出了容忍失败、知识共享的文化氛围”。

(4) 研发的类型：产品研究——新产品开发。“夏兴公司凭借这些新技术在2012年推出了四个系列的手机产品，分别为Elite系列，S系列，T系列和乐享系列”。

研发的动力来源：既有需求拉动又有技术推动。需求拉动的表现是“消费者对智能手机的需求各不相同，有的顾客希望手机的操作系统方便好用，有的顾客青睐于续航时间长的手机，有的则希望手机有很强的拍照功能”。技术推动的表现是“通过技术创新打造差异化的手机是完全可行的”“夏兴公司凭借这些新技术在2012年推出了四个系列的手机产品，分别为Elite系列、S系列、T系列和乐享系列”。

研发定位：成为成功产品的创新模仿者。“智能手机是拍照、触屏、电池以及芯片等多种技术结合的产物，很多企业在这些技术领域进行探索，创新此起彼伏”“通过技术创新打造差异化的手机是完全可行的”“夏兴凭借这些新技术在2012年推出了四个系列的手机产品，分别为Elite系列、S系列、T系列和乐享系列”。

(5) 市场营销组合中所包含的可控制的变量很多，可以概括为四个基本变量，即产品、价格、地点（渠道）和促销。

产品策略：

①产品组合策略。

从产品组合的宽度看，就是一大类，即手机。

从产品组合的长度来看，夏兴智能手机有四个产品项目，即“推出了四个系列的手机产品，分别为Elite系列、S系列、T系列和乐享系列”。从产品组合的深度来看，夏兴智能手机适当增加了产品组合的深度。“为了满足顾客多样化的需求，每个系列手机又分为了普通版和加强版，顾客还可以选择不同容量的内存”。

因此，夏兴公司智能手机业务的产品组合策略是既扩大产品组合，又加强产品组合的深度。

②品牌和商标策略。

夏兴公司的品牌和商标策略属于单一的企业名称。“这四个系列虽然都使用夏兴的品牌”。

③产品开发策略。“推出了四个系列的手机产品”。

促销策略：在促销组合的四个要素构成（广告促销、营业推广、公关宣传、人员推销）中，夏兴公司主要涉及广告促销和公关宣传两种。

①广告促销。“通过电影《分手大师》植入式广告让更多的人认识夏兴手机。这样的广告……赋予了其灵活、搞怪与潮流的品牌内涵”。

②公关宣传。“夏兴公司一直在努力塑造夏兴手机‘梦想‘与‘坚持’的主题形象。2014年夏兴在《人民日报》等主流媒体……均大获成功”。

分销策略：夏兴公司采用间接分销渠道。“夏兴公司还特别重视渠道关系的构建，对渠道商给予了相当优厚的条件，比如给渠道商更高的利润分成，与之相交换的是渠道商给予夏兴公司更多的资源”。

价格策略。“在价格方面，夏兴公司并没有采取之前的根据成本定价的策略，而是适当地提高了价格，提价所带来的利润相当一部分用作研发费用，这使得后续的手机能够有更好的性能和更多的功能”。

（6）发展中国家跨国公司对外投资的四大动机包括寻求市场、寻求效率、寻求资源和寻求现成资产。

①“夏兴公司首先进军欧洲市场的另外一个原因是……获得其拥有的在图形图像处理方面的领先专利技术，然后将其整合到自己的智能手机中”体现了寻求现成资产的动机。

②“中高端智能手机的高额……夏兴公司萌生了到海外开拓新市场的想法。夏兴公司一开始将欧洲、北美……发展的重点”“如何让夏兴手机从欧洲品牌变成国际品牌是夏兴公司下一步的任务。任承军开始多头并举，重兵布局海外十多个国家，希望创建夏兴智能手机的全新格局”体现了寻求市场的动机。

③“印度的工人和研发人员的工资水平更低。因此，夏兴在印度建厂并成立了软件研究所，智能手机的研发及生产成本得到了进一步降低”体现了寻求效率的动机。

（7）夏兴公司智能手机业务发展过程中所面临的主要风险：

①政治风险。“后来由于美国政府的阻挠，只能将欧洲作为重点发展地区”“2019年5月美国单方面宣布夏兴及70个关联企业列入美方的‘实体清单’，禁止夏兴在未经美国政府批准的情况下从美国企业获得元器件和相关技术”。

②法律风险与合规风险。“作为新进入者，夏兴公司还受到了竞争对手的诉讼‘狙击’，在欧洲市场的诉讼案件高达40余起，其中包括LTE系统、手机、数据卡等”。

③技术风险。“夏兴公司在根据欧洲国家的用户需求研发新型手机的过程中也并非一帆风顺，由于其海潮芯片需要与其他硬件磨合，导致产品必须修改，使得新型手机上市时间推迟了半年，宣传时间和消费者关注度早就过了，产品销售遭遇滑铁卢”。

④市场风险。“其他一些国家的零部件供应商在得知夏兴受到美国制裁后，有的暂停发货，有的延迟发货，使得夏兴的零部件供应的稳定性和充足性受到了不利的影响”。

⑤运营风险。“由于缺少海外市场的手机销售经验，夏兴手机在一开始并没有迅速获得成功，四个系列的手机在欧洲市场反响平平”。

综合题8

（1）简要分析YG机床公司在战略变革前所面临的主要运营风险。

①企业产品结构、新产品研发方面可能引发的风险。“YG机床公司主要是以普通机床为主，数控机床也以经济型为主……由此

导致企业在低附加值的普通机床市场的利润越来越少，在高利润的高端数控机床市场却没有竞争力”。

②企业新市场开发，市场营销策略方面可能引发的风险。“YG机床公司在营销模式上仅仅靠卖设备赚钱，模式较为单一，没有形成更为突出的盈利模式，企业收入和利润有限”。

③企业组织效能、管理现状、企业文化，高中层管理人员和重要业务流程中专业人员的知识结构、专业经验等方面可能引发的风险。“YG机床公司老工厂是封闭式生产单元，不是专业化的生产结构，不利于上产量、上规模，且空间太小，难以扩张；同时，由于生产条件所限，从组织结构和管理运营上，业务流程和信息系统操作运行不顺，难以开展集约化管理，致使下属若干分厂的产品重复，内部资源不能有效利用”。

④企业现有业务流程和信息系统操作运行情况的监管、运行评价及持续改进能力方面引发的风险。“业务流程和信息系统操作运行不顺，难以开展集约化管理，致使下属若干分厂的产品重复，内部资源不能有效利用”。

（2）简要分析YG机床公司2004年开始的战略变革的类型。

①技术变革。“自2007年组建数控系统研发团队以来，YG机床公司每年投入上亿元资金攻关，并承接了多项国家科技重大专项课题，终于在2009年取得了技术上的突破，成功研制出‘YG’牌数控系统”。

②产品和服务变革。“资源配置的重点向中高端数控产品倾斜，逐步提升中高端产品比重，在新产品研发方面则更注重商业化运作”“YG机床公司提出‘买机床像买汽车一样，享受着精心系统化服务支持，产品的销售一定要与完善的服务相伴相形’这一客户服务理念，并为此设立了‘4S’店模式”。

③结构和体系变革。“YG机床公司通过并购重组与搬迁整合，实现了三大集群跨地区、跨国度的协同发展，形成了从产品设计、采购供应到生产物流、营销服务一套完整的数控机床产业链，企业核心能力得以极大提升”。

（3）简要分析YG机床公司2004年以后发展战略的主要途径。

①外部发展（并购）。“2004年，YG机床公司收购了CY机床公司；同年，YG机床公司又收购了具有140多年重型机床制造历史的德国X公司；2005年，YG机床公司控股J机床公司”。

②内部发展（新建）。“2006年底，YG机床公司开始进行厂址搬迁”“自2007年组建数控系统研发团队以来，YG机床公司每年投入上亿元资金攻关……终于在2009年取得了技术上的突破，成功研制出‘YG’牌数控系统”“YG机床公司连续大手笔投入30余亿元进行技术攻关”“设立了‘4S’店模式”。

③战略联盟。“YG机床公司先后与国内许多知名院校、科研单位和同行业企业进行了深度的产学研合作发展”“YG机床公司还与数家国外科研机构建立了广泛的技术合作联盟，组成了数控系统核心技术战略研发联盟，并积极开展与国外两家机床企业的合资合作，加快建设重大型数控机床生产基地”“从2012年开始，YG机床公司又以合资方式与国内其他企业联手，投资建设数控系统产业化基地”“2010年11月，YG机床公司推出一个革命性的战略举措，运用OEM方式，将占据市场绝对优势的普通机床产品面向全球招商”“2011年底，YG机床公司又启动了第二轮大规模OEM行动，建设国内最大规模的数控零部件加工配套产业集群，将手中的64亿元数控机床零部件全部分包至产业集群内的企业”。

（4）简要分析YG机床公司与国内外企业建立战略联盟的类型。

①合资企业（或股权参与）。“积极开展与国外两家机床企业的合资合作”“从2012年开始，YG机床公司又以合资方式与国内其他企业联手，投资建设数控系统产业化基地”。

②功能性协议（或契约式）。“YG机床公司先后与国内许多知名院校、科研单位和同行业企业进行了深度的产学研合作发展”“YG机床公司还与数家国外科研机构建立了广泛的技术合作联盟，组成了数控系统核心技术战略研发联盟”“2010年11月，YG机床公司推出一个革命性的战略举措，运用OEM方式，将占据市场绝对优势的普通机床产品面向全球招商”“2011年底，YG机床公司又启动了第二轮大规模OEM行动，建设国

内最大规模的数控零部件加工配套产业集群，将手中的64亿元数控机床零部件全部分包至产业集群内的企业”。

（5）依据价值链理论，简要分析YG机床公司如何整合价值链各项活动。

YG机床公司整合价值链各项活动主要是体现在研发、生产、销售、服务几个主要活动的整合上。具体体现在：

①“YG机床公司通过并购重组与搬迁整合，实现了三大集群跨地区、跨国度的协同发展，形成了从产品设计、采购供应到生产物流、营销服务一套完整的数控机床产业链”。

②“YG机床公司提出‘买机床像买汽车一样，享受着精心系统化服务支持，产品的销售一定要与完善的服务相伴相形’这一客户服务理念，并为此设立了‘4S’店模式。‘4S’店提供集产品展示、销售、配件服务、技术服务为一体的服务，这是YG机床公司营销模式转型的重要举措之一。其目的不仅仅局限于卖产品，而是以产品为载体，向上下游延伸并提供相关技术服务，以获取产业链上最丰厚的利润”。

（6）简述研究与开发战略的主要类型和定位，简要说明分析YG机床公司研发的类型和定位。

①研发有两种类型：产品研究（新产品开发）和流程研究。YG机床公司研发的类型是产品开发。“YG机床公司确立了自主研发高端产品的创新战略，资源配置的重点向中高端数控产品倾斜，逐步提升中高端产品比重，在新产品研发方面则更注重商业化运作”。

②企业研发战略至少存在三种定位：成为向市场推出新技术产品的企业；成为成功产品的创新模仿者；成为成功产品的低成本生产者。YG机床公司研发的定位是成为向市场推出新技术产品的企业。“2011年底，该系统的软件与硬件通过了严格的集成测试，运行稳定、高效，具有独特的优势，具备了大批量应用的条件，这标志着我国机床产业从根本上解决了自主创新的核心技术难题”。

综合题9

（1）战略联盟形成的主要动因归结为以下六个方面：

①促进技术创新；

②避免经营风险；

③避免或减少竞争；

④实现资源互补；

⑤开拓新的市场；

⑥降低协调成本。

京东与沃尔玛结成战略联盟的主要动因主要体现在②④⑤：

②避免经营风险。“极大地补充和增强京东的产品丰富度和在重点区域的竞争力。此外，京东的用户也将享受到来自山姆会员商店和沃尔玛更为丰富的精选进口商品”“沃尔玛看中的是京东的电商经验和能力，在中国市场频频受挫的沃尔玛希望借助京东的力量来重塑自己的线下业态，以试图通过新零售盘活自己的线下店”“借助京东的电商经验来抵抗竞争对手亚马逊的全球攻势”。

④实现资源互补。“通过整合双方在电商和零售领域的巨大优势，为中国消费者提供更优质的商品和服务”“整合各自在O2O到家服务、物流和零售领域的优势”“京东将通过沃尔玛旗下‘1号店’的强大品牌优势、其在食品杂货和家居产品领域的品类优势、其长期形成的优质低价的良好口碑，以及在华东华南等重要区域的领先布局，极大地补充和增强京东的产品丰富度和在重点区域的竞争力。此外，京东的用户也将享受到来自山姆会员商店和沃尔玛更为丰富的精选进口商品”“沃尔玛通过将‘1号店’转手给京东，搭上了京东这个中国电商中巨头级别的平台”“对于沃尔玛来说，此次合作将极大地拓展其在中国电商市场的增长机遇。京东海量的线上用户以及强大的当日到达物流网络将为沃尔玛门店和山姆会员商店带来巨大的客流量，将山姆会员商店的业务拓展至全国范围，并为沃尔玛和山姆会员商店的顾客提供更好的物流配送服务”。

⑤开拓新的市场。“对于沃尔玛来说，此次合作将极大地拓展其在中国电商市场的增长机遇”“将山姆会员商店的业务拓展至全国范围”“而京东也希望可以在‘1号店’和沃尔玛身上得到进军新零售的筹码，在国内市场中先一步获得渠道优势”。

（2）从股权参与和契约联结的方式角度来看，可以将企业战略联盟归纳为三种类型：

①合资企业；②相互持股投资；③功能性协议。

京东与沃尔玛采用的战略联盟类型属于相互持股投资（股权参与方式）。“沃尔玛用中国本土电商‘1号店’的第三方平台获得京东约5%的A类普通股，成为京东战略股东”“京东将拥有1号商城主要资产，包括‘1号店’的品牌、网站、APP”“京东旗下本地即时物流和生鲜商超O2O平台‘新达达’还获得沃尔玛5 000万美元战略投资”“2016年年末，沃尔玛再次增持京东股份到12.1%，成为京东第三大股东”。

（3）价值网是由利益相关者之间相互影响而形成的价值生成、分配、转移和使用的关系及其结构。价值网成员建立的相互关系不是零和博弈下的背弃式竞争，而是基于双赢思想的紧密合作。“2016年6月20日，京东与沃尔玛宣布达成一系列深度战略合作，通过整合双方在电商和零售领域的巨大优势，为中国消费者提供更优质的商品和服务……并为沃尔玛和山姆会员商店的顾客提供更好的物流配送服务……京东的用户也将享受到来自山姆会员商店和沃尔玛更为丰富的精选进口商品”。价值网络强调“以顾客为中心”，在专业化分工的生产服务模式下，把处于“价值链”上不同位置并存在密切关联的企业或者相关利益体整合在一起，建立一个以顾客为核心的价值创造体系，共同为顾客创造价值。“除了与京东的合作，沃尔玛在开拓电子商务领域还有一系列举措。沃尔玛收购了Jet. com、鞋履电商Shoebuy、户外服饰电商平台Moosejaw、女装电商平台Modcloth以及在线男装品牌Bonbos。类似于同京东的深度合作，这些平台的流量最终会回归到沃尔玛，或者与沃尔玛电商进行深度合作，打通供货渠道和配送渠道，通过充分整合这些企业的价值创造能力，实现核心能力优势互补，共担风险和成本，共享市场和顾客忠诚，基于双赢思想实现紧密合作，从而让沃尔玛可以更好地为顾客提供个性化的商品和服务”。

（4）大数据对沃尔玛的决策模式的影响主要体现在以下几个方面：

①决策依据。“通过深度挖掘消费者在社交网站上产生的峰值数据预测商品和消费需求，将这些数据转为有助于决策的信息”。

②决策主体。“进行内部数据共享分析，使得数据能够在公司内部实现共享，各级人员都可以轻松获取影响决策的数据，逐步实现由管理层独立决策向全员决策模式的转变”。

③决策技术与方法。“第一是数据挖掘。分析消费者在社交网络上展现的兴趣，从而预测他们下一次可能在Walmart. com上购买的产品”。

（5）信息技术对沃尔玛竞争战略的影响：

①信息技术与成本领先战略。“沃尔玛……的大数据库，使沃尔玛在做出决策前，将执行成本降到最低”“电子商务物流中心通过利用大数据技术，以高度自动化的新仓库流程，实现资产的优化配置，每年为公司节约10%的成本”。

②信息技术与差异化战略。“沃尔玛的工程师利用Facebook和Twitter的数据，从每天热门消息中，推出与社会时事呼应的商品，创造消费需求”“利用大数据捕获和分析消费者的相关数据，沃尔玛可以推出区别于竞争对手的个性化服务，拉开与竞争对手之间的差距”。

③信息技术与集中化战略。“通过对社交网络进行深度的数据挖掘，分析消费者的购买模式和偏好，从而更好地发现目标客户、服务于目标市场、实现网站主页、商品搜索个性化，依据消费者的兴趣来排列页面上的结果，有针对性地向消费者推送产品信息，实现精准营销”。

（6）大数据时代下，沃尔玛战略转型的主要方面：

①市场调研与预测。“Walmart Labs……通过深度挖掘消费者在社交网站上产生的峰值数据预测商品和消费需求，将这些数据转为有助于决策的信息，通过移动终端向用户进行精准推送”“第一是数据挖掘。分析消费者在社交网络上展现的兴趣，从而预测他们下一次可能在Walmart. com上购买的产品”“利用Facebook和Twitter的数据，从每天热门消息中，推出与社会时事呼应的商品，创造消费需求”“通过其强大数据库的算法推荐和预测方案，个人消费数据能够预测一系列的高敏感个人信息，沃尔玛将清楚地知道你是谁，你要买什么，甚至你下一步要干什么”。

②营销管理。“依据消费者的兴趣来排列页面上的结果，有针对性地向消费者推送产品信息，实现精准营销”“开发的一个实验项目是门店定位、商品搜索功能，即帮助购物者更快更省更便捷地在店里找到他想购买的物品”“利用大数据捕获和分析消费者的相关数据，沃尔玛可以推出区别于竞争对手的个性化服务，拉开与竞争对手之间的差距”。

（7）大数据背景下，沃尔玛战略转型中面临的主要困难：

①数据容量问题。“如此大的数据量对后台运行、终端处理技术也提出了更高的要求”。

②数据安全问题。“由于缺乏个人信息保护意识，很多有色、低收入、边缘化社区人群的个人数据信息受到大数据商业计划侵犯，而弱势人群在沃尔玛的数据标签化分类中很容易被识别区分出来，遭受歧视化待遇”。

③数据分析与处理问题。“大数据人才的缺乏成为沃尔玛数据分析的主要障碍，难以找到有分析前沿应用程序经验的专业人士和能够利用像 Python 和 R 编程语言构建机器学习模型的数据科学家成为沃尔玛的难题”。

综合题 10

（1）发展战略一般可以采用三种途径，即外部发展（并购），内部发展（新建）与战略联盟。

思达公司进入空调业等家电业采用内部发展（新建）途径。“生产当时国内市场处于一片空白的家用空调和大型柜式空调”“陆续上马了电冰箱、洗衣机、电视机、电脑等产品项目”。

进入摩托车行业采用内部发展（新建）途径。“投资 1.5 亿元兴建了年产 100 万辆摩托车的生产线，投资 2.5 亿元兴建了年产 100 万台摩托车发动机的生产线”。

进入中型卡车行业采用外部发展（并购）途径。“收购了 C 国国内一家汽车厂”。

进入新能源行业采用内部发展（新建）途径。“对高能动力镍氢电池项目进行了立项”。

进入房地产行业采用内部发展（新建）途径。“成立思达房地产开发有限公司”。

（2）思达公司主业是空调器，进入电冰箱、洗衣机、电视机、电脑等产品是相关多元化战略；进入摩托车、中型卡车、房地产、高能动力镍氢电池产品是非相关多元化战略。

思达公司实施多元化战略的优点：

①分散风险。“思达公司领导层不再看好家电行业，认为家电行业已经面临行业生命周期的衰退期，因此，公司必须开拓新的领域”。

②当企业在原产业无法增长时找到新的增长点。“公司必须开拓新的领域，建立新的经济增长点”。

③利用未被充分利用的资源。“为了最大限度地利用市场机会和公司在家电行业的优势地位”。

④运用盈余资金。“思达公司积累了大量的资金，急需找到新的投资渠道”。

⑤运用企业在某个产业或某个市场中的形象和声誉来进入另一个产业或市场。“希望利用公司的品牌优势，为企业获取更多的利润”。

思达公司实施多元化战略面临的风险：

①来自原有经营产业的风险。企业资源总是有限的，多元化经营往往意味着原有经营的产业要受到削弱。“由于思达公司的领导层未充分利用企业资源对空调业务扩大投资，公司生产的空调逐渐失去了市场优势，其市场份额逐年下降，已沦为 C 国国内空调器三类品牌”。

②市场整体风险。市场经济中的广泛相互关联性决定了多元化经营的各产业仍面临共同风险。“公司生产的空调逐渐失去了市场优势”“洗衣机业务的经营状况未得到根本扭转”“将电冰箱业务全部出售给另一家公司”“不得不将摩托车业务低价转让给其他公司”“企业的发展受到竞争对手的制约。2012 年思达公司不得不将中型卡车业务出售”“房地产业务亏损近千万元”。

③产业进入风险。企业在进入新产业之后必须不断地注入后续资源，竞争者的策略也是一个未知数。“中型卡车的载重量都在 15 吨以下，与市场需求脱节较大，且关键零部件都需外购，尤其是动力配置须向竞争对手采购，企业的发展受到竞争对手的制约”“作为一个没有房地产开发经验的行业‘新手’……从众多经验丰富、实力雄厚、拥有良好品牌的房地产企业中夺取市场份额无疑

难度极大”。

④内部经营整合风险。新投资的业务会通过财务流、物流、决策流、人事流给企业以及企业的既有产业经营带来全面的影响。“由于思达公司的领导层未充分利用企业资源对空调业务扩大投资”“缺乏高素质的管理人员”“将大量人力、财力、物力转向与主业完全不相关的领域，对其主业发展带来了极大的负面影响”。

(3) 思达公司现存的家电业务在波士顿矩阵中属于高增长—低竞争地位的“问题”业务。“在C国，空调等家电产品的市场需求巨大，行业发展前景十分广阔”“公司生产的空调逐渐失去了市场优势”“洗衣机业务的经营状况未得到根本扭转”。企业对于“问题”业务的进一步投资需要进行分析，判断使其转移到“明星”业务所需要的投资量，分析其未来盈利，研究是否值得投资等问题。

思达公司现存的新能源业务在波士顿矩阵中属于高增长—强竞争地位的“明星”业务。“发展潜力巨大、前景广阔”“思达公司是C国仅有的掌握镍氢电池自主专利技术的厂家，技术优势明显”。为了保护和巩固“明星”业务在增长的市场上占主导地位，企业应在短期内优先供给其所需的资源，支持其继续发展。

思达公司现存的房地产业务在波士顿矩阵中属于低增长—弱竞争地位的“瘦狗”业务。“房地产业已进入了一个‘寒冬期’”“行业‘新手’”“房地产业务亏损近千万元”。对这类产品应采用撤退战略。

(4) 依据《中央企业全面风险管理指引》，思达公司发展进程中所表现出的主要运营风险为：

①企业产品结构、新产品研发方面可能引发的风险。“思达公司将大量人力、财力、物力转向与主业完全不相关的领域，对其主业发展带来了极大的负面影响，原有的核心能力基本丧失殆尽”。

②企业新市场开发，市场营销策略（包括产品或服务定价与销售渠道，市场营销环境状况等）方面可能引发的风险。“主要的大中城市都于1997年前后相继实行了‘禁摩令’，封闭了思达摩托车的消费市场”“作为一个没有房地产开发经验的行业‘新手’，要想在宏观政策收紧的情况下，从众多经验丰富、实力雄厚、拥有良好品牌的房地产企业中夺取市场份额无疑难度极大”。

③企业组织效能、管理现状、企业文化、高中层管理人员和重要业务流程中专业人员的知识结构、专业经验等方面可能引发的风险。“在汽车制造方面缺乏高素质的管理人员”。

④企业现有业务流程和信息系统操作运行情况的监管、运行评价及持续改进能力方面引发的风险。“对相关业务流程的监管及持续改进能力不足，同时没有对汽车市场需求与行业发展状况进行深入的调研和分析”。

综合题11

(1) 青亚公司与A公司结成战略联盟的类型是功能性协议（契约式战略联盟）。“A公司因此向青亚公司购买了大批码克，并提出采用OEM方式生产钢琴整琴的合作意向”。

双方主要动因：

①促进技术创新。“在钢琴整琴生产之初，青亚公司确定了‘高技术、高质量、高起点’的经营原则，直接与世界领先的设计和工艺接轨”。

②避免经营风险。“青亚公司的码克以优良的性能和低于欧洲同类产品三分之二的价格受到世界顶尖钢琴企业的关注。欧洲著名钢琴制造商A公司因此向青亚公司购买了大批码克，并提出采用OEM方式生产钢琴整琴的合作意向”。

③避免或减少竞争。“两者的结合使得青亚公司的钢琴在欧洲市场的占有率不断提高”。

④实现资源互补。“‘A’代表质量保证，‘青亚’代表价格优势，两者的结合使得青亚公司的钢琴在欧洲市场的占有率不断提高”。

⑤开拓新的市场。“青亚公司的钢琴在欧洲市场的占有率不断提高。青亚公司的‘A—青亚’牌钢琴随即打入北美市场”。

(2) 安索夫矩阵包括的基本类型：

①市场渗透——现有产品和现有市场；

②市场开发——现有产品和新市场；

③产品开发——新产品和现有市场；

④多元化——新产品和新市场。

依据研发的战略作用，研发支持上述4种发展战略。青亚公司通过以下研发措施实现其战略：

①可以通过产品求精来实现市场渗透战略和市场开发战略。“青亚公司的码克以优良的性能和低于欧洲同类产品三分之二的价格受到世界顶尖钢琴企业的关注”“青亚公司的钢琴在欧洲市场的占有率不断提高。青亚公司的‘A—青亚’牌钢琴随即打入北美市场”。

②产品开发战略和多元化战略需要更显著的产品创新。“由于大量的资金和人员投入，青亚公司实现了码克的自主生产”“为了进一步提高钢琴的设计和制造水平，青亚公司聘请了世界顶级钢琴设计、制作、调音、整理检验等专家担任研发团队的高级顾问。青亚公司每年研发费用占销售收入5%以上。青亚公司已拥有31项专利技术，并形成了专业技术人才团队”“青亚公司的钢琴整琴开始面世，实现了从钢琴配套厂到钢琴整琴生产商的转型”“青亚公司以产品创新和品质保障为基点，确定了公司发展的‘三步走’战略，即系列钢琴、精品钢琴、智能钢琴三个发展阶段”。

（3）青亚公司上市后所面临的主要市场风险：

①产品或服务的价格及供需变化带来的风险。“具有一定规模的钢琴企业增至30多家，普通钢琴市场竞争日趋激烈”“国际一流品牌大量进入C国，带来了新技术新观念。顾客对钢琴产品的品质、外观、款式的要求也在不断提高”，都会使原有的供需关系发生变化。

②能源、原材料、配件等物资供应的充足性、稳定性和价格的变化带来的风险。“钢琴生产所需部分原材料价格随市场波动上升，C国劳动力成本也持续上升”。

③汇率、股票价格指数的变化带来的风险。“汇率变化也使青亚公司产品的国际竞争力下降”“青亚股份有限公司在创业板上市”，将面临股票价格指数的变化带来的风险。

④潜在进入者、竞争者、与替代品的竞争带来的风险。“具有一定规模的钢琴企业增至30多家，普通钢琴市场竞争日趋激烈”“国际一流品牌大量进入C国，带来了新技术新观念”。

综合题12

（1）思翔集团创立思翔移动属于发展战略的多元化战略。其主要动因：

①分散风险。“为了……分散行业发展风险……”。

②找到新的增长点。“为了……寻找新的增长点……”。

③利用未被充分利用的资源。“为了充分运用公司在IT行业的研发优势”。

思翔集团实施多元化战略、组建思翔移动公司面临的风险：

①来自原有经营产业的风险。“思翔集团领导层认为，在短时间内手机业务难以扭亏为盈，而国内PC机业务正在高速扩张，需要大量的资金投入”。

②产业进入风险。“思翔移动的手机业务出现持续亏损”。

③内部经营整合风险。“思翔移动的手机业务出现持续亏损，不断蚕食着集团的整体盈利。……而国内PC机业务正在高速扩张，需要大量的资金投入”。

（2）思翔移动在出售给宏大公司后采用的发展战略的类型是密集型战略中的产品开发战略。“出售给宏大公司后的思翔移动把产品开发作为战略重点”。

其发展途径主要有两类：

①内部发展（新建）。“并将研发部门分成两部分，一部分自主研发手机”。

②战略联盟。“另一部分以ODM方式与国外手机品牌企业合作研发”。

（3）波士顿矩阵理论中“明星”业务（或“问题”业务）与“现金牛”业务之间资源配置的关系体现了成熟产业的业务与新兴产业业务之间资源配置的关系。

①高增长—强竞争地位的“明星”业务。“明星”业务的增长和获利有着极好的长期机会，但它们是企业资源的主要消费者，需要大量的投资。为了保护和扩展“明星”业务在增长的市场上占主导地位，企业应在短期内优先供给他们所需的资源，支持它们继续发展。

②高增长—低竞争地位的“问题”业务。这类业务所在产业的市场增长率高，企业需要大量的投资支持其生产经营活动；企业对于“问题”业务的进一步投资需要进行分析，

判断使其转移到“明星”业务所需要的投资量，分析其未来盈利，研究是否值得投资等问题。

③低增长—强竞争地位的“现金牛”业务。这类业务处于成熟的低速增长的市场中，市场地位有利，盈利率高，能为企业提供大量资金，用以支持其他业务的发展。

思翔移动领导层在2010～2011年组建智能手机事业部和通用手机事业部、2011年组建E2E（端到端生态系统）事业部遵循的“以老养新、以新带老”战略理念符合波士顿矩阵理论中明星业务（或问题业务）与现金牛业务之间资源配置的关系。“传统的功能手机业务能够为思翔移动带来相对稳定的市场份额和现金流，同时其所积累的技术、渠道等资源可以促使思翔移动在智能手机时代顺势而为，探索新的智能手机业务；而智能手机业务的探索和推进又可以为功能手机的研发提供创意和技术支持，为思翔移动带来新的利润增长源”“具有稳定的市场占有率的智能手机，能够为移动互联的软件产品研发提供智能设备的载体，而软件产品探索的成功可以带动智能手机销量的增长”。

（4）①企业产品结构、新产品研发方面可能引发的风险。“那一时期，国内智能手机中低端市场容量迅速扩大，而中高端市场容量仅略有增长（说明思翔移动智能手机开发定位于中高档不符合市场需求）”。

②企业新市场开发，市场营销策略（包括产品或服务定价与销售渠道，市场营销环境状况等）方面可能引发的风险。“忽视对原功能手机业务拥有的技术、渠道等资源的利用”。

③企业组织效能、管理现状、企业文化，高、中层管理人员和重要业务流程中专业人员的知识结构、专业经验等方面可能引发的风险。“没有深入理解和贯彻高层关于两个业务板块协同发展的战略理念”。

（5）依据“企业资源能力的价值链分析”理论，思翔移动在第二阶段通用事业部开发中低端智能手机、第三阶段发展移动互联网业务获得成功，主要是做好了以下三个方面工作：

①确认那些支持企业竞争优势的关键性活动。支持企业竞争优势的关键性活动事实上就是企业的独特能力的一部分。在第二阶段，“思翔移动通用手机事业部意识到功能手机市场在迅速萎缩，发展智能手机才是出路。该部一方面将此信息反馈给思翔移动领导层，说服思翔移动领导层同意在通用手机事业部下成立一个跨部门的项目组，整合资源专攻中低端智能手机的研发……‘我们赢得了先机，在那3个月时间之内独步天下，没有人可以有相同的或者可以跟我们竞争的产品’”。

在第三阶段，“思翔移动管理层设立了E2E（端到端生态系统）事业部，以利于在开发智能手机的同时，在手机设备上预装具有思翔特色的软件产品。……使得E2E的软件产品有了共计过亿的用户。思翔移动在促进手机硬件产品销量增长的同时，努力为用户提供端到端的应用服务，这反过来进一步推动了硬件销售业绩的增长”。

②明确价值链内各种活动之间的联系。选择或构筑最佳的联系方式对于提高价值创造和战略能力是十分重要的。在第二阶段，“鼓励员工利用功能手机业务的技术、渠道等资源，积极探索中低端智能手机的创新”，使两个业务单元在保证自身研发的同时还能够“异花授粉”。在第三阶段，“思翔移动任命E2E事业部负责人兼任手机事业部研发负责人，重新梳理E2E事业部和手机事业部研发的所有软件产品，并根据软件的特性重新分配这两个事业部各自负责研发的产品。同时精简产品测试团队资源，避免两个部门之间重复测试。一番变革之后，E2E事业部的产品落地，与手机事业部的手机研发实现了协同发展”。

③明确价值系统内各项价值活动之间的联系。价值系统内包括供应商、分销商和客户在内的各项价值活动之间的许多联系。在第二阶段，“鼓励员工利用功能手机业务的技术、渠道等资源，积极探索中低端智能手机的创新。通用手机事业部的上述举措推动了思翔移动向中低端智能手机业务的全面战略转型”。在第三阶段，“思翔移动的智能手机所具有的渠道和客户资源给E2E软件产品带来了数以千万计的用户，使得E2E的软件产品有了共计过亿的用户”。

（6）依据《企业内部控制应用指引第1号——组织架构》，组织架构设计与运行中需关注的主要风险有：

①治理结构形同虚设，缺乏科学决策、良性运行机制和执行力，可能导致企业经营失败，难以实现发展战略。思翔移动在第二阶段2011年9月调整组织架构，将原有的高端手机业务和低端手机业务合并，由原通用手机事业部负责人掌舵，主要是应对这一风险。“然而智能手机事业部在研发新产品过程中，没有深入理解和贯彻高层关于两个业务板块协同发展的战略理念，忽视对原功能手机业务拥有的技术、渠道等资源的利用，加上具有明显优势的国际高端品牌的强力竞争，导致智能手机事业部向高端智能手机业务的进军受挫，经营举步维艰”。

②内部机构设计不科学，权责分配不合理，可能导致机构重叠、职能交叉或缺失、推诿扯皮，运行效率低下。思翔移动第三阶段2012年4月调整手机事业部研发负责人，主要是应对这一风险。“但E2E事业部发觉软件产品在思翔手机中的预装率并不高。其原因是E2E和手机事业部是并列的两个单位，各自的考核目标不一样。2012年4月，思翔移动任命E2E事业部负责人兼任手机事业部研发负责人，重新梳理E2E事业部和手机事业部研发的所有软件产品，并根据软件的特性重新分配这两个事业部各自负责研发的产品。同时精简产品测试团队资源，避免两个部门之间重复测试。一番变革之后，E2E事业部的产品落地，与手机事业部的手机研发实现了协同发展”。

综合题13

（1）简要分析QR公司在创业之初所实施的竞争战略的类型，分析QR公司实施该种竞争战略所依据的市场条件，以及公司在公司资源和能力方面如何建立该种竞争战略所需的条件，分析QR公司实施该种竞争战略所面对的风险。

QR公司在创业之初所实施的竞争战略的类型是成本领先战略。“选择了中低级别的轿车作为其主要产品定位”。

QR公司实施成本领先战略所依据的市场条件：

①产品具有较高的价格弹性，市场中存在大量的价格敏感用户。“中国人均收入水平较低，广大消费者对汽车的价格比较敏感”。

②产品难以实现差异化。“在跨国公司品牌的强势压力下，自主品牌汽车企业进入市场的唯一途径就是走低端低价路线，与国际品牌进行‘错位经营’”。

③购买者不太关注品牌。“QR品牌之下的QR1汽车是国内第一款为年轻人打造的轿车，其2.66万~5万的价格实现了不少年轻人的有车梦”。

④价格竞争是市场竞争的主要手段。“在价格竞争中，QR汽车迅速成为行业中的一匹‘黑马’”。

QR公司在资源和能力方面建立实施成本领先战略所需的条件的具体做法：

①在规模经济显著的产业中装备相应的生产设施来实现规模经济。“运用规模优势对其他竞争对手和潜在进入者形成威胁”。

②降低各种要素成本。“供应链上各环节的协同运作，使QR公司有序掌控着零部件质量并有效降低了物流成本”。

③提高生产率。“为了提高生产效率，QR公司在不断完善和改进产品工艺设计的同时，致力于打造一套完善的汽车零部件及整车供应链体系”。

④改进产品工艺设计。“不断完善和改进产品工艺设计”。

⑤提高生产能力利用程度。“力求实现产能和产销量的最大化”。

⑥选择适宜的交易组织形式。“在其主要的零部件供应商中基本上都占有一定的股份。QR还成立了为数不少的子公司进入整个汽车产业链”。

⑦重点集聚。“选择了中低级别的轿车作为其主要产品定位”。

QR公司实施成本领先战略所面对的风险：

①产业的新加入者或追随者通过模仿或者以更高技术水平设施的投资能力，达到同样的甚至更低的产品成本。“这些竞争对手通过对QR公司的模仿或者以高技术水平设施的投资能力，用更低成本进行学习，使得QR公司在传统自主品牌中的低成本优势地位受到巨大挑战”。

②市场需求从注重价格转向注重产品的品牌形象，使得企业原有的优势变为劣势。“消费者的需求从‘有车’提升为‘开好车、

开大车'，以经济实用型轿车为主要产品的QR汽车已经不能满足消费者的需求”。

（2）简要分析QR公司2010年和2013年以后产品策略的变化。

产品策略包括产品组合策略、品牌与商标策略和产品开发策略。QR公司2010年和2013年产品策略的变化表现为：

①产品组合策略。2010年QR公司扩大产品组合（包括拓展产品组合的宽度和加强产品组合的深度）和产品延伸（向上延伸，指企业原来生产低档产品，后来决定增加高档产品）。“公司将其产品分为4个品牌……4个分支品牌下又各自有4~5个系列产品，加之正在研发中的系列产品，4个分支品牌车型超过20款车型”“产品定位也开始向中高端延伸”。2013年QR公司缩减产品组合（从产品组合中剔除了那些获利很小甚至亏损的产品大类或产品项目，使企业可集中力量发展获得利润较多产品大类和产品项目）。“QR汽车将旗下四个品牌集中到一个大QR品牌，QR品牌下再细分为A系列（高端）、E系列（家用）两大产品谱系”。

②品牌与商标策略。2010年QR公司采用每个产品都有不同的品牌名称。“公司将其产品分为4个品牌：QR、GF、SW、AR。QR继续主攻中低端乘用车市场、GF主打乘用车中高端市场，SW主攻商用车市场，AR以微车和卡车为主”。2013年以后QR公司采用单一的企业名称。“QR汽车将旗下四个品牌集中到一个大QR品牌”。

③产品开发策略。2010年QR公司“各个研究院相对独立地完成着自己的车型开发任务”。2013年以后“QR公司研发体系重新回到集中资源的组织机构上来”。

（3）简要分析QR公司国际化经营国际市场进入模式的主要类型，分析QR公司目标市场选择的区域路径。

QR公司国际化经营国际市场进入模式的主要类型有两类：出口与对外股权投资类型中的对外直接投资。“连续十年占据C国最大的乘用车出口企业的宝座。自2007年开始，QR汽车开始了海外直接投资的探索”。对外直接投资方式中的全资子公司与合资两种形式QR公司国际化经营过程中都采用了。“采用合资或独资的方式在当地建厂”。

QR公司目标市场选择的区域路径是传统方式，即发展中国家企业先到环境类似的发展中国家，最后再逐步走向发达国家。“从区位上看，QR公司出口与直接投资的东道国主要是发展中国家”。

（4）简要分析QR公司2013年战略变革的类型与主要任务。

QR公司2013年战略变革的类型包括4种类型：

①技术变革。“QR公司要在公司内部形成一套自有的创新体系，构建高标准的研发平台”“以关键技术为突破，推进企业整体研发水平的提升，打造拥有自主知识产权的核心产品和技术”。

②产品和服务变革。“QR汽车将旗下四个品牌集中到一个大QR品牌”“开发出符合消费者需求的不同于竞争对手的新产品。为了提高产品质量，公司要求无论是采购质量、在线生产过程质量、售后质量都将提升到一个新的层次”。

③结构和体系变革。“QR公司研发体系重新回到集中资源的组织机构上来，新的研发机构形成了以项目管理（纵向）和产品开发中心（横向）交叉协作的矩阵式组织机构”。

④人员变革。“转向追求‘品质、品牌、效益’为目标的发展模式”“打造了一支由多位具有多年经验的国际技术专家带领的国际化研发团队，这些核心专家大多来自欧美国际一流主机厂和供应商，有着丰富的经验和行业影响力”。

QR公司2013年战略变革的主要任务：

①调整企业理念。“不再单纯地追求速度和销量规模，而是转向追求‘品质、品牌、效益’为目标的发展模式”。

②企业战略重新进行定位。“2013年4月QR公司正式对外公布了公司的战略目标”。

③重新设计企业的组织结构。“QR汽车将旗下四个品牌集中到一个大QR品牌……在此基础上，积极寻找并合理配置资源”“QR公司研发体系重新回到集中资源的组织机构上来，新的研发机构形成了以项目管理（纵向）和产品开发中心（横向）交叉协作的矩阵式组织机构”。

（5）简要分析QR公司在战略变革前所

面临的主要市场风险。

①产品或服务的价格及供需变化带来的风险。“消费者的需求从‘有车’提升为‘开好车、开大车’，以经济实用型轿车为主要产品的QR汽车已经不能满足消费者的需求”。

②潜在进入者、竞争者、与替代品的竞争带来的风险。“这些竞争对手通过对QR公司的模仿或者以高技术水平设施的投资能力，用更低成本进行学习，使得QR公司在传统自主品牌中的低成本优势地位受到巨大挑战”。

（6）简要分析QR公司在战略变革前所面临的主要运营风险。

①企业产品结构、新产品研发方面可能引发的风险。“QR公司的低价策略，形成了在消费者心中低端的形象”。

②企业新市场开发，市场营销策略（包括产品或服务定价与销售渠道，市场营销环境状况等）方面可能引发的风险。“低价格伴随着低质量”“不同品牌车的销售分别设置销售网点，导致销售资源不集中”。

③企业组织效能、管理现状、企业文化，高中层管理人员和重要业务流程中专业人员的知识结构、专业经验等方面可能引发的风险。“研发队伍臃肿，资源不共享，信息不畅通”“不同品牌车的销售分别设置销售网点，导致销售资源不集中”。

④质量、安全、环保、信息安全等管理中发生失误导致的风险。“由于产品推出过快，生产工人压力大，配件厂调整节奏跟不上，造成QR早期上市的车质量稳定性不够，影响了消费者的满意度，也增加了售后压力”。

⑤企业现有业务流程和信息系统操作运行情况的监管、运行评价及持续改进能力方面引发的风险。“众多微小车型甚至连QR内部员工都分不清内部代号和生产车间”“不同品牌车的销售分别设置销售网点，导致销售资源不集中”“导致不能集中QR汽车有限的资源，众多车型未能进行有序的系统研发”。

综合题14

（1）H国自行车企业所实施的竞争战略是差异化战略。

实施差异化战略需要具备的资源和能力包括：

①具有强大的研发能力和产品设计能力。“面对日益挑剔和多样化的国内外消费者对自行车产品的需求，H国自行车企业集中力量在新材料和新工艺上实现了技术跨越，积极研发设计和生产关键零部件，引进了美国模块化技术与日本供应链模式。1983年至今，H国自行车材料从钢管发展到钛合金、镁合金，甚至碳纤合金，重量由原来的30公斤降低到7公斤；制造技术从铜焊发展到氩焊，从一体成形发展到无氧化电弧焊接，实现了产品轻量化，同时保持高标准的刚性、韧性和强度”。

②具有很强的市场营销能力。“通过这一过程，H国自行车企业将研发开发、生产制造、市场营销三个主要环节在企业发展不同阶段采用不同模式进行资源配置与整合”“H国第一大自行车厂商‘天空机械’，原本以OEM为主……在不断完善自身设计与营销能力的同时，将其具有自主品牌和研发优势的一部分零部件和整车的生产制造以OEM方式向C国企业转移。现在‘天空机械’自有品牌销售收入占其总收入的比重为70%”。

③有能够确保激励员工创造性的激励体制、管理体制和良好的创造性文化。“组织创新，建立新的网络型战略联盟”“形成大企业带动小企业、中心厂带动卫星厂的‘中心卫星体系’”“高度的互动学习机制”“协同发展”。

④具有从总体上提高某项经营业务的质量、树立产品形象、保持先进技术和建立完善分销渠道的能力。“H国自行车产业的发展经过重大调整与转型，实现了整体升级”。

C国自行车企业所实施的竞争战略是成本领先战略。

实现成本领先战略需要具备的资源和能力包括：

①能够实现规模经济。“充分利用C国……规模经济显著……等优势”“1991年C国自行车外销数量首度超过H国，2000年起外销量与出口值双双超越H国。近年来C国自行车出口量占全球贸易量的60%”。

②降低各种要素成本。“充分利用C国劳动力成本低……等优势”。

③提高生产率。“充分利用C国……生产

效率高……等优势”。

④提高生产能力利用程度。“充分利用C国……生产能力利用程度高等优势”。

⑤选择适宜的交易组织形式。“H国排列前三位的自行车厂商均在C国设厂”。

⑥重点集聚。“将设在C国的企业定位于生产中低价位、以交通工具为主的少品种车型”。

采取成本领先战略的风险：

①技术的变化可能使过去用于降低成本的投资（如扩大规模、工艺革新等）与积累的经验一笔勾销。“出现了对自行车新的需求，形成了多个新的细分消费市场。C国用途单一的低端自行车生产线的优势在国际市场受到巨大挑战”。

②产业的新加入者或追随者通过模仿或者以更高技术水平设施的投资能力，达到同样的甚至更低的产品成本。“自行车产业低端产品开始向劳动力成本更低的东南亚转移”。

③市场需求从注重价格转向注重产品的品牌形象，使得企业原有的优势变为劣势。“人们生活观念的变化以及收入水平的提高，使自行车已不再是单纯普通的交通工具，而是演化为集健身用品、休闲用具、玩具、高档消费品于一体的商品。由此，出现了对自行车新的需求，形成了多个新的细分消费市场”。

（2）①确认那些支持企业竞争优势的关键性活动。“H国第一大自行车厂商‘天空机械’，原本以OEM为主，发挥其生产制造的优势”（这一阶段，确认生产制造是关键性活动）；“进而为发达国家U国CH公司做ODM，打造自身设计能力”（这一阶段，生产制造、研发设计是关键性活动）；“之后，‘天空机械’开始创建自有品牌，在不断完善自身设计与营销能力的同时，将其具有自主品牌和研发优势的一部分零部件和整车的生产制造以OEM方式向C国企业转移”（这一阶段，研发设计、市场营销是关键性活动）。

②明确价值链内各种活动之间的联系。“H国第一大自行车厂商‘天空机械’，原本以OEM为主，发挥其生产制造的优势”（这一阶段价值链内各种活动之间的联系：外部企业研发设计和市场营销与本企业生产制造活动之间相联系）；“进而为发达国家U国CH公司做ODM，打造自身设计能力”（这一阶段价值链内各种活动之间的联系：外部企业市场营销与本企业生产制造和研发设计活动之间相联系）；“之后，‘天空机械’开始创建自有品牌，在不断完善自身设计与营销能力的同时，将其具有自主品牌和研发优势的一部分零部件和整车的生产制造以OEM方式向C国企业转移”（这一阶段价值链内各种活动之间的联系：外部企业生产制造与本企业研发设计和市场营销活动之间相联系）。

③明确价值系统内各项价值活动之间的联系。包括供应商、分销商和客户在内的各项价值活动之间的许多联系。“H国自行车企业实现从OEM到ODM再到OBM的升级，网络型战略联盟发挥了重要作用”“形成大企业带动小企业、中心厂带动卫星厂的‘中心卫星体系’”“高度的互动学习机制”“协同发展”。

（3）ATC战略联盟的类型为功能性协议（或称契约式战略联盟）。

动因：

①促进技术创新。“高度的互动学习机制……确保各方优先共享先进经验和提高信任程度。联盟内频繁的活动及由此产生的组织学习，使零部件企业在产品开发初期就能参与研发活动；各个企业的研发力量集合起来，同步工程缩短产品上市时间，联盟内部知识的消化能力变得更强大”“协同发展。‘ATC’规定优先供应成员间具竞争力的产品……鼓励成员创新设计和参与特殊车种的合作开发，参与各种自行车会展，并与科研院所合作建设信息平台。‘ATC’为成员企业提供了良好的技术开发和服务环境”。

②避免经营风险。“卫星企业订单稳定，完全致力于专业性生产”“‘ATC’打破了竞争对手不该彼此交换信息的旧模式，降低了企业在产业内的交易成本和信息不对称的程度”。

③避免或减少竞争。“‘ATC’打破了竞争对手不该彼此交换信息的旧模式，降低了企业在产业内的交易成本和信息不对称”。

④实现资源互补。“形成大企业带动小企业、中心厂带动卫星厂的‘中心卫星体系’”“高度的互动学习机制”“协同发展”。

⑤开拓新的市场。“2003年成立的‘ATC’

仅有22家成员企业，在H国343家自行车厂商中只是少数，但其销售收入占比却达到六至七成……‘ATC’企业在2006年出口平均单价为350美元，大大高于行业平均单价206.6美元。另外，‘ATC’成员中有95.2%是以自有品牌销售，而行业水平是55.46%”。

（4）①生产要素。“研发新材料与新工艺，实现产品与技术的跨越升级。面对日益挑剔和多样化的国内外消费者对自行车产品的需求，H国自行车企业集中力量在新材料和新工艺上实现了技术跨越，积极研发设计和生产关键零部件，引进了美国模块化技术与日本供应链模式。1983年至今，H国自行车材料从钢管发展到钛合金、镁合金，甚至碳纤合金，重量由原来的30公斤降低到7公斤；制造技术从铜焊发展到氩焊，从一体成形发展到无氧化电弧焊接，实现了产品轻量化，同时保持高标准的刚性、韧性和强度”“通过高度的互动学习机制……确保各方优先共享先进经验和提高信任程度” “协同发展……鼓励成员创新设计和参与特殊车种的合作开发……并与科研院所合作建设信息平台。‘ATC’为成员企业提供了良好的技术开发和服务环境”。

②需求条件。“面对日益挑剔和多样化的国内外消费者对自行车产品的需求”。

③相关与支持性产业。“形成大企业带动小企业、中心厂带动卫星厂的‘中心卫星体系’。这一体系内的两大企业‘天空机械’和‘星友’以‘ATC’为载体，与零部件生产企业形成中心卫星体系”“高度的互动学习机制……纵向共建产业链并加强合作，确保各方优先共享先进经验和提高信任程度。联盟内频繁的活动及由此产生的组织学习，使零部件企业在产品开发初期就能参与研发活动；各个企业的研发力量集合起来，同步工程缩短产品上市时间，联盟内部知识的消化能力变得更强大”“协同发展。ATC规定优先供应成员间具竞争力的产品……实现成车企业及零部件企业的协同发展”。

④企业战略、企业结构和同业竞争。“H国自行车第一大企业‘天空机械’联合其主要竞争对手‘星友’及11家零部件生产企业组成行业战略联盟‘ATC’（在H国存在强有力的竞争对手之间竞争与合作关系）”。

（5）①寻求市场。“H国第一大自行车企业‘天空机械’的自有品牌已成为在欧洲市场的三大品牌之一”“H国第二大自行车企业‘星友’通过并购发达国家U国自行车品牌SP和D国品牌CE，以较低的成本和较短的时间就获得发达国家的许多市场机会和先进技术” “H国第三大自行车品牌‘神飞’，2003年以自有品牌扩展到美国与亚洲市场”。

②寻求现成资产。“H国第二大自行车企业‘星友’通过并购发达国家U国自行车品牌SP和D国品牌CE，以较低的成本和较短的时间就获得发达国家的许多市场机会和先进技术”。

（6）①外部发展（并购）。“H国第二大自行车企业‘星友’通过并购发达国家U国自行车品牌SP和D国品牌CE”。

②内部发展（新建）。“H国第一大自行车企业‘天空机械’的自有品牌已成为在欧洲市场的三大品牌之一”“H国第三大自行车品牌‘神飞’，2003年以自有品牌扩展到美国与亚洲市场”。

③战略联盟。“H国第一大自行车厂商‘天空机械’……为发达国家U国CH公司做ODM”。